高职高专护理类教材

Medical Nursing

内科护理

王萍 等 主编

河南大学出版社
·郑州·

图书在版编目(CIP)数据

内科护理/王萍等主编.--郑州：河南大学出版社，2023.8
　　ISBN 978-7-5649-5593-9

Ⅰ.①内… Ⅱ.①王… Ⅲ.①内科学－护理学 Ⅳ.①R473.5

中国国家版本馆CIP数据核字(2023)第157923号

内科护理
NEIKE HULI

责任编辑　李亚涛
责任校对　柳　涛
封面设计　郭　灿

出　版	河南大学出版社
	地址：郑州市郑东新区商务外环中华大厦2401号
	邮编：450046
	电话：0371-86059701（营销部）
	网址：hupress.henu.edu.cn
排　版	河南树青文化传播有限公司
印　刷	广东虎彩云印刷有限公司
版　次	2023年8月第1版　　印　次　2023年8月第1次印刷
开　本	787 mm×1092 mm　1/16　印　张　32
字　数	799千字　　　　　　　定　价　89.00元

（本书如有印装质量问题，请与河南大学出版社营销部联系调换）

编委会

主编

王　萍　>>　新疆医科大学第一附属医院
董　蕾　>>　郑州大学第一附属医院
李丽莎　>>　郑州大学第一附属医院
范　帆　>>　郑州人民医院
陈淑瑜　>>　深圳市龙岗区人民医院
张慧娜　>>　新疆医科大学第一附属医院

副主编

鲁　珊　>>　中国人民解放军联勤保障部队第九八〇医院
　　　　　　（白求恩国际和平医院）
刘　珊　>>　荆州市第一人民医院
张　轶　>>　河南中医药大学第一附属医院
赵　翠　>>　广东医科大学附属医院
刘　云　>>　新疆医科大学第一附属医院
王　菲　>>　南京市中医院
于海棠　>>　哈尔滨医科大学附属第一医院
武彩群　>>　安徽医科大学第一附属医院
陈婧颖　>>　孝感市中心医院（武汉科技大学附属孝感医院）
马　婕　>>　华中科技大学同济医学院附属协和医院
胡琳琳　>>　郑州大学第一附属医院

前 言

以专业培养目标为导向，以职业技能培养为根本，满足学科需要、教学需要和社会需要，以求体现高职高专教育的特色。《内科护理》教材编写宗旨以职业教育课程模式为指导，以职业实践为主线，以职业能力培养为本位，以学生为主体，以项目为引领、任务为驱动，体现"做中学、学中做"的教学理念，建设开发理论与实践一体化的项目化教材。正文以项目为单位，每个任务下设置知识目标和技能目标及若干个任务，每个任务开始前设置典型病例及相关问题，任务中设置知识链接或知识拓展，项目最后设置项目小结、项目测试题等栏目。

教材的内容上严格依据教育部行指委最新制定的专业教学标准，将标准制定与教材编写紧密结合起来，吸收标准制定过程中的相关调研和研究成果，体现最新的专业教学要求。充分吸收项目教学、案例教学、情境教学和问题导向教学等教学设计的研究成果，设计的项目、任务从简单到复杂，由浅入深，循序渐进，图文并茂，形象生动，趣味性强，直观鲜明，既能提高学生的学习兴趣，又符合学生认知规律和职业发展规律。知识和技能螺旋式地融于各项目或任务中，反映新知识、新技术和新方法。设计的任务或项目目标源于实际工作任务或接近实际工作的任务。任务的设计具有科学、具体、系统性。全书共分九个项目，依次为绪论、呼吸系统疾病、循环系统疾病、消化系统疾病、泌尿系统疾病、血液系统疾病、风湿性疾病、内分泌代谢性疾病、神经系统疾病等患者的护理。以常见病、多发病为主。文字叙述力求通俗易懂、简洁严谨、层次分明、逻辑性强，符合高职高专学生认知特点，尽量多地采用图表等形式来表述知识。在整个教材编写过程中，教、学、做紧密结合，理论知识为项目及任务实践活动服务，将"三基"即基本知识、基本理论、基本技能，"五性"即思想性、科学性、先进性、启发性、适用性和"三特定"即特定的对象、特定的要求、特定的限制，贯穿于教材的编写过程，充分体现了当代医学高等职业教育的理论及学术体系。突出护理专业职业教育教材的个性特征，既反映现代护理理论和护理技术的发展方向，又立足于培养目标，以应用、实用为宗旨把握教学内容的广度和深度，列出护理评估重点内容，强调心理护理，提出护理诊断及相关依据，在护理措施中阐述相关理论依据。护理诊断的排列按病情轻重缓急的先后顺序依次阐述，以利于学生树立"以人的健康为中心"的护理理念及理解整体护理的科学内涵，培养学生的职业技能和职业道德。

本教材凝聚了"十二五"期间护理教育发展的成果，充分体现了生物-心理-社会-环境医学模式的当代医学教育理论体系，坚持理论联系实际，突出护理专业的特点。内容丰富，由浅入深，简明扼要，突出了先进的护理理念、护理措施。编写内容条理清楚，具有可操作性。编写者强调内容的基础性、前沿性、先进性和拓展性。基础性体现在基本理论够用，在应用基础医学、临床医学、人文社会科学知识的基础上，突出内科护理学的特色，书中每个任务前均附有典型病例，体现了理论与实践的结合。拓展性体现在编写内容中适当插入知识链接、知识拓展，以拓展学生的视野和提高学生学习的兴趣，为有能力学习的同学提供进一步学习的空间，并在每个项目后编写了相应的项目测试题，内容与护士资格考试接轨，涵盖护士资格考试大纲要求的内容，以备学生复习之用。

全体编者以认真负责的态度，互勉互助，参考和采纳了有关教材和专著的一些观点，同时得到医学教育界有关领导、专家的关怀及帮助，谨此一并致谢。编写过程中，尽管编委们广泛阅读相关护理学专著和教材，力争编写出符合高职高专教育的实用性教材，但由于编者能力和水平有限，教材中可能有疏漏和不当之处，敬请读者和同仁批评指正，并提出宝贵意见和建议，以利我们进一步改进修订。

编 者

目 录

项目一 绪 论 ·· 1

项目二 呼吸系统疾病患者的护理 ·· 6
 任务一 概述 ·· 6
 任务二 支气管炎患者的护理 ·· 12
 任务三 肺炎患者的护理 ·· 15
 任务四 支气管扩张患者的护理 ··· 23
 任务五 肺脓肿患者的护理 ··· 28
 任务六 肺结核患者的护理 ··· 31
 任务七 慢性阻塞性肺疾病患者的护理 ·· 44
 任务八 支气管哮喘患者的护理 ··· 51
 任务九 慢性肺源性心脏病患者的护理 ·· 62
 任务十 胸膜炎及胸腔积液患者的护理 ·· 68
 任务十一 自发性气胸患者的护理 ··· 71
 任务十二 呼吸衰竭患者的护理 ··· 77
 任务十三 呼吸系统常用诊疗技术及护理 ·· 85

项目三 循环系统疾病患者的护理 ·· 96
 任务一 概述 ·· 96
 任务二 心力衰竭患者的护理 ··· 101
 任务三 心律失常患者的护理 ··· 112
 任务四 心脏瓣膜病患者的护理 ·· 134
 任务五 冠状动脉粥样硬化性心脏病患者的护理 ·· 141
 任务六 原发性高血压患者的护理 ··· 158

任务七　病毒性心肌炎患者的护理 …………………………………………………… 167
　　任务八　心肌病患者的护理 ……………………………………………………………… 169
　　任务九　感染性心内膜炎患者的护理 …………………………………………………… 173
　　任务十　心包炎患者的护理 ……………………………………………………………… 177
　　任务十一　循环系统常用诊疗技术及护理 ……………………………………………… 182

项目四　消化系统疾病患者的护理 …………………………………………………………… 195
　　任务一　概述 ……………………………………………………………………………… 195
　　任务二　胃食管反流病患者的护理 ……………………………………………………… 201
　　任务三　胃炎患者的护理 ………………………………………………………………… 204
　　任务四　消化性溃疡患者的护理 ………………………………………………………… 209
　　任务五　肠结核患者的护理 ……………………………………………………………… 215
　　任务六　溃疡性结肠炎患者的护理 ……………………………………………………… 219
　　任务七　肝硬化患者的护理 ……………………………………………………………… 223
　　任务八　原发性肝癌患者的护理 ………………………………………………………… 231
　　任务九　肝性脑病患者的护理 …………………………………………………………… 236
　　任务十　急性胰腺炎患者的护理 ………………………………………………………… 241
　　任务十一　上消化道大出血患者的护理 ………………………………………………… 246
　　任务十二　消化系统常用诊疗技术及护理 ……………………………………………… 251

项目五　泌尿系统疾病患者的护理 …………………………………………………………… 263
　　任务一　概述 ……………………………………………………………………………… 263
　　任务二　肾小球疾病患者的护理 ………………………………………………………… 271
　　任务三　肾病综合征患者的护理 ………………………………………………………… 277
　　任务四　尿路感染患者的护理 …………………………………………………………… 282
　　任务五　慢性肾衰竭患者的护理 ………………………………………………………… 287
　　任务六　泌尿系统常用诊疗技术及护理 ………………………………………………… 295

项目六　血液系统疾病患者的护理 …………………………………………………………… 308
　　任务一　概述 ……………………………………………………………………………… 308
　　任务二　贫血患者的护理 ………………………………………………………………… 313
　　任务三　缺血性贫血患者的护理 ………………………………………………………… 318

任务四　再生障碍性贫血患者的护理 ··322
　　任务五　出血性疾病患者的护理 ··329
　　任务六　白血病患者的护理 ··335
　　任务七　血液系统常用诊疗技术及护理 ··347

项目七　风湿性疾病患者的护理 ···355
　　任务一　概述 ···355
　　任务二　类风湿关节炎患者的护理 ··359
　　任务三　系统性红斑狼疮患者的护理 ··366

项目八　内分泌代谢性疾病患者的护理 ···377
　　任务一　概述 ···377
　　任务二　腺垂体功能减退症患者的护理 ··382
　　任务三　皮质醇增多症患者的护理 ··387
　　任务四　原发性慢性肾上腺皮质功能减退症患者的护理 ·································391
　　任务五　甲状腺功能亢进症患者的护理 ··395
　　任务六　甲状腺功能减退症患者的护理 ··405
　　任务七　糖尿病患者的护理 ··410
　　任务八　痛风患者的护理 ··426

项目九　神经系统疾病患者的护理 ···436
　　任务一　概述 ···436
　　任务二　周围神经疾病患者的护理 ··447
　　任务三　急性脊髓炎患者的护理 ··455
　　任务四　急性脑血管疾病患者的护理 ··459
　　任务五　癫痫患者的护理 ··478
　　任务六　帕金森病患者的护理 ···484
　　任务七　神经系统常用诊疗技术及护理 ··488

参考文献 ···499

项目一 绪论

内科护理学（medical nursing）是研究内科疾病的发生、发展规律及应用护理程序的工作方法对内科疾病患者实施整体护理，以达到预防和治疗疾病、减轻痛苦、促进康复、增进健康为目的的一门临床护理学科。内科护理学是建立在基础医学、临床医学和人文社会科学基础之上的临床护理综合学科，它既是临床各科护理学的基础，又与它们有着密切的联系，内科护理学所阐述的内容在临床护理学的理论和实践中具有普遍意义，因而学好内科护理学是学好其他临床专业课的基础和关键。

一、内科护理学的学习内容

内科护理学是研究内科疾病的发生发展规律及内科疾病的护理，它涉及范围广、整体性强、内容丰富。本教材详述了呼吸系统、循环系统、消化系统、泌尿系统、血液系统、风湿性疾病、内分泌与代谢性疾病、神经系统疾病患者的护理。每个项目中的任务一均为概述，包括：①本系统相关的解剖结构和生理功能。②本项目患者的评估，以护理程序为框架，介绍重点疾病的健康史、心理-社会、身体状况（本系统常见症状与体征）、实验室检查和其他检查等方面评估的要点及注意事项。项目二以后按常见病多发病的典型病例、概念、病因、发病机制、临床表现、实验室检查和其他检查、治疗要点、护理评估、护理诊断、护理措施、健康教育等内容进行编写。通过典型的病例提供了一些个案护理措施及临床护理实践练习，以帮助学生学习和实施护理措施，做到理论与实践的结合。各系统都编写了一定数量的项目测试题，其题型与国家执业护士考试题型一致。因此，在内容编写上涵盖国家护士资格考试大纲要求的内容。护理工作是操作性很强的工作，项目最后一个任务均编写了常用诊疗技术及护理。在内容上既体现基础性、又体现实用性和前沿性。内科护理学教材的编写体例上体现了护理专业特色，以护理程序为框架，这些特色是通过以整体护理理念、护理程序这一临床护理思维和工作方法得以反映的。

二、内科护理学的基本理念和特点

内科疾病患者年龄跨度大、各种健康问题和对卫生保健的需求复杂多样、临床护士的角色作用也在不断扩展和延伸。内科护士不仅是患者的直接护理者，还承担着教育者、管理者、协作者等多种角色，因此，学生必须努力学习内科护理学相关内容，树立以整体护理为指导,"以人的健康为中心"的护理理念,掌握内科护理的基本理论、基本知识、基本技能,具有良好的学习、工作态度,能运用护理程序对患者进行整体护理,减轻患者痛苦,促进康复,预防疾病,保持健康。

1. 体现整体护理理念　"以人的健康为中心"的整体护理观,是与生物-心理-社会医学模式相适应的护理理念或概念模式。此理念将护理对象(人)视为生物、心理、社会、文化和成长发展的统一整体,要与周围环境保持平衡与协调。健康不仅是没有躯体的疾病,而且要保持良好的心理状态和完好的社会适应能力及人际交往能力。内科护理的基本理论和基本知识要满足护理对象的生理、心理、社会等各方面的需求。为了使学生形成先进的现代护理理念,在课程体系、教材内容和结构上,都力求反映整体护理的思想。在内科护理学课程教材编写中,强调患者在生理、心理、社会、环境等各方面对健康问题的反应和对护理的需求。但是,在临床上,患者的病情是不断发生、发展的。因此,要求学生既要了解疾病的临床过程,又要应用科学的临床思维和工作方法,全面认识和考虑患者的具体情况,这样才能给予和实施个体化的整体护理。包括:①为患者提供良好的护理环境,使患者保持良好的心态和和谐的人际关系。②保持患者生理、心理、社会的完整性,尽可能解决患者健康问题、恢复或保持生理功能、促进健康。

2. 以护理程序为框架　护理程序是一种体现整体护理观的临床思维和工作方法,可分为五个步骤:护理评估、护理诊断、护理措施、实施护理措施、护理评价。是各学科、各专业通用的解决问题的科学方法在护理专业实践中的应用。临床护理实践中,要求护士细心地观察和监测患者的病情并能及时判断病情变化;执行医嘱和实施护理措施后能观察和评价其效果;能全面评估和综合考虑患者的生物-心理-社会等层面的需求,并积极地采取适当的措施,这些既要求护士具有扎实的基本理论知识和过硬的实践技能,也要求护士在工作中有严谨的、科学的思维方法和实施程序。按护理程序去收集患者的资料,作出评估、判断和决策,以此制定护理计划、实施并记录护理活动,进而总结、评价效果。这一过程有利于激励护士积极、主动地开展工作,积累经验,提高业务能力;有利于增强护士的专业意识,凸显护理专业自主性、独特性,有利于促进护士之间的沟通,为患者提供连续性的整体护理,提高患者的满意度。

总之,对护理程序的熟练应用,并使之融入护理工作之中,是护士工作过程中的重要部分,目的是使护理程序的框架内化为护士思维习惯,外化为工作方法。护理程序的运用在护理专业实践中,已成为各国护理界的共识。

三、内科护理学学习目的与方法

护理专科毕业生,要掌握内科护理的基本理论,具备临床护理基本能力,毕业能通过国家执业护士资格考试,获得护士执业资格证书,成为合格的注册护士。其学习目的是使学生树立"以人的健康为中心"的现代护理理念,理解整体护理的科学内涵,掌握常见病、多发病的疾病知识、护理知识和相关技能,既要有严谨的学习工作态度、良好的职业素质及科学的临床护理思维方法,又要能运用护理程序为患者减轻病痛,保持健康,对患者及社区人群进行健康教育,预防疾病发生。为维护和促进人民健康、发展护理事业作出贡献。

学习内科护理学要以教学目标和教学大纲为指导,坚持理论与实践相结合,采用多种不同的教学方法和现代化教学手段进行教学活动。要学好内科护理学，完成培养目标，掌握正确的学习方法非常重要。①多观察、勤思考：在学习过程中要多观察、勤思考、重理解、多请教、积极讨论、做好笔记。②高度责任心和职业素质：要树立全心全意为人民服务的思想和人道主义的高尚医德，要有爱心、耐心和责任心，以高度的责任感和同情心进行护理实践，培养良好的职业道德和人文关怀的职业素质。③树立整体护理观：学习中应树立整体护理观，不仅关注躯体疾病，还要注意心理、社会的影响。④理论联系实际：内科护理学是实践性很强的学科，技术操作的熟练程度直接影响着护理和抢救的效果，因此，要特别重视对实践技能的学习和掌握。课程的教学分为理论教学和实践教学。理论教学主要是课堂讲授常见病、多发病，教师可以充分利用多媒体教学资源和其他各种教学手段、方法。实践教学包括临床见习、毕业实习。毕业实习阶段要求学生在临床教师的指导下，通过对内科患者实施整体护理，把学到的理论知识和技能综合运用于实践之中，逐步培养独立工作的能力。在毕业时，学生应能较为全面和系统地获得内科常见病、多发病及其防治和护理的基础理论、基本知识和基本技能，具备对患者实施整体护理的能力及内科常见急症的配合抢救能力。护理实践以促进健康、预防疾病、协助康复、减轻痛苦为目的，着眼于人的生命的全过程，着眼于整体的人的生理、心理、文化、精神、环境等需求。⑤拓宽视野，掌握医学的科学与艺术：科技的发展日新月异，层出不穷，医学的最终目标是预防、治疗疾病，促进健康。要求护士不仅要有扎实的医学知识和先进的医学技能，还应拓宽视野，关注其他人文科学知识，面对具体患者个体进行深入交流与互动，综合运用医学科学知识、社会知识、丰富的临床护理经验进行综合判断与决策。

四、内科护理学的影响因素和发展趋势

（一）内科护理学的影响因素

1. 医学快速发展的体现　①检查和诊断技术方面，如内镜技术的改进和扩大，影像诊断技术的发展，极大地提高了疾病的诊断水平，也对许多疾病的病因和发病机制有了更深的认识，从而为探索新的预防和治疗方法开辟了新路径。②心、肺、脑的电子监护系统用于持续的病情监测，连续记录并显示各项监测指标的读数和形态，以便及时发现和处理病情变化，促进了重症监护护理学的发展及危重患者监护抢救技术的完善，提高了危重患者的抢救成功率。③治疗技术方面，埋藏式人工心脏起搏器向微型、长效能源、程序控制和多功能化发展；溶栓、抗栓治疗的改进；心导管诊断和介入治疗技术的进展，使一些心脏疾病的疗效大为改善；腹膜透析、血液透析等血液净化设备和技术的不断改进，使慢性肾衰竭患者的长期生存率和生存质量明显提高；器官移植和细胞移植技术的进展及术后有效的免疫治疗，使脏器功能严重衰竭的患者得以生存。④临床护理科研的开展，丰富了内科护理学的知识，如对患者的求医行为、治疗依从性的研究，探讨患者的行为方式和治疗效果及预后之间的关系；对患有各种严重疾病或功能性残疾病者的病情与功能状况、需求、心理状态、应对方式、生活质量、社会支持等的研究，增进了护士对患者生理、心理、社会等方面的理解，以此探讨有效的护理干预；对临床专科护理及护理技术方面的研究和经验总结，为临床护理水平和护理质量的提高提供了良好的基础。社会进步、科学技术的发

展，推动了医学的不断发展，也促进了临床护理学和诊疗技术、护理技术的发展。

2. 人口老龄化进程加速　联合国制定的人口老龄化标准为：达到或超过60岁的人口占总人口的比例超过10%或超过65岁的人口占总人口的比例超过7%。1999年我国达到或超过60岁的老年人已达到1.26亿，占总人口比例的10%；2000年，达到或超过65岁的老年人也超过7%；2025年达到或超过60岁的老年人将达到2.8亿，占总人口比例的18%；2050年达到或超过60岁的老年人将达到4亿，占总人口比例的25%，成为高度老龄化国家。老龄人中多数患有一种或多种慢性病并伴不同程度的功能障碍。对医疗、护理服务的需求日趋增长，因此，发展社区卫生服务已是刻不容缓的任务。

3. 疾病谱的变化　随着人类文明和科学技术的进步，社会经济发展和人民生活水平的提高，病因和疾病谱发生了很大变化。有研究表明，现代人类的疾病约有50%与行为和生活方式有关，20%与生活和社会环境有关，20%与衰老、遗传等生物学因素有关，10%与卫生服务的缺陷有关，美国医学研究证明65%~90%的疾病与长期心理压抑有密切关系。在我国，心脑血管疾病、恶性肿瘤、COPD、糖尿病等与生活方式、环境因素有关的疾病呈逐年上升的趋势；性病、艾滋病、乙型病毒性肝炎，包括一些原已基本得到控制的传染病如结核病等，感染率和发病率也呈上升趋势。这些变化说明了心理-社会因素对人类健康的影响，从而促使了生物-心理-社会医学模式的发展。因此，"以病人健康为中心"的现代护理观取代了原有的以疾病护理为中心的护理观。另外，社会对突发性公共卫生事件的重视，增强了在群体层面预防与控制疾病的意识。这些认识和观念上的转变，使临床护理学包括内科护理学研究的内容，已不再局限于医院内患者的护理。护理实践的视野正在从患病的人到所有的人，从个体向群体，从医院向社区扩展。

（二）内科护理学的发展趋势

社会及医学的发展变化给临床护理提出了更新、更高的要求。内科护理的发展必须顺应社会的需求和医学发展的现状，不断拓展新的领域。

1. 提供个性化护理　提倡"以患者健康为中心"的个性化护理模式，将患者视为一个完整的人。根据患者生理、心理、社会等方面需求设计护理工作程序，制定护理管理制度，体现护理对生命的敬畏和对健康的关爱。这样才能提高服务质量，促进患者健康。个性化护理是现代护理的发展趋势，追求个性化服务是现代医学、护理的新境界。

2. 医院护理扩展到社区护理和家庭护理　护理工作的场所从医院扩展到社区和家庭，是内科护理的一个重要发展趋势。当今的临床护理实践不仅指医疗机构内的临床护理，还应包括在社区对个体和群体的护理。在欧美等发达国家，已有近半数的专业护士在从事初级卫生保健，以及慢性病患者、老年人、残疾人等重点人群的家庭护理和社区护理工作。目前，虽然我国的护士仍主要在医院内工作，但随着社会发展、疾病谱的变化和人口老龄化，人们对卫生服务的需求日趋增长，医疗费用增长过快，使国家、社会和群众经济负担过重，发展社区医疗卫生服务已是刻不容缓的任务，而护士将在其中起重要的角色作用。护士要面向社会每个人群的健康状况，围绕健康的生理、心理、社会等方面展开工作，为社区老人、儿童、妇女、慢性疾病患者等重点人群提供保健、防治、疾病普查、心理咨询等保健服务。并开放家庭病床、满足院外患者的基本治疗和护理需求，还应与相关人员合作开展社会卫生服务。

另外,内科疾病中慢性病居多,患者出院后的治疗和护理的连续性显得更为重要。价-效医学,即用最少的钱、最有效地治疗疾病,已成为医疗改革的重要内容。从节省卫生资源和方便服务对象出发,许多健康问题并不一定需要住院治疗或长期在大医院治疗。随着卫生保健和医疗体制的改革,医疗保险制度的逐步成熟和完善,缩短患者住院时间以节省费用是必然趋势,这就需要大量的家庭护理、社区护理作为患者出院后的后续服务,保证患者虽离开医院但不影响治疗和康复的进程,保证治疗护理的连续性和协调性。

3. **重视心理护理** 内科疾病大多数病程长,易反复或恶化,治疗疗效不显著,护理对象多为中老年人或慢性病、疑难杂症者居多,患者容易产生焦虑、悲观、恐惧、抑郁、孤独等不良心理反应,这些不良心理反应不同程度地影响着疾病发展和康复。因此,护士应重视加强患者的心理护理,多关心、关爱患者,根据不同的心理问题,做好心理疏导,使患者保持良好的心理状态,积极配合治疗,促进疾病康复。

4. **强化健康教育** 健康教育是通过有计划、有组织、有系统的教育活动,促进人们采取利于健康的行为,消除危险因素,降低发病率、伤残率和死亡率,提高生活质量,并对教育效果进行评价。其目的是减少或消除危险因素,预防疾病,促进健康,提高生活质量。全民健康,健康教育要先行。许多发达国家都把健康教育作为护士的基本职业要求。对疾病的病因和发病机制的进一步认识,成为临床护理及对患者和社会人群进行健康教育的理论依据。

5. **医院护理要求高质量、高职业素质** 医学的进展所带来临床诊断和治疗的变革,促进了临床诊疗技术的进步,也促进了内科护理学的发展。新理念、新知识、新技术的运用丰富了内科护理学的内容、加快了护理事业的发展,为患者提供高质量、高技术护理是临床护士的主要任务,同时也需要更多的高素质人才。护士无论是在知识、技术、个人修养、职业素质等方面都应具有更高的素质。高素质护理人才应具备处理复杂临床问题的能力,健康指导能力,有效沟通与合作能力,独立分析与解决问题的能力,并有一定的自学、科研能力。卫生职业教育要坚持"以服务为宗旨,以岗位需求为导向"的教学方针。其本质是以基本满足岗位需求为出发点和归宿的教育,目标是培养应用型高素质的护理人才。护理专业学生应努力学习,从思想、知识、素质和能力上,为本学科的发展和服务于人民健康事业作出贡献。

(张 轶)

项目二 呼吸系统疾病患者的护理

任务一 概述

知识目标

1. 掌握：呼吸系统疾病的常见症状和体征。
2. 熟悉：呼吸系统的解剖结构和生理功能、辅助检查。
3. 了解：呼吸系统疾病的特点。

技能目标

1. 能灵活运用呼吸系统疾病常用的诊疗技术。
2. 具有严谨、认真的学习态度。

呼吸系统是人体重要的生命系统之一，其主要生理功能是进行气体交换。呼吸系统疾病包括气管、支气管、肺和胸膜等组织的疾病。因呼吸系统与外界直接相通，易受大气污染、吸烟、各种理化因子、生物因子及人口老龄化等因素影响，所以，呼吸系统疾病是临床上的常见病和多发病。据2006年的统计数据，全国部分城市及农村造成死亡前十位的主要疾病中，呼吸系统疾病（不包括肺癌）在城市中占第四位（13.1%），在农村中占第三位（16.4%）。近年来，呼吸系统疾病如肺癌、支气管哮喘的发病率明显增加，慢性阻塞性肺疾病居高不下（40岁以上人群中超过8%）。肺结核发病率虽有所控制，但近年又有增高趋势。

一、呼吸系统结构与功能

呼吸系统主要包括呼吸道和肺。

(一)呼吸道

呼吸道分为上呼吸道和下呼吸道。上呼吸道起自鼻腔止于环状软骨,由鼻、咽、喉构成。除作为气体通道外,还有湿化和净化空气的作用。下呼吸道指环状软骨以下的气管、支气管至终末呼吸性细支气管末端(图2-1)。气管逐级分支到肺泡共24级,构成气管支气管树状结构(图2-2)。

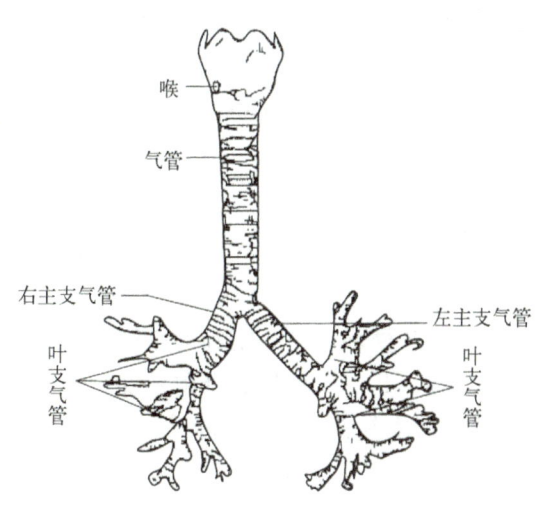

图2-1 气管、支气管、叶支气管结构

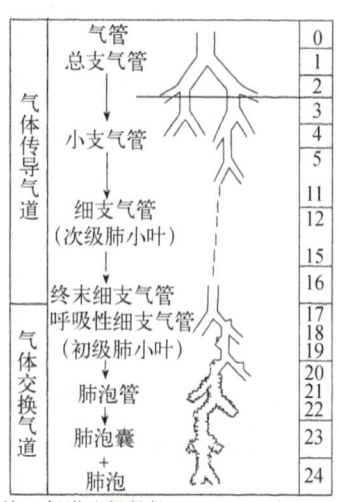

图2-2 气管、支气管树的结构示意图

临床上将吸气状态下内径<2 mm的细支气管称为"小气道",包括第6级分支以下细支气管和终末细支气管(内径<0.5 mm)。由于小气道管壁无软骨支撑、气体流速慢、阻力大、易阻塞,是呼吸系统疾病的常见病变部位。

呼吸系统的功能与气管、支气管的组织结构,即黏膜层、黏膜下层和外膜的功能有关。黏膜由假复层纤毛柱状上皮和分泌黏液的杯状细胞组成,纤毛具有清除呼吸道分泌物和异物的功能;杯状细胞分泌黏液。纤毛活动可因黏液分泌物的干燥、变稠,或因吸烟、吸入有害气体及病原体感染而受到不同程度的损害。纤毛活动能力减弱可导致呼吸道防御功能下降,诱发细菌感染。黏膜下层由疏松结缔组织组成,含黏液腺和黏液浆液腺。在慢性炎症时,腺体增生肥大,分泌亢进,使黏膜下层增厚,黏液分泌增多,黏稠度增加。外膜由C形软骨和结缔组织构成。软骨缺口由平滑肌、腺体和结缔组织封闭。随着支气管向外周分支,管腔逐渐变小,软骨成分减少,平滑肌相应增多。所以,支气管平滑肌收缩可引起广泛的小支气管痉挛,导致阻塞性呼吸困难。

(二)肺泡

肺泡是气体交换的场所。肺泡的上皮细胞包括Ⅰ型细胞、Ⅱ型细胞和巨噬细胞。Ⅰ型细胞为扁平细胞,与邻近的肺毛细血管内皮细胞和其间的基底膜融合而成为无定形颗粒层组成的肺泡毛细血管膜(呼吸膜)。Ⅱ型细胞产生表面活性物质,在肺泡表面形成一菲薄液膜,其功能为降低肺泡表面张力,维持肺泡稳定性,防止肺泡萎陷。

知识链接

肺表面活性物质，主要成分为二棕榈酰卵磷脂。其生理意义如下：由于肺泡表面活性物质有降低肺泡液气界面表面张力的作用，减弱了表面张力对肺毛细血管中液体吸引作用，避免了液体进入肺泡发生肺泡积液。由于表面活性物质的密度随肺泡的半径变小而增大，随半径的增大而变小，所以，小肺泡上表面活性物质密度大，降低表面张力的作用强，表面张力小，不致塌陷；大肺泡则表面张力大，不致过度膨胀，这样就保持了大小肺泡的稳定性，有利于吸入气体在肺内得到均匀分布。

（三）肺的血液供应

肺有双重血液供应，即肺循环和支气管循环。肺循环由右心室肺动脉肺毛细血管肺静脉左心房构成，称为功能血管，执行气体交换功能，是一个低压、低阻系统。支气管循环由支气管动脉和静脉构成，称为营养血管，提供各级支气管和肺的营养。

（四）胸膜

胸膜分为脏层胸膜和壁层胸膜。脏胸膜覆盖在肺的表面，在肺门处与壁胸膜相连，壁胸膜覆盖在胸壁内面。脏壁两层胸膜之间密闭潜在的腔隙称为胸膜腔，正常情况下其内压力低于大气压，且有少量液体起润滑作用。壁胸膜分布有感觉神经末梢，脏胸膜无痛觉神经，因此，胸部疼痛是由壁胸膜发生病变或受刺激引起。

（五）肺的呼吸功能

机体与外环境之间的气体交换称为呼吸，包括以下三种。①外呼吸，由肺通气和肺换气组成。②气体在血液中的运输。③内呼吸，指血液与组织细胞间的气体交换。

1. 肺通气　肺通气是外环境与肺之间的气体交换。常用以下指标衡量。

（1）每分通气量（MV或VE）：静息状态下，每分钟进或出肺的气体总量。MV=潮气量（VT）×呼吸频率，正常成人潮气量为400～500 mL，呼吸频率为12～18次/分，故每分通气量为6～8 L。

（2）肺泡通气量（VA）：指每分钟参与气体交换的气量，又称有效通气量。VA=（VT-VD）×呼吸频率。生理无效腔量（VD）是解剖无效腔量与肺泡无效腔量之和。解剖无效腔量是指吸入的气体留在口、鼻和气道中，没能参与气体交换的气量，一般为150 mL；肺泡无效腔量在正常情况下可忽略。

2. 肺换气　肺换气是指肺泡和血液之间的气体交换过程。

（六）肺的防御功能

呼吸系统具有十分完备的防御机制，保护机体免受侵害使损伤降至最低。主要包括，①物理防御：通过对致病因子的沉积、滞留和气道黏液-纤毛的清除作用完成的。②生物学防御：主要是上呼吸道的正常菌群。③神经学防御机制：主要是由有害因子刺激鼻黏膜产生的咳嗽反射、喷嚏和支气管收缩完成，以清除致病物质。④免疫防御：包括非特异性（溶菌酶、干扰素等）和特异性免疫（体液免疫和细胞免疫）。

（七）呼吸的调节

呼吸调节的目的是为机体提供氧气、排除二氧化碳和维持内环境稳态。机体通过中枢神经控制、神经反射性调节和化学反射性调节来完成。

二、呼吸系统疾病患者的评估

在全面、系统收集患者的主、客观资料的基础上，对呼吸系统疾病患者进行护理评估应着重注意以下内容。

【健康史】

1. 疾病的发生、发展及治疗经过　呼吸系统疾病多为慢性迁延过程，病情反复发作，应了解患者患病的起始时间、病因、诱因；主要症状（如咳嗽、咳痰、呼吸困难、胸痛等）的特点，症状加剧和缓解的有关因素或规律性；有无伴随症状和并发症的发生；还要了解既往做过何种检查，结果如何。用药情况如药物的名称、剂量、用法、用药后的效果及是否出现不良反应等。

2. 既往史　评估患者既往的健康状况，患病情况及治疗效果，有无手术、外伤、药物过敏史，以及预防接种史等。如支气管哮喘患者是否有明确的过敏原。

3. 生活史
（1）个人史。出生地和居住地环境情况、性别、年龄、职业、经济情况。居住地是否长期处在污染环境中，是否经常处于吸烟的环境中。
（2）生活方式。日常生活、工作、学习、睡眠等是否规律。日常活动量和活动耐力，能否胜任工作，社会交往、角色功能等是否有改变。
（3）吸烟史。有无吸烟嗜好，如吸烟，吸烟量以"包年"为单位。计算方法：每日吸烟包数×年数，其数量与慢性阻塞性肺疾病（COPD）关系密切。

【心理-社会状况】

1. 疾病知识　评估患者对疾病的发生、病程、预后及健康保健知识是否了解。如肺结核患者是否了解结核的传播途径和有效的隔离方法；慢性支气管炎患者对影响疾病发生、发展知识的认识。

2. 心理状态　呼吸系统疾病多为慢性迁延过程，病情反复发作，且疾病缓解率低，给患者的生活造成许多影响，持续存在咳嗽、胸痛、咯血、呼吸困难等症状，可能使患者产生不良情绪反应。因此，要评估患者是否存在焦虑、恐惧、自卑、抑郁等不良心理。

3. 社会支持系统　评估患者家庭成员组成，家庭经济、文化、教育背景，对患者所患疾病的认识、关心和支持程度；患者所在地区卫生保健资源情况及患者所在单位的支持情况等。

【身体状况】

呼吸系统疾病常见的主要症状和体征如下。

1. **咳嗽、咳痰** 咳嗽（cough）是一种呈突然、爆发性的呼气运动，是一种保护反射，借助咳嗽反射可以清除呼吸道分泌物和进入气道的异物。咳痰（expectoration）是借助支气管黏膜上皮纤毛运动、支气管平滑肌的收缩及咳嗽反射，将呼吸道分泌物从口腔排出体外的动作。咳嗽无痰或痰量甚少称干性咳嗽；伴有咳痰的咳嗽称湿性咳嗽。咳嗽、咳痰是呼吸系统疾病最常见的症状，评估时要注意以下几方面。

（1）咳嗽与咳痰的常见原因有以下几种。①呼吸道疾病：如咽喉炎、气管支气管炎、支气管扩张、支气管哮喘、支气管结核、支气管肺癌等。而呼吸道感染是引起咳嗽、咳痰最常见的原因。②肺实质和胸膜疾病：如肺炎、肺脓肿、胸膜炎、自发性气胸、肺水肿等。③心血管疾病：各种原因所致左心衰竭引起肺淤血或肺水肿，因肺泡及支气管内有浆液性或血性渗出物，可引起咳嗽。另外，右心或体循环静脉栓子脱落造成肺栓塞时也可引起咳嗽。④其他疾病或药物引起的：如脑炎、脑膜炎、精神性咳嗽、食管反流性疾病、服用β受体拮抗药或血管紧张素转换酶抑制剂等。

（2）咳嗽的性质、音色、时间与节律、痰液性状因病因不同而异。干咳或刺激性咳嗽常见于急慢性咽喉炎、急性支气管炎初期、气管受压、支气管异物、支气管肿瘤、胸膜疾病等；湿性咳嗽，常见于慢性支气管炎、支气管扩张、肺炎、肺脓肿和空洞型肺结核等；突发性咳嗽常由于吸入刺激性气体或异物引起；长期慢性咳嗽，多见于慢性支气管炎、支气管扩张、肺脓肿及肺结核；夜间咳嗽常见于左心衰竭患者；咳嗽声音嘶哑，多为声带的炎症或肿瘤压迫喉返神经所致；鸡鸣样咳嗽，多见于百日咳、会厌、喉部疾病或气管受压；金属音咳嗽，常见于因纵隔肿瘤、主动脉瘤或支气管癌直接压迫气管所致的咳嗽。痰的性质可分为黏液性、浆液性、脓性和血性等。铁锈色痰见于肺炎球菌肺炎；粉红色泡沫样痰是肺水肿的特征；急性呼吸道炎症时痰量较少；痰量增多常见于支气管扩张、肺脓肿，且排痰与体位有关，痰量多时静置后可出现分层现象：自上而下为泡沫层、脓性黏液层、混浊黏液层、坏死组织沉淀层；恶臭痰提示有厌氧菌感染。

2. **肺源性呼吸困难** 是指由呼吸系统疾病引起，患者主观感觉空气不足、呼吸不畅，客观表现为呼吸用力，并伴有呼吸频率、深度与节律异常。肺源性呼吸困难是由于呼吸系统疾病引起的通气、换气功能障碍，导致缺氧和（或）CO_2潴留引起。

（1）原因。常见于COPD、支气管哮喘；气管与支气管的炎症、水肿、肿瘤或异物所致狭窄或梗阻；肺炎、肺脓肿、肺淤血、肺水肿、肺不张、肺栓塞等疾病；也见于胸廓疾病（气胸、大量胸腔积液、严重胸廓畸形等）、呼吸肌麻痹、膈运动障碍等。

（2）呼吸困难的类型。临床根据病因不同可分为三种：①吸气性呼吸困难，吸气费力、吸气时间延长，重者出现"三凹征"，即胸骨上窝、锁骨上窝和肋间隙凹陷，常伴有干咳及高调喘鸣，多见于喉水肿、喉痉挛、气管异物、肿瘤或受压等引起的上呼吸道机械性梗阻。②呼气性呼吸困难，呼气费力、呼气时间延长，常伴有呼气性哮鸣音，多见于支气管哮喘、COPD等。③混合性呼吸困难，吸气与呼气均感费力，呼吸频率增快、变浅，常伴呼吸音减弱或消失，常见于重症肺炎、重症肺结核、大量胸腔积液和气胸等。

3. **咯血** 咯血（hemoptysis）是指喉以下呼吸道和肺部病变出血，血液随咳嗽经口腔咳出称为咯血。

（1）咯血原因。①支气管疾病：常见的是支气管内膜结核、支气管扩张等。②肺部疾病：肺结核、肺癌、肺炎、肺吸虫病等。③心血管疾病：二尖瓣狭窄、肺梗死、肺淤血等。④其他：如血液病、急性传染病、医源性感染等。咯血量的多少视病因和病变性质而不同，但与病变严重程度不完全一致。

（2）咯血量。根据咯血量临床将咳血分为痰中带血、少量咯血（<100 mL/d）、中等量咯血（100~500 mL/d）及大咯血（>500 mL/d，或一次>300 mL）。

（3）咯血的机制。炎症或肿瘤破坏支气管黏膜或病灶处的毛细血管，使黏膜下血管破裂或毛细血管通透性增加，一般咯血量较小；病变侵蚀小血管可出现中等量咯血；病变引起小动脉、小静脉瘘或曲张的黏膜下静脉破裂，或因为严重而广泛的毛细血管炎症造成血管破坏或通透性增加，多表现为大出血。大咯血常可阻塞呼吸道，导致窒息死亡。

4. 胸痛 胸痛主要由胸部疾病引起，常见于胸膜炎、自发性气胸、肺炎、胸膜肿瘤、支气管炎等。其他原因的胸痛有胸壁疾病（如带状疱疹、肋间神经炎等）、心脏与大血管疾病（如心绞痛、急性心肌梗死、主动脉夹层等）、纵隔疾病及其他疾病。评估时要注意胸痛有以下临床特点。

（1）疼痛部位。胸壁疾病疼痛部位局限且多有压痛；肺与胸膜的病变一般为单侧胸痛；心绞痛及心肌梗死的疼痛多位于胸骨后、心前区或剑突下，并向左肩、左臂内侧、左上肢放射。

（2）疼痛的性质。心肌梗死为压榨、窒息样疼痛；气胸是突然发作性锐痛；主动脉夹层疼痛呈撕裂样剧痛；肺梗死为突然发生的剧烈胸部刺痛或绞痛。

（3）疼痛的影响因素。肺炎、胸膜炎、自发性气胸可因深呼吸、咳嗽使疼痛加剧；心绞痛发作常由体力劳动或情绪激动、饱食、寒冷、吸烟、心动过速等诱发，休息或舌下含服硝酸甘油可缓解。

【实验室及其他检查】

1. 血液检查 呼吸系统感染患者，可有白细胞总数增加，中性粒细胞增加、核左移，有时还伴有中毒颗粒；嗜酸性粒细胞增多见于哮喘或寄生虫感染。

2. 痰液检查 痰液检查是诊断呼吸系统疾病病因、进行疗效观察及判断预后的重要检查。留取痰液标本的方法有以下几种方式。①自然咳痰法：通过患者的咳嗽将痰排出。②经气管穿刺吸痰法：用针从环甲膜处穿刺，将痰液吸出。③经纤维支气管镜吸引法：将气管镜插入气道，吸引出深部的痰液。后两种方法患者难以接受，但准确性高。咳痰法简便易行，最常用，但标本容易污染。采用咳痰法留取痰液的方法如下：晨起第一口痰吐掉，用清水或淡盐水漱口后留第二口痰。咳出的痰液放在预先准备好的无菌标本盒或瓶内，尽快送去检查。咳痰困难患者可予雾化吸入或口服祛痰剂后留取。

3. 影像学检查 影像学检查包括胸部X线透视、正侧位胸片、CT及MRI检查等，可明确病变部位、性质及有关气管支气管通畅程度等。MRI对纵隔疾病和肺动脉栓塞可有较大帮助。支气管造影术对支气管扩张、狭窄、阻塞的诊断有帮助。肺血管造影用于肺栓塞和各种血管先天的或获得性的病变；支气管动脉造影和栓塞术对咯血有较好的诊治价值。

4. 支气管镜和胸腔镜 纤维支气管镜能深入亚段支气管，直接窥视黏膜水肿、充血、溃疡、肉芽肿、新生物、异物等，做黏膜的刷检或钳检，进行组织学检查；并可经纤维支气管镜作支气管肺泡灌洗，用于将冲洗液进行微生物、细胞、免疫学、生物化学等检查，以利明确病原和病理诊断；还可通过它取出异物、诊治咯血；亦可经高频电力、激光、微波治疗良恶性肿瘤。借助纤维支气管镜的引导还可进行鼻气管插管治疗。胸腔镜广泛应用于胸膜活检和肺活检。

5. 呼吸功能测定　通过呼吸功能测定可了解呼吸系统疾病损害的性质及其程度。

（1）肺总容量（total lung capacity，TLC），指肺所能容纳的总气量，正常成年男性约为 5 000 mL，女性约为 3 500 mL。TLC 主要取决于呼吸肌的收缩能力、肺和胸廓的弹性及有效的肺泡通气数目等。

（2）用力肺活量（forced vital capacity，FVC），指最大吸气后用力呼出的气量，正常成年男性约为 3 500 mL，女性约为 2 500 mL。FVC 减少见于各种肺实质病变、肺气肿、胸膜病变、胸廓畸形、呼吸肌无力或麻痹等。

（3）残气量（residual volume，RV），指最大呼气末气道内残留的气量，正常成年男性约为 1 500 mL，女性约为 1 000 mL。功能残余气量（functional residual capacity，FRC）指平静呼气末肺内残留气量。正常成年人约为 2 300 mL。FRC 和 RV 的升高见于气道阻力增加；降低见于肺顺应性下降。RV、RV/TLC 明显增加，是阻塞性通气功能障碍的表现，常见于 COPD。

6. 胸腔积液检查　其目的是区别积液的性质是渗出液还是漏出液，对疾病的诊断和治疗有重要价值。

7. 胸膜或肺穿刺活组织检查　肺活检对原因不明的周围型局限性胸膜下肺实质肿块的诊断和治疗有重要意义。胸膜活检可用于了解胸膜的病变，进一步明确胸腔积液的原因。

（陈淑瑜）

任务二　支气管炎患者的护理

知识目标

1. 掌握：急性气管支气管炎的临床表现、护理诊断、护理措施。
2. 熟悉：急性气管支气管炎的辅助检查、治疗要点、健康教育。
3. 了解：急性气管支气管炎的病因及发病机制。

技能目标

能对急性气管支气管炎患者进行健康指导。

案例导入

病例：患者，男，68岁。一周前出现鼻塞，流涕，咳嗽，咳白色黏液样痰。查体：T 39.5℃，R 32次/分，P 130次/分，BP 140/85 mmHg。神志清楚，皮肤黏膜颜色潮红。下颌淋巴结肿大，两肺布满鼾音。心率130次/分，其余体检未见异常。临床诊断：急性气管支气管炎。

请问：1. 急性气管支气管炎的表现有哪些？列出2个主要的护理诊断。

2. 如何对患者进行健康指导？

急性气管支气管炎（acute tracheo-bronchitis）是由生物、物理、化学刺激或过敏等因素引起的气管、支气管黏膜的急性炎症。临床主要表现为咳嗽和咳痰。好发于寒冷季节或气候突变时，也可由急性上呼吸道感染迁延而来。

【病因及发病机制】

1. **感染** 可以由病毒、细菌直接感染，也可因急性上呼吸道感染的病毒或细菌蔓延引起。常见病毒为腺病毒、流感病毒、鼻病毒、单纯疱疹病毒、呼吸道合胞病毒和副流感病毒。常见细菌为流感嗜血杆菌、肺炎链球菌等，同时，衣原体和支原体感染也有所增加。急性气管支气管炎也可在病毒感染的基础上继发细菌感染。

2. **物理与化学因素** 过冷空气、粉尘、刺激性气体或烟雾（如二氧化硫、二氧化氮、氨气、氯气等）的吸入，可刺激气管、支气管黏膜而引起本病。

3. **变态反应** 吸入致敏原如花粉、有机粉尘、真菌孢子等，或对细菌蛋白质过敏，引起气管、支气管的变态反应。

【临床表现】

1. **症状** 急性气管支气管炎起病较急，全身症状较轻，可有发热。初为干咳或少量黏液痰，随后痰量增多、咳嗽加剧，偶伴痰中带血。咳嗽、咳痰可延续2~3周，如迁延不愈，可演变成慢性支气管炎。伴支气管痉挛时，可出现程度不同的胸闷气促。

2. **体征** 胸部听诊呼吸音正常或增粗，并可听到散在的干湿啰音。啰音部位不固定，咳嗽后可减少或消失。支气管痉挛时可闻及哮鸣音。

3. **并发症** 急性气管支气管炎如迁延不愈可演变成慢性支气管炎。

【实验室及其他检查】

1. **血常规** 周围血中白细胞计数和分类多无明显改变。细菌感染时，白细胞总数和中性粒细胞增多。痰涂片或痰培养可发现致病菌。

2. **胸部X线检查** 大多数表现正常或仅有肺纹理增粗。

【治疗要点】

1. **一般治疗** 休息、保暖、多饮水、补充足够的热量。

2. 抗感染治疗　有细菌感染应及时抗感染治疗。一般选用青霉素、头孢菌素、大环内酯类、氟喹诺酮类等抗菌药物。多数患者口服抗菌药物即可，症状较重者可经肌内注射或静脉滴注给药，少数患者需要根据病原体培养结果指导用药。早期选用抗病毒药有一定效果。可选用利巴韦林、奥司他韦、吗啉胍和抗病毒的中成药。

3. 对症治疗　咳嗽无痰者，可给予右美沙芬、喷托维林（咳必清）或可待因。咳嗽有痰而不易咳出者，可选用盐酸氨溴索、溴已新（必嗽平）等，也可雾化帮助祛痰。中成药止咳祛痰药也可选用。发生支气管痉挛者，可用平喘药物如茶碱类、β_2受体激动药等。发热可用解热镇痛药。

【护理诊断/问题】

1. 清理呼吸道无效　与支气管炎症、痰液黏稠有关。
2. 气体交换受损　与痰液阻塞气管和支气管痉挛有关。
3. 体温过高　与气管支气管感染有关。

【护理措施】

1. 休息与体位　保持室内空气新鲜，温湿度适宜。症状明显者卧床休息，症状轻者，适当活动，注意劳逸结合。
2. 饮食护理　饮食要清淡，少食多餐，给高蛋白质、高热量、高维生素的流质或半流质饮食。多饮温开水，以加快毒素排泄和降低体温。
3. 心理护理　本病愈后良好，仅少数患者可因咳嗽迁延不愈而发展为慢性支气管炎，应与患者耐心沟通，对病情做客观评价，解除患者的心理顾虑，缓解患者焦躁情绪。
4. 病情观察　注意疾病流行情况、鼻咽部发生的症状、体征及血常规和X线胸片改变。
5. 对症护理　进食后漱口或口腔护理，防止口腔感染；高热时可行物理降温或遵医嘱选用解热镇痛药物；咽痛、声嘶给予雾化吸入。
6. 用药护理　督促患者按时服药。凡应用抗生素者，注意观察有无迟缓过敏反应及不良反应发生。对于应用解热镇痛药者注意避免大量出汗。口服氨茶碱应在饭后服用或用肠溶片，避免对胃黏膜的刺激而引起恶心、呕吐、胃部不适感等。

【健康教育】

1. 疾病知识指导　指导患者和家属了解引起疾病的诱发因素及本病的有关知识。急性气管支气管炎起病往往先有上呼吸道感染症状，应及时到医院就诊。一般患者无须住院治疗，但有慢性心、肺基础疾病者，需住院接受呼吸支持和氧疗。
2. 休息与饮食　进食清淡、富有营养的饮食，多饮水。
3. 心理疏导　多数患者的预后良好，应指导患者正确认识疾病，解除患者的心理顾虑。
4. 用药指导　指导患者遵医嘱用药，告知药物的不良反应。
5. 避免诱因、增强机体抵抗力指导　平时应加强耐寒锻炼，增强体质。生活要有规律，避免过度劳累、受凉、淋雨、过度疲劳等诱发因素。寒冷季节或气候骤然变化时注意保暖，积极预防和治疗上呼吸道感染，症状改变或加重时应及时就诊。

（陈淑瑜）

任务三　肺炎患者的护理

知识目标

1. 掌握：肺炎球菌肺炎及肺炎支原体肺炎的临床表现、护理诊断及合作性问题、肺炎球菌肺炎的护理措施、健康教育。
2. 熟悉：肺炎球菌肺炎及肺炎支原体肺炎的实验室及其他检查、治疗要点。
3. 了解：肺炎的概念、分类、病因及发病机制。

技能目标

能对肺炎患者进行健康指导。

案例导入

病例：患者，女性，26岁。1周前因受凉出现发热、咳嗽、咳白色泡沫样痰，伴胸闷、胸痛。体格检查：T 39.8 ℃，P 94次/分，R 21次/分，BP 100/70 mmHg，神清，精神佳，咽部红肿，气管居中，左下肺闻及湿啰音。心率94次/分，律齐，腹平软。血常规：WBC $11.8×10^9$/L。

请问：1. 该患者可能的诊断是什么？写出2个主要的护理诊断。
　　　　2. 如何对患者进行对症护理？

　　肺炎（pneumonia）是指终末气道、肺泡和肺间质的炎症，可由病原微生物、理化因素、免疫损伤、过敏及药物所致，是呼吸系统的常见疾病。抗菌药物的出现及发展曾一度使肺炎病死率明显下降。但近年来，肺炎总的病死率又有所上升，在各种致死病因中居第五位。

　　肺炎可按解剖、病因或患病环境加以分类。

1. 按解剖部位分为　大叶性（肺泡性）、小叶性（支气管性）肺炎、间质性肺炎。
2. 按病因可分为　细菌性肺炎、病毒性肺炎、支原体肺炎、真菌性肺炎、其他病原体所致肺炎及理化因素所致的肺炎。其中以细菌性肺炎最常见。
3. 按患病环境分类　有社区获得性肺炎（CAP）和医院获得性肺炎（HAP）。CAP是指在医院外罹患的感染性肺实质炎症，包括具有明确潜伏期的病原体感染而在入院后平均潜伏期内发病的肺炎。主要病原体为肺炎球菌。HAP是指患者入院时不存在，也不处于潜伏期，而于入院48小时后在医院内发生的肺炎。无感染高危因素患者的常见病原体主要是肺炎链球菌等；有感染高危因素患者的主要病原体为金黄色葡萄球菌等。临床上以细菌性肺炎最常见，约占肺炎的80%。主要致病菌为肺炎球菌，其次为金黄色葡萄球菌、甲型溶血性链球菌、肺炎克雷白杆菌等。近年来，由于抗生素和免疫抑制剂的广泛应用，革兰阴性杆菌感染明显上升，如肺炎克雷白杆菌、铜绿假单胞菌、流感嗜血杆菌、大肠埃希菌等。革兰阴性杆菌肺炎病死率较高（30%~40%），老年及危重患者尤为难治。本任务重点讨论肺炎球菌肺炎患者的护理。

一、肺炎球菌肺炎患者的护理

肺炎球菌肺炎（pneumococcal pneumonia）是由肺炎球菌所引起的肺实质炎症，占社区获得性肺炎的首位。发病以冬季和初春为多，男性青壮年多见。临床以急骤起病，以寒战、高热、咳嗽、血痰及胸痛为特征。X线胸片呈肺段或肺叶急性炎性实变。近年来，因抗菌药物的广泛使用，致使本病的起病方式、症状及X线改变均不典型。

知识拓展

非典型性肺炎是指由一些不明微生物引起的肺炎。有可能是冠状病毒、肺炎支原体、肺炎衣原体、军团菌、立克次体、腺病毒等。"重症急性呼吸综合征（SARS）"的"传染性非典型肺炎"是由冠状病毒亚型引起。该病主要通过近距离飞沫传播、接触患者的分泌物及密切接触传播。大多数发生在青壮年。感染高峰在秋冬和早春。非典型性肺炎的潜伏期一般认为是2~12日，通常在4~5日。患者首先表现为高热、干咳、气短或呼吸困难、发冷、头痛、食欲缺乏、身体不适、皮疹和腹泻。肺部听诊阳性体征较少。X线胸片主要表现为间质性浸润。非典型性肺炎可能引起休克、心律失常或心功能不全、肾功能损害、肝功能损害、DIC、败血症、消化道出血等。全球范围内死亡率约为4%。

【病因及发病机制】

肺炎球菌为革兰阳性球菌，常成对或短链排列，有荚膜。其毒力大小与荚膜中的多糖结构及含量有关。机体免疫功能正常时，肺炎球菌是寄居在口腔及鼻咽部的一种正常菌群。机体免疫功能受损（如上呼吸道感染或淋雨、疲劳、醉酒、精神刺激等）时，细菌被吸入下呼吸道，在肺泡内繁殖并由其荚膜对组织侵袭作用引起肺泡壁充血、水肿，迅速出现白细胞和红细胞渗出，含菌渗出液经肺泡间孔蔓延至几个肺段或整个肺叶而致肺炎。其病理分期有充血期、红色肝变期、灰色肝变期和消散期。因肺炎球菌不产生毒素，故不引起原发性组织坏死，病变消散后肺组织结构多无损坏，通常不会留下纤维瘢痕。极个别可因机体反应性差，纤维蛋白不能完全吸收，形成机化性肺炎。

【临床表现】

1. 症状

（1）全身症状。患者发病前常有受凉、淋雨、疲劳、醉酒、病毒感染史，多有上呼吸道感染的前驱症状。典型表现为起病急骤、寒战、高热、全身肌肉酸痛，体温在数小时内升至39~41℃，呈稽留热型，或高峰在下午或傍晚。少数可伴恶心、呕吐、腹泻、腹胀等消化道症状。严重者可出现烦躁、意识模糊、昏迷等。

（2）呼吸系统症状。①咳嗽、咳痰：早期为干咳，以后痰量渐增多，典型者咳铁锈色痰。②胸痛：多为患侧，可放射到肩、腹部，咳嗽或深呼吸时加重。③呼吸困难：当病变范围广泛时，引起呼吸功能受损，表现为呼吸困难、发绀等。

2. 体征　患者呈急性发热病容，皮肤灼热、干燥，呼吸急促，鼻翼扇动，口唇微绀，口鼻周围可有单纯疱疹。早期肺部无明显异常体征。肺实变时，患侧呼吸运动减弱，触觉语颤增强，叩诊呈浊音，听诊呼吸音减弱，有病理性支气管呼吸音和湿啰音。消散期可闻及湿啰音。

3. 并发症　肺炎球菌肺炎的并发症近年来已很少见。严重败血症或毒血症患者易发生感染性休克，尤其是老年人。表现为血压降低、四肢厥冷、多汗、发绀、心动过速及心律失常等，而高热、胸痛、咳嗽等症状并不突出。其他并发症有胸膜炎、脓胸、心包炎、脑膜炎和关节炎等。

【实验室及其他检查】

1. 血液检查　白细胞计数明显增高，可达（20.0~30.0）×10^9/L。中性粒细胞多在80%以上，并有核左移或细胞质中出现中毒颗粒或空泡。年老体弱、免疫功能低下者仅有中性粒细胞百分比增高，白细胞计数可不升高。

2. 痰液检查　痰涂片，细菌培养为肺炎球菌。

3. 血培养　约20%的重症肺炎血培养阳性，为菌血症所致。早期应用抗生素可影响细菌培养的阳性率。

4. 胸部X线检查　充血期仅见病变部位肺纹理增粗、增深。肺实变期呈肺叶、肺段分布的片状、均匀、致密的阴影。消散期实变阴影密度逐渐减低，变为散在的、大小不等的片状阴影，一般常需3周完全消散。累及胸膜时，可见肋膈角变钝的胸腔积液征象。

【治疗要点】

1. 抗菌药物治疗　一经诊断即应给予抗菌药物治疗，首选青霉素，疗程7~14天，用药途径及剂量视病情轻重及有无并发症而定。轻症患者，240万U/d，分3次肌内注射；病情稍重者，240万~480万U/d，分3~4次静脉滴注；重症及并发脑膜炎者，增至1 000万~3 000万U/d，分4次静脉滴注。对青霉素过敏者，或感染耐青霉素菌株者，用氟喹诺酮类、头孢噻肟或头孢曲松等药物，感染多耐药（MDR）菌株可用万古霉素、替考拉宁或利奈唑胺。

2. 支持疗法及对症治疗　患者应卧床休息，注意补充足够蛋白质、热量及维生素，多饮水，密切监测病情变化。剧烈胸痛者，可酌用少量镇痛药；高热者可采用物理降温；气急、发绀者应吸氧；烦躁不安者可用镇静药物等。

3. 感染性休克的治疗

（1）补充血容量。是抗休克最基本的措施。可根据患者皮肤弹性、尿量多少、休克程度等情况及时补液以恢复血容量。一般先输低分子右旋糖酐，以迅速扩充血容量，然后酌情输5%葡萄糖液等。输液速度应先快后慢，输液量宜先多后少，可在中心静脉压监测下决定补液量和速度。中心静脉压 < 5 cmH$_2$O（0.49 kPa）可放心输液，当达到 10 cmH$_2$O（0.98 kPa）时应慎重。下列证据提示血容量已补足：口唇红润、肢端温暖、收缩压 > 90 mmHg、尿量 > 30 mL/h 以上。

（2）纠正酸中毒。以5%碳酸氢钠100～250 mL静脉滴注，或根据检查结果补充。

（3）糖皮质激素。对病情严重，全身毒血症状明显，可用氢化可的松每日100～300 mg，或地塞米松每日10～20 mg，静脉滴注，休克纠正后即可停用。

（4）血管活性药物。一般不作首选药物，多经上述处理后血压不回升，微循环不改善时用。如多巴胺、间羟胺。同时密切观察血压，调整药物浓度。

（5）控制感染。加大青霉素剂量或用头孢唑林，也可2～3种广谱抗生素联用。

（6）防治心肾功能不全。有心功能不全者，应减慢输液速度，控制入液量，并用毒毛花苷K或毛花苷C。若血容量已补充而仍无尿，或24小时尿量少于400 mL，相对密度低于1.018，提示可能并发急性肾衰竭，应紧急处理。

【护理评估】

1. 健康史　询问患者发病情况，有无受凉淋雨、过度疲劳、醉酒、大手术，是否长期使用糖皮质激素或免疫抑制剂。了解患者既往的健康状况，起病前是否存在使机体抵抗力下降、呼吸道防御功能受损的因素；患病后检查用药情况等。评估患者患病后对日常生活的影响，如饮食、睡眠、活动量等情况。

2. 心理-社会状况　肺炎起病多急骤，短期内病情严重，加之高热和全身中毒症状明显，患者及家属常有焦虑不安；当出现较严重的并发症时，患者会表现出忧虑和恐惧。

3. 身体评估

（1）一般状况。意识是否清醒，有无烦躁、嗜睡、反复惊厥、表情淡漠等；有无急性病容，鼻翼扇动。有无生命体征异常，如体温升高、下降或血压下降等。

（2）皮肤、淋巴结。有无面颊绯红、口唇发绀、皮肤黏膜出血、浅表淋巴结增大等。

（3）胸部。有无呼吸频率、节律异常；有无三凹征；有无胸部压痛；有无叩诊实音或浊音；有无肺泡呼吸音减弱或消失、异常支气管呼吸音、干湿啰音及胸膜摩擦音等。

4. 辅助检查

（1）血常规。有无白细胞计数及中性粒细胞的增加。

（2）痰涂片及痰培养。是否肺炎球菌阳性；药敏实验结果如何。

（3）胸部X线检查。有无呈肺叶、肺段分布的片状、均匀、致密的阴影。

（4）血气分析。是否有PaO$_2$降低和（或）PCO$_2$升高。

【护理诊断/问题】

1. 体温过高　与细菌引起肺部感染有关。
2. 清理呼吸道无效　与肺部炎症、痰液黏稠或咳痰无力有关。

3. 气体交换受损　与肺部广泛病变引起有效呼吸面积减少有关。

4. 潜在并发症　感染性休克。

【护理措施】

1. 休息与体位　病室应空气新鲜、清洁、安静和舒适。室温保持18～20℃、相对湿度在50%～60%为宜。发热患者应卧床休息，卧床休息可以减少组织耗氧量，利于机体组织的修复。尽量将治疗、检查与护理操作集中进行，避开患者的睡眠和进餐时间，确保患者得到充分的休息。

2. 饮食护理　应给予高热量、高蛋白、高维生素、易消化的流质或半流质饮食。鼓励患者多饮水，每日1 000～2 000 mL以上。高热、暂不能进食者则需静脉补液，注意控制滴速，以免引起肺水肿。若有明显麻痹性肠梗阻或胃扩张，应暂时禁食禁水，给予胃肠减压，直至肠蠕动恢复。

3. 心理护理　急性期患者常因担心病情恶化，出现情绪急躁。应以诚恳、和蔼的态度耐心帮助患者，使患者产生信任感和安全感。对由疾病所引起的躯体痛苦，给予心理上的安慰和疏导，向患者解释通过应用有效抗生素治疗，大部分患者愈后良好，消除其焦虑。使患者积极配合治疗和护理，促进身体康复。

4. 病情观察　观察咳嗽、咳痰的变化；定时监测和记录体温、呼吸、脉搏、血压、尿量；注意患者意识和尿量的改变；监测白细胞计数和分类、动脉血气分析结果。如发现高热患者体温骤降至正常体温以下、脉搏细速、脉压变小、呼吸浅快、烦躁不安、面色苍白、四肢厥冷、尿量减少（＜30 mL/h）等感染性休克的表现，应立即告知医师，及时采取救治措施。

5. 对症护理

（1）寒战、高热的护理。患者寒战时注意保暖，适当增加被褥；每4小时测体温1次并记录，患者高热时应予以物理降温如在额头冷敷湿毛巾、温水擦浴、乙醇擦拭、冰水灌肠等，或按医嘱给予退热剂。退热时出汗多者应及时更换衣服和被褥，并注意保持皮肤的清洁干燥。高热使唾液分泌减少，口腔黏膜干燥，同时机体抵抗力下降，易引起口唇干裂、口唇疱疹、口腔炎症、溃疡。应在清晨、餐后及睡前协助患者漱口，或用漱口液清洁口腔，口唇干裂可涂润滑油保护。必要时遵医嘱用退热药如阿司匹林、对乙酰氨基酚等。并注意观察药物不良反应。

（2）改善呼吸。协助患者取半坐卧位，以增强肺通气量减轻呼吸困难；指导有效的咳嗽，协助排痰，如拍背、雾化吸入、应用祛痰剂。气急发绀者应给予氧气吸入，氧流量为4～6 L/min，以提高血氧饱和度，纠正组织缺氧，改善呼吸困难。

（3）缓解疼痛。胸痛患者宜采取患侧卧位，通过减小呼吸幅度来减轻局部疼痛；咳嗽时可用枕头等物夹紧胸部，必要时用宽胶布固定胸廓，以降低胸廓扩张度，减轻疼痛；胸痛剧烈者，遵医嘱使用镇痛药；此外还可用物理止痛和中药止痛擦剂。

（4）感染性休克护理。①密切观察生命体征和病情变化，当出现早期休克征象（患者神志模糊、烦躁、发绀、面色苍白、四肢湿冷、脉搏细速、呼吸浅快、尿量减少等）时，随时与医师联系，及时采取救治措施。②将患者安置在监护室，专人护理。取抬高头胸部约20°，抬高下肢约30°仰卧中凹位，以利于呼吸和静脉血回流，增加心排血量。尽量减少搬动，并注意保暖。③迅速采用鼻导管吸氧，流量为4~6 L/min；患者发绀明显或发生抽搐时，需适当加大吸氧浓度，改善组织器官的缺氧状态。给氧前注意清除气道内分泌物，保证呼吸道通畅，达到有效吸氧。④迅速建立两条静脉输液通道，遵医嘱给予扩充血容量、纠正酸中毒、应用血管活性药物和糖皮质激素等抗休克治疗及应用抗生素抗感染治疗，恢复正常组织灌注，改善微循环功能。

6. 用药护理　遵医嘱早期应用足量、有效抗感染药物，并注意观察疗效及不良反应，发现异常及时报告。如使用青霉素应注意过敏反应；喹诺酮类药偶见皮疹、恶心等；头孢唑林可有发热、皮疹、胃肠道不适，偶见白细胞减少和丙氨酸氨基转移酶升高；氨基糖苷类有肾、耳毒性。

【健康教育】

1. 疾病知识指导　告知患者本病常见诱因、临床表现。教会患者发热时的自我护理及改善呼吸的方法。
2. 休息与饮食　注意休息，劳逸结合。给予高营养饮食，鼓励多饮水。
3. 心理疏导　告知患者，肺炎经积极治疗后，一般可彻底治愈，以减轻患者的焦虑。
4. 用药指导　出院后需继续服药者，应指导患者遵医嘱按时服药，向患者介绍药物的作用、用法、疗程和不良反应，防止自行减药或停药。
5. 避免诱因，增强机体抵抗力指导　出院后应戒烟，避免各种诱因，避免到人多的公共场所，预防上呼吸道感染。适当参加体育锻炼增强机体抗病能力。
6. 自我监测病情指导　出院1个月以后回院复查胸片。如有高热、寒战、胸痛、咳嗽、咳痰应立即就诊。必要时可接受流感疫苗、肺炎球菌疫苗注射。

知识拓展

肺炎疫苗为"23价肺炎球菌多糖疫苗"，能覆盖23种经常引起肺炎球菌感染的血清型，约90%的肺炎是由这23种血清型引起的。绝大多数健康的成年人，在接种后2~3周内，均能产生抵抗所有或大部分肺炎球菌的保护性抗体。23价肺炎疫苗可以有效地预防肺炎，已经在美国、英国、加拿大等30多个国家及地区应用14年以上，接种后保护率可达92%，具有良好的安全性，免疫功效可维持5年。本疫苗推荐用于2岁以上儿童、65岁以上的老人、免疫功能正常但患有慢性疾病者、免疫功能减弱者、脾切除或脾功能不全、高危环境中群居者或工作人员。

二、肺炎支原体肺炎患者的护理

肺炎支原体肺炎（mycoplasmal pneumonia）是由肺炎支原体引起的呼吸道和肺部的急性炎症改变，常同时有咽炎、支气管炎和肺炎。支原体肺炎约占非细菌性肺炎的1/3以上，或各种原因引起的肺炎的10%。全年均可发病，多见于秋冬季节，可散发或呈地区流行，好发于学龄儿童及青少年。

【病因及发病机制】

肺炎支原体是介于细菌与病毒之间，能独立生活的最小微生物，大小为200 nm。主要通过呼吸道传播，健康人吸入患者咳嗽、打喷嚏时喷出的口、鼻分泌物而感染，引起散发呼吸道感染或小流行。其发病机制主要由于支原体穿过宿主呼吸道黏膜表面的黏液纤毛层，黏附于黏膜上皮细胞上，且释放的有毒代谢产物导致纤毛运动减弱，细胞损伤。感染肺炎支原体后，可引起体液免疫和细胞免疫反应。病理改变主要为支气管炎、毛细支气管炎及间质性肺炎。

【临床表现】

本病通常起病较缓慢，潜伏期为2~3周。症状主要有乏力、咽痛、头痛、咳嗽、发热、食欲缺乏、腹泻、肌痛、耳痛等。咳嗽多为阵发性刺激性呛咳，咳少量黏液。发热可持续2~3周，体温恢复正常后可能仍有咳嗽。肺外表现如皮炎（斑丘疹和多形红斑）较为常见。体格检查可见咽部充血，儿童偶可并发鼓膜炎或中耳炎，颈淋巴结增大。胸部体格检查与肺部病变程度常不相称，可无明显体征。

【实验室及其他检查】

实验室检查血白细胞计数正常或略增高，以中性粒细胞为主。起病2周后，约2/3的患者冷凝集试验阳性，滴度效价大于1∶32，如果滴度逐步升高，更有诊断价值。血清支原体IgM抗体的测定可进一步确诊。直接检测标本中肺炎支原体抗原，可用于临床早期快速诊断。X线胸片显示肺部多种形态的浸润影，呈节段性分布，以肺下叶为多见，有的从肺门附近向外伸展。病变经3~4周后自行消散。部分患者出现少量胸腔积液。

【治疗】

本病有自限性，多数病例不经治疗可自愈。早期使用适当抗菌药物可减轻症状及缩短病程。大环内酯类抗菌药物为首选，如红霉素、罗红霉素和阿奇霉素。氟喹诺酮类如左氧氟沙星、加替沙星和莫西沙星等，以及四环素类也用于肺炎支原体肺炎的治疗。疗程一般为2~3周。

知识拓展

临床常见不同病原体肺炎的临床特征、X线特征及治疗要点比较，见表2-1。

表2-1 临床常见不同病原体肺炎的临床特征、X线特征及治疗要点比较

病原体	临床特征	X线征象及其他	治疗要点
肺炎球菌	起病急骤、寒战、高热、咳铁锈色痰、胸痛、肺实变征	肺叶肺段实变影、无空洞	首选青霉素G，过敏或耐药者选氟喹诺酮类、头孢噻肟等

续表

病原体	临床特征	X线征象及其他	治疗要点
金黄色葡萄球菌	起病急、寒战、高热气急、咳脓血痰、毒血症状严重、休克	肺小叶浸润、空洞、脓胸、可见液气囊腔、有易变性、中性粒细胞增多、核左移	选耐青霉素酶的半合成青霉素或头孢菌素如苯唑西林钠、头孢呋辛钠
肺炎克雷白杆菌	起病急、寒战、高热、砖红色胶冻状痰为特征	肺叶肺段实变阴影多发性蜂窝状脓肿	选氨基糖苷类或第二、第三代头孢菌素
支原体	起病缓、乏力、咳嗽肌痛,胸部特征与肺部病变不相称,冷凝集试验阳性可诊断	肺下叶多形态、节段性分布斑片状模糊阴影	早期使用抗菌药物可减轻症状及缩短病程。首选红霉素
铜绿假单胞菌	毒血症明显、咳黄绿色或翠绿色浓痰	痰培养可检出病原体	选氨基糖苷类或第二、第三代头孢菌素
衣原体	症状轻,发热、肌痛、干咳、头痛、咽喉痛、声音嘶哑	咽拭子分离出肺炎衣原体是诊断的金标准	首选红霉素,疗程均为14~21天
真菌性	发热、咳嗽、咳痰、胸痛、消瘦乏力等,肺部体征无特异性变化	过敏、化脓性炎症反应、慢性肉芽肿是诊断的金标准、X线无特征性	抗真菌药物氟康唑、两性霉素B等
病毒性	起病较急,发热、头痛、全身酸痛、倦息、咳嗽、少痰或白色黏液痰、咽痛等	肺纹理多、小片或广泛浸润。致病源不同,其X线征象亦有不同的特征	对症治疗及休息为主,预防交叉感染。抑制病毒药物阿昔洛韦、更昔洛韦等

(陈淑瑜)

任务四 支气管扩张患者的护理

知识目标

1. 掌握：支气管扩张的临床表现、护理诊断及合作性问题、护理措施。
2. 熟悉：支气管扩张的辅助检查、治疗要点、健康教育。
3. 了解：支气管扩张的概念、病因及发病机制。

技能目标

1. 能对支气管扩张患者进行健康指导。
2. 熟练掌握保持呼吸道通畅的方法。

案例导入

病例：患者，男，45岁。8年前开始反复咳嗽，咳黄脓痰，伴有咯血。4天前复发，病情加重，伴大量咯血。查体：血压80/50 mmHg，神志清，贫血貌，双下肺可闻及湿啰音，心率98次/分。腹软，无压痛、反跳痛。诊断：支气管扩张伴大咯血。

请问：1. 请提出2个主要护理诊断/问题。
2. 保持呼吸道通畅的护理有哪些？

支气管扩张（bronchiectasis）是指直径大于2 mm的中等大小的近端支气管及周围组织的慢性炎症和阻塞导致支气管弹性组织破坏引起的异常扩张及变形的慢性化脓性疾病。多见于儿童和青年。临床表现为慢性咳嗽、大量脓痰和（或）反复咯血。患者多有童年麻疹、百日咳或支气管肺炎等病史。随着人民生活的改善，麻疹百日咳疫苗的预防接种，以及抗生素的应用等，本病的发病率有减少趋势。

【病因及发病机制】

1. **支气管肺组织感染和阻塞** 婴幼儿时期支气管肺组织感染（如婴幼儿麻疹、百日咳、支气管肺炎），是支气管扩张最常见的原因。因婴幼儿支气管壁薄弱、管腔较细狭，易阻塞，反复感染破坏支气管壁各层组织，尤其是平滑肌和弹性纤维的破坏，削弱了对管壁的支撑作用。支气管炎症引起的支气管黏膜充血、水肿和分泌物阻塞管腔，致使引流不畅而加重感染。病变常累及两肺下部支气管，且左侧更为明显。另外，肺结核纤维组织增生和收缩牵引，或因支气管结核引起管腔狭窄、阻塞，均可引起支气管扩张，好发部位多在上叶尖后段或下叶背段。肿瘤、异物吸入，或因管外增大淋巴结压迫引起支气管阻塞也可导致支气管扩张。总之，感染引起支气管阻塞，阻塞又加重感染，两者互为因果，促使支气管扩张的发生与发展。

2. 支气管先天性发育缺损和遗传因素　此类支气管扩张较少见，如支气管先天性发育障碍、肺囊性纤维化、先天性丙种球蛋白缺乏症和低球蛋白血症等患者所发生的支气管扩张。

3. 全身性疾病　如类风湿关节炎、系统性红斑狼疮、克罗恩病、溃疡性结肠炎等疾病可同时伴有支气管扩张。心脏移植术后可因慢性肺移植物排斥发生支气管扩张。另外，支气管扩张可能与机体免疫功能失调有关。

【临床表现】

1. 症状

（1）慢性咳嗽伴大量脓痰。痰量与体位改变有关，如晨起或入夜卧床时咳嗽、痰量增多。呼吸道感染急性发作时，黄绿色脓痰明显增加，一日可达数百毫升，轻度 < 10 mL/d，中度 10 ~ 150 mL/d，重度 > 150 mL/d。若有厌氧菌混合感染时痰有恶臭，痰液静置后可出现分层的特征，自上而下分为三层：上层为泡沫层，中层为黏液或脓性黏液，底层为坏死组织沉淀物。

（2）反复咯血。50% ~ 75% 的患者有反复咯血，咯血量不等。咯血量多少与病变范围和程度不一定成正比。有的患者病变发生在上叶，以反复咯血为唯一症状，平时无咳嗽、咳脓痰等症状，称为"干性支气管扩张"。

（3）反复肺部感染。支气管引流不畅，痰不易咳出，可感到胸闷不适。炎症扩散到病变周围的肺组织，出现全身毒血症状，如高热、食欲缺乏、盗汗、消瘦、贫血等，大量脓痰排出后，患者体温下降，精神症状改善。

2. 体征　早期或干性支气管扩张可无异常肺部体征。病变重或继发感染时常可闻及两肺下方、背部固定位置的局限粗湿啰音；结核引起的支气管扩张，湿啰音多位于肩胛间区；慢性重症支气管扩张致肺功能严重障碍时，稍活动即有气急、发绀、伴有杵状指（趾）。

【实验室及其他检查】

1. 实验室检查　痰涂片或细菌培养可发现致病菌，继发急性感染时白细胞计数和中性粒细胞可增多。可有轻度贫血。

2. 胸部 X 线　早期无异常或仅见患侧肺纹理增多、增粗。典型的 X 线表现：粗乱肺纹理中有多个不规则的环状透亮阴影或沿支气管的卷发状阴影，感染时阴影内出现液平面。胸部 CT 检查显示：管壁增厚的柱状扩张，或成串成簇的囊样改变。高分辨 CT（HRCT）具有更高的空间和密度分辨率，已基本取代支气管造影。支气管造影可以明确支气管扩张的部位、性质、范围、严重程度，主要用于准备外科手术的患者。

3. 纤维支气管镜检查　部分患者可明确出血、扩张或阻塞部位，还可进行局部灌洗，局部止血，取冲洗液做病原体检查。

【治疗要点】

支气管扩张的治疗原则是消除病因，促进痰液排出，控制感染，处理咯血，必要时行外科手术治疗。

1. 控制感染　控制感染是急性感染期的主要治疗措施，应根据临床表现和痰培养结果，选用有效抗生素。轻者常用阿莫西林0.5 g，4次/日，口服，或用第一、二代头孢菌素。喹诺酮类药物和磺胺类药物也有一定疗效。重症患者常静脉给药，如头孢他啶、头孢吡肟和亚胺培南等。如有厌氧菌混合感染，加用甲硝唑、替硝唑或克林霉素。

2. 保持呼吸道通畅

（1）祛痰剂的使用。溴己新8～16 mg或盐酸氨溴索30 mg，3次/日，口服。

（2）支气管舒张药。支气管痉挛时，用β_2受体激动药或异丙托溴铵喷雾吸入，或口服氨茶碱及其缓释制剂。

（3）体位引流。体位引流有时较抗生素治疗更为重要，应根据病变部位采取相应体位进行引流。

（4）纤维支气管镜吸痰。如体位引流排痰效果不理想，可经纤维支气管镜吸痰及用生理盐水冲洗痰液，也可局部注入抗生素。

3. 手术治疗　如经内科治疗后仍有反复大量咯血或急性感染发作，病变范围不超过两叶肺且全身情况较好者，可考虑手术切除病变肺段或肺叶。

4. 咯血的处理　具体见本项目任务六肺结核患者的护理。

【护理诊断/问题】

1. 清理呼吸道无效　与大量脓痰滞留呼吸道有关。
2. 有窒息的危险　与痰液黏稠及大咯血有关。
3. 营养失调：低于机体需要量　与消耗增多、摄入不足有关。

【护理措施】

1. 休息与体位　支气管扩张感染严重，伴高热及咯血的患者应卧床休息，取舒适体位。慢性病患者适当活动，如散步、参加力所能及的工作和活动。保持病室环境的清洁、安静、空气新鲜，保持床单整洁。

2. 饮食护理　加强营养，宜摄入高热量、高蛋白、高维生素饮食，食物宜温凉，大咯血时应禁食。发热患者给予高热量流质饮食，以补充机体消耗。鼓励患者多饮水，保证每日1 500 mL的饮水量，充足的水分可稀释痰液，有利于排痰。保持口腔清洁，指导患者晨起、睡前、饭后和体位引流后漱口，防止口腔感染。

知识链接

适合支气管扩张患者吃的食物有花生、番茄、地瓜、萝卜、黄瓜、苦瓜、菜瓜、芹菜、冬瓜、绿豆芽、甘蔗、豆腐、豆浆、香蕉、蜂蜜、梨、丝瓜、菠菜等食物，不宜吃热性食物，如韭菜、羊肉、姜等食物。

3. 心理护理 由于疾病迁延不愈,患者极易产生悲观焦虑情绪;咯血时会出现极度恐慌甚至绝望的心理。应关心体贴患者,告知支气管扩张反复发作的原因及治疗进展,帮助患者树立战胜疾病的信心,消除不安心理。患者咯血时应陪伴床边,安慰患者并予以指导。

4. 病情观察 观察体温、咳嗽、咳痰或咯血的情况,记录痰量、颜色、黏稠度、气味等。大咯血时观察患者咯血量、次数、有无窒息表现、监测生命体征。剧烈、频繁的咳嗽应注意休息,保持舒适体位,如患者能耐受,尽可能让患者采取坐位或半坐位,并注意让患者的脊柱尽量挺直以利肺部扩张。

5. 对症护理 对症护理主要是保持呼吸道通畅。

(1) 指导有效咳嗽、咳痰。适用于神志清醒能咳嗽的患者。其方法为:根据病情需要,取舒适体位,先行5~6次深呼吸,于深吸气末屏气,继而咳嗽数次使痰到咽部附近,再用力咳嗽将痰排出;或患者取坐位,两腿上置一枕头,顶住腹部(促进膈肌上升),咳嗽时身体前倾,头颈屈曲,张口咳嗽将痰液排出。嘱患者取侧卧深屈膝位,有利于膈肌、腹肌收缩和增加腹压,并经常变换体位有利于痰液咳出。

(2) 湿化呼吸道。适用于痰液黏稠而不易咳出者,其目的是湿化气道,稀释痰液。有超声雾化法和蒸气吸入法。常用的湿化剂有生理盐水、蒸馏水。可在雾化液中加入祛痰药(α糜蛋白酶)和(或)抗生素(庆大霉素)等排痰消炎的药物效果更佳。湿化气道时应注意以下几点。①防止窒息,干稠分泌物湿化后膨胀阻塞支气管,应帮助患者翻身、拍背,及时排痰。②控制湿化温度,一般在35~37℃。③避免过度湿化,湿化时间以10~20分钟为宜。④防止感染。

(3) 胸部叩击与胸壁震颤。适用于长期卧床、久病体弱、排痰无力的患者。

胸部叩击的方法为患者取侧卧位,护士两手手指并拢,手背隆起,指关节微屈(图2-3),以手腕力量,从肺底由下向上、由外向内迅速而有节律叩击胸壁,震动气道,边拍边鼓励患者咳嗽,以进一步促进痰液排出,每侧胸部反复叩击1~3分钟。

胸壁震颤的方法为双手掌重叠并将手掌放置在欲引流的部位,吸气时手掌放开,呼气时手掌紧贴胸壁,并施加压力做上下抖动,震颤患者胸壁5~7次,每个部位重复3~4个呼吸周期(图2-4)。震颤只在呼气期进行,且在叩击后实施。

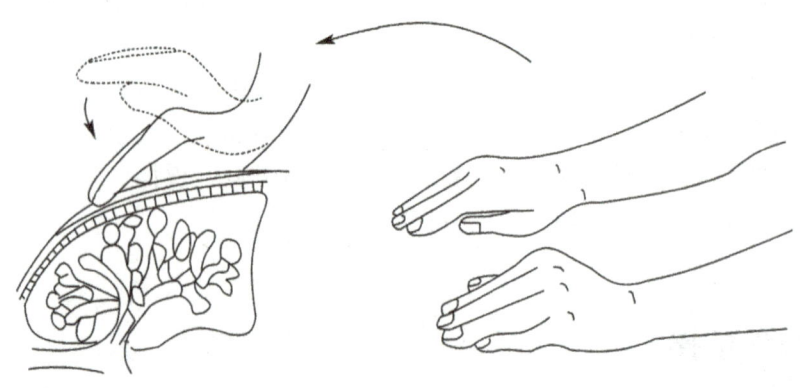

图2-3 胸部叩击法

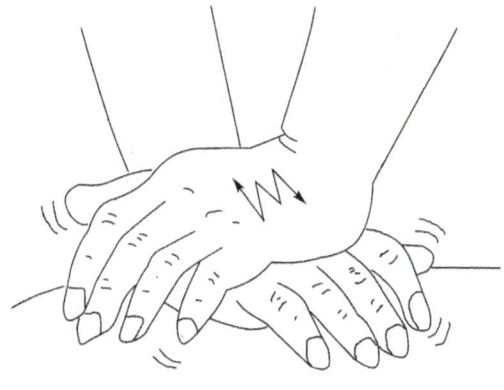

图 2-4 胸壁震荡法

胸部叩击与胸壁震颤的注意事项：①咯血、低血压、肺水肿、未经引流的气胸、肋骨骨折及有病理性骨折史者，禁做叩击和震颤。②进行叩击、震颤前要向患者作简要说明，以取得患者的理解与配合。③肺部听诊以明确痰鸣音或湿啰音的部位，操作时注意观察患者的反应，操作后询问患者的感受，观察咳嗽、排痰情况，复查肺部呼吸音变化。④叩击的力量要适中，以患者不感疼痛为宜，若叩击时发出一种空而深的拍击音则表明手法正确，若出现拍打实体的声音则说明手法错误。⑤每次叩击和震颤时间以 15~20 分钟为宜，安排在餐前进行，并在餐前 30 分钟完成。⑥震颤应在每个部位被叩击后且只在呼气期进行，震颤后要鼓励患者运用腹肌咳嗽。⑦叩击时应避开乳房和心脏，勿在骨突起部位进行，如胸骨、肩胛骨及脊柱。⑧为预防直接叩击胸壁引起皮肤发红，宜用单层薄布覆盖皮肤，而过厚的覆盖物会降低叩击时所产生的震动而影响效果，叩击时要避开纽扣、拉链、乳房、心脏等部位。

（4）体位引流。体位引流是利用重力作用使肺、支气管内的分泌物引出体外，又称重力引流。适用于有大量痰液而排出不畅时。见本项目"呼吸系统常用诊疗技术及护理"的体位引流。

（5）机械吸引。适用于意识不清、咳嗽反射减弱致排痰困难者。经患者的口、鼻腔、气管插管或气管切开处进行负压吸痰。吸痰前应对患者或家属讲解吸痰的意义及过程。吸痰注意事项：①吸痰前应检查吸引器效能是否良好，各种连接管连接是否严密、正确。②吸痰时要遵守无菌操作的原则，各种无菌物、导管及无菌水均应每日更换，以防污染呼吸道。③吸痰时动作要迅速、轻柔、无损伤。吸痰管前用生理盐水湿润吸痰管，插入深度以 15~20 cm 为宜。④每次吸痰时间不超过 15 秒，两次抽吸间隔大于 3 分钟。⑤为防止吸痰引起低氧血症，重症患者应在吸痰前后适当提高吸入氧的浓度。⑥痰液黏稠时应先稀释痰液。⑦电动吸引器每次连续使用时间不超过 2 小时。⑧密切观察痰液的性质和患者的反应。

6. 用药护理　遵医嘱应用抗菌药、祛痰药、支气管扩张剂等药时，注意观察药物疗效及不良反应。

【健康教育】

1. 疾病知识指导　告知患者常见发病因素，保持呼吸道通畅的方法。患者要戒烟，应学会自我监测病情，掌握体位引流。

2. 休息与饮食　加强营养，宜摄入高热量、高蛋白、高维生素饮食。

3. 心理疏导　支气管扩张为不可逆病变，患者对此要有充分认识。

4. 用药指导　注意观察药物疗效及不良反应。

5. 避免诱因，增强机体抵抗力指导　生活起居要有规律，保证适当休息，注意劳逸结合，防止情绪激动和过度活动而导致咯血的发生和加重。加强锻炼，减少急性发作。

6. 自我监测病情指导　出院后要定期复查。如有咳嗽加剧、痰量增多、发热、咯血等症状要及时到医院就诊。

（陈淑瑜）

任务五　肺脓肿患者的护理

知识目标

1. 掌握：肺脓肿的实验室及其他检查、治疗要点。
2. 熟悉：肺脓肿患者的临床表现、护理措施及健康教育。
3. 了解：肺脓肿的概念、致病因素及分类。

技能目标

能对肺脓肿患者进行健康教育。

案例导入

病例：患者，男，35岁。发热伴咳嗽、咳痰十余天。两天前突然咳大量脓臭痰，无痰中带血。有胸闷，胸痛，呼吸稍费力。体检：左侧呼吸运动减弱，左下肺叩诊浊音，左肺呼吸音弱，可闻湿啰音。诊断：左肺脓肿。

请问：1. 请提出2个主要护理诊断/问题。

2. 保持呼吸道通畅的护理有哪些？

肺脓肿（lung abscess）是由多种病原菌引起肺实质坏死的肺部化脓性感染。临床特点为高热、咳嗽、咳大量脓性痰。多发生于青壮年男性及体弱或原有慢性呼吸系统疾病的老人。

【病因及发病机制】

肺脓肿的主要病原体是细菌，常为口腔、上呼吸道的定植菌，包括需氧菌、厌氧及兼性厌氧菌。厌氧菌感染占主要地位。免疫力低下者，如接受化疗、白血病或艾滋病患者其病原菌可为真菌。根据感染途径，肺脓肿可分为以下类型。

1. 吸入性肺脓肿　是临床上最多见的类型，病原体多为厌氧菌。病原体经口、鼻、咽吸入致病，误吸是主要原因。正常情况下，呼吸道有较完善的防御能力，可防止误吸。在麻醉、醉酒、脑血管意外等引起意识障碍或过度疲劳、受凉等诱因，全身抵抗力与呼吸道防御能力降低，可吸入病原菌致病。也可由鼻窦炎、牙龈脓肿的脓性分泌物被吸入致病。脓肿常为单发，好发于右肺。在仰卧位时，好发于上叶后段或下叶背段；坐位时，好发于下叶后基底段；右侧位时，则好发于右上叶前段或后段。

2. 继发性肺脓肿　可继发于：①某些肺部疾病如细菌性肺炎、支气管扩张、支气管肺癌、空洞型肺结核。②肺部邻近器官化脓性病变，如膈下脓肿、肾周围脓肿、脊柱脓肿或食管穿孔感染穿破至肺形成肺脓肿。③支气管异物堵塞，是导致小儿肺脓肿的重要因素。

3. 血源性肺脓肿　因皮肤外伤感染、疖、痈、骨髓所致的败血症、脓毒菌栓经血行播散到肺，引起小血管栓塞、炎症、坏死而形成肺脓肿。常为两肺外周部的多发性病变。致病菌以金黄色葡萄球菌常见。

【临床表现】

1. 症状

（1）全身症状。多数起病急骤，有畏寒、发热，体温可高达39~40℃，多为弛张热。病变范围大者可有精神不振、乏力、食欲下降等全身中毒症状。在咳出大量脓痰后，全身症状好转，体温下降。

（2）呼吸道症状。①咳嗽、咳痰，咳黏液痰或黏液脓性痰。当感染不能及时控制，于发病的10~14天，突然咳出大量脓臭痰和坏死组织，每日可达300~500 mL，静置后分为3层。②咯血，约有1/3患者有不同程度咯血，偶有中、大量咯血而突然窒息死亡。③胸痛和呼吸困难，炎症累及胸膜及病变范围大时可有胸痛和呼吸困难。若肺脓肿破溃到胸膜腔，则有突发性胸痛、气急，出现脓气胸。

2. 体征　与肺脓肿的大小、部位有关。病变大而表浅者，可有实变体征，异常支气管呼吸音；病变累及胸膜，有胸膜摩擦音或胸腔积液体征。慢性肺脓肿常有杵状指（趾）、贫血和消瘦。

【实验室及其他检查】

1. 血液检查　患者白细胞总数可达（20~30）×10^9/L，中性粒细胞可达90%以上，核左移明显，常有中毒颗粒。慢性患者的血白细胞可稍升高或正常，红细胞和血红蛋白减少。

2. 病原体检查　气道深部痰标本细菌培养可有厌氧菌和（或）需氧菌存在。

3. 胸部X线检查　早期表现大片浓密模糊浸润阴影；当咳出大量浓痰后，可见圆形透亮区及液平面；经脓液引流和抗生素治疗后，仅残留纤维条索状阴影。如脓肿转为慢性，则空洞壁变厚，周围纤维组织增生，邻近胸膜肥厚，纵隔向患侧移位。血源性金黄色葡萄球菌肺脓肿有多个脓肿，周围可见气囊样变，具有特征性。

【治疗要点】

本病的治疗原则是抗生素治疗和痰液引流。

1. **抗生素治疗** 一般选用青霉素。对青霉素过敏或不敏感者，可用林可霉素、克林霉素或甲硝唑等药物。若疗效不佳，要注意根据细菌培养和药物敏感试验结果选用有效抗菌药。
2. **体位引流** 可缩短病程，提高疗效。
3. **手术治疗** 以下情况可选择手术治疗：经内科治疗，病变未见明显好转；大咯血内科治疗无效；并发支气管胸膜瘘或脓胸经治疗效果不佳；怀疑肿瘤阻塞。

【护理诊断/问题】

1. **体温过高** 与肺组织炎症坏死有关。
2. **清理呼吸道无效** 与脓痰聚积有关。
3. **营养失调：低于机体需要量** 与肺部感染导致机体消耗增加有关。
4. **气体交换受损** 与气道内痰液聚积、肺部感染有关。
5. **疼痛（胸痛）** 与炎症延及胸膜有关。

【护理措施】

1. 一般护理

（1）休息与环境。高热及全身症状重者应卧床休息，定时开窗通风，保持室内空气流通。

（2）降温处理。密切监测生命体征，如有异常情况，立即通知医生并协助处理。高热时予以物理降温或药物降温。患者寒战时注意保暖，协助饮温开水，适当增加盖被，大量出汗者应及时更换衣服和被褥，并保持皮肤的清洁干燥。

（3）饮食及营养。给予清淡、易消化，富含维生素及足够热量的饮食。对不能进食者，必要时用鼻饲补充营养。鼓励患者多饮水，以稀释痰液。

2. **口腔护理** 肺脓肿患者由于高热、咳大量脓臭痰，以及大量使用抗生素等，易发生口腔炎、口腔黏膜溃疡或真菌感染，应加强口腔护理，在晨起、临睡前、餐后及体位引流后应协助患者漱口。

3. **咳嗽、咳痰的护理** 肺脓肿患者通过咳嗽可排出大量浓痰，因此，应鼓励患者进行有效的咳嗽。经常活动和变换体位，以利痰液排出。要注意观察痰的颜色、形状、气味和静置后是否分层。准确记录24小时痰液排出量。当发现血痰时，应及时报告医生；咯血量大时需严密观察病情变化，准备好抢救药品和用品，嘱患者取患侧卧位，头偏向一侧，警惕大咯血或窒息的突然发生。

4. **体位引流的护理** 具体见本项目"呼吸系统常用诊疗技术及护理"的体位引流。

5. **用药护理** 遵医嘱合理应用抗生素、祛痰剂、支气管扩张剂，注意观察药物疗效和不良反应。

【健康教育】

1. 疾病预防指导　患者应彻底治疗口腔、上呼吸道感染病灶如龋齿、化脓性扁桃体炎、鼻窦炎、牙周溢脓等,以防止病灶分泌物吸入肺内,诱发感染。重视口腔清洁,经常漱口,多饮水,预防口腔炎的发生。积极治疗皮肤外伤、感染、疖、痈等化脓性病灶,不挤压疖、痈,防止血源性肺脓肿的发生。

2. 疾病知识指导　教会患者有效咳嗽、体位引流的方法。指导慢性病、年老体弱患者家属经常为患者翻身、拍背,促进痰液排出,疑有异物吸入时要及时清除。不过度劳累、吸烟、酗酒,积极锻炼身体,提高抗病能力。

3. 用药指导　抗菌治疗时间需6~8周,必须向患者解释,使之遵从治疗计划。

4. 识别并发症　患者出现高热、咯血、呼吸困难等表现时应警惕大咯血、窒息的发生,需立即就诊。

(陈淑瑜)

任务六　肺结核患者的护理

知识目标

1. 掌握:肺结核的临床表现、护理诊断及合作性问题、护理措施及预防措施。
2. 熟悉:肺结核的临床分型、辅助检查、治疗要点、健康教育。
3. 了解:肺结核的概念、流行病学资料、病因及发病机制。

技能目标

1. 能对肺结核患者进行健康指导。
2. 熟练掌握结核病的预防方法。

案例导入

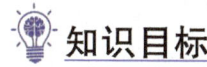

病例:患者,男性,62岁。2个月前劳累后咳嗽,咯血伴低热、盗汗、胸闷、乏力。既往有"肺结核"病史。查体:T 37.4℃,P 94次/分,R 22次/分,BP 130/80 mmHg,两上肺闻及少量湿啰音,心率94次/分。化验:Hb 110 g/L,WBC 4.5×10^9/L,N 53%,L 47%,PLT 210×10^9/L,ESR 35 mm/h。

请问:1. 请提出相应的护理诊断。

2. 如何对患者进行健康教育？

肺结核（pulmonary tuberculosis）是由结核分枝杆菌侵入人体引起的肺部慢性感染性疾病。结核分枝杆菌可累及全身多个脏器，但以肺结核最为常见。临床上多呈慢性过程，少数可急性起病。主要临床表现有低热、乏力、盗汗、消瘦等全身症状和咳嗽、咯血、胸痛等呼吸系统症状。结核病的基本病理变化是炎性渗出、增生和干酪样坏死，以破坏与修复同时进行为特点。2010年统计结果显示，我国活动性肺结核患者约100万。通过加强结核病防治工作和落实现代结核病控制实施方案，近十年来我国的结核病疫情呈下降趋势，但西部地区肺结核患病率明显高于全国平均水平。结核病防控工作任重而道远，必须坚持不懈地加强结核病防控工作。

【病因及发病机制】

1. **结核分枝杆菌** 结核分枝杆菌属分枝杆菌属，分为人型、牛型、非洲型和鼠型四类，其中对人类致病的主要是人型结核分枝杆菌，少数为牛型菌感染。结核分枝杆菌涂片染色具有抗酸性，生长缓慢，抵抗力强，在阴湿环境中可存活数月，但阳光下暴晒 2~7 小时，5%~10% 甲酚皂接触 2~12 小时，70% 乙醇接触 2 分钟，煮沸 5 分钟，10W 紫外线灯距照射物 0.5~1m，照射 30 分钟，均可将其杀灭。将痰吐在纸上直接焚烧是最简易的灭菌方法。

2. **感染途径** 呼吸道感染是肺结核的主要感染途径，飞沫感染为最常见的方式。传染源主要是排菌的肺结核患者（尤其是痰涂片阳性、未经治疗者）的痰液。健康人吸入患者咳嗽、打喷嚏时喷出的飞沫而受感染。感染的次要途径是经消化道进入体内。其他感染途径，如经皮肤、泌尿生殖系统等，比较少见。

3. **人体的反应性** 感染结核分枝杆菌后机体可发生以下两种反应。

（1）免疫力。人体感染结核分枝杆菌后，可产生非特异性免疫力和特异性免疫力，后者是通过接种卡介苗或感染结核分枝菌后所获得的，获得性免疫显著强于自然免疫。人体感染结核分枝杆菌后，因具有免疫力可杀灭入侵的结核分枝杆菌，防止发病，或使病情减轻。结核病的免疫主要是细胞免疫，表现为淋巴细胞的致敏与吞噬细胞功能的增强。但在糖尿病、艾滋病及其他慢性疾病，营养不良，使用糖皮质激素、免疫抑制剂等，使人体免疫功能低下的情况下，则易受结核分枝杆菌感染而发病，或使原先稳定的病灶重新活动。

（2）变态反应。是结核分枝杆菌侵入人体 4~8 周，机体对结核分枝杆菌及其代谢产物所发生的一种敏感反应，属于Ⅳ型（迟发性）变态反应。可通过结核菌素试验来测定。结核病的变态反应可引起发热、乏力、多发性关节炎、皮肤结节性红斑、疱疹性角结膜炎等。人体感染结核分枝杆菌后发生的变态反应和获得性免疫力是同时存在的。

4. **初感染与再感染** 机体对结核分枝杆菌初感染与再感染产生出不同反应的现象，称为科赫（Koch）现象。肺部首次感染结核分枝杆菌后（初感染），细菌被吞噬细胞携至肺门淋巴结（淋巴结增大），并可全身播散（隐性菌血症），此时若机体免疫力低下，可能发展为原发性进行性结核病。但在成人（往往在儿童时期已受过轻度结核感染，或已接种卡介苗），机体已有一定的免疫力，此时的再感染，多不引起局部淋巴结增大，也不易发生全身播散，而在再感染时局部发生剧烈组织反应，病灶多有渗出，甚至干酪样坏死、液化而形成空洞。

 知识链接

Robert Koch（科赫，1843—1910年），德国医师和细菌学家，世界病原细菌学的奠基人和开拓者。对医学事业所作出的开拓性贡献，也使科赫成为在世界医学领域中令德国人骄傲无比的泰斗巨匠。其科学成就：①1905年因研究结核病，发现结核分枝杆菌与结核菌素而荣获诺贝尔生理学及医学奖。②被授予德国的皇冠勋章。③被授予红鹰大十字勋章（为医学界第一位获此荣誉者）。④因对霍乱研究作出的贡献而获10万德国马克奖金。⑤德国政府于1907年为纪念他的成就，设了一笔100万马克的基金。⑥1897年被选为英国皇家学会会员。⑦1903年被选为法国科学院院士。

5. 肺结核的发生与发展　临床上肺结核可分为原发性和继发性两大类。结核分枝杆菌初次感染而在肺内发生的病变，称为原发性肺结核，常见于小儿。此时，人体的免疫反应性低，结核分枝杆菌在肺部形成渗出性炎症病灶，称为原发病灶。原发病灶中的结核分枝杆菌常沿淋巴管到达淋巴结，引起淋巴管炎和淋巴结炎。肺部原发病灶、淋巴管炎和局部淋巴结炎，统称为原发复合征。原发病灶继续发展，可直接或经血液播散至邻近组织器官。大多数原发性肺结核病灶中的结核分枝杆菌被消灭，病灶迅速吸收、钙化愈合，但仍然有少量结核分枝杆菌未被消灭，长期处于休眠期，称为潜在病灶，当机体抵抗力下降时，这些结核分枝杆菌则重新生长繁殖而发生结核病。继发性肺结核是指原发性结核感染后，遗留下来潜伏在肺内的结核分枝杆菌重新活跃或结核分枝杆菌再感染而发生的结核病。通常发生在受过结核分枝杆菌感染的成年人。继发性肺结核有明显的临床症状，容易出现空洞和排菌，有传染性，是防治工作的重点。肺结核的演变过程如图2-5所示。

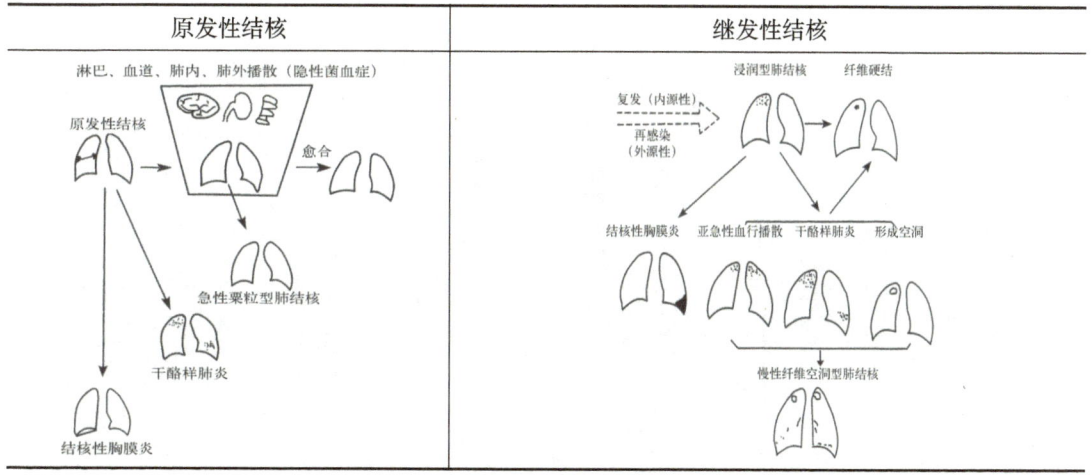

图2-5　肺结核演变过程示意图

【临床表现】

各型肺结核的临床表现不尽相同,但有共同之处。

1. 症状

(1) 全身症状。发热最常见,多为长期午后低热。部分患者有乏力、食欲缺乏、盗汗、体重减轻等全身毒性症状。若肺部病灶进展播散时,可有不规则高热、畏寒等。育龄女性有月经失调或闭经。

(2) 呼吸系统症状。常见症状为咳嗽、咳痰、咯血、胸痛、呼吸困难等。

1) 咳嗽、咳痰:一般为干咳或只有少量白色黏液痰。有空洞形成时痰量增多;合并细菌感染时,痰呈脓性且量增多;合并厌氧菌感染时有大量脓臭痰;合并气管结核表现为刺激性咳嗽。

2) 咯血:1/3~1/2的患者有不同程度咯血,咯血量不等,多为小量咯血,少数严重者可有大量咯血,甚至发生失血性休克。

3) 胸痛:病变累及壁层胸膜时有胸壁刺痛,且随呼吸和咳嗽而加重。

4) 呼吸困难:多见于干酪样肺炎和大量胸腔积液患者,也可见于纤维空洞型肺结核患者。

2. 体征　体征取决于病变的性质和范围。病变范围小或位置深者多无异常体征;渗出性病变范围较大或干酪样坏死可有肺实变体征;好发于上叶的尖后段和下叶背段;肺有广泛纤维化或胸膜粘连增厚者,对侧可有代偿性肺气肿体征;结核性胸膜炎时有胸腔积液体征;支气管结核可有局限性哮鸣音。

3. 临床类型

(1) 原发性肺结核。含原发综合征和胸内淋巴结结核。系初次感染结核菌引起,常见于儿童及从边远山区、农村初进城市的成人。首先在肺部形成渗出性炎性病灶(原发病灶,部位多在上叶底部、中叶或下叶上部),继而引起淋巴管炎和肺门淋巴结炎。症状多轻微而短暂,类似上呼吸道感染,有低热、咳嗽、食欲缺乏、体重减轻等。X线胸片表现为哑铃状阴影(图2-6),即原发病灶、淋巴管炎和肺门淋巴结增大,形成典型的原发综合征。大多数病灶可自行吸收或钙化。

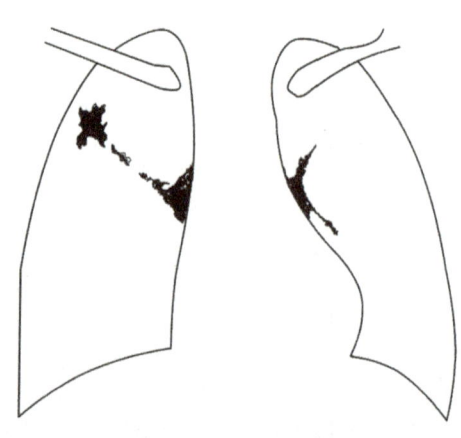

图2-6　原发综合征

（2）血行播散型肺结核。包括急性血行播散型肺结核（急性粟粒型肺结核）及亚急性、慢性血行播散型肺结核。急性粟粒型结核多见于婴幼儿和青少年。当机体免疫力下降时，大量结核分枝杆菌进入血液循环在肺内形成广泛播散，引起急性血行播散型肺结核，起病急，全身毒血症状重，有高热、盗汗、气急、发绀等表现，常可并发结核性脑膜炎。X线显示两肺满布粟粒状阴影，大小、密度、分布均匀，结节直径 2 mm 左右（图2-7）。当机体免疫力较强时，少量的结核分枝杆菌分批经血液循环进入肺部，形成亚急性、慢性血行播散型肺结核。临床可无明显中毒症状，病情发展也较缓慢，X线两肺上中部形成大小不均、新旧不等的结核病灶（图2-8）。

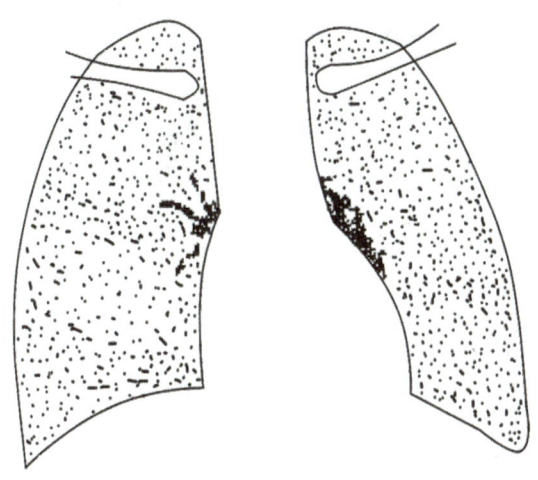

图2-7　急性血行播散型肺结核

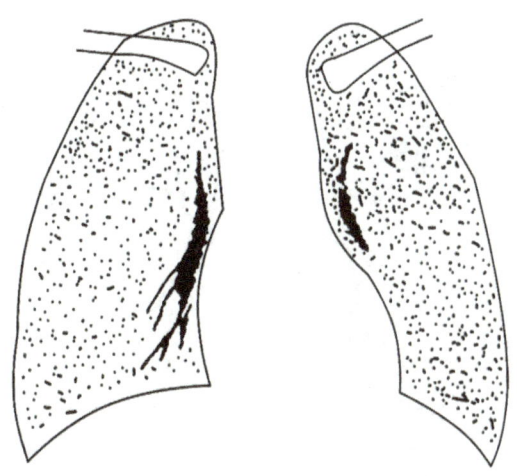

图2-8　亚急性或慢性血行播散型肺结核

（3）继发性肺结核。是成人肺结核的最常见类型，病程长，易反复。包括浸润型肺结核、慢性纤维空洞型肺结核和干酪样肺炎等。临床症状根据病灶性质、范围大小和个体反应性而不同。

1)浸润型肺结核:为最常见的继发性肺结核,病变多发生在肺尖和锁骨下,包括浸润渗出性结核病变和纤维干酪增殖病变。X线显示为片状、絮状阴影,可融合形成空洞(图2-9)。渗出性病变易吸收,而纤维干酪增殖病变吸收慢,可长期无改变。

2)空洞型肺结核:空洞由干酪渗出病变溶解形成,洞壁不明显、有多个空腔,形态不一。空洞性肺结核多有支气管播散,临床表现为发热、咳嗽、咳痰和咯血等,痰中常有结核分枝杆菌。

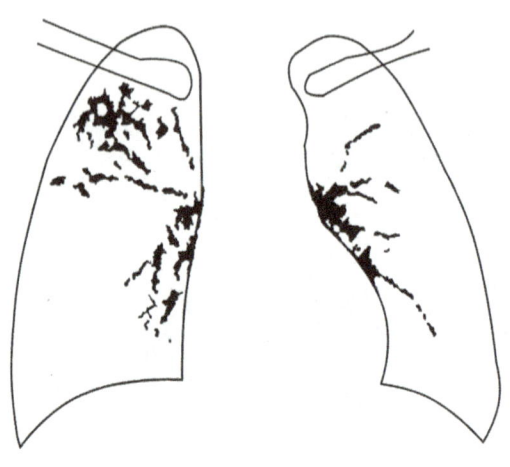

图2-9 浸润型肺结核

3)结核球:干酪样坏死灶部分吸收后,周围形成纤维包膜或空洞的引流支气管阻塞。空洞内干酪物质不能排出,凝成球形病灶,称为结核球(图2-10)。病灶直径在2~4cm。

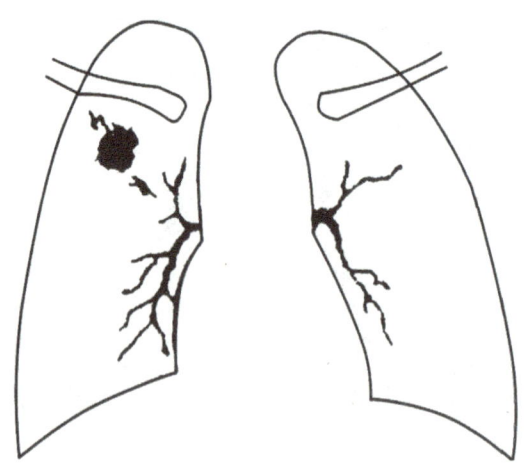

图2-10 结核球

4)干酪样肺炎:发生于免疫力低下、体质衰弱时,大量结核分枝杆菌感染的患者,病灶可呈大片干酪样坏死、液化形成空洞,向支气管播散。病情急、重程度呈进行性进展,高热、呼吸困难症状明显。X线胸片示:上肺野有片状或絮状阴影边缘模糊或大片密度较高、浓密不一的阴影。见图2-11。

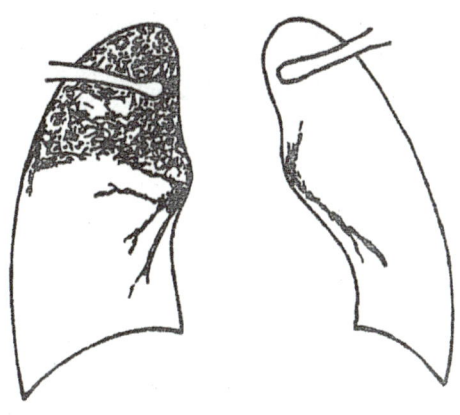

图2-11 干酪性肺炎

5）纤维空洞型肺结核：肺结核未及时发现或治疗不当，使空洞长期不愈，出现空洞壁增厚和广泛纤维化。随机体免疫力的高低，病灶吸收、修复与恶化交替发生，形成纤维空洞。X线胸片可见一侧或两侧有单个或多个纤维厚壁空洞，多伴有支气管播散病灶和明显的胸膜肥厚。由于肺组织广泛纤维增生，导致肺门抬高，肺纹理呈垂柳状纵隔，气管向患侧移位。健侧呈代偿性肺气肿（图2-12）。重者肺组织广泛破坏，纤维组织增生，导致肺收缩，形成毁损肺。

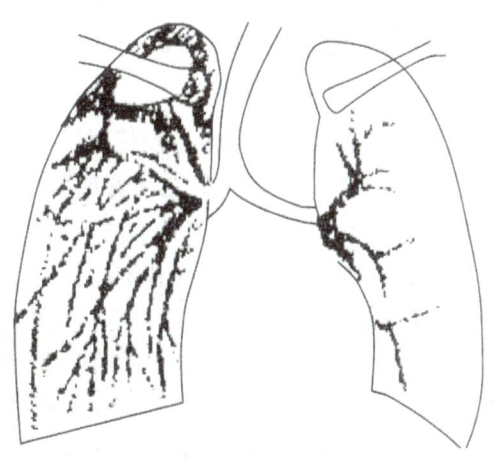

图2-12 纤维空洞型肺结核

(4) 结核性胸膜炎。临床上常分为干性胸膜炎、渗出性胸膜炎、结核性脓胸（少见）三种类型。患者可有结核病接触史。多见于青壮年，起病缓慢，发病前多有结核中毒症状。干性胸膜炎发生在胸腔渗液早期液量较少时，以胸痛和干咳为主要症状，可闻及胸膜摩擦音。渗出性胸膜炎全身毒血症状明显，可有高热、胸闷、呼吸困难等表现。随积液增多，胸痛可减轻，但呼吸困难加重。有胸腔积液征。X线检查显示：少量积液时仅见肋膈角变钝；中等量积液时表现为中下肺野呈一片均匀的密度增高阴影，上缘呈外侧高、内侧低的弧形阴影（图2-13）；大量胸腔积液时，肺野大部分呈均匀浓密阴影，膈影被遮盖，纵隔向健侧移位。

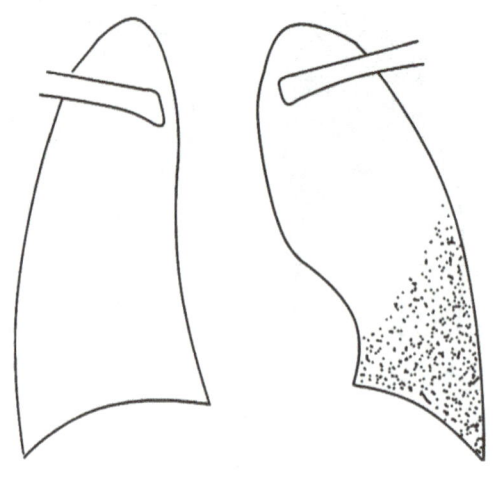

图2-13 渗出性胸膜炎

(5) 其他肺外结核。按部位和脏器命名,如骨关节结核、肾结核、肠结核等。

4. 并发症 常见并发症有自发性气胸、脓气胸、支气管扩张、慢性肺源性心脏病。结核分枝杆菌随血行播散可并发淋巴结、脑膜、骨及泌尿生殖器官等肺外结核。

【实验室及其他检查】

1. 痰结核分枝杆菌检查 痰结核分枝杆菌检查是确诊肺结核最可靠的方法,也是制订化学治疗方案和考核治疗效果的主要依据。方法有痰直接涂片、痰集菌法、痰培养法,应连续多次送检。

2. 结核菌素试验 结核菌素试验可检出结核分枝杆菌感染,不能检出结核病。检验时使用的结核菌素为纯蛋白衍化物(PPD)。通常在左前臂屈侧中部皮内注射0.1 mL(5 U),48~72小时后测量皮肤硬结直径,而不是红晕的直径。硬结直径≤4 mm为阴性,5~9 mm为弱阳性,10~19 mm为阳性,≥20 mm或局部有水疱和淋巴管炎为强阳性。结核菌素试验阳性反应仅表示曾有结核分枝杆菌感染,并不一定现有患病。3岁以下强阳性反应者,应视为有新近感染的活动性结核病,应进行治疗。结核菌素试验阴性除见于机体未感染结核分枝杆菌外,还见于:①结核感染后4~8周以内,处于变态反应前期;②免疫力下降或免疫受抑制,如应用糖皮质激素或免疫抑制剂、淋巴细胞免疫系统缺陷、麻疹、百日咳、严重结核病和危重患者。

3. 影像学检查 胸部X线检查可以早期发现肺结核,判断病变的部位、范围、性质、有无空洞或空洞大小、洞壁厚薄等。常见X线表现:原发综合征呈哑铃状阴影;纤维钙化的硬结病灶表现为密度较高、边缘清晰的斑点、条索或结节;干酪样病灶表现为密度较高、浓淡不一、有环形边界的不规则透光区或空洞形成等。肺部CT检查可发现微小或隐藏性病灶,了解病变范围,帮助鉴别肺病变。

4. 其他检查 活动性肺结核患者血常规白细胞计数可在正常范围或轻度升高,红细胞沉降率增快。急性粟粒型肺结核时白细胞计数减低或出现类白血病反应。严重病例常有继发性贫血。纤维支气管镜检查对于发现支气管内膜结核、了解有无肿瘤、吸取分泌物、解除阻塞或病原菌及脱落细胞检查,以及取活组织做病理检查等,均有重要诊断价值。

【治疗要点】

抗结核化学药物治疗对控制结核病起决定性作用，合理化疗可消灭病灶内细菌，最终达到痊愈。休息与营养疗法具有辅助治疗的作用。

1. 肺结核的化学治疗

（1）化疗原则。早期、联合、适量、规律和全程治疗是化学治疗的原则。整个化疗方案分为强化和巩固两个阶段。

1）早期。是指一旦发现和确诊结核后均应立即给予化学治疗。早期化疗有利于迅速发挥化疗药的杀菌作用，使病变吸收和减少传染性。

2）联合。是指根据病情及抗结核药的作用特点，联合使用两种以上药物，以增强和确保疗效，同时通过交叉杀菌作用减少或防止耐药性的产生。

3）适量。是指严格遵照适当的药物剂量用药。用药剂量过低不能达到有效血药浓度，影响疗效，易产生耐药性；剂量过大易发生药物不良反应。

4）规律。即患者严格按照化学治疗方案规定的用药方法，按时服药，未经医师同意不可随意停药或自行更改方案，以免产生耐药性。

5）全程。指患者必须按治疗方案，坚持完成规定疗程，是提高治愈率和减少复发率的重要措施。

（2）常用抗结核药物。异烟肼、利福平能杀灭细胞内外的结核分枝杆菌，称全杀菌剂。链霉素在碱性环境中作用最强，能杀灭细胞外的结核分枝杆菌，对细胞内的结核分枝杆菌作用较少；吡嗪酰胺只能杀灭吞噬细胞内酸性环境中的结核菌分枝杆菌，故两者称半杀菌剂。乙胺丁醇、对氨基水杨酸钠为抑菌药。常用抗结核药的成人剂量、主要不良反应见表2-2。

表2-2 常用抗结核药物成人剂量和主要不良反应

药名	缩写	每日剂量/g	间歇剂量一日量/g	主要不良反应
异烟肼	H，INH	0.3	0.3~0.6	周围神经炎、偶有肝功能损害
利福平	R，REP	0.45~0.6	0.6~0.9	肝功能损害、过敏反应
链霉素	S，SM	0.75~1.0	0.75~1.0	听力障碍、眩晕、肾功能损害
吡嗪酰胺	Z，PZA	1.5~2.0	2~3	胃肠道不适、肝损害、高尿酸血症、关节痛
乙胺丁醇	E，EMB	0.75~1.0	1.5~2.0	视神经炎
对氨基水杨酸	P，PAS	8~12	10~12	胃肠道反应、过敏反应、肝功能损害
丙硫异烟肼	Pro	0.5~1.0	0.5~1.0	胃肠道反应、肝功能损害
卡那霉素	K，KM	0.75~1.0	0.75~1.0	听力障碍、眩晕、肾功能损害
卷曲霉素	Cp，CPM	0.75~1.0	0.75~1.0	听力障碍、眩晕、肾功能损害

(3) 化学治疗方案。严格执行统一标准方案能达到预期效果，解决滥用抗结核药物、化疗方案不合理和混乱造成的治疗效果差、费用高、疗程过短或过长、药物浪费等实际问题。执行全程督导短程化学治疗（DOTS）管理，有助于提高患者在治疗过程的依从性，达到最高治疗率。标准短程化疗方案，总疗程一般为6~9个月，分强化和巩固两个阶段。治疗方案如下。

1）初治痰涂片阳性患者（含初治涂阴有空洞形成或粟粒型肺结核），每日用药方案为2 HRZE/4HR，即强化阶段用异烟肼、利福平、吡嗪酰胺、乙胺丁醇，顿服，共2个月；巩固阶段用异烟肼、利福平，顿服，共4个月。间歇用药方案为2H3R3Z3E3/4H3R3，即强化阶段用异烟肼、利福平、吡嗪酰胺、乙胺丁醇，隔日1次或3次/周，共2个月；巩固阶段用异烟肼、利福平，隔日1次或3次/周，共4个月。

2）复治痰涂片阳性患者，每日用药方案为2HRZSE/4~6HRE；强化阶段用异烟肼、利福平、吡嗪酰胺、链霉素、乙胺丁醇，顿服，共2个月；巩固阶段用异烟肼、利福平、乙胺丁醇，顿服，共4~6个月。间歇用药方案为2H3R3Z3S3E3/4H3R3E3；强化阶段用异烟肼、利福平、吡嗪酰胺、链霉素、乙胺丁醇，隔日1次或3次/周，共2个月；巩固阶段用异烟肼、利福平、乙胺丁醇，隔日1次或3次/周，共4个月。

3）初治痰涂片阴性患者，每日用药方案为2HRZ/4HR，即强化阶段用异烟肼、利福平、吡嗪酰胺，顿服，共2个月；巩固阶段用异烟肼、利福平，顿服，共4个月；间歇用药方案为2H3R3Z3/4H3R3，强化阶段用异烟肼、利福平、吡嗪酰胺，隔日1次或3次/周，共2个月；巩固阶段用异烟肼、利福平，隔日1次或3次/周，共4个月。

2. 对症治疗

(1) 毒性症状。在有效抗结核治疗1~2周内，毒性症状多可消失，无须特殊处理。高热或有大量胸腔积液者可在使用有效抗结核药物同时，加用糖皮质激素如泼尼松，可减轻炎症和变态反应引起的症状。通常使用中小剂量，疗程在1个月以内。

(2) 咯血。若仅有痰中带血或少量咯血，以卧床休息、止咳、镇静等对症治疗为主。可用氨基己酸、氨甲苯酸、酚磺乙胺等药物止血，中等或大量咯血时可按以下情况处理。①一般处理：应采取患侧卧位，轻轻将气管内存留的积血咳出。患者应安静休息，消除紧张情绪，必要时可用小量镇静剂。在抢救大咯血时，应特别注意保持呼吸道的通畅。若有窒息征象，患者立即取头低脚高体位，轻拍背部，以便血块排出，并尽快清除口、咽、喉、鼻部血块。②止血药物的应用：垂体后叶注射液5~10 U加入10%葡萄糖液40 mL中，缓缓静脉注射；然后用10~20 U加入5%葡萄糖液250 mL静脉滴注。但忌用于高血压、冠心病、孕妇。亦可选用氨基己酸、氨甲苯酸、肾上腺素等。③局部止血：大量咯血不止者，可经纤维支气管镜确定出血部位，用浸有稀释的肾上腺素海绵压迫或填塞于出血部位止血。亦可用冷生理盐水灌洗，或在局部应用凝血酶或气囊压迫控制止血等。④输血：咯血过多者，根据血红蛋白和血压测定，酌情给予少量输血。⑤必要时可在明确出血部位的情况下考虑肺叶、肺段切除术。

(3) 胸腔积液。结核性胸膜炎患者需及时抽液以缓解症状，防止胸膜肥厚影响肺功能，一般每次抽液量不超过1 L，抽液时患者出现头晕、出汗、面色苍白、心悸、脉细、四肢发凉等胸膜反应时应立即停止抽液，让患者平卧，必要时皮下注射0.1%肾上腺素0.5 mL，并密切观察血压变化，预防休克发生。抽液过多可使纵隔复位太快，引起循环障碍；抽液过快，可发生肺水肿。

3. 手术治疗　对于经合理化学治疗无效、多重耐药的厚壁空洞、大块干酪灶、结核性脓胸、支气管胸膜瘘和大咯血保守治疗无效者可行外科手术治疗。如果患者全身情况差，或有明显心、肺、肝、肾功能不全，则不能手术。

【护理评估】

1. 健康史　注意询问患者家族史、个人健康史等情况，有无与结核患者密切接触史，家族中有无结核患者，是否有同室生活、共同进餐的情况；有无麻疹、糖尿病、艾滋病、慢性疾病营养不良或使用糖皮质激素、免疫抑制剂等状况；了解病程经过、以往诊断和治疗情况。

2. 心理-社会状况　肺结核病临床上多呈慢性过程，疾病早期因症状不明显，往往不引起患者的重视。病情一旦发展到影响工作和生活时，会导致患者心理压力增加。故应评估：患者及家属对结核病知识了解的程度；患者因患病及隔离治疗是否表现有焦虑、忧郁、恐惧、悲观、自卑、孤独、退缩等心理变化；评估患者的社会支持系统，如家庭成员对患者的态度、关心程度、照顾的方式、患者的经济状况、出院后的就医条件、居住地的社区保健服务等。

3. 身体评估

（1）一般情况。有无全身中毒症状，如乏力、午后低热、食欲缺乏、体重减轻和夜间盗汗等。生命体征是否正常。

（2）呼吸系统。有无咳嗽、咳痰、咯血、胸痛、呼吸困难等症状。

（3）体征。有无肺实变体征、代偿性肺气肿体征、胸腔积液体征。

4. 辅助检查

（1）结核菌检查。结果是否阳性。

（2）胸部X线检查。有无原发综合征、粟粒状阴影、干酪样病灶、结核球、空洞、胸腔积液等。

（3）结核菌素试验。是否为阳性结果。

【护理诊断/问题】

1. 营养失调：低于机体需要量　与机体消耗量增加，食欲缺乏有关。
2. 体温过高　与结核分枝杆菌所致的毒血症状有关。
3. 潜在并发症　大咯血，窒息。
4. 焦虑　与不了解疾病的预后有关。
5. 知识缺乏　缺乏有关肺结核传播及化疗方面的知识。

【护理措施】

1. 休息与体位　①肺结核患者症状明显，有咯血、高热等严重结核病毒性症状，或结核性胸膜炎伴大量胸腔积液者，应卧床休息。②恢复期可适当增加户外活动，如散步、打太极拳、做保健操等，加强体质锻炼，充分调动人体内在的自身康复能力，增进机体免疫功能，提高机体的抗病能力。③轻症患者在坚持化学治疗的同时，可进行正常工作，但应避免劳累和重体力劳动,保证充足的睡眠和休息,做到劳逸结合。④痰涂阴性和经有效抗结核治疗4周以上的患者,没有传染性或只有极低的传染性,应鼓励患者过正常的家庭和社会生活,有助于减轻肺结核患者的社会隔离感和因患病引起的焦虑情绪。

2. **饮食护理** ①向患者及家属宣传饮食营养的重要性。②制定全面的饮食营养摄入计划:为患者提供高热量、高蛋白、富含维生素的饮食。蛋白质不仅能提供热量,还能增强机体的抗病能力及机体修复能力,患者饮食中应有鱼、肉、蛋、牛奶、豆制品等动植物蛋白,成人每日蛋白质为1.5~2.0 g/kg,其中优质蛋白质应占一半以上;食物中的维生素C有减轻血管渗透性的作用,可以促进渗出病灶的吸收;维生素B对神经系统及胃肠神经有调节作用,可促进食欲。每日摄入一定量的新鲜蔬菜和水果,以补充维生素。③增加饮食的品种,采用患者喜欢的烹调方法;患者进食时应心情愉快、细嚼慢咽,促进食物的消化吸收。④每周测体重1次并记录,判断患者营养状况是否改善。

3. **心理护理** 治疗结核病需要长达半年以上的时间,是相当漫长的过程。于是患者不可避免地会出现许多心理上的问题,如疑虑心理、孤独心理、恐惧和害怕心理、悲观与抑郁心理、情绪不稳定、易冲动等不良心理状态,从而影响疾病的治疗和康复。因此,医护人员要积极主动地接近患者,取得患者和家属的信任和配合。热情向患者和家属介绍有关结核病的知识,给予心理安慰。鼓励患者倾诉患病的身心感受,使其了解结核病虽然是一种慢性呼吸道传染病,病程长,疗程长,但只要坚持正规化疗,就能取得满意的疗效。建立有力的社会支持网,让患者的亲朋好友以不同的方式表达对患者的关爱,减轻患者的自卑和多疑,树立信心,坚持治疗。

4. **病情观察** 注意咳嗽及痰液的颜色、性质、量的变化,观察咯血的程度,以及发热、盗汗、消瘦、贫血等全身症状。若出现高热、气促、发绀等症状,提示病情严重。

5. **对症护理**

(1) 发热。应卧床休息,多饮水,必要时给予物理降温或小剂量解热镇痛药;盗汗的患者注意室内通风,衣被勿太厚,及时用温毛巾擦干身体和更换汗湿衣服、被单等;咳嗽、咳痰可适当给予止咳祛痰剂,如复方甘草合剂等;胸痛患者宜取患侧卧位,减少患侧胸廓活动而减轻疼痛。

(2) 咯血、窒息的护理

1) 少量咯血。患者卧床休息,保持安静,遵医嘱用氨基己酸、氨甲苯酸等药物止血。

2) 大量咯血。约60%肺结核咯血患者都有咯血先兆,常表现为胸闷、气急、咽痒、咳嗽、心窝部灼热、口感甜或咸等症状,大咯血好发时间多在夜间或清晨。有上述先兆时,应采取以下措施:①应立即通知医师。②采取患侧卧位,轻拍背部以利血块排出,可用手指卷上纱布清除口、鼻腔内血块,保持呼吸道通畅。③适当陪护患者并告知当感到咽喉部有血时要轻轻咳出,不要屏气,也勿用力咳嗽。④遵医嘱静脉滴注垂体后叶注射液。⑤观察患者咯血的频率、咯血量、意识状态,密切观察有无胸闷、气急、发绀、烦躁及神色紧张、面色苍白、出冷汗等窒息先兆表现,监测生命体征。⑥要向患者解释咯血的病因和诱因,说明心情放松有利止血,消除患者紧张情绪,使之有安全感和信任感。⑦备好抢救药物:准备好抢救物品,如吸引器、氧气、气管插管包、气管切开包、呼吸机、吸痰管、止血药、呼吸兴奋剂、升压药及备血等。

3) 窒息。大咯血时出现咯血不畅、胸闷气促、情绪紧张、喉部有痰鸣音或喷射性大咯血突然中止，多是窒息的先兆表现。若出现表情恐怖、张口瞠目、抽搐、大汗淋漓、牙关紧闭或神志突然丧失，提示发生窒息，如不及时抢救可因此而死亡，应立即采取以下处理措施：①取头低足高位，轻拍背部以利血块排出。②迅速清除口鼻腔血凝块，或迅速用鼻导管接吸引器插入气管内抽吸，必要时立即行气管插管或气管镜直视下吸出血凝块，以解除呼吸道阻塞，保证气道通畅。③给予高流量吸氧或呼吸兴奋剂。④密切观察病情变化，监测血气分析和凝血机制，警惕再次窒息。

6. 用药护理　抗结核用药时间一般为1~1.5年，告知患者和家属坚持规律、全程化疗的重要意义，与患者和家属共同参与制定治疗与护理计划，取得配合，督促患者按医嘱服药。异烟肼、利福平、链霉素、吡嗪酰胺、乙胺丁醇等药物每日1次，顿服，可形成血中药物高峰浓度，较每日分次服药疗效为佳，且方便患者，提高患者坚持用药率和疗效。告知患者所用抗结核药物的主要不良反应及注意事项。用药期间出现不良反应，及时报告医师处理。不规则服药或过早停药是治疗失败的主要原因。

【健康教育】

1. 活动与休息　指导患者和家属制定合理的休息和活动计划，保证充足的休息和睡眠，避免过劳、情绪波动及呼吸道感染和刺激；指导患者进行有利于身心健康和疾病恢复的有益活动，如保健体操、行走、太极拳等，以促进疾病早日康复；宣传休息、营养、阳光、空气对结核病康复的重要性。有条件的患者可选择在空气新鲜、阳光充足、气候温和、花草茂盛、风景宜人的海滨湖畔疗养。宣传结核病的传播途径及消毒、隔离的重要性，指导患者采取有效的消毒、隔离措施，并能自觉遵照执行。

2. 饮食指导　宣传饮食营养与人体健康及疾病痊愈的关系，在坚持药物治疗的同时，辅以营养疗法的意义。使患者了解结核病是一种慢性消耗性疾病，由于体内分解代谢加速和抗结核药物的毒性反应，使胃肠功能障碍、食欲缺乏，导致营养代谢的失衡和机体抵抗力下降，促使疾病恶化，必须高度重视饮食营养疗法。

3. 心理指导　指导患者了解精神因素与肺结核的发生、发展有一定关系，肺结核病发生明显病理改变以后，患者会产生消极、多疑、恐惧、悲观等心理状态，使病情加重，形成病理、生理之间的恶性循环。此时要帮助住院患者尽快适应环境，消除焦虑、紧张心理，充分调动人体内在的自身康复能力，增进机体免疫功能，树立信心，使患者处于接受治疗的最佳心理状态，积极配合治疗。

4. 用药指导　督促患者按医嘱坚持规则合理的抗结核治疗，向患者和家属说明不规则用药、过早停药不仅可导致治疗失败，还会诱导结核菌产生继发耐药，增加复治的困难，甚至成为难治病例。

5. 预防肺结核指导　指导患者定期随诊，报告用药的反应，接受X线检查，以便医师及时调整用药，继续巩固治疗直至痊愈。更重要的是做好结核病的预防工作。①控制传染源：对结核患者进行登记、管理，做到早发现、早隔离、早治疗。②切断传播途径：加强预防宣传，注意个人卫生，严禁随地吐痰，外出戴口罩；不可面对他人打喷嚏或咳嗽，以防飞沫传播，在咳嗽或打喷嚏时，用双层纸巾遮住口鼻，然后将纸放入污物袋中焚烧处理；留置于容器中的痰液须先经灭菌消毒处理，用5%~12%的甲酚皂溶液浸泡2小时以上，然后再弃去；实行分餐制，不饮用未消毒的牛奶；患者的被褥书籍可在烈日下暴晒6小时以上。③保护易感人群：对未受过结核菌感染，如新生儿和结核菌素试验阴性的儿童及时接种卡介苗，以获得特异性免疫力；加强营养及体育锻炼增强机体非特异性免疫力；易感的高危人群给予异烟肼预防性化疗，成人300 mg/d，儿童4~8 mg/kg，顿服，疗程6~8个月；或利福平和异烟肼每日顿服，3次/周，疗程3个月。

（陈淑瑜）

任务七 慢性阻塞性肺疾病患者的护理

知识目标

1. 掌握：慢性阻塞性肺疾病的临床表现、护理诊断及合作性问题、护理措施。
2. 熟悉：慢性阻塞性肺疾病的辅助检查、治疗要点、健康教育。
3. 了解：慢性阻塞性肺疾病的概念、病因及发病机制。

技能目标

1. 能对慢性阻塞性肺疾病患者进行健康指导。
2. 熟练掌握呼吸功能锻炼的方法。

案例导入

病例：患者，男性，70岁。反复咳嗽、咳痰20余年，活动后气促10余年，再发加重伴发热1周。体检：T 38.2℃，R 22次/分，P 90次/分，BP 130/85 mmHg，精神萎靡，呼吸急促，颈静脉充盈，桶状胸，两肺闻及湿啰音。腹平软。双下肢轻度压陷性水肿。肺功能示：$FEV_1 < 45\%$，$FEV_1/FVC < 50\%$。

请问：1. 与COPD有关的表现有哪些？
2. 稳定期如何指导患者进行呼吸功能锻炼？

慢性阻塞性肺疾病（chronic obstructive pulmonary diseases，COPD）简称慢阻肺，是一组以慢性、持续性气流受限为特征的肺部疾病，气流受限不完全可逆、呈进行性发展，最终导致肺功能进行性减退，严重影响患者的劳动力和生活质量。COPD是呼吸系统疾病中的常见病和多发病，其患病率和病死率高。COPD目前居全球死亡原因的第四位，根据世界卫生组织发表的研究，至2020年COPD将居世界疾病经济负担的第五位。

COPD与慢性支气管炎和慢性阻塞性肺气肿密切相关。①慢性支气管炎简称慢支，是指气管、支气管黏膜及周围组织的慢性非特异性炎症。临床以咳嗽、咳痰或伴喘息为主要症状，每年发病持续3个月以上，并连续2年或以上者，并排除其他引起咳嗽、咳痰、喘息的疾病。本病进展缓慢，多见于中老年人，随着年龄的增加患病率也逐渐增加。COPD长期反复发作可发展为慢性阻塞性肺气肿和慢性肺源性心脏病。②慢性阻塞性肺气肿简称肺气肿，是指肺部终末细支气管远端气腔包括呼吸性细支气管、肺泡管、肺泡囊和肺泡出现异常持久的扩张，并伴有肺泡壁和细支气管的破坏引起弹性减退、过度膨胀充气导致肺容积增大含气量增多或同时伴气道管壁破坏的一种病理状态。当慢性支气管炎、阻塞性肺气肿患者肺功能检查出现气流受限，并且不能完全可逆时，可诊断为COPD。如患者只有慢性支气管炎和（或）肺气肿，而无气流受限，则不能诊断为COPD。

【病因及发病机制】

1. 吸烟 吸烟为重要的发病因素。烟草中的焦油、尼古丁和氢氰酸等化学物质，可损伤气道上皮细胞，使纤毛运动减退和巨噬细胞吞噬功能降低；支气管黏液腺肥大、杯状细胞增生，黏液分泌增多，使气道净化能力下降；支气管黏膜充血水肿、黏液积聚，容易继发感染；慢性炎症及吸烟刺激黏膜下感受器，使副交感神经功能亢进，引起支气管平滑肌收缩，气流受限；烟草、烟雾还可使氧自由基产生增多，诱导中性粒细胞释放蛋白酶，抑制抗蛋白酶系统，破坏肺弹力纤维，诱发肺气肿形成。吸烟者慢性支气管炎的患病率比不吸烟者高2~8倍，烟龄越长，吸烟量越大，COPD患病率越高。

2. 呼吸道感染 呼吸道感染是COPD发生、发展和加剧的另一个重要因素。病毒主要为流感病毒、鼻病毒、腺病毒和呼吸道合胞病毒等；细菌感染以肺炎球菌、流感嗜血杆菌、卡他莫拉菌及葡萄球菌为多见。

3. 大气污染 我国大气污染情况比较严重，常见空气污染物有二氧化硫、二氧化氮等有害气体及粉尘或烟雾（PM2.5）等，长期吸入空气污染物对支气管黏膜产生慢性刺激，使呼吸道分泌物增多，局部防御功能降低，为细菌感染创造条件。另外，室内空气污染如苯、甲醛等刺激，也易诱发本病。

4. 职业性粉尘和化学物质 当职业性粉尘及化学物质（烟雾、过敏原、工业废气及室内空气污染等）的浓度过大或接触时间过久，均可导致与吸烟无关的COPD发生。

5. 蛋白酶抗蛋白酶失衡 蛋白水解酶对组织有损伤、破坏作用；抗蛋白酶对弹性蛋白酶等多种蛋白酶具有抑制功能。其中α_1抗胰蛋白酶（α_1AT）是活性最强的一种。蛋白酶和抗蛋白酶维持平衡是保证肺组织正常结构免受损伤和破坏的主要因素。蛋白酶增多或抗蛋白酶（α_1AT）不足均可导致组织结构破坏诱发肺气肿。

6. 其他 如自主神经功能失调、营养不良、气温变化等都有可能参与COPD的发生、发展。

COPD特征性的病理学改变存在于中央气道、外周气道、肺实质和肺的血管系统。在中央气道（气管、支气管及内径>4 mm的细支气管），炎症细胞浸润表层上皮，黏液分泌腺增大和杯状细胞增多使黏液分泌增加。在外周气道（内径<2 mm的小支气管和细支气管）内，慢性炎症导致气道壁损伤和修复过程反复循环发生。修复过程导致气道壁结构重塑，胶原含量增加及瘢痕组织形成，这些病理改变造成气腔狭窄，引起固定性气道阻塞。典型的肺

实质破坏表现为小叶中央型肺气肿，涉及呼吸性细支气管的扩张和破坏。病情较轻时这些破坏常发生于肺的上部区域，但随着病情发展，可弥漫分布于全肺，并有肺毛细血管床的破坏。COPD肺血管的改变以血管壁的增厚为特征。

COPD对呼吸的影响，早期病变局限于细小气道，仅闭合容积增大，肺顺应性降低。病变侵入大气道时，肺通气功能明显障碍，最大通气量降低。随着肺气肿日益加重，大量肺泡周围的毛细血管受膨胀肺泡的挤压而退化，致使肺毛细血管大量减少，肺泡间的血流量减少，产生通气与血流比例失调，使换气功能发生障碍。通气和换气功能障碍可引起缺氧和CO_2潴留，进而发展为呼吸衰竭。

知识拓展

PM2.5是指大气中空气动力学当量直径≤2.5微米的颗粒物，又称可入肺颗粒物。PM2.5含大量有毒、有害物质且在大气中的停留时间长，吸入人体后可直接深入细支气管和肺泡干扰肺部气体交换，引发心、肺等疾病，因而对人体健康和大气环境质量的影响较大。

【临床表现】

1. 症状

（1）慢性咳嗽。通常为首发症状，随病程发展可终身不愈。晨间起床时咳嗽较重，白天较轻，睡眠时有阵咳或排痰。

（2）咳痰。咳嗽后通常咳少量黏液性痰，部分患者在清晨较多；合并感染时痰量增多，呈黄稠脓性痰。

（3）气短或呼吸困难。这是COPD的标志性症状，是使患者焦虑不安的主要原因，早期仅在劳力时出现，后逐渐加重，以致日常活动甚至休息时也感气短。

（4）喘息和胸闷。重度患者有喘息；胸部紧闷感通常在劳力后发生。

（5）其他。晚期患者有体重下降、食欲缺乏等。

2. 体征　早期体征不明显。随着病情的发展出现桶状胸，肋间隙增宽，呼吸运动减弱，触诊语颤减弱或消失；叩诊呈过清音，心浊音界缩小，或不易叩出肺下界，肝浊音界下降；听诊心音遥远，呼吸音普遍减弱，呼气延长。感染时肺部可有湿啰音，缺氧明显时出现发绀。

3. COPD严重程度分级　COPD严重程度评估需根据患者的症状、肺功能异常、是否存在并发症（呼吸衰竭、心力衰竭）等确定，其中反映气流受限程度的FEV_1下降有重要参考意义。根据肺功能将COPD严重性分为0、Ⅰ、Ⅱ、Ⅲ、Ⅳ五级。见表2-3。

4. COPD病程分期　可分为急性加重期与稳定期。急性加重期指短期内咳嗽、咳痰、气短和（或）喘息加重，痰量增多，呈脓性或黏脓性，可伴发热等炎症明显加重的表现。稳定期则指患者咳嗽、咳痰、气短等症状稳定或症状轻微。

5. 并发症　COPD可发展为慢性呼吸衰竭、自发性气胸、慢性肺源性心脏病等。

表2-3 慢性阻塞性肺疾病的严重程度分级

分级	分级标准
0级：高危	有罹患COPD的危险因素，肺功能正常，有慢性咳嗽、咳痰症状
Ⅰ级：轻度	$FEV_1/FVC < 70\%$ 及 $FEV_1 \geq 80\%$ 预计值，有或无咳嗽、咳痰症状
Ⅱ级：中度	$FEV_1/FVC < 70\%$ 及 $50\% \leq FEV_1 < 80\%$ 预计值，有或无咳嗽、咳痰症状
Ⅲ级：重度	$FEV_1/FVC < 70\%$ 及 $30\% \leq FEV_1 < 50\%$ 预计值，有或无咳嗽、咳痰症状
Ⅳ级：极重度	$FEV_1/FVC < 70\%$ 及 $FEV_1 < 30\%$ 预计值或 $FEV_1 < 50\%$ 预计值，伴慢性呼吸衰竭

【实验室及其他检查】

1. 肺功能检查　肺功能检查是判断气流受限的主要客观指标，对COPD诊断、严重程度评价、疾病进展、治疗反应及预后等有重要意义。第一秒用力呼气容积占用力肺活量百分比（FEV_1/FVC）是评价气流受限的一项敏感指标。第一秒用力呼气容积占预计值百分比（$FEV_{1\%}$预计值），是评估COPD严重程度的良好指标，吸入支气管舒张药后$FEV_1/FVC < 70\%$及$FEV_1 < 80\%$预计值者，可确定为不能完全可逆的气流受限。肺总量（TLC）、功能残气量（FRC）和残气量（RV）增高，肺活量（VC）减低，残气量/肺总量（RV/TLC）超过40%表明肺过度充气，对阻塞性肺气肿的诊断有重要价值。

2. 胸部X线检查　早期胸片可无变化，以后逐渐现肺纹理增粗、紊乱及肺过度充气表现即胸腔前后径增长，肋间隙增宽，肋骨平行，两肺透亮度增高，膈低平，心脏悬垂狭长，肺血管纹理减少或肺大疱形成等。X线胸片改变对COPD诊断特异性不高，主要作为确定肺部并发症及与其他肺疾病鉴别之用。

3. 动脉血气分析　早期无异常，随疾病进展可发生低氧血症、高碳酸血症、酸碱平衡失调等，对判断呼吸衰竭的类型有重要价值。

4. 其他　COPD合并细菌感染时，血白细胞、中性粒细胞增高，核左移。肺气肿缺氧时可有红细胞、血红蛋白增高。痰培养可能检出病原菌。

【治疗要点】

1. 稳定期治疗　加强锻炼，增强体质，避免呼吸道感染，预防复发；同时加强呼吸功能锻炼及长期家庭氧疗提高患者生活质量，预防并发症。

（1）支气管舒张药。常选用β_2受体激动药如沙丁胺醇气雾剂，每次100～200 μg（1～2喷）。抗胆碱药如异丙托溴铵气雾剂，每次40～80 μg（每喷20 μg），3～4次/日。氨茶碱0.1 g，3次/日。

（2）祛痰药。对痰不易咳出者可应用。常用药物有溴己新8～16 mg，3次/日，宜饭后服用，盐酸氨溴索30 mg，3次/日；或羧甲司坦0.5 g，3次/日。

（3）长期家庭氧疗（LTOT）。LTOT可提高COPD患者生活质量和生存率。LTOT指征如下：①$PaO_2 \leq 55$ mmHg或$SaO_2 \leq 88\%$，有或没有高碳酸血症。②PaO_2 55～60 mmHg，或

$SaO_2 \leq 88\%$，并有肺动脉高压、心力衰竭水肿或红细胞增多症（血细胞比容 > 0.55）。一般用鼻导管吸氧，氧流量为 1～2 L/min，吸氧时间 > 15 h/d。

2. 急性加重期治疗　以控制感染及对症治疗（止咳、祛痰、平喘）为主。

（1）吸氧。一般发生低氧血症者可鼻导管低流量 1.0～2.0 L/min，低浓度（< 30%）吸氧，每天持续 10～15 小时，维持静息状态 $PaO_2 > 60$ mmHg，或使 $SaO_2 > 90\%$。应避免吸入氧浓度过高引起二氧化碳潴留。

（2）抗菌药物。应根据病原菌类型及药物敏感情况积极选用抗菌药物治疗。如给予 β 内酰胺类或 β 内酰胺酶抑制剂，第二代头孢菌素、大环内酯类或喹诺酮类。

（3）支气管舒张药。药物同稳定期。有严重喘息症状者可给予较大剂量雾化吸入治疗。

（4）祛痰剂。可酌情溴己新、盐酸氨溴索等药物促进排痰。

（5）糖皮质激素。病情严重者可考虑口服泼尼松龙或静脉给予甲泼尼龙。

（6）机械通气治疗。无论是无创或有创机械通气都是重要的生命支持方式，进行机械通气时应有动脉血气分析。可供选择的方法有：①口、鼻面罩；②经口、鼻导管插管；③气管切开等。

【护理诊断/问题】

1. 气体交换受损　与气道阻塞、通气不足、呼吸肌疲劳、分泌物过多和肺泡呼吸面积减少有关。
2. 清理呼吸道无效　与痰液增多而黏稠、气体湿度降低和无效咳嗽有关。
3. 焦虑　与健康状况的改变、病情危重、经济状况有关。
4. 活动无耐力　与疲劳、呼吸困难、低氧血症、营养不良等有关。
5. 营养失调：低于机体需要量　与食欲降低、摄入减少、腹胀、呼吸困难、痰液增多有关。
6. 潜在并发症　自发性气胸、慢性肺源性心脏病等。

【护理措施】

1. 休息与体位　室内环境安静、舒适，保持合适的温湿度；冬季注意保暖、避免直接吸入冷空气；戒烟；协助患者取舒适卧位，并及时更换体位，常取半卧位，借助重力作用使膈肌位置下降，胸腔容量扩大，改善呼吸困难。
2. 饮食护理　①评估患者的营养状况及饮食习惯。②饮食指导，给予高热量、高蛋白、高维生素的饮食；补充适宜的水分、防止便秘，并发肺心病尿少的患者，限制钠水摄入，钠盐 < 3 g/d、水 < 1 500 mL/d，少食多餐。③保持口腔清洁，避免不良刺激，经常变换食谱，提供色、香、味、形俱全的饮食，以增进食欲；提供舒适的进餐环境；进餐前适当休息，餐后避免平卧。
3. 心理护理　评估患者的心理活动；关心体贴患者，多与患者沟通，向患者解释 COPD 的特点，鼓励患者积极配合治疗及护理；教会患者缓解焦虑的技巧，如散步、听音乐、养花、下棋、做游戏等，以分散注意力，减轻焦虑。
4. 病情观察　密切观察咳、痰、喘症状及诱发因素，尤其是痰液的性质和量；呼吸困难的程度及全身症状；有无慢性呼吸衰竭、自发性气胸、慢性肺源性心脏病等并发症的发生；监测动脉血气分析和水、电解质、酸碱平衡情况。

5. **对症护理** 针对呼吸困难采取的护理措施。

（1）保持呼吸道通畅。鼓励患者多饮水，稀释痰液，协助患者翻身、叩背，指导患者深吸气后有意识咳嗽，以利排痰；遵医嘱使用抗感染、祛痰、镇咳药；采用生理盐水加盐酸氨溴索或生理盐水加硫酸特布他林雾化吸入，使药液直接吸入呼吸道进行局部治疗，帮助祛痰。

（2）氧疗的护理。吸氧能提高全身和呼吸道局部的免疫能力，减少急性呼吸道感染的发生；避免急性肺功能及心力衰竭；长期家庭氧疗还可提高患者生活质量，一般采用鼻导管持续给氧，吸入氧浓度为28%～30%，氧流量为1～2 L/min。提倡进行每日持续15小时以上的长期家庭氧疗，吸氧装置应定期清洁、消毒、更换，预防感染。

（3）呼吸功能锻炼。COPD稳定期患者，在医护人员的指导下进行切合自身实际情况的呼吸功能锻炼，有利于预防急性发作，改善日常活动能力，恢复受损的心肺功能，防止或减缓心肺功能的继续减退，预防或减轻慢性缺氧和CO_2潴留所引起的各种并发症。

1）腹式呼吸：根据病情，锻炼时可取卧位、坐位或立位。如取卧位，两膝下可垫软枕，使之半屈，腹肌松弛。将左、右手分别放于上腹部和前胸部，便于观察胸腹运动情况。即用一手按在上腹部，呼气时，腹部下沉，该手稍微加压用力，以进一步增加腹内压，促使膈肌上抬；吸气时，上腹部对抗该手的压力，徐徐隆起。这样患者可通过手感，了解胸腹活动是否符合要求，便于及时纠正。要求静息呼吸，经鼻吸气，从口呼气，呼吸应该缓慢、均匀，吸气时可见到上腹部鼓起，呼气时可见到腹部凹陷，而胸廓保持最小活动幅度或不动。逐渐延长呼气时间，使吸气和呼气时间之比达到1∶2～1∶3。每分钟呼吸7～8次，腹式呼吸锻炼初期，2次/日，每次10～20分钟。掌握动作要领以后，可逐渐增加次数和每次的时间。并在病情允许的情况下，在卧位、坐位或立位及行走时，随时随地进行锻炼，力求形成一种不自觉的习惯呼吸方式。

2）缩唇呼吸：患者闭嘴经鼻吸气，然后再通过缩唇（吹口哨样）缓慢呼气，同时收缩腹部，吸气与呼气时间之比为1∶2或1∶3，缩唇大小程度与呼气流量以能使距口唇15～20 cm处，与口唇等高位水平的蜡烛火焰随气流倾斜而不致熄灭为宜。

6. **用药护理** 遵医嘱应用抗菌药物、支气管舒张药、止咳和祛痰药，注意观察疗效及不良反应。

【健康教育】

1. **疾病知识指导** 向患者和家属介绍COPD相关知识，使其了解、适应慢性病，坚持康复治疗，指导以积极的心态对待疾病并积极配合治疗，在患者能力范围内，鼓励自我护理。

2. **避免诱因、预防上呼吸道感染** 呼吸道感染是COPD病情发展加重的重要诱因。应避免诱发因素，开展多种形式的群众性体育活动和卫生宣教，普及人群的疾病防治知识，增强抗病能力。①进行适当的体育锻炼，如散步、慢跑、太极拳、气功等可以提高机体的防御和抗病能力。②耐寒锻炼，如有规律地室外活动，经常用冷水洗手、洗脸、洗脚等，能有效提高抗寒能力。③平时多饮水，利于痰液排出，经常保持乐观情绪。

3. **坚持呼吸功能锻炼及长期家庭氧疗** 指导患者正确进行腹式呼吸和缩唇呼气训练；

了解家庭氧疗的目的、注意事项；注意安全，导管须每日更换，以防堵塞；监测氧流量；氧疗装置定期更换、消毒，防止感染（图2-14、图2-15）。

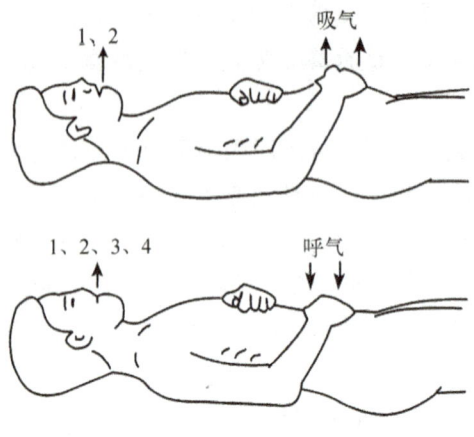

图2-14　腹式呼吸

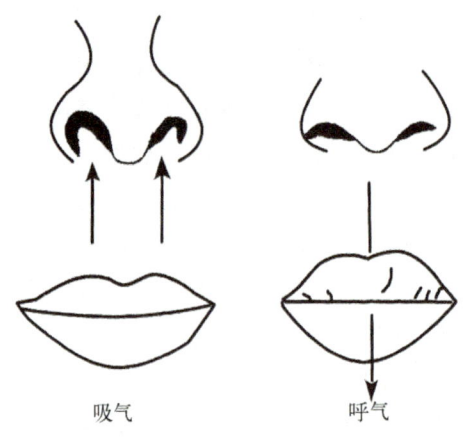

图2-15　缩唇呼吸

4. 提倡戒烟、合理膳食　广泛宣传吸烟的危害，提倡戒烟，注意补充高热量、高蛋白、高维生素饮食，改善患者的营养状况，以提高机体抗病能力；改善居住条件，选择阳光充足、通风良好的地方，保持室内温度和湿度适宜，居室内可定时空气消毒，用食醋、乳酸蒸熏。

5. 加强心理疏导　患者常有明显的孤独感、抑郁感，应注意对患者予以心理上的关心和帮助。

（范　帆）

任务八 支气管哮喘患者的护理

知识目标

1. 掌握：支气管哮喘的临床表现、护理诊断及合作性问题、护理措施。
2. 熟悉：支气管哮喘的辅助检查、治疗要点、健康教育，定量雾化吸入器的使用方法。
3. 了解：支气管哮喘的病因及发病机制。

技能目标

1. 能对支气管哮喘患者进行健康指导。
2. 熟练掌握雾化器的正确使用方法。

案例导入

病例：患者，女，48岁。因支气管哮喘反复发作35年，病情逐渐加剧来诊。查体：T 37℃，P 120次/分，R 36次/分，BP 14.7/33 kPa，精神萎靡，端坐呼吸，全身大汗淋漓，皮肤湿冷，口唇发绀，桶状胸，两肺间有大量的哮鸣者及少量的湿啰音。

请问：1. 该患者突出的护理诊断/问题有哪些？
2. 如何对该患者实施健康教育？

支气管哮喘（bronchial asthma）简称哮喘，是一种以嗜酸性粒细胞、肥大细胞和T淋巴细胞等多种炎症细胞参与的气道慢性炎症性疾病，以气道高反应性、气道慢性炎症及可逆性气道阻塞为特征。临床表现为反复发作性的喘息、气急、胸闷或咳嗽等，常在夜间和（或）清晨发作、加剧，多数患者可自行缓解或经治疗缓解。支气管哮喘如诊治不及时，随病程的延长可产生气道不可逆性缩窄和气道重塑。因此，合理的防治至关重要。

哮喘是全球性疾病，全球约有1.6亿患者。国际儿童哮喘和变应性疾病研究显示，13～14岁儿童的哮喘患病率为0～30%，我国五大城市的资料显示，同龄儿童的哮喘患病率为3%～5%。一般认为，儿童患病率高于青壮年，老年人群的患病率有增高趋势。成人男女患病率大致相同，城市高于农村。约40%的患者有家族史。

知识链接

1998年12月11日，在西班牙巴塞罗那举行的第二届世界哮喘会的开幕日上，全球哮喘病防治创议委员会（GINA）与欧洲呼吸学会（ERS）代表世界卫生组织（WHO）提出了组织世界哮喘日活动，并将该日作为第一个世界哮喘日。自2000年起，每年5月第2个周的星期二，都举行同样活动。世界哮喘日的宗旨是：使人们意识到哮喘是一个全球性的健康问题；宣传已经取得的科技进步；并促使公众和有关当局参与实施有效的管理方法。

【病因及发病机制】

1. 病因　哮喘的病因尚不十分清楚，目前认为与多基因遗传有关，同时受环境因素影响。调查资料表明，哮喘患者亲属患病率高于群体患病率，并且亲缘关系越近，患病率越高，病情越严重，其亲属患病率也越高。目前有研究表明，与气道高反应性、IgE调节和特异性反应相关的基因在哮喘的发病中起着重要作用。

环境因素主要为哮喘的激发因素，包括：①吸入变应原，如尘螨、花粉、真菌、动物毛屑、二氧化硫、氨气等各种特异和非特异性吸入物。②感染，如细菌、病毒、原虫、寄生虫等。③食物，如鱼、虾、蟹、蛋类、牛奶等。④药物，如普萘洛尔（心得安）、阿司匹林等。⑤其他，如气候变化、运动、妊娠等。

2. 发病机制　哮喘的发病机制非常复杂（图2-16），变态反应、气道炎症、气道反应性增高及神经学因素及其相互作用被认为与哮喘的发病密切相关。其中气道的炎症是哮喘发病的本质，而气道高反应性是哮喘的重要特征。根据变应原吸入后哮喘发生的时间，可分为速发型哮喘反应（IAR）、迟发型哮喘反应（LAR）和双相型哮喘反应（DAR）。IAR几乎在吸入变应原的同时立即发生反应，15～30分钟达高峰，2小时后逐渐恢复正常。LAR约吸入变应原6小时发病，持续时间长，可达数日，临床症状重，常呈持续性哮喘表现，肺功能损害严重而持久。

支气管哮喘的早期病理变化不明显，随疾病发展，可出现肺泡高度膨胀，支气管及细支气管内含有黏稠的痰液和黏液栓；支气管壁增厚；黏膜及黏膜下血管增生、黏膜水肿；支气管壁有肥大细胞、嗜酸性粒细胞、中性粒细胞和淋巴细胞等多种炎性细胞浸润。

【临床表现】

1. 症状　支气管哮喘起病急，哮喘发作前可有干咳、打喷嚏、流泪等先兆，随之很快出现哮喘发作。典型表现为发作性的呼气性的呼吸困难或发作性胸闷和咳嗽，伴有哮鸣音。严重者不能平卧，被迫采取坐位或呈端坐呼吸，发绀、干咳或咳大量白色泡沫样痰。部分患者以咳嗽为唯一症状（咳嗽变异性哮喘）。哮喘症状可在数分钟内发作，经数小时至数日，可自行或用支气管舒张剂缓解。在夜间及凌晨发作和加重常是哮喘的特征之一。有些青少年，症状表现为运动时或运动后出现胸闷、咳嗽和呼吸困难，这种哮喘为运动性哮喘。

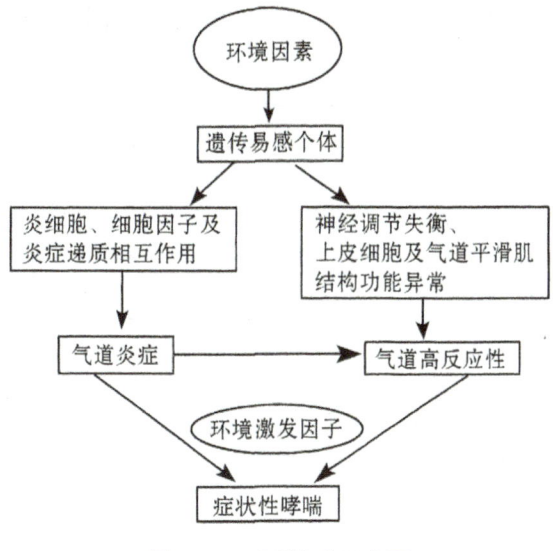

图2-16 哮喘发病示意图

2. 体征　哮喘发作时胸部呈过度充气状态，有广泛的哮鸣音，呼气音延长。严重发作时可有颈静脉怒张、发绀、大汗淋漓、呼吸急促、奇脉和胸腹反常运动等。但在轻度哮喘或非常严重哮喘发作时，哮鸣音可不出现（寂静胸）。

3. 哮喘分期与分级　哮喘可分为急性发作期、非急性发作期。

（1）急性发作期，是指气促、咳嗽、胸闷等症状突然发生或症状加重，常有呼吸困难，以呼气流量降低为其特征，多因接触变应原等刺激物或治疗不当所致。哮喘急性发作时严重程度可分为轻度、中度、重度和危重四级。

1）轻度：对日常生活影响不大，步行或上楼时气短，可有焦虑，呼吸频率轻度增加，闻及散在哮鸣音，脉率＜100次/分，肺通气功能和血气分析检查正常。SaO_2＞95%使用支气管舒张剂能控制。

2）中度：日常生活受限，稍事活动感气短，讲话常有中断，时有焦虑，呼吸频率增加，可有三凹征，闻及响亮、弥漫的哮鸣音，心率增快，可出现奇脉，脉率＜100～120次/分，PaO_2 60～80 mmHg，$PaCO_2$＜45 mmHg，SaO_2 91%～95%。使用支气管舒张剂后部分缓解，PEF占预计值60%～80%。

3）重度：日常生活受限，休息时感气短，端坐呼吸，只能发单字表达，常有焦虑和烦躁，大汗淋漓，呼吸频率＞30次/分，常有三凹征，闻及响亮、弥漫的哮鸣音，脉率＞120次/分，奇脉，PaO_2＜60 mmHg，$PaCO_2$＞45 mmHg，SaO_2≤90%，pH可降低。使用支气管舒张剂后无效。PEF占预计值＜60%或绝对值＜100 L/min。

4）危重：患者不能讲话，嗜睡或意识模糊，胸腹矛盾运动，哮鸣音减弱甚至消失，脉率＞120次/分或不规则，严重低氧血症和高碳酸血症，SaO_2＜90%，pH降低。使用支气管舒张剂后无效。

（2）非急性发作期，又称慢性持续期，指患者虽然没有哮喘急性发作，但在相当长的时间内仍有不同频度和不同程度的喘息、咳嗽、胸闷等症状，可伴有肺通气功能下降。目前应用最为广泛的非急性发作期哮喘严重性评估方法为哮喘控制水平，这种评估方法包括了目前临床控制评估和未来风险评估,临床控制又可分为控制、部分控制和未控制3个等级(表2-4)。

表2-4 非急性发作期哮喘控制水平的分级

临床特征	控制(满足以下所有条件)	部分控制(任何一周出现下列一种表现)	未控制
白天症状	无(或≤2次/周)	>2次/周	任何一周出现部分控制的表现≥3项
活动受限	无	有	
夜间症状/憋醒	无	有	
需要使用缓解药或急救治疗	无(或≤2次/周)	>2次/周	
肺功能(PEF或FEV_1)	正常	<正常预计值或个人最佳值的80%	

4. 并发症 可并发阻塞性肺气肿、慢性肺源性心脏病、慢性呼吸衰竭及自发性气胸等。

 知识链接

远期并发症:①发育不良和胸廓畸形 儿童哮喘,常常引起发育不良和胸廓畸形,究其原因是多方面的,如营养不足,低氧血症,内分泌紊乱等,有报告长期全身使用皮质激素的患儿,有30%发育不良。②慢阻肺,肺动脉高压和慢性肺心病 其发病与哮喘引起的长期或反复气道阻塞、感染、缺氧、高碳酸血症、酸中毒及血液黏稠度增高等有关。

【实验室及其他检查】

1. 呼吸功能检查

(1)通气功能检测。哮喘发作时呈阻塞性通气功能障碍表现。第1秒钟用力呼气容积(FEV_1)、第1秒率($FEV_1/FVC\%$)及最高呼气流量(PEF)均不同程度下降,其中以$FEV_1/FVC\%$或FEV_1低于正常预计值的80%为判断气流受限的最重要指标。缓解期上述通气功能指标可逐渐恢复。

(2)支气管激发试验(BPT)。用以测定气道反应性。常用吸入激发剂为乙酰甲胆碱和组胺,也有用物理激发因素如运动、冷空气等作为激发剂。通常以使FEV_1下降20%,为阳性,提示存在气道高反应性。BPT适用于非哮喘发作期、FEV_1在正常预计值70%以上患者的检查。

(3)支气管舒张试验(BDT)。用以测定气道的可逆性改变。吸入支气管舒张剂

（沙丁胺醇、特布他林）。当吸入支气管舒张剂20分钟后重复测定肺功能，FEV_1较用药前增加≥15%，且其绝对值增加≥200 mL，判断结果为阳性，提示存在可逆性的气道阻塞。

（4）PEF及其变异率测定。哮喘发作时PEF下降。由于哮喘有通气功能时间节律变化的特点，监测PEF日间、周间变异率有助于哮喘的诊断和病情评估。若昼夜PEF变异率≥20%，提示存在可逆性的气道改变。

2. 痰液检查 涂片可见较多嗜酸性粒细胞。如合并感染时，应做痰涂片查找细菌、细菌培养及药物敏感实验。

3. 血常规检查 发作时可有嗜酸性粒细胞增高，但多不明显，合并感染时白细胞计数和中性粒细胞增高。

4. 血气分析 哮喘发作时可有不同程度的缺氧，PaO_2降低可引起过度通气，使$PaCO_2$下降，pH值上升，表现呼吸性碱中毒。若病情进一步加剧，气道严重阻塞，可出现呼吸性酸中毒。若缺氧明显，可合并代谢性酸中毒。

5. 胸部X线检查 发作时双肺透亮度增加，呈过度充气状态，合并肺部感染时，可见肺纹理增粗及炎症的浸润阴影。缓解期多无异常。

6. 特异性变应原检测 常用放射性过敏原吸附法直接测定特异性IgE，哮喘患者的血清IgE较正常人明显升高。在缓解期检查可判断变应原，但应防止发生过敏反应。

【治疗要点】

目前尚无特效的治疗方法。治疗目的是控制症状，防止病情恶化，尽可能保持肺功能正常，维持正常活动能力（包括运动），减轻并发症，防止不可逆气道阻塞，避免死亡。

1. 脱离变应原 找到引起哮喘发作的变应原或其他非特异刺激因素，并立即使患者脱离，脱离变应原的接触是防治哮喘最有效的方法。

2. 药物治疗 治疗哮喘药物主要分为以下两类。

（1）缓解哮喘发作。此类药物主要作用为舒张支气管，故也称支气管舒张药。

1）肾上腺能$β_2$受体激动药：是控制哮喘急性发作的首选药物。主要作用是舒张支气管的平滑肌，改善气道阻塞。常用的短效$β_2$受体激动药有沙丁胺醇、特布他林和非诺特罗，作用时间为4～6小时。长效$β_2$受体激动药有福莫特罗、沙美特罗及丙卡特罗，作用时间为10～12小时。长效$β_2$受体激动药尚具有一定的抗气道炎症，增强黏液纤毛运输功能的作用。用药方法有吸入（包括定量气雾剂吸入、干粉吸入、持续雾化吸入等）、口服或静脉注射。首选吸入法，因药物吸入气道直接作用于呼吸道，局部浓度高且作用迅速，所用剂量较小，全身性不良反应少。常用沙丁胺醇或特布他林定量气雾剂吸入，3～4次/日，1～2喷/次。

2）茶碱类：仍是目前治疗哮喘的有效药物。茶碱类除能抑制磷酸二酯酶，提高平滑肌细胞内的cAMP浓度外，还能阻滞腺苷受体，刺激肾上腺分泌肾上腺素，增强呼吸肌的收缩，同时增强气道纤毛清除功能和抗炎作用。与糖皮质激素合用具有协同作用。常用氨茶碱口服，重、危症哮喘静脉给药。控（缓）释茶碱适用于控制夜间哮喘。氨茶碱临床常用剂量为6～10 mg/（kg·d），静脉注射首次剂量为4～6 mg/kg，注射速度不宜超过0.25 mg/（kg·min），静脉滴注维持量为0.6～0.8 mg/（kg·h）。日注射量一般不超过1.0 g。

③抗胆碱药：为M胆碱受体拮抗药，可阻滞节后迷走神经通路，降低迷走神经兴奋性而起

舒张支气管作用，并有减少痰液分泌的作用。常用异丙托溴铵雾化吸入，3～4次/日，20～40 μg/次，约10分钟起效，维持4～6小时。尤适用于夜间哮喘及多痰的患者。

(2) 控制哮喘发作。此类药物主要治疗哮喘的气道炎症，即抗炎药。

1) 糖皮质激素：是当前控制哮喘发作最有效的药物。主要作用机制是抑制炎症细胞的迁移和活化；抑制细胞因子的生成；抑制炎症递质的释放；增强平滑肌细胞 β_2 受体的反应性。可吸入、口服和静脉用药。吸入型糖皮质激素（ICS）治疗是目前推荐长期抗感染治疗哮喘的最常用方法。常用吸入药物有倍氯米松（BDP）、布地奈德、氟替卡松、莫米松等。口服常用泼尼松、泼尼松龙。用于吸入糖皮质激素无效或需要短期加强的患者。重度或严重哮喘发作时应及早应用琥珀酸氢化可的松或甲泼尼龙静脉给药，症状缓解后逐渐减量，然后改口服和吸入制剂维持。主要不良反应是肥胖、高血压、糖尿病、骨质疏松、消化性溃疡等。

2) 白三烯（LT）拮抗剂：具有抗炎及舒张支气管平滑肌作用。常用药物有孟鲁司特10 mg，1次/日，或扎鲁司特20 mg，2次/日，口服。主要不良反应是较轻的胃肠道反应，少数有皮疹、血管性水肿、转氨酶升高，停药后可恢复正常。

3) 其他药物：色甘酸钠对预防运动或变应原诱发的哮喘最为有效。酮替酚和新一代组胺 H_1 受体拮抗药阿司咪唑、曲尼司特、氯雷他定对轻症哮喘和季节性哮喘有一定效果，也可与长效 β_2 受体激动剂（LABA）联合用药。

3. 急性发作期的治疗　急性发作期的治疗目标是尽快缓解气道痉挛，纠正低氧血症，恢复肺功能，预防进一步恶化或再次发作，防治并发症。

(1) 轻度。每日定时吸入糖皮质激素（BDP，200～500 μg）。出现症状时吸入短效 β_2 受体激动药。效果不佳时可加用口服 β_2 受体激动药控释片或小量茶碱控释片（200 mg/d），或加用抗胆碱药如异丙托溴铵气雾剂吸入。

(2) 中度。每日吸入 BDP 500～1 000 μg；规则吸入 β_2 受体激动药或口服其长效药，或联合抗胆碱药，亦可加用 LT 拮抗药口服，若不能缓解，可持续雾化吸入 β_2 受体激动药（或联合用抗胆碱药吸入），或口服糖皮质激素（＜60 mg/d）。必要时可用氨茶碱静脉注射。

(3) 重度至危重度。持续雾化吸入 β_2 受体激动药，或合并抗胆碱药，或静脉滴注氨茶碱或沙丁胺醇，加 LT 拮抗药口服。静脉滴注糖皮质激素如琥珀酸氢化可的松或甲泼尼龙（剂量见前）。待病情得到控制和缓解后，改为口服给药。注意维持水、电解质紊乱及酸碱平衡失调。病情恶化缺氧不能纠正时，进行机械通气。

4. 慢性持续期的治疗　慢性持续期的治疗应在评估和监测患者哮喘控制水平的基础上，定期根据长期治疗分级方案做出调整，以维持患者的控制水平。哮喘长期治疗方案分为5级，见表2-5。

表2-5　哮喘长期治疗方案

第1级	第2级	第3级	第4级	第5级
按需使用短效 β_2 受体激动剂	按需使用短效 β_2 受体激动剂			

续表

第1级	第2级	第3级	第4级	第5级
控制性药物	选择1种	选择1种	在第3级基础上选1种或1种以上	在第4级基础上增加1种
	低剂量ICS*	低剂量ICS加LABA*	中等剂量ICS或高剂量ICS加LABA*	口服最小剂量糖皮质激素
	白三烯调节剂	中等剂量ICS或高剂量ICS	白三烯调节剂	抗IgE治疗
			低剂量ICS加白三烯调节剂	缓释茶碱
			低剂量ICS加缓释茶碱	

注：*推荐选用的治疗方案，但也要考虑患者的实际情况，如经济收入和当地的医疗资源等。低剂量ICS指每日吸入布地奈德（或等效其他ICS）200~400μg，中等剂量为>400~800μg，高剂量为>800~1 600μg。第1级→第5级为升级。

对哮喘患者进行哮喘知识的健康教育、有效控制环境、避免诱发因素，要贯穿于整个哮喘治疗过程中。对大多数未经治疗的持续性哮喘患者，初始治疗应从第2级方案开始，如果初始评估提示哮喘处于严重未控制，治疗应从第3级方案开始。从第2级到第5级的治疗方案中都有不同的哮喘控制药物可供选择。而在每一级中缓解药物都应按需使用，以迅速缓解哮喘症状。如果使用该级治疗方案不能够使哮喘得到控制，治疗方案应该升级直至达到哮喘控制为止。当达到哮喘控制之后并能够维持至少3个月以上，可考虑降级治疗。建议减量方案如下：①单独使用中至高剂量ICS的患者，将剂量减少50%。②单独使用低剂量ICS的患者可改为1次/日用药。③联合吸入ICS/LABA的患者，先将ICS剂量减少50%，继续使用联合治疗；当达到低剂量联合治疗时，可选择改为1次/日联合用药或停用LABA，单用ICS治疗。若患者使用最低剂量控制药物达到哮喘控制1年，并且哮喘症状不再发作，可考虑停用药物治疗。以上方案为基本原则，但必须个体化，以最小量、最简单的联合、不良反应最少、达到最佳哮喘控制为原则。哮喘经过急性期治疗症状得到控制，但哮喘的慢性炎症病理生理改变仍然存在，因此，必须制定哮喘的长期治疗方案。根据哮喘的控制水平选择合适的治疗方案。

5. 免疫疗法　免疫疗法分为特异性和非特异性两种，特异性免疫疗法又称脱敏疗法（或称减敏疗法）。采用特异性变应原（如螨、花粉、猫毛等）做定期反复皮下注射，剂量由低至高，以产生免疫耐受性，使患者脱（减）敏。非特异性疗法，如注射卡介苗、转移因子、疫苗等生物制品抑制变应原反应的过程。目前，采用基因工程制备的人重组抗IgE单克隆抗体治疗中、重度变应性哮喘，已取得较好效果。

【护理评估】

1. 健康史

（1）询问患病及治疗经过。询问患者发作时的症状，如喘息、胸闷、呼吸困难或咳嗽的过程、持续时间、诱发和缓解因素。了解既往和目前的检查结果、治疗经过和患者的病情程度。了解患者对所用药物的名称、剂量、用法、疗效、不良反应的知识的掌握情况，尤其是患者是否掌握了药物吸入技术，是否坚持了长期规律的治疗，是否熟悉哮喘急性发作的先兆和正确处理方法。评估疾病对患者日常生活和工作的影响程度。

（2）评估与哮喘有关的病因及诱因。哮喘的发作受诸多因素的影响，应询问患者：①有无接触变应原，室内窗户是否密闭，是否使用地毯、锦纶饰品；②有无主动或被动吸烟，有无接触油漆、杀虫剂和工业废气；③有无食用鱼、虾蟹、蛋和牛奶等食物；④有无服用阿司匹林、普萘洛尔等药物；⑤有无受凉、剧烈运动、妊娠等诱发因素；⑥有无紧张、烦躁不安、焦虑等精神因素；⑦有无哮喘家族史。

2. 心理-社会状况　哮喘是一种气道慢性炎症性疾病，患者对环境多种激发因子易过敏，发作性症状反复出现，严重时影响睡眠、活动。应评估患者有无烦躁、焦虑、恐惧等心理反应。由于哮喘需长期甚至终身治疗，加重了患者及家属的精神、经济负担。注意评估患者有无忧虑、悲观情绪，以及对疾病治疗失去信心等。评估家属对疾病的认识程度、对患者的关心程度、经济情况和社区医疗服务状况等。

3. 身体评估

（1）一般状态。评估患者的生命体征和精神状态；有无失眠；有无嗜睡、意识模糊等意识状态的改变；有无痛苦面容；观察呼吸频率和脉率的情况，有无奇脉。

（2）皮肤和黏膜。观察口唇、面颊、耳廓等皮肤有无发绀；唇舌是否干燥、皮肤弹性是否降低。

（3）胸廓体征。观察胸部有无过度膨胀，有无辅助呼吸肌参与呼吸和三凹征出现；听诊肺部有无哮鸣音、呼气延长，有无胸腹反常运动。注意寂静胸的情况。

4. 辅助检查

（1）血常规。有无嗜酸性粒细胞增多、中性粒细胞增高。

（2）动脉血气分析。有无 PaO_2 降低，$PaCO_2$ 是否升高，有无呼吸性酸中毒、代谢性碱中毒。

（3）痰液检查。涂片有无嗜酸性粒细胞，痰培养有无致病菌。

（4）肺功能检查。有无 FEV_1、$FEV_1/FVC\%$、VC、PEFR 等下降，有无残气量、功能残气量、残气量占肺总量百分比增高。

（5）胸部 X 线检查。有无肺透亮度增加。注意观察有无气胸、纵隔气肿、肺不张等并发症的征象。

【护理诊断/问题】

1. 气体交换受损　与气管痉挛、气道炎症、气道阻力增加有关。
2. 清理呼吸道无效　与无效性咳嗽、咳痰增加和痰液黏稠、支气管痉挛和疲乏有关。
3. 恐惧　与呼吸困难、哮喘发作伴濒死感、健康状态不佳有关。
4. 潜在并发症　自发性气胸、急性呼吸衰竭。
5. 知识缺乏　缺乏防治哮喘及正确使用雾化吸入器的有关知识。

【护理措施】

1. 休息与体位　患者对气温和气味很敏感,应保持室内空气流通、新鲜,维持室温在 18~22℃,湿度在 50%~70%。应避免环境中的过敏原,不宜在室内放置花草、地毯、皮毛及使用羽毛枕头,应注意避免房间内尘埃飞扬,或避免吸入刺激性物质而导致哮喘发作。急性发作期的患者应卧床休息,护理人员要协助患者采取半卧位或坐位,以减轻体力消耗。缓解期应注意劳逸结合,可从事适当的体育锻炼和体力劳动,如散步、慢跑、打太极拳、跳舞及适量的家务劳动等,提高机体的抗病能力。

2. 饮食护理　给予清淡、易消化、足够热量、高蛋白、富含维生素 A、维生素 C、钙的食物。忌食易过敏的食物,如鱼、虾、蟹、蛋类和牛奶等,避免刺激性食物如胡椒、生姜等,若无心肾功能不全,鼓励患者多饮水,每日饮水 2 000~3 000 mL,防止脱水及痰液黏稠,保持大便通畅。

3. 心理护理　心理护理在哮喘的发作中具有重要作用。哮喘发作时患者大多精神紧张、烦躁、恐惧,常会加重哮喘发作。护理人员应向患者解释不良心理反应不利于疾病的治疗和恢复,应加强巡视,尽量守护在患者床旁,多与患者交流、沟通,使其产生信任和安全感。哮喘发作时,可采用背部按摩,并通过暗示、说服、诱导等方法使患者身心放松,有利于缓解症状。此外家属还应帮助患者保持良好的情绪,树立治疗信心。

4. 病情观察　观察哮喘发作的前驱症状,如鼻咽痒、喷嚏、流涕、眼痒等黏膜过敏症状;哮喘发作时,观察患者意识状况、呼吸频率、节律、深度及辅助呼吸肌是否参与呼吸运动等,监测呼吸音、哮鸣音的变化,监测动脉血气分析和肺功能情况,了解病情及治疗效果。呼吸困难时遵医嘱给氧,注意氧疗效果。哮喘严重发作时,如经治疗病情无缓解,做好机械通气准备工作;加强对急性期患者的监护,尤其在夜间和凌晨易发生哮喘的时间段内,严密观察有无病情变化。

5. 对症护理

(1) 给氧:可采用鼻导管,一般流量 2~4 L/min 吸氧,重症患者若有明显肺气肿或伴 CO_2 潴留时,予以低流量 1~2 L/min 鼻导管给氧。吸氧时应保持气道湿化、保暖和通畅,避免气道干燥痉挛。

(2) 协助排痰:若痰液黏稠不易咳出,可用蒸馏水(纯化水)或生理盐水加抗生素吸入,以湿化气道。指导患者有效咳嗽、翻身、拍背,以利于分泌物排出。无效者可用负压吸引器吸痰。

(3) 保持身体清洁舒适:哮喘发作时,患者常会大汗淋漓,应每日以温水擦浴,勤换衣服和床单,保持皮肤清洁、干燥和舒适。协助并鼓励患者咳嗽后用温盐水漱口,保持口腔清洁。

6. 用药护理

(1) 雾化器的正确使用

1) 定量雾化吸入器(MDI)。MDI 的使用需要患者协调呼吸运动,正确使用是保证吸入治疗的关键:①介绍雾化吸入器具。②掌握 MDI 的正确使用方法(图 2-17),首先打开盖子,摇匀药液,随即头略后仰并缓慢呼气至不能再呼出时,将喷口紧紧含在口中,并屏住呼吸,以示指和拇指紧按吸入器,使药物释出,并同时做与喷药同步的缓慢深吸气,最好大于5秒钟。吸入后尽量屏住呼吸5~10秒，使药物充分分布到下气道，以达到良好的治疗效果。最后用清水漱口，去除口腔残留的药物。医护人员应指导患者反复练习，直至患者完全掌握。

2）干粉吸入器。较常见的有蝶式吸入器、都保装置和准纳器。

①蝶式吸入器（图2-18）：指导患者正确将药物转盘装进吸入器，打开上盖至垂直部位（刺破胶囊），用嘴唇含住吸嘴用力深吸气，屏气数秒。重复上述动作3~5次，直至药粉吸尽为止。完全拉出滑盘，再推回原位（此时旋转转盘至一个新囊泡备用）。

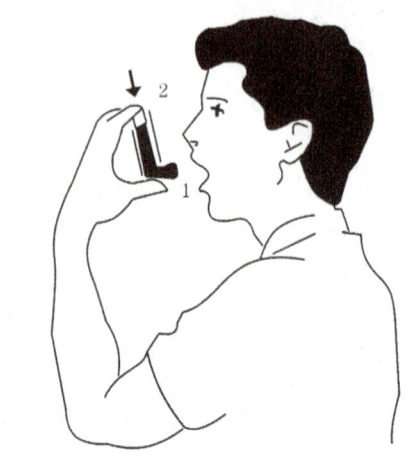

图2-17 定量雾化吸入器

1. 喷口；2. 锨钮

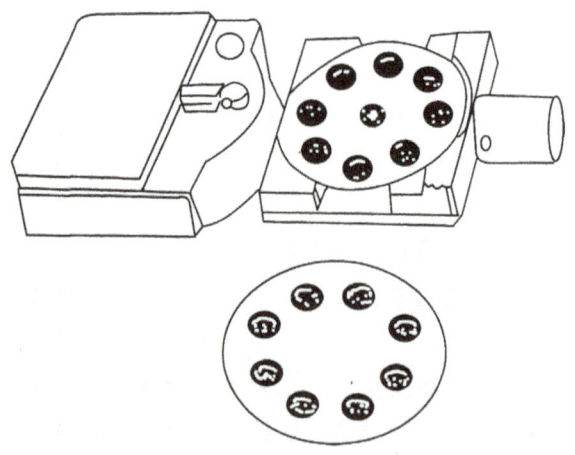

图2-18 蝶式吸入器

②都保装置（图2-19）：使用时移去瓶盖。一手垂直握住瓶体，另一手握住底盖，先向右转到底再向左转到底，听到"喀"的一声，即完成一次剂量的充填。吸入之前先呼气，然后含住吸嘴，仰头并用力深吸气，即完成一次吸入动作。吸药后屏气5~10秒。

③准纳器：使用时一手握住外壳，另一手大拇指放在拇指柄上，向外推动准纳器的滑动杆直至发出"咔嗒"声，表明准纳器已做好吸药的准备。握住准纳器并使远离嘴，在保

证平稳呼吸的前提下，尽量呼气。将吸嘴放入口中，深深地平稳地吸气，将药物吸入口中，屏气约10秒。拿出推纳器，缓慢恢复呼气，关闭推纳器。

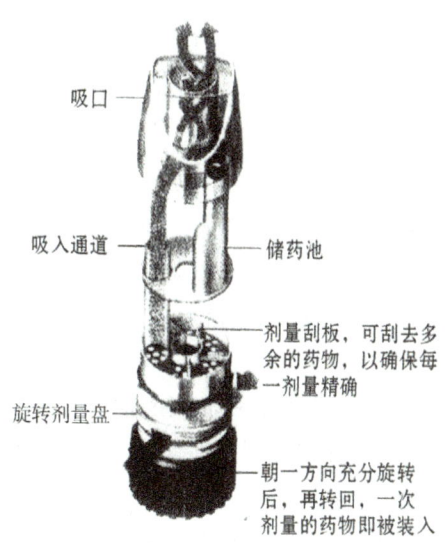

图2-19 都保装置

(2) 使用药物的护理

1) β_2受体激动药：①指导患者按医嘱用药，不宜长期规律、单一、大剂量使用，否则会引起β_2受体功能下降，出现耐受，加重哮喘的危险。②指导患者正确使用雾化吸入器，以保证有效地吸入药物治疗剂量。③静脉滴注沙丁胺醇时应注意滴速（2~4μg/min），注意观察有无心悸、骨骼肌震颤等不良反应，停药后可消失。④缓释片须整片吞服。⑤有心衰、高血压、糖尿病、甲状腺功能亢进等患者慎用或禁用。

2) 茶碱类药物：其主要不良反应为胃肠道、心脏和中枢神经系统的毒性反应。氨茶碱用量过大或静脉注射或滴注速度过快可引起恶心、呕吐、头痛、失眠、心律失常，严重者可引起室性心动过速、癫痫样症状、昏迷，甚至心脏停搏导致死亡。静脉注射时浓度不宜过高，速度不宜过快，注射时间应在10分钟以上，防止中毒症状的发生。应注意观察用药后的疗效及不良反应，最好在用药中监测血药浓度，其安全有效浓度为6~15μg/mL。茶碱缓释片或茶碱控释片必须整片吞服，不能嚼服。

3) 糖皮质激素：气雾吸入糖皮质激素时，指导患者掌握正确的吸入方法，喷药后应用清水漱口，以防口咽部真菌感染。当用吸入剂代替口服剂时，开始时应在口服剂量的基础上加用吸入剂，在2周内逐步减少口服量。应遵医嘱逐渐减量或停药。全身用药时应注意肥胖、高血压、糖尿病、骨质疏松、消化性溃疡等。宜在饭后服用，以减少其对胃肠道的刺激。应用激素5天以上的患者应遵医嘱阶梯式减量，嘱患者不能自行减量或停药。

4) 抗胆碱药：吸入后，少数患者可有口苦或口干感。

5) 色甘酸钠：少数患者吸入后有咽部不适、胸部紧迫感，偶见皮疹，孕妇慎用。

6) 白三烯调节剂：主要不良反应有轻微的胃肠道症状，少数皮疹、血管性水肿、氨基转移酶升高，停药后可恢复。

【健康教育】

1. 活动与休息指导　哮喘患者借助于适当运动可以达到增强机体抗病能力，加强机体对气候改变的适应性，减轻精神压力、放松躯体和提高呼吸效率的目的。可经常参加一些竞争性不强的耐力运动，参加耐寒锻炼，进行腹式呼吸锻炼。对春季或夏秋季花粉过敏而诱发哮喘发作的患者，在此季节应该尽量避免过多的户外活动或外出时戴口罩，防止诱发哮喘。哮喘患者的居室应注意以下几个方面：①室内家具力求简单洁净，不宜使用锦纶厚垫等制作的软椅和沙发。②室内墙上勿挂壁毯，地面勿用地毯及草垫等。③避免用丝棉、皮毛、羽绒等作被褥和枕芯材料。④室内不要养猫、狗、鸟等小动物。⑤保持室内的阳光和通气，每日定时通风。⑥室内避免吸烟，避免杀虫剂、化妆品、樟脑丸等有挥发性气味的物品，避免浓郁的花草。

2. 饮食指导　指导患者摄入营养丰富和清淡的饮食，避免诱发哮喘发作的食物，如牛奶、鱼虾等，避免食用过甜、过咸食物及刺激性食物，避免饮酒，鼓励多饮水。

3. 心理指导　保持有规律的生活和乐观情绪，特别向患者说明发病与精神因素和生活压力的关系。动员与患者关系密切的家人或朋友参与对哮喘患者的管理，为其身心康复提供各方面的支持，充分利用社会支持系统。

4. 用药指导　哮喘患者应了解自己常用药物的名称、用量、用法、不良反应及注意事项，制定出防止复发、保持长期稳定的方案。指导患者掌握正确的吸入技术，一般先吸支气管扩张剂，后吸抗炎气雾剂。

5. 自我监测病情指导　向患者和家属介绍哮喘的有关知识，使患者认识到哮喘虽不能彻底治愈，但通过长期、适当、充分的治疗，可以有效地控制哮喘发作。帮助患者熟悉哮喘发作先兆表现及相应处理办法；学会在家中自行监测病情变化，并进行评定，重点掌握峰流速仪的使用方法，监测最大呼气流速（PEF）有条件的应记录哮喘日记；学会哮喘发作时进行简单的紧急自我处理方法；病情变化时应立即就诊。

（范　帆）

任务九　慢性肺源性心脏病患者的护理

知识目标

1. 掌握：慢性肺心病的临床表现、护理诊断及合作性问题、护理措施。
2. 熟悉：慢性肺心病的病因及发病机制、辅助检查、治疗要点、健康教育。
3. 了解：慢性肺心病的概念。

技能目标

1. 能对肺心病患者进行健康指导。
2. 熟练掌握慢性肺心病吸氧的方法。

案例导入

病例：患者，男性，71岁。18年前开始出现咳嗽、咳痰，尤以冬季为甚。4天前因受凉病情加重，出现腹胀，不能平卧。体格检查：颈静脉怒张，桶状胸，叩诊两肺呈过清音，双下肢凹陷性水肿。实验室检查：WBC 12.0×10^9/L，PaO_2 73 mmHg，$PaCO_2$ 60 mmHg。

请问：1. 该患者最可能的医疗诊断是什么？突出的护理诊断/问题有哪些？
   2. 如何根据护理诊断/问题实施护理？

慢性肺源性心脏病（chronic pulmonary heart disease）简称慢性肺心病，是由支气管、肺组织、肺血管或胸廓的慢性病变引起的肺组织结构和（或）功能异常，导致肺血管阻力增加、肺动脉高压，使右心室扩张、肥大，伴或不伴右心衰竭的心脏病。本病是常见、多发病，患病年龄多在40岁以上，随年龄增长患病率增高，好发于冬春季，我国北方地区患病率高于南方地区，农村高于城市，吸烟者明显高于不吸烟者。急性呼吸道感染是肺心病急性发作的主要诱因，常导致肺、心力衰竭。重症肺心病的病死率较高。经积极治疗可以提高患者生活质量，延长生命。

【病因及发病机制】

1. **病因** 慢性肺心病病因以COPD最为多见（占80%~90%），其次为支气管哮喘、支气管扩张、重症肺结核、肺尘埃沉着病、慢性弥漫性肺间质纤维化等；胸廓运动障碍性疾病较少见，如严重的脊椎后凸或侧凸、神经肌肉疾病；肺血管疾病甚少见，如广泛或反复发生的多发性肺小动脉栓塞及肺小动脉炎，以及原因不明的原发性肺动脉高压症。

2. **发病机制** 慢性肺心病发病的关键环节是肺动脉高压，而肺功能和结构的不可逆改变是肺动脉高压的先决条件，是反复气道感染和低氧血症导致一系列体液因子和肺血管的变化，使肺血管阻力增加，肺动脉血管的结构重塑，因而产生肺动脉高压。肺动脉高压的形成是一个长期而复杂的过程。①在缺氧、CO_2潴留、酸碱平衡失调等综合因素作用下引起肺小动脉收缩、痉挛，使肺循环阻力增加，成为肺动脉高压的功能因素。其中缺氧是形成肺动脉高压的最重要因素。②肺血管内膜炎、小动脉肌层增厚、管壁硬化、血栓形成及毛细血管床的大面积减少，导致循环压力增高为肺动脉高压形成的解剖因素。③血容量增多和血液黏稠度增加，因慢性缺氧继发红细胞增多、血液黏稠度增加使血循环阻力增高，同时缺氧使醛固酮增加，钠、水潴留，并使肾小球动脉收缩，肾血流量减少加重钠、水潴留，引起血容量增多，加重肺动脉高压。

肺动脉高压使右心负荷增加，日久则右心室肥大，右心排血量下降。肺心病早期右心室尚能代偿，随着病情的进展，右心渐失代偿，心室扩张，发生右心室功能衰竭。总之，肺心病发病的关键环节是肺动脉高压的形成，见图2-20。

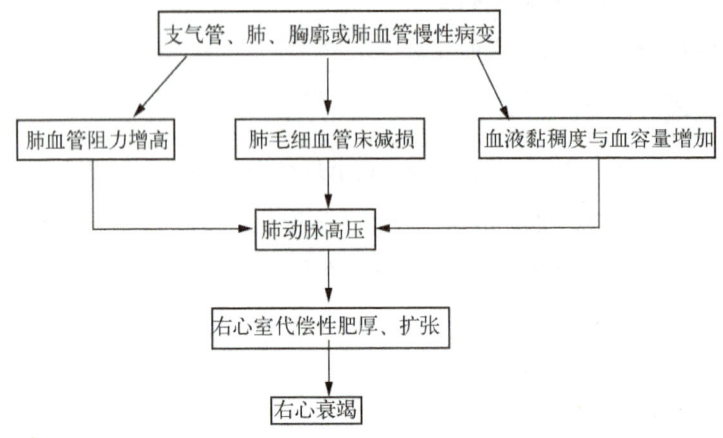

图2-20 肺心病的发生机制示意图

 知识链接

肺动脉高压是由心肺和血管疾病引起的以肺血管阻力进行性增加为特征的临床常见病症。按病可分为原发性和继发性肺动脉高压。诊断标准：在海平面、静息状态下，右心导管测量平均肺动脉压mPAP≥25 mmHg。肺动脉升高的程度分为三度，轻度：26~35 mmHg；中度36~45 mmHg；重度：>46 mmHg。

【临床表现】

本病发展缓慢，临床上除原发病的各种症状和体征外，可逐步出现肺、心力衰竭及其他器官损害的征象。下面按其功能可分为代偿期与失代偿期。

1. 肺、心功能代偿期

（1）症状。此期主要是原发病的表现，可出现慢性咳嗽、咳痰、气急或伴喘息，活动后可有心悸、呼吸困难、乏力和活动耐力下降。

（2）体征。体检可有明显肺气肿体征，听诊多有呼吸音减弱，感染时肺部可闻及干湿啰音；肺动脉瓣区第二心音亢进，提示有肺动脉高压；三尖瓣区出现收缩期杂音，或剑突下可见心脏搏动，多提示右心室肥大；部分患者因肺气肿使胸膜腔内压升高，阻碍腔静脉回流，可见颈静脉充盈。

2. 肺、心功能失代偿期

呼吸衰竭的表现最突出，有或无心力衰竭。由肺血管疾病引起的肺心病则以心力衰竭为主，呼吸衰竭较轻。

（1）呼吸衰竭。①症状：呼吸困难加重，夜间为甚，常有头痛、食欲缺乏、失眠、但白天嗜睡，严重者出现表情淡漠、神志恍惚、谵妄等肺性脑病的表现。②体征：明显发绀、球结膜充血、水肿，严重时出现视网膜血管扩张和视盘水肿等颅内压升高表现。因高碳酸血症可出现周围血管扩张的表现,如皮肤潮红、多汗。

(2)心力衰竭(右心衰)。①症状:明显气促、心悸、食欲缺乏、腹胀、恶心等。②体征:发绀更明显,颈静脉怒张。心率增快,可出现心律失常,剑突下可见心脏搏动,闻及收缩期吹风样杂音,甚至出现舒张期杂音。肝大并有压痛、肝颈静脉回流征阳性,下肢及腰骶部可呈凹陷性水肿,严重右心衰竭者腹水征阳性。

3. 并发症

(1)肺性脑病。因呼吸功能不全导致缺氧,CO_2潴留而引起的神经、精神障碍称为肺性脑病。患者有头痛、神志恍惚、白天嗜睡、夜间兴奋。加重时出现谵妄、躁动、肌肉抽搐、球结膜水肿、生理反射迟钝,直至昏迷、生理反射消失。肺性脑病是肺心病死亡的主要原因。

(2)酸碱平衡失调、电解质紊乱。肺心病可发生各种类型酸碱平衡失调及电解质紊乱,以呼吸性酸中毒最为常见。

(3)消化道出血。严重缺氧和CO_2潴留使胃肠道黏膜充血水肿、糜烂,易形成溃疡。

【实验室及其他检查】

1. 胸部X线检查　除肺、胸基础疾病及急性肺部感染的特征外,诊断慢性肺心病的主要依据是肺动脉高压症:①右下肺动脉干扩张,其横径≥15 mm,右下肺动脉干横径与气管横径比值≥1.07。②肺动脉段明显突出或其高度≥3 mm。③中央动脉扩张,外周血管纤细,形成"残根"征。④右心室增大征。

2. 心电图检查　主要为右心室肥大的改变,如电轴右偏、重度顺钟向转位、RV_1+SV_5≥1.05 mV及肺型P波。

3. 超声心动图检查　可显示右室内径增大(≥20 mm),右室流出道增宽(≥30 mm)及右肺动脉内径增大、右心室前壁厚度增加。

4. 血气分析　血气分析可出现低氧血症、高碳酸血症,当$PaO_2 < 60$ mmHg或伴有$PaCO_2 > 50$ mmHg时,表示有呼吸衰竭。pH值可正常或降低。

5. 血液检查　红细胞和血红蛋白可升高,全血黏度和血浆黏度可增加,红细胞电泳时间常延长,并发感染时白细胞总数增加或有核左移。部分患者血清学检查可有肾功能、肝功能的异常及电解质紊乱。

【治疗要点】

1. 急性加重期　积极控制感染;通畅呼吸道,改善呼吸功能;纠正缺氧和CO_2潴留;控制呼吸衰竭和心力衰竭。

(1)控制感染。可根据痰检查和药敏试验选用抗生素。也可以根据感染的环境(院内或院外)及涂片结果选药。院外感染以革兰阳性菌占多数,院内感染则以革兰阴性菌为主,宜选用两者兼顾的抗菌药物。常用的有青霉素类、氨基糖苷类、喹诺酮类及头孢菌素类药物。

(2)控制呼吸衰竭。通过氧疗,通畅呼吸道,纠正缺氧和CO_2潴留。用鼻导管或面罩给氧,改善呼吸功能。慎用镇静剂、麻醉剂、安眠药,以免抑制呼吸,诱发加重肺性脑病,必要时可选择地西泮。详见本项目呼吸衰竭患者的护理。

(3) 控制心力衰竭。肺心病的患者一般经过积极的控制感染，改善呼吸功能后心力衰竭便可控制。但对治疗无效者，可适当选用利尿剂、血管扩张药及正性肌力药。利尿剂的选用应遵循缓和制剂、小剂量、短疗程。如氢氯噻嗪 25 mg，1～3 次/d，一般不超过 4 日。重度而急需利尿者可用呋塞米（速尿）20 mg，口服或肌内注射。由于慢性肺心病长期缺氧和感染，患者对洋地黄类药物耐受差，易发生洋地黄中毒，原则上宜选用作用快、排泄快的药物，一般为常规剂量的 1/2 或 2/3 量，如毒毛花苷 K 0.125～0.25 mg 或毛花苷 C 0.2～0.4 mg 加于 10% 葡萄糖液内缓慢滴注。血管扩张药可减轻心脏前、后负荷，降低心肌耗氧量，增加心肌收缩力，对部分顽固性心力衰竭有一定效果，但疗效并不显著。

(4) 抗心律失常。经抗感染、纠正缺氧等治疗，心律失常可自行消失。如持续存在，可根据心律失常的类型选用药物。详见心律失常患者的护理。

2. 缓解期　防治原发病，增强体质，促进肺、心功能恢复，防止反复急性发作，从而延缓病情发展。

【护理诊断/问题】

1. 气体交换受损　与低氧血症、CO_2 潴留、肺血管阻力增高有关。
2. 清理呼吸道无效　与呼吸道感染、痰多黏稠、无力咳嗽或无效咳嗽等有关。
3. 体液过多　与心排血量减少、肾血流灌注量减少有关。
4. 活动无耐力　与肺部原发病及肺、心功能下降引起慢性缺氧有关。
5. 潜在并发症　肺性脑病、心律失常、休克、上消化道出血等。

【护理措施】

1. 休息与体位　心肺功能失代偿期应绝对卧床休息，协助患者采用舒适的体位，如坐位或半坐位，减轻心脏负荷，有利于缓解症状及心肺功能的恢复。对有肺性脑病先兆表现的患者，应设床栏或约束肢体，保证安全。代偿期，鼓励患者进行适量活动，活动以不引起疲劳、不加重症状为宜，如指导患者在床上进行上肢交替前伸、握拳，下肢交替抬离床面，使肌肉保持紧张 5 秒后，松弛平放床上。指导患者进行腹式呼吸、缩唇呼吸以锻炼呼吸功能。

2. 饮食护理　给予高蛋白、高热量、高维生素、高纤维、易消化、不产生气体的清淡食物，防止因腹胀、便秘而加重呼吸困难。对于水肿明显和少尿者应限制钠、水摄入（钠 < 3 g/d，水 < 1 500 mL/d）。少食高糖饮食以免引起痰液黏稠。少食多餐，减少用餐疲劳，进餐前后漱口，保持口腔清洁，促进食欲。

3. 心理护理　了解患者患病后的心理反应和情绪变化，因肺心病患者精神休息与体力休息同等重要。情绪波动、焦虑、紧张等不良的心理反应使交感神经兴奋，儿茶酚胺分泌增加，心率加快，心肌耗氧量增加，可导致呼吸困难、心力衰竭加重。因此，应理解患者的反应，做好患者心理护理，帮助患者认识这些问题并指导应对措施。

4. 病情观察　观察患者的生命体征及意识状态；观察患者的咳嗽、咳痰情况；注意有无发绀、呼吸困难，以及严重程度；观察有无心悸、胸闷、腹胀、尿量减少、下肢水肿等右心衰竭的表现；监测动脉血气分析，密切观察患者有无头痛、烦躁不安、神志改变等肺性脑病的表现。

5. 对症护理

(1) 改善呼吸功能，详见慢性阻塞性肺疾病患者的护理和呼吸衰竭患者的护理相关内容。

(2) 有效清理呼吸道，见支气管扩张患者的护理相关内容。

(3) 合理用氧。一般发生低氧血症者可鼻导管低流量 1.0～2.0 L/min，低浓度（＜30%）吸氧，每天持续 10～15 小时，维持静息状态 PaO_2 ＞ 60 mmHg 或 SaO_2 ＞ 90%。应避免吸入氧浓度过高引起二氧化碳潴留。

(4) 减轻或消除水肿。评估患者有无颈静脉怒张、肝大，下肢及骶尾部有无水肿。指导患者抬高下肢，增加静脉回流，减轻下肢水肿。对老年人水肿明显、卧床过久者，应加强皮肤护理防止压疮发生；患者衣服应宽大柔软；定时更换体位，受压部位垫气圈、海绵垫或使用气垫床。

6. 用药护理　肺心病多因呼吸道感染而加重心力衰竭，因此，一般只要有效地控制呼吸道感染，改善缺氧和高碳酸血症，配合应用利尿剂，即可控制心力衰竭，无需使用洋地黄。但以右心衰竭为主的患者，或呼吸道感染已控制、利尿剂疗效不佳时，应考虑用洋地黄。

(1) 利尿剂。利尿剂的使用应以缓慢、小量和间歇用药为原则，利尿过猛易导致：①脱水使痰液黏稠不易咳出，加重呼吸衰竭。②低钾、低氯性碱中毒，抑制呼吸中枢，使通气量降低，耗氧量增加，加重神经精神症状。③血液浓缩可增加循环阻力，且易发生弥散性血管内凝血；利尿剂尽可能在白天给药，以免因频繁排尿而影响患者夜间睡眠；用药后应观察精神症状、痰液黏稠度、有无腹胀、四肢无力等，准确记录给药时间和24小时尿量，如出现尿量过多、脉搏细快、血压下降、全身乏力、口渴等血容量不足现象，应立即报告医师停药。

(2) 洋地黄。遵医嘱给药，注意药效并观察不良反应。肺心病患者长期处于缺氧状态，对洋地黄类药物耐受性很差，易发生中毒，因此，用药前应注意纠正缺氧，宜选用速效、排泄快的制剂，剂量宜小，用常规剂量 1/2～2/3。

(3) 呼吸兴奋剂。必须在保持呼吸道通畅的基础上应用呼吸兴奋剂，同时配合氧疗，在用药过程中注意药物不良反应。

【健康教育】

1. 疾病知识指导　帮助患者及家属认识肺心病的病因，向患者宣传及时控制呼吸道感染、增强体质、改善心肺功能以防止肺心病进一步发展的重要性。

2. 心理疏导　出院后要注意消除焦虑、紧张等不良情绪。

3. 避免诱因　积极防治呼吸道感染，避免各种诱发因素。

4. 休息与饮食　告知患者加强营养，保证足够的热量和蛋白质的供应的重要性。

5. 自我监测病情指导　教会患者呼吸训练、呼吸体操等方法，嘱家属督促其长期坚持。患者如感到呼吸困难加重、咳嗽剧烈、咳痰、尿量减少、水肿明显或家属发现患者神志淡漠、嗜睡或兴奋躁动、口唇发绀提示病情变化或加重，需及时就医诊治。

（刘　册）

任务十　胸膜炎及胸腔积液患者的护理

知识目标

1. 掌握：胸膜炎及胸腔积液的临床表现、护理诊断及合作性问题、护理措施。
2. 熟悉：胸膜炎及胸腔积液的病因、发病机制、实验室及其他检查、治疗要点、健康教育。
3. 了解：胸膜炎及胸腔积液的概念。

技能目标

1. 能对胸膜炎及胸腔积液患者进行健康指导。
2. 熟练掌握胸腔穿刺术配合和护理。

胸膜炎是指脏、壁层胸膜的炎症。按病变性质可分为纤维蛋白性胸膜炎（又称干性胸膜炎）和渗出性胸膜炎。在正常情况下脏层胸膜和壁层胸膜表面上有一层很薄的液体，在呼吸运动时起润滑作用。任何因素使胸膜腔内液体形成过快或吸收过缓，即产生胸腔积液（简称胸水）。按积液性质的不同分为渗出性、漏出性、血性、脓性和乳糜性5种，以渗出性胸腔积液最多见。渗出性胸膜炎常伴胸腔积液。

【病因与发病机制】

1. **胸膜感染**　细菌、病毒、真菌、阿米巴、肺吸虫等感染，肿瘤、变态反应、化学性和创伤性等因素均可引起胸膜炎。其中以感染最多见，尤其是结核分枝杆菌所致的结核性胸膜炎最为常见。
2. **胸腔积液**　各种胸膜炎均可引起胸腔积液，另外心力衰竭、肝硬化、肾病综合征、系统性红斑狼疮、上腔静脉受阻、肺梗死、淋巴管阻塞和引流异常等也可引起胸腔积液。偶因主动脉瘤破裂、食管破裂、胸导管破裂等，产生血胸、脓胸和乳糜胸。

临床上以结核性胸膜炎及胸腔积液最多见，本任务重点介绍。

【临床表现】

结核性胸膜炎一般起病较急，症状轻重不一，多见于青年人。

1. 症状

（1）胸痛。早期干性胸膜炎阶段突出表现为胸痛。多为单侧刺痛，并随深呼吸及咳嗽加剧，常伴有干咳、发热。

（2）呼吸困难。发展至渗出性胸膜炎时，随着腔积液量的增多，胸痛逐渐消失，出现胸闷、气促、呼吸困难，且随积液量的增多呼吸困难加重。

（3）结核中毒症。常有午后低热、食欲下降、体重减轻、乏力等结核毒性症状。

2. 体征

（1）胸膜摩擦感和胸膜摩擦音，是早期最主要的体征。

（2）随着渗出液的增多出现胸腔积液征即患侧胸廓饱满，触觉语颤减弱，叩诊浊音或实音，听诊呼吸音减低或消失，可伴有气管、纵隔向健侧移位。

【实验室及其他检查】

1. 胸液检查　胸腔穿刺抽液检查有助于确定胸腔积液的性质和病原体，对诊断和治疗有重要意义。渗出液与漏出液的鉴别，见表2-6。

表2-6　渗出液与漏出液鉴别

检查项目	渗出液	漏出液
颜色	可为黄色、血色、脓样、乳糜样	淡黄
透明度	多为混浊	透明、偶见微混
比重	> 1.018	< 1.018
凝固	常凝固	不自凝
黏蛋白定性	阳性	阴性
蛋白定量	> 30 g/L	< 25 g/L
葡萄糖定量	可变化，常 < 3.3 mmol/L	> 3.3 mmol/L
乳酸脱氢酶（LD）	> 200 U/L	< 200 U/L
pH	< 6.8	> 7.4
细胞总数	常 > $500×10^6$/L	常 < $100×10^6$/L
白血病分类	不定，急性期以中性粒细胞为主，慢性期以淋巴细胞为主	以淋巴细胞及间皮细胞为主
癌细胞	可找到癌细胞或病理性核分裂	不一定
病原体	可找到病原菌	无

结核性胸液的性质为典型的渗出液改变：外观呈草黄色，透明或混浊，比重 > 1.018，细胞总数 > $500×10^6$/L。以淋巴细胞为主；蛋白含量 > 30 g/L、糖含量 < 3.35 mmol/L，胸腔积液结核分枝杆菌培养阳性率约为30%。中老年胸腔积液，尤其是血性积液应慎重考虑恶性肿瘤。

2. 胸部X线检查　早期干性胸膜炎胸片可无异常，少量游离性胸腔积液，胸部X线仅见肋膈角变钝或消失；积液量增多到中等量时显示有外高内低的向上的弧形上缘的积液影

(图2-21)。平卧时积液散开，使整个肺野透亮度降低。大量积液时患侧胸部大片致密影，气管和纵隔推向健侧，患侧膈肌下降。

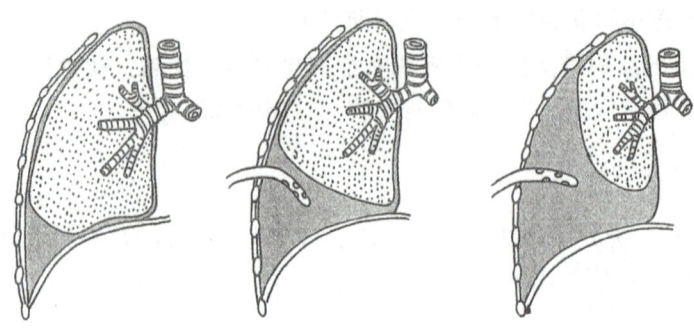

图2-21　胸腔积液X线表现

3. 结核菌素试验　结核性胸膜炎及胸腔积液患者结核菌素试验多为阳性或强阳性。

4. B型超声检查　可见液平段，对包裹性积液可提供较准确的定位诊断，有助于胸腔穿刺抽液。

5. 其他　胸膜活检可发现肿瘤、结核和其他胸膜肉芽肿性病变，具有简单、易行、损伤性较小的优点。对有咯血或疑有气道阻塞者可行纤维支气管镜检查。

【治疗要点】

胸膜炎及胸腔积液的治疗主要是病因治疗和解除压迫症状，针对病因抗结核、抗感染、抗肿瘤治疗等。中等量以上的胸腔积液患者须多次抽液，直至完全吸收。结核性胸膜炎按肺结核治疗。

【常见护理诊断/问题】

1. 急性疼痛（胸痛）　与胸膜炎症有关。
2. 低效性呼吸形态　与胸腔积液致肺组织受压有关。
3. 知识缺乏　缺乏胸膜炎及胸腔积液的诊治及预防保健知识。

【护理措施】

1. 休息　对大量胸腔积液、全身症状重的患者可取侧卧位休息，以减少患侧胸壁和肺部的活动，利于健侧呼吸。

2. 协助胸腔穿刺抽液　由于结核性胸膜炎胸腔积液蛋白含量高容易引起胸膜粘连，原则上应尽快抽尽胸腔内积液，以解除肺及心血管受压，缓解呼吸困难，使肺功能免受损伤。大量胸腔积液者每周抽液2～3次，直至胸腔积液完全消失。每次抽液后，可注入链激酶等防止胸膜粘连，但没必要注入抗结核药物。详见本节中的胸腔穿刺术。

3. 遵医嘱应用糖皮质激素　全身结核中毒症状较重、胸水量较大者，可在足量抗结核药物治疗的同时应用糖皮质激素治疗，以减轻全身毒性症状、促进胸液吸收、减少胸膜黏连。常用泼尼松30 mg/d，分3次口服。待体温正常、全身毒性症状减轻、胸腔积液明显减少时，逐渐减量至停药。停药速度不宜过快，否则易出现反跳现象，一般疗程为4～6周。

注意不良反应或结核播散，应慎重掌握适应证。

4. 遵医嘱应用抗结核药物　参见本项目任务六，肺结核患者的护理。

【健康教育】

1. 疾病知识指导　包括发病因素、临床表现与疾病经过、治疗及护理等，使患者及家属了解疾病的发生、发展与预后，正确对待疾病，尤其是了解坚持用药的重要性，定期复查的必要性，密切配合治疗与护理，促进康复。

2. 休息与活动指导　对结核毒性症状较重、胸液量较大的患者应卧床休息，随病情的好转逐渐增加活动量，但应避免过度劳累。

3. 合理膳食指导　讲解支持治疗的重要性，嘱患者加强营养，给予高热量、高蛋白及富含维生素的食物。

4. 加强心理疏导　胸膜炎多急性起病，且胸痛明显，常使患者产生紧张、焦虑情绪。大量胸腔积液致呼吸困难明显时，患者易因严重憋闷感而恐惧。周围人因害怕传染结核分枝杆菌而不敢与患者接触，易使患者产生孤独感。因此，应注意对患者予以心理上的关心和帮助。

（刘　珊）

任务十一　自发性气胸患者的护理

知识目标

1. 掌握：自发性气胸的临床表现、护理诊断及合作性问题、护理措施。
2. 熟悉：自发性气胸的病因及发病机制、临床类型、实验室及其他检查、治疗要点、健康教育。
3. 了解：自发性气胸的概念。

技能目标

1. 能对自发性气胸患者进行健康指导。
2. 熟练掌握胸腔闭式引流的护理。

案例导入

病例：患者，男，45岁。因打球时突发左侧胸痛，伴心悸、气促3h入院。查体：P 96次/分，R 24次/分，BP 120/70 mmHg，急性病容，左胸廓饱满，叩诊呈过清音，语颤减弱，左中上肺呼吸音消失，右肺无异常。入院诊断"自发性气胸"。

请问：1. 主要护理诊断/问题有哪些？
2. 若该患者行胸腔闭式引流要如何护理？

胸膜腔为不含气体的密闭的潜在腔隙，当气体进入胸膜腔造成积气状态时，即称为气胸（pneumothorax）。气胸可分为自发性、外伤性、医源性三类。自发性气胸（spontaneous pneumothorax）是指在无外伤或人为因素下，因肺部疾病使肺组织及脏层胸膜突然自发破裂，或因靠近肺表面的肺大疱、细小气泡自发破裂，肺及支气管内气体进入胸膜腔所致的气胸。自发性气胸又可分为原发性和继发性，前者常发生在无基础疾病的健康人，后者常发生在有基础疾病的患者，如慢性阻塞性肺疾病（COPD）。自发性气胸是内科急症，其发病率男性多于女性。

【病因及发病机制】

1. 原发性自发性气胸　原发性自发性气胸是指常规胸部X线检查未发现明显病变者所发生的气胸，通常是由于位于脏层胸膜下的肺大疱或小囊肿破裂引起，多发生在肺尖部。此型气胸好发于20～40岁、体型瘦长男性，右侧多见，且易复发（30%见于同侧复发，10%见于对侧复发），吸烟可增加原发性自发性气胸的危险性。

2. 继发性自发性气胸　继发性自发性气胸是指在原有肺部疾病的基础上发生的气胸，常因COPD、肺结核、肺癌和尘肺（肺尘埃沉着病）等基础疾病形成肺大疱破裂所致。

3. 其他　胸膜上有异位子宫内膜，在经期可以破裂而发生气胸，称为月经性气胸。航空、潜水作业如无适当防护措施，从高压环境突然进入低压环境，或机械通气压力过高时，均可发生气胸。抬举重物用力过猛、剧咳、屏气，甚至大笑等，有时也可诱发气胸。

气胸发生时，气体进入胸膜腔，胸膜腔内压力升高，甚至由负压变成正压，对肺产生压迫，使肺不张，肺的容积缩小，肺活量降低，通气功能障碍，通气/血流比值减少，出现低氧血症。大量气胸时还可导致静脉回心血流受阻，心脏充盈减少，心排血量降低。张力性气胸可引起纵隔移位，导致循环障碍，甚至窒息死亡。

【临床类型】

根据胸膜破口的情况及发生气胸后对胸膜腔内压力的影响，自发性气胸通常分为以下三种。

1. 闭合性（单纯性）气胸　胸膜破口较小，随着肺萎陷自行闭合，空气不再继续进入胸膜腔。胸腔内压可视气体量的多少可为正压亦可为负压。抽气后压力下降，不再上升，表明破裂口不再漏气，胸膜腔内残余气体将自行吸收，维持胸腔内负压，肺随之逐渐复张。

2. 交通性（开放性）气胸　胸膜破口较大或两层胸膜间有粘连或牵拉，使破口持续开放，吸气与呼气时空气自由进出胸膜腔。胸膜腔内压维持在0 cm H_2O 上下；抽气后观察数分钟，压力仍无变化。

3. 张力性（高压性）气胸　胸膜破口呈单向活瓣或活塞作用，吸气时开启，空气进入胸膜腔，呼气时胸膜腔内压增高，压迫活瓣使之关闭，吸入气体不能出，致使胸膜腔内气体越积越多形成高压，常高于 10 cmH$_2$O（0.98 kPa），甚或高达 20 cmH$_2$O（1.96 kPa），抽气后胸膜腔内压可下降，但又迅速复升，肺脏受压，明显萎陷，纵隔向健侧移位，心脏与血管受压，静脉回流受阻，心脏充盈量减少，心排血量降低。常可造成严重循环障碍而危及生命。

【临床表现】

1. 症状

（1）胸痛。发病前部分患者可有持重物、屏气、剧烈体力活动等诱因，但多数患者在正常活动或安静休息时发生，偶有睡眠中发生。多数起病急骤，患者突感一侧胸痛，呈针刺样或刀割样，可随深呼吸和咳嗽而加重，持续时间短暂，继之胸闷和呼吸困难。

（2）呼吸困难。呼吸困难的程度与气胸发生的缓急、肺萎缩程度和肺部原发病变有关。若气胸发生前肺功能良好，尤其是年轻人，即使肺压缩80%以上也无明显呼吸困难；若原已存在严重的肺功能减退，即使气胸量小，肺压缩20%～30%也可出现明显的呼吸困难，患者不能平卧或被迫取健侧卧位，以减轻呼吸困难。大量气胸，尤其是张力性气胸时，由于胸膜腔内压骤增，患侧肺完全压缩，纵隔移位，可迅速出现呼吸循环衰竭，表现为烦躁不安、表情紧张、挣扎坐起、胸闷、发绀、冷汗、脉速、虚脱、心律失常，甚至出现休克、意识丧失和呼吸衰竭。

2. 体征　体征取决于积气量的多少和是否伴有胸腔积液。少量气胸时体征不明显。大量气胸时，患侧胸部隆起，呼吸运动与语颤减弱或消失；气管向健侧移位，叩诊呈鼓音或过清音；听诊呼吸音减弱或消失。右侧气胸可使肝浊音界下移或消失，左侧少量气胸或纵隔气肿时，有时可在左心缘处听到与心跳一致的气泡破裂音，称Hamman征。液气胸时，可闻及胸内振水音。血气胸如失血量过多，可致血压下降，甚至发生失血性休克。

3. 并发症　可并发纵隔气肿、皮下气肿、血气胸、脓气胸及呼吸衰竭等。

【实验室及其他检查】

1. X线胸片　X线胸片是诊断气胸的重要方法。可显示肺受压程度，肺内病变情况及有无胸膜粘连、胸腔积液及纵隔移位等。典型表现为患侧透光度增加，内无肺纹理，肺被压向肺门，呈高密度影，外缘呈外凸弧形线状阴影，纵隔和心脏向健侧移位。合并积液或积血时，可见气液平面。

2. 胸部CT　表现为胸膜腔内出现极低密度的气体影，伴有肺组织不同程度的萎陷改变。

【治疗要点】

自发性气胸的治疗目的是促进患侧肺复张，消除病因，减少复发。

1. 一般治疗　患者应严格卧床休息，酌情给予镇静、镇痛药物。气急发绀者，给予高浓度吸氧。支气管痉挛者可给支气管扩张剂。

2. 排气治疗　闭合性气胸患者，症状轻微或无症状，肺萎陷＜20%者可不必抽气，一般情况下气体可自行吸收。肺萎陷＞20%，症状明显或张力性气胸者，必须排气。根据气胸的类型和积气的多少可采用胸腔穿刺抽气、胸腔闭式引流等方法。

（1）胸腔穿刺排气，适用于小量气胸、呼吸困难较轻、心肺功能尚好的闭合性气胸患者。排气可加速肺复张，迅速缓解症状。通常选择患侧锁骨中线第2肋间为穿刺点，一次排气量不宜超过1 000 mL，每日或隔日1次。

张力性气胸病情危重，在无设备情况下，可用50 mL或100 mL注射器以胶管与粗针头连接，迅速刺入胸膜腔以达到暂时减压的目的。也可用大号注射针头，在其尾端扎上一橡皮指套，在指套末端切一小口，插入胸腔排气，高压气体从指套小口排出，当胸腔减至负压时，指套塌陷小口关闭，外界空气不能进入。

（2）胸腔闭式引流，适用于各类气胸、液气胸及血气胸。插管部位一般选择在患侧锁骨中线外侧第2肋间或腋前线第4~5肋间，一般导管外端连接Heimlich单向活瓣，或置于水封瓶的水面下1~2 cm下，插管成功则导管持续逸出气泡，呼吸困难迅速缓解，压缩的肺在数小时至数日内复张。

3. 化学性胸膜固定术　化学性胸膜固定术适用于气胸反复发生，肺功能欠佳而又不能手术者。可将化学粘连剂（如滑石粉、四环素、50%葡萄糖等）注入胸膜腔，产生无菌性变态反应性胸膜炎，使两层胸膜粘连，胸膜腔闭锁，达到防治气胸的目的。

4. 手术治疗　手术治疗主要用于多次反复发生气胸、长期排气治疗的肺不张、大量血气胸或双侧自发性气胸、张力性气胸引流失败者，胸膜增厚致肺膨胀不全或影像学有多发性肺大疱者。手术治疗成功率高，复发率低。亦可经胸腔镜观察后行粘连烙断术，促使破口闭合。

5. 原发病及并发症的处理　积极治疗原发病，如肺结核者应抗结核治疗。积极预防和处理继发的细菌感染（脓气胸），严重血气胸除进行抽气排液和适当输血外，应考虑开胸结扎出血的血管。严重纵隔气肿应做胸骨上窝穿刺或切开排气。

知识链接

电视胸腔镜手术（VATS）是一种全新的手术治疗方法，它借助于高精度光学技术，高清晰度摄显像系统，高科技手术器械、先进的麻醉及监护系统发展起来的有别于传统胸腔手术的一种全新的手术方法。VATS是在胸壁套管式微小切口（3~4 cm）下，用特殊的手术器械在摄像系统监视下，进入胸腔完成传统开胸（30 cm左右切口）手术同样的操作。其最显著的特点是创伤小，恢复快，住院时间短，可以完成胸壁、肺、纵隔、食管等处疾病的诊断，以及纵隔肿瘤、胸壁肿瘤、肺癌、肺大疱、食管肿瘤等切除，特别是对于年老体弱，心肺功能差，不宜接受开胸手术的患者获得了治疗的机会，减轻了患者的痛苦，提高了他们的生存质量。

【护理诊断/问题】

1. 低效性呼吸形态　与肺扩张能力下降、疼痛、缺氧、焦虑有关。

2. 疼痛（胸痛）　与胸膜刺激、胸膜腔压力变化、引流管置入有关。

3. 焦虑　与呼吸困难、胸痛、行胸腔穿刺或胸腔闭式引流有关。

4. 潜在并发症　脓气胸、血气胸、纵隔气肿与皮下气肿。

【护理措施】

1. 休息与体位　保持病房安静，嘱患者绝对卧床休息，协助患者采取有利的体位，如抬高床头、半坐位或端坐位，以有利呼吸、咳嗽排痰及胸腔引流。避免一切增加胸腔压力的活动，如咳嗽、屏气、用力等。卧床期间，应协助患者每2小时翻身1次。如有胸腔引流管，患者翻身时，应注意防止引流管扭曲及脱落。

2. 饮食护理　嘱患者多进食粗纤维食物和新鲜的蔬菜水果，保持大便通畅，防止排便用力引起胸痛或伤口痛，防止气胸复发，促进裂口闭合。

3. 心理护理　本病起病急骤，患者缺乏足够的思想准备，且因缺乏对疾病的知识，对排气治疗充满担心、恐惧。护理人员要关心、体贴患者，向其解释疼痛、呼吸困难等产生的原因，以消除患者对疾病紧张、担心的心理，帮助患者树立信心，配合治疗；在患者呼吸困难期间尽量在床旁陪伴，协助处理各种不适，并告知患者目前正采取的治疗措施能保证其安全，使其产生安全感，减轻恐惧心理；在做各项检查、操作前，向患者耐心做好解释工作，如抽气后呼吸困难可以缓解，气胸可以治愈。

4. 病情观察　观察患者生命体征，有无胸痛、胸闷、呼吸困难及呼吸频率、幅度，必要时监测动脉血气分析。患者如出现明显呼吸困难、烦躁不安、心率加快、血压下降、发绀、冷汗、心律失常甚至休克等表现，均提示病情重或存在张力性气胸的可能，应及时通知医师并配合处理。胸腔闭式引流术后患者应观察伤口有无出血、漏气、皮下气肿及胸痛，肺不张和肺水肿情况。

5. 对症护理

（1）改善呼吸困难

1）吸氧。给予鼻导管或鼻塞吸氧，必要时面罩吸氧。保持鼻导管或鼻塞通畅，保持鼻腔清洁。氧流量控制在2～5 L/min，吸氧可加快胸腔内气体吸收，帮助胸膜破口愈合。若有纵隔气肿，可吸入较高浓度氧，有利于纵隔气肿的吸收。

2）胸腔闭式引流的护理。①保持管道密闭：严格检查引流装置是否密闭（图2-22）、引流管有无脱落；保持水封瓶长玻璃管没入水中3～4 cm并始终保持直立；用油纱布严密包盖胸腔引流管四周；搬动患者或更换引流瓶时，应双重夹闭引流管，防止空气进入。②严格无菌操作，防止逆行感染：保持引流装置无菌；保持胸壁引流口处敷料清洁、干燥，一旦浸湿应及时更换；引流瓶应低于引流口平面60～100 cm，防止瓶内液体逆流入胸膜腔；每日更换引流瓶一次，引流瓶内需放置一定量的无菌生理盐水，更换时严格遵守无菌技术操作规程。③保持引流通畅：患者取半坐卧位；定时挤压胸腔引流管，防止其阻塞、扭曲和受压；鼓励患者每2小时进行1次深呼吸和咳嗽练习（咳嗽尽量避免用力），或吹气球，以便胸腔内气体和液体排出，促进肺扩张。④观察和记录：密切观察长玻璃管中水柱随呼吸上下波动的情况，有无波动是提示引流管是否通畅的重要标志。水柱波动幅度反映无效腔的大小和胸膜腔内负压的情况，一般情况下，水柱上下波动的范围为4～6 cm。若水柱波动过大，提示可能存在肺不张；若无波动，提示引流管不通畅或肺已经完全扩张；若患者表现为气促、胸闷、气管向健侧偏移等肺受压症状,则提示引流管阻塞,应积极采取措施,挤捏或用负压间断抽吸引流瓶中的短玻璃管,促使其通畅,并及时通知医师处理。观察并正确记录引流液的颜色、性质和量。⑤拔管:拔管指征是置管引流48~72小时后,临床观察引流瓶中无气体溢出且颜色变浅、24小时引流量少于50 mL、脓液少于10 mL、胸部X线摄片显示肺膨胀良好无漏气、患者无呼吸困难或气促时,即可终止引流,考虑拔管。协助医师拔管时,嘱患者先深吸一口气,在其深吸气末迅速拔管,并立即用凡士林纱布和厚敷料封闭胸壁伤口并包扎固定。拔管后观察:拔管后24小时内应密切观察患者是否有胸闷、呼吸困难、发绀、切口漏气、渗液、出血、皮下气肿等,若发现异常及时通知医师处理。

(2)缓解疼痛。指导患者卧床休息,教会患者床上活动的方法,防止因活动过度而加剧疼痛。半卧位时可在胸腔引流管下方垫一毛巾,减轻患者的不适及防止引流管受压;当体位发生改变或需要活动时,用手固定好胸腔引流管,避免其移动刺激胸膜引起疼痛;深呼吸、咳嗽或活动时亦可用枕头或手护住引流管处的伤口;教会患者自我放松技巧,如深慢呼吸、听音乐、看书报以分散注意力,减轻疼痛;嘱患者注意保暖,防止受凉后引起上呼吸道感染导致疼痛加剧。咳嗽、疼痛剧烈者遵医嘱给予适当的止咳药、镇痛药。

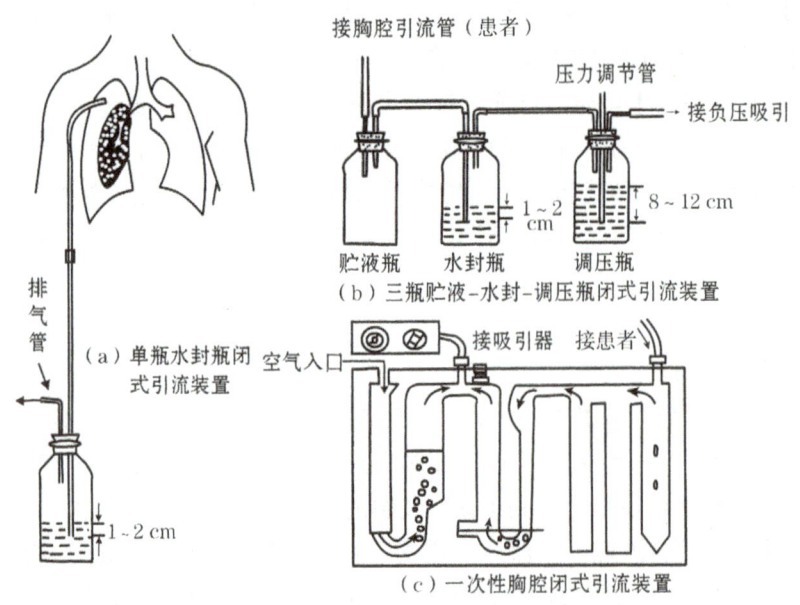

图2-22 胸腔闭式引流装置

6. 用药护理　刺激性咳嗽较剧烈时,遵医嘱给予适当的止咳药,但需注意痰液黏稠、量多或慢性呼吸衰竭伴CO_2潴留者,禁用中枢性止咳药,防止抑制咳嗽反射,使患者咳痰不畅,造成感染,甚至呼吸抑制发生窒息。患者胸痛剧烈时,遵医嘱给予止痛药,并及时评价止痛药的效果并观察可能出现的不良反应,如果疼痛不缓解或患者主诉近期疼痛与以往有明显变化,应及时与医师联系并进行有效的处理。置入胸腔引流管的患者,肺完全复张后可引起疼痛,应向患者做解释,消除其紧张心理,必要时遵医嘱使用镇静剂。

【健康教育】

1. 疾病知识指导　向患者介绍继发性自发性气胸的发生是由于肺组织基础病存在,因此,遵医嘱积极治疗肺部基础疾病对于预防气胸的复发极为重要。出现突发性胸痛,随即感到胸闷、气急时,可能为气胸复发,应及时就诊。
2. 休息与饮食　养成良好的饮食习惯,排便习惯,保持大便通畅。
3. 心理疏导　保持心情愉快、情绪稳定。
4. 避免各种诱发因素　①预防上呼吸道感染,以免剧烈咳嗽而引起肺泡破裂。②注意劳逸结合,在气胸痊愈后的1个月内不要进行剧烈运动,避免抬、提重物及屏气等用力过度增加胸腔压。③指导患者促进肺复张,可作腹式深呼吸,其方法是:仰卧位,腹部放置3~5个沙袋,吸气时保持胸部不动,腹部鼓起,呼气时尽量使腹部下降,呼吸动作应缓慢、均匀,每分钟8~12次。告知患者一旦感到胸闷、突发性胸痛或气急时应及时就诊。

（刘　珊）

任务十二　呼吸衰竭患者的护理

知识目标

1. 掌握:呼吸衰竭的临床表现、护理诊断及合作性问题、护理措施。
2. 熟悉:呼吸衰竭的分类、病因及发病机制、实验室检查及其他检查、治疗要点、健康教育。
3. 了解:呼吸衰竭的概念。

技能目标

1. 能对呼吸衰竭患者进行健康指导。
2. 熟练掌握通畅气道及合理给氧的方法。

案例导入

病例:某特发性肺间质纤维化患者,男,33岁,因气短入院。体检:T 36.5℃,P 104次/分,R 60次/分。呼吸急促,发绀,两肺底有细湿啰音。血气分析:PaO_2 58 mmHg,$PaCO_2$ 32.5 mmHg,pH 7.49。

请问：1. 该患者最突出的护理诊断有哪些？
2. 如何对该患者实施氧疗和健康教育？

呼吸衰竭（respiratory failure）简称呼衰，是指各种原因引起的肺通气和（或）肺换气功能严重障碍，以致在静息状态下亦不能维持有效的气体交换，导致缺氧伴或不伴 CO_2 潴留而引起的一系列生理功能及代谢障碍的临床综合征。由于其临床表现缺乏特异性，明确诊断有赖于血气分析，若在海平面、静息状态、呼吸空气条件下，动脉血氧分压（PaO_2）< 60 mmHg（8.0 kPa），伴或不伴 CO_2 分压（$PaCO_2$）> 50 mmHg（6.65 kPa），并排除心内解剖分流和原发于心排血量降低等因素所致的低氧，即可诊断为呼吸衰竭。

【分类】

1. 按动脉血气分类

（1）Ⅰ型呼吸衰竭。即缺氧性呼吸衰竭，仅有缺氧（PaO_2 < 60 mmHg），无 CO_2 潴留（$PaCO_2$ 降低或正常），主要见于肺换气功能障碍。见于严重肺部感染性疾病、间质性肺疾病、急性肺栓塞等。

（2）Ⅱ型呼吸衰竭。即高碳酸性呼吸衰竭，缺氧又伴 CO_2 潴留（PaO_2 < 60 mmHg、伴 $PaCO_2$ > 50 mmHg），主要见于肺泡通气不足。常见于 COPD、上呼吸道阻塞、呼吸肌功能障碍等。

2. 按病程分类

（1）急性呼吸衰竭，是指原来肺功能正常，因突发原因，如溺水、电击、外伤、药物中毒、严重肺疾病、重症哮喘、颅脑外伤、脑血管疾病等，引起通气和换气功能迅速出现严重障碍，在短时间内导致的呼吸衰竭。因机体不能很快代偿，如不及时抢救，将危及患者生命。

（2）慢性呼吸衰竭，是指一些慢性疾病，如慢性阻塞性肺疾病（COPD）、肺结核、间质性肺疾病、神经肌肉病变等，造成呼吸功能的损害逐渐加重，经过较长时间发展成为呼吸衰竭。由于发展过程缓慢，机体通过代偿适应，多能从事日常工作和生活，故称为代偿性呼吸衰竭。若在此基础上并发呼吸道感染或其他原因使呼吸负担加重，代偿失调，出现严重的缺氧、CO_2 潴留的表现，称为失代偿性慢性呼吸衰竭。

3. 按照发病机制分类

（1）泵衰竭，是指驱动或制约呼吸运动的中枢神经系统、外周神经系统、神经肌肉组织以及胸廓功能障碍导致的呼吸衰竭，主要引起通气功能障碍，表现为Ⅱ型呼吸衰竭。

（2）肺衰竭，是指肺组织、气道阻塞和肺血管病变导致的呼吸衰竭。肺组织和肺血管病变常引起换气功能障碍，表现为Ⅰ型呼吸衰竭。

【病因及发病机制】

1. 病因　引起呼吸衰竭的病因很多，参与肺通气和肺换气的任何一个环节的严重病变，都可导致呼吸衰竭，以 COPD 最常见。包括：①气道阻塞性病变，如 COPD、重症哮喘。②肺组织病变，如肺炎、严重肺结核、肺气肿、肺水肿等。③肺血管疾病，如肺栓塞、肺血管炎等。④胸廓与胸膜病变，如严重的自发性或外伤性气胸、严重的脊柱畸形、大量胸腔积液或伴有胸膜肥厚与粘连等。⑤神经肌肉疾病，如脑血管疾病、颅脑损伤、脑炎及重症肌无力等。

2. 发病机制

（1）低氧血症和高碳酸血症的发生机制

1）肺泡通气不足。健康成人在静息状态下呼吸空气时肺泡通气量达4 L/min才能维持正常的肺泡氧和CO_2分压，使气体交换有效进行。气道阻力增加，呼吸驱动力弱，无效腔气道增加均导致通气不足使肺泡氧分压下降和CO_2分压上升。

2）通气/血流比例失调。造成低氧血症最常见的原因是通气/血流比例失调。正常每分钟肺泡通气量（V）为4 L，肺毛细血管血流量（Q）为5 L，两者之比保持在0.8，才能够保证有效的气体交换。当肺血管发生病变时，如肺栓塞等，使部分肺泡血流量减少，V/Q > 0.8，导致病变肺区的肺泡气不能充分利用，形成功能性无效腔增大，又称无效腔样通气，出现氧分压下降。由于COPD、肺炎、肺不张和肺水肿等病变并非均匀分布，病变严重部位肺泡通气明显减少，而血流未相应减少，V/Q < 0.8，使流经该区的静脉血未经充分氧合便掺入动脉中，称为功能性动静脉分流，使氧分压降低，而CO_2分压升高常不明显。

3）弥散障碍。肺内气体交换是通过弥散过程实现的。气体的弥散量取决于弥散面积、肺泡膜的厚度和通透性、气体和血液接触的时间和气体分压差等。许多肺部疾病如肺实变、肺不张可引起弥散面积减少，肺水肿、肺纤维化等可引起弥散距离增宽，从而导致弥散障碍。由于氧气的弥散速度比CO_2慢，且氧气的弥散能力仅为CO_2的1/20，故在弥散障碍时通常以低氧血症为主。

4）氧耗量增加。氧耗量增加是缺氧加重的原因之一。发热、寒战、抽搐、呼吸困难时氧耗量可明显增高，肺泡氧分压随之下降。正常人通过增加通气量来防止缺氧。故氧耗量增多的患者，如同时伴有通气功能障碍，则会出现严重的缺氧。

（2）低氧血症和高碳酸血症对机体的影响

1）对中枢神经系统的影响。脑组织耗氧大，占全身耗氧量的1/5 ~ 1/4，故脑对缺氧十分敏感。通常完全停止供氧4 ~ 5分钟就可导致不可逆的损害。缺氧对中枢神经系统的影响程度取决于缺氧的程度与缺氧发生速度。当PaO_2降至60 mmHg时，可出现注意力不集中，视力和智力轻度减退；当PaO_2迅速降至40 ~ 50 mmHg以下时，会引起一系列神经精神症状，如不安、头痛、定向与记忆力障碍、精神错乱、嗜睡；PaO_2低于30 mmHg时，神志丧失乃至昏迷；PaO_2低于20 mmHg时，数分钟即可导致神经细胞不可逆损伤。急性缺氧可引起头痛、烦躁不安、谵妄、抽搐；慢性缺氧时症状出现缓慢。

CO_2轻度增加时，对皮质下层刺激增强，间接引起皮质兴奋，患者往往出现失眠、精神兴奋、烦躁不安等兴奋症状。若$PaCO_2$继续升高，可影响脑细胞代谢，降低脑组织兴奋性，抑制皮质活动，称CO_2麻醉。由缺氧和CO_2潴留导致的神经精神障碍综合征（如头痛、头晕、烦躁不安、言语不清、精神错乱、扑翼样震颤、嗜睡、昏迷、抽搐和呼吸抑制）称为肺性脑病。严重缺氧和CO_2潴留均可引起脑血管扩张、通透性增加，引起脑细胞、脑间质水肿，导致颅内高压，压迫脑组织和血管，进一步加重脑组织缺氧，形成恶性循环。

2）对循环系统的影响。缺氧和CO_2潴留均可引起反射性心率加快、心肌收缩力增强、心排血量增加。缺氧引起肺小动脉收缩，肺循环阻力增加，导致肺动脉高压、右心负荷加重。$PaCO_2$轻、中度升高,可使浅表的毛细血管和静脉扩张,表现为四肢红润、温暖、多汗,而肾、脾和肌肉的血管则收缩。急性严重缺氧或酸中毒可引起严重心律失常或心脏停搏。

3) 对呼吸系统的影响。缺氧对呼吸的影响是双向的,既有兴奋作用又有抑制作用。反射性兴奋作用:当氧分压<60 mmHg时,可作用于颈动脉窦和主动脉体化学感受器,反射性兴奋呼吸中枢,但若缺氧缓慢加重时,则这种反射的反应迟钝。直接抑制作用:是指缺氧对呼吸中枢产生直接的抑制作用,且当氧分压<30 mmHg时,抑制作用占优势。CO_2是强有力的呼吸中枢兴奋剂,随CO_2浓度的增加,通气量也明显增加,但CO_2过分升高即>80 mmHg时,反而抑制呼吸中枢使通气量下降,此时呼吸运动主要靠缺氧的反射性呼吸兴奋作用维持。

4) 对消化系统和肾功能的影响。严重缺氧可使胃壁血管收缩,胃黏膜屏障作用降低,而CO_2潴留可增强胃壁细胞活性,使胃酸分泌增多,出现胃肠黏膜糜烂、坏死、溃疡和出血。缺氧可损害肝细胞,使丙氨酸氨基转移酶升高,随缺氧的纠正,肝功能逐渐恢复正常。缺氧和CO_2潴留常合并肾功能不全,PaO_2<40 mmHg,$PaCO_2$>65 mmHg,肾血管收缩,肾功能受抑制,尿量减少。若及时治疗,随呼吸功能的好转,肾功能可以恢复。

5) 对电解质、酸碱平衡的影响。严重缺氧可抑制细胞代谢,使能量产生降低,并产生大量乳酸和无机磷,引起代谢性酸中毒。能量不足可导致钠泵功能障碍,造成高钾血症和细胞内酸中毒。慢性CO_2潴留引起肾排Cl^-增加,引起低氯血症。

【临床表现】

除引起呼吸衰竭的原发病症状、体征外,主要是缺氧和CO_2潴留所致多器官功能障碍的表现。随着缺氧和CO_2潴留的纠正,这些症状可好转或消失。

1. 呼吸困难 多数患者有明显的呼吸困难,呼吸困难是呼吸衰竭的最早、最突出症状。急性呼吸衰竭早期多表现为呼吸频率加快,病情严重时出现呼吸困难、辅助呼吸肌活动增加,可出现三凹征。慢性呼吸衰竭表现为呼吸费力伴呼气延长,严重时呼吸浅快,发生CO_2麻醉时,出现呼吸浅慢或潮式呼吸。

2. 发绀 是缺氧的典型表现。当动脉血氧饱和度低于90%时或PaO_2<50 mmHg时,可在血流量较大的部位,如口唇、指甲、舌等处出现发绀。发绀的程度与还原型血红蛋白的含量有关,故红细胞增多者发绀明显,而贫血患者则不明显。

3. 精神神经症状 急性呼吸衰竭可迅速出现精神错乱、躁狂、昏迷、抽搐等。慢性呼吸衰竭随着CO_2升高,出现先兴奋后抑制症状。兴奋症状包括烦躁不安、昼夜颠倒甚至谵妄。CO_2潴留加重时导致肺性脑病,出现抑制症状,表现为表情淡漠、肌肉颤动抽搐、嗜睡,甚至昏迷。

4. 循环系统症状 早期反射性心率加快,血压升高,心排血量增加;晚期严重缺氧和酸中毒,引起循环衰竭、血压下降、心肌损伤、心律失常甚至心脏停搏。CO_2潴留使体表静脉充盈、皮肤潮红、温暖多汗、球结膜充血。慢性呼吸衰竭并发肺心病时可出现体循环淤血等心力衰竭表现。因脑血管扩张,患者常有搏动性头痛。

5. 酸碱平衡失调和电解质紊乱 严重缺氧抑制细胞能量代谢,产生大量乳酸和无机磷,导致代谢性酸中毒。CO_2潴留可导致呼吸性酸中毒,常伴高钾和低氯血症。

6. 其他 严重缺氧、CO_2潴留对肝肾功能影响严重,可出现黄疸、丙氨酸氨基转移酶升高，蛋白尿、红细胞尿、管型尿，血浆尿素氮升高。也可导致胃肠道黏膜充血水肿、糜烂渗血，引起上消化道出血。

【实验室及其他检查】

1. 动脉血气分析　可确诊呼吸衰竭及酸碱失衡的类型和性质，指导治疗。呼吸衰竭诊断标准为：$PaO_2 < 60$ mmHg，伴或不伴 $PaCO_2 > 50$ mmHg。pH 低于 7.35 为失代偿性酸中毒，高于 7.45 为失代偿性碱中毒。但 pH 的异常并不能说明酸碱失衡的性质，即是代谢性还是呼吸性；pH 在正常范围，不能说明没有酸碱失衡。

2. 肺功能检查、影像学检查　X 线胸片、胸部 CT 和放射性核素肺通气/灌注扫描等有助于分析呼吸衰竭的原因。

【治疗要点】

呼吸衰竭的治疗原则是在保持呼吸道通畅的条件下，改善缺氧和纠正 CO_2 潴留及代谢功能紊乱，积极治疗原发病，消除诱发因素，预防和治疗并发症。

1. 保持呼吸道通畅　气道不畅可加重呼吸肌疲劳，气道分泌物积聚可加重感染，并可导致肺不张，减少呼吸面积，加重呼吸衰竭。因此，保持气道通畅是纠正缺氧和纠正 CO_2 潴留的最重要措施。必须采取各种措施保持呼吸道通畅，如清出呼吸道分泌物及异物；采用祛痰药、雾化吸入、支气管扩张剂或糖皮质激素缓解支气管痉挛，经上述处理效果差者则采用简易人工气道、气管插管或气管切开建立人工气道，以方便吸痰和做机械通气治疗。

2. 氧疗　氧疗是呼吸衰竭患者治疗的重要手段。其目的是通过提高肺泡氧分压，增加氧弥散能力，改善低氧血症导致的组织缺氧，减轻组织损伤，恢复脏器功能，减轻心脏负荷。COPD 引起的呼吸衰竭患者长期低流量吸氧，尤其是在夜间吸氧，能降低肺循环阻力和肺动脉压，增强心肌收缩力，提高患者活动耐力，延长生存时间。不同疾病、不同血气分析结果给氧方法和给氧浓度亦不同（见护理措施）。

3. 增加通气量，改善 CO_2 潴留

（1）呼吸兴奋剂。主要适用于以中枢抑制为主，通气量不足引起的呼吸衰竭，对以肺炎、肺水肿、弥漫性肺纤维化等病变引起的以肺换气功能障碍为主所致的呼吸衰竭不宜使用。呼吸兴奋剂的使用原则：必须保持气道通畅，否则会促发呼吸肌疲劳，进而加重 CO_2 潴留，导致病情恶化。临床常用的药物有尼可刹米和洛贝林，用量过大可引起不良反应。近年来，这两种药物在西方国家几乎淘汰，取而代之的是多沙普仑，该药对镇静催眠药过量引起的呼吸抑制和 COPD 并发急性呼吸衰竭有显著的呼吸兴奋效果。

（2）机械通气。当机体出现严重的肺通气和（或）换气功能障碍时，应用机械通气能维持必要的肺泡通气量，降低 $PaCO_2$，改善肺的气体交换效能，使呼吸肌得以休息，有利于恢复呼吸肌的功能。近年来，多用无创正压通气治疗多种急慢性呼吸衰竭。无创正压通气能增加肺容量，改善肺灌注，并通过降低呼吸功从而减少机体对氧的需求。经鼻面罩行无创正压通气，无需建立有创气道，简便易行，可明显降低与机械通气相关的并发症发生率。

4. 抗感染　感染是呼吸衰竭的重要病因之一，特别是慢性呼吸衰竭急性加重感染是最常见诱因，一些非感染性因素诱发的呼吸衰竭加重也常继发感染，因此，需进行积极抗感染治疗。

5. 其他 病因治疗、纠正酸碱平衡失调和电解质紊乱、防治并发症。并发症有消化道出血、肺性脑病、脑水肿、休克及弥散性血管内凝血（DIC）等。

【护理评估】

1. 健康史 了解患者病前是否有慢性呼吸道疾病及呼吸道感染史。感染、高浓度吸氧、手术、创伤、使用麻醉药等均可诱发呼吸衰竭。在评估患者一般状况时，还应注意发热、寒战、呼吸困难、肌肉抽搐等可增加耗氧量，使缺氧加重。

2. 心理-社会状况 当脑细胞缺氧时，患者的意识状态发生改变，对外界环境及自我的认识能力逐渐减弱或消失，出现记忆、思维、定向力、性格、行为等一系列精神紊乱，生活自理能力减低或完全丧失，必须依赖于医护人员提供帮助和照顾。

3. 身体评估 评估患者的呼吸频率、节律和深度、使用辅助呼吸机的情况，密切观察患者呼吸困难的程度。定时监测生命体征，听诊肺部，评估有无异常呼吸音、有无咳嗽及能否有效咳痰，并记录痰的色、质、量。观察缺氧及CO_2潴留的症状和体征，评估意识状况及神经精神症状，观察有无肺性脑病症状。

4. 监测动脉血气分析 评估有无水、电解质紊乱和酸碱平衡失调。

【护理诊断/问题】

1. 气体交换受损 与肺功能减退、呼吸中枢抑制有关。
2. 清理呼吸道无效 与分泌物过多、意识障碍、人工气道、呼吸肌及其支配神经功能障碍有关。
3. 焦虑 与呼吸困难、气管插管、病情严重程度、失去个人控制及对预后的不确定有关。
4. 营养失调：低于机体需要量 与摄入不足，呼吸功能增加，呼吸道感染致能量消耗过多有关。
5. 有感染的危险 与痰液潴留、清理呼吸道分泌物无效有关。

【护理措施】

1. 休息与体位 保持环境安静，空气新鲜，维持适度的温度，光线柔和，避免灰尘、噪声、强光及刺激性烟雾的刺激，定时开窗通风、消毒，防止交叉感染。帮助患者取舒适且有利于改善呼吸状态的体位，一般呼吸衰竭的患者取半卧位，趴伏在床桌上，借此增加辅助呼吸肌的效能，促进肺膨胀。呼吸困难加重时，嘱患者绝对卧床，尽量减少活动，减少体力消耗，降低氧耗量。慢性呼吸衰竭尚能代偿时，可适当下床活动，指导患者腹式呼吸和缩唇呼吸，以改善通气功能。

2. 饮食护理 呼吸衰竭患者由于呼吸力增加、发热等因素导致能量消耗增加，机体代谢处于负平衡，故应加强营养，给予高蛋白、高脂肪、低碳水化合物、高维生素、易消化、产气少的饮食，避免食用过冷、过热、过硬、过甜及辛辣、刺激性食物。神志清楚的患者鼓励进食，病情危重不能进食或昏迷的患者应予以鼻饲营养。进餐时应维持给氧，防止气短和进餐时血氧降低。肠胃营养时要注意监测CO_2的变化，因为碳水化合物可能会加重高碳酸血症患者的CO_2潴留。

3. 心理护理　由于对病情和预后的顾虑，患者往往会产生抑郁、恐惧心理，易对治疗失去信心；尤其是气管插管或气管切开行机械通气的患者，由于语言表达及沟通障碍，易情绪烦躁，痛苦悲观，甚至产生绝望的心理反应，表现为拒绝治疗或对呼吸机产生依赖心理。护理人员应加强巡视，多与患者沟通、交流，评估患者的焦虑程度，了解患者的心理状态和心理需求，以便采取有效的护理措施。向患者解释紧张、焦虑等不良情绪会导致病情加剧，且不利于治疗，教会患者各种缓解不良情绪的方法，如缓慢缩唇呼吸、渐进性放松等。对建立人工气道和使用呼吸机治疗的患者，应经常做床旁巡视、照料，通过语言或非语言交流抚慰患者，以缓解焦虑、恐惧等心理反应，增强患者战胜疾病的信心。在采用各项医疗护理措施前，应向患者作简要说明，并以同情、关切的态度和有条不紊的工作给患者以安全感，取得患者信任与合作。同时应做好患者家属、亲友、同事的工作，让他们帮助患者树立治疗信心，并在精神和经济上给予大力支持，使患者更快回归家庭和社会。

4. 病情观察　应观察患者呼吸的频率、节律和深度，使用辅助呼吸机后呼吸的情况，密切观察患者呼吸困难的程度、咳嗽的特征，以及痰液的颜色、量、气味、性质，同时关注检验结果。监测生命体征，尤其是血压、心率和心律，观察意识状态及神经精神症状，观察缺氧和CO_2潴留的症状和体征，如有无发绀、球结膜水肿等，有无烦躁、神志恍惚、抽搐、昏睡、昏迷等肺性脑病的表现，有无心力衰竭的症状和体征，尿量及水肿情况，若有异常及时报告医师，并给予相应处理。观察患者呕吐物及粪便的颜色、量和性质，以了解有无消化道出血。监测动脉血气分析值，肝、肾功能情况，血电解质检查及血常规、尿常规结果，及时发现并发症。

5. 对症护理

（1）保持通畅气道

1）清理呼吸道分泌物。呼吸衰竭患者的呼吸道净化作用减弱，炎性分泌物增多，痰液黏稠，引起肺泡通气不足。在氧疗和改善通气之前，必须采取各种措施，使呼吸道保持通畅。具体方法：①指导并协助患者进行有效咳嗽、咳痰。②每1~2小时翻身1次，并给予拍背，促进痰液引流。③对于痰液黏稠者，可适当补充液体，使气道湿化、痰液稀释；口服或雾化吸入祛痰剂稀释痰液。④病情严重、意识不清的患者因口、咽及舌部肌肉松弛，咳嗽无力，分泌物黏稠不易咳出，可导致分泌物及舌后坠堵塞气道，应取仰卧位，头后仰，托起下颌，并用多孔导管经鼻或经口进行机械吸引，以清除口咽部分泌物，并能刺激咳嗽，有利于气道内的痰液咳出。如有气管插管或切开，则给予气管内吸痰，吸痰时一定要注意无菌操作。

2）支气管扩张剂。遵医嘱使用支气管扩张剂可以松弛支气管平滑肌，减少气道阻力，改善通气功能。

3）控制感染。遵医嘱选择有效抗生素控制呼吸道感染，在实施氧疗、气管插管或气管切开、人工呼吸器时，必须注意无菌操作，防止呼吸道感染。

4）建立人工气道。对病情严重又不能配合，昏迷或呼吸道大量痰液潴留伴有窒息危险，或动脉血CO_2分压进行性增高者，应及时建立人工气道和机械通气。临床常采用经鼻戴气囊塑料导管气管插管，应做好相应护理：①插管前应将塑料导管经30℃加温使之变软，以易于经鼻孔插入气道，减少插管对气道的机械损伤。②吸痰时，吸痰管插入的深度必须超过导管顶端，抽吸时边抽边旋转吸痰管，将深部分泌物吸出。③充分湿化气道使痰液稀释，以利清除，防止管腔阻塞。④塑料导管气囊每周需放气1~2次，气囊可减少口咽分泌物进入下呼吸道。

（2）合理给氧。根据患者病情和血气分析结果采取不同的给氧方法和给氧浓度。①Ⅰ型呼吸衰竭多为急性呼吸衰竭，PaO_2在50~60 mmHg、$PaCO_2$在50 mmHg以下，可给予一般浓度（30%~35%）、一般流量（2~4 L/min）氧吸入，使PaO_2提高到60 mmHg或SaO_2在90%以上；严重低氧血症者，PaO_2在40~50 mmHg，$PaCO_2$正常，可给予高浓度（>50%）、高流量（4~6 L/min）氧，短时间、间歇吸入。但当PaO_2>70 mmHg时应逐渐降低氧浓度，避免长期吸入高浓度氧引起氧中毒。②Ⅱ型呼吸衰竭应立即采取低浓度（<35%）、低流量（1~2 L/min）持续吸氧，因为Ⅱ型呼吸衰竭发生时，呼吸中枢对CO_2的反应性差，呼吸的维持主要靠缺氧刺激，若给予高浓度氧吸入，可消除缺氧对呼吸的驱动作用，而使通气量迅速减低，$PaCO_2$进一步升高，导致CO_2麻醉很快致患者昏迷。③给氧的方法有鼻导管、鼻塞、面罩、气管内和呼吸机给氧。如缺氧严重而无CO_2潴留者，可用面罩给氧；如缺氧伴CO_2潴留者，可用鼻导管或鼻塞法给氧。④吸氧期间应密切观察氧疗效果，如吸氧后呼吸困难缓解、发绀减轻、心率减慢，表明氧疗有效；如果意识障碍加深或呼吸过度表浅、缓慢，可能为CO_2潴留加重，应根据动脉血气分析结果和患者临床表现，及时调整吸氧的流量或浓度，做到既保证氧疗效果，又防止氧中毒和CO_2麻醉。⑤氧疗实施过程中还应保持吸入氧气的湿化，输送氧气的导管、面罩、气管导管清洁与通畅，定时更换或消毒，防止交叉感染。

（3）机械通气的护理。密切监测病情变化，如患者的意识状况、生命体征、准确记录出入量等；掌握呼吸机的参数，及时分析并解除呼吸机报警的原因；加强气道的护理工作，保持呼吸道通畅；预防并及时发现、处理可能的并发症。

6. 用药护理

（1）茶碱类、$β_2$受体激动药。指导患者正确使用气雾剂，以保证药物疗效。静脉滴注沙丁胺醇时应控制滴速（2~4μg/min），用药过程观察有无心悸、骨骼肌震颤、低血钾等不良反应。茶碱类静脉滴注时浓度不宜过高，安全浓度为6~15μg/min；速度不宜过快，注射时间应在10分钟以上。其不良反应有恶心、呕吐等胃肠道症状及心律失常、血压下降、兴奋呼吸中枢的作用，严重可致抽搐甚至死亡。

（2）呼吸兴奋剂。使用此类药物时应注意保持呼吸道通畅，适当提高吸入氧浓度，静脉滴注时速度不宜过快。注意观察呼吸频率、节律及神志的变化，若患者出现恶心、呕吐、烦躁、面色潮红、皮肤瘙痒、肌肉震颤等现象，应减慢滴速并及时通知医师减量，严重肌肉抽搐者应及时停药。

（3）禁用镇静催眠类药物。Ⅱ型呼吸衰竭的患者常因咳嗽、咳痰、呼吸困难而影响睡眠，缺氧及CO_2潴留引起烦躁不安。禁用对呼吸有抑制的药物，如吗啡等。慎用镇静剂，以免发生呼吸抑制，诱发肺性脑病。

【健康教育】

1. 活动与休息指导　急性期绝对卧床休息，可在床上活动四肢，勤翻身以防皮肤受损，保证充足的睡眠；缓解期可坐起并在床边活动，逐渐增大活动范围。教会患者减少氧耗量的活动与休息方法、呼吸运动锻炼、有效咳嗽、缩唇呼吸、腹式呼吸、拍背等。避免各种引起呼吸衰竭的诱因；戒烟；避免吸入刺激性气体、劳累、情绪激动；尽量避免呼吸道感染。

2. 饮食指导　加强营养，制定合理的膳食，合理活动与休息，提高患者的自我护理能力。

3. 心理指导　告诉患者或其家属急性呼吸衰竭如果处理及时、恰当，可以完全康复，相当一部分慢性呼吸衰竭患者经积极抢救可以度过危险期，病情稳定后，预防并及时处理呼吸道感染，可延缓肺功能恶化，保持较长时间有规律的生活，增强患者及家属的治疗信心。

4. 用药指导　遵医嘱正确用药，学会合理的家庭氧疗方法。

5. 自我监测病情指导　慢性呼吸衰竭患者应注意继续家庭氧疗，遵医嘱用药，预防和及时处理呼吸道感染，戒烟、酒及刺激性食物。如出现气促、发绀加重等变化应尽早就诊。

（刘　珊）

任务十三　呼吸系统常用诊疗技术及护理

一、胸腔穿刺术

胸腔穿刺术（thoracentesis）是自胸腔内抽取积液或积气的有创性操作。胸腔穿刺术的目的：①抽取胸腔积液送检，明确其性质，以协助其诊断。②排除胸腔内积液或积气，以缓解压迫症状。③避免胸膜黏连增厚。④胸腔内注射药物，辅助治疗。

【适应证和禁忌证】

1. 适应证

（1）诊断。原因未明的胸腔积液，可做诊断性穿刺，做胸腔积液涂片、培养、细胞学和生化学检查以明确病因。

（2）治疗。胸腔大量积液、气胸产生压迫症状，可抽液或抽气以减压；急性脓胸或恶性肿瘤侵犯胸膜引起积液，可抽液或注入药物。

2. 禁忌证

（1）病情垂危者。

（2）有严重出血倾向及大咯血者。

（3）严重肺结核及肺气肿者。

【操作方法】

1. 患者体位　协助患者反坐于靠背椅上，双手平放椅背上，前额伏于前臂，自然呼吸，或取坐位，使用床旁桌支托。亦可仰卧于床上，举起上臂，完全暴露胸部或背部。如患者不能坐直，还可采用侧卧位，床头抬高30°角，这些体位可使肋间隙增宽，利于穿刺（图2-23）。

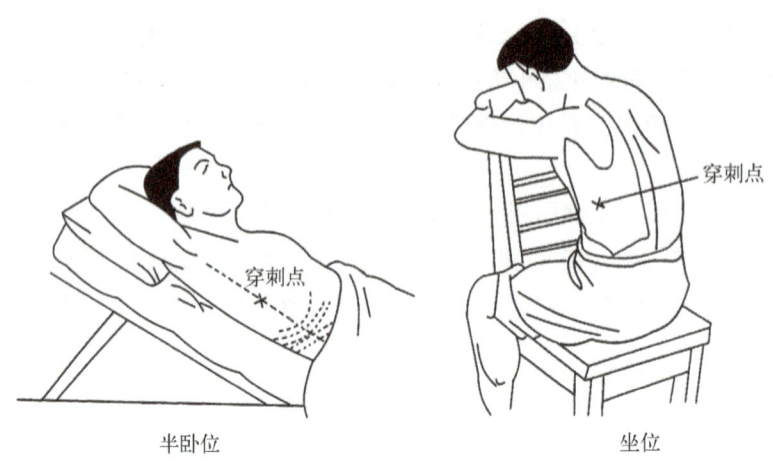

图2-23　胸腔穿刺抽液患者体位

2. 确定穿刺点　胸腔积液的穿刺部位选在叩诊实音最明显的部位进行，或结合X线、超声检查确定，一般在肩胛线或腋后线第7~8肋间隙或腋前线第5肋间隙。气胸者取患侧锁骨中线第2肋间隙或腋前线第4~5肋间隙进针。

3. 消毒、麻醉　戴无菌手套，常规消毒皮肤，覆盖无菌洞巾。以2%利多卡因逐层浸润麻醉直达胸膜。

4. 穿刺、抽取　术者左手示指和拇指固定穿刺部位的皮肤及肋间，右手持穿刺针（针座胶管用血管钳夹住）沿下位肋骨上缘缓缓刺入，当针锋抵抗感突然消失时，表明已穿入胸膜腔，将50 mL注射器接至胶管，然后在协助下抽取胸腔积液或气体。注意，当注射器吸满后要先夹紧胶管，再取下注射器排液或排气，防止空气进入胸腔。

5. 穿刺点处理　术毕拔出穿刺针，消毒穿刺点后覆盖无菌纱布，用胶布固定。

【术前准备】

1. 患者准备　术前应与患者及家属谈话，解释操作的目的、过程及可能出现的并发症等，并签字。操作前指导患者练习穿刺体位，并告知患者在操作过程中不要咳嗽、深呼吸或突然移动体位，以免损伤胸膜或肺组织。必要时给予镇咳药。操作前询问患者有无麻醉药过敏史。做好普鲁卡因皮试，并将结果记录于病历上。

2. 用物和药物准备　常规治疗盘1套，无菌胸腔穿刺包（接有胶管的胸腔穿刺针、5 mL和50 mL注射器、7号针头、血管钳、洞巾、纱布）、2%利多卡因针剂、0.1%肾上腺素、无菌手套、无菌试管、量杯、注射器、皮肤消毒剂、纱布及胶布等。治疗气胸者准备人工气胸抽气箱；需胸腔闭式引流者准备胸腔闭式引流贮液装置。

【术中配合】

1. 抽液（气）要求　每次抽液抽气时不宜过快、过多，防止因抽液过快、过多使胸腔内压骤然下降，发生复张后肺水肿或循环障碍、纵隔移位等意外。首次抽液不应超过600 mL，抽气量不超过 1 000 mL，以后每次抽吸量不超过 1 000 mL。若穿刺目的是明确诊断，抽液 50～100 mL 即可，置入无菌试管送检。如因治疗需要，抽液、抽气后可注入药物。

2. 病情观察　穿刺过程中应密切观察患者的脉搏、面色等变化，以判定患者对穿刺的耐受性。要注意询问患者有无异常感觉，如患者出现不适应，应减慢抽吸或立即停止抽液。如患者突感头晕、心悸、冷汗、面色苍白、脉细、四肢发凉，提示患者可能出现"胸膜反应"，应立即停止抽液，使患者平卧，密切观察血压，防止休克。必要时按医嘱皮下注射 0.1% 肾上腺素 0.5 mL。

【术后护理】

1. 病情观察　嘱患者平卧位或半卧位休息，观察患者的脉搏和呼吸状况，及时发现并发症，如血胸、气胸、肺水肿等，观察穿刺处有无渗血或渗液。

2. 护理指导　鼓励患者深呼吸，促进肺膨胀；如无气胸或其他并发症，术后 1 小时可恢复活动。穿刺部位很快会愈合。24 小时后方可洗澡，以免穿刺部位感染。注入药物者，应嘱患者转动体位，以便药液在胸腔内混匀，并观察患者对药液的反应。

3. 书写护理记录　记录穿刺的时间、穿刺过程、抽液抽气的量、胸腔积液的颜色及患者穿刺前、中及穿刺后的状态。

二、纤维支气管镜检查术

纤维支气管镜（fibrotic bronchoscopy，FOB）检查是利用光学纤维内镜对气管支气管管腔进行的检查。纤维支气管镜可经口腔、鼻腔、气管导管或气管切开导管插入段、亚段支气管，甚至更细的支气管，可在直视下行活检或刷检、钳取异物、吸引或清除堵塞物，并可做支气管肺泡灌洗，行细胞学或液体成分的分析。另外，利用支气管镜可注入药物，或切除气管内腔的良性肿瘤等。纤维支气管镜已经成为支气管、肺、胸腔疾病诊断及治疗不可缺少的手段。

【适应证和禁忌证】

1. 适应证

（1）刺激性咳嗽、胸部 X 线占位改变或阴影而致肺不张、阻塞性肺炎、支气管狭窄或阻塞等经 3 周抗生素治疗不缓解，疑为异物或肿瘤的患者。

（2）原因不明的咯血，需明确病因及出血部位。

（3）清除呼吸道分泌物、行支气管肺泡灌洗、去除异物、摘除息肉、局部止血及用药、扩张狭窄支气管或激光治疗。

2. 禁忌证

（1）严重心肺功能不全，呼吸衰竭，心绞痛，严重高血压及心律失常等。

（2）严重肝肾功能不全，全身状态极度衰弱者。

（3）出凝血机制严重障碍者。

（4）2 周内有支气管哮喘发作或大咯血者，以及近期有上呼吸道感染或高热者。

（5）主动脉瘤有破裂危险者。

（6）麻醉药物过敏，而无其他药物代替。

【操作方法】

1. 患者体位　常取仰卧位，不能平卧者可取坐位或半坐位。
2. 局部麻醉　先用1%麻黄碱喷入鼻腔，继用2%利多卡因溶液喷雾鼻腔及咽喉部位做黏膜表面麻醉，每2~3分钟喷雾一次，共3次。插入纤维支气管镜的过程中，根据需要可再注入2%利多卡因2~3 mL，总量不超过250 mg。
3. 插入途径　一般采取经鼻腔插入，若鼻腔狭小，可通过口腔插入。气管切开患者可经气管切开处插入。
4. 依序检查　直视下自上而下依次检查各叶、段支气管。

【术前准备】

1. 患者准备

（1）向患者说明检查目的、操作过程及有关配合注意事项，以消除紧张情绪，取得配合。

（2）痰多的患者，在纤维支气管镜检查前数日给予抗生素及祛痰药物治疗，以免分泌物过多，妨碍检查结果。

（3）术前4小时禁食禁水，术前半小时皮下注射阿托品10 mg；精神紧张者，肌内注射地西泮10 mg；年老体弱、病重者或肺功能不全者，给予吸氧。如患者口腔有活动义齿，应嘱其取下。

（4）了解患者的病史和体格检查结果，有无对消毒剂及局麻药过敏；评估胸片、肝功能、出凝血时间及血小板等检查结果，对心肺功能不佳者必要时行心电图检查和血气分析。

2. 用物准备　纤维支气管镜；活检刷、药物（1%麻黄碱、2%利多卡因、阿托品、肾上腺素、生理盐水）；氧气；必要时准备心电监护仪、吸引器和复苏等抢救设备，以防术中出现喉痉挛和呼吸窘迫，或因麻醉药的作用抑制咳嗽和呕吐反射，使分泌物不易咳出。

【术中配合】

操作过程中密切观察患者的生命体征和反应，并根据需要配合医师做好吸引、活检、治疗等。立即将采集的标本以10%甲醛溶液固定，及时送检。对怀疑肿瘤的患者，应尽可能留取血痰部分送检，以提高痰检阳性率。

【术后护理】

1. 防止误吸　术后禁食、禁水2小时。麻醉消失、咳嗽和呕吐反射恢复后进食温凉流质或半流质饮食。进食前试验小口喝水，无呛咳后再进食。
2. 病情观察　密切观察患者有无发热、胸痛、呼吸是否困难；观察分泌物的颜色和特征，有无呼吸道出血。若为痰中带血丝，一般不需特殊处理；当出血较多特别是发生大咯血时，应通知医师，及时配合抢救。
3. 减少咽喉部刺激　术后半小时内减少谈话，使声带得以休息，如有声嘶和咽喉部疼痛，可给予雾化吸入。鼓励患者轻咳出痰液及血液。
4. 预防感染　观察有无继发感染、发热、咳嗽、痰多等，必要时按医嘱应用抗生素，预防呼吸道感染。

三、动脉血气分析标本采集

动脉血气分析（bloodgas analysis）能客观反映呼吸衰竭的性质和程度，是判断患者有无缺氧和CO_2潴留的可靠方法。对指导氧疗、调节机械通气的各种参数，以及纠正酸碱和电解质失衡均有重要意义。

【适应证和禁忌证】

1. 适应证
(1) 各种疾病、创伤或外伤手术发生呼吸衰竭者。
(2) 心肺复苏患者。
(3) 急慢性呼吸衰竭及进行机械通气的患者。
2. 禁忌证　无绝对禁忌证。

【操作方法】

1. 穿刺前准备　用2 mL注射器抽吸肝素溶液（1 250 U/mL），来回推动针芯，使肝素溶液涂布注射器内壁，然后针尖朝上，排除注射器内多余的肝素溶液和空气。
2. 选择血管　一般可选择股动脉、肱动脉或桡动脉为穿刺点进针。先用手指摸清动脉的搏动、走向和深度。
3. 动脉穿刺　常规消毒穿刺部位的皮肤和操作者的左手示指和中指后，用左手示指和中指固定动脉，右手持注射器刺入动脉，血液借助动脉压推动针芯上移，采血1 mL。
4. 穿刺后处理　拔针后，立即用消毒干棉签压迫穿刺点，排除注射器内气泡后将针头刺入软木塞与空气隔绝，用手转动注射器使血液与肝素充分混匀。

【术前准备】

1. 患者准备
(1) 询问、了解患者身体状况，吸氧状况或者呼吸机参数的设置。
(2) 向患者解释动脉采血的目的及穿刺方法，取得患者配合。
(3) 评估患者穿刺部位皮肤及动脉搏动情况。
2. 用物准备　2 mL无菌注射器，肝素溶液（1 200 U/mL），软木塞，静脉穿刺盘。碘酒、酒精消毒瓶，棉签1包，静脉敷贴2张。

【术中配合】

定位要正确，边穿刺边注意回血，不要抽针心。指导患者抽血时尽量放松，平静呼吸，避免影响血气分析结果。穿刺部位压迫时间要足够。

【术后护理】

1. 防止局部出血　穿刺处需用干棉签按压2~5分钟，以防局部出血或形成血肿。
2. 详细填写化验单　注明采血时间、吸氧方法及浓度、机械通气参数等。
3. 立即送检　为避免影响测定结果，采血后应立即送检。

四、体位引流

体位引流（postural drainage）是利用重力作用使肺、支气管内的分泌物引出体外，又称重力引流。适用于有大量痰液而排出不畅时。

【适应证和禁忌证】

1. 适应证
（1）支气管扩张、肺脓肿患者。
（2）支气管碘油造影前后。
2. 禁忌证
（1）老年人及一般情况极度虚弱、无法耐受所需的体位、无力排除分泌物（在这种情况下，体位引流将导致低氧血症）者。
（2）抗凝治疗。
（3）胸廓或脊柱骨折、近期大咯血和严重骨质疏松的患者。
（4）高血压、心力衰竭患者。

【操作方法】

依病变部位不同，采取相应的体位，使病变部位处于高处，引流支气管开口向下（图2-24）。同时辅以拍背，以借重力作用使痰液流出。引流时，嘱患者间歇做深呼吸后用力咳嗽，护理人员用手（手心屈曲呈凹状）轻拍患者胸或背部，自背下部向上进行，直到痰液排尽，或使用机械振动器，将聚积的分泌物松动，并使其移动，易于咳出或引流。

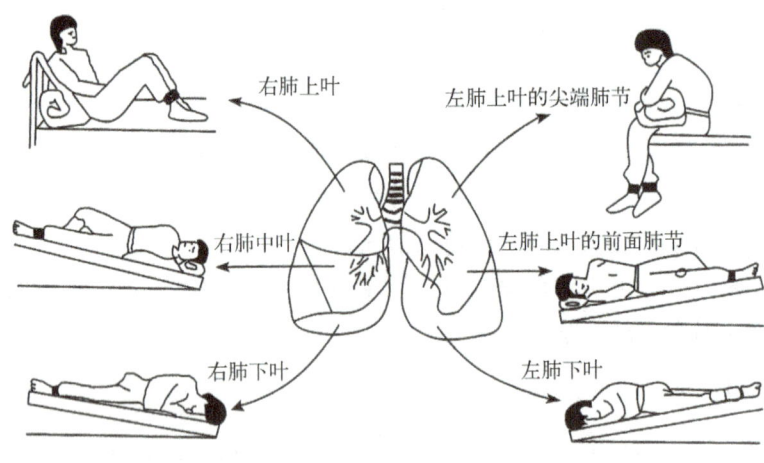

图2-24 体位引流

【术前准备】

1. 患者准备　引流前向患者说明体位引流的目的、操作过程和注意事项，消除顾虑，以取得患者的合作。对痰液黏稠者引流前15分钟可先用生理盐水超声雾化吸入或用祛痰药（氯化铵、溴己新等）稀释痰液，提高引流效果。
2. 操作者准备　了解患者病情，熟悉操作步骤。

【术中配合】

1. 引流时间　引流时间每次15～20分钟，每日2～3次。引流宜在饭前进行，以免饭后引流致呕吐。

2. 观察病情　在为痰量较多的患者引流时，应注意将痰液逐渐咳出，以防发生痰量过多涌出而窒息。引流过程中注意观察，如出现咯血、头晕、发绀、呼吸困难、出汗、疲劳等情况及时停止。

【术后护理】

嘱患者卧床休息，擦净口周的痰液，给予清水或漱口剂漱口，保持口腔清洁，减少呼吸道感染。观察并记录排出的痰量和性质，必要时送检。复查生命体征和肺部呼吸音及啰音变化，观察治疗效果。

项目小结

本项目主要介绍呼吸系统疾病常见症状和体征，急性气管炎、支气管炎、肺炎、支气管扩张、肺脓肿、肺结核、慢性阻塞性肺疾病、支气管哮喘、慢性肺心病、自发性气胸、呼吸衰竭等疾病的护理；呼吸系统常用诊疗技术及护理。通过本项目学习要掌握常见呼吸系统疾病的临床表现、护理诊断及合作性问题、护理措施；会指导患者和家属知道引起疾病的各种诱发因素；能鉴别常见病的共性与个性；能灵活运用学到的知识对患者及家属进行健康教育；熟练掌握呼吸系统常用诊疗技术的护理。

（胡琳琳）

项目测试

A_1/A_2型题：

1. 肺炎最常见的病原体是　　　　　　　　　　　　　　　　　　　　　　　　（　　）
   A. 细菌　　　　　　　　B. 病毒　　　　　　　　C. 支原体
   D. 真菌　　　　　　　　E. 衣原体
2. 吸入性肺脓肿最常见的致病菌是　　　　　　　　　　　　　　　　　　　　（　　）
   A. 克雷白杆菌　　　　　B. 厌氧菌　　　　　　　C. 大肠杆菌
   D. 肺炎链球菌　　　　　E. 金黄色葡萄球菌
3. 社区获得性肺炎最常见的病原体是　　　　　　　　　　　　　　　　　　　（　　）
   A. 立克次体　　　　　　B. 葡萄球菌　　　　　　C. 溶血性链球菌
   D. 衣原体　　　　　　　E. 肺炎链球菌

4. 肺炎球菌肺炎最具特征性的痰液特点是 （　　）
   A. 粉红色泡沫样痰　　　　B. 铁锈色痰　　　　C. 黄色浓痰
   D. 少量白色黏液痰　　　　E. 巧克力色痰

5. 肺炎球菌肺炎最重要的体征是 （　　）
   A. 呼吸浅快，鼻翼扇动　　B. 口唇发绀　　　　C. 胸腔积液
   D. 高热　　　　　　　　　E. 肺部湿啰音

6. 轻症、重症肺炎区别的重要依据是 （　　）
   A. 发热程度　　　　　　　B. 呼吸困难程度　　C. 痰液性状
   D. 除呼吸系统表现外有其他系统受累的表现
   E. 肺部啰音的位置

7. 患者，女性，27岁。因寒战、高热、咳嗽、胸痛入急诊。胸部X线显示左上肺有云絮状阴影，查痰肺炎球菌（+），护士为其抽血检查血象的结果可能是 （　　）
   A. 嗜酸性粒细胞增加　　　B. 淋巴细胞减少　　C. 中性粒细胞增加
   D. 单核细胞增加　　　　　E. 嗜碱性粒细胞增加

8. 患者，男性，48岁。2天前突然寒战、高热、胸痛、咳嗽、咳脓痰、气短。查体：精神萎靡，四肢稍凉，体温36.9℃，血压75/55 mmHg，脉搏细弱，双肺下部闻及湿啰音。考虑可能是 （　　）
   A. 膈下脓肿并感染性休克　B. 肺炎并感染性休克　C. 脓胸并感染性休克
   D. 急性胆道感染并感染性休克　E. 盆腔脓肿并感染性休克

9. 患者，男性，46岁。饮酒后出现发热，体温39.3℃，伴咳嗽、咳少量黄痰，自服"头孢菌素"3天无效，1天前咳出大量浓痰，自觉有臭味，体温降至37.5℃。最可能的诊断是 （　　）
   A. 支气管扩张　　　　　　B. 金葡菌肺炎　　　C. 吸入性肺炎
   D. 肺脓肿　　　　　　　　E. 肺癌

10. 患者，男性，17岁。踢球淋雨后发热，体温39℃，头痛，全身肌肉酸痛，咳嗽2天，咳铁锈色痰。首选的治疗药物是 （　　）
    A. 丁胺卡那　　　　　　　B. 青霉素　　　　　C. 庆大霉素
    D. 罗红霉素　　　　　　　E. 头孢他啶

11. 支气管扩张最常见的病因是 （　　）
    A. 婴幼儿期麻疹、支气管肺炎　B. 肺结核　　　　C. 慢性支气管炎
    D. 体液免疫和（或）细胞免疫功能异常　E. 肺癌

12. 支气管扩张的患者每天咳嗽、咳痰最明显的时间段是 （　　）
    A. 清晨起床时　　　　　　B. 白天　　　　　　C. 睡前
    D. 夜间　　　　　　　　　E. 无时间差异

13. 痰液呈黄色，静置后分层（上层泡沫黏液、中层浆液、下层坏死组织沉淀物）见于 （　　）
    A. 肺炎球菌肺炎　　　　　B. 支气管哮喘　　　C. 支气管扩张
    D. 肺结核　　　　　　　　E. 肺癌

14. 体位引流的适应证是 （　　）
    A. COPD患者　　　　　　 B. 支气管肿瘤患者　 C. 昏迷患者
    D. 重症肺炎患者　　　　　E. 支气管扩张患者

15. 患者，女性，23岁，咳血痰1天。平时无明显咳嗽、咳痰，今日咯血200 mL。查体：体温38℃，胸廓和呼吸运动正常，肺部听诊左肩胛下存在少量湿啰音，首先考虑的是 （　　）
    A. 慢性支气管炎　　　　　B. 肺癌　　　　　　C. 大叶性肺炎
    D. 肺结核活动　　　　　　E. 支气管扩张

16. 患者,男性,52岁。既往支气管扩张10年,2天来出现高热、咳嗽、咳痰剧烈,其治疗原则应为 ( )
    A. 促进排痰和控制感染　　　　B. 加强痰液引流　　　　C. 促进排痰和卧床休息
    D. 控制感染和增加营养　　　　E. 手术治疗

17. 慢性支气管炎最典型的症状是 ( )
    A. 桶状胸　　　　B. 长期、反复咳嗽、咳痰　　　　C. 肺部啰音
    D. 胸痛　　　　E. 缩唇呼吸

18. 慢性支气管炎并发肺气肿时的主要症状是 ( )
    A. 夜间阵发性呼吸困难　　　　B. 逐渐加重的呼吸困难　　　　C. 喘息
    D. 胸痛　　　　E. 咳痰

19. 下列措施能改善早期肺气肿症状的是 ( )
    A. 预防呼吸道感染　　　　B. 加强营养　　　　C. 进行康复治疗
    D. 呼吸功能锻炼　　　　E. 控制咳嗽和痰液的生成

20. 慢性支气管炎最常见的并发症是 ( )
    A. 肺癌　　　　B. 呼吸衰竭　　　　C. 阻塞性肺气肿
    D. 开放性气胸　　　　E. 急性右心衰竭

21. 护士在指导患者做腹式呼吸锻炼时,患者出现的下列动作,提示护士需要重新示范动作要领的是 ( )
    A. 吸气时挺腹,呼气时收腹　　　　B. 用鼻吸气,用口呼气　　　　C. 吸气时间长,呼气时间短
    D. 每分钟呼吸10次左右　　　　E. 每次进行10~15分钟

22. 下列描述中,不符合继发性肺结核的是 ( )
    A. 以内源性再感染为主　　　　B. 以淋巴道和血道播散为主　　　　C. 以气道播散为主
    D. 多从肺尖开始　　　　E. 新旧病变交杂

23. 引起Ⅰ型呼吸衰竭的常见病因是 ( )
    A. 肺部广泛炎症　　　　B. 慢性支气管炎　　　　C. 肺源性心脏病
    D. 上呼吸道阻塞　　　　E. COPD

24. 患者,女性,62岁。慢性咳嗽、咳痰10年,气促2年,逐渐加重。查体:桶状胸,叩诊过清音,两肺底散在湿啰音。X线示:两肺透亮度增高,肋间隙增宽,两下肺纹理增多紊乱。提示该患者最可能发生了 ( )
    A. 支气管哮喘　　　　B. 慢性支气管炎、肺气肿　　　　C. 支气管哮喘
    D. 肺心病　　　　E. 肺栓塞

25. 支气管哮喘患者不宜居住的环境是 ( )
    A. 避免放置花草、地毯　　　　B. 饲养狗、猫等宠物
    C. 整理床铺时避免尘埃飞扬　　　　D. 不宜放置鲜花
    E. 悬挂布料窗帘

26. 可有发作性呼气性呼吸困难的疾病是 ( )
    A. 肺气肿　　　　B. 胸膜黏连　　　　C. 支气管扩张
    D. COPD　　　　E. 支气管哮喘

27. 治疗轻度哮喘的首选药是 ( )
    A. 氨茶碱　　　　B. 色甘酸钠　　　　C. 青霉素
    D. 沙丁胺醇　　　　E. 地塞米松

28. 慢性呼吸衰竭缺氧明显伴二氧化碳潴留时,采用氧疗的给氧浓度,下列哪项是正确的 ( )
    A. <29%　　　　B. <35%　　　　C. <45%

D. <55%　　　　　　　　　　E. <65%

29. 患者，女性，65岁，支气管哮喘患者。每次呼吸道感染后就会有哮喘发作。对其健康教育最重要的是　　　　　　　　　　　　　　　　　　　　　　　　　　　　　　　　　　（　）
   A. 避免接触花粉　　　　B. 预防上呼吸道感染　　　　C. 少吃鱼虾
   D. 保持乐观情绪　　　　E. 避免接触尘螨

30. 慢性阻塞性肺气肿并发肺心病、呼吸衰竭的主要诱因是　　　　　　　　　　（　）
   A. 过度运动　　　　　　B. 感染　　　　　　　　　　C. 接触过敏原
   D. 大气污染　　　　　　E. 酗酒

31. 慢性肺心病发生的关键环节是　　　　　　　　　　　　　　　　　　　　　（　）
   A. 肺动脉高压　　　　　B. 右心室肥厚　　　　　　　C. 右心室扩大
   D. 肺动脉瓣关闭不全　　E. 心功能不全

32. 下列疾病的患者须持续低流量吸氧的是　　　　　　　　　　　　　　　　　（　）
   A. 急性左心衰　　　　　B. 慢性肺源性心脏病　　　　C. 肺部肿瘤
   D. 大叶性肺炎　　　　　E. 急性肺水肿

A₃/A₄型题：

（33～34共用题干）

患者，女，28岁。因咳嗽、咳痰、食欲减退、消瘦、乏力、盗汗、午后低热1个月入院。X线检查左肺中上叶可见一云絮状边缘模糊阴影，PPD检查为强阳性。

33. 护士遵医嘱给予患者做PPD皮试，以下哪个时间是正确看结果的时间　　　（　）
   A. 15～20分钟　　　　　B. 12～24分钟　　　　　　C. 24～48分钟
   D. 48～72分钟　　　　　E. 72～92分钟

34. 患者是不是开放性结核，应该做哪一项检查　　　　　　　　　　　　　　　（　）
   A. 血沉　　　　　　　　B. 痰找到结核菌　　　　　　C. PPD实验
   D. 胸部X线检查　　　　E. 肺CT

（35～36共用题干）

患者，男，68岁。咳少量黏痰伴呼吸困难30年，近几年每到冬季肺部感染加重，咳大量脓痰，有呼吸困难。血气分析：$PaCO_2$ 7.33 kPa。

35. 该患者30年来因何种病引起呼吸困难　　　　　　　　　　　　　　　　　（　）
   A. 慢支炎　　　　　　　B. 慢性肺气肿　　　　　　　C. 慢性支气管炎
   D. 慢性肺脓肿　　　　　E. 慢性阻塞性肺气肿

36. 血气分析可说明什么　　　　　　　　　　　　　　　　　　　　　　　　　（　）
   A. 慢性肺气肿　　　　　B. Ⅰ型呼吸衰竭　　　　　　C. Ⅱ型呼吸衰竭
   D. 慢性气管炎　　　　　E. 支气管扩张

（37～38共用题干）

患者，男，50岁。一天来寒战高热（39.6℃），咳嗽伴左胸痛，咳痰呈砖红色胶冻状，量多，查体青紫绀，BP 10.7/6.7 kPa（80/50 mmHg），左肺叩浊音，呼吸音低，X胸片左肺呈多发性蜂窝状阴影。

37. 最可能的诊断是　　　　　　　　　　　　　　　　　　　　　　　　　　　（　）
   A. 肺炎球菌肺炎，休克型　　B. 葡萄球菌肺炎　　　　C. 厌氧菌肺炎
   D. 军团菌肺炎　　　　　　　E. 克雷白杆菌肺炎

38. 首选药是　　　　　　　　　　　　　　　　　　　　　　　　　　　　　　（　）
   A. 庆大霉素　　　　　　B. 青霉素G　　　　　　　　C. 红霉素
   D. 氧氟沙星　　　　　　E. 甲硝唑

(39~40共用题干)

患者，男，42岁。低热，盗汗，精神萎靡、乏力，食欲欠佳，咳嗽有少量痰，偶有血丝已半年。

39. 本病首先考虑是 （   ）

A. 慢支炎　　　　　　B. 肺炎　　　　　　C. 支气管扩张

D. 肺结核　　　　　　E. 胸膜炎

40. 本病确诊的必要条件是 （   ）

A. 白细胞增多　　　　B. 血红蛋白增多　　C. 痰查结核菌（+）

D. 血沉　　　　　　　E. 血小板减少

项目三 循环系统疾病患者的护理

任务一 概述

知识目标

1. 掌握：循环系统疾病的临床特点、护理评估、治疗及护理要点。
2. 熟悉：循环系统疾病的概念、分类、实验室及其他检查。
3. 了解：循环系统疾病的病因及发病机制。

技能目标

1. 能对循环系统疾病常见症状、体征进行评估。
2. 能对患者病情进行及时、安全、有效处置和健康教育。

循环系统由心脏、血管及调节血液循环的神经体液组成。其主要功能是为全身组织器官运输血液，通过血液将氧气、营养物质和激素等供给组织，并将组织代谢废物运走，以保证人体正常新陈代谢的进行，维持生命活动。循环系统疾病包括心脏和血管疾病，统称心血管疾病。该病病死率高。根据有关调查显示，目前我国每年约有300万人死于心血管疾病，占总死亡构成的41%，每年新发脑卒中150多万人，中国心脑血管疾病患者已达2.9亿人，是危害人民健康和影响社会劳动力的重要疾病。

一、循环系统解剖功能

（一）心脏、血管及血液循环

1. 心脏

（1）解剖结构。心脏位于胸腔内，膈肌的上方，二肺之间，约三分之二在正中线左侧。

内部有四个空腔，上部两个是心房，下部两个是心室。分别称为左心房、右心房、左心室和右心室。左右心房之间和左右心室之间分别由房间隔和室间隔隔开，故互不相通；心房与心室之间有瓣膜，称为房室瓣（左侧为二尖瓣、右侧为三尖瓣），这些瓣膜使血液只能由心房流入心室，而不能倒流。

（2）心脏的血液供应。冠状动脉是供应心脏本身血液的血管，分为左、右冠状动脉。

（3）心脏传导系统。是具有自动节律性兴奋功能的特殊心肌纤维，包括窦房结、结间束、房室结、希氏束、左右束支和浦肯野纤维网。其中窦房结的自律性最高，频率60～100次/分，是心脏的正常起搏点。

2. 血管　动脉血管输送血液到组织器官，在各种血管活性物质作用下收缩、舒张，改变外周血管阻力，又称"阻力血管"；毛细血管是血液及组织液交换营养物质和代谢产物的场所，又称"功能血管"；静脉汇集毛细血管回流的血液，又称"容量血管"。阻力血管（后负荷）与容量血管（前负荷）对维持和调节心功能有重要作用。心脏的血供主要来源于左、右冠状动脉，起源于主动脉根部。左冠脉主干短而较粗，分为前降支和回旋支，前降支供应心脏前壁、左心室前侧壁及室间隔前2/3，回旋支供应左室侧壁、后侧壁和高侧壁；右冠脉则较细而长，发生血供障碍性病变的概率较高，主要供应右心室、左心室下壁、后壁及室间隔后1/3心肌、窦房结及房室交界区等。

3. 血液循环　人体全身的循环途径可分为体循环和肺循环两种。

（1）体循环起始于左心室，左心室收缩将富含氧气和营养物质的动脉血泵入主动脉，经各级动脉分支送达全身各组织的毛细血管，与组织细胞进行物质交换，即血中的氧气和营养物质为组织细胞所吸收，组织细胞的代谢产物和二氧化碳等进入血液，形成静脉血。再经各级静脉，最后汇合成上、下腔静脉注入右心房。

（2）肺循环起始于右心室，右心室收缩时，将体循环回流的血液泵入肺动脉，经肺动脉的各级分支到达肺泡周围的毛细血管网，通过毛细血管壁和肺泡壁与肺泡内的空气进行气体交换，即排出二氧化碳，摄入氧气，使血液变为富含氧气的动脉血，再经肺静脉回流于左心房。

（二）循环系统功能

主要功能是向全身组织器官运输血液，将氧气、激素和营养物质等供给组织、细胞，运走代谢产物和废物，保持人体正常的新陈代谢。心脏还具有分泌心钠素、内皮素、内皮舒张因子等内分泌功能。循环系统受交感神经和副交感神经调节，交感神经兴奋时，心率加快，心肌收缩力加强，外周血管收缩，血管阻力增加，血压升高；副交感神经兴奋时，心率减慢，心肌收缩力减弱，心排血量减少，血压下降。此外，还受肾素血管紧张素醛固酮系统（RAAS）、血管内皮因子、电解质、某些激素和代谢产物等体液调节，其中RAAS是调节钠钾平衡、血容量和血压的重要因素。

（三）病理特点

循环系统疾病起病急、症状复杂、病情凶险、易突变，甚至猝死，常见症状有：心源性呼吸困难、水肿、晕厥、胸痛、心悸等。

二、循环系统疾病的诊治要点

（一）诊断手段

除常规的检查项目外，ECG、MRI、X线、彩色超声波、纤维内镜、冠脉造影、核素显像、实验室检查等为循环系统疾病的诊断提供了有力支持。

（二）治疗

各种新型药物、介入治疗、起搏和电复律、主动脉内球囊反搏等为各种心血管病的治愈提供了条件。

三、循环系统患者的护理评估

在全面收集患者主观、客观资料的基础上，对循环系统疾病的患者着重从病史、心理-社会资料、身体评估、实验室及其他检查方面进行评估。

【健康史】

1. 患病及治疗经过

（1）了解患者患病的起始时间，有无明显的诱因，主要症状及其特点（如症状出现的部位、严重程度、持续时间、发作的频率、促成或缓解因素），有无伴随症状，是否出现并发症，是否呈进行性加重。对饮食、睡眠、大小便有无影响，体重、营养状况有无改变。

（2）既往检查、治疗经过及疗效，是否遵从医嘱治疗。用药情况，包括药物种类、药量和用法，是按医嘱用药还是自行购药。有无特殊饮食医嘱及遵从情况。

（3）有无与循环系统疾病相关的疾病，如糖尿病、甲状腺功能亢进症、贫血、风湿热等，是否进行积极治疗，疗效如何。

2. 生活史及家族史

（1）个人史。评估患者的居住地在城市还是农村，居住条件如何；从事的职业性质，是体力劳动还是脑力劳动，是否需要高度集中注意力或久坐少动。原发性高血压、冠心病多见于城市居民和脑力劳动者；风湿性心脏病常见于农村，尤其是在住房拥挤、环境潮湿条件下居住的居民发病率高。

（2）饮食方式。要求患者列举每日的食谱和摄食量，是否经常摄入高热量、高胆固醇、含盐或含咖啡因过多的食物，是否经常暴饮暴食，有无烟酒嗜好，每日饮酒、吸烟的量及持续年限，是否已戒烟酒。这些因素往往是某些循环系统疾病的高危因素或诱发因素。

（3）生活方式。日常生活是否有规律，生活能否自理及自理的程度；有无定时排便的习惯，有无便秘及排尿异常；是否有规律地进行体育锻炼，是否知道限制最大活动量的指征。

（4）家族史。患者的直系亲属中有无与遗传相关的心血管疾病，如原发性高血压、冠心病、肥厚型心肌病等。

【心理-社会状况】

1. 患者角色 患病对患者日常生活、学习或工作的影响，是否能适应角色转变或正确面对现实。患者的文化程度，对疾病的性质、过程、预后及防治知识的了解程度。

2. 患者的心理状态 焦虑、恐惧、抑郁、悲观等心理反应及其严重程度与疾病的转归呈正相关。循环系统疾病在患病急性期，患者常因疾病引起的严重症状如呼吸困难、疼痛伴濒死感而产生恐惧或焦虑。康复期的部分患者常由于患病带来生活上的限制、病情的反复、职业的改变等因素而产生抑郁、悲观。

3. 患者的性格特征 研究证实：精神紧张、容易情绪激动、A型性格的人冠心病发病率增高。此外，情绪激动和精神紧张是引起心绞痛发作、原发性高血压病情加重的最常见诱因之一。

4. 社会支持系统 患者的家庭成员组成，家庭经济，文化背景，对患者所患疾病的认识，对患者的关心和支持程度；患者工作单位所能提供的支持，有无医疗保障；患者出院后的就医条件，居住地的社区保健资源如何等。

【身体状况】

循环系统疾病常见症状、体征如下。

1. 心源性呼吸困难 心源性呼吸困难是各种心血管疾病引起的呼吸困难，并伴有呼吸频率、深度与节律异常。引起心源性呼吸困难最常见的病因是左心衰竭，也可见于右心衰竭、心肌病、心包炎、心脏压塞等。心源性呼吸困难的表现形式：①劳力性呼吸困难。在体力活动时发生或加重，休息后缓解或消失，常为左心衰竭最早出现的症状。②夜间阵发性呼吸困难。夜间患者于睡眠中突然因胸闷、憋气而惊醒并被迫坐起，呼吸很快，称为"心源性哮喘"，是左心衰的典型表现。③端坐呼吸。患者因平卧时呼吸困难加重，被迫采取高枕卧位、半卧位，甚至端坐位，使膈肌下降，回心血量减少，减轻呼吸困难。④急性肺水肿。是左心衰最严重的呼吸困难形式，如不及时抢救，则危及生命。

评估心源性呼吸困难时应注意询问呼吸困难发生的急缓、时间、特点、严重程度，引起呼吸困难的体力活动类型，使呼吸困难减轻或加重的因素，是否有咳嗽、咳痰、乏力等伴随症状，痰液的性状和量；呼吸困难对睡眠、日常生活、活动耐力和情绪的影响。

2. 心源性水肿 心源性水肿最常见的病因为右心衰竭，其特点是首先出现在身体最低垂的部位，如患者的胫前、足踝部，指压有凹陷。重者可延及全身，出现胸腔积液、腹水。为对称性、凹陷性水肿。此外，还会出现近期体重增加，尿量减少等。

水肿的评估应注意水肿出现的部位、时间、特点、程度，全身性还是局部性，压之是否凹陷，水肿部位皮肤是否完整；水肿与饮食、体位及活动的关系；评估导致水肿的原因如饮水量、摄盐量、尿量等；引起水肿的原发病等。

3. 心源性胸痛 循环系统的多种疾病均可导致心源性胸痛又称心前区疼痛。常见原因有各种类型的心绞痛、急性心肌梗死、梗阻性肥厚型心肌病、急性主动脉夹层、急性心包炎、心血管神经症等。典型心绞痛位于胸骨体，中上段后方，呈阵发性压榨样痛，于体力活动或情绪激动时诱发，休息或含服硝酸甘油后可缓解；急性心肌梗死时疼痛多无明显诱因，程度较重，持续时间较长，伴心律、血压改变，含服硝酸甘油多不能缓解；急性心包炎引起的疼痛可因呼吸或咳嗽而加剧，呈刺痛，持续时间较长；心血管神经症患者也可出现心前区针刺样疼痛，但部位常不固定，与体力活动无关，且多在休息时发生，常伴神经衰弱症状。

评估胸痛时应注意评估疼痛的部位、性质、程度、起病时间，有无明显诱因进行性加重，有无恶心、呕吐、乏力、头晕、呼吸困难等伴随症状，是否有心律失常、休克、心力衰竭等表现。

4. 心悸　心悸是指患者自觉心跳或心悸伴心前区不适感。常见的病因有心律失常、心脏搏动增强、全身性疾病（如甲状腺功能亢进症、贫血）及心血管神经症等。此外，生理性因素或应用某些药物如肾上腺素类、阿托品等可引起心率加快、心肌收缩力增强而致心悸。

评估心悸时应注意询问健康史，心悸发生有无明显诱因；心悸持续时间、加重与缓解的因素及心悸时是否伴发其他症状，如极度疲乏、晕厥等。

5. 心源性晕厥　心源性晕厥是由于心排血量突然骤减、中断或严重低血压而引起脑供血骤然减少或停止而出现的短暂意识丧失。心脏供血暂停5秒以上可发生晕厥，超过10秒由于心排血量突然下降而产生的晕厥称阿斯综合征（Adams-Stokes syndrome）。心源性晕厥常见原因有心律失常、心脏瓣膜病，如严重主动脉瓣狭窄、心肌梗死、心肌疾病、心脏压塞及左房黏液瘤等。

评估患者晕厥发生的次数、每次持续的时间、与体位的关系及发作前是否有明显诱因及前驱症状，如面色苍白、恶心、呕吐、头晕、黑蒙、出冷汗等。

6. 常见体征　依据视、触、叩、听、嗅等体格检查的方法进行全身评估。

（1）生命体征。包括体温高低；脉搏的速率、节律、强弱及两侧是否对称，有无交替脉、奇脉等；呼吸的频率、节律、深浅度；血压及脉压是否正常。

（2）一般状态。精神意识状态；身高、体重、皮下脂肪厚度；体位；面容与表情；皮肤颜色、温度和湿度，有无发绀，有无身体低垂部位水肿，有无杵状指（趾）；营养状况等。

（3）胸部检查。注意有无干湿啰音，其部位与体位变化的关系；有无胸腔积液的体征。

（4）心脏检查。有无心前区隆起；心尖搏动位置和范围是否正常；心前区是否触及震颤和心包摩擦感，叩诊判断心脏大小和形状；听诊心率、心律、心音强弱，有无奔马律、二尖瓣开放拍击音及心包摩擦音，各瓣膜听诊区有无病理性杂音及杂音的性质、强度、传导方向、出现的时期及杂音的影响因素。

（5）腹部检查。肝脾的大小，有无腹水及肝颈静脉反流征。肝脾大、腹水和肝颈静脉反流征阳性提示静脉压升高，为右心衰竭的征象。

（6）周围血管检查。有无水冲脉、毛细血管搏动征、枪击音和动脉血管杂音。

【实验室和其他检查】

1. 实验室检查　常规血、尿、多种生化、微生物和免疫学检查有助于诊断。如感染性心内膜炎时体液的微生物培养、血液细菌、病毒核酸及抗体等检查；风心病时有关链球菌抗体和炎症反应（如抗"O"、血沉、C-反应蛋白）的血液检查；冠状动脉粥样硬化时血液各种脂质检查；急性心肌梗死时血肌钙蛋白、肌红蛋白和心肌酶的测定等。

2. 心血管病的器械检查 传统的是动脉血压测定、静脉压测定，心脏X线透视和摄片，心电图检查等。随着科学技术的发展，新的检查方法不断推出，可分为侵入性和非侵入性两大类。

（1）侵入性检查。主要有心导管检查和与该检查相结合进行的选择性心血管造影（包括选择性冠状动脉造影），临床心脏电生理检查、心内膜心肌活组织检查，以及心脏和血管腔内超声显像、心血管内镜检查等。这些检查给患者带来一些创伤，但可得到比较直接的诊断资料，诊断价值较大。

（2）非侵入性检查。包括各种类型的心电图检查（常规心电图、24小时动态心电图、食管导联心电图、心电图运动负荷试验等）；24小时动态血压监测；超声心动图（M型超声、二维超声、经食管超声、超声心动图三维重建等）和多普勒超声血流图检查；电子计算机X线体层摄影（CT），包括多层螺旋CT、数字减影法心血管造影（DSA）和冠状动脉CT造影（CTA）；放射性核素心肌和血池显像，单光子发射体层显影（SPECT）；磁共振体层显影（MRI）及磁共振血管造影（MRA）等。这些检查对患者无创伤性，故较易被接受，但得到的资料较间接，而随着仪器性能和检查技术的不断更新和提高，它们的诊断价值也在迅速提高。

（李丽莎）

任务二　心力衰竭患者的护理

知识目标

1. 掌握心力衰竭的临床表现、实验室检查特点、护理诊断及合作性问题、护理措施、健康教育。
2. 熟悉心力衰竭的病因、治疗要点。
3. 了解心力衰竭的概念、分类、发病机制。

技能目标

1. 及时判断心力衰竭的临床表现和病情变化。
2. 具备对心衰患者及时、安全、有效的处置能力和健康教育。

案例导入

病例：患者，男，75岁，高血压病史20余年，近两年来常感胸闷，不能平卧，三天前再发胸闷并逐渐加重，难以平卧，患者端坐垂足才能勉强维持呼吸。

请问：1. 患者现阶段的心功能为几级？
2. 写出可能的医疗诊断和主要的护理诊断。
3. 拟采取哪些行之有效的护理措施？

心力衰竭（heartfailure，HF）简称心衰，心力衰竭是各种心脏结构或功能性疾病导致心室充盈和（或）射血功能受损，心排血量不能满足机体组织代谢需要，同时伴有肺循环和（或）体循环淤血，器官、组织血液灌注不足为临床表现的一组综合征，主要表现为呼吸困难、体力活动受限和体液潴留。

心力衰竭的临床类型较多，按病情发展速度，可分为急性心力衰竭和慢性心力衰竭，以慢性居多，按其发生的部位可分为左心衰竭、右心衰竭和全心衰竭。少数情况下，心肌收缩力和心排血量正常，但左室充盈压增高致肺静脉回流受阻，肺循环淤血，称舒张性心衰，见于冠心病、高血压等。

一、慢性心力衰竭患者的护理

慢性心力衰竭是大多数心血管疾病的最终归宿，也是最主要的死亡原因。据相关报道，西方发达国家，引起慢性心力衰竭的基础心脏病以高血压、冠心病为主；在我国，过去以风湿性心瓣膜病为主，20世纪末以来高血压和冠心病已成为慢性心力衰竭的最常见病因，心瓣膜病和心肌病位于其后。2003年抽样统计显示，我国成人心衰患病率为0.9%。随着年龄增加，心衰患病率迅速增加，70岁以上人群患病率超过10%。

【病因与发病机制】

1. 基本病因

（1）原发性心肌损害。包括：①缺血性心肌损害，如冠心病心肌缺血和（或）心肌梗死，是引起心衰最常见的原因。②心肌炎和心肌病，以病毒性心肌炎及原发性扩张型心肌病最常见。③心肌代谢障碍性疾病，以糖尿病心肌病最常见，其他如维生素B_1缺乏及心肌淀粉样变性较为罕见。

（2）心脏负荷过重

1）心室的容量负荷（前负荷）过重，即心室舒张期所承受的容量负荷，如主动脉瓣关闭不全、二尖瓣关闭不全可以引起左心室容量负荷过重。严重贫血、妊娠中后期、摄入钠水过多等导致循环血量增加。

2）心室的压力负荷（后负荷）过重，即心肌开始收缩时，心室所需克服的外周动脉血管阻力。如高血压、主动脉瓣狭窄可以引起左心室后负荷过重；肺动脉高压、肺动脉瓣狭窄可以引起右心室后负荷过重。

2. 诱因　有基础心脏病的患者，其心力衰竭症状常由一些增加心脏负荷的因素所诱发。常见的诱发因素如下。

（1）感染。见于各种感染性疾病，呼吸道感染是最常见、最重要的诱因，其次是感染性心内膜炎，常因发病隐匿而漏诊。

（2）心律失常。各种类型的快速性心律失常及严重的缓慢性心律失常均可诱发心力衰竭，其中心房颤动是诱发心力衰竭的重要因素。

（3）血容量增加。如钠盐摄入过多，输液或输血过多、过快等。

（4）过度体力劳累和情绪激动。

（5）妊娠及分娩。尤其是妊娠后期及分娩过程，血容量增加，心脏负荷加重。

（6）其他。治疗不当，如不恰当停用洋地黄类药物或降血压药等；原有心脏病加重或合并其他疾病，如风湿性心脏病出现风湿活动，合并甲状腺功能亢进症或贫血等。

3. 发病机制　慢性心力衰竭是一个逐渐发展的过程，当基础心脏病导致心功能受损时，首先是机体发生多种代偿机制。这些代偿机制可使心功能在一定时间内维持在相对正常的水平，久之则发生失代偿。

（1）代偿机制。当心肌收缩力减弱时，为了保证正常的心排血量，机体通过以下机制进行代偿。

1）Frank-Starling机制。即增加心脏的前负荷，使回心血量增多。心室舒张末压增加，从而增加心排血量及心脏做功量，同时心房压和静脉压也升高，达一定程度时，肺循环充血、淤血。

2）心肌肥厚。当心脏后负荷增高时，常以心肌肥厚作为主要代偿机制。心肌肥厚可使心肌收缩力增强，克服后负荷阻力，使心排血量在相当长的时间内维持正常，但心肌的顺应性和舒张功能降低，舒张末压增高，心功能受损。

3）神经体液的代偿机制。主要包括：①交感神经兴奋性增强，心肌收缩力增强并提高心率，以增加心排血量。②肾素血管紧张素系统（RAS）激活。心肌收缩力增强，外周血管收缩以维持血压，调节血液的再分配，保证了心、脑等重要脏器的血液供应。同时促进醛固酮分泌，使水钠潴留，增加总液体量及心脏前负荷。前后负荷的增加使心肌耗氧量也增加。

4）各种体液因子的改变。近年来不断发现一些新的体液因子，如心钠肽、脑钠肽、精氨酸加压素及内皮素等也参与心力衰竭的发生与发展过程。

（2）心肌损害与心室重塑。原发性心肌损害和心脏负荷过重使心脏功能受损，导致心室扩大或肥厚等各种代偿性变化。在心腔扩大、心肌肥厚的过程中，心肌细胞、细胞外基质及胶原纤维等均有相应变化，即心室重塑的过程。从代偿到失代偿，心肌细胞的能量供应相对或绝对不足，以及能量的利用障碍导致心肌细胞坏死、纤维化，最终导致不可逆转的终末阶段。

4. 心功能分级　目前通用的是美国纽约心脏病学会（NYHA）1928年提出的分级方案，根据患者自觉的活动能力分为四级。

Ⅰ级：有心脏病史，体力活动不受限制，平时一般体力活动不引起疲劳、心悸、呼吸困难或心绞痛等。

Ⅱ级：体力活动轻度受限，休息时无症状，平时一般体力活动会引起疲劳、呼吸困难或心绞痛，休息后缓解。

Ⅲ级：体力活动明显受限。休息时无症状，但一般的轻体力活动就出现疲劳、呼吸困难、心悸、心绞痛等症状，需休息较长时间才缓解。

Ⅳ级：患者体力活动几乎完全丧失，休息状态下也出现心衰症状，体力活动后加重。

心功能四级NYHA分类法仅凭患者主观陈述，因此，美国心脏病学会（AHA）对NYHA心功能分级方案于1994年再次修订时采用二种分级方案并行。第一种即上述四级方案，第二种采用客观评估，即心电图负荷试验，X线、超声心动图来评估心功能，分A、B、C、D四级。

A级：无心血管疾病客观依据；B级：有轻度心血管病客观依据；C级：有中度心血管病客观依据；D级：有严重心血管病客观依据表现。

【临床表现】

1. 左心衰竭 以肺淤血及心排血量降低表现为主。

（1）症状

1）呼吸困难。左心衰竭最主要的症状是呼吸困难，最早可表现为劳力性呼吸困难、夜间阵发性呼吸困难或端坐呼吸，重者有哮鸣音，称之为心源性哮喘，急性肺水肿是急性左心衰的最严重形式。

2）咳嗽、咳痰和咯血。咳嗽、咳痰是肺泡和支气管黏膜淤血所致。开始常发生在夜间，坐位或立位时可减轻。痰为白色浆液性泡沫状，偶可见痰中带血丝。慢性肺淤血、肺静脉压力升高，导致肺循环和支气管血液循环之间形成侧支，在支气管黏膜下形成扩张的血管，一旦破裂可引起大咯血。

3）疲倦、心悸、乏力、头晕。由于心排血量降低，器官、组织血液灌注不足及代偿性心率加快所致。

4）少尿及肾功能损害症状。严重左心衰竭时肾血流量明显减少，患者可出现少尿。长期慢性肾血流量减少可出现血尿素氮、肌酐升高，并可有肾功能不全的相应症状。

（2）体征

1）肺部啰音。两肺底可闻及湿啰音，有时伴有哮鸣音，如病情进展则双肺满布湿啰音。

2）心脏体征。除基础心脏病的相应体征外，一般多有心脏扩大、舒张期奔马律及肺动脉瓣区第二心音亢进，可有心律失常。

2. 右心衰竭 以体循环静脉淤血表现为主。

（1）症状

1）消化道症状。胃肠道及肝淤血可引起腹胀、恶心、呕吐、食欲缺乏等，是右心衰竭最常见的症状。

2）呼吸困难。右心衰竭可由左心衰竭发展而来。单纯性右心衰竭多由分流性先天性心脏病或肺部疾病所致，两者都可有明显的呼吸困难。

（2）体征

1）水肿。右心衰的典型体征是水肿，其特征为首先出现在身体低垂的部位，为对称性凹陷性水肿。也可出现胸腔积液，尤其是右侧胸腔积液。

2）颈静脉征。颈静脉充盈、怒张，肝颈静脉回流征阳性是右心衰竭的主要体征。

3）肝体征。肝常因淤血而增大，伴压痛。持续慢性右心衰竭可致心源性肝硬化，晚期可出现肝功能受损、黄疸及大量腹水。

4）心脏体征。除基础心脏病的固有体征之外，右心衰时可因右心室显著扩大而出现三尖瓣关闭不全的反流性杂音，右室舒张期奔马律，剑突下可见明显搏动。

3. 全心衰竭　全心衰竭多见于心脏病晚期、病情危重，同时具有左、右心衰竭的表现。当右心衰竭出现后，右心排血量减少，因此，呼吸困难等肺淤血症状反而有所减轻，而组织器官灌注不足及体循环淤血的体征如发绀更加明显。

【实验室和其他检查】

1. X线检查　心影大小及外形可为心脏病的病因诊断提供重要的依据，心脏扩大的程度和动态改变也间接反映心功能状态。肺淤血的有无及其程度直接反映心功能状态。

2. 超声心动图　超声心动图可以更准确地提供各心腔大小改变及心瓣膜结构功能情况。以收缩末及舒张末的容量差计算射血分数（EF），可反映心脏收缩功能。常用指标为左室射血分数（LVEF%）、心排量（CO）和心脏指数（CI）。

3. 放射性核素检查　放射性核素心血池显影有助于判断心室腔大小，计算E值和左心室最大充盈速率，反映心脏收缩及舒张功能。磁共振显像（MRI）能更精确计算前述指标。

4. 有创性血流动力学检查　目前多采用漂浮导管在床边进行，经皮静脉插管送至右心房、右心室、肺动脉、肺小动脉，测定各部位的压力及血液含氧量，计算心脏指数（CI）及肺小动脉楔压（PCWP），直接反映左心功能，PCWP升高与肺瘀血呈正相关，正常值6～12 mmHg。

5. 其他　心电图、实验室检查如血常规、尿常规、肝肾功能等。

【治疗要点】

心衰的治疗目标为防止和延缓心衰的发生发展；缓解临床症状，提高生活质量；改善长期预后和降低死亡率。

1. 休息与活动　急性期或病情不稳定者应限制体力活动，避免精神刺激，降低心脏的负荷，有利于心功能的恢复。但长期卧床易发生静脉血栓形成，甚至肺栓塞，同时也使消化功能减低，肌肉萎缩。因此，应鼓励病情稳定的心衰患者主动运动，根据病情轻重不同，从床边小坐开始逐步增加有氧运动。

2. 病因及诱因治疗

（1）基本病因的治疗。早期积极有效治疗高血压、冠心病、糖尿病、严重贫血、代谢综合征、原发性扩张型心肌病、先天性心脏病、心脏瓣膜病、心包疾病等。

（2）消除诱因。常见的诱因为感染，特别是呼吸道感染，应积极选用适当的抗菌药物治疗。心律失常特别是心房颤动也是诱发心力衰竭的常见原因，对心室率很快的心房颤动应尽快控制心室率，如有可能应及时复律。潜在的甲状腺功能亢进、贫血等也可能是心力衰竭加重的原因，应注意检查并予以纠正。

（3）改善生活方式。戒烟、戒酒、控制体重、控制高血压、血脂异常及糖尿病。

3. 减轻心脏负荷

（1）休息。休息可以减轻心脏负荷，减慢心率，减少耗氧有利于心功能改善。

(2) 限盐限水。限制钠盐及含钠食物的摄入，有利于减轻水肿，降低心脏前负荷。当心力衰竭患者使用利尿剂时，限钠不必过严。

(3) 利尿剂。利尿剂是减轻心脏前负荷最有效的药物，也能通过降低血压而减轻后负荷。常用的利尿剂有：①排钾利尿剂：包括袢利尿剂和噻嗪类利尿剂，代表药分别为呋塞米（速尿）和氢氯噻嗪。轻度心力衰竭可首选氢氯噻嗪25 mg，3次/日，口服，较重的患者用呋塞米每日20~100 mg，口服或静脉注射。低血钾是这类利尿剂的主要不良反应，必须注意补钾；②保钾利尿剂：常用药物有螺内酯（安体舒通）20 mg，2~3次/日，口服；氨苯蝶啶50~100 mg，2次/日，口服；阿米诺利5~10 mg，2次/日。保钾利尿剂常与排钾利尿剂联合应用，以防低血钾，低钾易致洋地黄中毒。

(4) 血管扩张剂

1) 心力衰竭以前负荷过重为主，应选择扩张静脉为主的药物如硝酸甘油等。

2) 血管紧张素转换酶抑制剂（ACEI）：若后负荷过重者选用ACEI，主要通过抑制血管紧张素转换酶（ACE），减少血管紧张素Ⅱ的生成，抑制RAAS；其次抑制缓激肽降解而增强缓激肽活性，发挥扩血管作用改善心衰时的血流动力学，更重要的是还能改善心室重塑，以达到维护心肌的功能，推迟充血性心力衰竭的进展，改善远期预后，降低远期死亡率。提早对心力衰竭进行治疗，从心功能尚处于代偿期而无明显症状时，即开始给予ACEI的干预治疗是心力衰竭治疗方面的重要进展，对心、脑、肾等重要器官均具有保护作用。由于个体差异，ACEI治疗应从极小量开始，患者能够很好耐受才可逐渐加量，至适量后长期维持，终身用药。ACEI目前种类很多，如卡托普利12.5~25 mg，2次/日，餐前1小时口服；贝那普利（洛汀新）5~10 mg，1次/日，口服；培哚普利（雅施达）2~4 mg，1次/日，长效剂可提高患者服药的依从性。ACEI的不良反应有低血压、肾功能一过性恶化、高血钾、干咳及血管性水肿。临床上无尿性肾衰竭、妊娠哺乳期妇女及过敏者禁用本类药物。双侧肾动脉狭窄、血肌酐明显升高、高血钾及低血压者慎用。

3) 对不能耐受ACEI的患者，可改用血管紧张素受体阻滞药（ARB），常用药物如氯沙坦、缬沙坦等。

4) 若后负荷和前负荷均过重的心力衰竭，则选用扩张动、静脉药物如硝普钠。

4. 增强心肌收缩力

(1) 洋地黄类药物。洋地黄可增强心肌收缩力，抑制心脏传导系统，兴奋迷走神经而减慢心率。

1) 适应证和禁忌证。伴有快速心房颤动的收缩性心力衰竭是应用洋地黄的最好指征，对于代谢异常而发生的高排血量心衰如贫血性心脏病、甲状腺功能亢进，以及心肌炎、心肌病等病因所致心衰，洋地黄治疗效果不佳。肺源性心脏病导致右心衰，常伴低氧血症，洋地黄效果不佳且易于中毒，应慎用。肥厚型心肌病禁用洋地黄。

2) 常用药。①地高辛：适用于中度心力衰竭的维持治疗，目前采用维持量法给药，每次0.125~0.25 mg，1次/日，连续口服相同剂量7日后血浆浓度可达有效稳态。维持量可大大减少洋地黄中毒发生率。对70岁以上或肾功能不良的患者宜减量。②毛花苷C（西地兰）：适用于急性心力衰竭或慢性心力衰竭加重时，特别适用于心力衰竭伴快速心房颤动者，每次0.2~0.4 mg，稀释后静脉注射，10分钟起效，1~2小时达高峰，24小时总量0.8~1.2 mg。

3）毒毛花苷 K：适用于急性心力衰竭，每次 0.25 mg，稀释静脉注射后 5 分钟起作用，0.5～1 小时达高峰，24 小时总量 0.5～0.75 mg。

（2）非洋地黄类正性肌力药物。主要包括肾上腺素受体激动药，如多巴胺、多巴酚丁胺，磷酸二酯酶抑制剂，如氨力农和米力农。目前，磷酸二酯酶抑制剂仅限于重症心力衰竭时短期应用，3～5 天后应停用。原理：激活钙离子通道，钙离子内流增加，加强心肌收缩力。

（3）其他 β 受体拮抗剂。主要目的并不在于短时间内缓解症状，而是长期应用达到延缓病变进展，减少复发和降低死亡率的目的。常用制剂有美托洛尔、比索洛尔等；非选择性肾上腺素能受体拮抗剂卡维地洛。首先从小量开始，美托洛尔 12.5 mg/d、比索洛尔 1.25 mg/d、卡维地洛 6.25 mg/d，逐渐增加剂量，适量长期维持。临床疗效常在用药后 2～3 个月才出现。支气管哮喘、心动过缓、二度及二度以上房室传导阻滞等禁用 β 受体阻滞剂。

【护理评估】

1. 健康史

（1）心力衰竭的病因和诱因：高血压、冠心病、风湿性心瓣膜病、心肌炎、心肌病等心血管病史；呼吸道感染、心律失常、劳累过度、妊娠或分娩等诱发因素。

（2）病程发展经过：是否出现劳力性呼吸困难、夜间阵发性呼吸困难或端坐呼吸，患者产生呼吸困难的体力活动类型；伴随症状如咳嗽、咳痰及痰中带血；有无疲乏、头晕、失眠等左心衰竭表现；是否有恶心、呕吐、腹胀、食欲缺乏、体重增加及身体低垂部位水肿等右心衰竭表现。相关检查结果、用药情况及效果，病情发展趋势等等。

2. 心理-社会因素　心力衰竭多为心血管病发展到晚期的表现。长期的疾病折磨和心力衰竭反复出现，体力活动受到限制，生活需他人照顾，常使患者陷于内疚、焦虑不安、绝望甚至对死亡的恐惧之中。

3. 身体评估

（1）一般状态。①生命体征如呼吸状况，脉搏快慢、节律、有无交替脉和血压降低；②意识与精神状况；③体位是否采取半卧位或端坐位。

（2）心肺。心脏是否扩大，心率是否加快，心尖部有无舒张期奔马律、肺部有无湿啰音或哮鸣音等肺循环淤血表现；体循环淤血如颈静脉怒张、肝颈静脉反流征阳性，以及肝脏大小、质地；水肿的部位及程度，有无胸腔积液征、腹水征等。

4. 实验室检查及其他检查　重点了解超声心动图、胸部 X 线检查等，以判断有无心力衰竭及其程度。另外，还应定期检查电解质、血气分析，以判断有无电解质紊乱和酸碱平衡失调。

【护理诊断/问题】

1. 气体交换受损　与左心衰竭致肺循环淤血有关。
2. 体液过多　与右心衰竭致体循环淤血、水钠潴留及肾血流量减少有关。
3. 活动无耐力　与心排血量下降有关。
4. 焦虑　与慢性病程、病情反复、担心预后有关。
5. 潜在并发症　洋地黄中毒，电解质紊乱、心律失常等。

【护理措施】

1. 休息与活动　休息可减少组织耗氧量，减轻心脏负荷，根据患者心功能状况安排休息与活动。心功能Ⅰ级：可不限制体力活动，日常活动与正常人一样；心功能Ⅱ级：适当限制体力活动、可进行一般日常活动，但需增加午休休息时间；心功能Ⅲ级：应严格限制日常活动，以卧床休息为主，日常生活可自理或他人协助完成；心功能Ⅳ级：应绝对卧床休息，日常生活完全由他人照顾。对于长期卧床患者，应注意变换体位，以防止静脉血栓、压疮、便秘等并发症。根据病情让患者取半卧位或端坐位，当病情好转后，应鼓励患者尽早活动，促进活动耐力的恢复。

2. 饮食护理　限制水钠摄入，补充营养，给予低盐、低热量、高蛋白、高维生素、清淡易消化饮食，避免产气及刺激性、兴奋性食品，改善患者营养状况，注意少量多餐、不宜过饱，低热量为 105～167 kJ/（kg·d），可降低基础代谢率，减轻心脏负荷，但时间不宜过长，以防营养不良。每日食盐限制在 5 g 以下，水分摄入适量，生活规律。

3. 保持大便通畅　因长期卧床，进食减少，使得患者胃肠蠕动功能减弱，加之排便方式的改变，易导致便秘。如果用力排便可增加心脏负荷和诱发心律失常，因此，必须保持大便通畅，饮食中应增加粗纤维食物，适量饮用蜂蜜水，给予腹部按摩，必要时用缓泻剂（番泻叶）或开塞露。禁止灌肠。

4. 心理护理　慢性心力衰竭患者由于病程长且迁延反复或疗效不佳，易出现烦躁、焦虑、恐惧、失望等心理变化。护士应关心体贴患者，耐心做好心理疏导，同时鼓励家属应给予积极的支持。

5. 吸氧　根据病情给予吸氧和调节氧流量。观察缺氧改善情况。

6. 病情观察　观察心率、心律变化，呼吸困难的类型、程度、发绀情况、肺部啰音、血气分析和血氧饱和度及尿量、水肿的消长情况等以判断药物疗效和病情进展。控制输液量及速度，详细记录 24 小时出入量及体重的增减。

7. 用药护理

（1）洋地黄。洋地黄效应个体差异很大，使用时应严密观察患者用药后反应。

1）预防洋地黄中毒。严格按医嘱给药，既往洋地黄的给药方法按先给予饱和量，后给予维持量法，但是部分患者容易发生洋地黄中毒。因此，对于轻、中度心衰患者服用地高辛时按照维持量法，可大大降低洋地黄中毒概率。应指导患者及家属自我监测、自我护理，自测脉搏<60次/分或节律不规则时应暂停服药，并及时就诊，必要时监测血清的高辛浓度；毛花苷C或毒毛花苷K用于急危重症患者，必须稀释后缓慢（10～15分钟）静脉注射，并同时监测心率、心律及心电图变化。

2）密切观察洋地黄中毒表现。各类心律失常，是最常见、最危险的中毒表现，最常见的是室性期前收缩，多呈二联律或三联律，其他如房性期前收缩、心房颤动、房室传导阻滞等；胃肠道反应，是最早的中毒表现如食欲缺乏、恶心、呕吐；神经系统症状如头痛、倦怠、视力模糊、黄视等。

3）洋地黄中毒处理。立即停用洋地黄；补充钾盐，低钾是导致洋地黄中毒的最常见因素。可口服或静脉滴注补充氯化钾，停用排钾利尿剂；纠正心律失常，快速性心律失常如室性心动过速首选苯妥英钠或利多卡因，一般禁用电复律，因易致心室颤动；有传导阻滞及缓慢性心律失常者可用阿托品静脉注射或安置临时起搏器。

（2）利尿剂。遵医嘱使用利尿剂前应测体重和电解质，袢利尿剂和噻嗪类利尿剂是排钾利尿剂易致低钾血症，从而诱发心律失常或洋地黄中毒。故应监测血钾，观察有无乏力、腹胀、肠鸣音减弱等低钾血症的表现。螺内酯、氨苯蝶啶是保钾利尿剂，长期用药可产生高钾血症，肾功能减退、少尿或无尿者应慎用。氨苯蝶啶不良反应有胃肠道反应、嗜睡、乏力、皮疹，螺内酯可有嗜睡、运动失调、男性乳房发育、面部多毛等不良反应。利尿剂应在早晨或白天给予，以免夜间频繁起床影响患者休息或受凉。

（3）血管扩张剂。血管紧张素转换酶抑制剂（ACEI）的主要不良反应有干咳、低血压和头晕、肾损害、高钾血症、血管神经性水肿等。在用药期间需监测血压，避免体位的突然改变，监测血钾水平和肾功能。若患者出现不能耐受的咳嗽或血管神经性水肿应停止应用。

【健康教育】

1. 治疗原发病、避免诱因　指导患者积极治疗原发病，避免心力衰竭的诱发因素，如感染（尤其是呼吸道感染）、过度劳累、情绪激动、钠盐摄入过多、输液过快（过多）等。育龄妇女应在医师指导下决定是否可以妊娠与分娩。

2. 饮食与活动　饮食宜低盐、易消化、富营养，每餐不宜过饱，多食蔬菜、水果，防止便秘。指导患者合理安排活动与休息，根据心功能状态进行适当体力活动与锻炼。

3. 提高患者的依从性　严格遵医嘱服药，不随意增减或撤换药物，自我监测、自我护理和用药。服用洋地黄者服药前自测脉搏，能识别洋地黄中毒反应并及时就诊；用血管扩张剂者改变体位时动作不宜过快，以防止发生直立性低血压。教会患者及家属对药物类别、名称、用法、剂量、作用、不良反应的观察与识别。

知识拓展

顽固性心力衰竭又称为难治性心力衰竭，是指经各种治疗，心衰不见好转，甚至还有进展者，并非指心脏情况已至终末期不可逆转者。对这类患者应努力寻找潜在的原因，并设法纠正，如风湿活动、感染性心内膜炎、贫血、甲状腺功能亢进、电解质紊乱、洋地黄类过量、反复发生的小面积肺栓塞和肿瘤等。同时调整心衰用药，强效利尿剂和血管扩张制剂及正性肌力药物联合应用等。对高度顽固水肿也可使用血液滤过或超滤，可及时明显改善症状。扩张型心肌病伴有QRS波增宽＞120 ms的心衰患者可实施心脏再同步化治疗（CRT），安置三腔心脏起搏器使左、右心室恢复同步收缩，可在短期内改善症状。

二、急性心力衰竭患者的护理

急性心力衰竭是指由于急性心脏病变引起心排血量显著、急骤降低,导致组织器官灌注不足和急性淤血的综合征。临床上以急性左心衰竭较为常见,主要表现为急性肺水肿或心源性休克。

【病因与发病机制】

1. 病因　心脏解剖或功能的突发异常,使心排血量急剧降低和肺静脉压突然升高都可发生急性左心衰竭。

（1）急性弥漫性心肌损害如广泛前壁心肌梗死、急性心肌炎。

（2）感染性心内膜炎引起的瓣膜穿孔、腱索断裂所致急性反流、输液过快过多等致心脏前负荷增加。

（3）高血压患者血压急剧升高,心脏后负荷加重,其他比如快速性心律失常（心率＞180次/分）或严重缓慢性心律失常（心率＜35次/分）等。

2. 发病机制　心脏收缩力突然严重减弱,或左心室瓣膜急性反流,心排血量急剧减少,左室舒张末压迅速升高,肺静脉回流不畅,导致肺静脉压快速升高,肺毛细血管压随之升高,使血管内液体渗入到肺间质和肺泡内,形成急性肺水肿。肺水肿早期可因交感神经激活,血压升高,但随病情持续进展,血管反应减弱,血压逐步下降。

【临床表现】

急性左心衰竭发病急骤,突发严重呼吸困难,呼吸频率可达30~40次/分,端坐呼吸,频繁咳嗽,咳粉红色泡沫样痰,面色灰白或发绀,大汗,皮肤湿冷,有窒息感而极度烦躁不安、恐惧,极重者可因脑缺氧而致神志模糊。发病早期血压可有一过性升高,若不能及时纠正,血压可持续下降甚至休克。听诊两肺满布湿啰音和哮鸣音,心率增快,心尖部第一心音减弱,可闻及舒张期奔马律,肺动脉瓣第二心音亢进。左心功能不全,症状明显,右心功能不全,则体征典型。

【抢救与护理】

1. 体位　立即协助患者取坐位,双腿下垂,以减少回心血量,减轻心脏负担,必要时止血带减少回心血量,四肢轮扎。

2. 吸氧　保证呼吸道通畅前提下,立即给予6~8 L/min的高流量鼻导管吸氧,病情特别严重者可给予面罩给氧、采用持续气道正压通气（CPAP）或无创性正压机械通气（NIPPV）等。给氧时在氧气湿化瓶加入50%~70%的乙醇,可使肺泡内泡沫的表面张力降低,利于改善病情,如患者不能耐受,可降低乙醇浓度至30%或给予间断吸入。

3. 镇静剂　吗啡可使患者镇静,减慢心率,同时扩张动脉和静脉而减轻心脏的前后负荷。早期给予吗啡3~5 mg皮下注射或静脉注射,必要时每隔15分钟可重复应用1次,共2~3次,老年患者应减量或改为肌肉注射。观察患者有无呼吸抑制或心动过缓。

4. 快速利尿　如呋塞米20~40 mg静脉注射,4小时后可重复1次。迅速利尿且扩张静脉,减轻心脏前负荷,用利尿剂后要准确记录尿量。

5. **血管扩张剂** 可选用硝普钠、硝酸甘油或酚妥拉明静脉滴注，严格按医嘱定时监测血压，有条件者用输液泵控制剂量，根据血压调整，维持收缩压在100 mmHg左右，对原有高血压者血压降低幅度（绝对值）以不超过80 mmHg为度。

（1）硝普钠，主要扩张动脉、静脉，25～50 mg加入5%葡萄糖液中静脉滴注，12.5～25μg/min，连续用药时间不超过24小时。硝普钠含有氰化物，宜现配现用，避光，滴注过程中控制滴速、监测血压、防止外渗及突然改变体位。

（2）硝酸甘油，扩张小静脉，减少回心血量，达到降低左室舒张末压和肺血管压的目的，由于个体对药物的反应差异不一，先以10μg/min开始，5～10分钟调整1次，每次增加5～10μg，以血压达到预定目标为度。

（3）酚妥拉明，为α受体阻断剂，扩张小动脉为主，0.1 mg/min，5～10分钟调整1次，最大可增至1.5～2.0 mg/min，血压水平同前。

6. **洋地黄制剂** 适用于快速心房颤动或已知有心脏增大伴左心室收缩功能不全的患者。可用毛花苷C静脉注射，首剂0.4～0.8 mg，2小时后可酌情再给0.2～0.4 mg。洋地黄制剂静脉使用时要稀释，注射速度宜缓慢，同时观察心电图变化。急性心肌梗死24小时内禁止应用洋地黄制剂，以免二尖瓣狭窄所致肺水肿。钙剂与洋地黄类药具有协同作用，使用钙剂后，洋地黄类药可酌情减量。

7. **氨茶碱** 解除支气管痉挛，并有一定的正性肌力及扩张冠状动脉、利尿作用，应缓慢滴注。0.25 g加入5%葡萄糖液缓注。

8. **病情监测** 严密监测血压、呼吸、心率、血氧饱和度、心电图，检查血电解质、血气分析等，记录液体出入量，观察意识、精神状态、皮肤颜色及温度、肺部噪音的变化。

9. **心理护理** 恐惧或焦虑可导致交感神经系统兴奋性增高，使呼吸困难加重。医护人员在抢救时必须保持镇静、操作熟练，避免在患者面前讨论病情，以减少误解，护士应鼓励家属提供情感支持，心理护理必须因人而异、因地制宜，在有效治疗的前提下进行。

【健康教育】

（1）向患者及家属介绍急性心力衰竭的病因，指导患者继续针对基本病因和诱因进行治疗。

（2）告知有心脏病史的患者，在静脉输液前应主动向医护人员说明病情，便于在输液时控制输液量及速度。

（李丽莎）

任务三　心律失常患者的护理

知识目标

1. 掌握常见心律失常的心电图特点、治疗要点、护理措施、健康教育。
2. 熟悉常见心律失常的临床表现、实验室检查和其他检查。
3. 了解心律失常的概念、分类、病因与发病机制。

技能目标

1. 具备对心律失常临床表现的评估。
2. 能判断常见心律失常的心电图表现。

案例导入

病例：患者，女性，22岁，平时常感心悸、心前区紧迫感。心电图示：交界性早搏，X线胸片正常，超声心动图无异常，血常规、尿常规、血清心肌酶正常。

思考：心律失常病因、分类、临床表现及对人体各系统、多器官的病理生理影响。

一、概述

心律失常（cardiac arrhythmia）心律失常是指心脏冲动的起源、频率、节律、传导速度或激动次序的异常。根据心率快慢分为缓慢性心律失常、快速性心律失常；根据发生部位分为窦性心律失常、房性心律失常、交界性心律失常、室性心律失常等，按原理，临床上常划分为冲动形成异常和传导异常2大类。

（一）心律失常分类

1. **冲动形成异常**　窦房结之外的冲动起源均属于异位冲动。
（1）窦性心律失常。窦性心律失常分为：①窦性心动过速；②窦性心动过缓；③窦性心律不齐；④窦性停搏。
（2）异位心律。①主动性异位心律：期前收缩（又称早搏，包括房性、房室交界性、室性），阵发性心动过速（房性、房室交界性、室性），心房扑动与心房颤动，心室扑动与心室颤动。②被动性异位心律：逸搏（房性、房室交界性、室性），逸搏性心律（房性、房室交界性、室性）。逸搏和逸搏性心律是人体的一种保护性机制。

2. 传导异常

（1）生理性：干扰和房室分离。

（2）病理性：①窦房传导阻滞；②房内传导阻滞；③房室传导阻滞；④室内传导阻滞。

（3）房室间传导通路异常：预激综合征。

（二）心律失常发病机制

1. 冲动起源异常

（1）自律性异常。自律细胞动作电位4相具有缓慢自动除极功能，当其除极点位达到阈电位水平便可产生动作电位，当上述细胞自律性发生改变时即产生心律失常。

（2）触发活动。本质上属于自律性异常，是指紧接动作电位后的第二个次阈值去极化，可以分为早期后除极和延迟后除极。①早期后除极：发生在前一个动作电位复极的2、3时相的膜电位的升高，动作电位时程延长，此种膜电位的升高可触发一次除极。可能与快Na^+通道关闭、K^+外流减少、Ca^{2+}内流增多有关。②延迟后除极：为延迟到4相的电位波动。目前认为，由于细胞内外渗透压改变、离子浓度异常引起的一时性Na^+、Ca^{2+}内流所致。

2. 冲动传导异常

（1）正常传导通路异常。表现为冲动传导时间延长或阻滞、传导的递减、传导不均匀，如房室传导阻滞等。

（2）传导途径异常。在正常传导途径之外的旁路传导通路，如预激综合征。

（3）折返激动。一个激动下传后经过另一条通路折回再次兴奋原先兴奋的心肌，其形成基础在于折返环路的形成，必须具备以下几点：①存在2个或以上部位传导和不应性部位并形成环。②环间通道中的一条发生单向阻滞。③可传导通道传导速度足够慢，使原先单向阻滞通道恢复兴奋性。④原先阻滞通道再次兴奋激动，形成折返。

二、窦性心律失常

正常窦性心律心电图特点：①P波规律出现，圆钝，Ⅰ、Ⅱ、Ⅲ、aVF导联直立向上，aVR导联倒置；②频率为60~100次/分；③PR间期0.12~0.20秒；④同一导联的PP间距之差<0.12秒。

（一）窦性心动过速（sinustachycardia）

【病因】

1. 生理性　情绪激动、体力活动、饮茶、酒或咖啡之后等。
2. 病理性　发热、甲状腺功能亢进症、心力衰竭、休克、贫血、心肌缺血等，均可导致心率代偿性增快。
3. 药物性　肾上腺素、阿托品等兴奋心脏药物。

【临床表现】

临床表现取决于心率增快程度、心律是否规整。可无症状或仅有心悸。

【心电图】

(1) 窦性P波。
(2) P波频率≥100次/分,成人心率为100~150次/分,最高可达200次/分。
(3) PR间期>0.12秒。心电图表现,见图3-1。

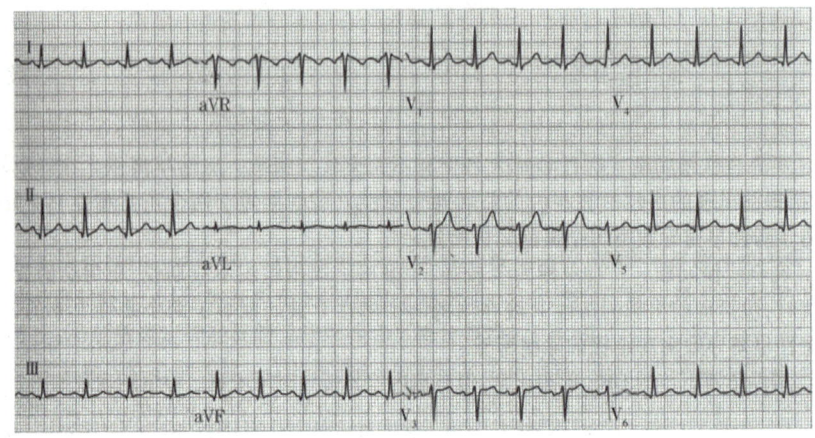

图3-1 窦性心动过速

【治疗要点】

1. 病因治疗　治疗心力衰竭、甲状腺功能亢进症、贫血、发热等。
2. 药物治疗　无禁忌证使用β受体拮抗药,如美托洛尔、普萘洛尔等减慢心率。

(二) 窦性心动过缓 (sinusbradycardia)

【病因】

1. 生理性　运动员、健康安静状态下青年人、睡眠状态等。
2. 病理性　脑血管疾病(出血或缺血)、严重缺氧、中毒、甲状腺功能减退症、肾上腺皮质功能减退症、低温、右冠状动脉栓塞引起的心肌梗死,如下壁心肌梗死,阻塞性黄疸等。
3. 药物　各种抗快速心律失常药物,如胺碘酮、洋地黄类、β受体拮抗剂、非二氢吡啶类钙通道阻滞剂如维拉帕米、地尔硫䓬等。

【临床表现】

窦性心动过缓多无自觉症状,当心率过缓导致心排血量下降时可有头晕、胸闷、晕厥,甚至阿斯综合征发作。

【心电图】

(1) 窦性P波。
(2) 成年人窦性心律<60次/分。
(3) 常伴有窦性心律不齐、逸搏、干扰性房室脱节等。心电图表现如图3-2。

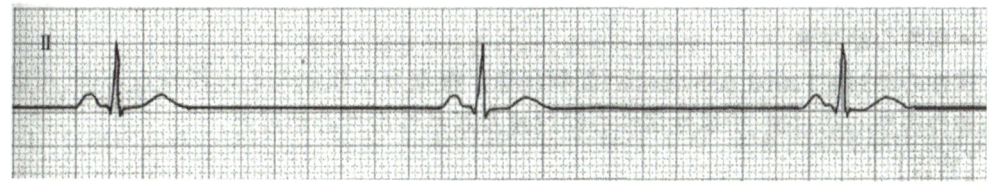

图 3-2 窦性心动过缓

【治疗要点】

无症状、无器质性疾病者无需治疗；如出现心排血量下降症状可给予阿托品、异丙肾上腺素等，无效或症状严重者安装起搏器。

三、房性心律失常

（一）房性期前收缩

房性期前收缩（atrialprematurebeats）又称房性早搏，是指起源于窦房结以外的心房任何部位的提前搏动。

【病因】

1. 生理性　过度疲劳、烟酒、咖啡、浓茶等。正常人24小时心电监测，约60%有房性期前收缩。
2. 病理性　二尖瓣疾病如二尖瓣狭窄、缺血性心肌病等器质性心脏病。
3. 其他　药物、电解质紊乱。

【心电图】

（1）提前出现的、与窦性形态不一致的P′波，提前出现P′的P′R间期＞0.12秒。

（2）不完全代偿间歇　房性早搏发生在舒张早期时，代偿间隙不完全，包括提前出现的房性P′波在内的前后两个窦性P波间期短于两个正常窦性PP间期，主要由于房性早搏导致窦房结提前除极所致。

（3）完全代偿间歇　房性早搏发生较晚或窦房结周围组织不应期长，窦房结的节律未被干扰时，包括提前出现的房性P′波在内的两个窦性P波间期，等于正常窦性PP的2倍；是房性早搏导致窦房结提前除极所致。

（4）房性早搏下传的QRS波群形态正常，但有室内差异传导时可增宽。心电图表现，见图3-3。

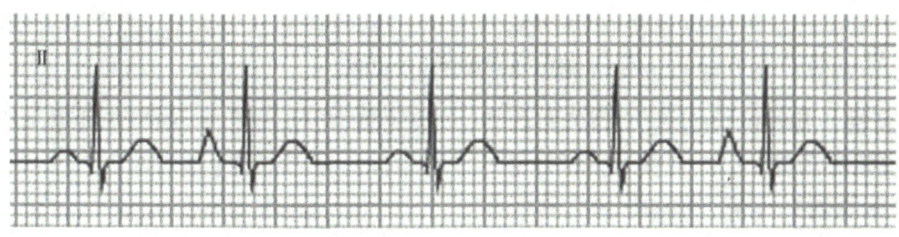

图 3-3 房性期前收缩

【临床表现】

一般无特殊临床症状，频发房性早搏者可有胸闷、心悸等表现。

【治疗要点】

一般无需特殊治疗，有诱因者消除诱因。如触发室上性心动过速时可予β受体拮抗药、普罗帕酮（心律等）、维拉帕米（异搏定）、胺碘酮等药物。

（二）房性心动过速

房性心动过速（atrial tachycardia）简称房速。根据发生机制与心电图特点不同，可以分为自律性房性心动过速、折返性房性心动过速及紊乱性房性心动过速。

【病因】

1. 自律性房性心动过速　心肌梗死、慢性阻塞性肺疾病、大量饮酒、代谢性疾病、洋地黄类药物中毒尤其是低血钾时最易发生。大多数伴有房室传导阻滞的阵发性房性心动过速因心房肌自律性增高引起。

2. 折返性房性心动过速　多因手术瘢痕、解剖结构缺陷引起。

3. 紊乱性房性心动过速　又称多源性房性心动过速。慢性阻塞性肺疾病、慢性心力衰竭、洋地黄类药物中毒、低钾血症等均可引起。

【心电图】

1. 自律性房性心动过速　①P′波形态与窦性P波不同，但Ⅱ、Ⅲ、aVF导联通常直立，P′R间期延长。②心房率增快，通常为150～200次/分。③传导阻滞：多见一度和二度房室传导阻滞（AVB），可呈现2∶1传导。④发作开始后逐渐加速。⑤刺激迷走神经不能终止发作，但加重房室传导阻滞，见图3-4。

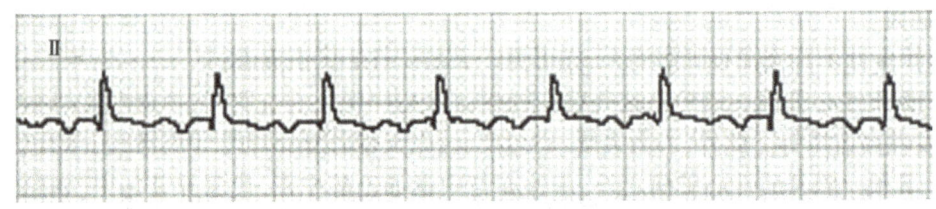

图3-4　房性心动过速（自律性）

2. 折返性房性心动过速　①P′波形态与窦性P波不一致。②心动过速突然发生与突然终止，但开始前必先发生房内传导阻滞。③心房程序或短阵快速刺激可以诱发或终止。④刺激迷走神经或静脉注射腺苷可终止发作。

3. 紊乱性房性心动过速　①P′波形态：与窦性P波不一致，至少有3种以上形态，各P′R间期不同。②心房率：150～200次/分。③心室律：由于部分P波阻滞，心室律通常不规则，最终可发展为房颤。见图3-5。

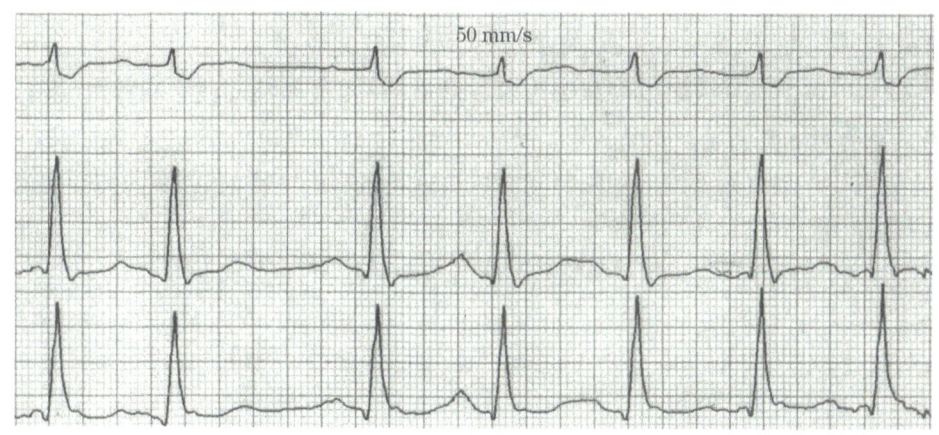

图3-5　紊乱性房性心动过速伴传导阻滞

【临床表现】

1. 自律性房性心动过速　短暂、间歇性或持续性胸闷、心悸，伴有房室传导阻滞时第一心音可强弱不等。

2. 折返性房性心动过速　心悸、头晕、晕厥，常有心律不齐、第一心音强弱不等。

3. 紊乱性房性心动过速　由于冲动多源性，节律不规则，因此，常有头昏、头晕、心悸、心率快而不规则、心音强弱不等的表现。

【治疗要点】

1. 自律性房性心动过速　心室律不快、无血流动力学改变，且由非器质性病变或其他所致者无需特殊治疗。但心室率快、药物中毒、器质性疾病引起者需进行紧急对症、抗心律失常治疗。

2. 折返性房性心动过速　治疗同阵发性室上性心动过速。

3. 紊乱性房性心动过速　①治疗原发疾病。②消除诱发因素：停用氨茶碱、异丙肾上腺素、麻黄碱等。③控制心率：维拉帕米、胺碘酮、补充钾与镁。④控制感染。

（三）心房扑动

心房扑动（atrial flutter）简称房扑，是一种心房肌连续快速除极和复极、规律的心律失常。

【病因】

持续性房扑多见于器质性心脏病患者，阵发性房扑主要见于无器质性心脏疾病者。

1. 器质性心脏病　最常见的疾病有冠状动脉粥样硬化性心肌病、风湿性心脏病、心肌病、原发性高血压等。心力衰竭、心包疾病、先天性心脏病等均可引起房扑发生。

2. 其他　除器质性心脏病之外，房扑亦与中毒如乙醇中毒、代谢异常如甲状腺功能亢进、遗传等有关。

【心电图】

(1) 窦性P波消失,代之以规律锯齿状扑动波——F波与扑动波之间等电线消失,Ⅱ、Ⅲ、aVF、V_1导联尤其明显,并呈倒置,心房率通常为250~350次/分。

(2) 心室律多数规则(当不规则传导时可表现不规则心室律),频率因传导比例不同而异,多数在150次/分左右(2:1传导)。

(3) QRS波群形态多数正常(有室内差异传导时可增宽),见图3-6。

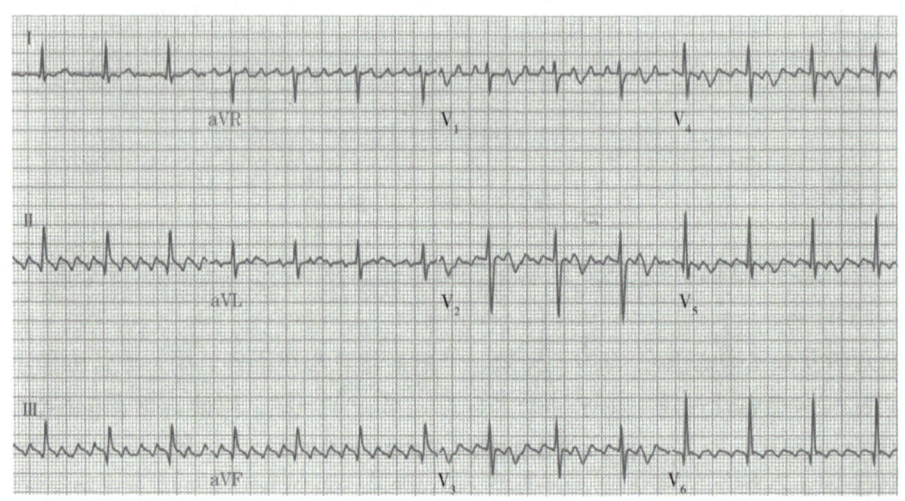

图3-6 心房扑动

【临床表现】

心房扑动症状表现取决于心室率快慢。心室率增快者可有心悸、胸闷,重者可引发心绞痛、心力衰竭。心房扑动心律规则时心音一致,而心律不规则时第一心音强弱不等。心房扑动具有不稳定倾向,可自行恢复或发展为心房颤动,也可持续数月或数年。

【治疗要点】

1. 病因治疗 治疗原发病。

2. 终止心房扑动 最有效的方法是直流电复律,通常以很低电能(<50 J)便可转为窦性心律。无效者或已应用大剂量洋地黄类药物不适宜电复律者可经食管或经静脉穿刺进行超速起搏心房。

3. 减慢心室率 针对复律无效者,可应用非二氢吡啶钙通道阻滞药(维拉帕米、地尔硫䓬)、超短效β受体拮抗药艾司洛尔减慢心室率。

4. 射频消融 对电复律无效、药物疗效欠佳,而症状明显或引起血流动力学不稳定者,应选用射频消融。

(四)心房颤动

心房颤动(atrial fibrillation)简称房颤,是一种以心房不规则、紊乱电活动而导致心房机械功能恶化的快速性心律失常。临床十分常见,约占心律失常住院患者的1/3,患病率仅次于期前收缩,是最常见的心律失常之一。

【病因】

心房颤动多见于器质性疾病,偶可见于正常人。

1. 器质性心脏病 风湿性心脏病(最常见病因)、冠心病、高血压性心脏病、甲状腺功能亢进性心脏病、心力衰竭、肺心病等。

2. 其他 情绪激动、剧烈运动、酒精中毒、无器质性心脏病的中青年等。

【心电图】

(1) 窦性P波消失,心房除极为不规则的、细小的基线波动,形态与振动频率变化不定,称为f波,频率为350~600次/分。

(2) 心室律极度不规则,未经治疗者频率多为100~160次/分。

(3) QRS形态多可正常,室内差异传导时可增宽,见图3-7。

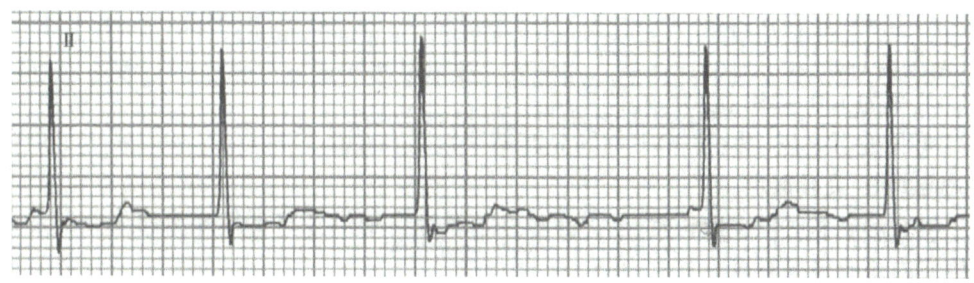

图3-7 心房颤动

【临床表现】

房颤时临床症状取决于心室率快慢。心室率过快>150次/分时因排血量减少可有心悸、胸闷,重者可引发晕厥、阿斯综合征发作、心绞痛、心力衰竭。心音强弱不等,心律绝对不齐,心率快于脉率→短绌脉,血压降低。

【治疗要点】

根据《2010年欧洲心脏病学会房颤治疗指南》分类,房颤分为以下五种类型。①首诊房颤:首次诊断的房颤,与房颤持续时间及症状无关。②阵发性房颤:有自限性,多在48小时内终止。③持续房颤:持续时间7日以上者,或不足7日但需要紧急药物或直流电转复的房颤。④长期持续性房颤:持续时间≥1年并决定进行节律转复治疗的房颤。⑤永久性房颤:持续时间≥1年,但不再考虑导管和外科消融等复律消融者。

房颤治疗的主要目的在于寻找和纠正病因与诱因、控制心室率、预防血栓形成性并发症、恢复窦性心律。

1. 诱因与病因治疗 治疗相关诱因和原发病。

2. 控制心室率

(1) 药物治疗。药物是节律控制的首选治疗方法。常用药物包括β受体阻滞剂、钙离子阻滞剂、洋地黄类等药物。但心衰与低血压者忌用β受体阻滞剂和维拉帕米,预激综合征合并房颤者禁用洋地黄和钙阻滞剂类药物。

（2）射频消融。射频消融适用于药物治疗无效或者不良反应难以耐受，且症状严重的阵发性房颤患者；对于无器质性心脏病的持续性或永久性房颤，如果抗心律失常药物治疗失败，亦可考虑采用导管消融治疗。在维持窦性心律方面，导管射频消融的效果显著优于药物治疗，但是否能够降低房颤患者远期的卒中发生率尚待证实，以同步直流电复律术效果较好。

3. 预防血栓形成及其并发症　严重瓣膜疾病、高血压、糖尿病、老年人、冠心病者属于房颤血栓形成的高危人群，需要进行预防血栓形成治疗。常用药物有华法林、阿司匹林，维持国际标准比（INR）为2～3。如房颤发生48小时内复律前不使用，房颤发生48小时以上者复律前3周即使用，转复律后持续使用3～4周。

4. 首要治疗　主要包括ACEI、ARB、螺内酯、他汀类药物。上述药物可以减少心肌纤维化、减轻心房肌电活动异质性、减轻房颤发生基质等。

（五）阵发性室上性心动过速

阵发性室上性心动过速（paroxysmal supraventricular tachycardia，PSVT）指起源于希氏束（也称房氏束）分支以上部位的心动过速，常突然发生或突然终止。主要由房室折返和房室结引起（约占90%），而触发活动和自律性增高者少见。

【病因】

多数无器质性心脏疾病，不同性别、年龄均可发生。

【心电图】

（1）连续三次/三次以上的房性/房室交界性早搏，频率160～220次/分，节律规则。

（2）QRS波群形态正常，P波不易辨认。

（3）ST段压低，T波倒置。

（4）起始和终止突然，通常由一个房性早搏触发，其下传的PR间期延长，随之心动过速发作（图3-8）。

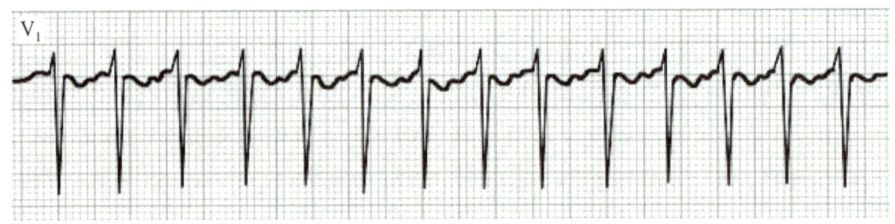

图3-8　阵发性室上性心动过速

阵发性室上性心动过速注意与窦性心动过速区别，两者的异同见表3-1。

表3-1 阵发性室上性心动过速与窦性心动过速的异同

异同点	阵发性室上性心动过速	窦性心动过速
起搏点	异位起搏点	窦房结
P波（PR间期）	难以辨认	可辨认
ST段	常有移位（压低/抬高）	一般不移位
相同点	冲动频率快、QRS波群形态正常	

【临床表现】

突发突止，持续数秒、数小时或数日，发作时有心悸、头晕、胸闷、心绞痛，严重者发生心力衰竭、休克。听诊：心律规则，第一心音恒定。室上性阵发性心动过速不一定具有器质性心脏疾病，但常有反复发作趋势。

【治疗要点】

1. 急性发作期

（1）刺激迷走神经。按压眼球、冷水浸泡前臂、按摩颈动脉窦（不可同时双侧按摩）、刺激咽部等，可中止发作。

（2）药物治疗

1）腺苷与非二氢吡啶类钙通道阻滞剂：首选腺苷（6～12 mg静脉注射），起效快，因半衰期短（<6秒），故其不良反应如胸闷、呼吸困难、窦性心动过缓很快消失。腺苷无效时选用维拉帕米（首剂5 mg，无效则间隔10分钟后再行5 mg静脉注射）、地尔硫草（0.25～0.35 mg/kg），但合并收缩性心力衰竭、低血压、宽QRS波群但未明确室上性心动过速时，不应使用非二氢吡啶类钙通道阻滞剂，宜用腺苷。

2）其他药物：对伴有心功能不全者首选短效洋地黄类制剂。另外，还可选用短效β受体拮抗剂如艾司洛尔、普罗帕酮等。

（3）食管心房调搏或直流电复律：阵发性室上性心动过速合并严重心绞痛、低血压、心力衰竭时首选电复律。

2. 缓解期治疗 原则是预防复发，取决于发作频度及严重程度。常用药物有洋地黄类制剂（地高辛）、长效二氢吡啶类钙通道阻滞剂（维拉帕米缓释剂、长效地尔硫草）、长效β受体拮抗剂等。

（六）预激综合征

预激综合征（preexcitation syndrome）又称Wolf-Parkinson-White综合征（WPW综合征）。心房和心室之间电活动传递除正常房室交界外，尚有由普通工作肌细胞构成的肌束通路连接心房和心室，即房室旁路。常见Kent束，此外，还有房希束、结室纤维、分支室纤维。表现为心房或心室被心室或心房的冲动提前激动部分或全部心肌。

【病因】

预激综合征发生率为1.5%，可见于无任何心脏征象者，男性多见，常因体检或发作阵发性室上性心动过速（PSVT）时发现。先天性心血管病如三尖瓣下畸形、二尖瓣脱垂、心肌病均可并发预激综合征。

【心电图】

窦性心律下的预激综合征心电图表现如下。

1. WPW综合征（经典型预激综合征）　PR间期<0.12 s；QRS波群增宽，时间>0.12 s；QRS波群起始部有粗钝预激波（delta波）；继发性STT改变。

根据胸前导联QRS主波方向将预激综合征分为三型。①A型：QRS在胸导联上主波均向上，多发生在左心室或右心室后底部。②B型：V_1导联QRS主波向下，V_5、V_6导联QRS主波向上，发生心室前侧壁（图3-9）。③C型：与B型相反。

2. LGL综合征（短PR综合征）　PR间期<0.12 s；QRS波群时间正常；QRS波群起始部无预激波（delta波）。

3. Mahaim型综合征　PR间期正常/延长；QRS波群增宽，时间≥0.12 s；QRS波群起始部有粗钝预激波（delta波）。

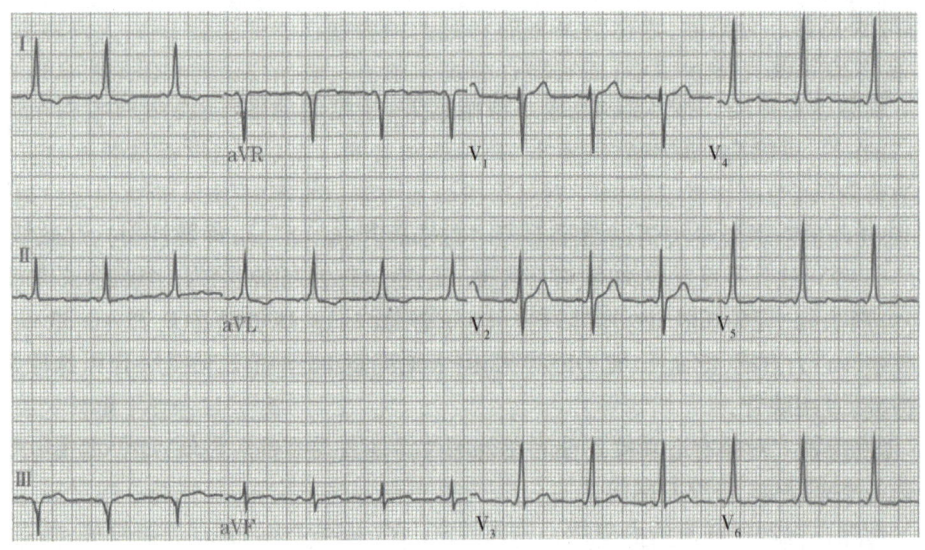

图3-9　预激综合征

【临床表现】

预激综合征本身并无症状或体征。若发生房扑、房颤甚至室颤时，可导致心力衰竭、低血压甚至休克。

【治疗要点】

无心动过速或偶发症状轻微者无需特殊治疗。如频发伴有心动过速时应予治疗，包括药物和导管射频消融。常用药物有腺苷、维拉帕米、普罗帕酮，洋地黄类制剂因延长房室传导、缩短旁路传导而不应单独用于房颤或房扑伴有预激者。

四、室性心律失常

(一) 室性期前收缩

室性期前收缩（ventricular premature beats）又称室性早搏，简称室早，是临床最常见心律失常类型。由心室内异位起搏点提前发生激动、引起心室提前产生动作电位。

【病因】

室早可见于器质性疾病和正常人群，正常人群随年龄增长室早发生概率增加。

1. 心脏疾病　冠心病、心肌病、风湿性心脏病、二尖瓣脱垂等是室性期前收缩常见病因。

2. 药物及电解质　药物如洋地黄类制剂、奎尼丁、三环类抗抑郁药物；电解质紊乱，如低钾、低镁等。

3. 其他　麻醉、手术、情绪激动、烟酒过度、吗啡等。

【心电图】

(1) 提前出现，前无相关P波，宽大畸形的QRS波群（时限＞0.12秒），继发性ST段移位及T波与QRS主波方向相反。

(2) 配对间期恒定：提前的QRS与窦性搏动之间间期恒定。

(3) 代偿间隙完全：室早前后两个窦性搏动之间间期等于两个正常窦性搏动间期之和，如室早出现在两个正常窦性搏动之间，称为间位室早。

(4) 室早出现形式：室早可为单一性，也可为多形性，可以单发，也可成对出现，成对室早与窦性搏动之间可形成固定关系；二联律，一个窦性伴一个室早；三联律，两个窦性伴有一个室早。

(5) 室性并行心律：心室异位搏动独立规则发放冲动，并能阻止窦性冲动传入、不受窦房结影响，室性早搏频率超过5次/分，称为频发室早。见图3-10。

【临床表现】

室早患者症状与室早之间无直接关联，而症状的有无或轻重亦与早搏的频度无直接相关。患者常有心悸、失重感。可闻及早搏的第二心音减弱、桡动脉搏动减弱或消失、颈静脉巨大a波。

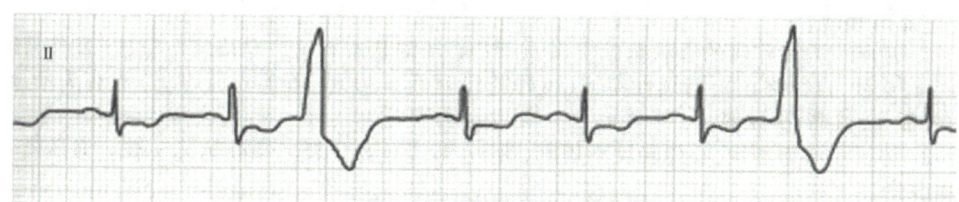

图3-10　室性期前收缩

【治疗要点】

1. 无器质性心脏病患者治疗　无症状者无需药物治疗，有症状者以消除症状为目的，要注重解释以此消除患者忧虑和恐惧。药物选择β受体拮抗剂、美西律、普罗帕酮等。

2. 有器质性心脏病患者的治疗　①急性心肌梗死：对于此类室性早搏已经不主张常规使用利多卡因，可使用β受体拮抗剂以减少心室颤动危险。②慢性心脏病：如心肌梗死后或心肌病患者，避免使用Ⅰ类抗心律失常药物，因其可致心律失常，总死亡率和猝死风险增加；胺碘酮是第Ⅲ类抗心律失常药，对频发性室性早搏有效，并且导致心律失常的不良反应低；β受体拮抗剂对此类室性早搏疗效欠佳，但能降低心肌梗死后猝死发生率、再梗死率和总死亡率。

（二）室性心动过速

室性心动过速（ventricular tachycardia，VT）简称室速，指连续发生的3个或以上室性期前收缩即为室性心动过速。

【病因】

室性心动过速见于各种器质性心脏病，以冠心病最为常见，尤其是心肌梗死后。此外，各种心肌病、心力衰竭、心脏瓣膜疾病亦较常见，而代谢障碍、电解质紊乱、缺氧、QT间期延长综合征、抗心律失常药等也可引起。

【心电图】

（1）连续3个或以上室性早搏。

（2）QRS波群宽大畸形，时限＞0.12秒，继发性ST段和T波改变，T波与QRS主波方向相反。

（3）心室率在100～250次/分，心律规则或轻度不规则。

（4）房室分离：心房与心室活动无固定关系，偶有心室活动逆传心房——心房夺获。

（5）心室夺获与室性融合波：心房冲动偶有下传心室而产生心室夺获，表现为P波后提前出现的正常QRS波群。如下传心房冲动与异位心室激动同时激动心室，产生形态和时程介于正常QRS与室性早搏QRS波群之间，称为室性融合波。心室夺获与室性融合波是诊断室性心动过速的重要依据（图3-11）。

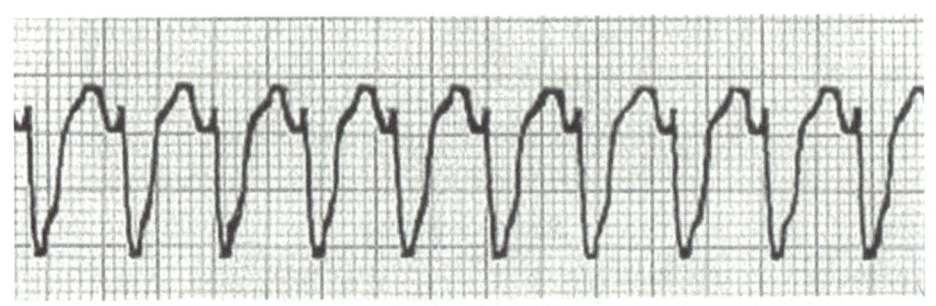

图3-11　室性心动过速

【临床表现】

1. 症状　与发作时的心脏基础疾病、心率、心功能状态有关。非持续性室速（发作持续时间＜30秒，自行终止）；持续性室速（发作持续时间＞30秒，不能自行终止）常有头晕、晕厥、气促、心绞痛、少尿等。

2. 体征　心率增快，心律轻度不规则，第一、第二心音分裂。颈静脉见a波。血压随心率而改变。

【治疗要点】

1. 无器质性心脏病　非持续性室速（发作持续时间＜30秒）无需药物治疗，但应注意解释病情、消除焦虑不安情绪、避免不良因素刺激。非持续性室速有症状、持续性室速（发作持续时间＞30秒，不能自行终止）必须治疗（见有器质性心脏病室速治疗）。

2. 有器质性心脏病　有器质性心脏病者无论是持续性还是非持续性室速都必须治疗。

（1）终止发作。①无血流动力学障碍者：首选利多卡因静脉注射，继以静脉滴注，此外，索他洛尔、普罗帕酮、胺碘酮均有效。②有血流动力学障碍者：如已发生低血压、休克、心绞痛、心力衰竭及脑灌注不足者，首选同步直流电复律，但是用洋地黄者不宜电复律，应首选苯妥英钠静脉滴注。③复发性室速、病情稳定者：可静脉超速起搏。

（2）预防复发。消除诱因、治疗病因；药物治疗时注意各种药物的不良反应；此外，植入式心脏复律除颤器、外科手术、射频消融均有效。

（三）心室扑动与心室颤动

心室扑动（ventrieular flutter，简称室扑）与心室颤动（ventricular fibrillation，简称室颤）都属于致命性心律失常。室扑是室颤前期表现，室颤是致死性心律失常的常见表现形式。

【病因】

心室扑动常见于缺血性心脏病，冠心病最为常见。此外，各种抗心律失常药物，严重缺血、缺氧、电击等均可引起心室扑动。

【心电图】

（1）心室扑动ECG表现为正弦波，幅度大而规则，频率为150～300次/分（图3-12）。

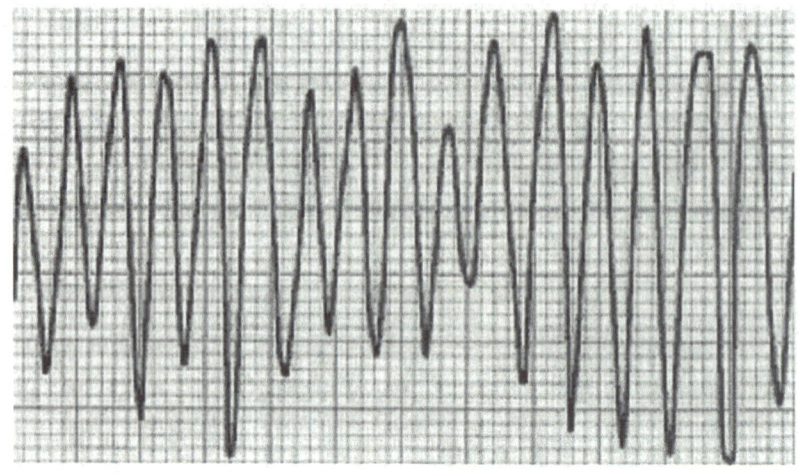

图3-12 心室扑动

（2）心室颤动 ECG无法辨认QRS波群、ST段、T波，图形、振幅、频率极不规则，心室肌各部不协调颤动，心室完全丧失射血能力（图3-13）。

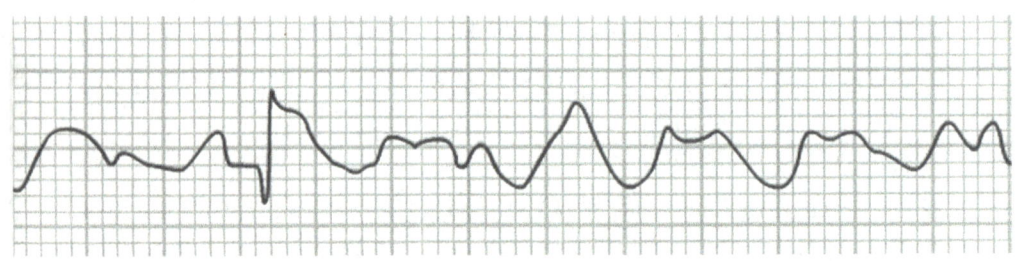

图3-13 心室颤动

【临床表现】

因心室完全丧失射血能力，临床表现为意识突然丧失、抽搐、呼吸停顿或死亡。心音消失、脉搏触不到、血压测不出。

【治疗要点】

1. 除颤和复律　一旦心室扑动或心室颤动发生，应立即采取非同步直流电除颤复律，由200 J开始，直至360 J，配合心肺复苏。

2. 药物治疗　快速建立静脉通路，在除颤和复律同时给予抗心律失常药物以稳定心电。常用药物中利多卡因具有部分除颤功能，以及电除颤后心电稳定作用，1 mg/kg静脉注射，继以1～3 mg/min静脉滴注，无效者给予胺碘酮（可达龙）首剂150 mg缓慢静脉注射，无效可重复给药，总量可达500 mg，继以10 mg/（kg·d）静脉滴注维持。此外，可给予溴苄胺、普鲁卡因胺、美托洛尔等。

3. 其他治疗　开放气道给氧，治疗原发疾病。

五、心脏传导异常

心脏传导系统任何部位发生阻滞,都可导致心脏节律性、兴奋性、收缩性的电生理功能紊乱,传导系统如图3-14所示。发生在心房与心室之间者称为房室传导阻滞(AVB),发生在左右束支之间称为室内传导阻滞。根据阻滞严重程度可以将房室传导阻滞分为三度:一度AVB的特点是传导时间延长,但所有冲动都可以下传;二度AVB又分为两型:莫氏Ⅰ型——传导时间逐渐延长,直至发生脱漏,莫氏Ⅱ型——传导时间恒定(传导时间可正常或延长),但有QRS波群的突然脱漏;三度AVB则所有冲动均不下传,即完全型阻滞。

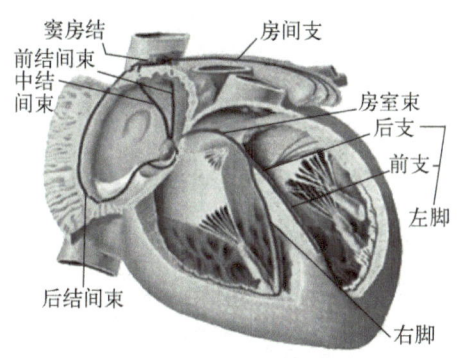

图3-14 心脏传导系统

(一)房室传导阻滞

房室传导阻滞(atrioventricular block,AVB)简称房室阻滞,阻滞部位发生在房室交界,心房冲动传导延迟或不能传导至心室。常见疾病包括病毒性心肌炎、急性心肌梗死、风湿热、先天性心脏病等。

【病因】

一度房室传导阻滞和文氏型传导阻滞可发生在正常人或运动员,多与迷走神经张力高有关,其他类型传导阻滞多见于器质性疾病,如缺血性心脏病、心肌炎、心脏瓣膜病、电解质紊乱、药物中毒等。

【心电图】

1. 一度AVB心电图表现 心房冲动全部下传至心室(所有窦性P波后均有QRS波群),但传导时间延长,PR间期>0.20秒(图3-15)。

2. 二度AVB

(1)二度Ⅰ型心电图特点。①PR间期逐渐延长,直至P波后脱漏QRS波群。②相邻RR间期逐渐缩短。③包括阻滞P波在内的RR间期小于正常窦性PP间期的2倍。常见传导类型以3:2或5:4传导比例多见(图3-16)。

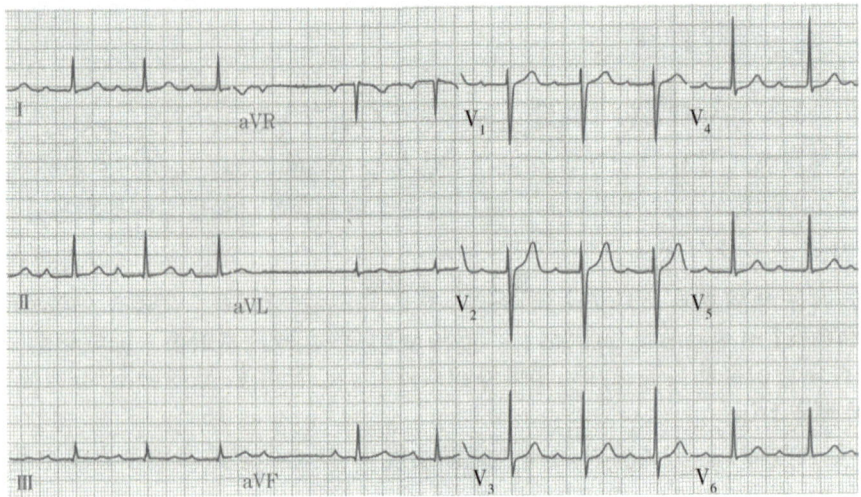

图3-15 一度房室传导阻滞

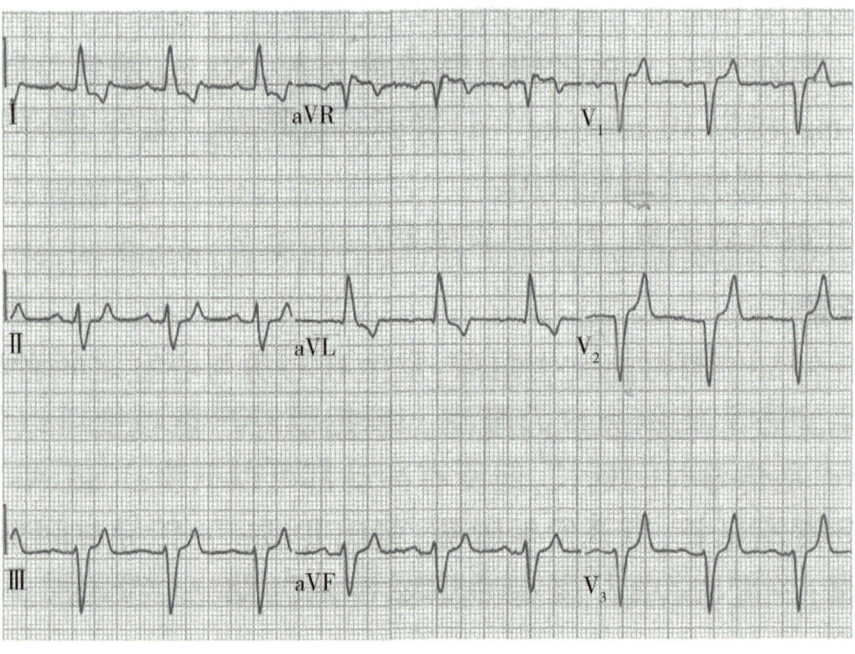

图3-16 二度Ⅰ型房室传导阻滞

(2) 二度Ⅱ型心电图特点。①PR间期恒定不变（正常或延长），但P波后QRS波群突然脱漏。②QRS波形态可以正常，也可以增宽（阻滞位于希氏束浦肯野系统）P波数目与R波之比5∶4；4∶3；3∶2；2∶1。若半数以上的P波未下传，称为高度房室传导阻滞（图3-17）。

3. 三度AVB 三度AVB即完全型传导阻滞，心电图表现为：①P波全部不能下传，P波与QRS波群无关。②心房率快于心室率。③心室率及QRS形态与发生阻滞部位有关：发生在希氏束时，QRS形态正常，频率为40～60次/分，心室起搏在希氏束分支以下时，QRS波群形态宽大畸形，频率多在40次/分以下（图3-18）。

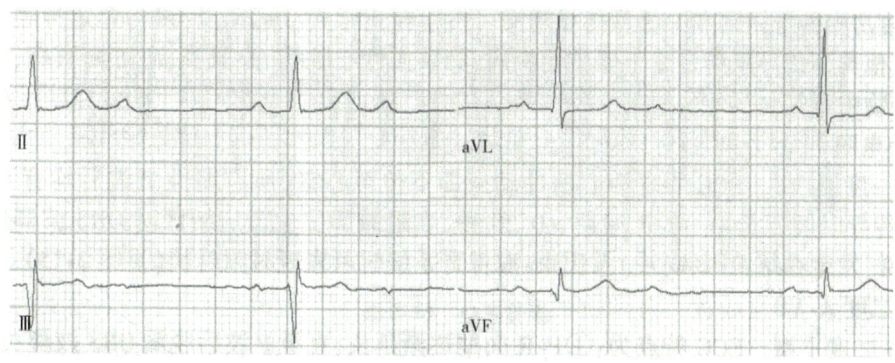

图 3-17 二度Ⅱ型房室传导阻滞

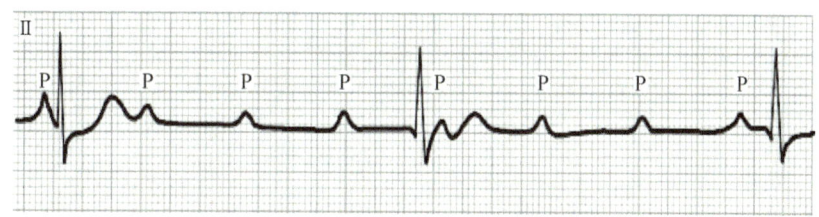

图 3-18 三度房室传导阻滞

【临床表现】

1. 一度房室传导阻滞　多无临床症状，第一心音减弱。

2. 二度房室传导阻滞　心悸、脱漏感。Ⅰ型第一心音逐渐减弱，有脱漏，Ⅱ型第一心音强度恒定。

3. 三度房室传导阻滞　取决于逸搏性心律，心室率快慢。常有头晕、乏力、晕厥、心绞痛、心力衰竭，严重者出现黑矇、意识丧失、肢体抽搐、大小便失禁、阿斯综合征发作，甚至猝死。第一心音强度经常变化、可听到大炮音，第二心音可正常或呈反常分裂。

【治疗要点】

1. 病因治疗　病因治疗最为关键。

2. 心律失常治疗

（1）一度和二度Ⅰ型房室传导阻滞。心室率不慢、无血流动力学改变者无需治疗，有血流动力学改变治疗同三度传导阻滞。

（2）二度Ⅱ型及三度房室传导阻滞。多有心室率减慢、血流动力学改变，必须针对缓慢心室率治疗。①药物治疗：阿托品、异丙肾上腺素仅适用于无条件安装起搏器时的应急使用；②起搏治疗：对症状重、心室率缓慢者及早临时或安装永久型起搏器。

（二）室内传导阻滞

室内传导阻滞（intraventricular block）又称束支传导阻滞，是发生在希氏束以下部位的传导阻滞。可发生在右束支、左束支及左束支的左前分支或左后分支，甚至三支同时阻滞，临床以右束支阻滞最为常见。

【病因】

除右束支阻滞可以发生在少数正常人外,其他类型绝大多数室内传导阻滞为病理性,如冠心病、高血压性心脏病、风湿性心脏病、急性心肌梗死、抗心律失常药物中毒等。

【心电图】

1. 右束支阻滞（RBBB） 心电图表现：①QRS时限延长≥0.12秒。②QRS波群形态改变：V_1、V_2呈rsR′波或宽大有切迹的R波（特征性"M"型改变），Ⅰ、V_5、V_6导联呈qRS型，宽而粗顿的S波。③T波与QRS主波相反（图3-19）。若QRS时限＜0.12秒，称为不完全性右束支阻滞。

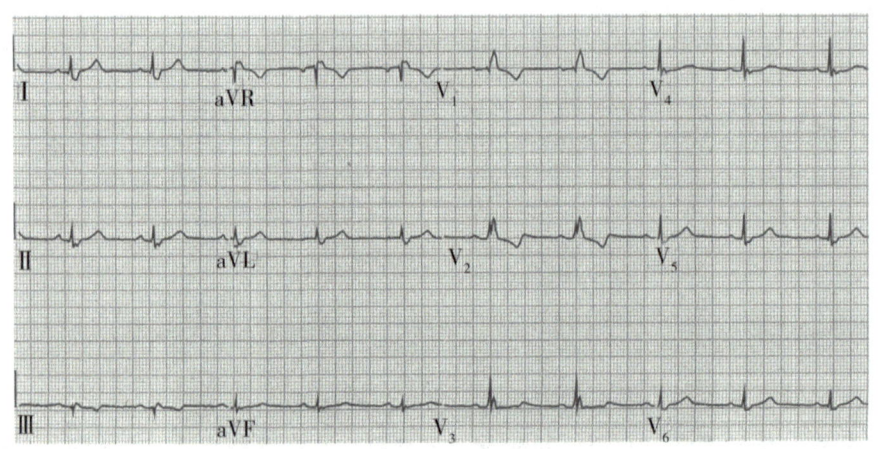

图3-19 右束支传导阻滞

2. 左束支阻滞（LBBB） 心电图表现：①QRS时限延长≥0.12秒，VAT $V_{5～6}$≥0.06秒。②V_5、V_6导联R波增宽、顶部有切迹或粗顿，其前无q波，V_1、V_2导联呈宽阔的QS或qS型。③T波与QRS主波相反（图3-20）。QRS时限＜0.12秒时，为不全性左束支阻滞。

【治疗】

（1）单一分支阻滞无需特殊治疗。

（2）双支与不全性三支阻滞因有可能发展为完全性阻滞，因此，必须严密病情观察，考虑是否安装起搏器，但不应常规预防性安装起搏器。

（3）急性心肌梗死后双支、三支阻滞，慢性双支、三支阻滞伴有晕厥、阿斯综合征发作者，及早安装起搏器治疗。

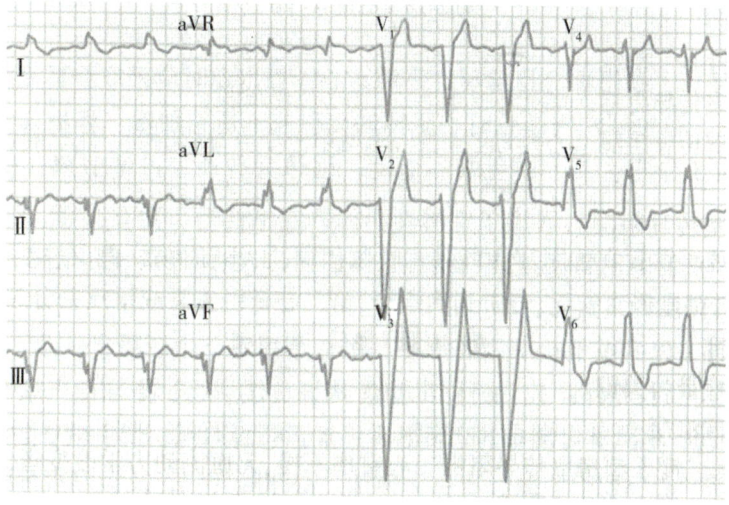

图3-20 左束支传导阻滞

六、护理

【护理评估】

1. 健康史 询问患者既往有无心血管病史，有无引起心律失常的原因和诱发因素；了解心律失常类型、持续时间、发作频度、使用药物、治疗效果、对日常生活的影响等；有无心悸、胸闷、头晕、晕厥、阿斯综合征发作等。

2. 心理-社会状况 由于疾病长期困扰、治疗效果不佳、费用负担重、生活能力与质量的下降，患者常产生各种负性心理情绪。因此，评估患者是否存在焦虑、恐惧、抑郁，甚至产生厌世情绪，可以使用各种心理评定量表和调查问卷；同时应了解因为工作能力的下降是否存在单位支持度（尤其工作照顾、医疗费用支付）改变或下降，有无应对疾病资源的缺乏，是否存在家庭成员尤其是配偶关爱不够或缺失等。

3. 身体评估

（1）一般状态评估。包括生命体征，尤其是脉搏和血压状况，患者精神状态、反应能力、记忆能力，营养状况，睡眠情况，有无便秘等。

（2）体征评估。有无发绀、颈静脉充盈、a波搏动情况，颈动脉有无异常搏动，心尖搏动位置，心前区有无震颤，心界有无扩大，心率快慢、心律不规整程度和特点、有无心脏杂音。肺部有无干、湿啰音。肝脏有无增大、有无肝颈静脉回流征。双下肢有无水肿。

4. 实验室检查及其他检查 主要针对心电图评估心率快慢、心律失常类型及其严重程度。

【护理诊断/问题】

1. 活动无耐力 与心律失常导致心排血量减少有关。
2. 潜在并发症 猝死。
3. 有受伤的危险 与心律失常引起晕厥、意识丧失有关。

【护理措施】

1. 休息与体位 嘱患者一旦胸闷、头晕、心悸等出现时应采取合适高枕卧位、半卧位及其他舒适体位,避免因左侧卧位时心脏搏动而引起不适感加重。根据病情制订合理活动计划,鼓励正常工作与生活,避免剧烈运动、强体力劳动、过度劳累,保证充分休息与睡眠。

2. 饮食护理 饮食宜选用富含纤维素食物以保持大便通畅;避免过度饱食或辛辣刺激性食物。

3. 心理护理 患者由于长期病痛折磨、医疗负担重、生活质量下降、工作能力减退,常有焦虑、恐惧等负性情绪。应注意帮助患者认识负性情绪、指导患者学会心理放松;安慰患者、解释病情、消除其对疾病的恐惧心理;加强病房巡视、解决患者问题。

4. 病情观察 心电监护监测患者生命体征、心律等变化,及早发现危险征兆。出现窦性停搏、严重窦性心动过缓、频发和多源性室性早搏、R on T型室性早搏、室性心动过速、二度及三度房室传导阻滞等严重心律失常时,应立即通知医师并配合处理。

5. 用药护理 嘱患者按时、足量用药,注意药物的不良反应。常见抗心律失常药物的适应证、用量、用法、不良反应,见表3-2。

表3-2 常用抗心律失常药物的适应证、常用剂量及不良反应

药名	适应证	用量和用法	不良反应
奎尼丁	房颤、阵发性心动过速	复律:口服0.2~0.4 g,1次/2 h,共5次 复律后0.2~0.3 g,3~4次/d维持 早搏:0.2 g,3~4次/d,口服	低血压、房室内传导阻滞、严重室性心律失常、胃肠道反应、溶血性贫血、意识模糊
普鲁卡因胺	同上	口服:0.5~1.0 g,4次/d	低血压、传导阻滞、室速,可诱发红斑狼疮表现、皮疹、粒细胞减少、消化道症状
利多卡因	室早、室速、室颤	静脉注射:50~100 mg,以后 静脉滴注:1~3 mg/min维持	窦性停搏、房室传导阻滞、头晕、嗜睡、意识模糊、四肢抽搐、感觉异常
美西律	室早、室速	静脉注射:100~250 mg(5 min注完),以后1 mg/min静脉维持 口服:200~300 mg,3次/d	心动过缓、恶心、呕吐、头晕、震颤、皮疹
普罗帕酮	室性和室上性快速性心律失常	静脉注射:70 mg(3~5 min注完),以后口服300~600 mg/d 维持口服:150 mg,3次/d	立位性低血压、房室传导阻滞、胃肠道反应、头痛、头晕、视力模糊

续表

药名	适应证	用量和用法	不良反应
普萘洛尔	窦性心动过速、室上性心动过速、室速等	静脉注射：0.5~1.0 mg（5~10 min 注完）口服 10~20 mg，3次/d	支气管痉挛、低血压、心动过缓、心功能不全、房室传导阻滞
胺碘酮	心动过速、房颤	静脉注射：150 mg（10 min 以内注完）。维持 1~2次/d 口服：200 mg，3次/d	窦性心动过缓、低血压、消化道症状、皮肤变色、角膜微沉淀、甲状腺功能失调
溴苄胺	难治性室速、室颤	静脉注射：250 mg，1次/6~8 h、维持 0.1 g，3次/d 口服：0.1~0.4 g，3次/d	恶心、呕吐、血压波动、立位性低血压、心律失常加重
维拉帕米	房早、室上速、不伴预激综合征的房颤、房扑	静脉注射：5~10 mg（5~10 min 注完） 口服：80 mg，3次/d	消化道症状、皮疹、心动过缓、低血压、房室传导阻滞、心搏停顿
腺苷	心动过速的首选药物	6~12 mg（快速静注）	面部潮红、胸闷、气促、呼吸困难，窦性停搏、室性期前收缩或短阵室速

 知识链接

心脏的生理特性包括自律性、传导性、兴奋性、收缩性，其中自律性、传导性、兴奋性是心脏的电生理特性，收缩性是其机械特性，心肌细胞的生理特性是在物质代谢和能量代谢的基础上，与血电解质的成分和浓度的变化密切相关，其中，钾、钠、钙的浓度直接影响了心肌细胞的去极化和复极化的过程，高钾抑制心肌的各种生理特性，高钠可降低钾离子对心肌的传导阻滞，但同时也降低心肌的收缩性，与钙离子形成竞争性抑制，高钙可增加心肌的收缩力，但抑制其电生理特性。

【健康教育】

1. **活动与休息** 指导保证充分休息与睡眠，避免剧烈运动、过度劳累，鼓励参与力所能及的工作和日常活动。

2. **饮食指导** 指导患者进食高蛋白质、丰富维生素和膳食纤维饮食，避免高盐、高脂、辛辣及刺激性食物，戒烟酒，养成良好排便习惯、保持大便通畅。

3. **心理指导** 耐心解释病情，消除恐惧、焦虑、抑郁心理，树立积极乐观心态，力所能及地参与群体活动，避免与其他焦虑患者接触。

4. **用药指导** 告知患者所使用药物名称、使用剂量、使用方法、不良反应。嘱患者坚持用药，不得自行任意更改。

5. **出院指导** 坚持用药、注意药物不良反应；教会患者自我测量脉搏、心率，掌握心律失常发作时的应对措施和心肺复苏技术；对安装起搏器患者告知其自我检测和家庭护理方法；定期复诊、发生异常时及时就诊。

（李丽莎）

任务四　心脏瓣膜病患者的护理

知识目标

1. 掌握：心脏瓣膜病的临床表现、护理诊断及合作性问题、护理措施、健康教育。
2. 熟悉：心脏瓣膜病的病因、实验室检查特点、治疗要点。
3. 了解：心脏瓣膜病的概念、发病机制。

技能目标

1. 具备对心脏瓣膜病的临床表现的评估和处置能力。
2. 能判断常见心脏瓣膜病的实验室检查和其他检查的结果。

案例导入

病例：患者，女，26岁。心悸气短5年。近1周症状加重，伴乏力、食欲缺乏、双下肢水肿。体格检查：两侧面颊发绀，心率96次/分，血压140/50 mmHg，心界向两侧扩大，心尖区可闻及舒张中晚期隆隆样杂音及全收缩期3/6级吹风样杂音，胸骨左缘第3肋间舒张期哈气样杂音。

思考：1. 该患者目前主要的护理诊断及合作性问题是什么？

2. 住院期间患者突然出现明显心悸，随即口齿不清、右侧肢体不能活动，应考虑发生了什么情况？

心脏瓣膜病是由于炎症、缺血性坏死、退行性改变、黏液瘤样变性、创伤等原因引起的单个或多个瓣膜的结构或功能异常，导致瓣口狭窄和（或）关闭不全。20世纪七八十年代以前，临床上最常见的瓣膜病为链球菌感染后，风湿热所致的风湿性心瓣膜病，其次是动脉硬化及老年性退行性瓣膜病变等。20世纪末期，心脑血管病呈上升趋势，主动脉瓣病变（特别是主动脉瓣关闭不全）已居首位，由于抗生素的广泛应用，链球菌感染所致的风心病二尖瓣瓣膜病变已大为减少，但风心病仍是我国常见的心脏病之一。本任务主要介绍二尖瓣和主动脉瓣病变。

 知识链接

风湿性心脏瓣膜病（rheumatic valvular heart disease）简称风心病，是链球菌感染导致风湿性心脏炎症的瓣膜损害。主要与甲组乙型溶血性链球菌反复感染引起免疫损害心脏瓣膜有关，多发于20～40岁人群，女性多于男性。

一、二尖瓣狭窄

二尖瓣狭窄的最常见病因是风湿热。急性风湿热后，至少需要2年才形成明显的二尖瓣狭窄。所以许多患者无急性风湿热史，但半数以上有反复链球菌感染引起的咽峡炎或扁桃体炎史。

【病理解剖与病理生理】

1. 病理解剖　风湿热导致二尖瓣瓣膜交界处粘连、瓣膜增厚、腱索粘连融合等。上述病变导致二尖瓣开放受限，瓣口面积缩小，狭窄的二尖瓣呈漏斗状，瓣口常呈"鱼口状"。

2. 病理生理　正常成人二尖瓣口面积为4～6 cm^2，当瓣口面积缩小到2 cm^{2}以下时，左心房压力增高，左心房代偿性扩张及肥厚以增强收缩，此时为左心房代偿期，患者多无临床症状。1～1.5 cm^{2}为中度，当瓣口进一步狭窄，至1 cm^{2}为重度狭窄，左心房扩张超过代偿极限，造成肺静脉压及肺毛细血管压力升高，出现劳力性呼吸困难，为左心房失代偿期。由于左心房压和肺静脉压升高，引起肺小动脉反应性收缩，导致肺动脉压力升高，右心室后负荷增加，右心室肥厚扩张，最终导致右心衰竭，为右心受累期。

【临床表现】

1. 症状

（1）呼吸困难，是二尖瓣狭窄最常见的早期症状。肺循环淤血表现常因感染、运动、精神紧张、妊娠或心房颤动等诱发出现。多先有劳力性呼吸困难，随狭窄加重，出现夜间阵发性呼吸困难和端坐呼吸，甚至发生急性肺水肿。

（2）咯血，最初为血性痰或血丝痰，多见于夜间阵发性呼吸困难或咳嗽时；突然咯大量鲜血，多见于严重二尖瓣狭窄患者，可为首发症状；急性肺水肿时可伴大量粉红色泡沫样痰。

(3) 咳嗽，常见为干咳，尤其在冬季卧床时明显。可能与支气管黏膜淤血水肿易引起慢性支气管炎等有关。

(4) 声音嘶哑，较少见，是扩大的左心房和肺动脉压迫左喉返神经所致。

2. 体征 二尖瓣面容，表现为双颊紫红、口唇发绀，听诊心尖部第一心音亢进，心尖区可闻及低调的舒张期隆隆样杂音，是二尖瓣狭窄的重要体征，若闻及开瓣音，提示瓣膜弹性及活动度良好，是二尖瓣分离术的手术指征；肺动脉高压时肺动脉瓣区第二心音亢进或伴分裂。右心室扩大伴相对性三尖瓣关闭不全时，在三尖瓣区可闻及全收缩期吹风样杂音，右心衰时，体循环淤血则可见颈静脉怒张、水肿、肝肿大等。

3. 并发症

(1) 心房颤动，是风心病瓣膜病的最常见的并发症，初始为阵发性，之后转为慢性心房颤动。突发快速心房颤动常为左心衰竭和右心衰竭，甚至急性肺水肿的常见诱因。

(2) 急性肺水肿，为重度二尖瓣狭窄的严重并发症。如不及时救治，则因急性呼吸、循环衰竭而死亡。

(3) 栓塞。20%以上的患者发生体循环栓塞，以脑动脉栓塞最多见，其余依次为外周动脉和内脏（脾、肾和肠系膜）动脉栓塞。血栓来源于左心耳或左心房瘀血扩张所致。心房颤动、左心房扩大、栓塞史或心排血量明显降低为血栓形成、发生体循环栓塞的危险因素。

(4) 心力衰竭，是疾病晚期常见并发症及死亡的主要原因。

(5) 肺部感染，是诱发或加重心力衰竭最常见病因。

(6) 感染性心内膜炎，与机体免疫力下降和瓣膜结构、功能的改变有关。

【实验室检查及其他检查】

1. X线检查 轻度二尖瓣狭窄时，X线表现可正常。左心房显著增大时，心影呈梨形心，是肺动脉总干、左心耳和右心室扩大所致。

2. 心电图 左心房扩大，P波宽度>0.12秒，呈双峰状，表现为"二尖瓣型P波"，电轴右偏和右心室肥厚的心电图表现。

3. 超声心动图 可明确诊断二尖瓣狭窄，超声示二尖瓣前叶活动曲线EP斜率降低，双峰消失，前后叶同向运动，呈"城墙样"改变。二维超声心动图可显示狭窄瓣膜的形态和活动度，测绘瓣口面积。彩色多普勒血流显像可实时观察二尖瓣狭窄的射流，食管超声心动图可检出左心房附壁血栓。

【治疗要点】

1. 一般治疗 预防风湿热复发和感染性心内膜炎。有风湿活动的患者给予苄星青霉素120万U，每月肌肉注射一次。

2. 防治并发症 急性肺水肿的处理原则与急性左心衰竭所致的肺水肿相同，主要措施是强心、利尿、扩血管。可选用扩张静脉系统、减轻心脏前负荷为主的硝酸酯类药物。正性肌力药物对二尖瓣狭窄引起的肺水肿无益，仅在心房颤动伴快速心室率时可静脉注射毛花苷C，以减慢心室率。慢性心房颤动者如无禁忌证，应长期服用抗凝药如华法林以预防血栓栓塞。右心衰竭者应限制钠盐摄入量，应用利尿药和地高辛。

3. 介入和手术治疗 介入和手术治疗是治疗二尖瓣狭窄的有效方法。包括经皮球囊二尖瓣成形术、二尖瓣分离术和人工瓣膜置换术等。

二、二尖瓣关闭不全

主要原因是风湿性损害，占二尖瓣关闭不全的30%，女性多见。其他如二尖瓣脱垂多为二尖瓣原发性黏液性变使瓣叶宽松膨大或伴腱索过长，心脏收缩时瓣叶突入左心房所致，可影响二尖瓣关闭；感染性心内膜炎破坏瓣叶；肥厚型心肌病收缩期二尖瓣前叶向前运动导致二尖瓣关闭不全；先天性心脏病导致关闭不全等。

【病理解剖与病理生理】

1. 病理解剖 风湿性炎症引起瓣叶僵硬、变性、瓣缘卷缩，腱索融合缩短；乳头肌缺血、坏死、断裂等使心室收缩时两瓣叶不能紧密闭合。

2. 病理生理 慢性二尖瓣反流时，左心室对慢性容量负荷过度的代偿为左心室舒张末期容量增大，心肌代偿性离心性扩大和肥厚，使左心室心排血量增加，因此，在代偿期可维持正常的心搏量多年。慢性二尖瓣关闭不全时，左心房顺应性增加，左心房扩大。持续严重的过度容量负荷，左心室舒张末压和左心房压明显上升，引起左室心肌功能衰竭和肺淤血，并导致肺动脉高压和右心衰竭。

【临床表现】

1. 症状 轻度二尖瓣关闭不全者可无症状，严重反流时有心排血量减少，首先出现的突出症状是疲乏无力，肺淤血的症状如呼吸困难则出现较晚。

2. 体征 心尖搏动向左下移位，与左心室增大肥厚有关。第一心音减弱，心尖区可闻及全收缩期吹风样杂音，向左腋下和左肩胛下区传导。

3. 并发症 与二尖瓣狭窄相同，但感染性心内膜炎较二尖瓣狭窄多见，而体循环栓塞比二尖瓣狭窄时少见。

【实验室检查及其他检查】

1. X线 慢性重度反流常见左心房、左心室增大，左心衰竭时可见肺淤血和间质性肺水肿征。

2. 心电图 主要为左心房增大，二尖瓣型P波，部分有左心室肥厚和ST改变，心律失常以心房颤动多见。

3. 超声心动图 脉冲式多普勒超声和彩色多普勒血流显像可在二尖瓣心房侧和左心房内探及明显收缩期反流束，诊断二尖瓣关闭不全的反流几乎达100%，且可半定量反流程度。二维超声可显示二尖瓣结构的形态特征，有助于明确病因，但M型和二维超声心动图不能确定二尖瓣关闭不全。

4. 放射性核素心室造影 可测定左心室收缩、舒张末容量和静息、运动时的射血分数，以判断左室收缩功能，通过左心室与右心室心搏量的比值评估反流程度。

5. 左心室造影 可观察收缩期造影剂反流入左心房的量，也可半定量反流程度。

【治疗要点】

1. 内科治疗　综合病因治疗、对症治疗和防治并发症，无症状、心功能正常者无需特殊治疗，应定期随访，防治并发症，风心患者需预防风湿活动，预防感染性心内膜炎等。

2. 外科治疗和介入治疗　为恢复瓣膜关闭完整性的根本措施，包括瓣膜修补术和人工瓣膜置换术。

三、主动脉瓣狭窄

【病理解剖与病理生理】

1. 病理解剖　主动脉瓣膜交界处粘连融合，瓣叶纤维化、僵硬、钙化和挛缩畸形，引起瓣口狭窄。

2. 病理生理　正常成人主动脉瓣口面积≥3.0 cm^2，当瓣口面积减少一半时，收缩期尚无明显跨瓣压差；当瓣口面积≤1.0 cm^2时，左心室收缩压明显升高，跨瓣压差显著。主动脉瓣狭窄使左心室射血阻力增加，左心室向心性肥厚，室壁顺应性降低，引起左心室舒张末压进行性升高，因而使左心房的后负荷增加，左心房代偿性肥厚。主动脉瓣狭窄导致肺循环淤血及体循环的灌注不良和淤血，最终由于心肌缺血和纤维化等导致左心衰竭。

【临床表现】

1. 症状　呼吸困难、心绞痛和晕厥为典型的主动脉瓣狭窄的三联征。

（1）呼吸困难。劳力性呼吸困难见于90%的有症状患者，进而可发生夜间阵发性呼吸困难、端坐呼吸和急性肺水肿。

（2）心绞痛。见于60%的有症状患者。主动脉瓣狭窄使冠状动脉灌注不足心肌缺血。运动和体力劳动等可加重或诱发，休息后缓解。

（3）晕厥。见于30%的有症状患者，常发生于直立、运动中或运动后即刻，少数在休息时发生，因大脑灌注不良而缺血晕厥。

2. 体征　第一心音正常，主动脉瓣严重狭窄者第二心音呈逆分裂；在胸骨右缘第2或左缘第3肋间可闻及粗糙而响亮的收缩期喷射性杂音，向颈动脉传导，常伴震颤；肥厚的左心房强有力收缩产生明显的第四心音；动脉脉搏上升缓慢、细小而持续（细迟脉）；晚期收缩压和脉压均下降。

3. 并发症　约10%的患者可发生心房颤动，发生严重的低血压、肺水肿、晕厥等，主动脉瓣钙化侵及传导系统可致房室传导阻滞，左心室肥厚、心肌缺血可窒息性心律失常、晕厥甚至猝死。感染性心内膜炎、体循环栓塞较少见。

【实验室检查及其他检查】

1. X线检查　心影正常或左心室轻度增大，左心房可轻度增大，升主动脉根部常见狭窄后扩张。

2. 心电图　重度狭窄者因左心室后负荷加大而代偿性肥厚，伴继发性ST-T改变和左心房大，可出现心律失常。

3. 超声心动图 可明确诊断和判定狭窄程度，二维超声心动图探测主动脉瓣异常十分敏感，有助于显示瓣膜结构。多普勒超声可测定跨膜压差、主动脉瓣口面积。

4. 心导管检查 同步测定左心室及主动脉内压力并计算压差。

【治疗要点】

1. 内科治疗 防治感染性心内膜炎和风湿热；抗心律失常，防治房性早搏、心房颤动等，及时转复为窦性心律；心绞痛者给予硝酸酯类及其他扩血管药物；心力衰竭者给予强心、利尿、扩血管及限制钠盐摄入，注意洋地黄类药物和利尿剂不良反应，不可使用小动脉的血管扩张剂，以防血压过低。

2. 外科治疗和介入治疗 人工瓣膜置换术是治疗成人主动脉瓣狭窄的主要方法，经皮球囊主动脉瓣成形术属介入治疗，但效果不佳，主动脉瓣成形术瓣口即很快回缩，临床应用范围小。

四、主动脉瓣关闭不全

主动脉瓣关闭不全表现为主动脉瓣和（或）主动脉根部病变，可分为急性和慢性，以慢性主动脉瓣关闭不全多见。约2/3的慢性主动脉瓣关闭不全，主要是心血管病引起，比如高血压、甲亢、贫血等。心内膜炎、先天性畸形、主动脉瓣黏液样变性、强直性脊柱炎等也可引起本病。

1. 病理解剖 约2/3的主动脉瓣关闭不全（aortic incompetence）由心血管病尤其是高血压引起，外周动脉血管阻力增加，左心室为了克服外周阻力加强收缩，使心室代偿性肥厚、肥大，导致主动脉瓣关闭不全，其他如甲亢、贫血等也因心肌代偿性加强收缩致主动脉瓣关闭不全。

2. 病理生理 主动脉瓣反流引起左心室舒张末容量增加，使每搏量增加和主动脉收缩压增加。左心室扩张，不至于因容量负荷过度而明显增加左心室舒张末压。心肌纤维数目增加使心肌氧耗增多，舒张期血液反流使主动脉舒张压降低导致冠状动脉灌注减少，两者供求失衡导致心肌缺血、缺氧，左心室心肌收缩功能降低，最后发生左心衰竭。

【临床表现】

1. 症状 早期可无症状。最先的症状多为与每搏量增多有关的心悸、心前区不适、头部强烈搏动感等，晚期可出现左心衰竭、冠心病表现，常有体位性头晕，如脉压差过大，舒张压过低，可出现心绞痛，晕厥少见。

2. 体征 心尖搏动呈抬举性搏动，向左下移位，是左心室肥厚的重要特征。主动脉瓣关闭不全特征性体征是胸骨左缘第3、4肋间可闻及高调叹气样递减型舒张期杂音，向心尖部传导，坐位前倾和深呼气时明显，重度反流者，常在心尖区听到舒张中晚期隆隆样杂音（Austin Flint杂音），其产生机制被认为是严重的主动脉瓣反流使左心室舒张压快速升高，导致二尖瓣处于半关闭状态，对于快速前向血流构成狭窄。

收缩压升高，舒张压降低，脉压增大，可见周围血管征：包括随心脏搏动的点头征（De Musset征）、颈动脉和桡动脉扪及水冲脉、毛细血管搏动征、股动脉枪击音等。

3. 并发症　左心衰竭为其主要并发症，心绞痛、感染性心内膜炎、室性心律失常较常见。

【实验室检查及其他检查】

1. X线检查　左心室增大，升主动脉继发性扩张明显，心影呈靴形（主动脉型心）。
2. 心电图　左心室肥厚及继发性ST-T改变，心肌劳损，后期可有心室内传导阻滞。
3. 超声心动图　M型超声显示舒张期二尖瓣前叶或室间隔纤细扑动，二维超声可显示瓣膜和主动脉根部的形态改变，脉冲式多普勒和彩色多普勒血流显像在主动脉瓣的心室侧可探及全舒张期反流束，为最敏感的确定主动脉瓣反流的方法，并可通过计算反流血量与搏出血量的比例，判断其严重程度。
4. 放射性核素心室造影　测定左心室收缩、舒张末容量和静息、运动的射血分数，判断左心室功能。
5. 主动脉造影　当无创技术不能确定反流程度，并考虑外科治疗时，可行选择性主动脉造影半定量反流程度。

【治疗要点】

1. 内科治疗　病因治疗和对症治疗，尤其是高血压引起的主动脉瓣关闭不全，使用ACEI类和ARB类等降压药对于心室重构、心室肥厚和反流等具有重要作用，参照主动脉瓣狭窄。
2. 外科治疗和介入治疗　严重主动脉瓣关闭不全的主要治疗方法为人工瓣膜置换术，有手术适应证者，应尽早采用外科治疗。

五、护理

【护理诊断/问题】

1. 体温过高　与风湿活动、合并感染有关。
2. 潜在并发症　心力衰竭、栓塞、心律失常、心绞痛、感染性心内膜炎、猝死等。
3. 感染的可能　与机体抵抗力下降有关。
4. 焦虑　与疾病预后、工作、生活与前途压力有关。
5. 活动无耐力　与心肌血氧供需失衡有关。

【护理措施】

1. 休息与活动　合理安排休息与活动，发热患者宜卧床休息。左房内有巨大附壁血栓者应积极抗凝治疗，并限制体力活动量，以免血栓脱落导致栓塞，协助生活护理。
2. 饮食护理　给予高热量、高蛋白、高维生素、清淡、易消化饮食，促进机体恢复。对伴有心功能不全的患者宜低盐饮食以免加重心脏负担。
3. 心理护理　由于病情迁延、病程长，甚至出现并发症，患者常出现情绪不良、压抑，应加强与患者沟通，安慰鼓励患者，使其积极配合治疗。
4. 病情观察　主要是生命体征的观察。风心病患者每4小时测量体温一次，观察有无风湿活动，如皮肤环形红斑、皮下结节、关节红肿及疼痛不适等；观察有无心力衰竭、栓塞、心律失常等并发症；高血压导致的主动脉瓣关闭不全，注意监测血压和脉压差，包括全身状态。

5. 发热的护理　遵医嘱给予抗生素及抗风湿药物治疗，观察其疗效和不良反应。体温超过38.5℃时给予物理降温或药物降温，半小时后测量体温并记录降温效果。嘱患者多饮水、补充营养，做好口腔和皮肤护理。

6. 并发症的护理　心脏瓣膜病易出现心力衰竭、栓塞、心律失常、感染性心内膜炎等并发症，应注意观察，重在预防各种诱因，及时对症处理。

【健康教育】

1. 疾病知识指导　对患者及家属宣教本病的病因和病程进展特点，有手术适应证者建议患者尽早择期手术，提高生活质量，以免失去最佳手术时机。

2. 预防感染　保持室内空气流通、干燥及阳光充足。日常生活中适当锻炼，加强营养，提高机体抵抗力。注意防寒保暖，避免呼吸道感染。一旦发生感染，应及时用药治疗。在拔牙、内镜检查、导尿术、分娩、人工流产等有创性手术前，应告知风心病史，以便于医师预防性使用抗生素。扁桃体炎反复发作者，在风湿活动控制后2~4个月手术摘除扁桃体。

3. 避免诱因　避免重体力劳动和剧烈运动，保持情绪平稳，有效控制血压。育龄妇女要根据心功能情况在医师指导下控制好妊娠与分娩时机。

4. 坚持服药与定期复查　高血压患者坚持按医嘱规律服药，风心病患者要预防感染特别是呼吸系统和循环系统的感染，提供药物使用的相关资料，定期门诊复查。

（李丽莎）

任务五　冠状动脉粥样硬化性心脏病患者的护理

知识目标

1. 掌握冠心病的病因、分型、临床特点、护理措施、健康教育。
2. 熟悉冠心病的实验室及其他检查。
3. 了解冠心病各种类型、各阶段的发病机制。

技能目标

1. 能评估冠心病发作的临床表现、实验室及其他检查。
2. 能对冠心病患者进行护理并进行健康教育。

一、概述

冠状动脉粥样硬化性心脏病（coronary atherosclerotic heart disease）是由于冠状动脉粥样硬化引起冠状动脉狭窄、痉挛或闭塞，导致心肌缺血、缺氧的心脏病、简称冠心病（coronary heart disease，CHD），也称缺血性心脏病。由于生活水平提高，高热量饮食、生活方式的改变，冠心病已成为危及人类健康的最主要原因之一。美国2007年统计结果显示，每年美国新发急性心肌梗死约70万例，有50万例复发心肌梗死。国内相关课题研究显示，1998年至2008年间，中国男性冠心病发病率较以往同期增加26.1%，女性增加19.0%。

【病因与发病机制】

冠心病的病因和发病机制仍未完全明了，流行病学调查发现多种危险因素或危险因子（risk factor）作用于冠状动脉，按其在发病中的作用大小可以分为主要危险因素和次要危险因素。

1. 主要危险因素

（1）年龄、性别。冠心病主要发生在40岁以上人群，随着心脑血管病疾病谱为主的发病趋势，冠心病的发病率趋向于年轻化，25至39岁的人群发生冠心病的病例已不少见，男性发病率高于女性，但绝经后男女发病率无明显差异。

（2）吸烟。吸烟者的冠心病发病率和死亡率是不吸烟者的2~6倍，且与吸烟量成正相关。长期吸烟导致动脉血管内皮缺氧、氧化应激、炎症反应、一氧化氮（NO）的合成下降，血纤维蛋白原含量增高，上述改变均可诱发冠状动脉粥样硬化的产生。

（3）血脂异常。脂质代谢异常是冠心病的最重要危险因素之一。其中，总胆固醇、三酰甘油、低密度脂蛋白、极低密度脂蛋白升高，载脂蛋白B、脂蛋白（a）[Lp（a）]水平升高，高密度脂蛋白、载脂蛋白A降低都是冠心病的危险因素。

（4）高血压。高血压患者冠心病的患病率是正常血压人群的3~4倍，60%~70%冠心病患者合并有高血压，收缩压与舒张压的改变都与冠心病密切相关，尤其是单纯收缩期高血压、高血压引起主动脉瓣关闭不全，脉压差增大，舒张压相对较低者。

知识拓展

冠状动脉的循环途径短，血流量大，约225 mL/min，占心输出量的4%~5%，运动时增加4~5倍，冠脉灌注的决定因素是舒张压，心室舒张期冠脉的血流大于收缩期。所以，过低的舒张压则导致冠状动脉灌注不良。另一方面，高血压导致的心室肥厚，使心肌的需氧量增加，供求失衡是高血压导致冠心病的重要机制。

（5）糖尿病与糖耐量异常：糖尿病，尤其是2型糖尿病患者的冠心病患病率是非糖尿病患者群的2～3倍，2型糖尿病并发冠心病高达50%，据有关流行病学调查，60岁以上的糖尿病患者，几乎都罹患有各种不同程度的心脏疾病，糖耐量异常者冠心病患病率和死亡率均高于无糖耐量异常者。

2. 次要危险因素

（1）肥胖。肥胖是冠心病的重要危险因素。

（2）生活方式。长期从事脑力劳动、缺乏体力劳动的人冠心病发病率高。

（3）饮食。饮食是引起高血压、肥胖、高血脂、糖尿病等的重要因素，也是引起冠心病的重要因素。其中高热量、高胆固醇、高盐饮食与冠心病关系密切。

（4）遗传。冠心病并非遗传性疾病，但具有遗传易感性、家族聚集倾向，有研究发现，冠心病患者的子代罹患冠心病的概率是正常人的5～7倍。

（5）性格。性急、争强好胜者冠心病发病率高，多见于A型性格人群。

（6）其他。如同型半胱氨酸增高、胰岛素抵抗、感染等。

归纳这类人群的生活方式就是好吃、懒动、爱激动及其他各种危险因素。

【临床分型】

临床分型1979年WHO将冠心病分为以下五型。

（1）隐匿型冠心病，又称无症状型冠心病。无心肌缺血临床症状，有心肌缺血的客观依据：心电图（ECG）、放射性核素心肌显像示缺血表现，但无心肌结构形态改变。

（2）心绞痛型冠心病，表现为发作性的胸痛和缺血性ECG改变。

（3）心肌梗死型冠心病，冠状动脉闭塞，致心肌急性缺血性坏死。

（4）缺血性心肌病，心肌长期慢性缺血、坏死、纤维化，表现为心脏扩大、心力衰竭、心律失常等。

（5）猝死型冠心病，心肌急性严重缺血致心律失常而死亡。

由于发病机制不同，临床表现、治疗方法也不一样，近年来，临床医学专家倾向于将冠心病作以下分型。

（1）急性冠脉综合征（acute coronary syndrome，ACS），包括不稳定型心绞痛、非ST段抬高型心肌型梗死、ST段抬高型心肌梗死、猝死。此类冠心病主要的机制是冠状动脉粥样硬化斑块的破裂、血栓形成。

（2）慢性缺血综合征（慢性冠心病），包括慢性稳定型心绞痛、缺血性心肌病、无症状性心肌缺血和缺血性心力衰竭。

本任务主要介绍心绞痛和急性心肌梗死。

二、稳定型心绞痛

稳定型心绞痛（chronic stable angina pectoris）指在冠状动脉病变基础上，由于心肌负荷加重导致心肌急性短暂缺血、缺氧，反复发作的临床综合征。特点：①心绞痛与机体氧耗量增加、心肌负荷加重有关。②心绞痛发生的特征基本固定为1~3月内心绞痛发生频率、疼痛性质、疼痛部位、持续时间基本不变。③缓解方式基本为给予硝酸酯类药物或休息后疼痛可以缓解。

案例导入

案例：女性患者，84岁，有高血压病史30年，糖尿病史20年。坚持服用降压药、降糖药，近两年来血压似乎趋于正常，但收缩压仍在正常高限上下浮动，舒张压常低于60 mmHg，甚至50 mmHg以下，患者即有心前区疼痛。

请问：1. 患者有可能发生什么疾病？为什么？
　　　　2. 你准备怎样护理患者？

【病因与发病机制】

冠心病可引发心绞痛，但并非所有心绞痛都由于冠心病引起，其他如主动脉瓣的狭窄或关闭不全。

1. 病因

（1）冠状动脉性心脏病。90%以上心绞痛由于冠状动脉粥样硬化及功能异常，其中以冠状动脉粥样硬化最为多见。

（2）非冠状动脉性疾病。可见于多种疾病引起的冠状动脉灌注绝对减少或心肌需求量增加。如瓣膜疾病（瓣膜狭窄、关闭不全）、肥厚性梗阻型心肌病、未控制的原发性高血压（尤其是单纯收缩期高血压）、冠状动脉血管畸形（如心肌桥）、甲状腺功能亢进、严重贫血、心律失常等。

2. 发病机制　心绞痛发生与否与冠状动脉供血、心肌室壁张力、心率及冠状动脉供血储备能力有关。正常心肌从所供给的动脉血液中摄取65%~75%氧气，因此，其残余氧含量很低，在剧烈运动等需氧量增加的情况下，冠状动脉可以通过自我调节增加心肌供血量，同时，心肌氧耗量随着心率的增快、室壁张力增加而增加。因此，当某支冠状动脉发生狭窄时，其血供量减少、扩张能力下降，导致相应心肌因缺血、缺氧发生损伤。

【临床表现】

1. 症状　以胸骨后发作性、压榨样疼痛为主要的临床表现。

部位：胸骨体中、上段之后波及心前区，手掌大小、界限不清，可放射至左肩、左臂内侧至无名指、小指、咽、颈、下颌部等。

性质：压榨性闷痛/烧灼痛，有窒息、濒死感，被迫停止活动。

持续时间：3~5分钟，<15分钟，舌下含化硝酸甘油或休息后缓解，可多次反复发作。

诱因：过劳、激动、寒冷、饱食、阴雨气候、心动过速、休克、吸烟等。

缓解方式：慢性稳定型心绞痛与机体氧耗量增加、心脏负荷加重有关，因此，停止活动后可获缓解；舌下含服扩张冠状动脉药物后能迅速缓解。

2. 体征　除与原有疾病可能出现的体征外，稳定型心绞痛在缓解期并无特殊体征。发作时可见面色苍白、冷汗、血压升高、皮肤湿冷、心率加快、病理性第三心音和第四心音，舒张期奔马律。

知识拓展

心绞痛严重度的分级：根据加拿大心血管病学会（CCS）分级分为四级。

Ⅰ级：一般体力活动（如步行和登楼）不受限，仅在强、快或持续用力时发生心绞痛。

Ⅱ级：一般体力活动轻度受限。快步、饭后、寒冷或刮风中、精神应激或醒后数小时内发作心绞痛。一般情况下平地步行200 m以上或登楼一层以上受限。

Ⅲ级：一般体力活动明显受限，一般情况下平地步行200 m或登楼一层引起心绞痛。

Ⅳ级：轻微活动或休息时即可发生心绞痛。

【实验室检查及其他检查】

1. 心电图（ECG）　是诊断缺血性心绞痛最常用的定性方法（图3-21）。

（1）静息时心电图。绝大部分稳定型心绞痛患者静息时ECG正常，少数患者可见表现缺血性ST段和T波改变：ST段压低、T波低平或倒置。

（2）发作时ECG。ST段压低（≥0.1 mV）、T波低平或倒置、原先倒置T波假性正常化。

（3）运动ECG。通过运动增加心脏负荷激发心肌缺血，常用踏车和平板。适用人群：静息时ECG正常、疑有冠心病者；40岁以上早期发现；药物、手术疗效观察；劳动能力评价。

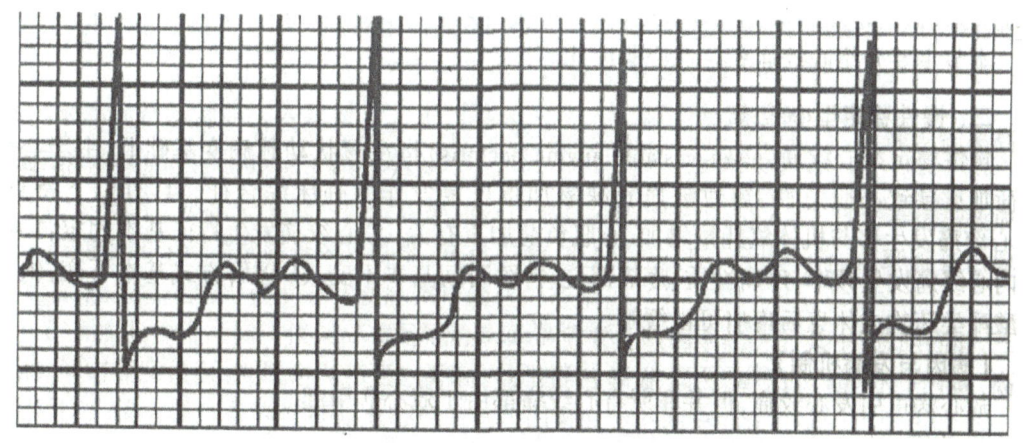

图3-21　心绞痛的心电图特征

（4）动态心电图（Holter心电监测）。连续记录24小时以上心电图变化，与患者活动及症状对照分析。

2. 放射性核素检查　运用放射性核素 ^{201}Tl（^{201}铊）或 ^{99m}Tc（^{99m}锝）心肌显像，结合负荷试验显示心肌血液灌注状况。

3. 冠状动脉造影 选择性冠状动脉造影是诊断冠心病的金指标,可以定性、定位冠脉及其分支,管腔直径缩小至70%～75%以上时,则严重影响血供。

4. 多排螺旋CT 可对冠状动脉进行三维重建,以确定病变。

5. 超声心动图。

【治疗要点】

1. 发作期治疗

(1) 一般治疗。发作时立刻休息,休息可降低心脏的前后负荷和氧耗,一般患者在停止活动后症状即可消除。吸氧可改善心肌功能。

(2) 药物。选择性扩张冠状动脉药物可增加冠状动脉血流量,同时扩张外周血管以减轻心脏前负荷,常用药物有硝酸酯类,舌下含服经舌下黏膜毛细血管直接吸收而快速起效,包括:①硝酸甘油0.3～0.6 mg,一次舌下含服,1～2分钟显效,维持30分钟左右,总量＜2 mg/d。②硝酸异山梨酯5～10 mg,一次舌下含服,3～5分钟显效,维持2～3小时。③其他如茶碱类药物氨茶碱,不但舒张支气管,还具有强心、利尿、扩张冠状动脉、兴奋呼吸中枢和呼吸肌等作用。可以配合硝酸酯类药物,根据病情变化酌情使用。

2. 缓解期治疗

(1) 生活方式的调整。宜尽量避免各种诱发因素。调节饮食,特别是一次进食不应过饱;禁忌烟酒;调整日常生活与工作量;减轻精神负担;保持适当的体力活动,但以不致发生疼痛症状为度,一般不需卧床休息。

(2) 药物治疗。通常使用长效类药物或剂型。①硝酸酯类:单硝酸异山梨酯20 mg,2次/日;长效硝酸甘油制剂2.5～5.0 mg,2次/日。②β受体阻滞剂:美托洛尔缓释片47.5～95 mg,1次/日;阿替洛尔25～50 mg,2次/日。③钙通道阻滞剂:维拉帕米缓释片240 mg,1次/日;地尔硫䓬缓释片90 mg,1次/日;硝苯地平缓释片20～40 mg,2次/日。前二种为非二氢吡啶类钙阻滞剂,负性肌力、负性传导较强,不能与β受体阻滞剂合用。④抗血小板药物:阿司匹林75～150 mg,1次/日,饭后或睡前服用;氯吡格雷75 mg,1次/日。

(3) 血运重建。通过冠状动脉介入术(球囊扩张、支架植入、冠状动脉旋磨术、冠状动脉射频消融术、冠状动脉定向旋切术);冠状动脉旁路移植术(俗称"冠状动脉搭桥")等实行血管重建。

【护理诊断/问题】

1. 急性疼痛(心前区疼痛) 与心肌缺血、缺氧有关。
2. 潜在并发症 心肌梗死、心律失常、心力衰竭。
3. 知识缺乏 缺乏冠心病的相关知识。

【护理措施】

1. 休息与活动 卧床休息1～3天,床边24小时心电监测,是缓解冠脉痉挛和降低心肌耗氧的简便和必要措施,有呼吸困难、发绀者,应吸氧,维持血氧饱和度达90%以上,缓解期可保持适当的体力活动,但应避免剧烈运动,以不引起心绞痛和不适为宜,防止精神过度紧张、避免长时间工作和劳动。

2. 饮食护理 冠心病的危险因素与饮食和生活方式密切相关。饮食以"两低一高"为原则：低盐、低脂、高维生素，易于消化且含一定量纤维素以保证排便通畅。避免辛辣、刺激性食物，避免暴饮、暴食，以少量多餐为宜。

3. 心理护理 心绞痛时常有焦虑与恐惧，此种心理增强交感神经兴奋、心率加快、心肌氧耗量增加而加重病情。因此，适度的心理安慰能缓解患者紧张情绪，消除焦虑与恐惧心理。

4. 病情观察 心绞痛发作时疼痛的部位、性质、程度、持续时间，严密监测体温、脉搏、血压、心率（律）和心电图等指标，防治心律失常、心肌梗死。一旦发生疼痛的痛阈降低、性质改变、程度加重、持续时间延长、血压下降、心率（律）和脉搏异常，应立即就诊。

5. 用药护理 硝酸酯类药物是临床常用抗心绞痛药物，应用时注意：①随身携带，注意有效期，定期检查、更换。②妥善保管，避免潮湿和光照，用棕色瓶保存。③预防性用药：有引起心绞痛发作的类似活动之前，预防性含服硝酸酯类药物。④注意体位、避免低血压发生和跌倒。⑤静脉给药者注意滴速，监测心率、血压变化，防止低血压发生。⑥禁忌证：有青光眼、低血压者禁止使用。

【健康教育】

1. 疾病知识指导 介绍心绞痛的诱发因素调整日常生活与工作，合理安排休息与活动，保证充足睡眠，尽量避免剧烈运动、情绪激动、精神紧张、过度劳累。

2. 饮食指导 选择低脂、低胆固醇、丰富蛋白质和维生素饮食，少量、多餐合理膳食，控制体重。戒烟、限酒。

3. 用药指导 指导患者正确用药、注意观察疗效、不良反应及注意事项。

4. 适当运动、改变不良生活方式、控制危险因素 适当进行体育锻炼，预防肥胖，活动量应根据患者身体情况和心功能状况而定，以不增加心脏负担和患者无不适感为原则。生活规律，劳逸结合，保持乐观情绪。积极治疗高血压、高血脂、高血糖（或糖尿病）等。

三、不稳定型心绞痛和非ST段抬高型心肌梗死

不稳定型心绞痛（unstable angina，UA）和非ST段抬高型心肌梗死（non-ST elevation myocardial infarction，NSTEMI）是由于冠状动脉粥样硬化斑块破裂、不同程度血栓形成，远端血管狭窄或阻塞所引起的一组临床综合征。两者病因、病理生理基础、临床表现、治疗相似。UA同时具备下列三种特征之一：①休息（或轻微体力活动）时发作，持续时间通常>10分钟；②新发而且症状严重（发作之初4~6周内）；③发作逐渐加重、恶化（如疼痛更严重、持续时间延长、较前更频繁）。而NSTEMI则指具有UA发作特点，且有心肌坏死证据，如心肌坏死标志物升高者，过去称为心内膜下心肌梗死或非Q波心肌梗死。

【病因与发病机制】

UA和NSTEMI的主要病理机制是冠状动脉存在不稳定、容易破裂、具有血栓形成倾向粥样斑块，当斑块破裂、糜烂、继发血栓形成、血管痉挛及微血管阻塞时，心肌出现急性

或亚急性缺血、缺氧性损伤或坏死。UA具有进展为心肌梗死的高度危险性。

【临床表现】

1. 不稳定型心绞痛

（1）症状。疼痛是UA的最主要临床症状，部位、性质与慢性稳定型心绞痛相似，特点如下：①休息时发作，多在睡眠、静息状态发生，与机体氧耗量增加与否无关。②持续时间长，疼痛持续时间多在20分钟以上。③药物疗效差，硝酸甘油含服疗效差或无效。

（2）体征。UA的最主要病因在于冠状动脉粥样硬化，因此，未发作时可无明显临床体征，急性发作重症患者可一开始即出现心力衰竭：血压下降、心动过速或过缓、病理性第三心音、肺部干湿啰音等。

（3）根据病情严重程度不同，将UA分为低、中、高危三组。

1）低危组：①新发UA或原稳定型心绞痛加重恶化。②发作时ECG检查ST段下移≤0.1 mV、持续时间＜20分钟。③心肌坏死标志物阴性。

2）中危组：①就诊前1个月内（但48小时内未发）胸痛发作1次或数次，静息心绞痛及心肌梗死后心绞痛。②发作时ECG检查ST段下移＞0.1 mV，持续时间＜20分钟，年龄＞70岁。③心肌坏死标志物轻度升高（0.01 μg/L＜cTnT＜0.1 μg/L）。

3）高危组：①48小时内缺血症状恶化，胸痛持续时间＞20分钟。②发作时ECG检查ST段下移≥0.2 mV或新出现束支阻滞，年龄＞75岁，新出现肺部啰音或啰音加重、二尖瓣区收缩期杂音。③心肌坏死标志物明显升高（cTnT＞0.1 μg/L）。

2. 非ST段抬高型心肌梗死

（1）症状与UA类似，但胸痛程度更严重、持续时间更长、药物疗效更差。

（2）体征同UA。

【实验室检查及其他检查】

1. 心电图　心电图是诊断UA和NSTEMI最重要方法。静息状态2个或以上相邻导联ST段下移≥0.1 mV，而发作时心电图ST段抬高型UA称为变异型心绞痛（图3-22）。

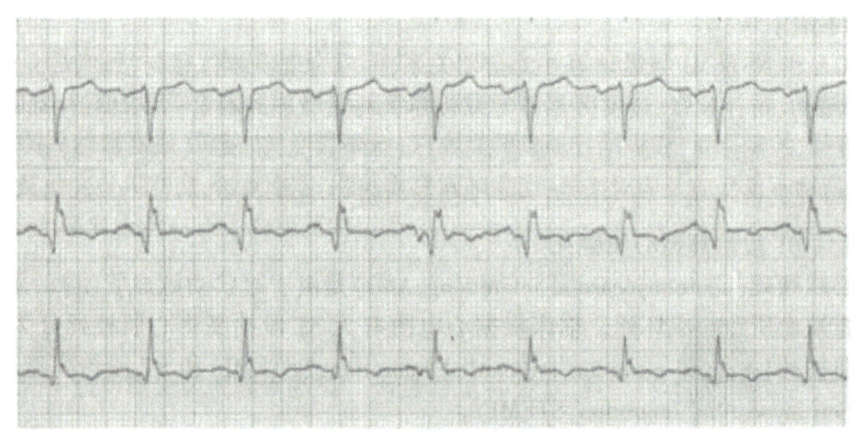

图3-22　不稳定型心绞痛和非ST段抬高型心肌梗死心电图

2. 心肌坏死标志物　心肌坏死标志物的测定除鉴别UA和NSTEMI之外，还判断预后。常用心肌坏死标志物有心肌肌钙蛋白T、I（cTnT、cTnI）、肌酸磷酸激酶同工酶MB（CKMB）、肌红蛋白等，其中以心肌肌钙蛋白特异性最高，肌红蛋白出现最早但特异性最差。UA时上述指标阴性，而NSTEMI则为阳性。

【治疗要点】

1. 一般治疗　卧床休息1~3日，生命体征监测、给氧等。
2. 抗血小板聚集和抗凝治疗　抗血小板聚集药物如阿司匹林、替罗非班；抗凝药物如肝素或低分子量肝素等。
3. 止痛、扩张冠状动脉　疼痛剧烈者给予吗啡5~10 mg皮下注射，还有抗焦虑作用以减少心肌氧耗量。此外，硝酸甘油含服或静脉滴注、硝酸异山梨酯含服均可扩张冠状动脉，改善供血、缓解疼痛，此外，钙通道阻滞剂对变异型心绞痛效果良好。
4. 急诊介入治疗（PCI）　详见本项目任务十一冠状动脉介入性诊断和治疗。

【护理诊断/问题】

1. 疼痛　胸痛与心肌缺血缺氧有关。
2. 潜在并发症　休克、心肌梗死、心力衰竭、心律失常等。
3. 知识缺乏　缺乏预防冠心病的相关知识及用药知识。

【护理措施】

1. 休息与活动　UA和NSTEMI发作期，患者必须卧床休息，时间根据病情调整；缓解期可保持适度体力活动，但应避免长时间工作和劳动、剧烈运动。
2. 饮食护理　饮食以低盐、低脂、高维生素、易于消化、少量多餐为宜，避免辛辣、刺激性食物。
3. 心理护理　UA和NSTEMI发作时必须有专人护理、监护，以缓解患者紧张情绪、消除焦虑与恐惧心理。告知患者情绪紧张加重病情，应保持心态平和，有利于疾病诊疗和恢复。
4. 病情观察　密切观察患者疼痛部位、性质、程度、持续时间的变化，以及血压、心率（律）、脉搏、体温等参数，尤其NSTEMI患者需要24小时连续动态心电监护，同时动态监测cTnT、cTnI，CKMB以观察病情进展，做好抢救准备。
5. 用药护理　硝酸酯类药物的护理见慢性稳定型心绞痛。NSTEMI患者使用肝素或低分子量肝素者注意监测有无皮肤、黏膜出血倾向，定期监测出、凝血时间，控制输液速度，观察并记录24小时出入量，避免加重心脏负担，及时调整输液量。
6. PCI护理　见本项目任务十一冠状动脉介入性诊断和治疗。

【健康教育】

尽管UA和NSTEMI与激动、运动和休息与否等并无密切关系，但合理的休息与活动，是避免机体氧耗量增加的措施，应避免剧烈运动、情绪激动、精神紧张、过度劳累等；给予低盐、低脂、高维生素和膳食纤维的饮食，控制体重；积极治疗原发性高血压、高脂血症、糖尿病（或糖耐量异常）；遵医嘱正确用药、掌握药物不良反应及应对措施，定期复诊，病情一旦变化及时就诊。

四、急性ST段抬高型心肌梗死

案例导入

病例：患者，男性，63岁。感胸闷、气促到某民营医院就诊。血常规：白细胞高于正常，以中性粒细胞升高为主；X线胸片显示：双肺片絮状阴影，ECG无典型异常表现。诊断：肺炎，给予抗炎对症治疗。但胸闷、气促更加严重，难以平卧，病情进行性加重，入院3日后血压下降，呈休克表现。急转某医科大学附属医院急诊ICU，急诊心电图、超声心动图、心肌酶学提示：广泛前壁心肌梗死、心源性休克、心律失常（室上性心动过速）。给予抗心衰、抗休克、抗心律失常、对症及主动脉球囊反搏等综合治疗，患者仍然多器官功能衰竭而死亡。

思考：1. 误诊的原因有哪些？

2. ECG无典型异常表现时，应该再选择哪些检查手段？

3. 治疗要点、护理诊断及护理措施？

急性心肌梗死（acute myocardial infarction，AMI）是由于冠状动脉急性闭塞、血流中断，持续而严重缺血所致的心肌坏死。临床根据心电图有无ST段抬高将心肌梗死分为非ST段抬高型心肌梗死（non-ST elevation myocardial infarction，NSTEMI）和ST段抬高型心肌梗死（ST elevation myocardial infarction，STEMI）。表现为持续的胸骨后剧烈疼痛，血清心肌坏死标记物增高，心电图进行性改变，可并发心律失常、休克、心力衰竭等。冠脉急性闭塞导致心肌的缺血、损伤、坏死，既是一种病理的改变，也表现为心电图的异常：坏死型Q波、损伤型ST段改变、缺血型的T波改变（冠状T波：双支对称深倒）是其典型的表现。治疗原则：防止阻塞扩大、防治并发症、介入治疗。

【病因与发病机制】

1. 冠状动脉粥样硬化　心肌梗死最基本、最常见病因是冠状动脉粥样硬化，而不稳定的粥样斑块继发的病理改变，如斑块内出血、裂隙、脱落、血小板聚集等，导致冠脉严重痉挛、狭窄或阻塞，是不稳定的心绞痛进展为急性心肌梗死的重要机制。

2. 其他　冠状动脉栓塞、畸形、炎症，心肌病变、血液流变学改变致左室舒张功能障碍等。

斑块破裂、血栓形成导致血管大部分阻塞（阻塞达70%至75%以上）或完全阻塞，或机体代谢增强、心肌需氧量增加，心肌缺血持续长达30分钟以上即出现心肌坏死。粥样斑块的破裂出血及血栓形成的相关诱因：①晨起因应激性激素分泌增加、交感神经兴奋，心肌收缩力、心率、血压升高，因此，急性心肌梗死早晨6~12时易发生。②情绪激动、重体力活动、血压升高或用力大便致腹压增高。③饱餐，特别是高脂饮食后血液黏滞度增加、血流缓慢。④循环血容量下降如失血性休克，严重呕吐、腹泻，大量出汗、失水等导致心排血量下降，冠状动脉灌注锐减。

【临床表现】

1. 先兆　半数以上（50%～81%）的患者在心肌梗死发作前有乏力、倦怠、胸部不适、心绞痛等前驱症状。尤其稳定型心绞痛在无明显诱因时出现心绞痛发作、疼痛性质加剧、持续时间延长、发作次数增加、药物效果下降等，常为急性心肌梗死的先兆。

2. 症状

（1）疼痛。为急性心肌梗死最常见症状。特点如下：①部位和性质同心绞痛，疼痛的范围更广，胸骨中上段，甚至整个前胸、上腹部；性质呈压榨样或窒息感，常伴出汗并有恐惧、濒死感；程度更剧，时间更长，>30 min，甚至数小时以上。②休息或给予硝酸酯类等药物不能缓解疼痛。③常放射到面颊、颈部、左肩、左上肢内侧、环指和小指等部位。④少数仅表现为胸闷或不痛，一开始就出现休克、急性心衰。

（2）心律失常。见于绝大部分患者，多在24小时内发生，各种心律失常均可见，但以室性心律失常最为常见，尤其室性期前收缩（室性早搏）最多见，其中以成对、频发、多源性、室性心动过速及RonT室性早搏最为严重，因其可诱发心室颤动而导致死亡。

（3）低血压或休克。心肌收缩力下降导致心脏搏出量减少是引起低血压或休克的主要机制。此外，心肌梗死时出汗、呕吐、进食进水减少、外周血管扩张均可致血压下降，甚至休克。

（4）急性心力衰竭。多见左心泵功能衰竭导致急性肺循环淤血和全身组织器官灌注不良，表现为呼吸困难、端坐位呼吸、咳粉红色泡沫样痰、发绀等。

（5）胃肠道表现。疼痛引起内脏神经反射、坏死物对迷走神经刺激作用而引起恶心、食欲缺乏、频繁呕吐、上腹部疼痛等。

（6）全身表现。由于坏死物吸收导致吸收热，多在心肌梗死后24～48小时内发生，体温多在38℃左右、持续约1周。白细胞升高、红细胞沉降率增快，亦与坏死物吸收有关。

3. 体征

（1）心脏。听诊心率增快、少数降低，心尖区S_1减弱、奔马律、二尖瓣乳头肌功能失调或断裂时可听到收缩期杂音，心包摩擦音、心律失常；心脏叩诊：轻/中度增大。

（2）心衰。左心衰竭时可闻及肺部湿啰音，右心衰竭时可见下肢水肿、颈静脉怒张、肝淤血增大、肝颈静脉回流征阳性等。

（3）血压改变、心源性休克。早期可见血压升高，几乎所有患者血压都有下降，原有高血压者血压下降至正常，原无高血压者血压下降至正常以下，这是心肌梗死导致心脏收缩力及心脏排血量降低所致。

4. 并发症

（1）乳头肌功能失调或腱索断裂，最常见，约50%患者发生，导致瓣膜脱垂或关闭不全，表现为心尖区出现收缩期杂音，可引起心力衰竭。

（2）心脏破裂，最严重，常发生在起病后1周内，多见心室游离壁，一旦破裂引起心脏压塞而猝死。

（3）室壁膨胀瘤，主要见于左心室，发生率为5%～20%。

(4)心肌梗死后综合征,又称Dressler综合征,心肌梗死后坏死物吸收发生的心包炎、胸膜炎和肺炎等。多在急性心肌梗死后数周至数月内出现,可能是机体对坏死物质的过敏反应。

(5)栓塞发生率为1%~6%,多在起病后1~2周出现,左心室附壁血栓脱落引起脑、肾、脾或肢体动脉栓塞,而下肢静脉栓子或右心室附壁栓子脱落则引起肺动脉栓塞。

知识拓展

临床评价急性心肌梗死时心力衰竭的严重程度常用Killip分级。

Ⅰ级:无心力衰竭的临床症状和体征。

Ⅱ级:有心力衰竭的临床症状和体征。肺部50%以下肺野湿啰音,心脏奔马律,肺静脉高压,胸片见肺淤血。

Ⅲ级:严重心力衰竭的临床症状和体征。严重肺水肿,肺部50%以上肺野湿啰音。

Ⅳ级:心源性休克。

【实验室检查及其他检查】

1. 心电图 是心肌梗死定性、定位诊断的首选措施。

(1)STEMI特征性心电图

有Q波的心梗急性期心电图的特征为:宽而深的Q波(病理性Q波)、损伤型的ST段弓背型上抬与缺血性T波倒置三者共存,见图3-23。

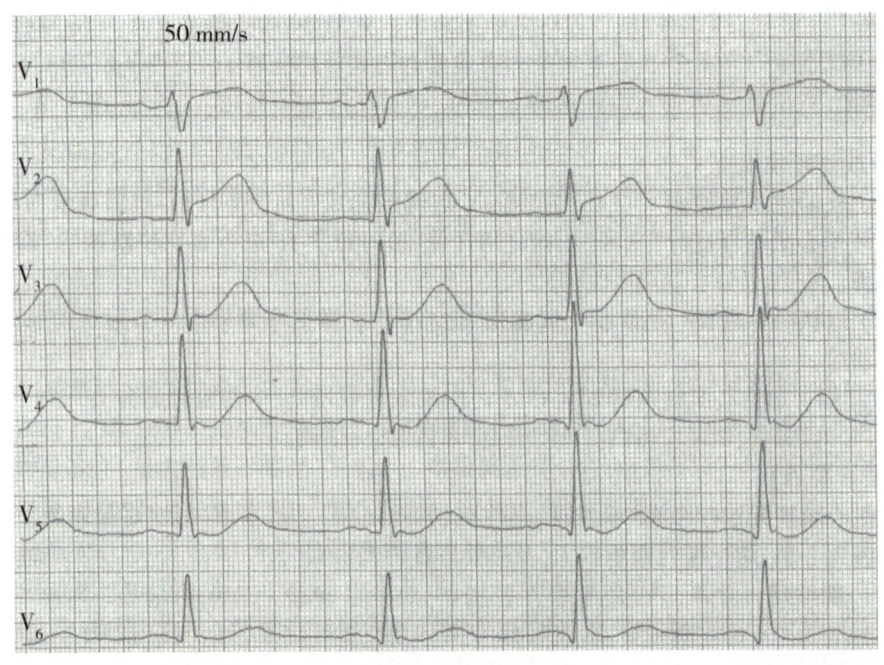

图3-23 STEMI心电图

无Q波的心梗,心内膜下心肌梗死心电图特点是:无病理性Q波,普遍性的ST段压低≥0.1 mV,但aR导联(有时V_1导联)ST段抬高,或有对称性T波倒置,临床常诊断为急性冠脉综合征。

(2) STEMI心电图定位:对心肌梗死定性、定位,见表3-3。

表3-3 心肌梗死的心电图定位诊断

对应导联	梗死部位	对应导联	梗死部位
$V_1 \sim V_3$	前间壁	Ⅱ、Ⅲ、aVF	下壁
$V_3 \sim V_5$	局限前壁	Ⅱ、Ⅲ、aVF、$V_{1\sim3}$	下间壁
$V_1 \sim V_5$	广泛前壁	$V_{7\sim8}$	正后壁
Ⅰ、aVL	高侧壁	$V_5 \sim V_7$、Ⅱ、Ⅲ、aVF	下侧壁
$V_5 \sim V_7$、Ⅰ、aVL	前侧壁	$V_7 \sim V_9$、Ⅱ、Ⅲ	后下壁

2. 心肌坏死标记物 心肌坏死标记物的测定可以诊断心肌梗死、判断疗效及预后。常用心肌坏死标记物有心肌肌钙蛋白T、I (cTnT、cTnI),肌酸激酶同工酶MB (CKMB),肌红蛋白(Mb)等,而天冬氨酸氨基转移酶(AST)和乳酸脱氢酶(LDH)已少使用。其中以心肌肌钙蛋白特异性最高,肌红蛋白出现最早但特异性最差。各心肌梗死标志物特点及其临床意义,见表3-4。

表3-4 血清心肌坏死标记物的临床意义

检查项目	开始升高	高峰	恢复正常	临床意义
肌红蛋白	2 h	12 h	24~48 h	出现最早,十分敏感,特异性不强
肌钙蛋白I (cTnI)	3~4 h	11~24 h	7~10 d	出现较迟,特异性很高,持续时间长
肌钙蛋白T (cTnT) CKMB	3~4 h	24~48 h	10~14 d	对判断有无新的梗死不利
肌酸激酶同工酶	4 h	16~24 h	3~4 d	不如cTnI、cTnT敏感,对早期诊断有较重要的价值
肌酸激酶CK	6~10 h	12 h	3~4 d	敏感性较差,仅作诊断参考

3. 放射影像检查

(1) 放射性核素检查。^{99m}Tc (^{99m}锝)焦磷酸盐或^{111}In (^{111}铟)抗肌凝蛋白单克隆抗体与坏死心肌结合进行"热区"扫描;^{201}Tl (^{201}铊)或^{99m}Tc进行血供中断区的"冷区"扫描或成像。急性期^{99m}Tc检查显示,缺血和梗死部位显影;慢性期^{99m}Tc检查显示,正常心肌显影,病变部位和范围不显影。

(2) 冠状动脉造影。是诊断心肌梗死"金指标"。详见本项目任务十一"冠状动脉介入性诊断和治疗"。

4. 超声心动图 评估心肌梗死面积、心功能（心排血指数、射血分数等）、室壁运动、室壁瘤及乳头肌功能不全、预后等有重要作用。

5. 其他 急性心肌梗死后24～48小时白细胞计数增高、中性粒细胞分类升高、红细胞沉降率（ESR）加快、C-反应蛋白（CRP）升高，可持续1～3周，是坏死心肌吸收所致。

【治疗要点】

急性心肌梗死治疗强调"早预防、早诊断、早处置"，基本原则是"尽早溶栓，恢复心肌灌注，尽量挽救濒死心肌，防止梗死面积扩大，及时处理各种并发症"。

1. 监护和一般治疗

（1）监测。立即把患者送入重症监护室（ICU）或冠心病（CCU）监护室进行生命体征、血流动力学监测3～7天，进行动态、持续的心电监护。准备好除颤仪，及时分析各种心律失常。

（2）休息。急性期绝对卧床休息1周以上，保持环境安静。减少探视，防止不良刺激，解除焦虑、恐惧情绪。降低心肌耗氧，吸氧5～6 L/分。病情平稳后可行床上肢体活动，如无低血压等血流动力学障碍，1周内即可病室内走动，预防血栓形成，视病情酌定。

（3）给氧。给予中等流量（氧流量2～4 L/min）持续或间断吸氧，合并急性左心衰时给予高浓度氧（氧流量4～6 L/min）持续吸入。

（4）合理饮食、防止便秘。给予低盐、低脂、低胆固醇、无刺激、易消化清淡饮食，少量多餐，避免过饱，多食新鲜蔬菜、水果防止便秘。

（5）抗血小板聚集。无禁忌证者立即予以水溶性阿司匹林150～300 mg顿服（肠溶片碾碎后口服），连续3日，3日后改为75～150 mg，1次/日，顿服，注意保护胃黏膜、饭后服用。

（6）降脂治疗。年龄大的患者建议长期服用血脂康，具有稳定的调脂、降脂功能，其他如辛伐他汀、普伐他汀、阿托伐他汀等他汀类药物，以及非诺贝特、苯扎贝特等苯氧酸类药物。

2. 止痛 首选吗啡，有禁忌证时选用哌替啶，具有止痛、抗焦虑作用，同时可以解除肺部血管痉挛。哌替啶50～100 mg肌肉注射；吗啡5～10 mg皮下注射；疼痛轻者用可待因/罂粟碱0.03～0.06 g肌肉注射，此外，硝酸甘油或亚硝酸异戊酯等可舌下含服或静脉滴注（观察BP及不良反应，调节用药）。

3. 心肌再灌注 以起病后3～6小时内为佳，最长不宜超过12小时。如有条件、无禁忌证应立即进行，使闭塞血管及时再通，使心肌得到有效灌注，濒临坏死心肌得以存活或使梗死范围缩小，减轻梗死后心肌重构、改善预后。

（1）经皮冠状动脉介入治疗（PCI）有条件时立即进行。

【知识链接】

冠状动脉的介入治疗目前已经广泛应用于临床，常见的有：经皮冠状动脉腔内成形术（PTCA）+支架；冠状动脉粥样斑块消除术（经心导管将激光、射频电流、超声波等引入冠状动脉内，使粥样斑块迅速气化或击碎，达到冠状动脉再通的目的），可减少PTCA术后再狭窄的发生率；冠状动脉粥样斑块旋切/旋磨术；主动脉内球囊反搏术（IABP）等。

（2）溶栓及抗凝治疗

1）溶栓。发病3小时内行溶栓治疗，其临床疗效与直接PCI相当。发病3～12小时内行溶栓治疗，其疗效不如直接PCI，但仍能获益。发病12～24小时内，如果仍有持续或间断的缺血症状和持续ST段抬高，溶栓治疗仍然有效。起病3至6小时内，溶栓前查血常规、血小板、出凝血时间、血型、配血备用、用药中注意出血倾向。尿激酶150万U静脉滴注（冠脉灌注4万U）30分钟内完成，链激酶150万U静脉滴注（皮试，备用地塞米松、异丙嗪，冠脉灌注4万U）60分钟内滴完，重组纤溶酶原激活剂（rtPA）100 mg。

适应证。①发病12小时以内到不具备急诊PCI治疗条件的医院就诊、不能迅速转运、无溶栓禁忌证的STEMI患者均应进行溶栓治疗。②患者就诊早（发病小于或等于3小时）而不能及时进行介入治疗者，或虽具备急诊PCI治疗条件，但就诊时球囊扩张时间与就诊至溶栓开始时间相差＞60分钟，且就诊时球囊扩张时间＞90分钟时应优先考虑溶栓治疗。③对再梗死患者，如果不能立即（症状发作后60分钟内）进行冠状动脉造影和PCI，可给予溶栓治疗。④对发病12～24小时仍有进行性缺血性疼痛和至少2个胸导联或肢体导联ST段抬高＞0.1 mV的患者，若无急诊PCI条件，经过选择的患者也可溶栓治疗。⑤STEMI患者症状发生24小时，症状已缓解，不应采取溶栓治疗。

禁忌证。①脑血管病：既往有脑出血史，1年内发生过脑梗死或脑血管事件。②外伤、手术：近期（2～4周）外伤、手术、创伤性心肺复苏史。③原发性高血压：严重未控制的高血压（＞180/110 mmHg），慢性严重高血压病史。④出血性疾病或有出血倾向者。⑤疑似主动脉夹层。⑥妊娠。

2）抗凝。我国《急性心肌梗死诊断及治疗指南》指出，所有急性再灌注治疗、有发生体循环栓塞高危者均需进行抗凝治疗。常用药物有肝素，抗血小板聚集药物阿司匹林、氯吡格雷等。

①肝素：包括普通肝素和低分子量肝素。普通肝素是STEMI溶栓治疗的最常用的辅助用药；rtPA为选择性溶栓剂，故必须与充分抗凝治疗相结合。溶栓前先静脉注射肝素60 U/kg（最大量4 000 U），继以12 U/（kg·h）（最大1 000 U/h）维持，使APTT值维持在对照值1.5～2倍（50～70秒），至少应用48小时。尿激酶和链激酶均为非选择性溶栓剂，对全身凝血系统影响很大，因此，溶栓期间不需要充分抗凝治疗，溶栓后6小时开始测定APTT或活化凝血时间（ACT），待其恢复到对照时间2倍以内时开始给予皮下肝素治疗。低分子量肝素具有应用方便、不需监测凝血时间、肝素诱导的血小板减少症发生率低等优点，建议使用低分子量肝素代替普通肝素，常用药物如依诺肝素钠、达肝素钠等。

②抗血小板聚集药物：常用药有阿司匹林、氯吡格雷。阿司匹林主要用于AMI急性期及长期维持治疗，氯吡格雷是新型的ADP受体拮抗药，化学结构与噻氯匹定极为相似，但其口服起效快，不良反应（粒细胞缺乏症和血小板减少症）明显低于噻氯匹定，已成为噻

氯匹定的替代药物，初始剂量300 mg，维持剂量每日75 mg。

4. 并发症治疗

（1）心律失常。详见本项目任务三"心律失常患者的护理"。

（2）心力衰竭。详见本项目任务二"心力衰竭患者的护理"。以应用吗啡/哌替啶、利尿剂为主，慎用洋地黄（易致心律失常），用正常用量的1/3～1/2。注意事项：①急性心肌梗死后24小时内避免使用洋地黄类制剂，梗死前一直使用者除外。②右心衰者慎用利尿剂。③注意补钾，利于恢复心肌极化状态。

（3）抗休克。AMI休克主要在于心脏泵功能衰竭，同时合并有低血容量、外周血管功能异常等。因此，其治疗在于纠正心肌收缩能力、适当补充血容量、根据病情应用血管收缩或扩张药物。

5. 康复治疗

（1）逐步适当运动，避免竞争性运动导致突发猝死。

（2）药物包括以下几种。①促进心肌代谢：能量合剂2周，1次/d，静脉滴注（维生素C、肌苷、ATP、细胞色素C、维生素B_6加入10%葡萄糖500 mL）。②极化液（GIK液）：10%GS 500 mL加氯化钾1.5 g、胰岛素8 U、硫酸镁5 mL（5 g），目的为心肌恢复极化状态、减少心律失常、使心肌正常收缩、ST段恢复。③1,6二磷酸果糖（FDP）、辅酶Q_{10}等300 mg/d供能。④抗凝：防止心肌梗死再发作用肝素（BT为正常2倍）、双香豆素（首次200 mg，次日100 mg）、阿司匹林、华法林（首次15～20 mg）、苯茚二酮（50～100 mg/日）等。⑤透明质酸酶。⑥β受体阻滞剂普萘洛尔、美托洛尔等，抑制交感兴奋、防止梗死范围扩大、改善预后。ACEI如卡托普利、依那普利等早期应用有助于改善恢复期心肌重塑、减少心力衰竭发生、降低死亡率。

【护理评估】

1. 健康史　了解过去有无高血脂、原发性高血压、糖尿病等基础疾病史，家族中有无冠心病史等。进一步了解发病的诱因，此次发病后的诊治情况及使用药物名称、剂量、效果，相关检查内容和结果。

2. 心理-社会状况　急性心肌梗死常因疼痛剧烈且伴有濒死感或因再灌注治疗产生恐惧、焦虑、急躁心理；而活动无耐力和生活自理能力的下降，使患者生活需要照顾；家庭成员可能面临对疾病知识的缺乏、经济压力等应对无效。

3. 身体评估

（1）一般状态。生命体征，尤其是血压、脉搏、心率状况；有无意识模糊、反应迟钝、晕厥等。

（2）症状评估。胸痛的性质、特点、持续时间、病情是否进行性加重，有无呕吐、发热、呼吸困难、晕厥等。

（3）体征评估。观察颈静脉有无充盈、心率快慢、心脏节律、心音强弱变化及病理性心音、心脏杂音；肺部有无干湿啰音；下肢和身体低垂部位有无水肿。

4. 实验室及其他检查　心电图的动态改变、心肌坏死标志物水平变化、冠状动脉造影结果。

【护理诊断/问题】

1. 急性疼痛（胸痛）　与心肌缺血性坏死有关。
2. 恐惧　与胸痛产生濒死感、担忧预后、监护环境及抢救性创伤有关。
3. 活动无耐力　与心排血量下降、组织器官缺氧有关。
4. 便秘　与进食少、活动少、排便习惯改变有关。
5. 潜在并发症　心律失常、心力衰竭、心源性休克。

【护理措施】

1. 一般护理

（1）休息与活动。急性心肌梗死必须绝对卧床休息直到病情平稳，保持环境安静，减少探视，协助患者进食、洗漱、排便。无并发症发生12～24小时即可床上肢体活动，24小时后至3日内即可病室内走动，根据病情逐渐增加活动量。

（2）给氧。根据病情调整氧流量及给氧方式。

（3）饮食。清淡、低钠、低脂、易消化营养丰富饮食，少量多餐，避免辛辣、刺激性强的饮食。

（4）保持大便通畅。补充膳食纤维、水果、蔬菜，防止便秘，防止因用力排便加重心脏负担。

2. 病情观察　安置在重症监护病房，动态监测ECG、心脏及全身情况，观察生命体征、心率、心律、血压、脉搏、血氧饱和度等。及时发现并发症，做好抢救准备。

3. 症状护理　遵医嘱用止痛药，对症、支持治疗，观察药物的作用与不良反应。

4. 溶栓护理

（1）溶栓前注意事项。检查有无禁忌证，查血常规、出血与凝血时间、血型，建立静脉通道，检查、准备各种溶栓药物、抢救设备及药物。

（2）溶栓过程中重点关注。①有无过敏反应，比如发热、寒战、皮疹。②有无心血管并发症，如胸闷、憋气、呼吸困难。③有无出血，如皮肤黏膜出血、血尿、便血等。一经发现，立即告知医师并配合紧急处置。

（3）溶栓后观察。①冠状动脉造影是判断溶栓成功的金指标，未行造影者以下间接指标有助于判断溶栓有效果：a. 胸痛在溶栓后2小时内基本消失；b. 抬高的ST段溶栓后2小时内下降50%以上；c. 溶栓后2小时内出现再灌注性心律失常；d. 血清CKMB峰值提前至12小时内。②溶栓后仍需密切监测生命体征、心电图、血流动力学改变。③术后应关心体贴患者，与患者多交流接触，耐心解释患者疑问，以消除患者紧张、焦虑，甚至恐惧心理。

5. 心理护理　心肌梗死引起的疼痛不仅让患者产生焦虑、抑郁、恐惧心理，其后工作能力、生活质量下降也会导致患者负性心理情绪的产生。患者发生心肌梗死后可导致家庭功能状态发生变化、经济和心理应对能力下降，工作能力的下降也给单位和同事带来不良影响。因此，针对上述存在的心理、社会问题应进行认真评估，不仅要积极消除患者的不良心理反应，还要取得家庭的理解与支持，必要时应争取获得单位及同事的精神支持与帮助。

6. 康复护理　心肌梗死患者及早康复有利于疾病预后、提高生活质量。根据不同时期，制定不同康复护理计划。①住院期：通常约3周，指导患者不同时期采取不同运动方式、合理的运动量,为患者及家属提供心理-社会支持,制定出院计划。②恢复期:出院后需8~12周,康复可以在家庭、社区或医院进行,由康复医师制定康复计划、实施康复,护理人员主要指导患者配合康复、健康教育,进一步提供心理、社会支持。③维持期:疾病恢复后,主要针对冠心病危险因素、饮食运动、药物治疗等进行指导。

【健康教育】

1. 活动与休息　指导患者根据体能、年龄、心肺功能状态进行规律、适度、持之以恒地运动,注意休息、避免疲劳。

2. 合理饮食、适当运动　指导合理膳食、均衡营养、戒烟、限酒,选择适合、适当的体育锻炼,控制体重,预防肥胖。

3. 心理指导　保持积极乐观心态,积极参与社区和群体活动,多与家庭成员和同事沟通交流,避免负性情绪产生。

4. 用药指导　遵医嘱按时、足量用药,注意药物不良反应和应对方法。药物疗效下降、病情加重时应立即就诊。

5. 出院指导　遵医嘱合理饮食、坚持用药、加强锻炼,随身携带保健盒,病情变化立即就诊。

（张　轶）

任务六　原发性高血压患者的护理

知识目标

1. 掌握原发性高血压的护理措施、健康教育指导。
2. 熟悉原发性高血压的病因、临床表现、诊疗要点。
3. 了解原发性高血压的发病机制、诊断检查。

技能目标

1. 能对原发性高血压患者进行用药指导。
2. 能对原发性高血压患者进行健康教育指导。

案例导入

病例:患者,女,70岁,有高血压病史30年。不规律服用降压药,血压波动范围:收缩压160~220 mmHg,舒张压70~90 mmHg。近来常感胸闷、胸痛,心脏彩色超声检查示:左心室肥厚扩大,主动脉反流,射血分数40%。

思考：1. 患者血压水平分级、危险度分层是什么？
2. 护理措施和健康教育的内容和方式？

原发性高血压（primary hypertension）是病因未明、以体循环动脉血压升高为主的临床综合征，简称高血压，高血压是各种心脑血管病的重要病因和主要的危险因素，影响重要脏器如心、脑、肾的结构和功能，最终可导致这些器官的功能衰竭。临床上将高血压根据病因不同分为原发性（占95%以上，又称高血压病）和继发性（约5%，称之为症状性高血压或高血压症）。

目前我国采用的是1999年世界卫生组织（WHO）建议的高血压水平分级。成人高血压的诊断标准：收缩压≥140 mmHg和（或）舒张压≥90 mmHg，即诊断为高血压。根据《中国高血压基层防治指南2009基层版》，又进一步分为高血压Ⅰ、Ⅱ、Ⅲ级（表3-5）。

表3-5 血压水平分级（mmHg）

血压水平	收缩压	舒张压
理想血压	<120	<80
正常高限	130~139	85~89
高血压	≥140	≥90
Ⅰ级高血压（轻度）	140~159	90~99
Ⅱ级高血压（中度）	160~179	100~109
Ⅲ级高血压（重度）	≥180	≥110
单纯收缩期高血压	≥140	≤90

注：当收缩压和舒张压分属于不同分级时，以较高的级别作为标准。以上标准适用于任何年龄的成年男性和女性。

高血压患病率、发病率及血压水平随年龄增加而升高。高血压在老年人较为常见，尤以单纯收缩期高血压为多。流行病学调查显示，我国高血压患病率和流行存在地区、城乡和民族差别，北方高于南方，华北和东北属于高发区；沿海高于内地；城市高于农村；高原少数民族地区患病率较高。男、女性高血压患病率差别不大，青年期男性略高于女性，中年后女性稍高于男性。

【病因与发病机制】

1. 病因　许多研究表明，原发性高血压是遗传倾向与环境多因素相互作用的结果，是血压正常的调节机制失代偿所致。

（1）遗传因素。原发性高血压有明显的家族聚集性，提示其有遗传学基础或伴有遗传生化异常。高血压的遗传可能存在基因显性遗传和多基因关联遗传两种方式。在遗传表型上，不仅血压升高发生率体现遗传性，而且在血压高度、并发症的发生及其他有关因素（如肥胖）方面也有遗传性。

（2）环境因素。饮食中摄盐越多，血压水平和患病率越高；精神应激如长期精神紧张、压力、焦虑或长期环境噪声、视觉刺激等均可引起高血压，脑力劳动者患病率高于体力劳动者。饮酒量与血压水平呈线性正相关。特别是收缩压。

(3) 其他因素。糖耐量异常或糖尿病、超重或肥胖是血压升高的重要危险因素。此外，服用避孕药、阻塞性睡眠呼吸暂停综合征与高血压的发生也相关。

2. 发病机制　影响血压的因素很多，从血流动力学角度，血压主要决定于心排血量和体循环外周血管阻力。高血压的血流动力学特征主要是总外周血管阻力增高。目前高血压的发病机制主要在以下几个方面。平均动脉血压（BP）=心排量（CO）×总外周阻力（PR）。

(1) 交感神经系统活性亢进。反复长期的过度紧张与精神刺激使大脑及皮质下神经中枢功能发生变化，导致交感神经系统活性亢进，血浆儿茶酚胺浓度升高，阻力小动脉收缩增强和血压上升。

(2) 肾素血管紧张素醛固酮系统（RAAS）。激活外周血管阻力增加，并可刺激醛固酮分泌，使水钠潴留，血容量增加，还可通过交感神经末梢突触前膜的正反馈使去甲肾上腺素分泌增加。上述作用均可使血压升高，参与高血压发病并维持。

(3) 肾性水钠潴留。各种原因引起肾性水钠潴留，机体为避免心排血量增高使组织过度灌注，全身阻力小动脉收缩增强，导致外周血管阻力增高，也可能通过排钠激素分泌释放增加，使外周血管阻力增高。

(4) 细胞膜离子转运异常。遗传性或获得性细胞膜离子转运异常，包括钠泵活性降低，钠钾离子协同转运缺陷，细胞膜通透性增强，钙泵活性降低，可导致细胞内钠、钙离子浓度升高，膜电位降低，激活平滑肌细胞兴奋收缩耦联，使血管收缩反应增强和平滑肌细胞增生与肥大，血管阻力增高。

(5) 胰岛素抵抗。大多数高血压患者空腹胰岛素水平增高，而糖耐量有不同程度降低，提示有胰岛素抵抗现象。胰岛素的以下作用可能与血压升高有关。①使肾小管对钠的重吸收增加。②增强交感神经活动。③使细胞内钠、钙浓度增加。④刺激血管壁增生肥厚。

动脉管壁弹性在高血压发病中具有重要作用，高血压时，具有舒张血管作用的舒张因子（前列环素PGI_2、内皮舒张因子NO）生成减少，收缩血管因素（内皮素、血管收缩因子、AT Ⅱ）增加，血管平滑肌细胞对舒张因子的反应减弱而对收缩因子反应增强。

【临床表现】

1. 症状　大多数起病缓慢，缺乏特殊的临床表现，导致诊断延迟，仅在测量血压时或发生心、脑、肾等并发症时才被发现。常见症状有头晕、头痛、疲劳、心悸等，也可出现视力模糊、鼻出血等较重症状。典型的高血压头痛在血压下降后即可消失。

2. 体征　高血压时体征一般较少，除血压升高外，心脏听诊可有主动脉瓣区第二心音亢进、收缩期杂音或收缩早期喀喇音。有些体征常提示继发性高血压可能，例如腰部肿块提示多囊肾或嗜铬细胞瘤；股动脉搏动延迟出现或缺如，并且下肢血压明显低于上肢，提示主动脉缩窄；向心性肥胖、紫纹与多毛，提示皮质醇增多症。

3. 急进型或恶性高血压　占1%~5%，多见于中、青年，病情重、发展快、预后差，BP急剧升高≥180/130 mmHg，以视网膜病变和肾功能迅速恶化为特征性表现：视网膜出血、渗出、视神经盘水肿、失明、脑血管意外、心衰，最后常因尿毒症死亡。

4. 高血压急症

（1）高血压脑病。大脑小动脉持久严重痉挛，血压急剧升高导致急性脑循环障碍、脑水肿、颅内压升高，表现为剧烈头痛、恶心呕吐、视力障碍、黑蒙、抽搐、意识障碍甚至昏迷。

（2）高血压危象。周围小动脉持久严重痉挛导致血压剧升≥210/130 mmHg，出现突然剧烈头痛、眩晕、恶心、呕吐、多汗、面色苍白或潮红、视力模糊等，甚至心、脑、肾急症，是交感亢进，内分泌紊乱所致。

5. 并发症

（1）心脏。主要包括充血性心力衰竭及冠状动脉粥样硬化性心脏病的临床表现。长期高血压可致左心室肥厚、扩大，导致高血压性心脏病。高血压可促使冠状动脉粥样硬化形成及发展并使心肌耗氧量增加，可出现心绞痛、心肌梗死、心力衰竭及猝死。

（2）高血压脑病。包括脑出血、脑血栓形成、腔隙性脑梗死、短暂性脑缺血发作等。

（3）肾脏。肾小管、肾小球功能损害表现，包括夜尿、多尿、蛋白尿、肾衰竭等。

（4）血管。主动脉夹层、动脉粥样硬化等。

知识链接

老年人高血压（老年单纯收缩期高血压）：年龄超过60岁，血压升高达诊断标准即为老年人高血压。临床特点：①半数以上收缩压升高为主，收缩压≥140 mmHg，舒张压＜90 mmHg，是老年人大动脉管壁弹性减弱，动脉硬化，顺应性降低，导致脉压差增大，单纯收缩压增高是心脑血管病致死的重要危险因素；②部分老年人高血压是中年高血压病进展而来，收缩压和舒张压均增高；③心、脑、肾等器官不同程度损害。并发症：心室肥大肥厚、主动脉瓣关闭不全、冠心病、心衰、脑卒中、肾功能不全等；④老年人颈动脉窦压力感受器敏感性降低，具有昼夜血压波动大、易受体位影响，导致直立性低血压，易诱发心衰和脑出血的特征。

6. 心血管危险分层　高血压的预后不仅与血压升高水平有关，而且与其他心血管危险因素存在以及靶器官损害程度有关。因此，从指导治疗和判断预后的角度，应对高血压患者作心血管危险分层，根据血压升高水平、其他心血管危险因素、靶器官损害及并发症情况，分为低危、中危、高危和极高危四个层次。未来10年内发生主要心血管事件的危险度分别是15%以内、15%～20%、20%～30%、30%以上。具体分层标准（表3-6）。

表3-6　高血压患者心血管危险分层标准

其他危险因素和病史	高血压		
	Ⅰ级	Ⅱ级	Ⅲ级
无	低危	中危	高危
1～2个其他危险因素	中危	中危	极高危
≥3个其他危险因素或靶器官损害	高危	高危	极高危
临床并发症或合并糖尿病	极高危	极高危	极高危

(1) 用于分层的心血管危险因素。①高血压。②年龄＞55岁（男性），＞65岁（女性）。③吸烟。④糖耐量受损和（或）空腹血糖受损。⑤血脂异常。⑥早发心血管疾病家族史（一级亲属发病年龄男性＜55岁，女性＜65岁）。⑦腹型肥胖（腰围男性≥90 cm，女性≥85 cm），或肥胖（BMI≥28 kg/m²）。

(2) 靶器官损害。①左心室肥厚（心电图或超声心动图）。②颈动脉超声证实有动脉粥样斑块。③肾功能受损，血肌酐轻度升高。

(3) 并发症。①心脏疾病（心绞痛，心肌梗死，冠状动脉血运重建，心力衰竭）。②脑血管疾病（脑出血，缺血性脑卒中，短暂性脑缺血发作）。③肾脏疾病（糖尿病肾病，肾功能衰竭）。④血管疾病（主动脉夹层，外周血管病）。⑤高血压性视网膜病变（出血或渗出，视盘水肿）。⑥糖尿病。

【实验室检查及其他检查】

1. 实验室检查　血常规、尿常规、肾功能、血糖、血胆固醇、血三酰甘油、血尿酸等，根据检测结果评估高血压对靶器官的损害情况。

2. 血压监测　24小时动态血压监测，评估血压升高的严重程度，了解其血压波动和昼夜节律，指导降压治疗和评价降压药物疗效。

3. 其他　胸部X线检查，可呈靴型心；超声心动图检查，可见心室肥厚、肥大，主动脉瓣关闭不全、血液反流；心电图检查，可出现左心室的肥厚伴劳损；眼底检查可见血管硬化、渗出、出血等。

【治疗要点】

原发性高血压目前尚无根治方法，必须坚持长期、个体化治疗原则，控制血压在正常范围，防止心、脑、肾并发症，降低病死率和致残率。血压控制目标值至少＜140/90 mmHg。对于高血压合并糖尿病或慢性肾脏病的患者，控制血压＜130/80 mmHg。对于老年收缩期高血压患者，收缩压控制在150 mmHg以下。

1. 改变生活方式　适用于所有高血压患者。①减轻体重：将BMI尽可能控制在＜24 kg/m²。②减少钠盐摄入：每人每日食盐量以不超过6 g为宜。③补充钙和钾盐：每日吃新鲜蔬菜和水果。④减少脂肪摄入：减少食用油摄入，少吃或不吃肥肉和动物内脏。⑤戒烟限酒。⑥适当运动：运动有利于减轻体重和改善胰岛素抵抗，提高心血管适应调节能力，稳定血压水平。⑦减轻精神压力，保持心态平衡。

2. 降压药物治疗

(1) 降压药物种类。目前常用降压药物可归纳为五大类，即利尿剂、β受体拮抗剂、钙通道阻滞剂（CCB）、血管紧张素转换酶抑制剂（ACEI）和血管紧张素Ⅱ受体拮抗剂（ARB），详见表3-7。

表3-7 常用降压药物名称、剂量及用法

药物分类	药物名称	单次剂量、用法（每天）	不良反应
利尿药	氢氯噻嗪	12.5~25 mg 1次	低血钾、乏力、尿量增多，噻嗪类和呋塞米明显。痛风患者禁用。保钾利尿剂可引起高血钾
	氨苯蝶啶	25~50 mg 1次	
	阿米洛利	5~10 mg 1次	
	呋塞米	20~40 mg 1~2次	
	螺内酯	20~40 mg 1~2次	
	吲达帕胺	1.25~2.5 mg 1次	
β受体拮抗剂	普萘洛尔	10~20 mg 2~3次	疲乏、心动过缓、四肢发冷、胃肠功能不良、突然停药可有反跳现象
	美托洛尔	25~50 mg 1~2次	
	阿替洛尔	50~100 mg 1次	
	倍他洛尔	10~20 mg 1次	
	比索洛尔	5~10 mg 1次	
	卡维地洛	12.5~25 mg 1~2次	
	拉贝洛尔	100 mg 2~3次	
钙通道阻滞剂（CCB）	硝苯地平	5~10 mg 3次	心率增快、面部潮红、头痛、下肢水肿，急性心力衰竭、支气管哮喘患者禁用
	硝苯地平控释剂	30~60 mg 1次	
	尼卡地平	40 mg 2次	
	尼群地平	10 mg 2次	
	非洛地平缓释剂	5~10 mg 1次	
	氨氯地平	5~10 mg 1次	
	左旋氨氯地平	1.25~5 mg 1次	
	拉西地平	4~6 mg 1次	
	乐卡地平	10~20 mg 1次	
	维拉帕米缓释剂	240 mg 1次	
	地尔硫䓬缓释剂	90~180 mg 1次	
	乐卡地平	4~6 mg 1次	
	维拉帕米缓释剂	10~20 mg 1次	
血管紧张素转换酶抑制剂（ACEI）	卡托普利	12.5~50 mg 2~3次	刺激性干咳（最常见）停药后消失、直立性低血压、高血钾、血管神经性水肿、皮疹等
	依那普利	10~20 mg 2次	
	贝那普利	10~20 mg 1次	
	赖诺普利	10~20 mg 1次	
	雷米普利	2.5~10 mg 1次	
	福辛普利	10~20 mg 1次	
	西拉普利	2.5~5 mg 1次	
	培哚普利	4~8 mg 1次	
ARB受体拮抗剂 血管紧张素Ⅱ	氯沙坦	50~100 mg 1次	头晕、与剂量有关的直立性低血压、血管神经性水肿、皮疹、腹泻等
	缬沙坦	80~160 mg 1次	
	厄贝沙坦	150~300 mg 1次	

续表

药物分类	药物名称	单次剂量、用法（每天）	不良反应
	替米沙坦	40~80 mg 1次	
	奥美沙坦	20~40 mg 1次	
	坎地沙坦	8~16 mg 1次	

注：具体使用剂量及注意事项请参照药物使用说明书。

(2) 降压药物作用特点

1) 利尿剂：有噻嗪类、袢利尿剂和保钾利尿剂三类。噻嗪类使用最多，通过排钠，减少细胞外容量，降低外周血管阻力发挥降压作用。降压起效较平稳、缓慢，持续时间相对较长，作用持久，服药2~3周后作用达高峰。适用于轻、中度高血压。使用小剂量。保钾利尿剂可引起高血钾，不宜与ACEI、ARB合用，肾功能不全者禁用。

2) β受体拮抗剂：降压作用主要通过抑制过度激活的交感神经活性、抑制心肌收缩力、减慢心率发挥降压作用。降压起效较强而且迅速，适用于各种不同严重程度高血压，尤其是心率较快的中、青年患者或合并心绞痛患者，对老年人高血压疗效相对较差。β受体拮抗剂增加胰岛素抵抗，使用时应加以注意。不良反应主要有心动过缓、乏力、四肢发冷。β受体拮抗剂对心肌收缩力、房室传导及窦性心律均有抑制作用，并可增加气道阻力。急性心力衰竭、支气管哮喘、病态窦房结综合征、房室传导阻滞和外周血管病患者禁用。

3) 钙通道阻滞剂：主要通过阻滞细胞外钙离子经钙通道进入血管平滑肌细胞内，减弱兴奋收缩耦联，降低阻力血管的收缩反应性，发挥扩张血管降低血压的作用。降压起效迅速，剂量与疗效呈正相关关系。应优先使用长效制剂。主要缺点是开始治疗阶段有反射性交感活性增强，引起心率增快、面部潮红、头痛、下肢水肿等，尤其在使用短效制剂时发生。

4) 血管紧张素转换酶抑制剂：通过抑制血管紧张素转换酶阻断肾素血管紧张素系统发挥作用。降压起效缓慢，逐渐增强，在3~4周时达最大作用。ACEI具有改善胰岛素抵抗和减少尿蛋白作用，对肥胖、糖尿病和心脏、肾脏靶器官受损的高血压患者具有相对较好的疗效，特别适用于伴有心力衰竭、心肌梗死、房颤、蛋白尿、糖耐量减退或糖尿病肾病的高血压患者。不良反应主要是刺激性干咳和血管性水肿。干咳发生率10%~20%，停用后可消失。高钾血症、妊娠妇女和双侧肾动脉狭窄患者禁用。血肌酐超过3 mg/dl患者使用时需谨慎。

5) 血管紧张素Ⅱ受体拮抗剂：通过阻滞组织的血管紧张素Ⅱ受体发挥降压作用。降压作用起效缓慢，但持久而平稳，一般在6~8周时才达最大作用，作用持续时间能达到24小时以上。最大的特点是直接与药物有关的不良反应很少，不引起刺激性干咳，持续治疗的依从性高。

6) 其他药物：血管扩张剂、硝酸甘油、硝普钠、利血平等。α_1受体阻滞剂对抗去甲肾上腺素缩血管作用，适用于嗜铬细胞瘤、前列腺增生、糖耐量降低的高血压患者，制剂有哌唑嗪、特拉唑嗪等；α、β受体阻滞剂卡维地韦、拉贝洛尔等，孕妇、哺乳期禁用；中成药有吲达帕胺、罗布麻等。

(3) 降压药物用药原则。小剂量开始，优先选择长效制剂，联合用药及个体化。从小剂量开始，逐步递增剂量。关键是不要随意停止治疗或频繁改变治疗方案，使用长效制剂可以减少血压的波动，降低主要心血管事件的发生和防治靶器官损害，提高用药的依从性。联合用药可降低各种药物的不良反应、减少单药的剂量、增加疗效。

(4) 并发症与合并症的降压治疗。合并脑血管病者可选择ARB、长效钙通道阻滞药、ACEI或利尿剂；心肌梗死者应选择ACEI和β受体拮抗药；稳定性心绞痛患者可选用β受体拮抗药和长效钙通道阻滞药；心力衰竭者宜选择ACEI或ARB、利尿剂和β受体拮抗药；合并糖尿病者一般选ARB或ACEI，钙通道阻滞药和小剂量利尿剂。

(5) 降压药物的选择。①合并心衰，宜选择ACEI制剂、利尿剂。②老年收缩期高血压，宜选择利尿剂、长效二氢吡啶类钙阻滞剂。③合并糖尿病、蛋白尿、中度肾功能不全者（非肾血管性），ACEI类更适宜。④心肌梗死后患者，可选择无内在拟交感作用的β受体阻滞剂或ACEI类药品（尤其伴收缩功能不全者）。稳定型心绞痛也可选择钙阻滞剂。⑤伴脂代谢紊乱宜选α受体阻滞剂，不宜用β受体阻滞剂和利尿剂。⑥妊娠患者，不宜用ACEI类制剂，血管紧张素Ⅱ受体拮抗剂和利尿剂，可使用甲基多巴。⑦合并支气管哮喘、抑郁症、糖尿病者不宜用β受体阻滞剂；痛风者不宜用利尿剂；心脏有起搏传导障碍不宜用β受体阻滞剂及非二氢砒啶类钙阻滞剂。

3. 高血压急症的治疗　高血压急症是指短时期内（数小时或数日）血压重度升高，舒张压 > 130 mmHg和（或）收缩压 > 200 mmHg，伴有重要器官组织如心、脑、肾、眼底、大动脉的严重功能障碍或不可逆损害。

(1) 迅速降低血压。硝普钠直接扩张动脉和静脉，降低心脏前、后负荷，常为高血压急症治疗的首选药物。也可用其他药物如硝酸甘油、钙通道阻滞药、拉贝洛尔等降血压。高血压急症时短时间内血压急剧下降，可能使重要器官的血流灌注明显减少，应采取逐步控制性降压的方式。

(2) 减轻脑水肿。有高血压脑病时宜给予脱水剂，如甘露醇快速滴注，亦可用快速利尿剂如呋塞米静脉注射，可脱水降低颅内压。

(3) 制止抽搐。伴烦躁、抽搐者可用地西泮、巴比妥类药物肌内注射或水合氯醛保留灌肠。

【护理诊断/问题】

1. 疼痛（头痛）　与血压升高有关。
2. 有受伤的危险　与脑循环障碍，视力模糊或意识障碍有关。
3. 潜在并发症　高血压急症、脑卒中、心力衰竭、肾衰竭。
4. 焦虑　与血压控制不良及相关并发症有关。
5. 知识缺乏　缺乏高血压的预防保健相关知识。

【护理措施】

1. 改善不良生活方式　适用于所有高血压患者。

(1) 适当运动。患者在工作和生活中应注意劳逸结合；根据年龄和血压水平选择适宜的运动方式，减轻体重，将体重指数控制在 < 25 kg/m², 改善胰岛素抵抗，注意运动强度、

时间、频度。住院治疗患者，尽量减少探视，治疗、护理等活动应相对集中，避免过多干扰患者。

（2）合理饮食。指导患者选择低盐、低脂、低胆固醇、低热量、高维生素、高纤维素饮食，适当控制总热量，适量补充蛋白质，减少脂肪的摄入，保证充足的钙、钾盐的摄入，多食新鲜水果、蔬菜等，预防便秘，戒烟、限酒。

（3）保持健康心态。长期精神紧张、焦虑、情绪激动等均会使血压升高，指导患者生活规律、心情平和、情绪稳定，避免不良刺激，指导患者学会自我调节，减轻精神压力。教会患者应用放松技术，如心理训练、音乐疗法、缓慢呼吸、瑜伽等。

2. 高血压急症的预防和护理　①避免危险因素：指导患者遵医嘱服药，不可擅自增加药量或突然停药，避免劳累、寒冷刺激、情绪激动等。②病情监测：定期监测血压，发现血压急剧升高、剧烈头痛、呕吐、大汗、视力模糊、面色及神志改变、肢体运动障碍等症状，立即通知医师。③高血压急症的护理：绝对卧床休息，抬高床头，避免一切不良刺激和不必要的活动，协助生活护理；保持呼吸道通畅，吸氧；稳定患者情绪，必要时用镇静剂；动态血压监测、心电、呼吸监护等；迅速建立静脉通道，遵医嘱尽早准确给药，如硝普钠静脉滴注过程中应避光，调整给药速度，严密监测血压变化，避免出现血压骤降；脱水剂须快速滴注，方能达到脱水降颅压的目的。

3. 用药护理　遵医嘱给予降压药物治疗，测量用药后的血压以判断疗效，并观察药物不良反应。使用噻嗪类和袢利尿剂时应注意补钾，防止低钾血症；用β受体拮抗药因其负性肌力、负性传导作用，有心动过缓、房室传导时间延长、支气管痉挛、低血糖、血脂升高等不良反应；ACEI类有头晕、乏力、咳嗽、肾功能损害等不良反应。钙通道阻滞剂硝苯地平的不良反应有头痛、面红、下肢水肿、心动过速等，ARB类有直立性低血压、血管神经性水肿、皮疹、腹泻等，指导患者体位、姿势改变时动作宜缓慢、避免长时间站立，避免用过热的水洗澡或蒸汽浴，服药后宜适当休息后再活动。

【健康教育】

1. 疾病知识指导　宣传、普及高血压知识，向患者及家属讲解引起原发性高血压的生物、心理、社会因素及高血压对健康的危害。教会患者及家属正确测量血压，每次就诊时携带记录，作为医师调整药量或选择用药的依据。

2. 休息与活动指导　劳逸结合，保证充分的睡眠。指导患者根据年龄及病情选择适宜的运动方式，如慢跑、快步走、太极拳、气功等。

3. 饮食指导　戒烟限酒、低盐、低脂、低胆固醇饮食，多吃新鲜蔬菜、水果及含粗纤维多的食物，防止便秘；肥胖者控制体重。

4. 用药指导　强调坚持长期治疗的重要性，规律服药、动态监测，对降压药物的名称、剂量、用法、作用与不良反应，进行口头和书面资料并用的宣教；不可随意增减药量、漏服、补服或擅自撤换药物，不可突然停药。

5. 心理指导　应用心理学理论指导患者自我心理调节，保持情绪平稳。

6. 定期复诊　根据患者的总危险分层及血压水平决定复诊时间。危险分层属低危或中危组，可安排患者每1~3个月复诊1次；若为高危组，则应至少每1个月复诊1次。

（张慧娜）

任务七　病毒性心肌炎患者的护理

知识目标

1. 掌握病毒性心肌炎的临床表现、护理措施。
2. 熟悉病毒性心肌炎的病因、实验室及其他检查。
3. 了解病毒性心肌炎的发病机制。

技能目标

1. 会评估病毒性心肌炎的临床表现、实验室及其他检查。
2. 能护理病毒性心肌炎患者并施行健康教育。

案例导入

病例：张先生，44岁。半月前患"感冒"，3天前出现心前区不适，心悸、气促、咳嗽、咳粉红色泡沫样痰、端坐呼吸。护理体检：两肺底湿啰音、双下肢水肿。诊断为病毒性心肌炎，心力衰竭。

思考：1. 该患者的主要护理诊断有哪些？
　　　　2. 该患者的护理措施有哪些？

病毒性心肌炎（viral myocarditis）是由嗜心肌病毒感染引起的心肌局限性或弥漫性的非特异性间质性炎症。以柯萨奇病毒B组最常见，其他如埃可病毒，脊髓灰质炎病毒等，各种原因引起机体抵抗力下降，均可导致病毒感染。

知识链接

病毒性心肌炎可见于各年龄段。儿童和青少年多见，41%～88%患者有前驱病毒感染史。临床观察1个月异常体征消失者属轻症，重症病程长达3个月，多数患者可完全恢复健康。

【病因及发病机制】

各种病毒都可以引起心肌炎，以肠道和上呼吸道的病毒感染最多见，其中柯萨奇病毒B

组、埃可病毒（ECHO）、脊髓灰质炎病毒是导致心肌炎的主要病毒，其他多种病毒也可引起心肌炎。当机体处于细菌感染、营养不良、劳累、寒冷、酗酒、妊娠、缺氧等情况下，抵抗力下降，更易导致病毒感染而发病。病毒导致心肌炎的机制：①早期以病毒直接侵犯心肌为主，造成心肌细胞溶解、间质水肿、细胞浸润等改变。②免疫损伤导致的心肌及其微血管的损害。

【临床表现】

病毒性心肌炎的临床症状轻重程度差异大，症状表现常缺少特异性的特点。约有半数患者在发病前（1~3周）有上呼吸道感染和消化道感染史。

1. 症状　病毒感染的前驱症状有发热、乏力、恶心、呕吐等。循环系统常表现为胸闷、心悸、心前区隐痛、气促、乏力等。严重者甚至出现阿斯综合征、心源性休克、猝死等。

2. 体征　主要体征是出现与发热程度不平衡的心动过速，各种心律失常，心界扩大，心尖部第一心音减弱，可出现第三心音或杂音，舒张期奔马律。心包炎时有心包摩擦音出现；左心衰有肺部啰音、咯粉红色泡沫样痰；右心衰时颈静脉怒张、肝脏肿大、心脏扩大、下肢水肿等心力衰竭体征。

【实验室检查及其他检查】

1. 血液检查　白细胞计数可升高，急性期红细胞沉降率增快，C-反应蛋白（CRP）增加。急性期肌酸激酶同工酶（CKMB）、肌钙蛋白T/I增高，注意与急性心肌梗死鉴别，天门冬氨酸氨基转移酶（AST）、乳酸脱氢酶（LDH）也增高。

2. 病原学检查　血清柯萨奇病毒抗体滴度明显增高，发病后3周内二次血清抗体滴度呈4倍增高，心内膜心肌活检有助于病原学诊断。

3. X线检查　心影扩大或正常。

4. 心电图　常见ST-T改变、R波降低、病理性Q波及各型心律失常，特别是室性心律失常和房室传导阻滞等。严重心肌损害时出现病理性Q波，合并心包炎时可有ST段上升，注意与心肌梗死鉴别。

【治疗要点】

1. 一般治疗　急性期应卧床休息，给予清淡易消化、富含维生素和蛋白质的饮食。

2. 抗病毒治疗　近年来提出用干扰素或干扰素诱导剂预防和治疗心肌炎，一些中草药如黄芪、板蓝根、连翘、大青叶等，初步试验研究认为可能对病毒感染有效。

3. 对症处理　心力衰竭者给予强心、利尿剂、血管扩张剂，但洋地黄用量要减少。频发室性期前收缩或有快速性心律失常者，可选用抗心律失常药物；合并严重房室传导阻滞者，可予临时心脏起搏治疗。非危重者目前不主张过早使用肾上腺糖皮质激素。

4. 营养心肌、促进心肌代谢　1,6磷酸果糖、三磷酸腺苷、辅酶A、肌苷、大剂量维生素C、细胞色素C、辅酶Q_{10}等组合成能量合剂静脉滴注。

【常见护理诊断/问题】

1. 活动无耐力　与心肌受损、合并心力衰竭和心律失常有关。

2. 舒适改变　与全身不适与心肌损伤、心律失常等有关。
3. 营养不良　与心衰致体循环淤血，食欲缺乏、消化不良等有关。
4. 潜在并发症　心力衰竭、心律失常等。

【护理措施】

1. 休息与活动　急性期患者应卧床休息2~3个月，直至症状消失，脉搏低于100次/分，血清心肌酶学、心电图及X线检查提示均恢复正常后，可逐渐增加活动量。协助患者满足生活需要，提供良好的休息环境，减少探视，保证患者充分休息和睡眠时间，减轻心脏的负担。

2. 饮食护理　给予高热量、高蛋白、高维生素易消化饮食，满足机体消耗并促进心肌细胞恢复，保证能量的供给是康复的重要条件，但应少量多餐，避免过饱，限制水钠，避免加重心脏负荷。

3. 心理护理　了解患者存在的心理问题，耐心解释、疏导，解除其心理压力，用平和的态度回答患者提出的各种问题，鼓励患者树立战胜疾病的信心。

4. 病情观察　①观察生命体征、意识、尿量、皮肤黏膜颜色，注意有无呼吸心力衰竭、心律失常的表现。②重症患者应持续心电监护，注意心率和心律的变化。发生心律失常、心衰等病情变化时应备好抢救仪器及药物，立即通知医师并协助处理，如配合临时起搏、电复律或抗心律失常药物，给予吸氧。

5. 用药护理　遵医嘱给予抗病毒、抗心力衰竭药物，注意观察药物疗效及不良反应，严格控制输液的量和速度，防止发生急性肺水肿。

【健康教育】

指导患者合理休息、加强营养、戒烟酒；鼓励患者适当锻炼身体，以增强抵抗力；注意保暖，预防呼吸道感染；定期随访。

（张慧娜）

任务八　心肌病患者的护理

知识目标

1. 掌握心肌病的病因、临床特点及护理要点。
2. 熟悉心肌病的诊疗措施。
3. 了解心肌病的发病机制。

技能目标

1. 评估心肌病的临床表现、实验室及其他检查。
2. 护理心肌病患者并施行健康教育。

案例导入

病例：患者，女，50岁，因"反复胸闷、气急9年，加重3天"入院。诊断为扩张型心肌病。患者反复活动后胸闷9年，入院前3天因受凉出现胸闷气急，不能平卧，症状逐渐加重，端坐呼吸、咳嗽、咳痰，痰液黏白不易咳出，静息时气促明显，下肢中度水肿。

思考：1. 该患者的主要护理诊断有哪些？
2. 该患者的护理措施有哪些？

心肌病（cardiomyopathy）是指伴有心肌功能障碍为主要表现的一组心肌疾病。需排除心瓣膜疾病、冠心病、肺心病、先天性心脏病等以外的心脏病。可分为原发性心肌病和继发性心肌病。原发性心肌病指原因不明的心肌病。继发性心肌病是指病因明确或与系统疾病相关的心肌病。据统计，在住院患者中，心肌病可占心血管病的0.6%~4.3%，近年来，心肌病有增加趋势。在因心血管病死亡的尸体解剖中，心肌病占0.11%。

 知识链接

心肌病的临床类型包括扩张型心肌病、肥厚型心肌病、限制型心肌病、致心律失常型右室心肌病、未分类型心肌病和特异性心肌病。临床以扩张型心肌病和肥厚型心肌病最常见。克山病（地方性心肌病）曾在我国暴发流行，列入特异性心肌病，其他还包括酒精性、围生期、药物性的心肌病等都属于特异性心肌病。

一、扩张型心肌病

扩张型心肌病（dilated cardiomyopathy，DCM）主要特征是单侧或双侧心腔扩大，心肌收缩功能减退。可出现心力衰竭，常伴有心律失常，病死率较高。可在任何年龄发病，平均年龄40岁左右。发病率5~10/10万，男女发病比率为2.5∶1。

【病因及发病机制】

扩张型心肌病病因不清，除特发性、家族遗传因素外，持续病毒感染是其重要原因。一是病毒感染对心肌的直接损伤；二是自身免疫包括细胞、自身抗体或细胞因子介导的免疫反应等均可导致和诱发扩张型心肌病。此外，心肌能量代谢异常、乙醇中毒、抗癌药物、神经激素受体异常等多种因素亦可引起本病。病理改变主要表现为心腔（室）扩张，室壁变薄，常伴有附壁血栓，组织学检查：心肌细胞肥大、变性、纤维化。

【临床表现】

扩张型心肌病起病缓慢，早期患者可有心脏轻度扩大而无明显症状。随着病情发展而出现气急，甚至端坐呼吸、肝脏肿大、水肿等充血性心力衰竭的症状和体征。常合并各种心律失常，部分患者可发生栓塞或猝死。主要体征为心脏扩大，75%的患者可闻及第三或第四心音，心率快时呈奔马律。

【实验室检查及其他检查】

1. X线检查 心影明显增大，心胸比>50%，可见肺淤血征。
2. 心电图 可见左心室肥大伴有ST-T改变及各种心律失常如心房颤动、室性心律失常、传导阻滞等。其他尚有低电压，少数病例可见病理性Q波。
3. 超声心动图 心脏各腔均扩大，室壁运动减弱，左心室扩大显著，左室流出道增宽，提示心肌收缩力下降。彩色血流多普勒显示二尖瓣、三尖瓣反流。
4. 其他 心导管检查和冠状动脉造影、心内膜心肌活检、放射性核素检查、免疫学检查等均有助于诊断。

【治疗要点】

本病病因未明，尚无特异防治方法。目前治疗原则是对症处理心力衰竭和保护心肌、改善心肌代谢及治疗各类心律失常。扩张型心肌病易发生洋地黄中毒，故应慎用洋地黄药物。近年来发现，心力衰竭时肾上腺素能神经过度兴奋，选用β受体阻滞剂、钙通道阻滞剂、ACEI类可降低心肌的损伤和耗氧量，从小剂量开始，视病情调整用量。中药黄芪有抗病毒、调节免疫作用，改善症状和预后的作用。重症晚期患者在强心、利尿、扩血管和应用ACEI制剂基础上，植入DDD型起搏器，可改善血流动力学。

二、肥厚型心肌病

肥厚型心肌病（hypertrophic cardiomyopathy，HCM）以心肌非对称性肥厚、心室腔变小为特征，左心室血液充盈受阻、舒张期顺应性下降。临床根据左心室流出道有无梗阻可分为梗阻性肥厚型心肌病及非梗阻性肥厚型心肌病。本病常为青年猝死的原因，后期可出现心力衰竭。

【病因及发生机制】

约30%的患者有明显的家族史，目前认为是常染色体显性遗传疾病，肌节收缩蛋白基因突变是主要的致病因素。还有研究认为儿茶酚胺代谢异常、细胞内钙调节机制异常、高血压、高强度运动等均可作为本病发病的促进因子。

【临床表现】

半数以上患者无明显自觉症状，因猝死或体检时才被发现。主要症状为心悸、劳力性呼吸困难、胸痛、头晕及晕厥，甚至猝死。体格检查可有心脏轻度增大，梗阻性肥厚型心肌病患者在胸骨左缘第3、4肋间可闻及较粗糙的喷射性收缩期杂音，心尖部也常可闻及收缩期吹风样杂音。使心肌收缩力下降或使左心室容量增加的因素，如应用β受体拮抗药、取下蹲位等，杂音可减轻；而使心肌收缩力增强或左心室容量减少的因素，如含服硝酸甘油片、应用洋地黄、屏气、作体力运动（valsalva动作）等杂音可增强。

【实验室检查及其他检查】

1. 心电图　最常见左心室肥厚，可伴有ST-T改变，以$V_{3~4}$为中心巨大的倒置T波为特征；心尖部肥厚型（APH）心前区导联出现巨大的倒置T波，Ⅰ、aVL、Ⅱ、Ⅲ、aVF、V_5上出现病理性Q波。室内传导阻滞和室性心律失常亦常见。

2. X线检查　心影增大多不明显，如有心力衰竭则心影明显增大。

3. 超声心动图　超声心动图是本病的主要诊断手段。可显示室间隔的非对称性肥厚，舒张期室间隔厚度与左心室后壁厚度之比≥1.3，室间隔运动低下，左心室流出道狭窄，彩色多普勒血流显像可评价左心室流出道压力阶差。

4. 其他　心导管检查、心血管造影、动态心电图、磁共振心肌显像及心内膜心肌活检等。

【治疗要点】

本病由于病因不明，与遗传相关，难以预防。治疗目标：减轻左心室流出道梗阻，缓解症状，以β受体阻滞剂及非二氢吡啶类钙通道阻滞剂为最常用。常用药物有美托洛尔或维拉帕米、地尔硫䓬等，减轻流出道肥厚心肌的收缩，避免使用增强心肌收缩力的药物，如洋地黄类及减轻心脏负荷的药物等，以免加重左心室流出道梗阻。对重症梗阻型肥厚型心肌病者可做介入、消融或外科手术切除肥厚的室间隔心肌。

【护理诊断/问题】

1. 气体交换受损　与心力衰竭有关。
2. 疼痛（胸痛）　与肥厚心肌耗氧量增加有关。
3. 有受伤的危险　与梗阻性肥厚型心肌病所致头晕及晕厥有关。
4. 焦虑　与疾病呈慢性过程、病情逐渐加重、生活方式被迫改变有关。
5. 潜在并发症　心律失常、猝死、栓塞。

【护理措施】

1. 休息与活动　嘱患者避免激烈运动、突然屏气、情绪激动、饱餐、寒冷刺激等，戒烟酒，以免诱发心绞痛，有晕厥史者避免独自外出活动。

2. 饮食护理　给予高蛋白、高维生素、高膳食纤维、营养易消化饮食，多食新鲜蔬菜、水果，心力衰竭时低盐饮食。

3. 心理护理　患者由于疾病的慢性过程、病情逐渐加重、生活方式被迫改变使其产生焦虑、抑郁等不良情绪，护士应多与患者交流，在全面评估身心状态的基础上，因人而异进行心理干预和心理支持。

4. **病情观察** 注意观察心力衰竭和心律失常的症状、体征及心电图等辅助检查表现。胸痛的部位、性质、程度、持续时间、诱因及缓解方式,注意血压、心率、心律及呼吸变化。防控心律失常,防止猝死。

5. **对症护理** 胸痛时吸氧,氧流量为2~4 L/min;准确执行医嘱抗心衰、抗心律失常。

6. **用药护理** 遵医嘱使用β受体阻滞剂或非二氢吡啶类钙通道阻滞药,注意观察药物的疗效和不良反应。扩张型心肌病对洋地黄的耐受性差,取常规剂量的1/3~1/2,避免洋地黄中毒。严格控制输液量及速度,防止发生心力衰竭。

【健康教育】

指导患者加强营养,避免过度劳累,防寒保暖,预防上呼吸道感染;肥厚型心肌病者应避免情绪激动、持重、屏气及激烈运动;有晕厥病史或猝死家族史者应避免独自外出活动;遵医嘱服药并观察药物疗效及不良反应;定期门诊随访。

(张慧娜)

任务九　感染性心内膜炎患者的护理

知识目标

1. 掌握感染性心内膜炎的临床表现、护理诊断、护理措施、健康教育。
2. 熟悉感染性心内膜炎的病因、治疗要点。
3. 了解感染性心内膜炎的分类、发病机制。

技能目标

1. 会评估感染性心内膜炎的临床表现和病情变化。
2. 能及时、安全、有效地护理感染性心内膜炎患者及健康教育。

案例导入

病例:患者,女性,45岁,风湿性心脏病伴二尖瓣狭窄病史20余年,近一个月以来体温波动在37.7~38.5℃,伴有头痛、背痛和肌肉关节痛、全身不适、乏力及食欲缺乏等。三天前患者感左下肢无力伴麻木而就诊入院。查体:T 38.2℃,P 108次/分,BP 130/80 mmHg,面颈部可见1~2 mm的出血点,左下肢肌力3级,感觉异常，心脏各瓣膜区似有杂音，但部位、性质、强度不恒定。血常规，白细胞$1.6×10^9/L$，红细胞$3.5×10^{12}/L$，血红蛋白90 g/L。

思考： 1. 你认为可能的医疗诊断？还应该做哪些必要的检查证实你的判断？

2. 主要的护理诊断和护理措施？

感染性心内膜炎（infective endocarditis，IE）是微生物感染心内膜和邻近大血管内膜的炎性损伤，其特征是心瓣膜上形成赘生物和微生物经血行播散至全身器官和组织，形成感染和栓塞征。致病性微生物以细菌、真菌多见。临床特点为发热、心脏杂音、脾大、瘀点、周围血管栓塞和血培养阳性等。最常累及瓣膜。根据病程分为急性和亚急性感染性心内膜炎。感染性心内膜炎又可分为自体瓣膜、人工瓣膜和静脉药瘾者的心内膜炎。急性感染性心内膜炎相对少见，本节重点介绍亚急性感染性心内膜炎。

 知识链接

急性感染性心内膜炎的特征为：①中毒症状明显。②病程进展迅速，数日至数周引起瓣膜破坏。③感染迁移多见。④病原体主要为金黄色葡萄球菌，其他如肺炎链球菌、A族链球菌、淋球菌、流感嗜血杆菌等也可引起，病原菌来自上呼吸道、肺部、皮肤、骨骼等部位的活动性感染灶，数量多、毒力强，对内膜具有高度的黏附力和损伤性，机体抵抗力下降时患者急性起病。

【病因与发病机制】

亚急性自体瓣膜心内膜炎最常见的致病菌是草绿色链球菌，其次为D族链球菌（牛链球菌和肠球菌）和表皮葡萄球菌，真菌、立克次体和衣原体较为少见。主要发生于器质性心脏病的基础上，首先是心脏瓣膜病，尤其是二尖瓣和主动脉瓣，其次为先天性心脏病。发病主要与以下因素有关：①血流动力学因素。赘生物常位于血流从高压腔经病变瓣口或先天缺损至低压腔产生高速射流和湍流的下游，高速射流冲击导致相应部位损伤，易于感染。②非细菌性血栓性心内膜病变。当内膜的内皮受损暴露其下的胶原纤维时，血小板聚集，形成血小板微血栓和纤维蛋白沉着，成为无菌性赘生物，是细菌定居瓣膜表面的重要因素。③短暂性菌血症。各种感染或细菌寄居的皮肤黏膜的创伤导致暂时性菌血症，循环中的细菌定居在无菌性赘生物上即可发生心内膜炎。④细菌感染无菌性赘生物。取决于发生菌血症的频率和循环中细菌的数量，以及细菌黏附于无菌性赘生物的能力。上述因素导致的结果为：心内膜的损伤、赘生物形成、菌血症及全身各系统多器官的栓塞表现。

【临床表现】

1. **发热** 发热是最常见的症状。一般不超过39℃，多为弛张热，午后和晚上高，常伴有头痛、背痛和肌肉关节痛、全身不适、乏力、食欲缺乏、体重减轻等全身毒血症状。急性起病患者容易突发心衰，亚急性患者常见进行性的贫血，主要是感染对骨髓的抑制。

2. 心脏杂音　几乎所有的患者均可闻及病理性杂音或出现新的杂音，杂音的部位、性质、强度的改变是本病的特征之一，常由基础心脏病和（或）心内膜炎导致瓣膜损害所致。

3. 周围体征　可能由微血管炎或微栓塞引起。①瘀点：可出现于任何部位，以锁骨以上皮肤、口腔黏膜和睑结膜多见。②指（趾）甲下线状出血。③Osler结节：在指和趾垫出现的豌豆大的红或紫色痛性结节。④Roth斑：视网膜的卵圆形出血斑，其中心呈白色。⑤Janeway损害：为手掌和足底处直径1～4 mm的无痛性出血红斑。

4. 感染的非特异性体征　如贫血、脾大等，部分患者可见杵状指（趾）。

5. 动脉栓塞　常见于脑、心、脾、肺、肾、肠系膜和四肢。可发生于机体的任何部位，而出现组织器官栓塞的相应的症状、体征。脑动脉的栓塞最常见，大脑中动脉及其分支最易受累；左向右分流的先心病或右心内膜炎，主要出现肺动脉的栓塞；肢体大动脉栓塞主要见于真菌性内膜炎。

6. 并发症

（1）心脏。心力衰竭是最常见并发症，主要发生在主动脉瓣关闭不全的患者，其次有心肌炎、心包炎、心肌梗死、心肌脓肿等。

（2）细菌性动脉瘤。占3%～5%，受累动脉依次为近端主动脉、脑、内脏和四肢。

（3）转移性脓肿。约1/3的患者有神经系统受累表现，如脑栓塞、脑细菌性动脉瘤、脑出血、中毒性脑病以及脑脓肿、化脓性脑膜炎等。

（4）肾损害。包括肾动脉栓塞和肾梗死、肾小球肾炎、肾脓肿等。

【实验室检查及其他检查】

1. 血培养　血培养是最重要的诊断方法，近期未接受过抗生素治疗的患者阳性率可高达95%以上，2周内用过抗生素或采血培养的技术不当，常降低血培养的阳性率。至少需要两次以上的同种细菌阳性培养结果，10%～25%的患者血培养结果始终阴性。

2. 常规检查　血常规检查可见正常细胞性贫血，白细胞计数正常或轻度升高，可有核左移，红细胞沉降率增快。尿液常规检查常有镜下血尿和轻度蛋白尿，肉眼血尿提示肾梗死，红细胞管型和大量蛋白尿提示弥漫性肾小球性肾炎。

3. 超声心动图　50%～75%的患者经胸超声可发现赘生物，经食管超声可检出＜5 mm赘生物，敏感性高达95%以上，未发现赘生物时结合临床。

4. 其他检查　免疫学检查患者可有高丙种球蛋白血症及出现循环中免疫复合物。X线检查可了解心脏外形、肺部表现等。

【治疗要点】

1. 抗微生物药物治疗　链球菌感染首选青霉素每日1 800～3 000万U，分2～3次静脉滴注，过敏者用头孢类抗生素。根据药物敏感试验结果选择抗生素，用药原则：早期、足量、长程、联合用药，宜选用杀菌性抗微生物药物，疗程至少6～8周，以静脉给药方式为主。

2. 外科治疗　对抗生素治疗无效、有严重心内并发症者应考虑手术治疗。适应证：严重瓣膜反流致心力衰竭；真菌性心内膜炎；虽充分使用抗微生物药物，血培养持续阳性或反复复发；虽充分抗微生物药物治疗，仍反复发作大动脉栓塞，超声检查证实的赘生物≥10 mm；主动脉瓣受累致房室传导阻滞、心肌或瓣环脓肿需手术引流等。

【护理诊断/问题】

1. 体温过高　与感染有关。
2. 营养失调：低于机体需要量　与食欲缺乏、发热导致机体消耗过多有关。
3. 潜在并发症　心力衰竭、栓塞。
4. 焦虑　与并发症、疗程长或病情反复有关。

【护理措施】

1. 休息和体位　采取高枕卧位或半卧位减轻心脏前负荷，在急性期限制患者活动，降低氧耗；保持环境适宜的温度和湿度及空气清新。

2. 饮食护理　清淡、高热量、高蛋白、高维生素、营养易消化的半流质或软食。鼓励患者多饮水，做好口腔护理。伴有心力衰竭时限制水钠的摄入，不可过饱。

3. 心理护理　由于发热、感染不易控制、疗程长，甚至出现并发症，患者常出现情绪低落、恐惧心理，应加强与患者沟通，耐心解释，安慰鼓励患者，使其积极配合治疗。

4. 病情观察　观察患者意识、瞳孔、生命体征、精神状态及皮肤黏膜变化。动态监测体温，每4～6小时测量体温1次，并准确绘制体温曲线以观察热型，判断病情进展及治疗效果。评估患者有无皮肤瘀点、指（趾）甲下线状出血、Osler结节和Janeway损害等及消退情况。观察患者有无各系统组织器官栓塞征象等。

5. 正确采集血标本　告知患者及家属采血的注意事项和配合，为提高血培养结果的准确率，采集血标本应在抗菌药物应用前；如已经用抗菌药物者应在停药2～7日后采血；采血时间应选在寒战或体温正在升高时；一般在24～48小时内采血3～5次，每次采血10 mL左右。同时做需氧和厌氧培养。

6. 并发症的观察和护理

（1）发热。高热患者卧床休息，遵医嘱准确、按时给予抗生素；可给予物理和药物降温，记录降温后的体温变化。出汗较多时可在衣服与皮肤之间垫以柔软毛巾，便于潮湿后及时更换，增加舒适感，并防止因频繁更衣而导致患者受凉。

（2）栓塞。观察患者有无栓塞征象，重点观察瞳孔、神志、肢体活动及皮肤温度等。当患者出现神志和精神改变、失语、吞咽困难、肢体功能障碍、瞳孔大小不对称，甚至抽搐或昏迷征象时，警惕脑栓塞的可能；当患者突然出现胸痛、气急、发绀和咯血等症状，要考虑肺栓塞的可能；出现腰痛、血尿等考虑肾栓塞的可能；当出现肢体突发剧烈疼痛，局部皮肤温度下降，动脉搏动减弱或消失要考虑外周动脉栓塞的可能。出现可疑征象，应及时通知医师并协助处理。

7. 用药护理　遵医嘱准确、及时用药，确保维持有效血药浓度。尤其是抗生素的应用，需早期、充分、静脉用药，观察药物疗效和不良反应，并及时报告医师。注意保护静脉，可使用静脉留置针，避免多次穿刺增加患者痛苦。

【健康教育】

（1）疾病知识指导。向患者和家属讲解本病的病因与发病机制、致病菌侵入途径，坚持足量、足程抗生素治疗的重要性。在施行口腔手术如拔牙、扁桃体摘除术、上呼吸道手术或泌尿、生殖、消化道侵入性诊治及其他外科手术治疗前，应说明自己患有心瓣膜病、心内膜炎等病史，以预防性使用抗生素。

（2）加强营养，注意防寒、保暖，保持口腔、皮肤清洁，减少病原体感染的机会。增强机体抵抗力，合理安排休息。

（3）指导患者做好自我监测体温变化、有无栓塞表现，定期门诊随访。

（张慧娜）

任务十 心包炎患者的护理

知识目标

1. 掌握心包炎的临床表现、护理措施、健康教育。
2. 熟悉心包疾病的病因、治疗原则。
3. 了解心包疾病的分类、发病机制。

技能目标

1. 会评估心包炎的临床表现、实验室及其他检查。
2. 能护理心包炎患者并施行健康教育。

心包由脏层和壁层形成心包腔，含少量液体（约30 mL），起润滑作用。根据病因将心包疾病分为感染性和非感染性心包炎，除原发感染性心包炎外，非感染性心包炎多由肿瘤、自身免疫性疾病、代谢性疾病、尿毒症等所致。按病程进展，可分为急性心包炎、慢性心包积液、粘连性心包炎、亚急性渗出性缩窄性心包炎、慢性缩窄性心包炎等。临床上以急性心包炎和慢性缩窄性心包炎最为常见。

案例导入

病例：患者，女性34岁，肺结核及结核性胸膜炎病史两年。两年来未完全遵医嘱坚持用药，常常因工作或其他事情耽误而忘记服药，近一周来常感心前区刺痛，深呼吸、咳嗽、变换体位时加重，查体：胸骨左缘第3、4肋间闻及抓刮样摩擦音。

思考： 1. 除了肺结核及结核性胸膜炎之外，患者有可能发生其他什么并发症？
2. 如果不进行及时、有效的处理，病情的进展有可能发生什么？需要选择哪些诊治措施？你能够提出的护理问题和护理措施有哪些？

一、急性心包炎

急性心包炎（acute pericarditis）为心包脏层和壁层的急性炎症，可由病毒、细菌、自身免疫、理化因素等引起。心包炎常为某种疾病临床表现的一方面或为其并发症，故常被原发疾病所掩盖，但也可单独存在。根据病理变化，急性心包炎可以分为纤维蛋白性（干性）和渗出性（湿性）心包炎两种。

知识拓展

急性期，由于纤维蛋白、白细胞及其他成分的渗出，无明显液体聚集，为纤维蛋白性心包炎，后期如液体聚集至100 mL以上时，则转变为渗出性心包炎，如短期内大量液体聚集即可引起心脏压塞征。急性心包炎几乎都是继发于某些疾病。其中以非特异性、结核性、化脓性和风湿性心包炎较为常见。国外资料表明非特异性心包炎已成为成年人心包炎的主要类型。国内报道以结核性心包炎居多，其次为非特异性心包炎，恶性肿瘤和急性心肌梗死引起的心包炎在增多。随着抗生素和化学治疗的进展，结核性、化脓性和风湿性心包炎的发病率已明显减少。除系统性红斑狼疮性心包炎外，男性发病率明显高于女性。

【病因与发病机制】

1. **病因** 过去常见的病因为结核、风湿热及细菌性感染等。近年来，病毒感染、肿瘤、尿毒症及急性心肌梗死引起心包炎明显增多。

（1）感染性：由细菌、病毒、真菌、寄生虫、立克次体等感染引起。

（2）非感染性：常由自身免疫性疾病（风湿热、系统性红斑狼疮、结节性多动脉炎、类风湿关节炎等）、肿瘤、代谢性疾病（如尿毒症、痛风等）、外伤或放射性等物理因素及心肌梗死等邻近器官疾病引起。

2. **发病机制** 正常心包腔内层分泌少量浆液，可以减少心脏搏动时的摩擦。急性炎症反应时，表现为纤维蛋白性心包炎。随着病程发展心包腔渗出液增加，转变为渗出性心包炎时，当渗出液短时间内大量增多时，心包腔内压力迅速上升，导致心室舒张期充盈受限，并使外周静脉压升高，最终导致心排血量降低，血压下降，出现急性心脏压塞的临床表现。

【临床表现】

1. 纤维蛋白性心包炎

（1）症状。心前区疼痛为纤维蛋白性心包炎的主要症状。疼痛可位于心前区，呈尖锐性，与呼吸运动有关，常因咳嗽、变换体位或吞咽动作而加重。疼痛也可为压榨性，位于胸骨后。

（2）体征。心包摩擦音是纤维蛋白性心包炎的典型体征，呈抓刮样粗糙音，多位于心前区，以胸骨左缘第3、4肋间最为明显，坐位时身体前倾、深吸气或将听诊器胸件加压更易听到。心包摩擦音可持续数小时、数日、数周，当积液增多将两层心包分开时，摩擦音即可消失。

2. 渗出性心包炎　临床表现取决于积液对心脏的压塞程度。重者可出现循环障碍或心力衰竭。

（1）症状。呼吸困难是渗出性心包炎最突出的症状，严重时可有端坐呼吸，伴身体前倾、呼吸浅速、面色苍白、发绀等。也可因压迫气管、喉返神经、食管而产生干咳、声音嘶哑及吞咽困难。此外可有发热、乏力、烦躁、上腹胀痛等。

（2）体征。心尖搏动减弱或消失，心脏叩诊浊音界向两侧扩大，心音低而遥远。大量积液时，左肩胛骨下出现浊音及左肺受压迫引起的支气管呼吸音，称心包积液征（ewart征）。大量心包积液可使收缩压下降，脉压缩小，出现吸停脉（奇脉），可有颈静脉怒张、肝脏肿大、水肿及腹水等急性心脏压塞表现。

3. 心脏压塞　急性表现为心动过速、血压下降、脉压变小和静脉压明显上升，如心排血量显著下降可引起急性循环衰竭、休克。亚急性或慢性心脏压塞表现为体循环静脉淤血、奇脉等。

【实验室检查及其他检查】

1. 实验室检查　感染性常有外周血白细胞计数增加、红细胞沉降率加快等。
2. X线检查　渗出性心包炎可见心影向两侧扩大，呈烧瓶样。胸透可见心尖搏动减弱或消失。
3. 心电图　常规导联（除aVR外）普遍ST段抬高呈弓背向下型抬高（注意与心肌梗死区别），T波低平或倒置。数日后ST段回到基线。心包积液时可有QRS波群低电压及电交替，无病理性Q波。
4. 超声心动图　对诊断心包积液迅速可靠。M型超声或二维超声心动图中均可见液性暗区以确定诊断。
5. 心包穿刺　心包穿刺的主要指征是心脏压塞和未能明确病因的渗出性心包炎。在超声引导下定位抽取心包穿刺液进行常规涂片、细菌培养和寻找肿瘤细胞等。
6. 心包镜及心包活检　有助于明确病因。

【治疗要点】

1. 病因治疗　针对病因，比如应用抗结核药物、抗生素、化疗药物等治疗。
2. 对症治疗　呼吸困难患者给予半卧位、吸氧，关键是要解除心脏的压塞，减轻肺循环淤血；疼痛者镇痛治疗。

3. **心包穿刺** 解除心脏压塞和减轻大量渗液引起的压迫症状。必要时可经穿刺在心包腔内注入抗菌药物或化疗药物等。

4. **心包切开** 引流及心包切除术等。

二、缩窄性心包炎

缩窄性心包炎（constrictive pericarditis）是指心脏被致密厚实的纤维化或钙化心包所包围，使心室舒张期充盈受限而产生的一系列循环障碍的病症。

【病因与发病机制】

缩窄性心包炎继发于急性心包炎，在我国以结核性心包炎最常见，其次为化脓性或创伤性心包炎进展而来。少数与心包肿瘤、急性非特异性心包炎等有关。急性心包炎后，随着渗出液逐渐吸收可有纤维组织增生，心包增厚、粘连、钙化，最终形成坚厚的瘢痕，心包失去伸缩性，致使心室舒张受阻、充盈减少，心搏量下降，腔静脉淤血。

【临床表现】

心包缩窄多于急性心包炎后1年内形成，少数可长达数年。常见症状为劳力性呼吸困难，可伴有疲乏、食欲缺乏、上腹胀满或疼痛等症状。体征有颈静脉怒张、肝脏肿大、腹水、下肢水肿、心率增快等。可见于Kussmaul征，吸气时颈静脉怒张更明显。心脏体检可见心浊音界正常或稍大，心尖搏动减弱或消失，心音减低，可出现奇脉和心包叩击音。

【实验室检查及其他检查】

1. **X线检查** 心影偏小、正常或轻度增大，部分可见心包钙化。
2. **心电图** 有QRS波群低电压、T波低平或倒置。
3. **超声心动图** 可见心包增厚、室壁活动减弱、室间隔矛盾运动等。

【治疗要点】

早期施行心包切除术以避免病情发展而影响手术效果。通常在心包感染被控制，结核活动已静止即应手术，并在术后继续用药1年。

【护理诊断/问题】

1. **疼痛（胸痛）** 与心包炎症有关。
2. **气体交换受损** 与肺淤血、肺或支气管受压有关。
3. **体液过多** 与渗出性、缩窄性心包炎导致循环障碍有关。
4. **活动无耐力** 与心排血量减少有关。
5. **焦虑** 与病因诊断不明、病情重、疗效不佳有关。

【护理措施】

1. **休息与体位** 保持环境安静，协助患者采取舒适体位，如半坐卧位或前倾坐位，减轻呼吸困难，应提供可以依靠的床上小桌。

2. 饮食护理　给予高热量、高蛋白、高维生素、营养易消化饮食，保证合理营养，限制钠盐摄入。

3. 输液管理及吸氧　严格控制输液速度，防止加重心脏负荷。胸闷气急者给予吸氧。

4. 心理护理　由于疼痛、呼吸困难等，患者常出现情绪低落、恐惧心理，应加强与患者沟通，耐心解释，安慰鼓励患者，使其积极配合治疗。

5. 病情观察　观察患者生命体征、意识状态、呼吸困难的程度，评估疼痛情况。

6. 用药护理　遵医嘱给予解热镇痛剂，注意观察患者有无胃肠道反应、出血等不良反应。若疼痛加重，可应用吗啡类药物。根据病因应用糖皮质激素、抗菌药物、抗结核药物、抗肿瘤药物等治疗。

7. 心包穿刺术的护理　备齐药物、各种用物、心包穿刺包及抢救设备，配合医师行心包穿刺或切开引流术，达到诊断、治疗及缓解压迫症状的目的。

（1）术前护理。术前需行超声检查，以确定积液量和穿刺部位，对最佳穿刺点做好标记备齐物品；切实遵循知情同意原则，向患者说明手术的意义和必要性，取得患者及家属同意并签署知情同意书，同时注意解除患者的思想顾虑；术前镇静、镇咳及其他用药，根据病情及医嘱执行；进行心电、血压监测；操作前开放静脉通路，准备好抢救药品以备急需。

（2）术中配合。嘱患者勿剧烈咳嗽或深呼吸，穿刺过程中有任何不适应立即告知医护人员。严格无菌操作，抽液中随时注意夹闭胶管，防止空气进入心包腔；抽液要缓慢，第1次抽液量不宜超过300 mL，以后每次抽液量不超过1 000 mL，以防急性右心室扩张；若抽出新鲜血液，立即停止抽吸，密切观察有无心脏压塞症状；记录抽液量、性质，按要求及时送检。密切观察患者的反应，如面色、呼吸、血压、脉搏、心电等变化，如有异常，及时协助医师处理。

（3）术后护理。术毕拔除穿刺针后，穿刺部位覆盖无菌纱布，稍加压迫至不渗血用胶布固定；穿刺后2小时内继续心电、血压监测，嘱患者休息，并密切观察生命体征变化。心包引流者需做好引流管的护理，待心包引流液＜25 mL/d时拔除导管。

8. 疼痛的护理

（1）疼痛评估：疼痛的部位、性质及其变化，是否伴有心包摩擦感及听到心包摩擦音等。

（2）休息与卧位：指导患者取合适的体位卧床休息，勿用力咳嗽、深呼吸或突然改变体位，以免引起疼痛加重。

（3）用药护理：遵医嘱给予解热镇痛剂，注意观察患者有无胃肠道反应、出血等不良反应，必要时使用抗酸剂及质子泵抑制剂对抗药物不良反应。若疼痛加重，可应用吗啡类药物。注意糖皮质激素、抗结核、抗肿瘤等药物的不良反应。

【健康教育】

（1）疾病知识指导。向患者及家属解释心包炎的病因、分类、临床表现、诊断、治疗及护理要点。

（2）指导患者注意保暖、休息，加强营养，增强机体抵抗力，防止呼吸道感染。

（3）按医嘱用药，不要擅自停药。结核性心包炎患者抗结核治疗宜坚持足够疗程、注意药物不良反应、定期随访、复查肝肾功能。缩窄性心包炎患者应解除思想顾虑，尽早接受手术治疗。

（张慧娜）

任务十一 循环系统常用诊疗技术及护理

知识目标

1. 掌握循环系统常用诊疗技术的适应证和禁忌证。
2. 熟悉循环系统常用诊疗技术原理。

技能目标

1. 循环系统常用诊疗技术的护理配合。
2. 知情同意原则是任何医务人员都必须具备的职业素养。

一、心脏起搏

心脏起搏治疗是抗心律失常的重要方法之一，脉冲发生器产生的电脉冲通过电极刺激心脏，使之产生电活动及机械性收缩与舒张，模拟正常心脏的冲动形成与传导，恢复正常心律，临时或永久替代起搏细胞或传导组织功能的一种治疗方法。把具有此类功能的电脉冲器称为起搏器（pacemaker），通常由脉冲发生器和电极两部分组成。

【起搏治疗目的】

正常心脏节律、频率、传导维持是人体生命活动的基础，无论是心率快慢改变、心脏节律改变，还是传导功能异常，都可能导致心脏排血功能异常、重要脏器灌注不足，从而影响组织、器官功能，甚至危及生命。起搏治疗的目的就在于纠正心率、心律、传导功能异常，提高生存质量、降低死亡率。

【起搏器种类】

1. 根据起搏器安装方式　可以分为以下两种。①体外携带式起搏器：其脉冲发生器位于体外，而导联线通过食管送至右心房水平或静脉系统送至需要部位心内膜面固定，通常用于临时起搏。②植入式起搏器：脉冲发生器埋藏在体内相应部位（通常在胸部皮下），电极线通过静脉血管送至所需部位心内膜面固定。

2. 根据起搏器电极线植入部位　可以分为以下三种。①单腔起搏器：只有一根电极导线置入心脏，最常见的是VVI（电极置于右心室心尖部）、AAI（电极置于右心房心耳部）。②双腔起搏器：植入电极分别置于右心耳和右心室心尖部，顺序激动心房和心室。③三腔起搏器：近年来开始使用的一种起搏器，右房+双室型，用于某些扩张型心肌病、顽固性心力衰竭房室活动不协调者。

【适应证和禁忌证】

1. 适应证　不同安装方式其适应证不同，而不同型号起搏器亦针对不同类型心律失常。下面介绍不同安装方式中临时性起搏和植入性起搏器治疗适应证。

（1）植入式起搏器治疗适应证

1）窦房结功能障碍。①窦房结功能减退：心室率＜50次/分，有明显临床症状者。②病态窦房结综合征：间歇发生心室率＜40次/分，或有长达3秒的RR间距，即使无症状，也必须安装植入式起搏器。③窦房结功能障碍和（或）房室传导阻滞：必须使用药物减慢心率时，为了保证适当心室率，应植入起搏器。

2）传导阻滞。①房室传导阻滞：伴有临床症状的完全或高度房室传导阻滞。②束支/分支阻滞：间歇发生二度Ⅱ型房室传导阻滞伴有症状者；阻滞进行性恶化、HV间期＞0.1秒，虽然无症状，也应安装植入起搏器。

3）颈动脉窦或迷走性晕厥。反复发生晕厥、以心率减慢为主要表现者。

4）心力衰竭。顽固性心力衰竭、存在房室不协调运动者。

5）其他。预防和治疗房颤、长QT综合征性恶性室性心律失常、肥厚梗阻型心肌病、扩张型心肌病等。

（2）体外携带式起搏器治疗适应证。①急需起搏、有可能恢复的房室传导阻滞者。②快速异位心律失常，通过超速驱动抑制达到恢复窦性心律。

2. 禁忌证　体外携带式起搏器无特定禁忌证，而植入式心脏复律除颤器（ICD）安装，依照我国2003年制定的《埋置心脏起搏器和抗心律失常器指南（修订版）》规定，有以下情况时应列为禁忌证。

（1）明确是可逆原因引起心室颤动或室性心动过速。

（2）预激综合征伴心房颤动有可能引起心室颤动者。

（3）终末期心脏病患者。1928年NYHA分级Ⅳ级心功能药物治疗无效，无心脏移植指征的充血性心力衰竭患者，或生存期预计不超过6个月者。

（4）有明显行为异常包括焦虑症、依赖症、社交回避症、精神病史及药物滥用症等，因影响必要的随访或护理，为相对禁忌证。

（5）频繁发作、可触发ICD放电的快速性心律失常，如持续性室性心动过速，对抗心动过速起搏无反应或药物不能控制者，因频繁触发和多次放电而不适合ICD治疗，应联合药物、消融、ICD等多种措施治疗。

【护理措施】

1. 术前护理准备

（1）完善检查。血常规、出凝血时间、血型、肝肾功能、血生化、胸片、超声心动图等常规检查，有异常应及时处理。

（2）心理护理。知情同意原则与知情同意书的签订是前提，是心理护理的重要环节。术前向患者、家属认真讲解手术的目的、必要性、方法，手术过程中可能出现的问题及应对措施，患者如何配合等，以消除患者顾虑、缓解紧张情绪。

（3）皮肤准备。对于植入型起搏器和经静脉置入电极线的临时起搏治疗前必须常规备皮。股静脉临时起搏前准备会阴及双侧腹股沟皮肤。植入式起搏器电极经锁骨下静脉置入，因此，备皮范围包括上胸部、颈部和腋下。

（4）用药准备。①手术前一晚可给予地西泮以帮助睡眠。②青霉素术前皮试，并遵医嘱于术前2小时内应用青霉素。③术前使用抗凝药物者必须停止用药，且凝血酶原时间恢复至正常范围。④准备好抢救药品。

（5）患者训练。术前一段时间开始训练患者床上排便，以免术后卧床时排便困难。

2. 术中护理配合

（1）病情监测。术中严密观察生命体征、心电图变化，发现异常立即通知手术医师。

（2）心理护理。术中关注患者感受、了解患者不适，做好安慰和解释工作，以助手术顺利完成。

3. 术后护理

（1）休息与活动。①术后平移至病床，去枕卧位或略左侧卧位1~3日，如有不适，可抬高床头30°~60°，卧床期间协助生活护理。②术后左侧肢体不宜过度活动，避免上举、外展、旋转等活动。③预防和治疗咳嗽，以免电极脱位。④术后第一次起床动作要求缓慢，以防止跌倒。

（2）监护。①术后遵医嘱常规心电监护48~72小时，监测心率、心律、血压、心电变化等，及时发现电极移位、起搏器感知异常，一旦有异常立即报告医师并协助处理。②观察胸壁肌肉有无抽动、有无心脏穿孔表现。

（3）切口护理。起搏器安装部位切口包扎后应使用沙袋压迫6~8小时，每日更换敷料、注意观察切口有无渗血、红肿等异常，有异常立即通知医师处理。

二、直流电复律

电复律是指在短时间内，利用与心脏自身电活动QRS波群中的R波同步释放的外源性直流电流作用于心肌，使全部或大部分心肌瞬间同步除极，消除异位心律、恢复窦性心律的方法。电除颤和电复律并非同一概念，电除颤仅用于无法分辨QRS波和T波时的心室扑动与心室颤动，此时外源电流的释放完全人为控制。

【电复律/除颤种类】

1. 按电流方式分类　按电流方式分为交流电和直流电电复律两种。因交流电电流量大、放电时间长、难以避开心室易损期而废弃，而直流电引起放电时间短、电能足够高、可设置与R波同步、反复使用对心肌损伤小等特点而广泛应用。

2. 按电复律电极接触部位分类　①体外电复律：电极置于体表胸壁。②体内电复律：电极直接与心脏接触。

3. 按电流释放形式分类 ①同步直流电复律：设置好仪器"同步"功能后，电流释放与R波同步，避开心室的易损期。②非同步直流电复律：仅用于心室颤动和心室扑动、设置仪器于"非同步"状态，放电时间完全人为控制。

4. 按复律/除颤器携带方式分类 ①外置临时性复律/除颤器：上述复律方式只能临时使用，不便携带。②植入式电复律除颤器：适用于需要反复、多次进行复律或除颤人群，经静脉将除颤电极植入心内膜，目前，已经发展到具备抗心动过缓、抗心动过速起搏、低能电转复和高能电除颤功能。

【适应证和禁忌证】

1. 适应证

（1）心室颤动和心室扑动，是电除颤的绝对适应证。

（2）心房颤动和心房扑动伴有血流动力学障碍者。

（3）药物或其他心律失常发作无法终止的或有严重血流动力学障碍的阵发性室上性心动过速、室性心动过速、预激综合征伴快速心室率性心律失常。

2. 禁忌证

（1）病态窦房结综合征伴有快速异位心律失常者。

（2）心房颤动与心房扑动伴有高度房室传导阻滞者。

（3）病史长、有明显房室腔增大及心房内新鲜血栓形成者，或近3个月内有栓塞史者。

（4）洋地黄类药物中毒、低钾血症等，暂不宜复律。

【护理措施】

1. 复律前护理

（1）择期复律。复律前完善实验室和实验室检查及其他检查，包括电解质、肝肾功能、出凝血时间。

（2）知情同意原则。向择期复律患者介绍复律的目的、必要性和重要性，复律基本过程、复律中可能出现的不适及术后可能发生的并发症等，并签署知情同意书，要充分取得患者理解与同意。

（3）禁食。复律前4～6小时禁食，控制饮水，以避免复律过程中发生恶心、呕吐导致窒息。

（4）停止使用有关药物。正在使用洋地黄类制剂者应在术前24～48小时停止使用，注意观察病情并描记心电图。

（5）用物准备。术前检查和复律需要的器械、物品、药品，如除颤器、电导糊、纱布垫、生理盐水、地西泮、心电监护仪等，以及心肺复苏所需要的设备、药品和物品等。

2. 复律中护理

（1）患者准备。①去枕平卧于绝缘的硬质板床、取下义齿、松开衣领；②打开气道、氧气吸入。

（2）心电监护。连接好心电监护导联（注意避开除颤部位），打开心电监护，注意心律变化，术前做十二通道同步心电图。

（3）除颤器准备。连接除颤器电源、先行充电。打开除颤器，选择R波最为明显导联进行示波观察。选择除颤器面板"同步"或"非同步"按钮。

（4）用药护理。除心室颤动意识已经丧失者不需麻醉外，一般均需麻醉。术前遵医嘱给予地西泮 0.3～0.5 mg/kg 缓慢静脉注射，直至患者睫毛反射消失，麻醉中注意观察呼吸。

3. 复律后护理

（1）卧床休息。术后绝对卧床 24 小时。麻醉清醒后 2 小时内禁止进食，以防呕吐。

（2）心电监护。术后持续心电监护 24 小时，注意心率、心律变化。

（3）病情观察。密切观察患者意识、瞳孔、呼吸、肢体活动状况，及时发现栓塞征象。

（4）用药护理。术后遵医嘱给予洋地黄类制剂或其他抗心律失常药物维持窦性心律。

（5）其他。注意有无电击部位皮肤烧灼伤、肺部水肿等。

三、心导管检查术

心脏导管检查术是通过心导管插管术（cardiac catheterization）经由外周血管，将特制的心脏检查导管送入心脏相应部位，以判断室腔、瓣膜、间隔结构与功能，同时通过注射造影剂以观察心室大小，冠状动脉病变部位、性质及严重程度。为介入性心血管治疗和外科手术提供依据。

【操作方法】

采用 Seldinger 技术经皮穿刺，经贵要静脉、锁骨下静脉、股静脉或经股动脉插入导管至相应部位。

【适应证和禁忌证】

1. 适应证

（1）先天性心脏病，特别是左向右或右向左分流者。

（2）选择性冠状动脉造影。

（3）肺动脉、肺静脉、主动脉病变等。

（4）心内心电生理检查、心肌活检。

（5）诊断室壁瘤以确定瘤体大小、位置决定手术指征。

2. 禁忌证

（1）感染性疾病：感染性心内膜炎、败血症、脓毒血症、严重肺部感染等。

（2）出血或凝血功能障碍：血友病、再生障碍性贫血、特发性血小板减少性紫癜等。

（3）外周静脉血栓性静脉炎。

（4）严重心律失常、未控制的严重原发性高血压。

（5）严重电解质紊乱、药物中毒。

（6）严重肝肾功能不全。

【护理措施】

1. 术前护理准备

（1）实验室检查及其他检查。血常规、血型、出凝血时间、电解质、胸片、超声心动图等。

（2）心理准备及知情同意原则。耐心解释，介绍手术方法、必要性、安全性，消除患者及家属顾虑。切实履行告知义务及知情同意原则。

（3）皮肤准备。根据需要做好插管部位的备皮和清洁工作。

（4）用药及器具准备。术前做好青霉素和碘过敏试验，准备和检查器具、造影剂、止血药、抗凝药、麻醉药、止痛药等。

（5）动脉观察。对穿刺部位动脉血管进行观察并标记，做好记录以便术后比较。

（6）患者准备。术前呼吸训练、床上排便训练等。

（7）饮食护理。成人术前4小时要求禁食、禁饮；小儿全麻者术前6小时禁食、4小时禁饮。

2. 术中护理配合

（1）密切观察病情，正确实施监护，及时发现。

（2）保证静脉通路通畅，准确及时给药。

（3）准备好抢救药品、物品和器具，以供急需。

（4）准确递送术中所需器具、药品，做好记录。

3. 术后护理

（1）体位、穿刺部位和穿刺侧肢体护理：术后穿刺部位压迫10~30分钟加压包扎，平移至病床后动脉穿刺部位沙袋压迫8小时，静脉穿刺部位压迫3小时。动脉穿刺侧肢体制动8~12小时，静脉穿刺侧肢体制动6~8小时。

（2）病情监测。监测全身状况和生命体征。注意观察术后并发症，如心律失常、空气栓塞、出血、感染、心脏压塞、心壁穿孔等。

（3）其他。遵医嘱给予对症、支持治疗及抗生素、抗凝、抗心律失常药物等。

四、冠状动脉介入性诊断和治疗

冠状动脉介入诊断和治疗是针对冠状动脉病变所采取的一种介入性诊断和治疗手段。冠状动脉介入诊断是经过特定部位外周动脉穿刺，将特制心脏导管送至主动脉根部，通过向其内注射对比剂造影以判断冠状动脉病变的部位、程度、性质，从而明确诊断的一种临床诊断技术。而冠状动脉介入治疗则是在上述造影基础上，采用物理方法治疗冠状动脉病变的一种方法。

（一）冠状动脉造影

通过心脏导管插入进行冠状动脉造影确定病变部位、性质的一种方式，通常称为冠状动脉造影术（coronary arterial angiography，CAG），是目前为止诊断冠状动脉病变的最可靠方法。

【操作方法】

通过特制的心脏导管，经由股动脉、肱动脉或桡动脉送至主动脉根部，选择性插入左或右冠状动脉口，注入对比剂使相应冠状动脉及其主要分支显影。

【适应证和禁忌证】

1. 适应证　主要针对怀疑有冠状动脉病变或心肌梗死者。

(1) 诊断性造影

1) 不典型胸痛：临床上排除其他原因而难以确定是否患冠心病者。

2) 典型心绞痛：有典型的心绞痛症状，心电图、平板运动试验、心肌断层显像检查有心肌缺血征象，而内科治疗无效或病情进一步恶化者。

3) 冠状动脉病变术后有下列情况之一者：①冠状动脉腔内成形术后［经皮冠状动脉腔内成形术（PTCA）、激光消融、旋切、旋磨、支架植入术等］。②主动脉冠状动脉旁路移植术（CABG）后，仍然有反复发作的不能控制的心绞痛发作者。

4) 不明原因的心脏扩大、心律失常、心功能不全，而无创伤性检查未能确诊者。

(2) 治疗性造影

1) 急性心肌梗死发病6小时以内，经过溶栓治疗病情并无好转，或发病在6小时以上仍有持续性胸痛，拟行急诊经皮冠状动脉介入治疗（PCI）术者。

2) 急性心肌梗死并发室间隔穿孔、乳头肌断裂、心源性休克或急性泵衰竭，经过积极内科治疗病情仍无法控制者，需行急诊手术治疗。

3) 梗死后心绞痛经过积极内科治疗仍不能控制的反复胸痛者。

2. 禁忌证

(1) 严重心功能不全不能耐受者。

(2) 外周动脉血栓性血管炎。

(3) 对比剂过敏者。

(4) 电解质紊乱，尤其是低钾未纠正者。

【护理措施】

护理同心导管检查术，但要求术前6小时即行禁食、禁饮，可以正常服药。

(二) 经皮冠状动脉介入治疗（PCI）

在冠状动脉造影基础上，利用心导管技术，采用物理方法疏通狭窄甚至闭塞的冠状动脉，以改善心肌血流灌注的治疗方法。包括冠状动脉腔内成形术（percutaneous transluminal coronary angioplasty，PTCA），经皮冠状动脉支架植入术（percutaneous intracoronary stent implantation），冠状动脉内旋切术、旋磨术、激光成形术，统称经皮冠状动脉介入治疗（percutaneons coronary intervention，PCI）。

【适应证和禁忌证】

1. 适应证

(1) PTCA适应证。PTCA是通过球囊扩张法将业已狭窄的冠状动脉扩张、解除狭窄，恢复相应心肌血供，是冠状动脉介入治疗最基本手段。

1) 慢性稳定性冠心病：主要用于有效药物治疗的基础上仍有症状的患者及有明确较大范围心肌缺血证据的患者。

2) 非ST段抬高急性冠脉综合征（ACS）：包括不稳定型心绞痛和非ST段抬高的AMI。

3) 急性STEMI：循证医学证据表明，PCI能有效降低STEMI总体死亡率。

直接PCI：对所有发病12小时内的STEMI患者采用介入方法直接开通梗死相关血管

（1 RA）称为直接PCI，对于STEMI患者直接PCI是最有效降低死亡率的治疗。

转运PCI（transfer PCI）：转运PCI是直接PCI的一种，主要适用于患者所处的医院不具备行使直接PCI的条件，而患者有溶栓治疗的禁忌证，或虽无溶栓禁忌证但发病已>3小时，尤其为较大范围AMI和（或）血流动力学不稳定的患者。

补救PCI（rescue PCI）：补救PCI是指溶栓失败后IRA仍处于闭塞状态，而针对IRA所行的PCI。

易化PCI（facilitated PCI）：易化PCI是指发病12小时内拟行PCI的患者于PCI前使用血栓溶解药物，以期缩短开通IRA时间，使药物治疗和PCI更有机结合。

早期溶栓成功或未溶栓患者择期（>24小时）PCI指征：这类患者差别较大，有的IRA已开通，有的IRA仍处闭塞状态，在后期进一步的干预方案上也有较大的差别。

（2）冠状动脉支架植入适应证。①冠状动脉起始或近端病变；②用于PTCA中发生急性或濒临闭塞；③病变血管内径≥3.0 mm；④完全闭塞性病变；⑤急性心肌梗死，包括ST段抬高和非ST段抬高型心肌梗死；⑥不稳定型心绞痛，经药物治疗病情恶化者。

2. 禁忌证

（1）PTCA禁忌证。①凝血机制障碍，包括出血性疾病和高凝状态。②多支血管广泛慢性病变。③预计PTCA的成功率较低者，如3个月以上的慢性完全性病变或几乎阻塞的长度>20 mm的狭窄。④狭窄程度≤50%或仅为血管痉挛者。⑤无侧支循环保护的左主干病变。

（2）支架植入没有绝对禁忌证，相对禁忌证包括以下三种。①有出血倾向或凝血功能障碍者。②狭窄血管直径≤2.0 mm者。③血管严重迂曲变性者。

【护理措施】

1. 术前护理准备　基本同冠状动脉造影。但对于拟行PCI者必须口服抗血小板聚集药物：①择期PCI者，术前晚餐后开始服用阿司匹林或氯吡格雷；②直接PCI者，尽早进行，术前顿服阿司匹林300 mg或氯吡格雷300 mg。

2. 术中护理　配合基本同心导管检查术，尚需注意以下几点。

（1）告知事项。患者如术中发生心悸、胸闷时必须及时告知医师。在球囊扩张时患者出现胸闷、心绞痛症状时应做好安慰解释工作，并做好相应处置。

（2）术中监护。重点监护导管定位、造影、球囊扩张时可能出现的心律失常、心电、血压变化，发现异常情况立即告知医师并配合采取相应措施。

3. 术后护理

（1）病情监测。术后立即做十二通道同步心电图并与术前比较，术后持续心电监护24小时，观察有无心律失常、心肌缺血、心肌梗死等急性并发症发生，同时每15～30分钟监测患者血压1次，直至血压平稳后改为监测1次/h。

（2）术后饮食。术后鼓励多饮水，以利于造影剂排泄；进食营养、易消化食物，少量多餐、避免过饱；保持大便通畅，做好日常护理。

（3）术后用药护理。①肝素：一般术后肝素以800～1 000 U/h持续泵入12～24小时，维持ACT在正常参考值的1.5～2.0倍，拔出鞘管后2小时开始皮下注射低分子量肝素，每12小时1次，连续注射5～7日，注意有无出血和出血倾向。②抗血小板聚集药物：术后给予氯吡格雷75 mg，1次/d；或阿司匹林300 mg，1次/d，3日后改为100 mg，1次/d，长期使用，注意出血及出血倾向等不良反应。

（4）鞘管及切口护理。停用肝素泵入后4小时左右，当ACT＜160秒时拔出动脉鞘管，徒手局部压迫穿刺部位15~30分钟，8字形加压包扎，沙袋压迫6~8小时，肢体制动24小时。注意观察切口局部有无渗血、血肿形成、远端动脉搏动情况等。

（5）术后负性效应观察与护理

1）腰酸、腹胀：多因术后平卧、制动所致，告知患者可自行消失。不能耐受者可适当活动对侧下肢、背部局部按摩或热敷可缓解。

2）穿刺血管损伤：①局部压迫不当产生的出血、血肿、假性动脉瘤、动静脉瘘形成。②穿刺血管损伤产生夹层、血栓形成、栓塞，以及腹膜后出血、血肿形成。针对上述损伤应该加强病情观察、及时发现、及时纠正处理。

针对不同部位血管损伤应采取的措施：①局部出血、血肿，拔出导管鞘前正确压迫、加压拔出导管鞘后加压包扎穿刺动脉并以沙袋压迫，同时穿刺侧肢体制动24小时；如遇咳嗽、用力排便时压紧穿刺点，避光观察穿刺点有无出血与血肿形成；经桡动脉穿刺者注意包扎时做到松紧适度有效，同时注意桡动脉搏动情况；出血停止后，予以50%硫酸镁湿热敷或行理疗。②腹膜后出血与血肿，常表现为血压下降、贫血貌、血细胞比容下降、腹股沟区疼痛、张力增高、压痛等，一旦发现立即加强压迫止血、及时输血，必要时手术修补损伤血管。③假性动脉瘤、动静脉瘘形成，多在导管鞘拔出后1~3日形成，表现为局部搏动性肿块和血管杂音，一经发现立即局部加压包扎，无效可考虑手术修补。④术后穿刺动脉血栓形成和栓塞可引起一侧肢动脉闭塞，应注意观察足背动脉搏动情况、下肢及足部皮肤颜色、温度、感觉改变等，而穿刺静脉血栓形成可引起急性肺梗死，表现为突发胸痛、咳血性痰、呼吸困难，一旦出现立即报告医师，并做好溶栓、手术准备。

3）尿潴留：患者排便习惯改变，不能适应卧床排便所致，护理措施包括如下。①术前训练患者床上排便。②心理疏导、消除患者床上排便紧张心理。③采取诱导排尿，比如聆听流水声、会阴部温水冲洗或热敷、加压按摩膀胱区等。④以上措施均无效时采取临时导尿。

4）心肌梗死：近期发生主要由于球囊扩张后病变处破裂血栓形成或破裂斑块引起血管闭塞所致。术后了解患者有无胸闷、胸痛，并注意心电监护。而远期发生者与扩张部位再狭窄、支架部位再狭窄、血栓形成等有关。

5）低血压：主要因切口局部加压引起迷走神经反射所致，药物如硝酸甘油滴速过快也可以引起低血压。因此，在鞘管拔出前应准备好麻醉药品，协助医师做好局部麻醉，同时备好抢救药品，如阿托品、多巴胺，连接好心电监护仪、准备好复律除颤设备。迷走神经反射常表现为面色苍白、恶心、呕吐、出冷汗、心律减慢、严重者心脏停搏，一旦发生，立即报告医师并做好抢救准备：嘱患者去枕平卧、给氧，遵医嘱立即静脉注射阿托品或多巴胺，并行补液以维持有效循环血容量。由滴注硝酸甘油引起者应控制滴速，注意观察血压。

6）对比剂反应：尽管术前已做皮试，但仍有少数患者注射造影剂后出现以下不良反应。①轻度不良反应，如皮疹、寒战、头晕、恶心呕吐，给予地塞米松后可缓解。②中度不良反应，如荨麻疹、轻度喉头水肿、支气管痉挛，出现胸闷、呼吸困难、声音嘶哑、肢体颤动，立即予以吸氧、地塞米松静脉注射、肾上腺素皮内注射等。③重度不良反应，如喉头水肿、支气管痉挛、呼吸困难、四肢青紫、手足厥冷、休克、肾衰竭，较少见，一经发现立即予以抗过敏、抗休克等治疗。

 项目小结

　　循环系统疾病包括心脏和（脑）血管疾病，是20世纪后期已经遍布全世界的常见病、多发病，在中国每年约有300万人死于心血管疾病，占总死亡构成的41%，每年新发脑卒中150多万人，中国心脑血管疾病患者已达2.9亿人。因此，积极防控心脑血管病是防止和减少死亡率和致残率的关键，尤其是高血压的防控。心脏的结构和功能与呼吸系统、中枢神经系统、内分泌调节系统等密切相关，各系统疾病的发生、发展也影响着心脏的功能状态。循环系统常见病、多发病比如心力衰竭、心律失常、心源性休克等常常是多系统、多器官疾病的结果和并发症。高血压、冠心病、继发性的心瓣膜病近年处于高发状态，与生活方式、工作压力、饮食习惯等密切相关，治疗的要点在于病因治疗、对症支持治疗及有效干预生活方式等等，护理的要点是做好一般护理（休息与活动、饮食与二便、个人清洁卫生和环境等）、病情观察、用药护理、症状护理及健康教育等，对患者进行动态的健康管理，护士应该注意循环系统新知识、新技术、新理念的学习，以满足人民群众对医疗卫生、健康服务的需要。

（张慧娜）

 项目测试

A_1/A_2型题：

1. 心律失常中期前收缩最常见的类型是：　　　　　　　　　　　　　　　　　（　　）
   A. 房性　　　　　　　　　B. 房室交界性　　　　　　C. 室上性
   D. 室性　　　　　　　　　E. 心房颤动
2. 在房室传导阻滞中最常见，P-R间期逐渐延长，直至脱漏一个QRS波群的是：（　　）
   A. 一度AVB　　　　　　　B. 莫式Ⅰ型（文氏现象）　C. 莫式Ⅱ型
   D. 三度AVB　　　　　　　E. 完全性房室传导阻滞
3. P波与QRS波群无关，P波频率大于QRS波群频率，QRS波群宽大畸形，慢而规则：（　　）
   A. 一度AVB　　　　　　　B. 二度AVB　　　　　　　C. 三度AVB
   D. 室性早搏　　　　　　　E. 束支传导阻滞
4. 风心病最常见的病因是：　　　　　　　　　　　　　　　　　　　　　　　（　　）
   A. 风湿性关节炎　　　　　B. 风疹　　　　　　　　　C. 风湿热
   D. 类风湿　　　　　　　　E. 风团

5. P波增宽有切迹属于： （   ）
   A. 二尖瓣型P波   B. 异位P波   C. 窦性P波
   D. 肺型P波   E. 交界性P波
6. 单纯风湿性心脏瓣膜病中最多见的是： （   ）
   A. 主动脉瓣狭窄   B. 二尖瓣狭窄   C. 二尖瓣关闭不全
   D. 主动脉瓣闭锁不全   E. 肺动脉瓣狭窄
7. 最容易出现头昏、晕厥的是： （   ）
   A. 主动脉瓣狭窄   B. 二尖瓣狭窄   C. 二尖瓣关闭不全
   D. 主动脉瓣闭锁不全   E. 肺动脉瓣狭窄
8. 主动脉瓣闭锁不全时，脉压差： （   ）
   A. 正常   B. 减小   C. 增大
   D. 忽大忽小、起伏不定   E. 固定不变
9. 二尖瓣狭窄伴有房颤发生栓塞多见于： （   ）
   A. 肺栓塞   B. 脑栓塞   C. 肝栓塞
   D. 肾栓塞   E. 肢体动脉栓塞
10. 心肌梗死最早最突出的症状是： （   ）
    A. 呼吸困难   B. 疼痛   C. 休克
    D. 恶心呕吐   E. 乏力
11. 心肌梗死后最常见的心律失常是： （   ）
    A. 室性早搏   B. 心房颤动   C. RonT现象
    D. AVB   E. 心室颤动
12. 心肌梗死时最先升高的是： （   ）
    A. CPK-MB   B. AST   C. LDH
    D. ALT   E. WBC
13. 心前区疼痛最常见的原因是： （   ）
    A. 肺循环淤血   B. 体循环淤血   C. 白色黏液痰
    D. 冠心病   E. 胸膜炎
14. 左心功能不全主要表现为： （   ）
    A. 肺循环淤血   B. 体循环淤血   C. 白色黏液痰
    D. 冠心病   E. 胸膜炎
15. 右心功能不全导致： （   ）
    A. 肺循环淤血   B. 体循环淤血   C. 白色黏液痰
    D. 冠心病   E. 胸膜炎
16. 右心衰典型的体征是： （   ）
    A. 呼吸困难   B. 心源性水肿   C. 胃肠道症状
    D. 肺部湿啰音伴哮鸣音   E. 发绀
17. 左心衰最早最突出的症状是： （   ）
    A. 呼吸困难   B. 心源性水肿   C. 胃肠道症状
    D. 肺部湿啰音伴哮鸣音   E. 肾性水肿
18. 右心衰突出的体征是： （   ）
    A. 发绀   B. 心源性水肿   C. 胃肠道症状
    D. 肺部湿啰音伴哮鸣音   E. 颈静脉怒张及肝颈静脉回流征阳性

19. 心电图上P-R间期恒定，突然脱漏一个QRS波群，可能的原因： （ ）
   A. 一度AVB　　　　　　B. 二度Ⅰ型AVB　　　　C. 二度Ⅱ型AVB
   D. 三度AVB　　　　　　E. 高度房室传导阻滞
20. 急性心包炎最主要的症状： （ ）
   A. 心前区疼痛　　　　　B. 慢性心脏压塞征　　　C. 心包摩擦音
   D. Ewart征　　　　　　 E. 呼吸困难
21. 心包大量积液时： （ ）
   A. 心前区疼痛　　　　　B. 慢性心脏压塞征　　　C. 心包摩擦音
   D. Ewart征　　　　　　 E. 呼吸困难
22. 急性心包炎最可靠的体征： （ ）
   A. 心前区疼痛　　　　　B. 慢性心脏压塞征　　　C. 心包摩擦音
   D. Ewart征　　　　　　 E. 呼吸困难
23. 慢性缩窄性心包炎的体征是： （ ）
   A. 心前区疼痛　　　　　B. 慢性心脏压塞征　　　C. 心包摩擦音
   D. Ewart征　　　　　　 E. 呼吸困难
24. 心脏压塞症状表现为： （ ）
   A. 心前区疼痛　　　　　B. 慢性心脏压塞征　　　C. 心包摩擦音
   D. Ewart征　　　　　　 E. 呼吸困难
25. 治疗高血压病降压药中，属于钙阻滞剂的是： （ ）
   A. 美托洛尔　　　　　　B. 氨氯地平　　　　　　C. 安体舒通
   D. 依那普利　　　　　　E. 哌唑嗪
26. 治疗高血压病降压药中，属于ACEI类降压药的是： （ ）
   A. 美托洛尔　　　　　　B. 氨氯地平　　　　　　C. 安体舒通
   D. 依那普利　　　　　　E. 哌唑嗪

A_3/A_4型题：

（27～31共用题干）
护士夜间巡视病房，发现一患者突然坐起，张口呼吸，大汗淋漓、烦躁不安，伴咳喘，咳大量浆液性泡沫样痰，心肺听诊有哮鸣音及湿啰音，心率120次/分。

27. 患者可能发生了什么病情变化？ （ ）
   A. 哮喘　　　　　　　　B. 心衰　　　　　　　　C. 肺炎
   D. 慢支炎、肺气肿　　　E. 肺心病
28. 有效的治疗手段是： （ ）
   A. 沙丁胺醇吸入　　　　B. 西地兰静脉注射　　　C. 抗生素
   D. 止咳药　　　　　　　E. 以上均是
29. 你给患者的体位应该是： （ ）
   A. 平卧位　　　　　　　B. 半卧位、下肢下垂　　C. 头高脚低位
   D. 头低脚高位　　　　　E. 侧卧位
30. 静脉输液的速度应该： （ ）
   A. 快速扩容　　　　　　B. 控制滴速　　　　　　C. 适中
   D. 根据患者要求　　　　E. 以上均可
31. 患者此刻最主要的护理问题是： （ ）
   A. 气体交换受损　　　　B. 活动无耐力　　　　　C. 知识缺乏

D. 营养缺乏 E. 以上均是

（32～35共用题干）

王先生，70岁，高血压病史20余年，上午到公园活动，突感头晕，之后倒地送至医院，体检：血压205/130 mmHg，左侧偏瘫。

32. 可能的诊断是： （　　）
    A. 脑梗死 B. 脑血栓 C. 脑出血
    D. 一过性脑缺血（TIA） E. 癫痫发作

33. 医嘱给予甘露醇200 mL静脉滴注，应该在多长时间内滴完？ （　　）
    A. 3小时 B. 2小时 C. 1小时
    D. 半小时 E. 5分钟内

34. 护理措施不妥之处： （　　）
    A. 密切观察病情 B. 定时更换体位 C. 清洁口腔
    D. 固定体位 E. 注意意识、瞳孔改变

35. 长期卧床最可能出现的并发症： （　　）
    A. 脑疝 B. 呼吸道感染 C. 压疮
    D. 瘫肢萎缩 E. 以上均可能

（36～40共用题干）

患者，男，60岁，因牙痛到口腔诊所拔牙后出现胸部剧痛1小时，继而意识丧失，在路途辗转3小时后入院，查体：T 38.5℃，BP 78/50 mmHg，P 130次/分，处于浅昏迷，病史中否认冠心病史。

36. 可能的疾病诊断： （　　）
    A. 胸膜炎 B. 急性心肌梗死，心源性休克
    C. 自发性气胸 D. 肺梗死

37. 下列辅助检查中最急需的检查是： （　　）
    A. 胸片 B. 血常规
    C. 血清心肌酶学 D. 血生化

38. 根据患者病情进行ECG检查，见V_1至V_5导联ST段弓背上抬，可诊断为： （　　）
    A. 下壁心肌梗死 B. 广泛前壁心肌梗死 C. 肺梗死
    D. 高侧壁心肌梗死 E. 后壁心肌梗死

39. 24小时内最容易发生死亡的原因是： （　　）
    A. 室性心律失常 B. 心源性休克 C. 心衰
    D. 心包炎 E. 心脏破裂

40. 患者绝对卧床休息的时间是： （　　）
    A. 3至5天 B. 3至5周 C. 1至2天
    D. 1至2周 E. 一个月

项目四 消化系统疾病患者的护理

任务一 概述

知识目标

1. 掌握：消化系统疾病常见症状、体征的护理。
2. 了解：消化系统结构与功能。

技能目标

1. 能指导腹泻患者进行肛周护理。
2. 能对消化道疾病患者进行健康教育。

消化系统是由口腔、食管、胃、十二指肠、空肠、回肠、结肠、直肠、肛门、肝脏、胆囊、胆道及胰腺构成，主要生理功能是摄取食物、消化食物、吸收营养和排泄废物。此外，消化系统还能分泌多种激素参与全身和消化系统生理功能的调节，消化系统疾病较为常见，主要包括食管、胃、肝、胆等脏器疾病。患病年龄多在中年，可以由感染、肿瘤、外伤、理化因素、自身免疫、代谢紊乱、营养缺乏等多种原因引起，还与患者的心理状态和行为方式有关。严重危害人类健康。因此，掌握消化系统疾病的防治和护理有很重要的意义。

一、消化系统结构与功能

消化系统由消化管和消化腺组成，消化管是指从口腔到肛门的管道，包括口腔、咽、食管、胃、小肠和大肠。临床上以屈氏韧带（十二指肠悬韧带）为标志，把消化管分为上消化道（指口腔到十二指肠）和下消化道（指空肠以下）。消化腺主要包括：唾液腺、肝、胰腺和消化道黏膜腺。

（一）食管

食管为中空肌性管道，成年人的食管全长约25 cm，是连接咽和胃的通道。食管的功能是将食物和唾液等送到胃内。食管与毗邻组织器官的关系，见图4-1。食管有3个生理性狭窄（图4-2），是异物滞留和食管癌的好发部位。在进行食管插管时要注意3个狭窄部位。

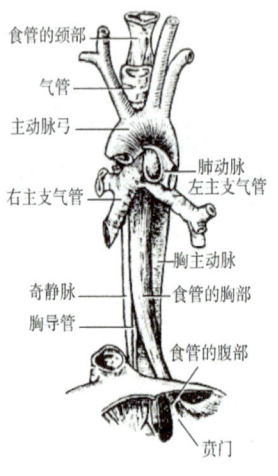

图4-1 食管与毗邻

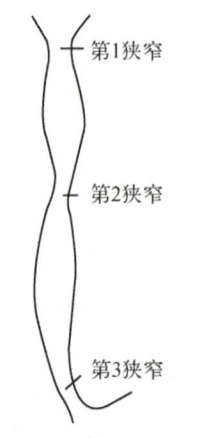

图4-2 食管3个生理狭窄

（二）胃

胃是消化道中最膨大的部分，大部分位于左季肋部，小部分位于上腹部。胃的主要功能是暂时储存食物，并通过胃蠕动和分泌胃液对食物进行机械性和化学性消化，并将食糜缓慢推进至十二指肠。成人胃可容纳食物1~2 L。胃内食物完全排空通常需要4~6小时。胃分为4部分：贲门部、胃底、胃体和幽门部。贲门与食管相连接；幽门与十二指肠相连接，具有发达的括约肌，有节律地将胃内容物送入十二指肠，并能阻止十二指肠内容物反流入胃。胃壁分为四层，即黏膜层、黏膜下层、肌层和浆膜层。其中黏膜层含有丰富的腺体，主要由以下三种细胞构成。

1. 主细胞　分泌胃蛋白酶原，在酸性环境或已活化的胃蛋白酶作用下转变为具有活性的胃蛋白酶。

2. 壁细胞　分泌盐酸和内因子。盐酸保持胃内酸性环境，使胃蛋白酶原被激活而成为有活性的胃蛋白酶，胃蛋白酶使蛋白质变性易于水解；盐酸还可杀灭随食物进入胃内的细菌；盐酸使小肠成为酸性环境，有利于铁和钙的吸收。内因子可协助维生素 B_{12} 的吸收。慢性萎缩性胃炎患者因内因子缺乏导致维生素 B_{12} 的吸收障碍而引起的贫血称为恶性贫血。

3. 黏液细胞　分泌碱性黏液，起到中和胃酸的作用，使胃黏膜表面呈中性或偏碱状态，保护胃黏膜免受胃酸的侵蚀。

4. 胃泌素细胞　幽门部还有一种内分泌细胞称为胃泌素细胞（G细胞），可分泌促胃液素，刺激壁细胞和主细胞分泌胃酸和胃蛋白酶原。

此外，胃液主要有胃黏膜腺分泌，是无色的酸性液体，pH为0.9~1.5，成人每日分泌量为1.5~2.5 L。胃液成分除水分外，主要有盐酸、胃蛋白酶、黏液、HCO_3^- 和内因子等成分。

（三）小肠

小肠全长约6 m，是消化道中最长的一段，由十二指肠、空肠和回肠组成，是消化、吸收的主要场所，十二指肠起于幽门，下端与空肠连接，整个十二指肠分为球部、降部、水平部和升部4段，呈"C"字形弯曲并包绕胰头。球部是十二指肠溃疡的好发部位；十二指肠降部内后侧壁黏膜上有一乳头状突起称为十二指肠乳头，胆总管和胰管汇合或分别开口于此处，胆汁和胰液由此进入十二指肠。十二指肠与空肠相连接的部位由十二指肠悬肌（屈氏韧带）固定，并于此处将消化道分为上消化道和下消化道。空肠和回肠没有明显的分界线。

小肠主要的生理功能是消化和吸收食物，小肠内有十二指肠腺和肠腺，其分泌物组成小肠液，小肠液具有消化食物的作用，同时大量小肠液可稀释消化产物，使其渗透压降低，有利于食物的吸收。食物在胰液、胆汁的化学性消化及小肠运动的机械性消化作用下充分消化分解，营养物质在小肠内被吸收，未经消化的食物和残渣则进入结肠，食物在小肠内的停留时间一般为3~8小时。

（四）大肠

大肠全长约1.5 m，由包括盲肠、阑尾、结肠、直肠和肛管组成。回肠末端与盲肠交界处的环行肌增厚称为回盲括约肌，其主要功能是防止回肠内容物过快地进入结肠，有利于食物在小肠内消化和吸收。回盲括约肌也可阻止结肠内容物反流入小肠。结肠的主要功能是吸收水分和电解质，结肠内的细菌可对食物残渣和植物纤维起到分解作用并合成维生素B复合物、维生素K等营养物质。结肠最终将食物残渣浓缩成粪便排出体外。

（五）肝胆

1. 肝　肝是人体最大的消化腺体，位于右季肋部和上腹部，肝小叶是肝结构和功能的基本单位。由门静脉和肝动脉双重供血。肝脏的生理功能与它的血液循环特点密切相关。肝脏的主要功能有：①物质代谢。食物中各种营养成分被消化、吸收后，糖、蛋白质、脂质、维生素等的合成代谢，都需要肝脏参与。②解毒作用。肝脏是人体内主要的解毒器官，外来的或体内代谢产生的有毒物质如毒素、细菌、血氨及化学药物均要经过肝脏分解去毒后随胆汁或尿液排出体外。③生成胆汁。胆汁可促进脂肪在小肠内的消化和吸收，各种原因引起胆汁酸合成、转运、分泌、排泄障碍时，可引起淤胆型肝病和脂溶性维生素缺乏。胚胎时期肝脏还具有造血功能。

2. 胆囊和胆道系统　胆囊位于右季肋区，肝下面的胆囊窝内，分为胆囊底、胆囊体、胆囊颈和胆囊管四部分。胆囊为储存和浓缩胆汁的器官。胆道系统始于肝细胞间的毛细胆管，毛细胆管集合成小叶间胆管，然后汇合成左右肝管自肝门出肝，出肝后左右肝管汇合成肝总管，并与胆囊管汇合成胆总管，开口于十二指肠乳头。

（六）胰腺

胰腺是一个狭长的腺体，位于腹膜后壁，横向位于上腹部和左季肋部，分为胰头、胰体、胰尾三部分。胰管与胆总管汇合并分别开口于十二指肠乳头。胰腺既是内分泌器官，也是外分泌器官。胰腺内分泌功能主要是由散在分布于胰腺中心的胰岛组织完成，胰岛有多种细胞，重要的是A细胞分泌胰高血糖素，此激素促进糖原分解和葡萄糖异生，使血糖升高；B细胞分泌胰岛素，其作用是促进全身各种组织对葡萄糖的摄取、分解和利用，促进糖原的合成，抑制糖原异生，有利于降低血糖。

胰腺的外分泌功能主要是分泌胰液，胰液的消化酶主要有胰淀粉酶、胰脂肪酶、胰蛋白酶和糜蛋白酶，分别水解淀粉、脂肪和蛋白质。胰液含有无机物和有机物，无机物主要是碳酸氢盐和多种无机离子，中和十二指肠中的胃酸，使肠黏膜免受酸的侵蚀，也给小肠内多种消化酶提供最适宜的环境（pH为7~8）。

二、消化系统疾病患者的评估

消化系统疾病属常见病、多发病。消化性溃疡是最常见的消化系统疾病之一。在我国，胃癌和肝癌的病死率在恶性肿瘤病死率排名分别位于第二位和第三位。近年来，炎症性肠病在我国有增加趋势。消化系统疾病患者的护理评估着重以下几个方面。

【健康史】

消化系统疾病多为慢性过程，病程长，容易复发，收集资料时应询问患者起病时间，诱发因素，主要症状、特点和伴随症状，发作呈间歇性、渐进性还是持续性，有无并发症，缓解方式及治疗经过如何。如对消化性溃疡患者要注意询问腹痛起病的急缓，疼痛的部位、性质，腹痛的持续时间，诱发因素，缓解方式，与饮食的关系及伴随症状等。对溃疡性结肠炎患者要重点询问腹泻的起病情况，排便次数、量，粪便的性质，诱发因素及伴随症状等。

【心理-社会状况】

消化系统疾病多为慢性疾病，容易反复发作给患者带来精神压力。因此，要注意评估患者的心理情况。评估患者对疾病性质、过程、治疗及预后的了解；患病对患者日常生活和工作的影响程度；患者有无焦虑、悲观、抑郁等情绪及其程度。评估患者家庭成员组成，家庭经济情况，文化、教育程度，对患者所患疾病的认识、关心和支持程度；患者所在地区卫生保健资源情况及患者所在单位的支持情况等。

【身体状况】

消化系统疾病常见的主要症状和体征如下。

1. 恶心与呕吐　两者可单独发生，但多数患者先有恶心，继而呕吐。其中消化系统的常见病因有：①胃炎、消化性溃疡并发幽门梗阻、胃癌。②肝、胆囊、胆管、胰、腹膜的急性炎症。③胃肠功能紊乱引起的心理性呕吐。消化性溃疡并发幽门梗阻时呕吐常在餐后发生，呕吐量大，呕吐物含酸性发酵宿食；急性胰腺炎可出现频繁剧烈的呕吐。剧烈频繁呕吐可使胃液大量丢失，从而导致脱水、低钠、低钾、代谢性碱中毒，长期呕吐可导致营养不良。

2. 腹痛　消化系统的器官、组织发生功能性或器质性病变均可引起腹痛。腹痛常分为急性与慢性腹痛。

1）急性腹痛常见于：①脏器炎症，如急性胰腺炎、急性胃肠炎、急性胆囊炎、胆石症、急性阑尾炎等。②脏器破裂、穿孔，如肝破裂、脾破裂，胃、十二指肠穿孔等。③空腔脏器扭转、梗阻，如肠粘连、肠扭转，肿瘤等引起的肠梗阻。

2）慢性腹痛多见于：消化性溃疡、腹腔脏器肿瘤、慢性炎症（如溃疡性结肠炎、肝炎等）。①按性质表现为隐痛、钝痛、灼热、胀痛、刀割样痛、钻痛或绞痛等。②按时间可分为持续性或阵发性疼痛。③部位、性质和疼痛程度因疾病不同而表现不一，如胃、十二指肠疾病引起的腹痛多为中上腹部隐痛、灼痛或不适感，伴畏食、恶心、呕吐、嗳气、反酸等；小肠疾病多呈脐周疼痛，并有腹泻、腹胀等表现；急性胰腺炎常出现上腹部剧烈疼痛，为持续性钝痛、钻痛或绞痛，并向腰背部呈带状放射。腹腔内实质脏器病变腹痛多呈持续性疼痛，空腔脏器病变呈阵发性绞痛。腹痛的部位多与病变部位有关。急性腹膜炎可表现为全腹疼痛及腹膜刺激征：压痛、反跳痛、肌紧张。

3. 腹泻　腹泻是由于肠蠕动过快、肠腺分泌旺盛和（或）肠吸收障碍而引起，多见于肠道疾病。表现为排便次数多，粪便稀薄，呈水样便、脓血便等。

1）腹泻的常见病因包括：肠黏膜炎症如细菌、病毒、寄生虫等致病性微生物引起的肠道炎症，溃疡性结肠炎及肠道肿瘤引起的腹泻；肠道内水溶性物质吸收障碍、肠蠕动过快如各种原因引起的消化不良或肠道吸收不良；胃肠道水和电解质分泌过多或吸收受抑制如霍乱。

2）腹泻的机制有：①肠黏膜的炎症、溃疡。②肠蠕动亢进，肠道对水溶性物质吸收障碍。③胃肠道内水和电解质分泌过多或吸收抑制。

3）腹泻根据起病急缓分为急性腹泻和慢性腹泻。评估腹泻患者要注意起病急缓，大便次数、性状、量、气味，有无里急后重感，大便中有无黏液脓血等。溃疡性结肠炎患者表现为慢性腹泻，黏液脓血便伴有腹痛及里急后重。同时要注意腹泻与饮食的关系，急性胃肠炎患者常有不洁饮食史，溃疡性结肠炎患者进食人乳类蛋白可使腹泻加重。长期腹泻可导致脱水和电解质紊乱。

4. 呕血与黑便　上消化道出血时，胃内或反流入胃内的血液经口腔呕出称为呕血。血液经过肠道时，在肠道细菌作用下，血液中的铁变成硫化铁而呈黑色柏油样，即黑便。呕血与黑便是上消化道出血的特征性表现。呕血一般都伴有黑便，但黑便不一定伴呕血。上消化道出血的常见病因有消化性溃疡、食管-胃底静脉曲张破裂、胃黏膜糜烂出血及胃癌。少量消化道出血，不引起粪便颜色改变，须经隐血试验才能确定者，为隐血便。粪便隐血试验阳性者提示每日出血量在 5 mL 以上。出现黑便提示每日出血量在 60 mL 以上。胃内积血达 250~300 mL 以上时可引起呕血。一次出血量在 400 mL 以上时可出现全身症状。出血量大、出血速度快者可出现急性循环衰竭的表现，可根据失血症状及脉搏、血压、血红蛋白测定等估计出血程度。

5. 黄疸　既是症状也是体征，是指血中胆红素浓度增高，导致巩膜、黏膜、皮肤及体液发生黄染的现象。肝炎、肝硬化、原发性肝癌患者可出现黄疸，是由于肝细胞受损，对胆红素的摄取、结合及排泄功能下降，使非结合胆红素（间接胆红素）增加，同时一部分正常的肝细胞合成的结合胆红素（直接胆红素）由于肝内胆管梗阻而不能排泄到十二指肠，造成结合胆红素增加，出现黄疸。

6. 其他症状　消化系统疾病除以上症状体征外还可表现为食欲减退、反酸、烧心、嗳气、吞咽困难、腹胀、腹水等。

对消化系统疾病患者身体评估时要注意评估以下体征，①营养情况：体重、皮下脂肪厚度、皮肤色泽和弹性的变化，毛发是否有光泽；慢性胃炎、消化性溃疡、消化道肿瘤患者常有体重减轻；消化性溃疡、慢性胃炎患者还可因慢性贫血出现皮肤苍白、干燥、毛发干枯易脱落、指甲易裂或反甲、舌炎、口角皲裂等。②皮肤、黏膜：有无出血点、黄染、肝掌和蜘蛛痣等。③腹部检查：腹部外形如何，腹壁静脉是否曲张，有无肠型及蠕动波，有无压痛、反跳痛、肌紧张，肝脾是否增大，其大小、硬度如何，表面是否光滑，有无腹部包块、移动性浊音，肠鸣音是否正常等。

【实验室和其他检查】

1. 粪便检查　粪便检查包括粪便的显微镜检查、细菌学检查、寄生虫检查和隐血试验等，对肠道感染、寄生虫病、消化道隐性出血有重要诊断价值。

2. 血液、尿液检查　消化系统疾病受累器官较多，涉及检查项目亦较多。如肝胆疾病常用检查有血清酶类，血清胆红素，血清总蛋白、清蛋白和球蛋白及其比值，凝血酶原时间等；病毒性肝炎各型病毒标志物的测定对确定肝炎的类型有价值；血清、尿淀粉酶的测定对急性胰腺炎的诊断有一定价值；甲胎蛋白、γ-谷氨酰转肽酶同工酶Ⅱ、癌胚抗原等测定，对于消化系统恶性肿瘤的诊断有价值。

3. 腹水的检查　根据腹水的外观、性状和生化检查有助于鉴别腹水是渗出液还是漏出液。对于鉴别肝硬化、腹腔细菌性感染、腹膜结核、腹内癌肿等有实用意义。

4. 内镜检查及活体组织检查　纤维内镜包括食管镜、胃镜、十二指肠镜、胆管镜、小肠镜、结肠镜和腹腔镜等。应用内镜可以直接观察消化道管腔情况，在直视下采取活组织进行病理检查，通过十二指肠镜还可插入导管至十二指肠乳头，进行逆行胰胆管造影（ERCP）是胆系、胰管疾病的重要诊断手段并可同时进行内镜下治疗。腹腔镜对确定腹腔肿物的性质、腹水的病因很有帮助。活组织检查用于消化系肿瘤的诊断与鉴别诊断。临床上常用的活组织检查有：①在内镜直视下，用活检针或活检钳，采取食管、胃、结肠、直肠黏膜病变组织。②经皮穿刺活组织检查，如经皮肝穿刺、经皮胰腺肿瘤穿刺等。③外科手术，取活组织进行病理检查。

5. 脱落细胞检查　此检查是胃、胆管、胰管疾病诊断的一种重要方法。脱落细胞检查是在内镜直视下冲洗或擦刷消化管腔黏膜，收集脱落细胞做病理检查，有利于早期发现该部位的肿瘤。

6. X线检查　消化道钡餐和钡灌肠检查有助于了解整个胃肠道动力状态，对肿瘤、溃疡、憩室的诊断有一定帮助，近来应用气钡双重造影已提高了阳性率。胆管胆囊造影有助于了解胆囊浓缩功能，判断有无结石；经皮肝胆管造影可区别梗阻性黄疸的原因；选择性腹腔动脉造影对肝脏及其他肿瘤、消化道出血等都有诊断价值。

7. CT检查　对肝、胆、胰的囊肿、脓肿、结石、肿瘤等占位性病变，胰腺炎、脂肪肝、肝硬化等弥漫性病变，消化道肿瘤分期均很有价值。腹部CT检查前1周开始不服用含金属药物制剂，不做胃肠道造影，检查前2日开始少吃水果、蔬菜、肉类，检查前4小时禁食。

8. 其他　超声、核素影像、磁共振成像（MRI）等检查对肝、脾、胰、胆囊病变的诊断，特别是占位性病变的诊断较有价值。

（王　萍）

任务二　胃食管反流病患者的护理

知识目标

1. 掌握：胃食管反流病的临床表现、护理措施及健康指导。
2. 熟悉：胃食管反流病的发病机制、实验室及其他检查。
3. 了解：胃食管反流的概念。

技能目标

能对胃食管反流病患者进行健康教育。

案例导入

病例： 王女士，50岁，反酸伴烧心5年。近1周反酸烧心加重，特别是餐后更为严重，今日出现呕吐咖啡色液体3口，内镜下可见食管黏膜水肿、潮红、糜烂。诊断为胃食管反流病。

请问: 1. 王女士在生活中应该注意哪些问题?
2. 可选用哪些药物缓解症状?

胃食管反流病（GERD）是指过多的胃十二指肠内容物反流入食管引起烧心等症状，并可导致反流性食管炎，以及咽喉、气道等食管以外的组织损害。胃食管反流病在西方国家十分常见，人群中7%~15%有胃食管反流症状，发病率随年龄增加而增加，40~60岁为高峰发病年龄，我国低于西方国家，病情亦较轻。有相当部分胃食管反流病患者内镜下可无食管炎表现，这类胃食管反流病又称为内镜阴性的胃食管反流病或称非糜烂性反流病（NERD）。

【病因与发病机制】

GERD是由多种因素造成的消化道动力障碍性疾病。主要发病机制是抗反流防御机制减弱和反流物对食管黏膜攻击作用的结果。

1. 食管抗反流防御机制减弱　抗反流屏障指食管和胃交接的解剖结构，包括食管下括约肌（LES）、膈肌脚、膈食管韧带、食管与胃底间的锐角等，其各部分结构和功能上的缺陷均可造成胃食管反流，其中最主要的是LES的功能状态。LES是指食管末端有3~4 cm长的环形肌束。正常人静息LES压为10~30 mmHg，可防止胃内容物反流入食管。LES结构受到破坏可使LES压下降，如贲门失弛缓症手术后易并发反流性食管炎。一些因素可导致LES压降低，如某些激素（如胆囊收缩素、胰高血糖素、血管活性肠肽等）、食物（如高脂肪、巧克力等）、药物（如钙拮抗药、地西泮）、腹压增加、胃扩张、胃排空延迟等。一过性LES松弛，指非吞咽情况下LES自发性松弛，其松弛时间明显长于吞咽时LES松弛时间，它是正常人生理性胃食管反流的主要原因，也是LES静息压正常的GERD患者的主要发病机制。

2. 反流物对食管黏膜攻击作用　反流物刺激和损害食管黏膜，与其质和量、反流物接触黏膜的时间、部位等有关。胃酸与胃蛋白酶是反流物中损害食管黏膜的主要成分，多数患者伴有胆汁反流，其非结合胆盐和胰酶也参与对食管黏膜的损害。是主要的攻击因子。

【临床表现】

1. 症状与体征　烧心和反流是本病最常见的症状，且具有特征性。反流是指胃内容物在无恶心和不用力的情况下涌入咽部或口腔的感觉，含酸味或仅为酸水时称反酸。烧心是指胸骨后或剑突下烧灼感，常由胸骨下段向上延伸。烧心和反流常在餐后1小时出现，餐后、卧位、弯腰或腹压增高时可加重，部分患者烧心和反流症状可在夜间入睡时发生。少数患者可有胸痛、吞咽困难、吞咽疼痛等不典型症状及食管以外的刺激症状，如咳嗽、哮喘、咽喉炎。另外，部分患者有咽部不适，有异物感、堵塞感，但无真正吞咽困难，称为癔球症，与酸反流引起食管上段括约肌压力升高有关。

2. 并发症

（1）上消化道出血。胃食管反流病患者，因食管黏膜糜烂及溃疡可以导致上消化道出血，有呕血和（或）黑便及不同程度的缺铁性贫血等表现。

（2）食管狭窄。反流性食管炎反复发作致使纤维组织增生，最终导致瘢痕狭窄。

（3）Barrett食管。是指食管黏膜的鳞状上皮细胞被增生的柱状上皮细胞所替代。内镜下的表现为正常呈现均匀粉红带灰白的食管黏膜出现胃黏膜的橘红色，分布可为环形、舌形或岛状。是食管腺癌的癌前病变，其腺癌的发生率较正常人高30～50倍。

【实验室和其他检查】

1. 内镜检查　内镜加活检是本病判断病情严重程度及有无并发症最可靠的检查方法。
2. 24小时食管pH监测　是诊断胃食管反流病的重要检查方法。应用便携式pH记录仪在生理状态下对患者监测24小时食管pH，可了解食管有无过度酸反流及反流的程度。
3. 食管吞钡X线检查　该检查对诊断反流性食管炎敏感性不高，对不愿接受或不能耐受内镜检查者行该检查，其目的主要是排除食管癌等其他食管疾病。
4. 食管压测定　LES静息压为10～30 mmHg，如LES压<6 mmHg提示食管易导致反流。

【治疗要点】

治疗原则：控制症状，治愈食管炎，减少复发和防治并发症。

1. 一般治疗　改变生活方式与饮食习惯。为了减少卧位及夜间反流可将床头抬高15～20 cm。避免睡前2小时内进食，白天进餐后亦不宜立即卧床。注意减少一切引起腹压增高的因素，如肥胖、便秘、紧束腰带等。应避免进食使LES压降低的食物，如高脂肪、巧克力、咖啡、浓茶等。应戒烟及禁酒。避免应用降低LES压的药物及引起胃排空延迟的药物。
2. 药物治疗

（1）促胃肠动力药，如多潘立酮、莫沙必利等，可通过增加LES压力、改善食管蠕动功能、促进胃排空，从而达到减少胃内容物食管反流及减少其在食管的暴露时间。由于这类药物疗效有限且不确定，因此，只适用于轻症患者，或作为与抑酸药合用的辅助治疗。

（2）抑酸药

1）H_2受体拮抗剂：西咪替丁、雷尼替丁、法莫替丁等，可减少24小时胃酸分泌50%～70%，但不能有效抑制进食刺激引起的胃酸分泌，因此，适用于轻、中症患者。疗程8～12周。

2）质子泵抑制剂（PPI）：奥美拉唑、兰索拉唑、泮托拉唑等，这类药物抑酸作用强，对本病的疗效优于H_2受体拮抗剂，适用于症状重、有严重食管炎的患者。一般按治疗消化性溃疡常规用量，疗程4～8周。对个别疗效不佳者可加倍剂量或与促胃肠动力药联合使用，并适当延长疗程。

3. 抗反流手术治疗　抗反流手术是不同术式的胃底折叠术，对于需要长期使用大剂量PPI维持治疗的患者，可以根据患者的意愿来决定抗反流手术。

4. 并发症的治疗

（1）食管狭窄。大部分狭窄可行内镜下食管扩张术治疗，对年轻患者亦可考虑抗反流手术。

（2）Barrett食管。必须使用PPI治疗及长程维持治疗。Barrett食管发生食管腺癌的危险性增高，因此，加强随访是目前预防Barrett食管癌变的唯一方法。重点是早期识别异型增生，发现重度异型增生或早期食管癌应及时手术切除。

【护理诊断/问题】

1. 慢性疼痛　与胃食管反流致食管炎有关。
2. 知识缺乏　缺乏有关胃食管反流病病因及预防保健知识。

【护理措施】

1. 饮食指导　指导患者少量多餐，低脂饮食，可减少进食后反流症状发生的频率。规律进餐，不宜过饱，避免浓茶、咖啡、巧克力、高脂肪饮食。高脂肪饮食可促进小肠黏膜释放胆囊收缩素，易导致胃肠内容物反流。

2. 控制体重　超重者宜减肥。因为过度肥胖者腹腔压力增高，可促进胃液反流，特别是平卧位尤甚，故应积极减轻体重以改善反流症状。

3. 休息与卧位　床头垫高15~20 cm，对减轻夜间胃液反流是一个行之有效的好办法。睡眠时，不宜将两上臂上举或枕于头下，以免引起膈肌抬高，胃内压力随之增加，使胃液逆流而上。

4. 生活指导　尽量减少增加腹内压的活动，如过度弯腰、穿紧身衣裤、扎紧腰带等。由于烟草中含尼古丁，可降低食管下段括约肌压力，使其处于松弛状态，加重反流，因此，要忌酒、戒烟；吸烟还能减少食管黏膜血流量，抑制前列腺素的合成，降低机体抵抗力，使炎症难以恢复。酒的主要成分为乙醇，不仅能刺激胃酸分泌，还能使食管下段括约肌松弛，是引起胃食管反流的原因之一。

【健康教育】

1. 疾病知识指导　告知患者发病原因、处理措施和预后，使患者及家属对疾病有正确的认识，积极配合治病。
2. 饮食指导　患者应规律进食，忌饱餐，避免进食高脂肪、巧克力、咖啡、浓茶等。避免粗糙及刺激性食物。
3. 用药指导　指导患者用药并学会识别药物不良反应，避免使用降低LES压力的药物。
4. 观察病情　患者如出现呕血、黑便等异常情况时应及时就诊，以免延误病情。

（王　萍）

任务三　胃炎患者的护理

知识目标

1. 掌握：急、慢性胃炎的临床表现、护理措施及健康教育。
2. 熟悉：急、慢性胃炎患者的病因、护理诊断、实验室检查。

3. 了解：慢性胃炎的概念、分型。

技能目标

能对急、慢性胃炎患者进行健康教育。

案例导入

病例：王先生，32岁，既往健康，无消化道疾病史。昨晚与朋友大量饮酒，今晨起上腹疼痛不适，黑粪2次，呕吐1次，呕吐物中有少量咖啡色物。检查：生命体征无异常；上腹部压痛明显，精神差。初步诊断为：急性糜烂出血性胃炎。

请问：1. 本病主要的病因及诱因有哪些？主要的护理诊断是什么？
2. 列出主要的护理措施。

胃炎（gastritis）是多种病因引起的胃黏膜炎性病变，是最常见的消化道疾病之一。按临床发病的缓急和病程的长短，一般将胃炎分为急性和慢性胃炎两大类型。

一、急性胃炎患者的护理

急性胃炎是由多种病因引起的胃黏膜的急性炎症。急性起病，常表现为上腹部不适。临床以急性糜烂出血性胃炎最常见，急性胃黏膜病变胃镜检查可见胃黏膜充血、水肿、糜烂和出血等一过性改变。

【病因与发病机制】

1. 微生物感染或细菌毒素 进食被细菌或其毒素污染的不洁食物引起的急性胃炎常同时伴有急性肠炎，故称急性胃肠炎。致病菌以沙门菌属及副溶血弧菌最常见，细菌毒素以金黄色葡萄球菌毒素为最常见，肉毒杆菌毒素最为严重，病毒感染也可引起本病。
2. 理化因素 某些药物如非甾体消炎药、肾上腺皮质激素、抗肿瘤药等，过冷过热、粗糙食物、烈酒、浓茶、咖啡及暴饮暴食均会损伤胃黏膜引起糜烂。
3. 应激 如严重创伤、手术、多器官功能衰竭等可损伤胃黏膜上皮细胞，引起糜烂和出血，严重者大出血或发生急性溃疡，称为"应激性溃疡"。

【临床表现】

由于急性胃炎的病因不同，临床表现亦不同。有不洁饮食病史的患者，可在进餐后数小时出现上腹部不适、腹胀、恶心、呕吐等消化道症状。急性应激者或药物引起的急性胃炎，常见症状为呕血和黑便，出血量不多时可自行停止。急性胃炎急性期可有上腹轻压痛。

【实验室和其他检查】

1. 纤维胃镜检查 在急性大出血24～48小时内进行纤维胃镜检查，可确定出血的部位和病变程度，并可采取镜下直视止血。
2. 粪便检查 大便隐血试验可为阳性。

【治疗要点】

（1）祛除病因、合理饮食。禁食对胃有刺激的食物、药物，一般可给流质饮食，如粥、面条，可少量多餐，病情重者酌情短期禁食1～2餐，呕吐、腹泻较重者可口服补液盐或糖盐水口服，补充丢失水分。

（2）对症处理。腹痛可局部热敷或给予阿托品0.3～0.6 mg/次、山莨菪碱5～10 mg/次，3次/日，口服；呕吐者可用多潘立酮（吗丁啉）或甲氧氯普胺5～10 mg/次，3次/日，口服。呕吐、腹泻严重或有失水征象者应静脉补液。

（3）急性糜烂性胃炎可用降低胃内酸度、保护胃黏膜的药，如西咪替丁、雷尼替丁、硫糖铝、果胶铋等。

（4）急性胃炎一般不用抗菌药物，但对严重病例，特别是伴有肠炎性腹泻时，可用抗菌药物，如黄连素、庆大霉素、环丙沙星，疗程一般为2～3天。另外可选用乳酸菌素片、保济丸、乳酶生、健胃消食片等助消化、调理胃肠功能，促进胃肠功能恢复。

【护理诊断/问题】

1. 潜在并发症 上消化道大量出血。
2. 知识缺乏 缺乏有关疾病的病因及预防保健知识。

【护理措施】

1. 休息与活动 为患者提供良好的生活环境，减少活动，保证充足的睡眠。急性应激导致出血的患者嘱其卧床休息，避免病情加重。
2. 饮食护理 注意饮食卫生，少量多餐，给予少渣、温凉、易消化的半流质饮食。少量出血可给予牛奶、米汤等流质饮食以中和胃酸，利于胃黏膜的修复；出血量大或者频繁呕吐的患者应暂禁食。
3. 心理护理 急性胃炎合并消化道出血的患者应加强心理护理，消除患者思想顾虑，向患者解释急性胃炎病情具有自限性，积极配合治疗，保持轻松愉快的心情能促进疾病的康复。
4. 病情观察 观察上腹部不适、恶心、呕吐等症状是否缓解，观察患者呕吐物和大便的颜色、量以便了解有无上消化道出血。合并上消化道出血的患者要注意生命体征、意识状态的监测。
5. 用药护理 详见消化性溃疡相关内容。

【健康教育】

1. 疾病知识指导 指导患者及家属了解发病原因、使之对疾病有正确的认识，保持轻松愉快的心情。

2. 饮食指导 患者应规律进食，避免过冷、过热、辛辣、浓茶、咖啡等刺激性食物，避免暴饮暴食，急性期给予少渣、温凉半流质饮食，有少量出血者，可不用禁食，给温凉流质饮食，急性大出血患者应禁食。

3. 用药指导 指导患者正确用药并学会识别药物不良反应，避免使用非甾体消炎药。

4. 观察病情 观察患者大便情况及有无消化道症状，有异常情况时应及时就诊。

二、慢性胃炎患者的护理

慢性胃炎指各种病因所致胃黏膜的慢性非特异性炎症。慢性胃炎可分为浅表性胃炎和萎缩性胃炎，慢性浅表性胃炎是指不伴有黏膜萎缩，病变仅局限于黏膜层，以淋巴细胞和浆细胞的黏膜浸润为主，幽门螺杆菌感染是主要病因。慢性萎缩性胃炎是指胃黏膜发生萎缩性改变，伴有肠上皮化生，若增生的上皮和肠化上皮发育异常，形成不典型增生，是胃癌的癌前病变。慢性胃炎是一种常见病，其发病率在各种胃病中居首位，男性稍多于女性，任何年龄均可发病，随年龄增长发病率逐渐增高。

【病因与发病机制】

1. 幽门螺杆菌（Hp） Hp感染是慢性胃炎的主要病因。
2. 自身免疫 目前认为，胃体胃炎与自体免疫有关。患者血清中能检测到壁细胞抗体，伴有恶性贫血者还能检测出内因子抗体，壁细胞抗原和壁细胞抗体形成的免疫复合体在补体的参与下，破坏壁细胞。内因子抗体与内因子结合后阻断维生素的吸收，导致恶性贫血。
3. 饮食和环境因素 不合理的饮食习惯，如饮食不规律，暴饮暴食。饮食中高盐和缺乏新鲜蔬菜、水果，与胃黏膜萎缩和肠上皮化生密切相关。
4. 其他 吸烟、酗酒、十二指肠液反流、长期食用刺激性食物和药物等可反复损伤胃黏膜。

【临床表现】

慢性胃炎症状的轻重与病变的严重程度无密切关系，而与病变是否处于活动期有关。大多数患者无明显症状。或者表现为上腹部饱胀不适或疼痛，餐后明显，同时伴其他消化不良症状，如嗳气、反酸、恶心、呕吐、食欲缺乏等。

自身免疫性胃炎患者还可出现恶性贫血、体重减轻等症状，体检可见舌苔黄白色厚腻、舌乳头萎缩、上腹部有轻度压痛等。

【实验室和其他检查】

1. 胃镜及活组织检查 胃镜及活组织检查是最可靠的确诊方法，可通过活检确定胃炎的类型。

（1）慢性浅表性胃炎。胃镜下见病变黏膜充血、水肿，呈红黄相间，可有散在糜烂、出血，黏液分泌物增多。活检示黏膜浅层有炎症细胞浸润，腺体正常。

（2）慢性萎缩性胃炎。胃镜下见黏膜萎缩，色泽变淡，黏膜皱襞变细或平坦，黏膜变薄，能透见黏膜下树枝状或网状紫蓝色血管纹。活检示腺体减少或消失，伴不同程度炎症细胞浸润，可有肠腺化生和假幽门腺化生，还可见胃黏膜腺呈不典型增生。

2. 胃液分析　慢性浅表性胃炎和慢性萎缩性胃窦炎胃酸分泌基本正常，少数可增高或降低，慢性萎缩性胃体炎胃酸分泌减少，严重者可有胃酸缺乏。

3. 其他检查　幽门螺杆菌检查、血清学检查有助于病因诊断，自身免疫性胃炎血清促胃液素含量明显增高，壁细胞抗体和内因子抗体阳性。

【治疗要点】

1. 消除病因、避免诱因　应祛除各种可能的致病因素，注意休息、劳逸结合，避免长时间精神紧张和焦虑忧郁等不良情绪，彻底治疗急性胃炎；戒烟酒，避免摄入对胃有刺激的饮食，纠正不当饮食习惯；避免使用损害胃黏膜的药物，必要时，应在少量进食后服用。

2. 根除幽门螺杆菌　对有 Hp 感染的胃炎应抗 Hp 治疗，常用三联疗法，具体内容见消化性溃疡。

3. 对症治疗　胃酸缺乏者可用稀盐酸、胃蛋白酶合剂；胃酸增高者可用制酸剂。有胃肠蠕动减慢者应用胃肠动力药，如多潘立酮（吗丁啉）或西沙必利（普瑞博思）、莫沙必利等。有胆汁反流者可用消胆胺或氢氧化铝凝胶吸附。

4. 自身免疫性胃炎的治疗　目前尚无特效治疗，如有恶性贫血可肌内注射维生素 B_{12} 纠正贫血。

5. 其他　对中、重度不典型增生或可疑癌变者应手术治疗，另外还可用中医药、食疗等。

【护理诊断/问题】

1. 腹痛　与胃黏膜慢性炎症有关。
2. 营养失调：低于机体需要量　与食欲缺乏、消化吸收不良有关。
3. 活动无耐力　与自身免疫性胃炎致恶性贫血有关。
4. 知识缺乏　缺乏对慢性胃炎病因和防治知识的了解。

【护理措施】

1. 休息与活动　慢性胃炎急性发作时患者需卧床休息，恢复期患者生活要有规律，避免过度劳累，注意劳逸结合。

2. 饮食护理

（1）饮食原则。鼓励患者养成良好的饮食习惯，少量多餐、定时定量、细嚼慢咽为原则。避免摄入粗糙、过咸、过甜、过辣的刺激性食物和饮料（浓茶、咖啡），避免暴饮暴食，戒除烟酒。

（2）食物选择。向患者说明摄取足够营养素的重要性，以高热量、高蛋白、高维生素、易消化的饮食为主。对食欲减退的患者要改善烹饪技术，使食物色、香、味俱全，增加患者的食欲。根据病情选择适宜的食物，如胃酸缺乏的患者食物应完全煮熟后食用，以利于消化吸收，并可给予刺激胃酸分泌的食物如肉汤、鸡汤等，或者酌情食用酸性食物如山楂、食醋等；高胃酸者应避免进食酸性及多脂肪食物，可进食牛奶、菜泥、面包等，口味要清淡、少盐。

3. **心理护理** 告知患者及时、正规治疗和护理能获得满意的疗效。向患者说明紧张、焦虑心情会诱发加重病情，保持轻松愉快的心情对疾病康复的重要性。多安慰患者，对于异型增生，经严密随访，即使有恶变，及时手术也可获得满意的疗效，使其树立治疗信心，配合治疗，消除焦虑、恐惧心理。

4. **病情观察** 密切观察腹痛的部位、性质、每日进食的数量、体重，以判断营养是否满足机体需要；观察用药前后患者症状是否改善，如果疼痛性质突然发生改变，且经一般对症处理疼痛不仅不能减轻，反而加重，需警惕并发症的出现。

5. **对症护理** 减轻患者的紧张情绪、分散患者注意力可减轻患者疼痛；用热水袋热敷上腹部，以解除痉挛，缓解疼痛；借助中医针灸疗法缓解疼痛。

6. **用药护理** 多潘立酮的不良反应较少，偶可引起惊厥、肌肉震颤等锥体外系症状，口服用药时应饭前给药，避免与阿托品等解疼药合用。

【健康教育】

（1）向患者及家属解释慢性胃炎的病因，说明一些药物对胃黏膜有损伤作用，要尽量避免使用，必需应用者要在医师指导下加用胃黏膜保护药。

（2）教育患者如何注意饮食卫生及养成良好的饮食习惯。进餐时要细嚼慢咽使食物充分与胃酸混合，良好的饮食习惯对避免慢性胃炎复发起着重要作用。

（3）讲明吸烟、饮酒对人体的危害，帮助患者制订戒烟、戒酒计划。

（4）介绍常用药物的名称、作用、疗程、服用的剂量和方法。

（5）慢性萎缩性胃炎有恶变的可能，嘱患者定期进行门诊复查。

（王 萍）

任务四 消化性溃疡患者的护理

知识目标

1. 掌握：消化性溃疡概念、分类、护理诊断问题、护理措施和健康教育。
2. 熟悉：消化性溃疡的临床表现、发病机制。
3. 了解：消化性溃疡的病因、常用药物。

技能目标

能对消化性溃疡患者进行健康教育。

案例导入

病例：患者，男，45岁，反复中上腹疼痛3年余。疼痛呈烧灼感，常有午夜痛，进食后疼痛能缓解，并伴有反酸、嗳气、食欲减退等。近日来症状有所加重。检查：生命体征无异常。纤维胃镜见十二指肠球部黏膜潮红水肿，球腔变形、变小，前壁近大弯处有一椭圆形溃疡，边缘光滑，表面覆盖厚白苔，周围黏膜明显水肿。初步诊断为十二指肠溃疡。

请问：1. 本病主要的病因有哪些？如何避免？
2. 医生会用哪些药物治疗？如何进行用药护理？
3. 如何对患者进行饮食指导？

消化性溃疡（peptic ulcer）是指发生在胃和十二指肠黏膜的慢性溃疡。因溃疡形成与胃酸和胃蛋白酶的消化作用有关，所以称消化性溃疡。根据发生部位不同又将消化性溃疡分为胃溃疡（GU）和十二指肠溃疡（DU）。主要临床特点是慢性、周期性、节律性上腹部疼痛。消化性溃疡是全球性常见病，男性多于女性，十二指肠溃疡好发于青壮年，胃溃疡多见于中老年，胃溃疡发病年龄较十二指肠溃疡晚10年。胃溃疡多发生在胃角和胃窦小弯部；十二指肠溃疡多发生在球部，前壁比较常见。溃疡一般为单发。

【病因与发病机制】

在正常的生理情况下，胃、十二指肠黏膜消化和吸收食物的营养成分，未被胃酸和胃蛋白酶损害，能抵御各种有害物质的侵袭，保持黏膜的完整性，是因为胃、十二指肠黏膜有一系列的防御和修复机制，包括：黏液、碳酸氢盐、黏膜屏障、丰富血流量、前列腺素等；当防御因素和侵袭因素包括：胃酸、胃蛋白酶、幽门螺杆菌等失去平衡，胃酸和胃蛋白酶才可侵袭黏膜发生溃疡。幽门螺杆菌和非甾体抗炎药是导致胃、十二指肠溃疡的主要病因。

1. 幽门螺杆菌感染　幽门螺杆菌是消化性溃疡的重要病因。成功根治幽门螺杆菌可减少消化性溃疡的复发率和提高治愈率。幽门螺杆菌破坏了胃、十二指肠黏膜屏障，间接或直接使胃酸分泌增加；幽门螺杆菌感染使胃黏膜发生炎症变化，削弱了胃黏膜的保护功能而致溃疡发生。

2. 非甾体消炎药　NSAID如阿司匹林、吲哚美辛、布洛芬等，是引起消化性溃疡的又一常见病因。NSAID通过破坏黏膜屏障使黏膜防御和修复功能受损，导致消化性溃疡的发生。NSAID引起的溃疡以胃溃疡多见。

3. 胃酸和胃蛋白酶　消化性溃疡的最终形成是由于胃酸和胃蛋白酶的自身消化作用所致。胃蛋白酶只有在pH<4时才有活性。因此，消化性溃疡的发生起关键作用的是胃酸，胃酸是溃疡形成的直接原因，胃酸的损害作用只有在胃、十二指肠黏膜的防御和修复机制遭破坏时才发生。

4. 其他因素

（1）吸烟。吸烟者比不吸烟者消化性溃疡的发生率高，吸烟影响溃疡的愈合，增加溃疡的复发。

（2）急性应激。长期临床观察发现情绪应激是消化性溃疡的诱发因素，可能通过神经内分泌途径影响胃及十二指肠分泌、运动和黏膜血液供应。

（3）胃、十二指肠运动异常。十二指肠溃疡患者胃排空增快，影响食物与胃酸的充分混合，造成十二指肠酸负荷增高；胃溃疡患者胃排空减慢，可增加胃、十二指肠液反流入胃，增加胃黏膜侵袭因素。

（4）遗传、血型（O型血）、饮食因素等与消化性溃疡的发病均有关系。

总之，消化性溃疡是一种多因素作用的疾病，幽门螺杆菌感染和服用非甾体消炎药是明确的主要病因。溃疡的发生是黏膜侵袭因素和防御因素失去平衡的结果，十二指肠溃疡的发生主要是侵袭因素增强所致，而胃溃疡的发生主要是防御因素削弱所致。胃酸在溃疡的形成中起关键作用。

【临床表现】

十二指肠溃疡多发生在十二指肠球部，胃溃疡多在胃角和胃窦小弯处。典型的消化性溃疡具有三大临床特点。①慢性过程：病程长，病史可达数年或数十年。②周期性发作：发作和缓解期交替出现，每年秋冬季节和第二年的早春季节是溃疡病的多发季节，精神因素和过度劳累可诱发。③节律性疼痛。

1. 症状

（1）上腹部疼痛，是消化性溃疡的主要症状。

1）部位：胃溃疡疼痛多位于剑突下正中或偏左，十二指肠溃疡疼痛常在上腹正中或偏右。

2）性质：多为隐痛、胀痛、烧灼痛、钝痛、剧痛或饥饿样不适感。

3）疼痛节律性：与饮食关系密切。胃溃疡疼痛常在进餐后0.5~1小时出现，持续1~2小时后逐渐缓解，至下次进餐前疼痛消失，其典型节律为进食疼痛缓解。十二指肠溃疡患者疼痛为饥饿痛、空腹痛或夜间痛，其疼痛节律为疼痛进食缓解。

（2）其他。患者常有泛酸、嗳气、恶心、呕吐等胃肠道症状。可有失眠、多汗、脉缓等自主神经功能失调表现。临床上少数溃疡患者可无症状，以呕血和黑便为首发症状。

2. 体征　活动期可有上腹部轻压痛，缓解期无明显体征。

3. 并发症

（1）出血。发生率为10%~15%，是消化性溃疡最常见的并发症，也是上消化道大量出血的最常见原因。出血引起的临床表现主要取决于出血的部位、速度和出血量，轻者表现为呕血、黑便，重者可出现周围循环衰竭，甚至出现低血容量性休克，应积极抢救。

（2）穿孔。是消化性溃疡最严重的并发症。溃疡病灶向深部发展穿透浆膜层引起穿孔，发生率为2%~7%，多见于十二指肠溃疡，急性穿孔表现为突发上腹部剧烈疼痛和急性腹膜炎表现，疼痛为刀割样，可迅速遍及全腹、大汗淋漓、烦躁不安，服制酸剂不能缓解。腹肌紧张，呈板状腹，有压痛及反跳痛，肠鸣音减弱或消失，部分患者出现休克。叩诊肝浊音界缩小或消失。X线透视可见膈下有游离气体，急性穿孔应及时手术治疗，否则有生命危险。慢性穿孔即穿透性溃疡，表现为顽固而持续腹痛，可放射到背部，对抗溃疡治疗疗效差。

（3）幽门梗阻。发生率为2%～4%，大多由十二指肠溃疡或幽门溃疡引起，分为功能性梗阻和器质性梗阻。功能性梗阻是由溃疡周围组织炎性充血、水肿或幽门平滑肌痉挛而造成，梗阻为暂时性，炎症消退即可好转，内科治疗有效；器质性梗阻是由溃疡愈合，瘢痕收缩或粘连造成的，梗阻为持久性，需外科手术治疗。临床上表现为上腹持续性胀痛、嗳气、泛酸，且餐后加重，呕吐出大量呈酸腐味的宿食，呕吐后腹部症状减轻，严重及频繁呕吐者可致脱水，低氯、低钾性碱性中毒，营养不良等。腹部可见逆蠕动的胃型、胃蠕动波，可有振水音。X线钡餐和胃镜检查可明确诊断。

4. 癌变　十二指肠溃疡极少发生癌变。胃溃疡发生癌变的概率在1%以下，临床上对年龄在45岁以上、有长期胃溃疡病史、溃疡顽固不愈、大便隐血试验持续阳性者要提高警惕，胃镜检查可帮助确诊，胃镜检查要取多点活检做病理检查。必要时定期复查。

【实验室和其他检查】

1. 胃镜检查　是确诊消化性溃疡的首选检查方法，是评定溃疡的活动程度、有无癌变以及疗效评定的最佳方法，并能取活体组织作病理检查。胃镜下溃疡多呈圆形或椭圆形，边缘整齐，底部平整，覆盖有灰黄色或灰白色渗出物，周围黏膜充血水肿，有时可见皱襞向溃疡集中，呈放射状。

2. X线钡餐检查　X线钡餐检查适用于胃镜检查有禁忌或者不接受胃镜检查者，发现龛影是诊断溃疡的直接证据，对溃疡有确诊价值；局部压痛、胃大弯侧痉挛性切迹、十二指肠球部激惹和球部变形均为间接征象，仅提示有溃疡的可能。

3. 幽门螺杆菌检测　是消化性溃疡诊断的常规检查项目，对消化性溃疡治疗方案的选择有指导意义。Hp检测可分为以下两种。

（1）非侵入性方法。常用^{13}C或^{14}C尿素呼气实验，该检查不依赖内镜，患者依从性好，准确性高，为Hp检测的"金标准"方法之一。

（2）侵入性方法。快速尿素酶试验是侵入性检查的首选方法，操作简便、费用低。组织学检查可直接观察幽门螺杆菌，与快速尿素酶试验结合，可提高诊断准确率。

4. 胃液分析　胃溃疡胃酸分泌正常或稍低，十二指肠溃疡胃酸分泌增多。

5. 大便隐血试验　活动期消化性溃疡常有少量渗血，大便隐血试验呈阳性，但应注意排除假阳性。

【治疗要点】

治疗原则为消除病因，控制症状，促进愈合，预防复发和防治并发症。治疗消化性溃疡的药物可分为抑制胃酸分泌的药物和保护胃黏膜药物两大类。同时还要根除幽门螺杆菌。

1. 抑制胃酸药物

（1）抗酸药，可直接中和胃酸，缓解疼痛症状。此类药不宜单独应用，只作为治疗消化性溃疡的辅助用药。常用药物有碳酸氢钠、碳酸钙、氢氧化铝等。

（2）H_2受体拮抗剂，阻止组胺与壁细胞膜上的H_2受体结合，抑制胃酸分泌，该类药物价格便宜，临床上特别适用于根除幽门螺杆菌疗程完成后的后续治疗及半量作长期维持治疗。常用药物有西咪替丁、雷尼替丁、法莫替丁，此类药物全日总量于睡前顿服与每日2～3次分服效果相同。常规剂量十二指肠溃疡患者疗程4～6周，胃溃疡患者6～8周。服药后基础胃酸分泌量、食物刺激后胃酸分泌量及夜间胃酸分泌量均减少。

（3）质子泵抑制剂（H^+K^+ATP酶抑制剂，PPI），是目前抑制胃酸分泌最强的药物，这类药物作用于壁细胞胃酸分泌终末过程的关键酶H^+K^+ATP酶，使其失去活性，且不可逆转。与H_2受体拮抗药相比PPI促进溃疡愈合的速度快、溃疡愈合率较高，PPI是根除幽门螺杆菌基础药物。常用奥美拉唑（洛赛克）20 mg，1次/日；兰索拉唑30 mg，1次/日；泮托拉唑40 mg，1次/日。十二指肠溃疡患者疗程2～4周，胃溃疡患者疗程4～6周。

2. 保护胃黏膜药物　胃黏膜保护剂主要有3种：硫糖铝、枸橼酸铋钾和前列腺素类药物。

（1）硫糖铝，可黏附在溃疡表面阻止胃酸/胃蛋白酶的侵袭，促进内源性前列腺素合成，刺激表皮生长因子分泌。硫糖铝常规用量为1 g/日，分4次口服。

（2）枸橼酸铋钾，除有硫糖铝的作用机制外，还具有较强抑制幽门螺杆菌的作用。疗程4～8周。

（3）前列腺素类药物，具有抑制胃酸分泌，增加胃、十二指肠黏膜的黏液和碳酸氢盐的分泌，增加黏膜的血流作用。代表药物为米索前列醇。

3. 根除幽门螺杆菌　临床上常采用联合用药的方法。目前，常采用以PPI或胶体铋剂为基础加上两种抗菌药物的三联疗法。抗菌药物通常选用克拉霉素、阿莫西林、甲硝唑中的两种，7天为一疗程。可根据患者情况选用下列方案，见表4-1。

表4-1　根除幽门螺杆菌的三联治疗方案

PPI或胶体铋（任选一种）	抗菌药（任选两种）
奥美拉唑20 mg，2次/日	克拉霉素0.25 mg，2次/日
枸橼酸铋钾40 mg，2次/日	阿莫西林0.5 g，2次/日
	甲硝唑0.4 g，2次/日

【护理评估】

1. 健康史、身体状况评估　见病因、临床表现等相关内容。
2. 心理-社会状况　消化性溃疡是慢性病，常反复发作，评估患者有无焦虑、恐惧、抑郁等心理状态。评估患者及家属对疾病的认识程度和是否经过正规的治疗，疾病是否反复发作导致并发症的发生，了解患者的职业，一些职业常会出现饮食不规律，如出租车司机、外科医师等，了解家庭经济情况和社会保障情况，指导进一步治疗。

【护理诊断/问题】

1. 上腹痛　与消化道黏膜溃疡有关。
2. 营养失调：低于机体需要量　与疼痛导致摄入量减少，消化吸收障碍有关。
3. 焦虑　与疼痛症状反复出现，病程迁延不愈有关。

4. 潜在并发症　上消化道大出血、胃穿孔。

5. 知识缺乏　缺乏溃疡病防治的知识。

【护理措施】

1. 休息与体位　轻症者适当休息，可参加轻微工作，注意劳逸结合，避免过度劳累，溃疡活动期，大便隐血试验阳性患者应卧床休息1~2周。

2. 饮食护理　宜选用营养丰富、清淡、易消化的食物，以利于促进胃黏膜修复和提高抵抗力。急性活动期应少食多餐，每日5~6餐，进食时应细嚼慢咽，不宜过快、过饱。少量多餐可中和胃酸，减少胃饥饿性蠕动，同时可避免过饱所引起的胃窦部扩张增加促胃液素的分泌。以牛奶、稀饭、面条等偏碱性食物为宜。由于蛋白质类食物具有中和胃酸作用，可摄取适量脱脂牛奶，宜安排在两餐间饮用，但牛奶中的钙质反过来刺激胃酸分泌，故不宜多饮。脂肪到达十二指肠时虽能刺激小肠黏膜分泌肠抑胃素，抑制胃酸分泌，但同时又可引起胃排空减慢，胃窦扩张，致胃酸分泌增多，故脂肪摄取也应适量。忌食辛辣、过冷、油炸、浓茶等刺激性食物及饮料，戒烟酒。

3. 心理护理　消化性溃疡的患者因疼痛刺激或并发出血，易产生紧张、焦虑等不良情绪，使胃黏膜保护因素减弱，损害因素增加，使病情加重，故应为患者创造安静、舒适的环境，减少不良刺激；同时多与患者交谈，鼓励其说出心中的顾虑与疑问，使患者了解本病的诱发因素、疾病过程和治疗效果，增强治疗信心，克服焦虑、紧张心理。

4. 观察病情　注意观察及详细了解患者腹痛的规律和特点，腹痛的部位、性质、时间与饮食、气候、药物、情绪等的关系；监测生命体征，同时应注意观察患者的面色，呕吐物及粪便的量、形状、颜色，以便及时发现和处理出血、穿孔、梗阻、癌变等并发症。

5. 对症护理

（1）帮助患者认识和去除诱因。讲解消化性溃疡疼痛的诱因，使患者能够在饮食、嗜好、情绪、生活节奏等方面多加注意，并做到坚持服药。

（2）减轻疼痛的护理。协助患者采取有利于减轻疼痛的体位；应用转移注意力法、音乐疗法等缓解疼痛；根据情况可选择局部热敷、针灸等方法缓解疼痛，但急腹症时不能热敷；遵医嘱合理应用镇痛药物，急性腹痛诊断未明者，不可随意使用镇痛药，以免掩盖症状、体征而延误病情。

6. 用药护理

（1）H_2受体拮抗药，应在餐中或餐后即刻服用，也可将全日的剂量在睡前顿服。西咪替丁可通过血脑脊液屏障，偶尔引起精神症状；用药期间注意监测肝肾功能和血常规。雷尼替丁和法莫替丁不良反应较少。患者用药过程中要注意观察这些不良反应，发现后应及时报告医师。

（2）质子泵抑制剂，不良反应较少，可有头晕，初次应用时应减少活动。特别是用药初期，叮嘱患者用药期间避免开车或做其他必须高度集中注意力的工作。

（3）胃黏膜保护药。因硫糖铝在酸性环境下有效，所以应在餐前1小时给药。硫糖铝全身不良反应少，常引起便秘，本药含糖量高，糖尿病患者不宜应用。胶体铋剂在酸性环境下起作用，宜在餐前0.5小时服用，短期服用可引起舌苔和粪便变黑，长期服用可造成铋在体内大量堆积引起神经毒性，故不宜长期应用。米索前列醇的常见不良反应是腹泻、子宫收缩，故孕妇禁服。

（4）其他药物。抗酸药，如氢氧化铝凝胶等应在餐后1小时或睡前服用，抗酸药以液体制剂效果最好，服用时要充分摇匀，服用片剂时应嚼服。抗酸药与奶制品相互作用可形成络合物，要避免同时服用。

【健康教育】

1. 活动与休息指导　指导患者合理安排休息时间，保证充足的睡眠，生活要有规律，劳逸结合，避免精神过度紧张，长期脑力劳动后要适当活动，保持良好的心态，在秋冬或冬春气候变化明显的季节要注意保暖。

2. 饮食指导　指导患者定时进餐，不宜过饱。避免辛辣、咖啡、浓茶等刺激性食物及饮料，戒除烟酒，因烟雾中的尼古丁可直接损害胃黏膜，使胃酸分泌过多而加重病情。

3. 心理指导　告知患者紧张、焦虑的情绪可增加胃酸分泌，诱发疼痛加重或溃疡复发。患者宜身心放松，胸怀宽广，保持乐观主义精神，选择合适的锻炼方式，提高机体抵抗力，促进溃疡愈合。

4. 用药指导　指导患者避免使用对胃、十二指肠黏膜有损害的药物，如阿司匹林、泼尼松、咖啡因、利血平等。嘱患者遵医嘱按时服药，学会药物的正确使用方法及其观察药物的不良反应，不要随意停药或减量，防止复发。

5. 出院指导　对患者及家属进一步讲解消化性溃疡的病因和诱发因素，嘱患者定期门诊复查，如有疼痛持续不缓解、疼痛规律性消失、排黑便等应立即就医。

（王　萍）

任务五　肠结核患者的护理

 知识目标

1. 掌握：肠结核的临床表现、护理诊断、护理措施、健康教育。
2. 熟悉：肠结核患者的病因、实验室检查、治疗要点。
3. 了解：肠结核患者的概念、发病机制。

技能目标

能对肠结核患者进行健康教育。

案例导入

病例：女性，35岁，低热、盗汗、消瘦、乏力，右下腹疼痛3年余。进餐后加重，排便后缓解，每天排便3~4次，呈糊状，肉眼无黏液、脓血。右下腹触及包块，质地中等、有压痛。结核菌素试验为强阳性，初步诊断为肠结核。

请问：1. 本病主要的病因是什么？病变主要在什么部位？
2. 该患者哪些临床表现提示肠结核？还应该做何检查？如何预防？

肠结核（intestinal tuberculosis）是结核分枝杆菌侵犯肠道引起的肠道慢性特异性感染，常继发于肺结核，由于生活水平的日益提高，预防保健意识的增强，结核的患病率下降，临床上肠结核的患病率也逐渐减少。但肺结核仍然常见，因此，临床上仍应警惕肠结核的发生。临床表现为腹痛、腹部肿块、腹泻与便秘交替出现及全身中毒症状。本病多见于青壮年，女性略多于男性。

【病因与发病机制】

病原菌主要为人型结核分枝杆菌，约占90%以上，结核分枝杆菌侵犯肠道主要是经消化道感染，患者多有开放性肺结核或喉结核，因吞下含结核分枝杆菌的痰液而导致发病，或经常和开放性肺结核患者共餐，忽视餐具消毒，也可被感染。肠结核也可由血行播散引起，或由腹腔内结核病灶直接蔓延，结核分枝杆菌侵入人体后，当人体抵抗力下降、肠道功能紊乱，侵入的结核分枝杆菌大量繁殖、毒力增大时才会发病。少数患者因饮用未经消毒的带菌牛奶或乳制品而发生牛型结核分枝杆菌感染。

结核分枝杆菌入侵肠道后，在回盲部停留时间较长，回盲部淋巴组织丰富，增加感染的机会，因此，回盲部是肠结核的好发部位。其他部位按发病率高低依次为升结肠、空肠、横结肠、降结肠、阑尾、十二指肠和乙状结肠等。肠结核主要病理类型有：①增生型肠结核：患者机体免疫状况良好，感染轻，则表现为肉芽组织增生和纤维化。②溃疡型肠结核：侵入的结核分枝杆菌数量多、毒力大，可发生干酪样坏死，形成溃疡。③混合型：兼有两种病变者。

【临床表现】

肠结核多数缓慢起病，病程较长，具体表现如下。

1. 症状

（1）腹痛。多位于右下腹部，也可牵涉到上腹部或脐周，引起相应部位的疼痛。疼痛的性质为钝痛或隐痛，进餐可诱发腹痛或加重腹痛伴有便意，排便后腹痛可有不同程度的缓解，主要是由于进餐后使病变肠曲痉挛或蠕动加强。并发肠梗阻时有腹绞痛，常位于右下腹或脐周，伴有腹胀、肠形及蠕动波，肠鸣音亢进。

（2）腹泻与便秘。是本病肠功能紊乱的一种表现。溃疡型肠结核主要表现为腹泻，排便次数因病变严重程度和范围不同而异，每日排便2~4次，病变严重而广泛时，腹泻次数增多，可达每日10余次。粪便为不含黏液、脓血的糊状，无里急后重。有时腹泻、便秘交替出现。增生型肠结核多以便秘为主。

（3）腹部肿块。肿块位于右下腹，固定，质地中等，伴有轻、中度压痛。见于增生型肠结核。

（4）全身症状和肠外结核表现。常有午后低热、不规则热结核病毒血症表现，伴有乏力、盗汗、消瘦、贫血，也可同时存在结核性腹膜炎、活动性肺结核的相关表现。

（5）并发症。晚期患者常并发肠梗阻、结核性腹膜炎，偶见急性肠穿孔。

2. 体征　患者多呈慢性病容，增生型肠结核右下腹可触及包块，质地中等，较固定，伴有轻、中度压痛。溃疡型肠结核合并局限性腹膜炎，局部病变肠管与周围组织粘连或同时有肠系膜淋巴结结核时，也可出现腹部包块。

【实验室和其他检查】

1. 血液检查　有中度贫血，血沉明显加快，可作为结核病活动的指标之一。结核菌素试验呈强阳性者对本病诊断有帮助。

2. 粪便检查　粪便一般无黏液、脓血，镜下可见少量脓细胞与红细胞。

3. X线检查　钡剂灌肠检查对肠结核诊断具有重要价值。溃疡型肠结核钡剂在病变肠段呈激惹征象：即钡剂排空快，充盈不佳；增生型肠结核可见肠段增生性狭窄、收缩与变形、钡剂充盈缺损及肠壁僵硬等。

4. 纤维结肠镜检查　可观察升结肠、回盲部病变，确定病变范围及性质，并做活组织病理检查，对本病诊断有重要价值。

【治疗要点】

治疗目的：消除症状、改善全身情况、促进病灶愈合及防止并发症。治疗原则：诊断后早期规范化抗结核治疗、对症、支持治疗。

1. 休息与营养　活动期肠结核需卧床休息，休息与充足营养可增强患者抵抗力，是治疗的基础。给予高蛋白、高维生素、高热量饮食，必要时可给静脉内高营养治疗。

2. 抗结核化学药物治疗　是本病治疗的关键，多采用短程化疗，疗程为6~9个月，一般用异烟肼与利福平两种杀菌药联合。对严重肠结核可再加用链霉素或吡嗪酰胺等三药联合。

3. 对症治疗　腹痛可用颠茄、阿托品；摄入不足或腹泻严重者应补充水电解质，以保持水电解质、酸碱平衡；对不完全性肠梗阻患者必要时可行胃肠减压，以缓解肠梗阻症状。

4. 手术治疗　适应证包括：①完全性肠梗阻；②急性肠穿孔或慢性肠穿孔、瘘管形成经内科治疗而未能闭合者；③肠道大量出血，经积极抢救不能有效止血者；④诊断困难须剖腹探查者。

【护理诊断/问题】

1. 疼痛　与结核分枝杆菌侵犯肠黏膜致炎性病变有关。
2. 营养失调：低于机体需要量　与结核分枝杆菌感染、消化吸收障碍有关。
3. 腹泻　与肠结核所致的肠功能紊乱有关。
4. 焦虑　与疾病病程长、治疗疗程长有关。
5. 知识缺乏　缺乏肠结核病的预防和治疗知识。

【护理措施】

1. 休息与体位　活动性肠结核患者需卧床休息，以减轻腹痛，减少机体消耗。病情稳定后，可逐步增加活动量，以增强机体抵抗力。有盗汗，患者应注意及时更换床单、衣物，保持干爽，以利于患者更好休息。

2. 饮食护理　合理的营养可增强患者机体抵抗力，促进肠病变愈合，是治疗肠结核的基础。告知患者及家属增加营养的重要性，摄入高热量、高蛋白、高维生素易消化的食物有利于疾病的康复。有脂肪泻的患者应少食乳制品、易发酵的食物如豆制品、富含脂肪及粗纤维食物，以免加快肠蠕动。肠梗阻的患者应禁食。

3. 心理护理　告知患者有关结核病的知识，使患者认识到此病经过合理、全程化疗是可治愈的。要充分理解患者，帮助患者消除顾虑，创造一个良好的治疗环境，使患者树立战胜疾病的信心。

4. 病情观察　注意观察患者的生命体征，腹痛的程度、性质及部位等，及早发现肠梗阻等并发症。每周测量患者体重，以了解营养状况。

5. 对症护理

（1）疼痛的护理。①严密观察腹痛特点，评估病情进展程度。②与患者交谈，分散其注意力。③采用针灸、按摩等方法缓解疼痛。④按医嘱给予患者解痉、止痛药物，对肠梗阻所致疼痛，应行胃肠减压，无效者需手术治疗。⑤病情出现明显变化，如腹痛明显加重、便血，应立刻通知医师，并积极配合医师采取抢救措施。

（2）腹泻的护理。详见本项目相关内容。

6. 用药护理　告知患者及家属有关抗结核药物的用法、作用及主要不良反应，若有不良反应出现，应及时报告医师。

【健康教育】

1. 疾病知识指导　帮助患者及家属制订切实可行的用药计划，按时服药，以免漏服。定期门诊复查，以了解病情进展及调整治疗方案。肠结核预后取决于早期诊断与及时正规治疗，一般预后良好。

2. 用药指导　向患者及家属宣传坚持正规与全程治疗肠结核的重要性，嘱家属督促患者一定要按时、按剂量服用药物，切忌自行间断用药或停药，否则会影响疗程及疗效，导致治疗的失败。

3. 预防指导　肠结核的预防应重点在肠外结核，特别是肺结核的早期诊断。应积极治疗，使痰菌尽快转阴。日常生活中应注意饮食卫生，如牛奶应消毒后饮用，提倡用公筷进餐及分餐制。肠结核患者的粪便要消毒处理，防止病原体传播。

知识拓展

结核性腹膜炎是由结核分枝杆菌引起的慢性弥漫性腹膜感染，以中青年女性多见。多数是继发于肺结核和其他肺外结核，如肠系膜淋巴结核、肠结核、输卵管结核等腹腔内结核病灶直接蔓延到腹膜。少数患者可由血行播散引起腹膜感染，多伴有粟粒性肺结核、结核性脑膜炎等。本病病理改变可分为渗出型、粘连型和干酪型三种，以粘连型为最多见，可混合存在。主要临床表现是腹痛、腹胀、腹水、腹泻与便秘交替出现及全身中毒症状。腹痛位于下腹、脐周或全腹，多为隐痛或胀痛，腹壁柔韧感是腹膜遭受轻度刺激或有慢性炎症的一种表现，是结核性腹膜炎的常见体征。要坚持早期、联合、适量、规则及全程的规范抗结核化疗为主的综合性治疗。

（赵 翠）

任务六 溃疡性结肠炎患者的护理

知识目标

1. 掌握：溃疡性结肠炎的临床表现、护理措施、健康教育。
2. 熟悉：溃疡性结肠炎的病因、实验室检查、治疗要点。
3. 了解：炎症性肠病的概念、发病机制。

技能目标

能对溃疡性结肠炎患者进行健康教育。

案例导入

病例：患者，男性，45岁。慢性腹泻5年，大便每天2~4次，常带少量黏液，偶有脓血便。常规检查：生命体征无异常，右下腹部有压痛；实验室检查：反复粪便致病菌培养阴性。结肠镜检查：直肠、降结肠和横结肠充血、水肿，有少数散在浅溃疡。初步诊断为：溃疡性结肠炎。

请问：1. 本病主要的临床表现有哪些？如何与细菌性痢疾鉴别？
2. 患者可能会用哪些药物治疗，应如何合理应用？
3. 该患者病情属于什么程度？

溃疡性结肠炎（ulcerative colitis，UC）是一种病因不清楚的直肠和结肠慢性非特异性炎性疾病。病变主要限于大肠黏膜与黏膜下层，很少深入肌层，所以并发结肠穿孔、瘘管或周围脓肿少见。少数暴发型或重症患者病变涉及结肠全层，可发生中毒性巨结肠。范围多自肛端直肠开始,逆行向近段发展,甚至累及全结肠及末段回肠。病变部位在大肠,多数在直肠和乙状结肠,可扩展至附近结肠,病变呈连续性弥漫性分布。主要临床表现是腹泻、黏液脓血便、腹痛及里急后重。发病高峰年龄为20～40岁。病情轻重不一,多呈反复发作的慢性过程。欧美国家发病多见。

📝 知识拓展

炎症性肠病(IBD)是一类多种病因引起的,异常免疫介导的肠道慢性、复发性炎症。溃疡性结肠炎(UC)和克罗恩病(CD)合称为炎症性肠病。克罗恩病是一种慢性炎性肉芽肿性疾病,好发于回肠末端和邻近结肠。病变呈节段性或跳跃式分布。临床表现主要为腹痛、腹泻、体重下降三大症状,同时伴有腹部包块、瘘管形成、肠梗阻、发热、营养不良等。瘘管形成是CD的特征性表现。肠梗阻是主要并发症。腹痛位于右下腹或脐周,间歇性发作,餐后加重,排便或肛门排气后缓解。粪便多为糊状,一般无黏液、脓血。肠镜检查:可见纵行溃疡,黏膜鹅卵石样改变,病变期间黏膜外观正常。治疗首选糖皮质激素,还可用免疫抑制剂及水杨酸类药物。

【病因与发病机制】

由环境、遗传、感染和免疫因素等多因素相互作用所致。环境因素作用于遗传易感者,在肠道菌丛的参与下,启动了肠道免疫及非免疫系统,最终导致免疫反应和炎症过程。

1. 免疫因素　肠道黏膜免疫系统在UC肠道炎症发生、发展、转归过程中始终发挥作用。免疫反应中释放多种肠道炎性反应的免疫因子和递质使肠道黏膜损伤。

2. 遗传因素　调查资料显示,血缘家族的发病率较高,提示遗传因素在本病发病中起一定作用,目前认为UC是多基因病,而且也是遗传异质性疾病(不同人由不同基因引起),患者在一定环境因素下由于遗传易感而发病。

3. 感染因素　本病在病理变化与临床表现方面与细菌性痢疾相似,但迄今未检出致病性微生物,因此,有人认为感染是诱发因素。

4. 环境因素　饮食、吸烟、生活方式、精神因素、重大的精神创伤等都是可能的环境因素和诱因。有研究表明,UC的发病有明显的地域差异,欧美国家发病明显高于我国。

【临床表现】

溃疡性结肠炎大多数起病缓慢,偶有急性暴发起病。病程呈慢性经过,发作与缓解交替出现。饮食失调、劳累、精神因素、感染可使疾病复发或加重。

1. 消化系统表现

(1) 腹痛。轻者或缓解期患者可无腹痛或仅有腹部不适,活动期一般有轻中度腹痛,局限于左下腹或下腹部,排便后疼痛可减轻或缓解。重症可有持续性剧烈腹痛。有疼痛、便意、便后缓解的规律,常伴有里急后重感。

（2）腹泻，为最主要症状。腹泻主要是炎症导致大肠黏膜对水钠吸收障碍及结肠运动功能失调引起。大便的情况可以反映病情轻重，轻者每日2～3次，便血轻或无；重者可达每日10次以上，粪便呈黏液、脓血便，甚至血便，常有里急后重感。粪便中黏液脓血是由于炎症渗出、黏膜糜烂及溃疡所致。病变比较局限时患者可间断出现便秘。

（3）体征。轻者左下腹轻压痛，重者及暴发型患者常引起鼓肠、腹肌紧张、压痛及反跳痛。

2. 全身表现 轻者仅为低中度发热，重者可有高热、贫血、消瘦、水电解质紊乱和酸碱平衡失调、低蛋白血症及营养不良。

3. 临床分型 根据病程可分为初发、慢性复发、慢性持续性及急性暴发等型。根据病变程度可分轻型：腹泻4次/日以下，便血轻，无全身表现；重型：腹泻频繁，6次/日以上，并有明显的黏液脓血便，全身中毒症状明显；中型：介于轻型与重型之间，腹泻4次/日或以上，伴轻微全身表现。

4. 并发症 严重者可并发中毒性巨结肠、癌变、出血、急性肠穿孔、肠出血等。

 知识链接

中毒性巨结肠是UC严重的并发症，多发生在暴发型或重症溃疡性结肠炎患者。国外报道，发生率在重症患者中约有5%。因结肠病变广泛而严重，累及肌层与肠肌神经丛，肠壁张力减退，结肠蠕动消失，肠内容物与气体大量积聚，引起急性结肠扩张，一般以横结肠最为严重。常因低钾、钡剂灌肠、使用抗胆碱能药物或阿片类制剂而诱发。临床表现为病情急剧恶化，毒血症明显，有脱水与电解质平衡紊乱，出现鼓肠、腹部压痛、肠鸣音消失。血常规检查可见白细胞计数显著升高。X线腹部平片可见结肠扩大，结肠袋形消失。并发症预后差，易引起急性肠穿孔。

【实验室和其他检查】

1. 血液检查 可有贫血、人血白蛋白降低。白细胞增高、红细胞沉降率增快和C-反应蛋白增高是活动期的标志。

2. 粪便检查 常有黏液脓血便，镜下可见红细胞、白细胞。粪便病原学检查为阴性。

3. X线钡剂灌肠检查 可显示结肠袋变浅或消失，肠腔狭窄，肠壁变硬，肠管缩短、变细，可呈铅管状，息肉形成时可见多发性充盈缺损。重型或暴发型患者不宜做钡剂灌肠检查，以免诱发中毒性巨结肠或加重病情。

4. 结肠镜检查 全结肠或乙状结肠镜检查对本病诊断有重要价值。可确定病变范围。

【治疗要点】

治疗目的：尽快控制急性发作，维持缓解，减少复发，防治并发症。

1. 一般治疗　急性期应卧床休息，保持心情平静，给流质饮食，病情严重者应禁食，给予静脉高营养。腹痛时给予解痉止痛药。

2. 氨基水杨酸制剂　柳氮磺吡啶（SASP）为首选药物，适用于轻型、中型及重型经糖皮质激素治疗已有缓解者。剂量：发作时 4~6 g/d，分 4 次口服，病情缓解后改为 2 g/d，疗程为 1~2 年。

3. 肾上腺皮质激素　适用于暴发型或重型或应用柳氮磺吡啶类药物无效的患者。常用氢化可的松 200~300 mg/d 或地塞米松 10 mg/d 静脉滴注，7~14 日后改为口服泼尼松 60 mg/d 口服。病情控制后逐渐减量，直至停药。

4. 免疫抑制剂　硫唑嘌呤或巯嘌呤适用于对糖皮质激素治疗效果不佳或对糖皮质激素依赖的慢性持续型患者。

5. 手术治疗　适用于并发肠穿孔、大出血、重症患者特别是合并中毒性巨结肠经内科积极治疗无效者。

【护理诊断/问题】

1. 腹泻　与肠道炎性刺激致肠蠕动增加、肠内水钠吸收障碍有关。
2. 慢性腹痛　与肠道黏膜的炎性浸润有关。
3. 营养失调：低于机体需要量　与频繁腹泻、吸收不良有关。
4. 焦虑　与频繁腹泻、疾病迁延不愈有关。

【护理措施】

1. 休息与体位　提供安静、舒适的环境，使患者身心得到休息，减少精神和体力负担、减少胃肠蠕动，减轻症状。

2. 饮食护理　指导患者食用质软、易消化、少纤维素、富含热量、高蛋白质、低渣软食，有利于肠道吸收。急性发作期和暴发型患者应进食无渣流质或半流质饮食，避免食生冷及含纤维素多的食物，忌食牛乳和乳制品。戒烟酒。病情严重者应禁食并行胃肠外营养，使肠道得以休息利于减轻炎症，控制症状。

3. 心理护理　溃疡性结肠炎病程较长，症状反复出现，患者易缺乏信心，会产生抑郁或焦虑。应耐心向患者做好宣传解释工作，使其具有良好的心态积极配合治疗，帮助患者树立战胜疾病的信心和勇气。应尊重患者，为患者提供相对私密的空间，如尽量安排患者在有卫生间的单人病室等。

4. 病情观察　观察患者腹泻的次数、量、性质，有无腹痛、发热、恶心、呕吐等伴随症状；观察有无口渴、疲乏无力、尿量减少等脱水表现；观察有无电解质紊乱、酸碱失衡的表现；还应观察进食情况，定期测量体重，监测粪便检查结果和生化指标变化。

5. 对症护理（腹泻的护理）　①休息：腹泻严重者需卧床休息，应安排患者离卫生间较近的房间，便于患者大小便，或室内留置便器。②饮食护理与病情观察。③静脉营养：遵医嘱及时给予补液、电解质、营养物质。④肛周皮肤护理：指导患者和家属做好肛门及周围皮肤的护理，如手纸要柔软，擦拭动作宜轻柔，便后用肥皂与温水清洗肛门及周围皮肤，清洗后轻轻拭干局部，必要时局部涂抹无菌凡士林软膏或涂擦抗生素软膏以保护皮肤的完整。

6. 用药护理 向患者及家属解释药物的用法、作用、不良反应等，柳氮磺吡啶既可出现恶心、呕吐、食欲缺乏等消化系统不良反应，又可引起皮疹、白细胞减少、自身免疫性溶血、再生障碍性贫血等，饭后服用可减少消化道症状；服药期间应定期复查血常规，出现不良反应要及时报告给医生。应用糖皮质激素要注意激素用量和停药注意事项。对于采用灌肠疗法的患者，应指导患者尽量抬高臀部，从而延长药物在肠道内的停留时间。

【健康教育】

1. 疾病知识指导 指导患者及家属正确认识此病，保持稳定的情绪，树立战胜疾病的信心。
2. 休息饮食指导 指导患者休息、饮食及合理用药等多方面进行自我护理以控制病情的发展，逐步缓解病情直至康复。生活规律，劳逸结合，保持心情舒畅；饮食上要摄入高热量、高营养、少纤维、少刺激的食物，以补充营养及减少对肠道的刺激，因服用牛奶导致腹泻加重者，应避免服用牛奶及奶制品。
3. 用药指导 告知患者及家属坚持用药的重要性，学会观察药物的不良反应。不要随意停药，要定期复查血常规。出现疲乏、头痛、发热、手脚发麻、排尿不畅等要及时就诊。
4. 病情观察 自我监测病情，定期复查。

（赵 翠）

任务七 肝硬化患者的护理

知识目标

1. 掌握：肝硬化患者的临床表现、护理诊断/问题、护理措施、健康教育。
2. 熟悉：肝硬化的病因、实验室检查、治疗要点。
3. 了解：肝硬化的概念、发病机制。

技能目标

能对肝硬化患者进行健康指导。

案例导入

病例：患者，男性，55岁。乙型肝炎病史18年。乏力、食欲缺乏2个月，腹胀、少尿10天。体检：消瘦，神志清楚，肝病面容，巩膜轻度黄染，肝掌（+），左颈部可见2枚蜘蛛痣,腹部明显膨隆,未见腹壁静脉曲张,移动性浊音(+),双下肢轻度水肿。患者精神紧张,担心癌变。初步诊断为:肝硬化(肝功能失代偿期)。

请问: 1. 本病主要的病因有哪些?

2. 肝功能失代偿期的临床表现有哪些?

3. 该患者为何出现腹水,列出腹水患者的治疗和护理措施。

肝硬化(cirrhosis of liver)是由于一种或多种致病因素长期或反复作用于肝脏,造成肝细胞坏死、肝组织弥漫性纤维化、假小叶和再生结节形成为特征的慢性肝病。以门静脉高压和肝功能损害为主要临床表现。晚期可出现上消化道出血、肝性脑病、继发感染等严重并发症。我国肝硬化占内科住院人数4%~14%,发病年龄为35~50岁,男女比例为(4~8):1。

【病因与发病机制】

肝硬化的病因很多,我国以病毒性肝炎最为常见,国外则以酒精中毒居多。

1. **病毒性肝炎** 主要为乙型、丙型或乙型加丁型重叠感染。甲型和戊型病毒性肝炎不发展为肝硬化。一般认为,肝硬化是经过慢性肝炎演变而来,称肝炎后肝硬化。

2. **慢性酒精中毒** 长期大量酗酒引起酒精性肝炎,继而发展为肝硬化,主要是乙醇及其中间代谢产物(乙醛)的毒性作用,引起酒精性肝炎,继而发展为肝硬化。

3. **工业毒物或药物** 长期反复接触四氯化碳、磷、砷等化学毒物或长期服用甲基多巴、四环素、双醋酚汀等,可引起中毒性肝炎,最终演变为肝硬化。

4. **胆汁淤积** 持续存在肝外胆管阻塞或肝内胆汁淤积时,高浓度的胆汁酸和胆红素对肝细胞有损害作用,可引起原发性或继发性胆汁性肝硬化。

5. **循环障碍** 慢性充血性心力衰竭、缩窄性心包炎、肝静脉和(或)下腔静脉阻塞,可使肝脏长期淤血,肝细胞发生缺氧、坏死和结缔组织增生,最终演变为淤血性肝硬化,又称心源性肝硬化。

6. **遗传和代谢障碍** 由于遗传或先天性酶缺陷,致使代谢产物积聚于肝,引起肝细胞坏死和结缔组织增生,比如血色病(铁沉积)、肝豆状核变性(铜沉积)、半乳糖血症等。

7. **营养障碍** 食物中长期缺乏蛋白质、维生素、抗脂肪肝物质等,可致肝脂肪变性和坏死,并降低肝对其他致病因素的抵抗力。

8. **血吸虫病** 由于虫卵沉积于汇管区,引起大量纤维组织增生,导致肝纤维化和门静脉高压症。

9. **免疫紊乱** 自身免疫性肝炎可演变为肝硬化。

10. **其他** 临床上还有一些肝硬化患者找不到病因,为隐源性肝硬化。

【临床表现】

肝硬化起病隐匿,病程发展一般比较缓慢,病情亦较轻微,可潜伏3~5年或更长时间。临床上将肝硬化分为肝功能代偿期和失代偿期。

1. **代偿期** 症状轻,甚至无任何不适。早期以乏力、食欲缺乏较为突出,可伴有上腹部不适、腹胀、恶心、腹泻、厌油腻等，症状经休息或治疗可缓解。肝脏轻度肿大，质偏硬，可有轻度压痛，脾脏轻、中度肿大。肝功能正常或轻度异常。

2. 失代偿期　以肝功能减退和门静脉高压所致的症状和体征为主要表现。

（1）肝功能减退的临床表现

1）全身症状。患者营养状况差，早期乏力，之后体重下降，呈消瘦状，面色灰暗无光泽（肝病面容），精神不振，皮肤干枯粗糙，有舌炎、口角炎，常有不规则低热及水肿。

2）消化道症状。食欲明显减退甚至厌食，进食后常感上腹饱胀不适、恶心、呕吐等。对脂肪和蛋白质含量高的食物耐受差，稍进油腻食物即可引起腹泻。患者可因胃肠胀气和腹水致腹胀。上述症状的产生与门静脉高压引起胃肠道淤血水肿、消化吸收障碍和胃肠道菌群失调有关。半数以上患者有轻度黄疸，少数可有中、重度黄疸，提示肝细胞有进行性或广泛坏死。

3）出血倾向和贫血。常有鼻出血、牙龈出血、皮肤紫癜和胃肠出血倾向，是因肝合成凝血因子减少，脾功能亢进和毛细血管脆性增加所致。患者常有不同程度的贫血，是由于肠道吸收障碍、营养不良、胃肠失血及脾功能亢进等因素引起。

4）内分泌紊乱。①肝对雌激素的灭活功能减退，使雌激素增加，男性患者常表现为性欲减退、睾丸萎缩、毛发脱落及乳房发育；女性患者有月经失调、闭经、不孕等。部分患者出现蜘蛛痣，主要分布在面颈部、上胸、肩背和上肢等上腔静脉引流区域；手掌大小鱼际和指端、腹侧部位皮肤发红称为肝掌，肝掌和蜘蛛痣的形成与雌激素增多有关。②肝对醛固酮及抗利尿激素灭活作用减弱，导致继发醛固酮及抗利尿激素增多，致水钠潴留、水肿，促进和加重腹水的形成。③肾上腺皮质功能减退，表现为面部和其他暴露部位皮肤色素沉着。

（2）门静脉高压的临床表现。门静脉系统阻力增加和门静脉血流增多，是形成门静脉高压的发生机制。门静脉高压症的三大临床表现是脾大、侧支循环建立与开放、腹水。

1）脾大、脾功能亢进。脾因长期淤血而增大，一般为轻、中度增大，上消化道大出血时脾可暂时缩小。晚期脾大常出现白细胞、红细胞、血小板计数的减少，表现为感染、贫血、出血。

2）侧支循环建立与开放。门静脉压力增高，超过20 cmH$_2$O（1.96 kPa）时，正常来自消化器官和脾的回心血液至肝受阻，致使门静脉系统许多部位与腔静脉之间建立门体侧支循环（图4-3）。①食管和胃底静脉曲张：在门静脉压力持续增高的情况下，食管和胃底静脉曲张明显，常因恶心、呕吐、剧烈咳嗽等使腹腔压力增高，或因粗糙坚硬食物机械损伤，或因胃酸反流腐蚀损伤时，导致曲张静脉破裂出血，临床上表现呕血和黑便，严重者可有周围循环衰竭的表现。②腹壁和脐周静脉曲张：脐静脉重新开放，在脐周和腹壁可见以脐为中心向上及下腹延伸的迂曲静脉，脐周静脉曲张明显时，外观呈水母状。③痔静脉曲张：是门静脉系的直肠上静脉与下腔静脉的直肠中、下静脉吻合扩张形成痔核，破裂时引起便血。

3）腹水。是肝硬化失代偿期最突出的临床表现，失代偿期患者75%以上有腹水，也是患者就医的主要原因。腹水形成与下列因素有关：①门静脉压力增高，使腹腔脏器毛细血管床静水压增高，组织间液吸收减少而漏入腹腔。门静脉压力增高，肝静脉血流受阻，血浆自肝窦壁渗透至窦旁间隙，形成大量肝淋巴液，超过胸导管的引流能力，淋巴液自肝包膜表面和肝门淋巴管壁漏入腹腔。②血浆白蛋白降低，白蛋白低于30 g/L时，血浆胶体渗透压降低，致使血液成分外渗。③有效循环血容量不足致肾血流量减少，肾小球滤过率降低，排尿减少。④抗利尿激素及继发性醛固酮增多而引起水钠重吸收增多。

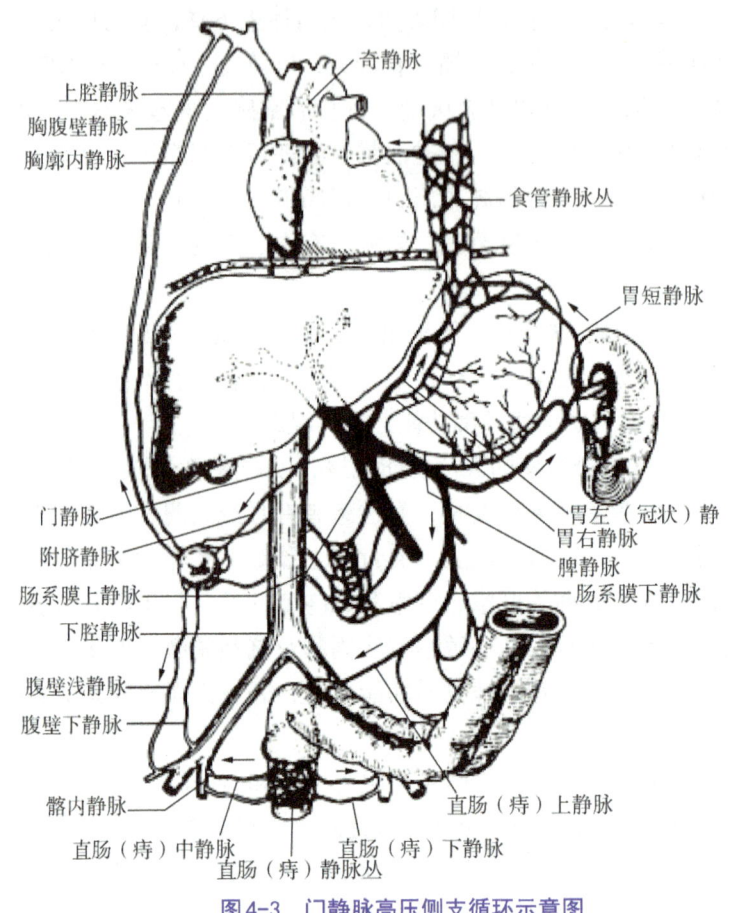

图4-3　门静脉高压侧支循环示意图

3. 肝触诊　肝大小与肝内脂肪浸润、再生结节、纤维化的程度有关。质地坚硬，早期表面光滑，晚期可触及结节或颗粒状，一般无压痛，在肝细胞进行性坏死或炎症时可有轻压痛。

4. 并发症

（1）上消化道出血为本病最常见的并发症。多突然发生大量呕血或黑便，出血的原因为食管下端或胃底静脉曲张破裂或并发急性胃黏膜糜烂、消化性溃疡。出血量大时可并发出血性休克或诱发肝性脑病，病死率很高。

（2）肝性脑病是晚期肝硬化的最严重并发症，也是最常见的死亡原因。表现为性格行为异常，意识障碍、昏迷。

（3）感染。患者机体抵抗力低下，常并发肺炎、胆道感染、大肠埃希菌败血症和自发性腹膜炎（SBP）等，SBP是指在无任何邻近组织炎症的情况下发生的腹膜和（或）腹水的细菌性感染，是肝硬化常见的严重并发症，多为肠道革兰阴性杆菌感染，表现为发热、腹痛、短期内腹水迅速增加，严重者出现腹膜刺激征，血常规、腹水检查有白细胞增高。

(4) 原发性肝癌。患者如短期内出现肝迅速增大、持续性肝区疼痛、肝表面发现肿块或腹水呈血性等，应考虑并发原发性肝癌，需进一步检查。

(5) 肝肾综合征又称功能性肾衰竭。表现为自发性少尿或无尿、氮质血症、稀释性低钠血症和低尿钠，但肾无明显器质性损害。引起肝肾综合征的关键环节是肝硬化大量腹水形成使有效性容量减少，肾流量减少，肾小球滤过率持续下降所致。

(6) 肝肺综合征是指严重肝病、肺血管扩张和低氧血症组成的三联症。肝硬化时由于体内血管活性物质增多，使肺内毛细血管扩张，肺动静脉分流，动脉氧合不足，造成通气/血流比例失调。临床表现为卧位呼吸和直位性低氧血症。尚无理想治疗药物，肝移植为其根本治疗措施。

(7) 电解质和酸碱平衡失调。常见的电解质紊乱有：①低钠血症。是由于长期利尿、大量放腹水导致钠丢失、抗利尿激素增多致水潴留超过钠潴留、低盐饮食引起。②低钾低氯血症与代谢性碱中毒。呕吐、腹泻、摄入不足、长期应用利尿剂或高渗葡萄糖液、继发性醛固酮增多等，均可导致或加重血钾和血氯的降低，低钾低氯血症可导致代谢性碱中毒。

【实验室和其他检查】

1. 血常规 失代偿期可有贫血，脾功能亢进时伴全血细胞减少。
2. 尿常规 并发肝肾综合征时可有管型尿、蛋白尿及血尿，有黄疸时可有胆红素和尿胆原增加。
3. 肝功能检查 代偿期正常或轻度异常。失代偿期患者肝功能检查：血清丙氨酸氨基转移酶（ALT）增高明显，肝细胞严重坏死时则血清天门冬氨酸氨基转移酶（AST）活力常高于 ALT；人血白蛋白降低，γ球蛋白增高，A/G 倒置；凝血酶原时间延长；重症患者血清胆红素有不同程度的增高。
4. 免疫功能检查 血清 IgG、IgA 均可增高，一般以 IgG 增高最为显著，与 γ 球蛋白的升高相平行。
5. 腹水检查 为漏出液，并发自发性腹膜炎、结核性腹膜炎、癌变时腹水的性质也发生相应的改变。
6. 食管 X 钡餐检查 可见食管下段或胃底静脉曲张呈虫蚀样或蚯蚓状充盈缺损，纵行黏膜皱襞增宽，胃底静脉曲张时可见菊花样充盈缺损。
7. 超声检查 可显示肝大小、形态和脾大小，门静脉高压时可见门静脉、脾静脉直径增宽，有腹水时可见液性暗区。
8. 纤维内镜检查 可直接看到静脉曲张的部位和程度。
9. 肝穿刺活组织检查 有假小叶形成，可确诊为肝硬化。
10. 腹腔镜检查 可直接观察肝情况，直视下可对病变明显处做肝穿刺活组织检查，对鉴别诊断很有帮助。

【治疗要点】

肝硬化目前无特效治疗，主要采取综合治疗。首先应除去肝硬化的病因和各种损害肝脏的因素，维护改善肝功能，尽量延长代偿期。对失代偿期者主要是对症支持治疗，改善肝功能，治疗并发症。

1. 一般治疗

（1）休息：代偿期患者适当减少活动，可参加轻体力工作；失代偿期患者应以卧床休息为主。

（2）饮食：给予高热量、高蛋白质、高维生素、低盐易消化食物为宜。肝功能显著损害或有肝性脑病先兆时，应限制或禁食蛋白质。

（3）支持治疗：失代偿期患者食欲缺乏、恶心、厌油腻，宜静脉输入高渗性葡萄糖液补充热量，同时可加入维生素C、胰岛素、氯化钾等，注意水电解质和酸碱平衡，病情严重者可用复方氨基酸、白蛋白或鲜血。

2. 药物治疗　目前无特效药物，可用维生素和消化酶。水飞蓟素有保护肝细胞膜作用，秋水仙碱有抗炎和抗纤维化作用，对肝储备功能尚好的代偿期肝硬化有一定疗效。中医中药治疗能改善症状和肝功能，一般以活血化瘀为主，按病情辨证施治。

3. 腹水治疗

（1）限制水、钠的摄入。限制水、钠的摄入和休息是肝硬化腹水的基础治疗。氯化钠的摄入量一般在1.2～2.0 g/日，进水量每日限制在1 000 mL左右。

（2）利尿剂。利尿剂的使用原则是联合、间歇、交替使用。常用保钾利尿剂螺内酯和呋塞米联合使用。利尿速度不宜过快、剂量不宜过大，以每日体重减轻不超过0.5 kg为宜，以免诱发肝性脑病等。

（3）放腹水加补充白蛋白。单纯放腹水只能改善症状，2～3日后腹水又会复原，放腹水加输注白蛋白用于治疗难治性腹水，每次放腹水5 000 mL左右，静脉输注白蛋白40～60 g，可取得良好效果。

（4）提高血浆胶体渗透压。每周定期、多次、少量输注白蛋白或鲜血，可改善机体一般情况，恢复肝功能，提高血浆胶体渗透压，促进腹水的消退。

（5）腹水浓缩回输。多用于难治性腹水的治疗。可放腹水5 000～10 000 mL，通过浓缩处理成500 mL，再静脉回输，可清除潴留的水和钠，同时，可提高人血清蛋白的浓度和有效循环血量、改善肾血液循环，从而减轻或消除腹水。

（6）手术治疗。颈静脉肝内门体分流术，此方法能有效降低门静脉压力，创伤小、安全性高，适用于食管胃底静脉曲张破裂出血和难治性腹水，但易诱发肝性脑病，多用于等待肝移植手术之前的门静脉高压患者。

4. 肝移植手术　对肝硬化晚期尤其是肝肾综合征的最佳治疗，可提高患者的存活率。

5. 并发症的治疗

（1）自发性腹膜炎。早期、足量、联合应用抗生素是治疗的关键。主要选用针对革兰阴性杆菌的抗生素，如环丙沙星、氧氟沙星、阿米卡星等，或选用广谱抗生素如头孢噻肟、头孢曲松、头孢哌酮等。通常选择2～3种抗生素联合应用，然后根据治疗的反应和细菌培养结果调整抗生素，用药时间不得少于2周。

（2）上消化道出血详见本项目上消化道出血内容。

（3）肝肾综合征。①控制上消化道大出血、感染等诱发肝肾综合征的因素。②严格控制输液量，量出为入，纠正水、盐代谢紊乱和酸碱失衡等。③输入白蛋白、右旋糖酐或腹水回输，提高血容量、改善肾血流量。④避免单纯大量放腹水、大剂量利尿，避免使用肾毒性药物；应用血管活性药物如多巴胺、山莨菪碱等，改善肾血流量，增加肾小球滤过率。

【护理评估】

1. **健康史** 详细询问患者有无肝炎或输血史,有无心力衰竭、胆道疾病史;是否在血吸虫病流行区生活;有无长期化学毒物接触史;有无长期使用对肝有损害药物或嗜酒,其用量和持续时间。详细询问肝硬化的病程,疾病发展及治疗情况,腹水的程度,有无呕血、黑便及神志变化等。

2. **心理-社会状况** 肝硬化为慢性经过,随着病情进展,患者逐渐丧失工作能力,长期治病导致经济负担沉重,影响家庭生活,使患者及其照顾者常出现各种心理问题和应对行为不足,甚至无效。评估时应注意患者的心理状态,有无性格、行为的改变,有无焦虑、抑郁、易怒、悲观等情绪。应注意鉴别患者有无心理问题或并发肝性脑病时的精神障碍表现。注意患者及家庭成员对疾病的认识程度及态度、家庭经济情况及社会保障情况。

3. **身体评估** 评估要点参考临床表现。

【护理诊断/问题】

1. 营养失调:低于机体需要量 与肝硬化所致的摄食量少及营养障碍有关。
2. 体液过多 与肝硬化所致的门静脉高压、低蛋白血症及水钠潴留有关。
3. 活动无耐力 与肝功能减退、大量腹水有关。
4. 焦虑 与病情迁延、经济负担加重有关。
5. 潜在并发症 上消化道出血、肝性脑病、感染、电解质和酸解平衡失调。

【护理措施】

1. **休息与体位** 病室环境需整洁、安静舒适,根据病情合理安排患者休息和活动,代偿期患者可适当从事轻体力活动,失代偿期则要卧床休息,目的是降低肝的代谢活动,增加肝的血流量,以利于肝功能的恢复。

2. **饮食** 饮食原则为高热量、高蛋白、高维生素、易消化饮食。①高热量:每日提供 300~400 g 糖,利于糖原合成,保证肝细胞能量供给。②高蛋白:每天提供蛋白质 1.0~1.5 g/kg,维持血浆胶体渗透压,减轻腹水。以豆制品、鸡蛋、牛奶、鸡肉、鱼肉、瘦猪肉为主。有肝性脑病先兆或血氨增高时应限制或禁食蛋白质,待病情好转后逐渐增加蛋白质的摄入量。③补充足够维生素:尤其是脂溶性维生素,新鲜蔬菜和水果含有丰富的维生素。④限制钠和水:氯化钠每日 1.2~2.0 mg,少食含钠食物,比如咸肉、酱菜、酱油、含钠味精等,饮水量每日 1 000 mL 左右。⑤戒烟酒,禁食损伤肝脏的食物、药物。进餐时要细嚼慢咽,避免进食刺激性强、粗纤维多和较硬的食物,以防损伤曲张的食管胃底静脉导致出血。

3. **心理护理** 肝硬化是慢性病,预后不良,患者和家属容易产生悲观情绪,要同情和关心患者,及时解答患者提出的疑问,安慰、理解、开导患者,使患者及家属树立战胜疾病的信心。对有严重焦虑和抑郁的患者,应加强巡视并及时进行心理干预,以免发生意外。

4. **病情观察** 观察生命体征、尿量等情况,注意有无并发症发生,出现异常情况及时通知医生,以便采取紧急措施。

5. 对症护理

（1）腹水的护理

1）体位：大量腹水患者取半卧位，以减轻呼吸困难；少量腹水患者取平卧位，以增加肝、肾血流量。注意预防压疮的发生。

2）遵医嘱严格限制水和钠的摄入，向患者及家属讲明限制钠、水的摄入有利于腹水消退。遵医嘱使用利尿剂，并注意观察电解质及酸碱平衡情况。

3）准确记录24小时出入液量，定期测量腹围和体重，以观察腹水消长情况，并教会患者正确测量和记录方法。

4）协助腹腔放液：术前向患者说明操作过程和注意事项，测量腹围、体重和生命体征，排空膀胱以免穿刺时损伤；术中及术后监测生命体征，观察不良反应；术毕用无菌敷料覆盖穿刺部位，观察穿刺部位有无渗液，缚紧腹带，防止腹腔穿刺后腹压骤降，记录腹水量、颜色、性质，及时送检标本。

（2）皮肤护理。肝硬化患者常伴有四肢水肿、皮肤干燥、瘙痒、机体抵抗力下降，因此，要注意皮肤的护理，每日可用温水擦浴，避免用力搓拭、使用刺激性的药皂或沐浴液、水温过高等；衣服宜柔软、宽松；床铺要平整、洁净；定时更换体位，以防局部组织长期受压、皮肤损伤，发生压疮或感染；皮肤瘙痒时勿瘙抓，可涂抹止痒剂，以免皮肤破损和继发感染；向患者解释发生压疮的危险因素和早期表现，指导患者及其家属学会预防的方法。

6. 用药护理　遵医嘱静脉补充营养，以提高血浆胶体渗透压。应用利尿剂时注意观察水、电解质和酸碱平衡情况。

【健康教育】

1. 疾病知识指导　应帮助患者和家属掌握本病的有关知识和自我护理方法，健康人群要避免酗酒，积极治疗病毒性肝炎以防止肝硬化发生。

2. 休息、活动指导　代偿期宜适当减少活动，从事较轻松的工作，避免劳累；病情加重或合并腹水、食管胃底静脉曲张、肝性脑病时，应卧床休息，腹水者取半卧位。

3. 饮食指导　帮助患者制定合理的营养食谱，遵循饮食治疗原则，给予高热量、高蛋白、丰富维生素及适当脂肪、易消化饮食为宜。对病情严重或血氨偏高者，根据病情限制蛋白质的摄入，对于有腹水的患者，限制水、钠的摄入。此外，还应忌酒，避免进食粗糙、坚硬或辛辣的刺激食物，以防食管胃底静脉曲张破裂出血。

4. 心理指导　告知患者在疾病早期积极治疗能使病情缓解及延长其代偿期。失代偿期，积极对症治疗，休息对疾病的恢复很重要，要保持心情愉快，生活要有规律，尽可能帮助患者提高生活质量，改善其心身状态，以最佳心理状态积极配合治疗。

5. 用药指导　按医师处方用药，勿擅自加减药物，教会患者观察药物疗效和不良反应，及时识别病情变化、药物不良反应，以便及时就诊。

（刘　云）

任务八 原发性肝癌患者的护理

知识目标

1. 掌握：原发性肝癌的临床表现、护理措施及健康教育。
2. 熟悉：原发性肝癌的病因、实验室检查。
3. 了解：原发性肝癌的病理、分型、治疗原则。

技能目标

能对原发性肝癌患者进行健康教育。

案例导入

病例：王先生，47岁。平素健康，近4个月来肝区疼痛，食欲缺乏，伴有低热。护理体检：T 37.8℃，轻度黄疸，肝肋下3.5 cm，质硬，结节感，无压痛。白细胞 $13.7×10^9/L$，中性粒细胞79%，HBsAg（+），ALT 40 IU/L，AFP 800 μg/L。初步诊断为：原发性肝癌。

请问：1. 本病主要的病因有哪些？
2. 列出主要的护理措施。

原发性肝癌（primary carcinoma of the liver），简称肝癌，是指肝细胞或肝内胆管细胞发生的恶性肿瘤。是我国常见恶性肿瘤疾病，其死亡率在消化系统恶性肿瘤中列第三位，仅次于胃癌和食管癌，我国肝癌的死亡率占全球死亡率的45%，本病可发生于任何年龄，以40～49岁为多见，男女患病率之比为（2～5）:1。

【病因与发病机制】

原发性肝癌的病因尚未明确，可能与以下因素有关。

1. **病毒性肝炎** 原发性肝癌患者中约1/3有慢性肝炎病史，肝癌患者的HBsAg及其他乙型病毒性肝炎标志物的阳性率达90%，提示乙型肝炎病毒与肝癌的发病有密切关系。近年来发现，丙型病毒性肝炎与肝癌的发病也有关系。因此，乙型和丙型肝炎病毒均为肝癌发生的重要因素。

2. **肝硬化** 50%～90%原发性肝癌患者合并肝硬化，在我国原发性肝癌主要在病毒性肝炎后肝硬化基础上发生；在欧美国家，肝癌常在酒精性肝硬化的基础上发生。一般认为，血吸虫性肝硬化、胆汁性或淤血性肝硬化与原发性肝癌无关。

3. **黄曲霉毒素** 黄曲霉毒素代谢产物黄曲霉毒素B_1有很强的致癌作用。流行病学调查发现粮油、食品受黄曲霉毒素B_1污染严重的地区，肝癌发病率也相应增高，提示黄曲霉毒素B_1可能是某些地区肝癌发病率高的原因。

4. **饮用水污染** 肝癌高发区的启示，饮池塘水的居民比饮井水的居民肝癌发病率、死亡率高。池塘中生长的蓝绿藻产生的藻类毒素可污染水源，造成饮用水污染而致肝癌。

5. **其他因素** 某些化学物质如亚硝胺类、偶氮芥类、有机氯农药等均为可疑的致癌物，硒缺乏、遗传因素、嗜酒也是肝癌的重要危险因素，华支睾吸虫感染为导致胆管细胞癌原因之一。

知识拓展

①原发性肝癌按病理类型可分为4种类型。巨块型：最多见，呈单个、多个或融合成块，直径≥5 cm，大于10 cm者称巨块型。结节型：较多见，有大小和数目不等的癌结节，一般直径不超过5 cm。弥漫型：最少见，有米粒至黄豆大的癌结节弥漫地分布于整个肝脏。小癌型：单个癌结节直径小于3 cm或相邻两个癌结节直径之和小于3 cm者称为小肝癌。按细胞来源可分为肝细胞型、肝内胆管细胞型和混合型3种。②原发性肝癌的转移途径。原发性肝癌可经血行转移、淋巴转移、种植转移，使癌细胞扩散。其中肝内血行转移最早、最常见，肝外血行转移最常见转移到肺，其次为肾上腺、骨、肾、脑。

【临床表现】

原发性肝癌起病隐匿，早期缺乏典型症状。临床症状明显者，病情大多已进入中、晚期。

1. **肝区疼痛** 是肝癌最常见的症状，半数以上的患者有肝区疼痛，多呈持续性胀痛或钝痛。肝区疼痛是由于肿瘤增长快速，肝包膜被牵拉所致，如病变侵犯横膈，疼痛可牵涉右肩，如肿瘤生长缓慢，则无痛或仅有轻微钝痛。如肝癌结节破裂，坏死的癌组织及血液流入腹腔时，可引起腹部剧烈疼痛，可迅速遍及全腹，出现急腹症表现。

2. **肝脏肿大** 呈进行性肿大，质地坚硬，表面凹凸不平，有大小不等的结节或巨块，边缘钝而不整齐，有不同程度的压痛。

3. **肝硬化表现** 肝癌伴有门静脉高压时可有脾大、脾功能亢进，腹水，侧支循环的建立和开放等表现。

4. **黄疸** 一般在晚期出现，由于肝细胞损害、肿瘤压迫或侵蚀肝门附近的胆管，或癌组织和血块脱落引起胆道梗阻所致。

5. **全身表现** 患者可出现食欲缺乏、腹胀、乏力、进行性消瘦、发热等。由于肿瘤本身代谢异常或癌组织对机体影响而引起内分泌或代谢异常的一组症候群，称伴癌综合征。主要表现为自发性低血糖症、红细胞增多症、高钙血症、高脂血症等。

6. **转移灶表现** 肝癌可向肺、骨、胸腔等处转移。肺或胸腔转移以咯血、气短为主。

骨转移局部有压痛或神经受压症状。脑转移则有头痛、呕吐和神经定位性体征。

7. 并发症

（1）上消化道出血，约占肝癌死亡原因的15%。表现为呕血和黑便，晚期患者还可因为胃肠道黏膜糜烂合并凝血功能障碍而发生广泛出血。大量出血可诱发肝性脑病。

（2）肝性脑病是原发性肝癌终末期的最严重并发症，约1/3患者因肝性脑病死亡。

（3）肝癌结节破裂出血。约10%的患者死于肝癌结节破裂出血。破裂可局限于肝包膜下，表现为局部疼痛；如肝包膜下出血迅速增多则形成压痛性包块；也可破入腹腔引起急性腹痛和腹膜刺激征。

（4）继发感染。因肝癌患者长期卧床、机体抵抗力下降、长期放疗或化疗导致白细胞减少，患者容易合并肺炎、败血症、肠道感染等各种感染。

【实验室和其他检查】

1. 肿瘤标志物的检测　肿瘤标志物是癌细胞产生和释放的某种物质，常以抗原、酶、激素、代谢产物等形式存在于肿瘤细胞内或宿主体内，根据其生化或免疫特性可以识别或诊断肿瘤。

（1）甲胎蛋白（AFP）是早期诊断原发性肝癌最特异性的肿瘤标志物，对肝癌的普查、诊断、判断疗效、预防复发等有重要意义。肝细胞癌AFP阳性率为70%~90%。在排除妊娠、肝炎、生殖腺胚胎瘤等基础上，AFP检查诊断肝癌的标准：①AFP＞500 μg/L，持续4周。②AFP＞200 μg/L的中等水平持续8周。③AFP由低浓度逐渐升高。

（2）γ谷氨酰转肽酶同工酶Ⅱ（GGT_2）在原发性肝癌或转移性肝癌的阳性率可达90%，特异性达97.1%，在小肝癌中的GGT_2阳性率为78.6%。

（3）其他，如异常凝血酶原（AP）、αL岩藻糖苷酶（AFU）、酸性同工铁蛋白等在原发性肝癌时活力增加。

2. B型超声　对早期定位诊断有较大价值，结合AFP有利于早期诊断。可显示直径为2 cm以上的肿瘤。

3. CT　是目前诊断小肝癌和微小肝癌的最佳方法。阳性率在90%以上，可显示直径2 cm以上的肿瘤，结合肝动脉造影，对1 cm以下的肿瘤检出率可达80%以上。

4. X线肝血管造影　能显示直径在1 cm以上的癌结节，阳性率为87%，结合AFP检查常用于诊断小肝癌。

5. 放射性核素肝显像　有助于肝癌与肝脓肿、囊肿、血管瘤等良性占位病变的鉴别。

6. 磁共振显像（MRI）　MRI检查无电离辐射，无需造影剂，可以三维成像，因此，在肝癌的诊断上优于CT。

7. 肝穿刺活检　在超声或CT引导下可穿刺癌结节、吸取癌组织，检查可获得病理诊断。

8. 剖腹探查　疑为肝癌的患者，经上述检查仍不能明确诊断的，如患者情况许可，应进行剖腹探查以争取早期诊断和手术治疗。

【治疗要点】

随着诊疗技术的提高及高危人群的普查、随访，使早期肝癌、小肝癌的检出率和手术根治切除率逐年提高,早期肝癌尽量手术切除,不能切除者应采取综合性治疗。

1. 手术治疗　手术切除是目前治疗原发肝癌的最好方法。诊断明确者应及早手术,术中如发现肿瘤已不适合手术者,术中选择肝动脉插管进行局部化疗或肝血管阻断术,也可采用瘤内局部治疗,如无水乙醇注射、氩氮刀、射频、微波凝固等,手术结扎肝动脉和加插管局部化疗效果较好。

2. 肝动脉化疗栓塞治疗（TACE）　TACE对肝癌有较好疗效,可提高患者3年生存率,是肝癌非手术治疗的首选方法。

3. 放射治疗　原发性肝癌对放射治疗不甚敏感,近年来,由于定位方法和放射能源的改进,疗效有所提高。

4. 全身化疗　全身化疗适用于有肝外转移者或肝内播散严重者。肝动脉内插管局部化疗优于全身化疗。

5. 生物和免疫治疗　在上述治疗的基础上,应用生物和免疫治疗可起巩固和增强疗效的作用。

6. 中医治疗　采用辨证施治、攻补兼施的方法,治则为活血化瘀、软坚散结、清热解毒等。中药与其他治疗相结合,以扶正、健脾、滋阴为主,改善症状,调动机体免疫功能,减少不良反应,提高疗效。

【护理诊断/问题】

1. 肝区疼痛　与肝癌细胞增长迅速,肝包膜被牵拉有关。
2. 营养失调:低于机体需要量　与恶性肿瘤对机体的慢性消耗有关。
3. 有感染的危险　与化疗、放疗致白细胞减少、机体抵抗力降低有关。
4. 潜在并发症　上消化道出血、肝性脑病、肝癌结节破裂出血。
5. 预感性悲哀　与邻近死亡有关。

【护理措施】

1. 休息与体位　轻症患者可适当参加日常活动、进行身体锻炼,以不感到劳累、腹痛为原则。重症患者应卧床休息,给予舒适体位以减轻疼痛。

2. 饮食护理　应提供高蛋白、适当热量、高维生素饮食为宜,避免摄入高脂肪、高热量和刺激性食物,防止加重肝负担。进食量少者给予支持疗法,如静脉补液。有肝性脑病倾向,应限制或禁止蛋白质饮食。有腹水时限制水的摄入,低钠饮食。

3. 心理护理

（1）对患者恐惧心理的程度进行评估,以确定对患者进行心理辅导的程度。患者最初不能接受突如其来的打击,产生悲观、绝望、烦躁或抑郁等不良情绪,应给予患者诚挚的关心和帮助。帮助患者接受现实,乐观地对待疾病。

（2）鼓励患者及家属参与治疗和护理,介绍疾病治疗护理知识,增强战胜疾病的勇气和决心。家属的不良情绪可影响患者,要给予家属一定的心理支持和疏导。

4. 病情观察

观察有无肝区疼痛加重,有无发热、腹水、黄疸、呕血、便血等;有无转移表现,有无肝昏迷先兆表现;密切观察患者生命体征,病房应定期紫外线消毒、加强口腔和皮肤的护理以预防感染。

5. 对症护理（针对疼痛的护理）

（1）创造安静舒适的休息环境，减少各种不良的刺激因素和心理压力，尊重患者，尽量满足患者的要求。

（2）教会患者放松技巧如深呼吸等，鼓励患者参加有益活动，如交谈、听音乐、文字数字游戏等以转移患者的注意力。

（3）遵医嘱使用镇痛药物，以消除或减轻患者的疼痛。最新的镇痛方式为患者自控镇痛（PCA），即应用特制泵，连续性输入止痛药。患者可自行控制，采取间歇性投药，增强患者自我照顾和自主能力及对疼痛的控制能力。

（4）观察患者疼痛的性质、部位及伴随症状，及时发现问题并协助医生处理异常变化。

6. 肝动脉栓塞化疗术后护理　术后由于肝动脉供血量突然减少，可产生栓塞后综合征，即出现腹痛、发热、恶心、呕吐及血浆白蛋白降低，转氨酶升高，肝功能异常等改变。护理时要注意以下方面。

（1）饮食。术后禁食2～3日，进食初期宜给予流质饮食，少量多餐，可减轻恶心、呕吐等不适症状。

（2）穿刺部位护理。穿刺部位压迫止血15分钟，再加压包扎，沙袋压迫6小时，保持穿刺侧肢体伸直24小时，并观察穿刺部位有无血肿及渗血。

（3）栓塞后综合征护理。如腹痛在48小时内可根据医嘱注射哌替啶以缓解疼痛。发热与栓塞有关，少数患者于术后4～8小时体温升高，持续1周左右，应观察体温变化，中、低度发热不需特殊处理，持续高热应配合医师处理。

（4）预防感染。鼓励患者深呼吸、排痰，预防肺部感染，必要时吸氧，以提高血氧分压，有利于肝细胞的代谢。防止肝性脑病的诱发因素，若患者出现性格、行为异常，应予以高度重视，及早做相关检查和配合处理。

（5）补充葡萄糖和蛋白质。栓塞术1周后，因肝缺血影响肝糖原储存和蛋白质的合成，应根据医嘱静脉输入白蛋白，适量补充葡萄糖液，并维持水电解质平衡，准确记录液体出入量。

【健康教育】

1. 活动与休息指导　保持生活规律，注意劳逸结合，尽量少变更生活环境，防止剧烈情绪波动和劳累，休息可减少肝糖原分解，减少乳酸与血氨的产生。

2. 饮食指导　注意饮水和食物卫生，大力宣传不吃霉变食品及粮食、不饮烈性酒、不酗酒的重要性；告诫患者戒烟、戒酒；指导患者饮食，增强营养，增强机体抵抗力，利于肝细胞修复。

3. 心理指导　多与患者沟通，使其保持乐观情绪，以最佳心理状态完成治疗。良好心理状态的患者治疗效果比情绪低落者好。

4. 用药指导　按医嘱用药，注意药物不良反应，忌服对肝有损害的药物。

5. 出院指导　患者需定期复诊。对有易患因素存在的患者亲属进行定期普查。指导家属做好患者的相关护理。

（刘　云）

任务九　肝性脑病患者的护理

知识目标

1. 掌握：肝性脑病的诱因、临床分型、护理措施、健康教育。
2. 熟悉：肝性脑病的病因、实验室检查、治疗要点、发病机制及治疗。
3. 了解：肝性脑病概念、发病机制。

技能目标

能对肝性脑病患者进行健康教育。

案例导入

病例：患者，男性，60岁，有乙肝病史多年，双下肢水肿、腹胀、腹水、皮肤黏膜出血1年。一周前出现夜间失眠，白天昏睡。昨天进食牛奶后出现神志不清，答非所问。体检：T 37℃，P 70次/分，R 20次/分，BP 110/75 mmHg，嗜睡，对答不切题，注意力及计算力减退。消瘦，慢性肝病面容，巩膜黄染，扑翼样震颤（+），腹壁可见静脉曲张，脾肋下3 cm，腹部移动性浊音（+），双下肢可见瘀斑。初步诊断为：肝硬化、肝性脑病。

请问：1. 本病主要的病因及诱因有哪些？
　　　2. 该患者属肝昏迷分期的哪一期？为什么？
　　　3. 如何对该患者进行饮食指导？

肝性脑病（hepatic encephalopathy，HE）又称肝昏迷，是由严重肝病引起的以代谢紊乱为基础，中枢神经系统功能失调为主要临床特征的综合征，其主要临床表现是行为失常、意识障碍和昏迷。轻微肝性脑病又称亚临床性肝性脑病（SHE），是指患者没有任何临床表现，常规神经系统检查无异常，但精细智力测验和（或）电生理监测可发现异常者。是肝性脑病发病过程中的一个阶段。

【病因与发病机制】

1. **病因**　常见病因有重症病毒性肝炎、中毒性肝炎、药物性肝病、急性或暴发性肝功能衰竭、原发性肝癌、妊娠期急性脂肪肝及严重胆道感染等。各种严重肝病或广泛的门体分流是引起肝性脑病最常见的原因。以病毒性肝炎后肝硬化最常见。

2. **诱因**　常见诱因有上消化道出血、高蛋白饮食、继发感染、便秘、镇静催眠剂、麻醉剂、含氮药物的使用、尿毒症、低血糖、反复过量放腹水及大量排钾利尿、外科手术感染等。

3. 发病机制　肝性脑病的发病机制主要有以下几种学说。

（1）氨中毒学说。是肝性脑病特别是门体分流性肝性脑病的重要发病机制。消化道是氨产生的主要部位，当其被吸收后通过门静脉进入体内循环。肝衰竭时，肝脏对氨的代谢能力明显减退；当有门体分流存在时，肠道的氨不经肝脏代谢而直接进入人体循环，血氨增高。游离的氨有毒性，且能透过血脑屏障，血氨升高可干扰脑细胞能量代谢和神经电传导，导致意识障碍和昏迷。本病的诱因中，大部分与血氨升高有关。

（2）假神经递质学说。食物中的芳香族氨基酸如酪氨酸、苯丙氨酸等，主要含动物蛋白，经肠道细菌脱羧酶的作用分别转变为酪胺和苯乙胺。肝功能衰竭时，这两种物质在肝内清除发生障碍而进入脑组织，在脑内经β羟化酶的作用，分别生成β羟酪胺和苯乙醇胺，这两者的化学结构与正常兴奋性神经递质去甲肾上腺素相似，但不能传递神经冲动或作用很弱，故称假性神经递质。当假性神经递质取代了突触中的正常递质时，神经传导发生障碍，兴奋冲动不能正常地传至大脑皮质，大脑因此发生异常抑制，出现意识障碍和昏迷。

（3）γ氨基丁酸/苯二氮䓬（GABA/BZ）复合体学说。γ氨基丁酸（GABA）是哺乳动物大脑的主要抑制性神经递质，由肠道细菌作用于谷氨酸盐后形成，当肝衰竭和门体分流时，可绕过肝进入体循环，使大脑突触后神经元的GABA受体明显增多。这种受体不仅能与GABA结合，还能与巴比妥和苯二氮䓬（BZ）类药物结合，故称为GABA/BZ复合体，引起神经传导抑制。临床上，肝衰竭的患者对苯二氮䓬类镇静剂及巴比妥类安眠药极为敏感，而BZ拮抗药如氟马西尼对部分肝性脑病患者有苏醒作用，支持这一假说。

（4）氨基酸代谢不平衡学说：肝硬化患者血中芳香族氨基酸如色氨酸、酪氨酸、苯丙氨酸常增加，而支链氨基酸常减少，代谢呈不平衡状态。两组氨基酸是在互相竞争和排斥中通过血脑屏障的，支链氨基酸减少，则进入脑中的芳香族氨基酸增多，脑中增多的色氨酸可衍生更多的5羟色胺，后者有拮抗去甲肾上腺素的作用；酪氨酸和苯丙氨酸增多时，又可形成更多的假性神经递质酪胺和苯乙醇胺。

【临床表现】

根据意识障碍程度、神经系统症状和脑电图改变，将肝性脑病由轻到重分为四期。

一期（前驱期）：轻度性格改变和行为异常，如欣快感或淡漠少言、衣冠不整、随地便溺；应答还准确，但反应较慢；可有扑翼样震颤，亦称肝震颤；脑电图多数正常；有时症状不明显易被忽视。

二期（昏迷前期）：以意识模糊、睡眠障碍（睡眠昼夜倒错）及行为失常为主；定向力和理解力减退，言语不清，书写障碍，举止反常；有腱反射亢进，肌张力增高，踝阵挛及Babingski征阳性等神经体征；有扑翼样震颤，脑电图有特征性异常。

三期（昏睡期）：以昏睡和精神错乱为主，患者大部分时间呈昏睡状态，但强刺激可以唤醒，醒后答非所问，各种神经体征持续存在或加重；有扑翼样震颤，肌张力高，腱反射亢进；脑电图有异常波形。

四期（昏迷期）：神志完全丧失，不能唤醒，扑翼样震颤无法引出。浅昏迷时，对疼痛刺激和不适体位尚有反应，腱反射和肌张力亢进；深昏迷时，各种反射均消失，肌张力减低，瞳孔散大，脑电图明显异常。

以上各期之间并无明显界限，前后期临床表现可有重叠，随病情发展程度可进级或退级。肝功能严重损害的肝性脑病患者常可有明显黄疸、出血和肝臭，继发各种感染，并发肝肾综合征等。

【实验室和其他检查】

1. 血氨 慢性肝性脑病尤其是门体分流性脑患者血氨常增高，急性肝性脑病血氨可正常。

2. 脑电图检查 脑电图检查主要改变为节律变慢，出现普遍性每秒4～7次的δ波或每秒1～3次的δ波。昏迷时两侧同时出现对称的高幅δ波。因轻微肝性脑病和一期患者脑电图多正常，对其诊断价值较小。

3. 诱发电位 是大脑皮质或皮质下层接收到有各种感觉器官受刺激的信息后所产生的电位，有别于脑电图所记录的大脑自发性电活动。可用于轻微肝性脑病的诊断。

4. 简易智能测验 测验内容包括书写、构词、画图、搭积木等。而作为常规使用的是数字连接试验和符号数字试验，用于早期肝性脑病的诊断。

5. 影像学检查 急性肝性脑病患者头颅CT或MRI可发现脑水肿；慢性病患者则可发现不同程度的脑萎缩。

【治疗要点】

肝性脑病目前无特效疗法，常采用综合治疗措施。积极治疗原发肝病，去除引发肝性脑病的诱因，维护肝脏功能，促进氨代谢，清除及调节神经递质是治疗肝性脑病的主要措施。

1. 消除诱因 如积极控制感染、止血和清除消化道积血，保持大便通畅，避免快速大量地排钾利尿，及时纠正水电解质紊乱及酸碱平衡失调。禁用吗啡类、水合氯醛及巴比妥类镇静药物。

2. 减少肠道内毒物的生成和吸收

（1）合理饮食。开始数日应禁食蛋白质；病情改善后，饮食中可逐渐增加少量植物蛋白，如豆制品。每日供给足够热量和维生素，热量供给以碳水化合物为主。

（2）灌肠与导泻。清除肠道内积食、积血和其他含氮物质。灌肠可用生理盐水或稀醋酸液，忌用肥皂水，因其呈碱性，可增加氨的吸收；导泻可口服25%硫酸镁30～60 mL。

（3）抑制肠道细菌生长。选用针对肠道产尿素酶细菌的抗生素，减少氨的生成。如新霉素2～8 g/d或甲硝唑0.8 g/d，分4次口服，疗效相当。

（4）乳果糖或乳梨醇两者口服后到达结肠被细菌分解产生酸性产物，可起酸化肠道的目的，对忌用新霉素或需长期治疗者，乳果糖或乳梨醇为首选药，乳果糖30～60 g/d或乳梨醇30～40 g/d，分3次口服。亦可将乳果糖稀释至33.3%保留灌肠。

3. 促进有毒物质的代谢和清除，纠正氨基酸代谢的紊乱

（1）L鸟氨酸L门冬氨酸（OA），是一种鸟氨酸和门冬氨酸的混合物，能促进肝内合成尿素的鸟氨酸循环而降低血氨。

（2）谷氨酸钾或谷氨酸钠，可与氨结合形成谷氨酰胺而降低血氨。每次用4支（谷氨酸

钾每支 6.3 g/20 mL，谷氨酸钠每支 5.75 g/20 mL），加入葡萄糖液中静脉滴注，1～2次/日。

（3）精氨酸 10～20 g/d 加入葡萄糖液中静脉滴注，此药可促进尿素合成，呈酸性，适用于血 pH 值偏高的患者。

（4）人工肝。采用药用炭、树脂等进行血液灌流或用聚丙烯腈进行血液透析可清除血氨和其他毒性物质，有一定疗效。

4. 调节神经递质

（1）GABA/BZ 复合受体拮抗药：可以拮抗内源性苯二氮䓬所致的神经抑制，对部分三、四期患者有促醒作用。常用氟马西尼，起效快，但维持时间短，可 1 mg/h 持续静脉滴注。

（2）补充支链氨基酸：提供能量，减少大脑假神经递质的形成。

5. 其他治疗

（1）纠正水电解质和酸碱平衡失调。每日补液量以不超过 2 500 mL 为宜，肝硬化腹水患者应控制补液量，以免血液稀释、血钠过低而加重昏迷。及时纠正缺钾和碱中毒，缺钾者补充氯化钾；碱中毒可用精氨酸溶液静脉滴注。

（2）重症监护。重症患者应置于重症监护病房，予严密监护并积极防治各种并发症。可用冰帽降低颅内温度，以减少能量消耗，保护脑细胞功能；深昏迷患者，应做气管切开排痰给氧，保持呼吸道通畅；静脉滴注高渗葡萄糖、甘露醇等脱水剂以防治脑水肿。

6. 肝移植　肝移植是治疗各种晚期肝病的有效方法，各种严重的肝性脑病在肝移植术后能得到显著的改善。

知识拓展

各种原因引起的肝疾病发展到晚期危及生命时，采用外科手术的方法，切除已经失去功能的病肝，然后把一个有生命活力的健康肝植入人体内，挽救濒危患者生命，这个过程就是肝移植。肝移植术是治疗终末期肝病的重要技术，通过肝移植，可以使晚期肝病患者在绝境中重获新的生机。原则上，当各种急性或慢性肝病用其他内外科方法无法治愈，预计在短期内（6～12 个月）无法避免死亡者，均可考虑进行移植术。但目前我国肝移植面临许多难题，如肝源缺乏、移植成活率低、费用高等，极大地限制了其发展。

【护理诊断/问题】

1. 意识障碍　与血氨及其他物质代谢异常有关。
2. 照顾者角色困难　与患者意识障碍、照顾者缺乏有关照顾知识及经济负担过重有关。
3. 知识缺乏　缺乏有关疾病的病因、诱因及预防保健知识。

【护理措施】

1. 休息与活动　患者绝对卧床休息，保持室内空气新鲜，环境安静。尽量安排专人护理，对烦躁的患者应加强保护，防止发生坠床及外伤等意外。

2. 饮食护理　减少饮食中蛋白质的供给量，因食物中蛋白质可被肠菌分解产生氨，加重意识障碍。在发病开始数日内应禁食蛋白质，每日供给足够热量和维生素，充足能量的供给，可减少体内蛋白质分解。热量供给以碳水化合物为主，可口服蜂蜜、葡萄糖、果汁，进食面条、稀饭等；昏迷患者可鼻饲，鼻饲液最好用25%蔗糖或葡萄糖溶液，加入必需氨基酸3~6 g/d；胃排空不良不宜鼻饲者，改用深静脉插管滴注25%葡萄糖溶液。患者神志清醒后，可逐步增加蛋白质饮食，以植物蛋白为宜，因植物蛋白含支链氨基酸较多并有利于通便。开始20 g/d，以后每3~5日增加10 g，但短期内不能超过40~50 g/d。脂肪可延缓胃排空，尽量减少摄入。

3. 心理护理　多关心、体贴、安慰患者，尊重患者的人格，切忌嘲笑患者的异常行为。帮助照顾者合理安排时间，制订合理、科学的照顾计划，将各种需要照顾的内容和方法进行讲解示范，鼓励患者增强信心，协助患者共渡难关。

4. 病情观察

(1) 观察肝性脑病的早期表现及病情变化。如有无性格改变、行为异常及有无扑翼样震颤；识别、评估患者意识障碍的程度；监测记录体温、脉搏、呼吸、血压、尿量及瞳孔变化；定期复查血氨、肝肾功能、电解质，若有异常应及时协助医生进行处理。

(2) 观察有无肝性脑病的诱发因素。协助医师及时发现并去除本病的常见诱因。①上消化道出血：因出血可使肠道产氨增加，应积极预防和控制。如有出血，即使出血停止，亦应灌肠和导泻，清除肠道积血。②感染：感染时，应遵医嘱使用抗生素，有效控制感染。③大量输液：过多液体可引起低血钾、稀释性低钠血症、脑水肿等，从而加重肝性脑病。在治疗过程中应避免。④快速利尿、大量放腹水及严重的呕吐和腹泻：可使水电解质、酸碱平衡紊乱，循环血容量减少，蛋白质丢失增多，加重肝损害。⑤便秘：便秘可使肠道内含氨、胺类和其他有毒物质与肠黏膜接触时间延长，可促进毒物吸收。有便秘者可采用灌肠和导泻的方法清除肠道毒物。⑥催眠镇静药、麻醉药的应用：因其可直接抑制大脑和呼吸中枢，造成缺氧，脑细胞缺氧时可降低对氨等物质的耐受性，加重病情，应尽量避免使用。⑦低血糖：低血糖时能量生成减少，氨的毒性增加。对于禁食或限食的患者，应保证能量的供给，避免发生低血糖。

5. 对症护理

(1) 昏迷患者的护理。①保持呼吸道畅通：患者取仰卧位，头略偏向一侧以防舌后坠阻塞呼吸道；深昏迷患者必要时要吸痰和气管插管。②尿潴留的护理：尿潴留患者需要留置导尿管，并详细记录尿量、尿色和气味。③做好口腔、眼部的护理：对于口腔、眼睑闭合不全的患者，可用生理盐水纱布覆盖。④肢体被动运动：定时给患者翻身拍背，按摩受压部位，防止静脉血栓形成、肌肉萎缩和压疮。

(2) 兴奋、烦躁患者的护理。注意安全保护，去除患者的义齿、饰物，必要时使用约束带。可遵医嘱使用地西泮、东莨菪碱等药物（剂量为常规剂量的1/2或1/3），禁用吗啡、水合氯醛及速效巴比妥类。

6. 用药护理　使用药物时应注意：①乳果糖在肠内产气较多，可引起恶心、呕吐、腹胀、肠痉挛等，宜从小剂量开始服用。②长期服用新霉素的少数患者可出现听力和肾功能损害，故使用不宜超过1个月，用药期间做好听力和肾功能监测。③应用精氨酸时，有些患者可出现流涎、呕吐、面色潮红等反应，故滴速要慢，该药呈酸性，不宜与碱性溶液配伍使用。④应用谷氨酸钾和谷氨酸钠制剂时,两者的比例应根据血清钾、钠浓度和病情而定;谷氨酸制剂呈碱性,使用前宜先注射3~5g维生素C,碱中毒患者禁用。⑤大量输注葡萄糖,可引起低钾血症和脑水肿,需密切观察。

【健康教育】

1. 疾病知识指导　向患者及家属介绍肝性脑病的有关知识、早期征象,以便发病时能够及时就诊;告知导致本病的诱因和避免方法;告知肝性脑病的早期征象及如何识别;告知药物名称、用法、不良反应,指导患者合理用药。

2. 加强心理疏导和自我监测病情　家属要给予患者精神支持和生活照顾,协助患者提高自我保健,帮助患者树立战胜疾病的信心。告知有轻微肝性脑病表现的患者,不宜驾车和高空作业,因为这些患者的反应力常降低。自我监测病情,并定期随访复诊。

（刘　云）

任务十　急性胰腺炎患者的护理

知识目标

1. 掌握:急性胰腺炎的临床表现、护理诊断/问题、护理措施、健康教育。
2. 熟悉:急性胰腺炎的病因、实验室检查、治疗要点。
3. 了解:急性胰腺炎的概念、发病机制。

技能目标

能对急性胰腺炎患者进行健康教育。

案例导入

病例:患者,男,32岁。大量饮酒后左中上腹部持续性钝痛4小时,伴恶心、呕吐,吐出食物和胆汁,呕吐后腹痛不减轻。无腹泻。检查:T 37.8℃,P 90次/分,R 20次/分,BP 120/80 mmHg,左中上腹压痛。血清淀粉酶900 U/L(Somogyi单位)。初步诊断:急性胰腺炎。

请问:1. 本病主要的病因及诱因有哪些?如何预防?

　　　2. 本病主要的护理诊断是什么?可做哪些检查?

　　　3. 患者的治疗要点有哪些?

急性胰腺炎（acute pancreatitis）是多种原因导致胰酶在胰腺内部被激活后引起胰腺组织自身消化、水肿、出血甚至坏死的急性化学性炎症。临床以急性上腹痛、恶心、呕吐、发热和血胰酶增高等为特点。根据病变程度轻重不同，分为轻症急性胰腺炎（mild acute pancreatitis，MAP）和重症急性胰腺炎（severe acute pancreatitis，SAP）两类。轻症急性胰腺炎以胰腺水肿为主，故病理上称为急性水肿型胰腺炎，临床多见，预后良好；重症急性胰腺以胰腺出血坏死为主，病理上称为急性坏死型胰腺炎，病死率高，预后差。

【病因和发病机制】

引起急性胰腺炎的病因较多，以胆石症、大量饮酒和暴饮暴食最常见。

1. 胆道疾病　胆道疾病包括胆石症、胆道感染、胆道蛔虫等，其中最常见的是胆石症。

2. 酗酒和暴饮暴食　酗酒和暴饮暴食可致胰液分泌量增加，刺激Oddi括约肌痉挛、乳头水肿，使胰液排出受阻，胰管内压力增加，胰管破裂引起急性胰腺炎。暴饮暴食还可使胆汁分泌增加，在发病中也起到重要作用。

 知识链接

　　胆道疾病和大量饮酒、暴饮暴食是引起胰腺炎最常见的病因，在我国以胆道疾病最为常见，西方国家则以大量饮酒和暴饮暴食常见。但统计资料显示，在我国由于大量饮酒和暴饮暴食导致胰腺炎的发病增长速度很快，可以预计其必将超越胆道疾病，成为本病的第一病因，健康饮食观念的形成对预防本病至关重要。

3. 胰管梗阻　胰管结石、狭窄、肿瘤或蛔虫钻入胰管等可使胰液排泄受阻及胰管内压增高，导致胰腺腺泡破裂，胰液消化酶溢入间质引起急性胰腺炎。

4. 其他因素　腹部手术或外伤可直接或间接损伤胰腺组织引起胰腺炎；任何原因引起的高钙血症和血脂紊乱，均可使胰管硬化，增加胰液分泌和促进胰蛋白酶原激活，引起胰腺炎；某些药物如硫唑嘌呤、糖皮质激素、磺胺类等可损伤胰腺组织，影响胰腺正常分泌，使胰液黏稠度增加，引起急性胰腺炎。

正常情况下，当胰液进入十二指肠后，在肠激酶作用下，首先激活胰蛋白酶原，形成胰蛋白酶，在胰蛋白酶作用下使各种胰消化酶原被激活为有生物活性的消化酶，对食物进行消化。在上述病因作用下，胰酶在胰腺内部被激活，其中起主要作用的活化酶有：①磷脂酶A_2可分解细胞膜的磷脂，其产物的细胞毒作用导致胰实质凝固性坏死及溶血。②激肽释放酶可使激肽酶原变为缓激肽和胰激肽，使血管舒张和通透性增加，引起水肿和休克。③弹性蛋白酶可溶解血管弹性纤维引起出血和血栓形成。④脂肪酶渗入胰周脂肪层包囊时，可致脂肪组织液化性坏死。消化酶和坏死组织液又可通过血液循环和淋巴管途径，输送到全身，引起多器官损害，成为急性胰腺炎的多种并发症和致死的原因。

【临床表现】

病前常有胆道疾病史，或大量饮酒、暴饮暴食后诱发。其临床表现的轻重程度取决于病理类型、诊治是否及时及疾病的严重程度。

1. 症状

（1）腹痛，为本病的主要表现和首发症状。多为中上腹剧痛，疼痛程度轻重不一，可为钝痛、刀割样痛、钻痛或绞痛，呈持续性，可有阵发性加剧，取弯腰抱膝位可减轻疼痛，一般解痉药不能缓解，进食可加剧。水肿型腹痛持续3～5日后缓解，坏死型病情发展迅速，疼痛剧烈而持续，由于腹腔渗液扩散可引起弥漫性腹膜炎，导致全腹痛。

（2）恶心、呕吐及腹胀，是本病常见的症状。恶心、呕吐多在发病后出现，呕吐物为食物残渣及胆汁，呕吐后腹痛并不减轻。常同时伴有腹胀，严重者可并发麻痹性肠梗阻。

（3）发热，多数患者有中度以上发热，持续3～5日。坏死型胰腺炎或并发腹膜炎、胰腺脓肿等继发感染时，可有持续高热。

（4）低血压或休克，见于出血坏死型胰腺炎。表现为烦躁不安，皮肤苍白、湿冷、发绀、脉搏细速、血压下降，严重者可在短期内死亡。主要原因为有效循环血容量不足、缓激肽类物质致周围血管扩张、胰腺坏死释放心肌抑制因子使心肌收缩不良、并发感染或消化道出血。

（5）水、电解质紊乱及酸碱平衡失调。患者多有轻重不等的脱水，呕吐频繁可致代谢性碱中毒。重症者可发生代谢性酸中毒、低血钾、低血镁、低钙血症。因低钙血症引起手足搐搦，是病情危重、预后不良的标志。

2. 体征

（1）水肿型胰腺炎。腹部体征较轻，与腹痛程度不一致。上腹部压痛不明显，无腹肌紧张及反跳痛。

（2）出血坏死型胰腺炎。腹膜刺激征明显，腹肌紧张，全腹明显压痛及反跳痛；伴麻痹性肠梗阻时，可有明显腹胀，肠鸣音减弱或消失；可出现腹水征，腹水多呈血性；少数患者由于胰酶或坏死组织液延腹膜后间隙渗到腹壁下，致两侧腰部皮肤呈暗灰蓝色，称Crey-Turner征，或出现脐周皮肤青紫Cullen征；胆总管或壶腹部结石、胰头炎性水肿压迫胆总管时，可出现黄疸；低血钙时有手足抽搐，低血钙是因胰腺炎时大量脂肪组织坏死产生的脂肪酸与钙结合形成脂肪酸钙所致。

3. 并发症　多见于重症胰腺炎。

（1）局部并发症。①胰腺脓肿：起病2～3周后，因胰腺及胰周坏死继发感染而并发胰腺脓肿。表现为高热、腹痛、上腹包块和中毒症状。②胰腺假性囊肿：常发生在病后3～4周，由胰液和液化的坏死组织在胰腺内或其周围被包裹形成，囊肿破裂可致胰源性腹水。

（2）全身并发症。重症胰腺炎常并发不同程度的多器官功能衰竭。①上消化道出血：多由应激性溃疡或上消化道黏膜糜烂引起。②败血症及真菌感染：局部感染扩散，可并发败血症，且常与胰腺脓肿并存。重症患者机体的抵抗力低下，加上大量应用抗生素，易并发真菌感染。③急性肾衰竭：表现为少尿、蛋白尿和进行性血尿素氮、肌酐升高。④急性呼吸窘迫综合征：突然发作、进行性呼吸窘迫、发绀等。⑤心力衰竭与心律失常：常伴有心包积液。⑥高血糖：多为暂时性。⑦胰性脑病：表现为精神异常（幻想、幻觉）和定向力障碍。

【实验室和其他检查】

1. 白细胞计数　白细胞计数常增高，中性粒细胞增高、核左移。
2. 血、尿淀粉酶测定　①血清淀粉酶：在起病后6～12小时开始上升，24小时左右达高峰，持续3～5天。血清淀粉酶超过正常值的3倍可确诊本病。但淀粉酶升高的程度和病情严重程度不成正比，当胰腺严重破坏或胰酶漏入腹腔时血清淀粉酶数值可正常或降低。②尿淀粉酶：在发病后12～14小时才开始升高，持续1～2周。
3. 血清脂肪酶测定　病后24～72小时开始上升，持续7～10天，对就诊较晚的急性胰腺炎患者有诊断价值，特异性也较高。
4. 生化检查　低钙程度与急性胰腺炎严重程度平行，血钙低于2 mmol/L常见于坏死型急性胰腺炎，若血钙低于1.5 mmol/L则提示预后不良。部分重症患者血糖升高，因胰岛素分泌减少、胰高血糖素分泌增加及应激反应所致。当空腹血糖持续高于10 mmol/L反映胰腺坏死，提示病情严重。血清AST、LDH可增加。
5. C-反应蛋白（CRP）　C-反应蛋白是组织损伤和炎症的非特异性标志物。有助于评估与监测急性胰腺炎的严重性，胰腺坏死时C-反应蛋白明显升高。
6. 影像学检查　腹部B超、CT有助于诊断和鉴别胰腺肿大、胰腺脓肿及假性囊肿。腹部平片可判断肠麻痹。

【治疗要点】

大多数水肿型胰腺炎经3～5日积极治疗可治愈；坏死型胰腺炎必须采取综合性措施积极抢救。

1. 监护或对症支持治疗

（1）密切观察病情，重症患者如有条件应转入重症监护病房（ICU）。

（2）静脉补充液体，保持血容量，防止休克，维持水、电解质酸碱平衡，给予营养支持治疗。

（3）解痉止痛。阿托品0.5 mg，肌内注射，每6～8小时1次；无效时可加用哌替啶50～100 mg，肌内注射，必要时6～8小时可重复使用。禁止使用吗啡，以免引起Oddi括约肌痉挛，加重疼痛。

2. 减少胰腺分泌

（1）禁食、禁水、胃肠减压，是治疗胰腺炎最基本的方法。禁食1～3天（禁食期间一般不能喝水），胃肠减压，以减少食物、胃酸刺激胰腺分泌，减轻呕吐、腹胀。

（2）抗胆碱能药。肌注阿托品、山莨菪碱，可减少胃酸分泌，进而减少胰液分泌。但对严重腹胀、肠麻痹者不宜用。

（3）H_2受体拮抗剂和质子泵抑制剂。西咪替丁、雷尼替丁、奥美拉唑等静脉给药，可减少胃酸分泌，使胰腺分泌减少。

（4）生长抑素。能抑制胰液和胰酶分泌、抑制胰酶合成，生长抑素剂量为250μg/h，生长抑素的类似物奥曲肽为25～50μg/h，持续静脉滴注，疗程3～7天。多用于重症胰腺炎患者。

3. **抑制胰酶活性** 适用于坏死型胰腺炎的早期，常用抑肽酶、加贝酯静脉滴注，可抑制胰血管舒缓素及胰蛋白酶活性。

4. **抗菌药物** 重症胰腺炎应及时、合理使用抗生素，有预防胰腺坏死合并感染的作用。

5. **外科治疗** 手术适应证：①坏死型胰腺炎经内科治疗无效。②诊断未明确，与其他急腹症如胃肠穿孔难以鉴别时。③合并消化道出血、胰腺脓肿或假性囊肿、弥漫性腹膜炎等严重并发症时。④胆源性胰腺炎处于急性状态，需外科手术解除梗阻时。

【护理诊断/问题】

1. 急性疼痛（腹痛） 与胰腺及其周围组织炎症、水肿、坏死有关。
2. 有体液不足的危险 与禁食、禁水、恶心呕吐、低血容量有关。
3. 潜在并发症 多器官功能障碍。
4. 恐惧 与起病急、腹痛剧烈有关。

【护理措施】

1. **休息与体位** 急性期应绝对卧床休息，指导患者采取弯腰屈膝侧卧位，以减轻疼痛；辗转不安者要防止坠床，必要时加护栏。环境应安静、舒适，避免增加患者焦虑。

2. **饮食护理** 急性期严格禁食、禁水，有腹胀者予以胃肠减压。患者口渴时可含漱或用水湿润口唇，向患者及家属解释禁食、禁水的重要性，以取得积极配合。病情缓解后可恢复进食，从少量流质、半流质渐进为普通饮食，先给予对胰腺刺激小的米汤，慢慢增加蛋白质每天25 g左右，忌油脂食物、切忌暴饮暴食及酗酒。

3. **心理护理** 由于本病疼痛剧烈，患者易产生焦虑、恐惧等不良情绪，可诱发和加重病情，故应为患者创造安静、舒适的环境，减少不良刺激；同时多与患者交谈，使患者了解本病的诱发因素、疾病过程和治疗效果，增强治疗信心，减轻焦虑、紧张、恐惧等情绪。

4. **病情观察** 注意观察腹痛、恶心、呕吐、发热等症状的程度及变化；观察皮肤黏膜的色泽与弹性，判断失水程度；准确记录24小时出入量；定时监测生命体征及意识的变化等以防治休克。严密观察心、肺、肾等重要脏器功能的变化，防止多器官功能障碍并发症的发生，如有异常，及时报告医生，并配合医师积极治疗。

5. **对症护理** 胰腺炎主要症状是剧烈腹痛，应协助患者采取有利于减轻疼痛的体位；应用转移注意力法、音乐疗法等缓解疼痛；遵医嘱合理应用镇痛药物，急性腹痛诊断未明者，不可随意使用镇痛药，以免掩盖症状、体征而延误病情。

6. **用药护理** 反复使用哌替啶止痛可能成瘾；禁用吗啡，因其可致括约肌痉挛，加重病情；阿托品可致尿潴留，有尿潴留时予以导尿；生长抑素入量超过每分钟50μg时，可致眩晕、耳鸣、恶心、呕吐，要调节滴速；使用加贝酯有时可出现恶心、皮疹、暂时性血压下降等不良反应，应注意观察。

【健康教育】

1. **疾病知识指导** 向患者及家属介绍本病的主要诱发因素和疾病发生发展的过程，指导患者积极治疗胆道疾病，注意防治胆道蛔虫。

2. 生活指导 告知患者腹痛恢复后应从低脂、低糖流质饮食开始，逐渐恢复正常饮食。避免暴饮暴食、酗酒、刺激性强及高脂肪和高蛋白饮食，戒除烟酒，防止复发。

（刘 云）

任务十一 上消化道大出血患者的护理

知识目标

1. 掌握：上消化道出血的临床表现、护理措施、健康教育。
2. 熟悉：上消化道出血的病因、治疗要点、实验室检查。
3. 了解：上消化道出血的概念、发病机制。

技能目标

学会三（四）腔气囊管压迫止血术的应用及护理要点。

案例导入

病例：患者，男性，34岁。反复上腹节律性疼痛4年，空腹时腹痛，进食后缓解，有夜间痛。今晨进食后连续呕血3次，总量约1 200 mL，呕吐物初为咖啡色，后为鲜红色，同时有稀黑便、头晕、心慌。查体：T 36℃，P 120次/分，R 22次/分，BP 80/50 mmHg，神志清楚，口唇苍白，中上腹剑突下偏右压痛，腹水征（-）。初步诊断为：十二指肠溃疡并发上消化道大出血伴休克。

请问：1. 本病主要的病因及诱因有哪些？可做哪些辅助检查？
2. 如何对该患者进行饮食指导？
3. 作为值班护士应如何评估患者出血情况？如何配合医师抢救？

上消化道出血（uppergastrointestinal hemorrhage）是屈氏韧带以上的消化道，包括食管、胃、十二指肠、胰、胆等部位的出血及胃空肠吻合术后的空肠病变出血。其临床表现为不同程度的呕血和（或）黑便。上消化道大出血是指在数小时内失血量超过1 000 mL或循环血量的20%以上，常伴有急性周围循环衰竭。它是临床常见的急症之一，若抢救不及时可危及生命。病死率高达8%～13.7%。近年来，由于急诊内镜和选择性腹腔动脉造影的广泛应用，对出血部位和病因一般能迅速作出诊断，为患者赢得了抢救治疗的时机。

【病因】

上消化道各部位疾病和全身性疾病均可引起上消化道出血，常见的有消化性溃疡、食管胃底静脉曲张破裂、急性胃黏膜病变和胃癌，其中最常见的是消化性溃疡。此外尚有某些少见原因如胃空肠吻合术后的空肠病变出血、胆道胰腺疾病、全身性疾病（白血病、血管疾病）、尿毒症、应激性溃疡等。

【临床表现】

上消化道大出血的临床表现取决于出血病变的性质、部位、出血量和速度。并与患者出血前的全身状况如有无贫血及心、肝、肾功能异常有关。

1. 呕血与黑便　是上消化道大出血的特征性表现。上消化道大出血均有黑便，幽门以上出血者常合并有呕血。幽门以下出血者可仅有黑便，若出血量大、速度快，血液反流入胃也可表现为呕血。呕血与黑便的颜色、性质亦取决于出血的部位、量和速度。呕血色鲜红或有血块提示出血量大，速度快，部位较为靠上，血液在胃内停留时间短，未经胃酸充分混合而呕出；如呕血呈棕褐色咖啡渣样，则提示出血量较少、速度较慢，血液在胃内停留时间长，血液经胃酸作用形成正铁血红蛋白所致。若出血量大、速度快、肠蠕动增强血液在肠道停留时间短，大便呈暗红色甚至鲜红色时，类似下消化道出血。反之出血量较少、速度较慢时，血液在肠内停留时间长，血液中血红蛋白经肠道细菌作用形成铁离子与肠内硫离子结合形成硫化铁，致使大便呈黑色，又称为柏油样便。

2. 失血性周围循环衰竭　上消化道大出血常伴有失血性周围循环衰竭。患者可有头昏、乏力、心悸、口渴、出汗等表现，突然起立可产生晕厥。体检可见皮肤、口唇、甲床苍白、烦躁不安、四肢厥冷、脉搏细速、血压下降、少尿或无尿，严重者出现休克或意识障碍。

3. 发热　多数患者在上消化道大出血后24小时内出现低热，持续3～5天。

4. 氮质血症　上消化道出血后，进入肠道的蛋白代谢产物大量被吸收，且失血后尿量减少使代谢产物不能及时排出，血中尿素氮浓度升高，造成肠源性氮质血症。血尿素氮常在出血后数小时开始上升，24～48小时达高峰，一般不超过14.3 mmol/L，如尿量恢复、无继续出血，3～4日可降至正常。

5. 贫血和血象变化　上消化道大量出血后，均有急性失血性贫血。贫血程度取决于失血量、出血前机体状况、出血后液体平衡情况等。出血早期血红蛋白浓度、红细胞计数、血细胞比容的变化不明显，因血细胞和血浆成比例丢失，3～4小时后，因组织液渗入血管，血液稀释，才出现失血性贫血的血象改变。出血后因骨髓有明显代偿性增生，24小时内网织红细胞即见增高，出血停止后逐渐降至正常。

【实验室和其他检查】

1. 实验室检查　①血常规：出血3～4小时后红细胞计数、血红蛋白浓度、血细胞比容开始下降，白细胞数增高。食管胃底静脉曲张破裂出血者因伴脾亢可出现全血细胞减少。②其他检查：网织红细胞计数、肝肾功能、大便隐血试验等，有助于判定出血量及有无活动性出血，指导治疗。

2. 胃十二指肠镜检查　胃十二指肠镜检查是目前诊断上消化道出血病因和部位的首选方法。为及时明确诊断，多主张在出血后24～48小时内进行紧急内镜检查，并可通过内镜进行止血治疗。

3. X线钡剂造影检查　X线钡剂造影检查多为胃镜所取代，有胃镜检查禁忌证或不愿行胃镜检查者可作该检查。能发现某些消化系统病变，特别是对消化性溃疡有诊断意义。

4. 选择性动脉造影　若内镜检查未发现出血病因，特别是当胃内有大量血块影响视野无法找到出血灶时，行选择性腹腔动脉或肠系膜上动脉造影，可发现造影剂溢出的部位、血管畸形或肿瘤血管影像，对急诊手术前定位诊断有重要意义。

【治疗要点】

1. 一般治疗　上消化道大出血病情急、变化快，可危及生命，应积极抢救。患者绝对卧床休息，取平卧位，抬高下肢，保持呼吸道通畅，必要时吸氧。酌情给予镇静剂，以减轻恐惧和烦躁。肝硬化食管胃底静脉曲张破裂出血，禁用吗啡、巴比妥类药物。随时观察呕血、黑粪情况；严密监测血压、心率、呼吸、尿量变化及神志改变等生命体征；定期复查红细胞计数、血红蛋白浓度及血细胞比容。

2. 积极补充血容量　立即配血，尽快补充血容量。可先输平衡液或葡萄糖盐液、右旋糖酐或其他血浆代用品。纠正急性失血性周围循环衰竭的关键是输给足量全血，肝硬化患者宜用新鲜血液。监测血压、心率、尿量和中心静脉压，可为补液、输血量和速度提供可靠的参照指标。

3. 止血措施

（1）止血药物的使用。常用药物有：①垂体后叶素主要用于门静脉高压所致出血，可使内脏血管收缩，降低门静脉血流量和压力而止血。本药能引起子宫、肠道平滑肌收缩和冠状动脉收缩，引起腹痛、血压升高、心律失常、心肌缺血，甚至心肌梗死等不良反应，因此，冠心病、高血压患者、孕妇忌用，滴速要慢。②生长抑素能收缩内脏血管平滑肌，使门静脉血流量减少。用于食管静脉曲张破裂出血的效果优于垂体后叶素，且不良反应小。常用药物有奥曲肽、注射用生长抑素（思他宁）。③质子泵抑制剂或H_2受体拮抗剂通过抑制胃酸分泌，提高胃内pH，减轻胃酸对已形成血凝块的破坏，对消化性溃疡、急性胃黏膜病变所引起的出血疗效较好。常用药物有奥美拉唑，每次40 mg，每12小时1次。④其他止血药，如卡巴克洛、氨基己酸、氨甲苯酸（对羧基苄胺）等均可应用。

（2）内镜直视下止血是目前治疗食管胃底出血的重要方法。在内镜急诊检查的同时进行硬化疗法，注射硬化剂到曲张静脉内以达止血目的。或者内镜下用高频电凝、激光止血。

（3）局部用药。口服、胃管注入或经内镜喷洒药物至出血局部而止血。常用于消化性溃疡出血及急性胃黏膜病变。①去甲肾上腺素8 mg加入冷生理盐水100 mL中，分次口服或胃管注入，可使胃肠黏膜出血的小动脉收缩，并减少胃酸分泌，一般每隔0.5～1小时灌注1次，重复3～4次仍无效者停用。②凝血酶口服或内镜下局部喷洒。口服后应使患者缓慢变换体位，以使药物充分接触创面，利于止血。③口服三七粉、云南白药，也有一定止血效果。

（4）三腔或四腔气囊管压迫止血适用于食管胃底静脉曲张破裂出血，目前不推荐为首选止血措施,仅用于药物不能控制出血者的应急抢救,以赢得时间去准备其他更有效的措施(如图4-4)。

4. 手术治疗　上消化道出血如经内科治疗仍出血不止,可行紧急手术治疗。

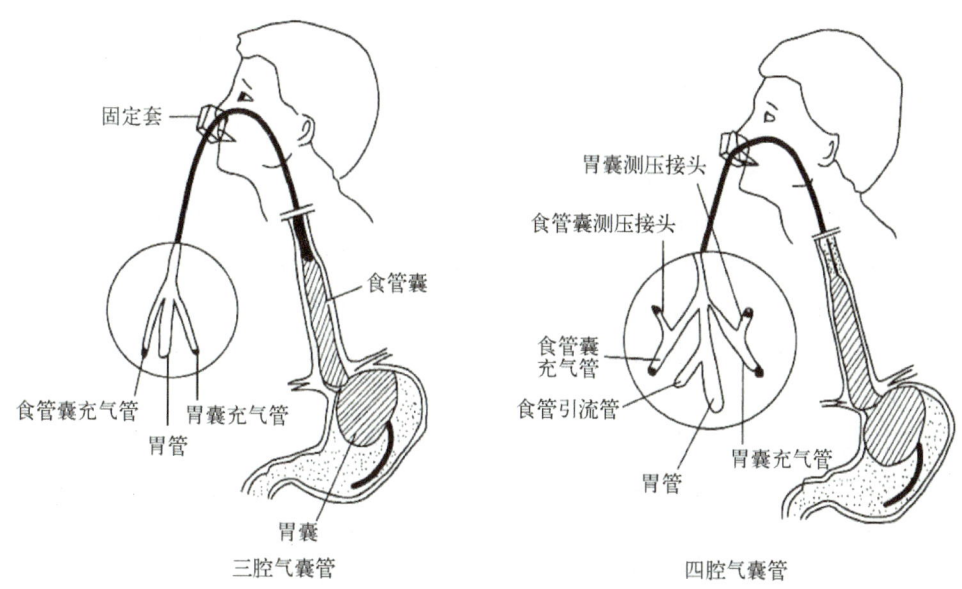

图4-4　双气囊三腔(四腔)管示意图

【护理诊断/问题】

1. 活动无耐力　与失血性周围循环衰竭有关。
2. 恐惧　与消化道大出血对生命威胁有关。
3. 潜在并发症　失血性休克。
4. 知识缺乏　缺乏预防上消化道出血的相关知识。

【护理措施】

1. 休息与体位　患者绝对卧床休息,休克时取仰卧中凹位,呕吐时头偏向一侧,避免误吸;保持呼吸道通畅,给予吸氧,必要时用负压吸引器清除气道内的分泌物;注意保暖;保证患者的休息和睡眠。

2. 饮食护理　急性大出血、食管胃底静脉曲张破裂出血应禁食。止血后还需禁食1~2天,少量出血者,可进温凉、清淡流质饮食,可中和胃酸,促进溃疡愈合。出血停止后改为营养丰富、易消化、无刺激性半流质饮食或软食,少量多餐,逐步过渡到正常饮食。伴肝疾病或有肝性脑病前兆者,应限制蛋白质的摄入量。

3. 心理护理　观察患者有无紧张、恐惧或悲观、沮丧等心理反应,应多关心、体贴、安慰患者。告知患者消除精神紧张、保持情绪稳定,有助止血。抢救工作应迅速而不忙乱,以减轻患者的紧张情绪。经常巡视,大出血时陪伴患者,使其有安全感。呕血或解黑便后及时清除血迹、污物,以减少对患者的不良刺激。

4. 病情观察

(1)监测指标。①定时监测生命体征、意识状态、尿量、皮肤颜色和温度情况。②观察呕血、黑便的时间、性质、颜色及量、伴随症状、有无肝性脑病先兆等并发症情况。③定期复查红细胞计数、血细胞比容、血红蛋白、网织红细胞计数、测定大便隐血试验、血尿素氮、血清电解质、酸碱、血气分析的变化，以了解贫血程度、出血是否停止。④准确记录液体出入量，休克时应留置导尿管，保持尿量＞30 mL/h。

（2）估计出血量。①大便隐血试验阳性提示每天出血量＞5～10 mL。②出现黑便提示出血量在50～70 mL以上。③呕血时提示胃内积血量达250～300 mL。④1次出血量在400 mL以下时，一般不出现全身症状。⑤出血量超过400～500 mL，可出现头晕、心悸、乏力等症状。⑥出血量超过1 000 mL，出现急性周围循环衰竭的表现，严重者引起失血性休克。

（3）判断出血是否继续或再次出血。①呕血、黑便次数增多，甚至呕吐物由咖啡色转为鲜红色，伴肠鸣音亢进。②经补充足够血容量或输血后周围循环衰竭的表现未改善，或好转后又恶化，血压波动，中心静脉压不稳定。③红细胞计数、血细胞比容、血红蛋白测定不断下降，网织红细胞计数持续增高。④在补液足够、尿量正常的情况下，血尿素氮持续或再次增高。

5. 用药护理　应用血管升压素后，应密切观察患者是否有腹痛、血压升高、心律失常、心肌缺血，甚至心肌梗死等不良反应，滴注速度要准确，可预防性舌下含服硝酸甘油。用药前询问病史，患有冠心病、高血压患者、孕妇不能使用。

6. 双气囊三腔管的应用与护理　熟练地操作和插管后的密切观察及细致护理是达到预期止血效果的关键。

（1）双气囊三腔管应用的注意事项。①插管前仔细检查，确保食管引流管、胃管、食管囊管、胃囊管通畅并分别做好标记，检查两气囊无漏气后抽尽囊内气体，备用。②协助医师为患者作鼻腔、咽喉部局部麻醉，经鼻腔或口腔插管至胃内。插管至65 cm时抽取胃液，检查管端确在胃内，并抽出胃内积血。③先向胃囊注气150～200 mL，至囊内压约50 mmHg（6.7 kPa）并封闭管口，缓缓向外牵引管道，使胃囊压迫胃底部曲张静脉。如单用胃囊压迫已止血，则食管囊不必充气。如未能止血，继续向食管囊注气约100 mL至囊内压约40 mmHg（5.3 kPa）并封闭管口，使气囊压迫食管下段的曲张静脉。管外端以绷带连接0.5 kg沙袋，经牵引架作持续牵引。将食管引流管、胃管连接负压吸引器或定时抽吸，观察出血是否停止，并记录引流液的性状、颜色及量。经胃管冲洗胃腔，以清除积血，可减少氨在肠道的吸收，以免血氨增高而诱发肝性脑病。④气囊充气加压12～24小时，应放松牵引，放气15～30分钟，如出血未止，再注气加压，以免黏膜受压过久致糜烂、坏死。⑤出血停止后，放松牵引，放出囊内气体，保留管道继续观察24小时，未再出血可考虑拔管，对昏迷患者亦可继续留置管道用于注入流质食物和药液。拔管前口服液状石蜡20～30 mL，润滑黏膜及管、囊的外壁，抽尽囊内气体，以缓慢、轻巧的动作拔管。气囊压迫一般以3～4日为限，继续出血者可适当延长。

（2）双气囊三腔管的护理。①留置管道期间，定时做好鼻腔、口腔的清洁，用液状石蜡润滑鼻腔、口唇。床旁留置备用双气囊三腔管、血管钳及换管所需用品，以便紧急换管时用。②留置气囊管容易引起患者不适，有过插管经历的患者尤其易出现恐惧或焦虑，故应多巡视、陪伴患者，解释本治疗方法的目的和过程，加以安慰和鼓励，取得患者的配合。③可经食管引流管抽出食管内积聚的液体，以防误吸引起吸入性肺炎。床旁置备弯盘、纸巾，供患者及时清除鼻腔、口腔分泌物，并嘱患者勿咽下唾液等分泌物。④密切观察双气囊三腔管有无滑脱。胃气囊充气不足或牵引力过大，会出现双囊向外滑脱，压迫咽喉，出现呼吸困难甚至窒息。胃气囊滑脱至食管时压迫心脏，可能出现频繁性早搏。故气囊压迫期间，须密切观察脉搏、呼吸、血压、心律的变化，一旦发生滑脱，应立即放出囊内气体，将管向胃内送入少许后再充气。

【健康教育】

1. 疾病知识指导　帮助患者和家属掌握有关原发病的有关知识和自我护理措施，预防或减少再次出血的危险。

2. 饮食和休息指导　避免粗糙、坚硬、油炸、刺激性或过冷、过热、产气多的食物。生活起居要有规律，劳逸结合，保持乐观情绪，保证身心休息；戒烟酒；在医生指导下合理用药。

3. 观察病情指导　告知出血征象及应急措施，使患者学会早期识别出血征象及应急措施，并能及时就诊。平时定期门诊随访。

（武彩群）

任务十二　消化系统常用诊疗技术及护理

一、上消化道内镜检查术

上消化道内镜检查亦称胃镜检查。其检查部位包括食管、胃、十二指肠，是应用最广、进展最快的内镜检查术，通过此检查可直接观察食管、胃、十二指肠炎症、溃疡或肿瘤等的性质、大小、部位及范围，并可行组织学或细胞学的病理检查。

【适应证和禁忌证】

1. 适应证　上消化道内镜检查适应证较为广泛，所有诊断不明的食管、胃、十二指肠疾病，均可行此项检查。主要适应证如下。

（1）有明显消化道症状，但原因不明者。

（2）上消化道出血需查明原因者。

（3）上消化道肿瘤的确诊。

（4）需要随访观察的病变，如溃疡病、萎缩性胃炎、胃手术后及药物治疗前后对比观察等。

（5）需作内镜治疗者，如摘取异物、急性上消化道出血的止血、食管静脉曲张的硬化剂注射与结扎、食管狭窄的扩张治疗等。

2. 禁忌证

(1) 严重心、肺疾病，如严重心律失常、心力衰竭、严重呼吸衰竭及支气管哮喘发作等。

(2) 各种原因所致休克、昏迷等危重状态。

(3) 急性食管、胃、十二指肠穿孔，腐蚀性食管炎的急性期。

(4) 神志不清、精神失常不能配合检查者。

(5) 严重咽喉部疾病、主动脉瘤及严重的颈胸段脊柱畸形等。

(6) 急性病毒性肝炎或胃肠道传染病一般暂缓检查。

(7) 慢性乙型肝炎、丙型肝炎患者或抗原携带者、艾滋病患者应有特殊的消毒措施。

【操作方法】

(1) 患者取左侧卧位，双腿屈曲，头垫低枕，使颈部松弛，松开领口及腰带。患者口边置弯盘，嘱患者咬紧牙垫。

(2) 胃镜插入的方法有单人法和双人法。

1) 单人法：术者面对患者，左手持操作部，右手执镜端约20 cm处，直视下经咬口插入口腔，缓缓沿舌背、咽后壁向下推进至环状软骨水平时，可见食管上口，并将胃镜轻轻插入。

2) 双人法：助手站立于术者右后方，右手持操作部，左手托住镜身。术者右手执镜端约20 cm处，左手示指、中指夹住镜端，右手顺前方插入，当进镜前端达环状软骨水平时，嘱患者做吞咽动作，即可通过环咽肌进入食管。当胃镜进入胃腔内时，要适量注气，使胃腔张开至视野清晰为止。

(3) 处理插镜中可能遇到的问题

1) 如将镜头送入气管，术者可看到环形气管壁，患者有明显呛咳，应立即将内镜退出，重新插入。

2) 如镜头在咽喉部打弯，患者会出现疼痛不适，术者可看到镜身，应把角度钮放松，慢慢将内镜退出重新插入。

3) 插镜困难可能是未对准食管入口或食管入口处的环咽肌痉挛等原因，应查明原因，切不可用力，必要时在镇静药物的辅助下再次试插。

4) 当镜面被黏液、血迹、食物遮挡时，应注水冲洗。

(4) 根据情况可取活组织行细胞学、微生物学等检查。

(5) 检查完毕退出内镜时尽量抽气，以防止患者腹胀，并手持纱布将镜身外黏附的黏液擦干净。

【术前准备】

(1) 向患者仔细介绍检查的目的、方法、如何配合及可能出现的不适，使患者消除紧张情绪，主动配合检查。

(2) 仔细询问病史和体格检查，以排除检查禁忌证。检测乙型、丙型肝炎病毒标志物，对阳性者用专门胃镜检查。检查前禁食8小时，估计有胃排空延缓者，需禁食更长时间，有幽门梗阻者需先行胃肠减压，必要时洗胃。如患者过于紧张，可遵医嘱给予地西泮5~10 mg

肌内注射或静脉注射。

（3）术前麻醉，检查前5~10分钟用2%利多卡因咽部喷雾2~3次。

（4）检查镜检用物是否准备齐全：①胃镜检查仪器一套。②喉头麻醉喷雾器，无菌注射器及针头。③2%利多卡因、地西泮、肾上腺素等药物。④其他用物，如无菌手套、弯盘、牙垫、润滑剂、乙醇、纱布、甲醛固定液标本瓶等。

【术中配合】

（1）协助患者采取合适的体位。

（2）检查中配合医师将内镜从患者口腔缓缓插入。插镜过程中，保持患者头部位置不动，当胃镜插入15 cm到达咽喉部时，嘱患者做吞咽动作，但不可将唾液咽下以免呛咳，让唾液流入弯盘或用吸管吸出。

（3）如患者出现恶心不适，护士应适时做解释工作，并嘱患者深呼吸，肌肉放松，如恶心较重，可能是麻醉不足，应重新麻醉。

（4）由于插镜时刺激迷走神经及低氧血症，患者可能发生心脏停搏、心肌梗死、心绞痛等，检查过程中护士应随时观察患者面色、脉搏、呼吸等改变，一旦发生应立即停止检查并积极抢救。

【术后护理】

（1）术后患者咽喉部麻醉作用尚未消退，嘱其不要吞咽唾液，以免呛咳。麻醉作用消退，可先饮少量水，如无呛咳方可进食。当天以流质、半流质饮食为宜，行活检的患者应温凉饮食。

（2）检查后少数患者出现咽痛、咽喉部异物感，嘱患者不要用力咳嗽，以免损伤咽喉部。

（3）若患者出现腹痛、腹胀，可进行按摩，促进排气。检查后数日内应密切观察患者有无消化道穿孔、出血、感染等并发症，一旦发现及时协助医师进行对症处理。

（4）彻底清洁、消毒内镜及有关器械，妥善保管，避免交叉感染。

二、结肠镜检查术

结肠镜检查术主要用以诊断结肠的炎症性肠病及肿瘤、出血、息肉等，并可行切除息肉、止血等治疗。

【适应证和禁忌证】

1. 适应证

（1）原因不明的慢性腹泻、便血及下腹疼痛，疑有结肠、直肠、末端回肠病变者。

（2）钡剂灌肠有可疑病变需进一步明确诊断者。

（3）炎症性肠病的诊断与随访。

（4）结肠癌术前诊断、术后随访，息肉摘除术后随访观察。

（5）需做止血及结肠息肉摘除等治疗者。

(6) 大肠肿瘤普查。

2. 禁忌证

(1) 严重心肺功能不全、休克及精神疾病患者。

(2) 急性弥漫性腹膜炎、腹腔脏器穿孔、多次腹腔手术、腹内广泛粘连及大量腹水者。

(3) 肛门、直肠严重狭窄者。

(4) 急性重度结肠炎，如急性细菌性痢疾、急性重度溃疡性结肠炎及憩室炎等。

(5) 妊娠妇女。

【操作方法】

(1) 患者穿上检查裤后取左侧卧位，双腿屈曲。

(2) 术者先做直肠指检，了解有无肿瘤、狭窄、痔疮、肛裂等。助手将镜前端涂上润滑剂（多用硅油，不可用液状石蜡）后，嘱患者张口呼吸，放松肛门括约肌，以右手示指按住镜头，使镜头滑入肛门。此后按术者口令，遵照循腔进镜、配合滑进、少量注气、适当钩拉、去弯取直、防襻、解襻等插镜原则逐渐而缓慢地插入肠镜。

(3) 根据情况可摄像或取活组织行细胞学等检查。

(4) 检查结束退镜时，应尽量抽气以减轻腹胀。

【术前准备】

(1) 叮嘱患者检查前1日进流质饮食，检查当日晨禁食或饮少量糖水。

(2) 向患者详细讲解检查目的、方法、注意事项，消除其顾虑，取得配合。

(3) 做好肠道准备。肠道清洁有多种方法，现多用导泻法。①20%甘露醇500 mL和5%葡萄糖盐液1 000 mL混合液于检查前4小时口服，导致渗透性腹泻，其对结肠黏膜无刺激作用。②检查前3~4小时口服50%硫酸镁50~60 mL，同时饮水1 500~2 000 mL。③口服主要含磷酸缓冲液的清肠液，饮水量不足1 000 mL就可达到同样的清肠效果。导泻效果不理想时，可用灌肠法。

(4) 根据医嘱术前给予患者肌内注射地西泮5~10 mg，由于药物会使患者对疼痛的反应性降低，发生肠穿孔等并发症时腹部症状可不明显，应予特别注意。术前半小时用阿托品5 mg或山莨菪碱10 mg肌内注射。

【术中配合】

(1) 协助患者采取合适的体位，叮嘱患者尽量保持身体姿势不要摆动。

(2) 检查过程中，护士密切观察患者反应，如患者出现腹胀不适，可嘱其做缓慢深呼吸；如出现面色、呼吸、脉搏改变应停止插镜，同时马上建立静脉通路，配好备用药，随时进行抢救。

【术后护理】

(1) 检查结束后，患者稍事休息，观察15~30分钟再离去。嘱患者注意卧床休息，做好肛门清洁。术后3日内进少渣饮食。如行息肉摘除、止血治疗者，应给予抗生素治疗、半流质饮食和适当休息3~4日。

（2）注意观察患者腹胀、腹痛及排便情况。腹胀明显者，可行内镜下排气。观察粪便颜色，必要时行粪隐血试验，腹痛明显或排血便者应留院继续观察。如发现剧烈腹痛、腹胀、面色苍白、心率增快、血压下降、粪便次数增多呈黑色，提示并发肠出血、肠穿孔，应及时报告医师，协助处理。

（3）做好内镜的消毒工作，妥善保管，避免交叉感染。

三、腹膜腔穿刺术

腹膜腔穿刺术是为了诊断和治疗腹膜腔疾病，对有腹腔积液的患者进行腹腔穿刺、抽取积液的操作过程。

【适应证和禁忌证】

1. 适应证
（1）腹水原因不明，或疑有内出血者。
（2）大量腹水引起难以忍受的呼吸困难及腹胀者。
（3）需腹腔内注药或腹水浓缩再输入者。
2. 禁忌证
（1）广泛腹膜黏连者。
（2）有肝性脑病先兆、棘球蚴病及巨大卵巢囊肿者。
（3）大量腹水伴有严重电解质紊乱者禁忌大量放腹水。
（4）精神异常或不能配合者。

【操作方法】

（1）协助患者采取合适的体位。根据需要可取平卧、半卧、稍左侧卧位或靠椅上坐位。

（2）选择适宜穿刺点。常选择脐与左髂前上棘连线的中外1/3交界处，也有选择脐与耻骨联合上缘间连线的中点上方1 cm偏左或右1~2 cm处；脐平面与腋前线或腋中线交点处。对少量或包裹性腹水，须在B超定位下穿刺。

（3）常规消毒穿刺部位皮肤，戴无菌手套，铺无菌孔巾，由皮肤至腹膜壁层以2%利多卡因作局部麻醉。

（4）左手固定穿刺部皮肤，右手持针经麻醉处垂直刺入腹壁，待针锋抵抗感突然消失时，表示针尖已穿过腹膜壁层，即可抽取腹水，并留样送检。诊断性穿刺，可直接用20 mL或50 mL注射器及适当针头进行。大量放液时，可用8号或9号针头，并于针座接一橡皮管，以输液夹子调整速度，将腹水引入容器中记录并送化验检查。

（5）腹腔放液速度不宜过快，量不宜过大。肝硬化患者一次放腹水一般不超过3 000 mL，过度放液易诱发肝性脑病和电解质紊乱，但在补充输注大量白蛋白的基础上，也可以大量放液。

（6）抽液完毕后拔出穿刺针，穿刺点用碘伏消毒，覆盖无菌纱布，用胶布固定，稍用力压迫穿刺部位数分钟，并用多头绷带包扎腹部。

【术前准备】

(1) 做好患者的思想工作,向患者说明穿刺的目的和大致过程,消除患者顾虑,争取充分合作。
(2) 测量血压、脉搏,量腹围,检查腹部体征。
(3) 备好腹腔穿刺用物,如穿刺包、麻醉剂、消毒用品、无菌试管等。
(4) 叮嘱患者术前排尿,以防刺伤膀胱。

【术中配合】

(1) 协助患者采取合适的体位。
(2) 检查过程中,护士应随时观察患者神志、面色、脉搏、呼吸等,如有异常,要告诫术者减缓放液速度甚至停止抽液,并适时做些解释工作。

【术后护理】

(1) 大量放液后需束以多头腹带,以防腹压骤降,内脏血管扩张而引起休克。嘱患者卧床休息24小时。
(2) 测量血压、脉搏,量腹围,以便观察病情变化。
(3) 密切观察穿刺部位有无渗液、渗血,有无腹部压痛、反跳痛和腹肌紧张的腹膜感染征象。

四、肝穿刺活组织检查术

肝穿刺活组织检查术(liver biopsy)简称肝活检,是用穿刺的方法采集肝组织标本进行组织学检查或制成涂片做细胞学检查,以明确肝脏疾病、了解肝病演变过程、观察治疗效果及判断预后。

【适应证和禁忌证】

1. 适应证
(1) 原因不明的肝肿大、肝功能异常者。
(2) 原因不明的黄疸及门静脉高压者。
2. 禁忌证
(1) 全身情况衰竭者。
(2) 肝外阻塞性黄疸、肝功能严重障碍、腹水者。
(3) 肝棘球蚴病、肝血管瘤、肝周化脓性感染者。
(4) 严重贫血或有出血倾向者。

【操作方法】

(1) 患者取仰卧位,身体右侧靠近床沿,并将右手置于枕后,嘱患者保持固定的体位。
(2) 确定穿刺点,一般取右侧腋中线8~9肋间叩诊呈实音处穿刺。如疑诊肝癌、肝脓肿者,应在B超定位下进行。

（3）常规消毒穿刺部位皮肤，铺无菌孔巾，用2%利多卡因由皮肤至肝被膜进行局部逐层麻醉。

（4）备好快速穿刺套针，根据穿刺目的不同，多选择12或16号穿刺针，活检时选较粗的穿刺针。取10~20 mL注射器1支，吸取3~5 mL无菌生理盐水后与穿刺针连接。

（5）先用穿刺锥在穿刺点皮肤上刺孔，由此孔将穿刺针沿肋骨上缘与胸壁呈垂直方向刺入5~11 cm，然后将注射器内液推注0.5~1.0 mL，冲出存留在穿刺针内的组织，以免针堵塞。

（6）将注射器抽吸成负压并保持，同时嘱患者先深吸气，然后于深呼气后屏气，术者将穿刺针迅速刺入肝内，穿刺深度不超过6 cm，立即进行抽吸，吸得标本后，立即拔出。

（7）穿刺部位以无菌纱布按压5~10分钟后胶布固定，以多头腹带束紧12小时，压上小沙袋4小时。

（8）将抽吸的肝组织标本制成玻片，或注入95%乙醇，或10%甲醛固定液中送检。

【术前准备】

（1）根据医嘱测定患者肝功能、出凝血时间、凝血酶原时间及血小板计数。若出现异常应根据医嘱肌内注射维生素K 10 mg，连用3日后复查，正常者方可施术。

（2）术前行胸部X线检查，观察有无肺气肿、胸膜增厚。

（3）向患者解释穿刺的目的、意义、方法，消除顾虑和紧张情绪，并训练其屏息呼吸方法（深吸气，呼气，憋住气片刻），以利术中配合。情绪紧张者可于术前1小时口服地西泮，穿刺前测量血压、脉搏。

【术中配合】

（1）协助患者采取合适的体位，叮嘱患者保持身体不要摆动，避免咳嗽动作。

（2）检查过程中，护士应随时观察患者面色、脉搏、呼吸等，如有改变，要适时做解释工作，并嘱患者肌肉放松，缓解紧张情绪。

【术后护理】

（1）术后患者应平卧24小时。

（2）测量血压、脉搏，开始4小时内每15~30分钟测量1次。如有脉搏细数、血压下降、烦躁不安、面色苍白、出冷汗等内出血征象，应立即通知医师紧急处理。

（3）观察穿刺部位，注意有无伤口渗血、红肿、疼痛。若穿刺部位疼痛明显，应仔细查明原因，如为一般组织创伤性疼痛，可遵医嘱给予止痛剂，如为气胸、胸膜休克或胆汁性腹膜炎，应及时处理。

项目小结

本项目学习重点是消化性溃疡、慢性胃炎、肠结核、溃疡性结肠炎、肝硬化、肝癌、肝性脑病及急性胰腺炎的病因及临床表现；各疾病饮食的护理；护理诊断；

用药护理。学习难点是上述疾病的实验室及其他检查和治疗要点。在学生学习过程中可通过临床见习、病例讨论及多媒体演示等方法，加深对消化系统疾病的认识和理解，提高分析问题的能力，并通过对消化系统常用诊疗技术的学习，掌握胃镜、结肠镜等诊疗技术的操作方法、准备及注意事项。

（武彩群）

项目测试

A_1/A_2型题：

1. 对急性腹痛患者以下说法不正确的是（　　）
   A. 诊断未明时最好禁食　　B. 可行胃肠减压　　C. 及时应用吗啡等强力镇痛剂
   D. 可应用针灸止痛　　E. 可用解痉药止痛

2. 慢性浅表性胃炎最主要的病因是（　　）
   A. 幽门螺杆菌　　B. 胆汁反流　　C. 非甾体抗炎药
   D. 吸烟　　E. 饮酒

3. 引起消化性溃疡的损害因素中起决定作用的是（　　）
   A. 幽门螺杆菌感染　　B. 非甾体抗炎药　　C. 胃酸和胃蛋白酶
   D. 胃十二指肠反流　　E. 吸烟和精神紧张

4. 幽门螺杆菌根治后复查的首选方法是（　　）
   A. 快速尿素酶试验　　B. 幽门螺杆菌培养　　C. 粪便幽门螺杆菌抗原检测
   D. ^{13}C或^{14}C尿素呼气试验　　E. 病理检测幽门螺杆菌

5. 关于消化性溃疡的并发症不正确的是（　　）
   A. 上消化道出血　　B. 穿孔　　C. 肝性脑病
   D. 幽门梗阻　　E. 癌变

6. 对胃癌有确诊价值的检查手段是（　　）
   A. 血常规检查　　B. 粪便隐血试验持续阳性
   C. X线钡餐检查发现龛影　　D. 胃镜检查结合胃黏膜活检
   E. 血沉增快

7. 在我国引起肝硬化最主要的原因是（　　）
   A. 乙型病毒性肝炎　　B. 酒精中毒　　C. 日本血吸虫病
   D. 胆汁淤积　　E. 循环障碍

8. 肝硬化失代偿期最突出的表现是（　　）
   A. 肝病面容　　B. 蜘蛛痣　　C. 腹水
   D. 食管下段静脉曲张　　E. 脾功能亢进

9. 肝硬化最严重的并发症是（　　）
   A. 上消化道出血　　B. 肝性脑病　　C. 自发性腹膜炎
   D. 肝肾综合征　　E. 肝肺综合征

10. 肝硬化患者全血细胞减少最主要的原因是（　　）
    A. 营养吸收障碍　　B. 脾功能亢进　　C. 骨髓造血功能低下

D. 上消化道出血 E. 肝肾综合征

11. 三腔双囊管压迫止血只适用于 ( )
A. 消化性溃疡引起的出血 B. 胃癌出血 C. 肝痛引起的出血
D. 食管胃底静脉曲张破裂出血 E. 急性胃黏膜糜烂引起的出血

12. 引起肝性脑病最常见的原因是 ( )
A. 肝炎后肝硬化 B. 门体分流术后 C. 病毒性肝炎
D. 原发性肝癌 E. 急性胆系感染

13. 关于肝性脑病的诱因不正确的是 ( )
A. 上消化道出血 B. 快速利尿 C. 大量放腹水
D. 低蛋白饮食 E. 感染

14. 肝性脑病昏迷期的患者不可能出现的表现是 ( )
A. 意识丧失 B. 肌张力减弱 C. 腱反射消失
D. 脑电图异常 E. 扑翼样震颤

15. 目前根治原发性肝癌的最佳方法是 ( )
A. 手术治疗 B. 介入治疗 C. 放射治疗
D. 免疫治疗 E. 中医中药

16. 肝癌非手术疗法中首选的是 ( )
A. 全身化疗 B. 肝动脉栓塞化疗 C. 放射治疗
D. 免疫治疗 E. 中医中药

17. 我国急性胰腺炎最常见的病因是 ( )
A. 酗酒 B. 暴饮暴食 C. 胆道疾病
D. 手术与创伤 E. Oddi括约肌功能障碍

18. 急性胰腺炎最主要的临床表现是 ( )
A. 突然发生的腹痛 B. 恶心、呕吐 C. 腹胀
D. 发热 E. 低血压

19. 上消化道出血最常见的病因是 ( )
A. 贲门黏膜撕裂综合征 B. 消化性溃疡 C. 食管静脉曲张破裂
D. 胃癌 E. 急性糜烂性胃炎

20. 上消化道出血特征性的临床表现是 ( )
A. 急性周围循环衰竭 B. 呕血、黑粪 C. 肠源性氮质血症
D. 发热 E. 贫血

21. 上消化道大出血最重要的临床表现是 ( )
A. 急性周围循环衰竭 B. 呕血、黑粪 C. 肠源性氮质血症
D. 发热 E. 贫血

22. 成人上消化道出血出现周围循环衰竭的表现时，提示出血量超过 ( )
A. 200 mL B. 400 mL C. 600 mL
D. 800 mL E. 1 000 mL

23. 有关三腔气囊管压迫止血的护理不正确的是 ( )
A. 先向胃囊注气，后向食管囊注气
B. 初次压迫可维持6~12小时，放气15~30分钟，并放松牵引
C. 出血停止24小时后，放松牵引，准备拔管
D. 拔管前先放胃囊气体，再放食管囊气体
E. 拔管前嘱患者口服液状石蜡润滑黏膜

24. 上消化道出血时最能反映出血量的是 （　）
  A. 呕血与黑粪的频度与量　　B. 血红蛋白浓度测定　　C. 网织红细胞测定
  D. 周围循环衰竭的表现　　　E. 血尿素氮的测定
25. 王某，误服硫酸后急诊，该患者的胃黏膜可表现为 （　）
  A. 黑色痂　　　　　　　　　B. 棕色痂　　　　　　　C. 灰色痂
  D. 白色痂　　　　　　　　　E. 黄绿色痂
26. 患者，男性，46岁，"胃溃疡"病史3年。今晨饱餐后突然出现上腹部刀割样疼痛，渐延及全腹。查体：全腹压痛、反跳痛，腹肌紧张。首先考虑该患者发生了 （　）
  A. 上消化道出血　　　　　　B. 幽门梗阻　　　　　　C. 急性胃穿孔
  D. 癌变　　　　　　　　　　E. 感染

A_3/A_4型题：

（27～28题共用病例）

患者，男性，45岁，肝硬化病史10年。1个月前发现腹水，近3天腹胀明显，出现腹痛和发热，T 38.7℃，血白细胞计数12.9×10⁹/L，腹水混浊，腹水白细胞增多。

27. 该患者可能并发了 （　）
  A. 急性肠炎　　　　　　　　B. 胆道感染　　　　　　C. 自发性腹膜炎
  D. 结核性腹膜炎　　　　　　E. 原发性肝癌
28. 对该患者首选的治疗措施是 （　）
  A. 腹腔穿刺放腹水　　　　　B. 快速利尿　　　　　　C. 联合应用抗生素
  D. 保肝治疗　　　　　　　　E. 静脉输注白蛋白

（29～31题共用病例）

患者，男性，72岁，胃溃疡病史10年。近2个月来腹痛加重，经常排黑色粪便。4小时前开始呕血，共呕血3次，总量约1 000 mL。查体：BP 86/54 mmHg，重度贫血貌。腹软，剑突下饱满，有压痛。化验：血红蛋白74 g/L，粪便隐血（+++）。

29. 该患者最可能的诊断是 （　）
  A. 胃溃疡复发　　　　　　　B. 胃溃疡并发上消化道出血
  C. 胃溃疡并发十二指肠溃疡　D. 胃溃疡并发穿孔
  E. 胃溃疡并发幽门梗阻
30. 该患者目前首要的治疗措施是 （　）
  A. 开放静脉通路，补充血容量　B. 立即应用止血药物　　C. 胃镜下止血
  D. 手术治疗　　　　　　　　　E. 保护胃黏膜治疗
31. 该患者经治疗后生命体征平稳，若想明确出血原因应首选 （　）
  A. ¹³C或¹⁴C尿素呼气试验检测幽门螺杆菌
  B. X线钡餐透视
  C. 胃镜加活组织检查
  D. 血清癌胚抗原测定
  E. 上腹部CT检查

（32～33题共用病例）

陈某，69岁，肝硬化病史8年。6小时前进食硬食后出现呕血，伴大汗、心慌，急诊来院。查体：BP 80/45 mmHg，P 124次/分，四肢冰冷，口唇发绀。

32. 若该患者继续呕血，应告知其头偏向一侧，意义在于 （　）
  A. 减少出血　　　　　　　　B. 便于测血压　　　　　C. 防止窒息

D. 改善脑血供　　　　　　　E. 利于止血

33. 该患者止血后，为清除肠道内积血，减少血氨生成，预防肝昏迷，正确的处理措施是（　　）
A. 给予缓泻剂　　　　　　B. 用肥皂水灌肠　　　　C. 用开塞露通便
D. 用弱酸性溶液灌肠　　　E. 行全消化道灌洗

（34~37题共用病例）

患者，男性，35岁。于大量饮酒和饱餐后突然出现中上腹持续性绞痛，伴有频繁性呕吐，呕吐物为食物和胆汁，呕吐后腹痛并不减轻。查体：上腹压痛，腹肌紧张，有反跳痛，肠鸣音减弱。测定血清淀粉酶1 200 U/L。

34. 初步诊断是（　　）
A. 急性胰腺炎　　　　　　B. 消化道溃疡　　　　　C. 胃穿孔
D. 幽门梗阻　　　　　　　E. 急性腹膜炎

35. 测体温38℃，血压100/50 mmHg，最可能的诊断是（　　）
A. 合并感染　　　　　　　B. 食管静脉破裂　　　　C. 伴胃溃疡
D. 出血坏死性胰腺炎　　　E. 上呼吸道感染

36. 最主要的治疗措施是（　　）
A. 禁饮食补液　　　　　　B. 应用升压药　　　　　C. 应用肝素
D. 使用抑肽酶　　　　　　E. 使用肾上腺皮质激素

37. 经治疗后，腹痛、呕吐基本消失，患者的饮食宜给予（　　）
A. 可恢复正常饮食　　　　B. 少量碳水化合物流食　C. 高蛋白、高热量饮食
D. 高脂低糖饮食　　　　　E. 低脂、低糖、低蛋白

（38~39题共用题干）

患者，女性，20岁。体重60 kg，反复呕吐十余天，主诉：乏力、头晕、视觉模糊。体检：血压12.5/8.5 kPa（94/64 mmHg），脉搏90次/分，呼吸20次/分，血清钠132 mmol/L，血清钾3.5 mmol/L，血pH值为7.35。

38. 该患者的水、电解质失衡属（　　）
A. 高渗性脱水　　　　　　B. 代谢性碱中毒　　　　C. 代谢性酸中毒
D. 低渗性脱水　　　　　　E. 低血钾

39. 根据上题水电解质失衡的诊断，此患者应补以下哪种液体（　　）
A. 3%~50%盐水　　　　　B. 高渗盐水　　　　　　C. 0.9%生理盐水
D. 2%NaHCO$_3$　　　　　　E. 10%葡萄糖液

（40~43题共用题干）

患者，男性，36岁，因黑色稀便3日入院。3日来，每日解黑色稀便3次，每次约260 g，病前有多年上腹部隐痛史，常有夜间痛、饥饿痛，进食可缓解。查：贫血貌，皮肤无黄染，肝、脾肋下未触及。

40. 入院后为了明确诊断，首先要进行的检查应是下列哪一项（　　）
A. X线钡餐检查　　　　　B. 胃镜检查　　　　　　C. 血常规检查
D. 选择性动脉造影　　　　E. 胃液分析检查

41. 最可能的诊断是（　　）
A. 胃溃疡并出血
B. 十二指肠溃疡并出血
C. 食管与胃底静脉曲张破裂出血
D. 胃癌并出血
E. 急性胃黏膜损害所致的出血

42. 入院后第2天，患者突然出现呕血，呕出暗红色血液800 mL，此时，对该患者要采取的首要护理措施是 （ ）
   A. 卧床休息，安慰患者   B. 开放静脉通道，补充血容量
   C. 监测心率、体温、呼吸变化   D. 给氧
   E. 血红蛋白测定

43. 患者目前主要的护理诊断是 （ ）
   A. 营养失调：低于机体需要量   B. 有受伤的危险   C. 组织灌注量不足
   D. 有水、电解质及酸碱平衡失调的危险   E. 活动无耐力

（44～45题共用题干）

患者，男性，48岁。乙型肝炎病史10年，乏力、低热、腹胀、少尿入院。查体：巩膜黄染，腹部膨隆，呈蛙状腹，肝脏肋下未及，脾肋下2指，移动性浊音阳性。

44. 该患者最可能的入院诊断为 （ ）
   A. 乙型肝炎活动期   B. 乙型肝炎后肝硬化代偿期
   C. 乙型肝炎后肝硬化失代偿期   D. 原发性肝癌
   E. 继发性肝癌

45. 该患者出现腹水的原因与下列哪项无关 （ ）
   A. 门静脉压力增高   B. 肝淋巴液生成过多   C. 低白蛋白血症
   D. 前列腺素增多   E. 继发性醛固酮增多

（46～47题共用题干）

患者，男性，38岁。突然呕血约1 500 mL，伴柏油样大便，急诊入院。查体：神志清楚，四肢发凉。

46. 此时最主要的护理诊断是 （ ）
   A. 活动无耐力   B. 体液不足   C. 有受伤的危险
   D. 疼痛   E. 意识障碍

47. 此时的护理措施哪项不正确 （ ）
   A. 保持呼吸道通畅
   B. 平卧位，将脚略低位
   C. 缓解患者紧张情绪
   D. 密切观察生命体征，注意出血情况
   E. 建立静脉通道

项目五 泌尿系统疾病患者的护理

任务一 概述

知识目标

1. 掌握：泌尿系统疾病的常见症状、体征和护理措施。
2. 熟悉：泌尿系统疾病的临床特点、实验室和其他检查。
3. 了解：肾脏的解剖结构和生理功能。

技能目标

能对泌尿系统疾病常见症状、体征进行评估。

泌尿系统由肾、输尿管、膀胱和尿道等器官及有关的血管神经组成。其中肾是人体重要的生命器官，其主要功能是生成尿液，以排泄代谢产物、调节水电解质和酸碱代谢的平衡，维持机体内环境的稳定。除此之外，肾脏还有重要的内分泌功能。输尿管、膀胱、尿道以及肾脏的肾盏、肾盂是将终尿引流到体外的通道，常合称为尿路。感染、变态反应、肾血管病变、代谢异常、药物和毒素等原因均可导致肾损害，引起肾疾病。多数肾疾病病程较长，早期无明显症状，持续发展、加重，均可导致肾功能衰竭，严重威胁患者健康和生命。

一、肾的结构与功能

1. **肾脏的结构** 肾属于实质性器官，左右各一，右肾稍低，位于腹膜后脊柱两侧。其内部结构大体上可分为肾实质和肾间质两部分：①肾实质又可以分为表层的皮质和深层髓质两部分。皮质主要由肾单位构成，肾单位包括肾小体和肾小管构成。髓质位于皮质深部，由十多个肾锥体组成，锥体的尖端终止于肾乳头。肾单位和集合管生成的尿液，经集合管在肾乳头的开口处流入肾小盏（相邻2～3个肾小盏合成一个肾大盏），再进入肾大盏和肾盂（相邻2～3个肾大盏汇合成肾盂，肾盂变细与输尿管相接），最后经输尿管进入膀胱。排尿时，膀胱内的尿液经尿道排出体外。②肾间质为少量结缔组织，内有血管、神经和淋巴管。

肾单位是肾脏结构和功能的基本单位，每侧肾由80万～110万个肾单位组成，肾单位包括肾小体和肾小管。与集合管共同完成尿的生成过程。见图5-1。

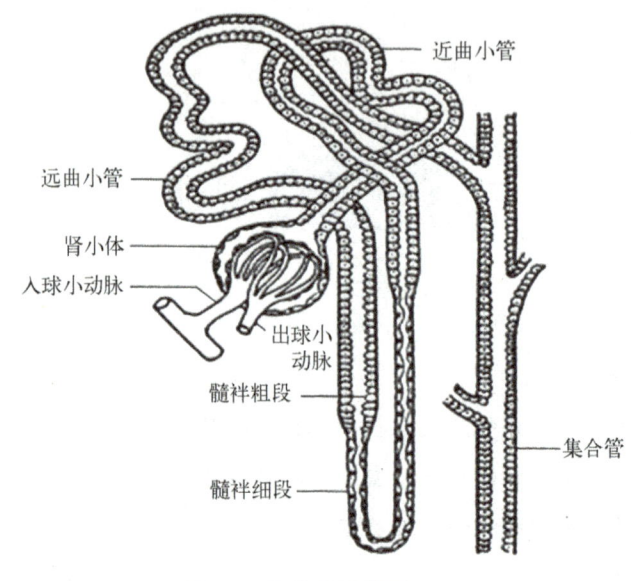

图5-1　肾单位示意图

（1）肾小体。由肾小球和肾小囊组成。肾小球是入球小动脉在肾小体内形成的一团毛细血管网，由肾小球毛细血管壁内皮细胞、基底膜和脏层上皮细胞（足细胞）形成滤过膜。进入肾小球入球小动脉内的血浆经滤过膜进入肾小囊即形成原尿。肾小囊由脏、壁两层和两层之间的囊腔构成，汇集原尿，并与肾小管相通。

（2）肾小管。包括近端小管（由近曲小管和髓袢降支粗段组成）、髓袢细段（包括髓袢降支细段和髓袢升支细段）和远端小管（由髓袢升支粗段和远曲小管组成）三部分。髓袢降支粗段、髓袢细段和髓袢升支粗段共同构成U形结构，合称髓袢。远曲小管与集合管相连，集合管可接受多条远曲小管开口，并伸入肾髓质，开口于肾乳头。集合管不属于肾单位的组成部分，但功能与远端小管相似，在尿液浓缩过程中起重要作用。

（3）肾小球旁器。由球旁细胞、致密斑和球外系膜细胞组成。球旁细胞位于入球小动脉终末部的中膜内，其内有许多分泌肾素的特殊颗粒。致密斑位于皮质部髓袢升支，调节球旁细胞分泌肾素。球外系膜细胞是入球小动脉和出球小动脉之间的一群细胞，具有吞噬功能。

2. 肾脏的生理功能

（1）肾小球的滤过功能。肾小球滤过率（GFR）受滤过膜的通透性、滤过面积、有效滤过压及肾血流量的影响，见图5-2。

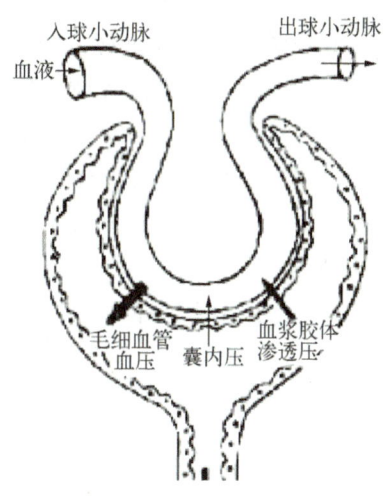

图5-2 有效滤过压

肾小球滤过膜由肾小球毛细血管的内皮细胞、基底膜和肾小囊上皮细胞组成。各层均有大小不等的小孔,内皮细胞和基底膜表面还有带负电荷的蛋白质。滤过膜的通透性取决于滤过膜孔的大小和所带的电荷,分别称机械屏障和电荷屏障。正常成人双侧肾脏血流量约为1 L/min,当血液流经肾小球时,除血细胞和大分子蛋白质外,几乎所有的血浆成分均可通过肾小球滤过膜进入肾小囊,形成与血浆等渗的原尿,是尿液生成的第一步。①滤过膜内层是毛细血管内皮细胞,可允许小分子溶质和小分子量蛋白质通过,但血细胞不能通过,而且内皮细胞表面有带负电荷的糖蛋白,可阻碍带负电荷的蛋白质通过。②基底膜由基质和一些带负电荷的蛋白质构成,是阻碍血浆蛋白滤过的重要屏障,也称为肾小球滤过膜的电荷屏障。③滤过膜外层是肾小囊上皮细胞,上皮细胞的裂隙是滤过膜的最后一道屏障。不同物质通过滤过膜的能力取决于被滤过物质分子的大小及其所带的电荷。

(2) 肾小管功能。①重吸收功能:正常人双肾生成的超滤液量每天约为180 L,而终尿量约为1.5 L,表明超滤液中99%的物质被重吸收。原尿流经肾小管,绝大部分物质如大部分的葡萄糖、氨基酸、蛋白质、维生素、钾、钙、钠、水、无机磷等,被近端小管重吸收进入血液循环,而另一些物质如毒物、药物和代谢废物不能被重吸收而随尿排出体外。②分泌和排泄功能:肾小管上皮细胞可将原来在血液内或重吸收的某些物质分泌到尿中,如H^+、NH_3、肌酐和某些药物等,以调节机体电解质、酸碱代谢的平衡和排出废物。③浓缩和稀释功能:肾脏对水具有强大的调节功能。体内水过多时,肾脏稀释尿液,排水量增加;反之,体内缺水时,肾小管对水的重吸收增加,排水量减少。肾脏的浓缩和稀释功能可反映远端肾小管和集合管对水平衡的调节能力。肾衰竭患者的肾脏对水代谢的调节功能障碍,可发生水潴留或脱水。

(3) 肾的内分泌功能。肾所分泌的激素分为血管活性激素和非血管活性激素。血管活性激素参与肾的生理功能,调节肾的血流动力学和水钠代谢,包括肾素、前列腺素、激肽释放酶等。非血管活性激素主要作用于全身,包括Ⅰ羟化酶和促红细胞生成素(EPO)等。①肾素:肾素主要由肾小球旁器的球旁细胞产生,肾素可使血管紧张素原转变为血管紧张素Ⅰ,再经转换酶作用生成血管紧张素Ⅱ及Ⅲ,直接引起小动脉收缩使血压上升,同时可刺激醛固酮的分泌,促进钠、水潴留。②前列腺素(PG):由肾髓质的间质细胞分泌,主要有PGE_2、PGA_2和少许PGF_{2a}。前两者能扩张肾血管,增加肾血流量和水钠排出,使血压降低。PGF_{2a}则有收缩血管的作用。③激肽释放酶:肾皮质内所含的缓激肽释放酶可促使激肽原生成激肽(主要是缓激肽),后者可扩张小动脉,增加肾血流量,并刺激前列腺素的分泌。肾脏激肽释放酶的产生和分泌受细胞外液量、体内钠量和肾血流量等诸多因素的影响。④Ⅰ羟化酶:由肾皮质产生可促使25羟维生素D_3转化为具有活性的$1,25(OH)_2D_3$,具有促进小肠对钙、磷的吸收,调节钙、磷代谢。⑤促红细胞生成素(EPO):具有促进骨髓生成红细胞的作用,肾性贫血的发生与肾实质破坏导致EPO形成减少有关。

二、泌尿系统疾病患者的评估

【健康史】

1. **患病经过** 应详细询问起病时间、起病急缓、有无明显诱因、有无相关的疾病病史和家族史、患病后的主要症状及其特点。重点评估:①诱因与病因。不同类型疾病的侧重点不一。如急性肾小球肾炎应重点询问有无上呼吸道感染和化脓性感染史;遗传性肾炎、多囊肾等应了解家族中有无遗传史;肾功能受损者除询问有无肾病、高血压、糖尿病、系统性红斑狼疮等疾病病史及长期服用对肾有损害的药物。②症状。评估有无肉眼血尿、尿量改变、排尿异常、水肿、腰痛、夜尿增加及尿毒症的症状。了解症状演变发展过程,是否出现并发症。需注意,症状的严重程度与肾功能损害程度不一定相符。

2. **诊疗经过** 了解患者做过哪些检查及其结果;了解其治疗的经过、效果以及是否遵医嘱治疗;了解目前用药情况包括药物种类、剂量、用法,是按医嘱用药还是自行购买使用,有无明确的药物过敏史。由于泌尿系统疾病患者常需调整水、钠、钾、蛋白质等的摄入,评估时应详细了解患者有无特殊的饮食治疗要求及其依从情况。对于依从性差者,需评估原因。

3. **主要症状及变化** 询问患者目前最突出的症状及其变化,评估这些症状对机体的影响;了解患者食欲、睡眠、体重等方面有无改变。

【心理-社会状况】

1. **疾病知识** 评估患者对所患疾病的性质、过程、预后、防治等各方面知识的了解程度。

2. **心理状态** 由于肾脏疾病大多时轻时重、迁延不愈,治疗上较为困难,患者常会出现各种不利于其疾病治疗的负性情绪。所以,应重点了解患者的情绪和精神状态,有无紧张、焦虑、抑郁、绝望等负性情绪及其程度。

3. **患病对日常生活、学习或工作的影响** 许多泌尿系统疾病的康复需要患者卧床休息,减少体力活动,故需详细评估者患病后的日常活动、社会活动有无改变及其程度。

4. **社会支持系统** 了解患者的家庭成员组成、家庭经济状况、家属对患者所患疾病的认知及家属对患者的关心和支持程度;了解患者的工作单位所能提供的支持,有无医疗保障;评估患者出院后的就医条件,能否得到及时有效的社区保健服务。故其社会支持系统的评估非常重要。

【身体状况】

对泌尿系统疾病患者身体评估时要注意评估以下情况：患者的精神、意识、营养状况、体重以及体温是否升高；皮肤黏膜有无苍白、尿素结晶、抓痕和色素沉着；胸部有无胸腔积液，肺底部有无湿啰音，心界是否扩大；腹部有无移动性浊音，有无肾区叩击痛及输尿管点压痛。泌尿系统疾病常见的主要症状和体征如下。

1. 水肿 水肿是肾小球疾病最常见的症状。肾小球疾病引起的水肿可分为两类：肾炎性水肿和肾病性水肿。

（1）肾炎性水肿：肾小球滤过率下降，而肾小管重吸收功能相对正常造成"球管失衡"和肾小球滤过分数（肾小球滤过率/肾血浆流量）下降，导致水钠潴留而产生水肿。同时，毛细血管通透性增高可进一步加重水肿。肾炎性水肿多从颜面部开始，重者可波及全身，指压凹陷不明显。由于水钠潴留，血容量扩张，血压常可升高。

（2）肾病性水肿：长期大量蛋白尿造成血浆蛋白减少，血浆胶体渗透压降低，液体从血管内进入组织间隙，产生水肿。此外，继发性有效血容量减少可激活肾素血管紧张素醛固酮系统，使抗利尿激素分泌增多，进一步加重水肿。肾病性水肿一般较严重，多从下肢部位开始，常为全身性、体位性和凹陷性，严重者可并发胸水和腹水，可无高血压及循环淤血的表现。

2. 尿路刺激征又称膀胱刺激征 尿路刺激征是尿频、尿急、尿痛，可伴有排尿不尽感及下腹坠痛，是由于膀胱颈和膀胱三角区受炎症或机械刺激而引起的。尿频是指尿意频繁而每次尿量不多；尿急指一有尿意，即尿急难忍的感觉；尿痛指排尿时伴有会阴或下腹部疼痛。主要见于尿路感染的患者。

3. 肾性高血压 肾脏疾病均可引起高血压，肾性高血压在继发性高血压中占首位，占高血压的5%~10%。

（1）按解剖结构可分为肾血管性和肾实质性两类。①肾血管性高血压：主要肾动脉狭窄或堵塞所致，其高血压程度较重，易进展为急进性高血压，临床较少见。②肾实质性高血压：主要由急性和慢性肾小球肾炎、慢性肾盂肾炎、慢性肾衰竭等实质性疾病所引起，终末期肾疾病伴高血压者超过80%，是肾性高血压的常见原因，其中以慢性肾小球肾炎最常见。

（2）按发生机制又可分为容量依赖型高血压和肾素依赖型高血压。①容量依赖型高血压：其发生与水钠潴留致血容量增加有关，见于急慢性肾炎和大多数肾功能不全，限制水钠摄入或增加水钠排出可明显降低血压。②肾素依赖型高血压：为肾素血管紧张素醛固酮系统兴奋所致，一般降压药物效果差，多见于肾血管疾病和少数慢性肾衰竭晚期患者限制水钠或使用利尿剂后反而可使病情加重，可应用血管紧张素转换酶抑制剂、血管紧张素Ⅱ受体拮抗剂和钙通道阻滞药降压。肾实质性高血压中容量依赖型多见，占80%以上，肾素依赖型少见，占10%左右。少数患者两种因素同时存在。

4. 尿异常

（1）尿量异常。尿量的多少取决于肾小球滤过率和肾小管重吸收量。正常人的尿量为1 000~2 000 mL，平均1 500 mL，可以根据尿量的多少分为：少尿、无尿、多尿和夜尿增多。

1）少尿和无尿：少尿指每日尿量少于400 mL，若每日尿量少于100 mL称为无尿。少尿和无尿是由于肾小球滤过率降低，其原因可分为三种：肾前性主要是因为血容量不足或肾血管痉挛引起的；肾性主要是由于急慢性肾衰竭引起的；肾后性主要是由于尿路梗阻引起的。

2）多尿：指每日尿量超过2 500 mL。多尿分肾性和非肾性两类，多尿见于多种原因所致的肾小管功能不全如慢性肾盂肾炎、肾动脉硬化等使肾小管破坏降低了肾小管对水的重吸收能力。肾外疾病见于糖尿病、尿崩症和溶质性利尿等。

3）夜尿增多：指夜间尿量超过白天尿量或夜间尿量持续超过750 mL。持续的夜尿增多，且尿比重低而固定，提示肾小管浓缩功能减退。

（2）蛋白尿。每日尿蛋白含量持续超过150 mg，蛋白质定性试验呈阳性反应，称为蛋白尿。若每日持续超过3.5 g/1.73 m²（体表面积）或者50 mg/kg，称大量蛋白尿，蛋白尿一般可分为以下几种。

1）生理性蛋白尿：无器质性病变，常见于以下两种情况。①功能性蛋白尿是一种轻度、暂时性蛋白尿，常伴发热、运动、精神紧张等应激状态，以青少年多见，尿蛋白定性多不超过（+）。②体位性蛋白尿常见于青春发育期青少年，直立和脊柱前凸姿势时出现蛋白尿，卧位时尿蛋白消失，一般量低于1 g/d。

2）肾小球性蛋白尿：其发生主要由于肾小球毛细血管滤过膜损伤，通透性增高，使血浆中大量蛋白质滤过并超出肾小管重吸收能力，而出现于尿中所致。如病变较轻，则尿中仅有以白蛋白为主的中小分子量蛋白质，称为选择性蛋白尿；当病变加重，有更高分子量的蛋白质（如IgG）无选择性地滤出时，则称为非选择性蛋白尿。

3）肾小管性蛋白尿：是指当肾小管受损或功能紊乱时，抑制了近端肾小管对正常滤过的蛋白质重吸收，导致小分子蛋白质包括β_2微球蛋白、溶菌酶等从尿中排出引起的蛋白尿。

4）溢出性蛋白尿：是指血中低分子量蛋白（如多发性骨髓瘤轻链蛋白、血红蛋白、肌红蛋白等）异常增多，经肾小球滤过而超过肾小管重吸收能力所致的蛋白尿。临床常见于多发性骨髓瘤患者。

（3）血尿。新鲜尿沉渣每高倍视野红细胞>3个，或1小时尿红细胞计数超过10万，称为镜下血尿。1 L尿中含有1 mL血即呈现肉眼血尿。引起血尿的常见原因有：①泌尿系统疾病。约占血尿原因的98%，常提示肾实质受损，如各种肾小球肾炎、肾盂肾炎、泌尿系统的结石、肿瘤、外伤、血管病变及先天性肾发育异常等。②全身性疾病。如出血性疾病、风湿性疾病、某些传染病、部分心血管疾病等。③尿路邻近器官病变。如阑尾炎、女性内生殖器官的炎症、肿瘤等。④运动性血尿。少见，见于剧烈运动后。

临床上将血尿按病因分为肾小球源性和非肾小球源性：①肾小球源性血尿系肾小球基底膜断裂所致，可伴较大量蛋白尿和（或）多种管型尿尤其红细胞管型，且新鲜尿沉渣显微镜检查可见变形红细胞。②非肾小球源性血尿为肾小球外病变如尿路感染、结石及肿瘤等所致，尿中红细胞大小形态均一，因此，可以根据尿中红细胞形态来初步判断病变的可能部位。

（4）白细胞尿、脓尿。新鲜离心尿液每高倍视野白细胞>5个，或新鲜尿液白细胞计数超过40万，称为白细胞尿或脓尿。尿中白细胞明显增多常见于泌尿系统感染，肾小球肾炎等疾病也可出现轻度白细胞尿。

（5）菌尿。是指中段尿涂片镜检，每个高倍视野均可见细菌，或尿细菌培养菌落计数超过 10^5/mL，可诊断泌尿系统感染。

（6）管型尿。尿中管型是由蛋白质、细胞或其碎片在肾小管内凝聚而成，包括细胞管型、颗粒管型、透明管型、蜡样管型等。正常人尿中偶见透明及颗粒管型。若12小时尿沉渣计数管型超过5 000个，或者镜检时，发现大量其他类型管型，称为管型尿。白细胞管型是诊断活动性肾盂肾炎的重要依据和特征，上皮细胞管型尿可见于急性肾小管坏死，红细胞管型尿见于急性肾小球肾炎，蜡样管型尿见于慢性肾衰竭。

5. 肾区痛　肾区痛是自我感觉或体检时发现的肾区部位疼痛。肾盂、输尿管内张力增高或包膜受牵拉时，可发生肾区疼痛。多见于肾脏或附近组织炎症、肾肿瘤等。肾绞痛是一种特殊的肾区痛，其特点主要由输尿管内结石、血块等移行所致。疼痛常突然发作，可向下腹、外阴及大腿内侧部位放射。

【泌尿系统疾病常见综合征】

肾脏及泌尿系统疾病经常会引起一组临床症状、体征和实验室检查有关联的表现，临床上称为综合征。识别患者属于哪一种综合征对疾病诊断很有帮助。

1. 肾病综合征　是各种原因所致的大量蛋白尿（>3.5 g/d），低白蛋白血症（<30 g/L），明显水肿和（或）高脂血症的临床综合征。

2. 肾炎综合征　是以血尿、蛋白尿、水肿及高血压为主要表现的综合征。按病程及肾功能的改变，可分为急性肾炎综合征（急性起病，病程不足1年）、急进性肾炎综合征（肾功能急性进行性恶化，于数周至数月内发展为少尿或无尿的肾衰竭）和慢性肾炎综合征（病程迁延1年以上、伴或不伴肾功能减退）。

3. 无症状尿检异常　包括无症状性血尿和（或）无症状性蛋白尿，指单纯性轻、中度血尿和（或）蛋白尿，不伴有水肿、高血压等症状。常见于部分原发性肾小球疾病和肾小管间质病变。

【实验室检查及其他检查】

1. 尿液检查

（1）尿液检查。包括尿液的一般性状、化学检查、显微镜检查、尿沉渣检查和细菌学检查等。是泌尿系统疾病诊断最常用的检查方法，也是诊断有无肾脏疾病的主要依据。

（2）尿标本采集。①可用任何时间的新鲜尿液，但最好是清晨第一次清洁中段尿，30 mL为宜，因晨尿在膀胱内存留时间长，各种成分浓缩，有利于尿液有机成分的检出，且又无食物因素的干扰。②收集标本的容器应清洁干燥，女性患者应避开月经期，防止阴道分泌物或月经血混入。蛋白定量试验应留取24小时尿标本，并加防腐剂。③尿细菌学培养需用无菌容器留取清晨第一次清洁中段尿，并注意在应用抗菌药之前或停用抗菌药5日之后留取尿标本；尿标本必须在1小时内作细菌培养。留取尿液时，要严格无菌操作，先清洁外阴或包皮，消毒尿道口，再留取中段尿液。

2. 肾功能检查

（1）肾小球滤过功能。①内生肌酐清除率（Ccr）：常代表肾小球滤过率，能敏感反映肾小球滤过功能，其正常值为（100±10）ml/min。在控制饮食、排除外源性肌酐来源的前提下，Ccr能可靠地反映肾小球的滤过功能，并较早反映其异常。Ccr测定前，要求患者连续3日低蛋白饮食（蛋白质 < 40 g/d，禁食鱼、肉），禁饮咖啡、茶等具有兴奋作用的饮料，避免剧烈运动。第4日晨8:00将尿排尽后，收集24小时尿液，并在同一日采血2~3 mL进行测定。Ccr测定可动态观察并判断肾脏疾病的进展和预后，指导治疗。当Ccr < 40 mL/min时，需限制蛋白质摄入；Ccr < 30 mL/min时，使用噻嗪类利尿剂常无效；Ccr < 10 mL/min时，对呋塞米等利尿药物的疗效明显减低，需行透析治疗。②血清肌酐（Scr）、血尿素氮（BUN）测定：男性Scr正常值80~133μmol/L，女性Scr正常值71~107μmol/L；BUN为3~7μmol/L。

（2）肾小管功能测定，包括近端和远端肾小管功能测定。①近端肾小管功能检查可测定尿中$β_2$微球蛋白和溶菌酶含量，正常值尿$β_2$微球蛋白 < 0.2μg/mL，溶菌酶 < 0.3μg/mL。如血中浓度正常，而尿中含量升高，则提示近端肾小管重吸收功能障碍。②浓缩稀释试验反映近端肾小管和集合管的功能，常用昼夜尿比重试验。方法是：晚餐后不再饮水，次晨8点至晚上8点每2小时收集1次尿量，共6次为日尿；晚上8点至翌晨8点的尿液一并收集为夜尿。分别测定各次尿液的量和比重。正常人日、夜尿量之比为（2~3）:1，夜尿量不超过750 mL，最高一次尿比重应达1.018，最高与最低尿比重之差应大于0.008。如夜尿量增多和尿比重差缩小表示肾浓缩功能不全，重症患者尿比重固定在1.010~1.012，表示肾浓缩和稀释功能均受损。

3. 免疫学检查　多数原发性肾脏疾病与免疫炎症反应有关，故免疫学检查有助于疾病类型及病因的判断。常用的检查项目包括：血清补体成分测定（血清总补体、C_3等）、血清抗链球菌溶血素O的测定。

4. 肾活组织检查（RB）　肾穿刺活体组织检查有助于确定肾脏病的病理类型，对协助肾实质疾病的诊断、指导治疗及判断预后有重要意义。肾活组织检查为创伤性检查，可发生损伤、出血或感染，故应做好术前和术后护理，详见本项目泌尿系统常用诊疗技术及护理中肾穿刺活体组织检查术。

5. 影像学检查　包括肾脏和尿路超声检查、静脉或逆行尿路造影、CT检查、磁共振（MRI）检查、肾血管造影检查、放射性核素检查等。

6. 透析疗法　是替代肾功能的治疗方法，可替代肾脏排泄功能，但不能替代内分泌功能和代谢功能。尿毒症患者如经药物治疗无效时，可及早行透析治疗，可根据患者具体情况进行血液透析或腹膜透析。

（王　萍）

任务二　肾小球疾病患者的护理

知识目标

1. 掌握：急、慢性肾小球肾炎的概念、临床表现、护理诊断和护理措施。
2. 熟悉：急、慢性肾小球肾炎的病因和发病机制、治疗要点。
3. 了解：肾小球肾炎的相关实验室检查。

技能目标

1. 能指导急、慢性肾小球肾炎患者水肿、高血压等症状的护理。
2. 能对慢性肾小球肾炎的患者进行健康指导。

案例导入

病例：王某，男，28岁。3个月前因血尿、蛋白尿伴水肿入院，晨起有明显眼睑水肿，头痛、头晕。既往体检，无高血压、糖尿病史。查体：血压145/95 mmHg，尿红细胞15～20个/HP，尿蛋白2.5 g/24 h，血肌酐100μmol/L，补体C_3下降。

请问：1. 该患者可能诊断为什么疾病？写出两个主要的护理诊断。
　　　　2. 对患者进行护理应该注意哪些内容？

一、概述

肾小球疾病是以一组以血尿、蛋白尿、水肿和高血压等为主要临床表现的肾脏疾病。病变主要累及双肾肾小球。大多数患者预后差，易发展为肾功能衰竭。

（一）肾小球疾病的分类

1. **原发性肾小球疾病**　是指病因不明，起病时就导致肾小球病变。可分为：①急性肾小球肾炎。②急进性肾小球肾炎。③慢性肾小球肾炎。④隐匿性肾小球肾炎（又称为无症状性血尿或蛋白尿）。⑤肾病综合征。

2. **继发性肾小球疾病**　是指继发于其他疾病的肾损害，多为免疫复合物引起的疾病，常见有：狼疮性肾炎、糖尿病肾病、紫癜性肾炎、高血压肾病、尿酸性肾病、高钙性肾病、低钾血症肾病、类风湿关节炎肾损害等。

本任务主要介绍原发性肾小球疾病中的急性肾小球肾炎和慢性肾小球肾炎。

(二)临床类型

1. **肾小球肾炎** 临床以肾炎综合征为主要表现的肾小球疾病,可分为以下几种。

(1)急性肾小球肾炎简称急性肾炎。起病急,患者出现血尿、蛋白尿、水肿和高血压为主要的临床表现。

(2)急进性肾小球肾炎。起病急、发展快,多数患者病前有上呼吸道感染的症状,临床主要以急性肾炎综合征为主要表现,即血尿、蛋白尿、水肿、高血压、肾功能急剧恶化,多早期出现少尿或无尿,肾功能在短时间内恶化发展为尿毒症。肾活检病理表现为肾小球囊腔内广泛新月体形成,故又称新月体性肾小球肾炎。若诊断、治疗不及时,多数患者数周至半年内进展为不可逆的肾功能衰竭,预后较差。

(3)慢性肾小球肾炎简称慢性肾炎。起病隐匿,病情迁延,病变进展缓慢,最终发展为慢性肾衰竭的一组疾病。

(4)隐匿性肾小球肾炎。包括无症状性血尿和(或)无症状性蛋白尿,指单纯性轻、中度血尿和(或)蛋白尿,无水肿、高血压、肾功能损害等症状。常见于部分原发性肾小球疾病和肾小管间质病变。病情可长期迁延,也可呈间歇性发作,多数患者肾功能可长期维持正常,少数患者可自愈或发展为慢性肾炎。

2. **肾病综合征** 分为原发性肾病综合征和继发性肾病综合征(详见任务三)。

二、急性肾小球肾炎患者的护理

急性肾小球肾炎,常见于链球菌感染后1~3周起病,起病急,以血尿、蛋白尿、水肿和高血压为特征的肾脏疾病,可伴有一过性肾损害。

【病因与发病机制】

1. **病因** 常因β溶血性链球菌"致肾炎菌株"引起的感染,常有上呼吸道感染史或发生在皮肤感染、猩红热等链球菌感染后。感染的程度与急性肾炎的发生和病变轻重并不完全一致。

2. **发生机制** 肾小球肾炎属于免疫介导炎症性疾病,有以下3项依据。①前驱链球菌感染后的潜伏期相当于首次感染后机体产生免疫的时间。②疾病早期循环免疫复合物阳性,血清补体下降。③免疫荧光IgG、C_3呈颗粒样在肾小球系膜区及毛细血管襻沉积,但如何引起进行性肾损害及最终肾小球硬化的机制尚未清楚。

【临床表现】

本病好发于儿童,男性多见。发病前1~3周常有上呼吸道感染史,起病多较急,病情轻重不一,轻者可无明显临床症状,重者表现为少尿型急性肾衰竭。本病预后大多较好,常在数月内自愈。

1. **血尿** 为最常见的症状。仅有少部分表现为肉眼血尿。肉眼血尿多于数日或1~2周后转为镜下血尿,镜下血尿持续时间较长,常持续3~6个月或更久。

2. **蛋白尿** 绝大多数患者有蛋白尿,多为轻、中度,每日尿蛋白不超过3.5 g,少数为大量蛋白尿。

3. 水肿 水肿常为首发症状，见于大部分患者。多表现为晨起眼睑水肿，可伴有双下肢水肿，严重者可出现全身性水肿、胸腔积液和腹水。主要为肾小球滤过率下降导致的水钠潴留。

4. 高血压 早期可见血压升高，多为一过性的轻、中度高血压。严重高血压较少见，重者可发生高血压脑病。积极利尿后血压可以恢复正常。

5. 肾功能异常及尿量改变 在起病早期肾功能基本正常，或仅表现为一过性轻度氮质血症，主要是由于尿量减少所致，尿量一般在400~700 mL/d。1~2周后，随着病情发展尿量增加，肾功能逐渐恢复正常。仅极少数患者出现急性肾衰竭。

6. 并发症 部分患者在急性期可发生较严重的并发症。

（1）心力衰竭，多在起病后1~2周内发生，其发生与水钠潴留、循环血量过多有关。老年人多见，可以作为首发症状。

（2）高血压脑病，多发生于病程早期，以儿童多见。

（3）急性肾衰竭，极少见，是急性肾小球肾炎死亡的主要原因。

【实验室检查】

1. 尿液检查 多见血尿，尿中红细胞为多形性红细胞。尿沉渣中常有红细胞管型、颗粒管型，并可见白细胞、上皮细胞。尿蛋白多为（+~++），20%可有大量蛋白尿。

2. 抗链球菌溶血素O抗体（ASO）及血清总补体测定 在发病早期总补体，补体C_3下降，8周内恢复正常，对本病诊断有重要意义。血清抗链球菌溶血素"O"滴度可以增高，免疫复合物可呈阳性。

3. B超检查 双肾形态饱满，体积增大。

4. 肾功能检查 可有轻度肾小球滤过率降低，血尿素氮和血肌酐升高。

5. 肾活检组织病理检查 是确诊肾炎最主要的手段。病理类型为毛细血管内增生性肾炎，光镜下呈弥漫病变。电镜下可见肾小球上皮细胞下有驼峰状大块电子致密物沉积。

【治疗要点】

以卧床休息，对症治疗为主，积极预防并发症的发生。

1. 一般治疗 急性期应主要限制水钠摄入。同时，注意卧床休息，直至肉眼血尿消失、水肿消退及血压恢复正常。

2. 对症治疗 经限制水钠摄入后水肿仍明显者，应适当使用利尿剂治疗。若经以上治疗后血压仍不能控制者，可给予降血压药物治疗，以防止心脑血管并发症的发生。

3. 控制感染灶 对于有上呼吸道或皮肤感染者，应首先选用无肾毒性抗生素治疗，如青霉素、头孢菌素等，一般不主张长期预防性使用抗生素。反复发作的慢性扁桃体炎，待病情稳定后行扁桃体摘除术，手术前后2周应使用青霉素。

4. 透析治疗 发生急性肾衰竭且有透析指征者，应及时给予短期透析治疗，以度过危险期。本病有自愈倾向，一般无需长期透析。

【护理诊断/问题】

1. 体液过多 与肾小球滤过率下降导致水钠潴留有关。

2. 活动无耐力　与疾病所致高血压、水肿有关。
3. 有皮肤完整性受损的危险　与皮肤水肿、营养不良有关。

【护理措施】

1. 休息与活动　对于急性肾炎的患者应早期、绝对卧床休息。症状比较明显者需卧床休息，待水肿消退、肉眼血尿消失、血压恢复正常后，方可逐步增加活动量，需4～6周。病情稳定后1～2年内应避免重体力活动和劳累。

2. 心理护理　随时注意患者病情变化和精神需要。有部分儿患儿长期卧床会产生忧郁、烦躁等心理反应。由于担心血尿、蛋白尿会再次出现，加重了精神负担，所以，应尽量满足患者的需要，使患者能愉快、乐观地接受治疗，以利于病情恢复。

3. 饮食护理　急性期的患者应严格限制水、钠的摄入，以减轻水肿和心脏负担。一般每日盐的摄入量应小于3 g。病情好转，水肿消退、血压下降后，可由低盐饮食逐渐转为正常饮食。另外，可以根据肾功能来调整蛋白质的摄入量，同时补充足够维生素，控制钾的摄入。

4. 病情观察　定期测量患者体重；观察水肿的消长情况，观察有无胸腔、腹腔和心包积液；监测患者的生命体征，尤其是血压；密切监测实验室检查结果，尽早发现肾衰竭。记录24小时出入液量，密切监测尿量变化。

5. 用药护理　注意观察药物的疗效及不良反应。若长期使用利尿剂应监测血清电解质和酸碱平衡情况，观察有无低钾血症、低钠血症、低氯性碱中毒。低钾血症表现为肌无力、腹胀、恶心、呕吐及心律失常。低钠血症可出现无力、恶心、肌痛性痉挛、嗜睡和意识淡漠。低氯性碱中毒表现为呼吸浅慢、手足抽搐、肌痉挛、烦躁和谵妄。大剂量使用呋塞米还可导致有效血容量不足，出现恶心、直立性眩晕、口干、心悸等症状。此外，呋塞米等强效利尿剂具有耳毒性，可引起耳鸣、眩晕以及听力丧失，应避免与链霉素等具有相同不良反应的氨基糖苷类抗生素同时使用。

【健康教育】

1. 疾病知识指导　告知患者和家属急性肾炎的病因，预防上呼吸道和皮肤感染。向患者介绍保暖、加强个人卫生等预防上呼吸道或皮肤感染的措施。

2. 自我监测病情与随访的指导　急性肾炎的完全康复可能需时1～2年。当临床症状消失后，蛋白尿、血尿等可能仍然存在，故应定期随访，监测病情。

3. 饮食指导　解释限制水钠的摄入对水肿消退的重要性，与患者一起探讨制定符合患者治疗要求，又为患者所接受的饮食治疗计划。

4. 自我护理指导　教会患者及家属如何保护水肿部位的皮肤，做好皮肤的自我护理。

三、慢性肾小球肾炎患者的护理

案例导入

病例：患者，男，40岁。水肿、血尿、蛋白尿5年，查体：血压150/90 mmHg，24小时尿蛋白定量1.0～1.7 g，血肌酐110 μmol/L。

请问：1. 本患者主要的护理诊断有哪些？
2. 患者控制血压首选的药物是什么？应该控制的理想血压是多少？

慢性肾小球肾炎，是指血尿、蛋白尿、高血压和水肿为基本临床表现，起病方式各有不同，病情迁延，病情缓慢进展，有不同程度的肾功能减退，最终可致慢性肾衰竭的一组肾小球疾病。

【病因与发病机制】

慢性肾小球肾炎病因大多不清楚，少数由急性肾小球肾炎演变而来。主要发病机制是免疫介导性炎症导致持续性、进行性肾实质受损。另外，高血压引起肾小动脉硬化性损伤；健存肾单位代偿性肾小球毛细血管高灌注、高压力和高滤过，促使肾小球硬化；长期大量蛋白尿导致肾小球及肾小管慢性损伤；脂质代谢异常引起肾小血管和肾小球硬化。

 知识链接

肾小球肾炎可分为以下几种病理类型。①系膜增殖性肾炎：免疫荧光检查可分为IgA沉积为主的系膜增殖性肾炎和非IgA系膜增殖性肾炎。②膜性肾病。③局灶节段性肾小球硬化。④系膜毛细血管性肾小球肾炎。⑤增生硬化性肾小球肾炎。

【临床表现】

慢性肾小球肾炎可发生于任何年龄，以青中年为主，男性多见。起病隐匿，可有较长的无症状异常期。

1. 症状　早期患者有乏力、疲倦、腰痛、食欲减退等症状；时有水肿，以眼睑和下肢的水肿明显。

2. 体征　以慢性肾炎综合征为主要表现，可出现轻度的蛋白尿和镜下血尿，病情严重者可出现大量蛋白尿或肉眼血尿。少部分患者以高血压为突出表现，随着病情发展可出现夜尿增多，肾功能减退，最终发展成慢性肾衰竭。

3. 肾功能恶化诱因　感染、劳累、妊娠、应用肾毒性药物、预防接种及高蛋白、高脂或高磷饮食等可促使肾功能急剧恶化。

【实验室检查】

1. 尿液检查　多数24小时尿蛋白定性为（+~+++），定量为1~3 g。镜下可见多形性红细胞，可有红细胞管型、颗粒管型等。

2. 血常规检查　早期变化不明显或仅有轻度贫血。晚期红细胞计数和血红蛋白明显下降。

3. **肾功能检查** 晚期血肌酐和血尿素氮增高,内生肌酐清除率明显下降。
4. **B超检查** 晚期双肾体积缩小,皮质变薄。
5. **肾穿刺活检** 可确定诊断。

【治疗要点】

慢性肾炎的治疗应以防止和延缓肾功能进行性恶化、改善临床症状及防止严重并发症为目的。

1. **饮食调整** 限制蛋白质的摄入,给予优质低蛋白、低磷饮食,以减轻肾小球毛细血管高灌注、高压力和高滤过状态,延缓肾小球硬化和肾功能减退。有明显水肿和高血压时需低盐饮食,适当限制水的摄入。

2. **降压治疗** 降压治疗是控制病情恶化的重要措施。主要的降压措施包括低盐饮食和应用降压药,应尽可能选择对肾脏有保护作用的降压药物。

(1) 理想的血压控制水平视蛋白尿程度而定。尿蛋白 > 1 g/d 者,血压最好控制在 125/75 mmHg 以下;尿蛋白 < 1 g/d 者,最好控制在 130/80 mmHg 以下。

(2) 首选降压药为血管紧张素转换酶抑制剂(ACEI)和血管紧张素Ⅱ受体拮抗剂(ARB)。两药不仅具有降压作用,还可降低肾小球毛细血管内压,缓解肾小球高灌注、高滤过状态,减少尿蛋白,保护肾功能。常用的ACEI有卡托普利、贝那普利等,ARB有氯沙坦等。

(3) 其他降压药如钙通道阻滞药、β受体拮抗药、血管扩张剂和利尿剂也可选用,但噻嗪类利尿剂对于肾功能较差者无效。

3. **血小板解聚药** 长期服用血小板解聚药可延缓肾功能衰退,应用大剂量双嘧达莫 300~400 mg/d 或小剂量阿司匹林 50~300 mg/d 对系膜毛细血管性肾小球肾炎有一定疗效。

4. **防止引起肾损害的各种原因** 预防与治疗各种感染,尤其上呼吸道感染,因其可使慢性肾炎急性发作,导致肾功能急剧恶化;禁用肾毒性药物如氨基糖苷类抗生素、两性霉素B、磺胺类等;及时治疗血脂紊乱、高尿酸血症等。

【护理诊断/问题】

1. **体液过多** 与肾小球滤过率下降导致水钠潴留等因素有关。
2. **焦虑** 与疾病的反复发作、预后不良有关。
3. **潜在并发症** 慢性肾衰竭。
4. **知识缺乏** 与缺乏防止疾病进展及预防保健知识有关。

【护理措施】

1. **休息与活动** 慢性肾炎的患者应保证充足休息和睡眠,进行适当的活动。肥胖者为减轻肾脏和心脏负担,可以通过活动减轻体重。但对于病情急性加重及伴有血尿、心力衰竭或并发感染的患者,应该限制活动。

2. **饮食护理** 慢性肾炎患者应给予优质低蛋白、低磷、高维生素的饮食,高血压患者应限制钠、水的摄入。因高蛋白饮食能使肾功能进一步地恶化,故应限制蛋白质的摄入,蛋白质的摄入量为 0.6~0.8 g/(kg·d)。以富含必需氨基酸的动物蛋白为主,如瘦肉、鱼、蛋、禽、奶类为主。低蛋白饮食时，应适当增加碳水化合物的摄入，以满足机体生理代谢所需要的热量，避免因热量供给不足加重负氮平衡。对于已经发生慢性肾衰竭的患者，可根据肾小球滤过率调节蛋白质的摄入量。

3. 用药护理　各种降压药有不同的作用机制，也有不同的不良反应，应根据患者的具体情况选用。如使用利尿剂，应监测血清电解质和酸碱平衡情况，观察有无低钾血症、低钠血症、低氯性碱中毒。使用ACEI类降压药，应注意患者有无持续性干咳的不良反应；使用血小板解聚药注意观察有无出血倾向，监测出凝血时间等。发现异常，应及时报告医师，配合相应处理。另外，应尽量避免使用肾毒性物质，以免加重病情。

4. 感染的防治　患者因营养不良、贫血、透析等易发生感染，感染则加重肾功能损害，促进病情恶化。应积极防治感染，如龋齿、扁桃体炎、咽喉炎、毛囊炎等。注意观察体温、蛋白尿等情况。减少公共场所出入的机会，预防呼吸道感染。注意个人卫生，不吃生食，预防消化道感染。严格无菌操作。

5. 心理护理　慢性肾炎患者病程较长，病情反复，长期服药疗效差、不良反应大，预后不良，患者易产生悲观、恐惧等不良反应。长期患病使患者生活、工作能力下降，经济负担加重，也增加了患者及亲属的思想负担。因此，心理护理尤为重要，应主动与患者沟通，鼓励患者说出内心真实感受，对患者提出问题给予耐心解答。与家属一起做好患者的疏导工作，解决患者的后顾之忧，使患者以良好心态接受治疗和面对现实。

【健康教育】

1. 休息饮食指导　患者应加强休息，以延缓肾功能减退。向患者解释优质低蛋白、低磷、低盐、高热量饮食的重要性，指导患者根据自己的病情选择合适的食物和量。

2. 避免加重肾损害的因素　向患者及其家属讲解影响病情进展的因素，避免加重肾损害的因素，如预防感染，避免预防接种、妊娠和使用肾毒性药物等。

3. 自我病情监测与随访的指导　慢性肾炎病程长，需定期随访疾病的进展，包括肾功能、血压、水肿等的变化。

（王　萍）

任务三　肾病综合征患者的护理

知识目标

1. 掌握：肾病综合征的概念、临床表现、护理诊断及护理措施。
2. 熟悉：肾病综合征的治疗要点、健康教育。
3. 了解：肾病综合征的病因，发病机制。

🛠 技能目标

1. 能对肾病综合征患者水肿、高血压等症状进行指导护理。
2. 能对肾病综合征患者进行健康教育。

📖 案例导入

病例：患者，男，17岁。全身水肿2周，血压125/78 mmHg。实验室检查：尿红细胞0~2个/HP，尿蛋白6 g/24小时，人血白蛋白18 g/L，血肌酐84 μmol/L，补体C_3正常。

请问：1. 本病可能的临床诊断为？主要的护理诊断有哪些？
2. 如何对患者进行饮食护理？

肾病综合征（NS）是指由各种肾脏疾病所致的，具有以下临床表现的一组综合征：①大量蛋白尿（尿蛋白 > 3.5 g/d）。②低蛋白血症（血浆清蛋白 < 30 g/L）。③严重水肿。④高脂血症。其中①、②两项为诊断的必要条件。

【病因与发病机制】

肾病综合征分为原发性、继发性两大类，原发性肾病综合征是指原发于肾小球本身的疾病，有多种病理类型，如急性肾炎、急进性肾炎、慢性肾炎等均可在疾病发展过程中发生肾病综合征。继发性肾病综合征是指继发于全身系统性疾病或先天遗传性疾病，如系统性红斑狼疮、糖尿病、高血压、过敏性紫癜等。

【临床表现】

原发性肾病综合征的发病年龄、起病急缓与病变类型有关。典型的原发性肾病综合征的临床表现如下。

1. 大量蛋白尿　是指尿蛋白 > 3.5 g/d。肾病综合征时肾小球滤过膜的电荷屏障受损，肾小球滤过膜对血浆蛋白（多以白蛋白为主）的通透性增高，致使原尿中蛋白含量增多，当超过肾小管的重吸收量时，形成大量蛋白尿。

2. 低蛋白血症　是指血清蛋白低于30 g/L。尿中丢失大量白蛋白，肝代偿性合成血浆蛋白不足、胃黏膜水肿致蛋白质摄入与吸收减少等因素可进一步加重低蛋白血症。除血浆白蛋白降低外，血中免疫球蛋白、抗凝及纤溶因子、金属结合蛋白等其他蛋白成分也可减少。

3. 水肿　水肿是肾病综合征最突出的体征，其发生与低蛋白血症所致血浆胶体渗透压明显下降有关。严重低蛋白血症时可出现胸腔、腹腔和心包积液。

4. 高脂血症　低白蛋白血症刺激肝代偿性地增加脂蛋白合成及脂蛋白分解减少，使得血中胆固醇、三酰甘油升高，低密度脂蛋白和极低密度脂蛋白的浓度也升高。

5. 并发症

（1）感染。为肾病综合征常见的并发症，患者可以出现全身各系统的感染，以呼吸道、泌尿道、皮肤感染最多见。与血浆低蛋白血症、机体免疫功能紊乱、激素和细胞毒性药物的使用等有关。感染也是本病复发和治疗疗效不佳的主要原因。

（2）血栓、栓塞。多数肾病综合征的患者呈血液高凝状态，加之高脂血症、血液黏稠度增加，强效利尿剂的应用，易发生血管内血栓形成和栓塞，其中以肾静脉血栓最为多见。

（3）急性肾衰竭。因水肿导致有效循环血容量减少，肾血流量下降，可诱发肾前性氮质血症，经扩容、利尿治疗后多可恢复。少数可发展为肾实质性急性肾衰竭，表现为无明显诱因出现少尿、无尿，经扩容、利尿无效。

（4）其他。长期血脂紊乱易引起动脉硬化、冠心病等心血管并发症；长期大量蛋白尿可导致严重的蛋白质营养不良，儿童生长发育迟缓。

【实验室及其他检查】

1. 尿液检查　尿蛋白定性一般为（+++～++++），24小时尿蛋白定量超过3.5 g。尿中可有红细胞、颗粒管型等。

2. 血液检查　血浆清蛋白低于30 g/L，血中胆固醇、三酰甘油、低密度脂蛋白胆固醇及极低密度脂蛋白胆固醇均可增高，血IgG可降低。

3. 肾功能检查　内生肌酐清除率正常或降低，血肌酐、尿素氮可正常或升高。

4. 肾B超检查　双肾正常或缩小。

5. 肾活组织病理检查　肾活组织病理检查可明确肾小球病变的病理类型，指导治疗及判断预后。

【治疗要点】

除对症治疗外，主要以抑制免疫与炎症反应为主，同时做好并发症的防治。

1. 一般治疗　肾病综合征的患者应保持适度活动，长期卧床会增加血栓形成机会，故应卧床休息至水肿消退后逐渐活动。给予高热量、低脂、高维生素、低盐及富含可溶性纤维的饮食。肾功能良好者给予正常量的优质蛋白，肾功能减退者则给予优质低蛋白。

2. 对症治疗

（1）利尿消肿。常用噻嗪类利尿剂和保钾类利尿剂作为基础，两者合用可提高利尿剂的效果，同时减少钾的代谢紊乱。若上述治疗无效，可改用渗透性利尿剂或袢利尿剂。常用药有：氢氯噻嗪25 mg，3次/日；氨苯蝶啶50 mg，3次/日；呋塞米20～120 mg/d。渗透性利尿药：常用不含钠的低分子右旋糖酐静脉滴注，随之加用袢利尿药可增强利尿效果。少尿者应慎用渗透性利尿剂，因其易与蛋白一起形成管型，阻塞肾小管。静脉输注血浆白蛋白，提高胶体渗透压，可减轻水肿，注意利尿不能过猛、过快以免血容量不足，诱发血栓形成和肾功能损害。

（2）减少尿蛋白。可通过有效控制高血压，以达到减少尿蛋白的作用。持续大量蛋白尿可致肾小球高滤过，加重损伤，促进肾小球硬化。

（3）降脂治疗。当患者低脂饮食难以控制血脂，需用降脂药物，如洛伐他汀等为首选。

3. 抑制免疫与炎症反应　抑制免疫与炎症反应为肾病综合征的主要治疗措施。

（1）糖皮质激素。可抑制免疫反应，减轻、修复滤过膜损害，并有抗炎、抑制醛固酮和抗利尿激素等作用。应遵循以下使用原则。①始量足：起始足量，有利于诱导疾病缓解。②减量慢：减量要缓慢，治疗有效后每2~3周减原药用量的10%。③长维持：减量至10~15 mg/d，为维持量，维持6个月至1年或更久。目前常用药为泼尼松，开始口服剂量1 mg/（kg·d），8~12周后每2~3周减少原用量的10%，当减至0.4~0.5 mg/（kg·d）时，维持6~12个月。糖皮质激素可采用全日量顿服；维持用药期间，两日量隔日1次顿服，以减轻糖皮质激素的不良反应。糖皮质激素的治疗效果可以分为三种类型：激素敏感型（用药8周内肾病综合征缓解）、激素依赖型（激素减量过程中即出现复发）和激素抵抗型（激素治疗无效果）。

（2）细胞毒性药物。当激素使用疗效不佳时，可选择细胞毒性药物与糖皮质激素合用。环磷酰胺为最常用的药物，100~200 mg/d，分次口服，或隔日静脉注射，总量达到6~8 g后停药。

（3）环孢素。当上述两种药物使用效果不佳时，可选择环孢素。环孢素通过选择性抑制T辅助细胞及T细胞毒效应细胞而起作用。常用剂量为5 mg/（kg·d），分2次口服，服药期间需监测并维持其血浓度谷值为100~200 ng/mL。服药2~3个月后缓慢减量，共服6个月左右。

4. 并发症治疗

（1）感染。一般不常规使用抗生素预防感染，若发生感染时，应选择敏感、强效及无肾毒性的抗生素进行治疗。

（2）血栓及栓塞。当血液出现高凝状态时应给予抗凝剂如肝素，并辅以抑制血小板聚集药如双嘧达莫。出现血栓或栓塞时，应及早给予尿激酶或链激酶溶栓，并配合应用抗凝剂。

（3）急性肾衰竭。利尿无效且达到透析指征时应进行透析治疗。

5. 中医中药治疗　如雷公藤等，具有抑制免疫、抑制系膜细胞增生、改善滤过膜通透性的作用，可与肾上腺糖皮质激素及细胞毒性药物联合应用。

【护理诊断/问题】

1. 体液过多　与低蛋白血症致血浆胶体渗透压下降等有关。
2. 有感染的危险　与机体抵抗力下降、应用激素和（或）免疫抑制剂有关。
3. 有皮肤完整性受损的危险　与水肿、营养不良有关。
4. 营养失调：低于机体需要量与大量蛋白尿、摄入减少及吸收障碍有关。
5. 知识缺乏　缺乏与本病有关的防治知识。

【护理措施】

1. 休息与活动　为增加肾血流量和尿量，缓解水钠潴留，肾病综合征的患者应卧床休息。如有胸腔积液者可取半坐卧位，下肢明显水肿者，卧床休息时可抬高下肢，以增加静脉回流，减轻水肿。阴囊水肿者可用吊带托起。护理人员可以协助患者在床上做关节的全范围运动，防止关节僵硬和挛缩，也可防止血栓形成。水肿减轻后，患者可起床活动，但应避免劳累。

2. 饮食护理

饮食原则为正常蛋白、高热量、低盐、低脂饮食。

（1）蛋白质选择。给予正常量的优质蛋白质饮食 0.8～1.0 g/（kg·d），不宜给予高蛋白饮食，因为高蛋白饮食可致尿蛋白增多而加重病情，肾功能不全者可根据内生肌酐清除率调整蛋白质摄入量。

（2）供给足够的热量。热量要保持充足，不少于 126～147 kJ/（kg·d）；多食用富含多聚不饱和脂肪酸如植物油、鱼油，少食用富含饱和脂肪酸的动物油脂，并增加富含可溶性纤维的食物如燕麦、豆类等，以控制血脂紊乱。

（3）其他。注意各种维生素及微量元素（铁、钙）等的补充。给予低盐饮食以减轻水肿，勿食用腌制食品，为增加患者食欲可以在食谱内容上注意色、香、味，在烹调方法上可用醋、番茄酱进行调味，增加患者食欲。

3. 心理护理　本病病程长，表现复杂，反复发作给患者及家属带来忧虑。对患者发泄自己情绪给予理解，引导患者多说话，说出自己的需求，逐渐消除消极情绪。随时向患者报告疾病进展情况，使患者重新建立战胜疾病的信心。同时调动患者的社会支持系统，为患者提供最大限度的物质与精神支持。

4. 感染的护理及预防

（1）皮肤。保持水肿皮肤清洁、干燥，避免摩擦和损伤；协助患者加强全身皮肤、口腔黏膜和会阴部护理；指导其加强营养和休息，增强机体抵抗力；遇寒冷季节，注意保暖，减少外出。

（2）环境。保持病室环境清洁，定时开门窗通风换气，定期进行空气消毒，并用消毒药水拖地、擦桌椅，保持室内温度和湿度合适。尽量减少病区的探访人次，限制上呼吸道感染者探访。

5. 病情观察　监测生命体征、体重、腹围、出入量的变化；观察有无咳嗽、咳痰、肺部干湿啰音、尿路刺激征、皮肤红肿等感染征象；观察患者有无腰痛、下肢疼痛及肾静脉或下肢静脉血栓形成等；记录进食情况，评估饮食结构是否合理，热量是否充足；定期检查血浆清蛋白、血红蛋白等指标，注意观察患者营养状况。

6. 用药护理

（1）观察激素、细胞毒性药物及和环孢素的疗效与不良反应。激素应用患者会出现库欣综合征的表现，环磷酰胺应注意有无脱发，出血性膀胱炎等不良反应。告知患者及家属合理用药的重要性；饭后口服，可减少胃肠黏膜刺激。密切观察患者精神状态、生命体征、情绪变化；监测患者血糖、尿糖变化；做好皮肤护理。应用环孢素时监测患者服药期间的血药浓度，观察有无肝肾毒性、高血压、高尿酸血症、高血钾等不良反应。

（2）降压药、利尿剂的应用和护理。参见本项目相关内容护理。

【健康教育】

1. 生活指导　保持良好的生活方式，注意休息，避免劳累，饮食上给予优质蛋白、高热量、低脂、高膳食纤维和低盐饮食。

2. 预防感染　避免去人多的地方，避免受凉、感冒。做好个人卫生，保护皮肤，防止皮肤破溃造成的感染。

3. **心理指导** 告知患者良好的心理状态有利于提高机体抵抗力。增强适应能力，保持乐观开朗心态，增加对抗疾病的信心。

4. **用药指导** 坚持医嘱用药，勿擅自减量或停用药物，介绍各类药物的使用方法、使用时注意事项及可能发生的不良反应。

5. **监测病情指导** 监测水肿、蛋白尿及肾功能的变化，出院后坚持定期随访。

（王 萍）

任务四 尿路感染患者的护理

知识目标

1. 掌握：尿路感染的概念、临床表现、护理措施、尿细菌学检查的护理。
2. 熟悉：尿路感染的病因、发病机制、治疗要点。
3. 了解：尿路感染的实验室检查。

技能目标

1. 能指导肾盂肾炎患者进行尿细菌学检查的护理。
2. 具有关心、爱护、尊重患者的职业素养及良好的沟通合作能力。

案例导入

病例：患者，女，30岁。寒战、高热，腰痛伴尿频、尿急3天。查体：体温39℃，心肺无异常，肝脾肋下未触及，两侧肋脊角有叩击痛。尿液检查：蛋白（－），镜检红细胞2～5个/HP，白细胞10～15个/HP。住院后患者烦躁不安，希望早日康复。

请问：1. 本病主要的护理诊断有哪些？如何做好尿细菌学检查的护理？
2. 如何做好患者的健康教育指导？

尿路感染（UTI）简称尿感，是各种病原微生物侵入泌尿系统内生长、繁殖所引起的尿路急、慢性炎症疾病。按发生部位分为肾盂肾炎、输尿管炎、膀胱炎和尿道炎，其中肾盂肾炎和输尿管炎合称上尿路感染，膀胱炎和尿道炎合称下尿路感染。肾盂肾炎一般都伴有下尿路感染，而下尿路感染可单独存在。根据有无尿路结构或功能异常又可分为复杂性尿路感染和非复杂性尿路感染。本病最好发于已婚的育龄妇女，其次为女婴和老年人。女性多见，女：男比例为（8~10）：1。男性极少发生，但老年男性因前列腺肥大，尿路感染的发生率可增加，多为无症状性菌尿。本项目主要介绍细菌感染引起的尿路感染。

【病因与发病机制】

1. 病因　尿路感染最常见的病原体为细菌感染，尿路感染的致病菌以革兰阴性杆菌为主，其中以大肠埃希菌最常见，占80%以上；其次为变形杆菌、克雷白杆菌；5%~10%的尿路感染致病菌为革兰阳性菌，主要为粪球菌和葡萄球菌。临床上常为单一细菌感染，偶见多种细菌混合感染。混合感染多见于长期使用抗生素、尿路器械检查、长期留置导尿管的患者。糖尿病及免疫功能低下者可发生真菌感染。

2. 感染途径

（1）上行感染又称逆行感染为最常见的感染途径。指病原菌经由尿道上行至膀胱，再经输尿管至肾盂引起的感染，约占尿路感染的95%。正常情况下前尿道和尿道口周围定居着少量细菌，并不致病。但当机体防御功能降低、尿道黏膜损伤、有易感因素（如月经期、性生活后）存在或细菌致病力增强时，可发生上行感染。

（2）血行感染指病原菌进入血液并随血循环转运到肾脏或尿路而引起的感染，较少见。多发生于患有慢性感染性疾病（扁桃体炎、鼻窦炎、皮肤化脓性感染、败血症等）或接受免疫抑制剂治疗者，以金黄色葡萄球菌、沙门菌属、假单胞菌属等常见。

（3）淋巴道感染。由于升结肠和右肾之间有淋巴管沟通，下腹部和淋巴器官的淋巴管和肾周围淋巴管相通，当盆腔炎或肠道炎症时，细菌有可能经淋巴管侵犯引起肾盂肾炎，临床很少见。

（4）直接感染。外伤或者肾周围器官的感染时，细菌直接侵入该肾而致病。

3. 机体的易感因素

（1）尿路梗阻。尿路梗阻致尿流不畅是尿路感染最重要的易感因素。尿流不畅时，上行的细菌不能被及时地冲刷出尿道，易在局部停留、生长和繁殖而发生感染。最常见于尿路结石、膀胱癌、前列腺增生等各种原因所致的尿路梗阻。

（2）女性生理解剖。女性因尿道短而直，尿道口离肛门近而易被细菌污染。尤其在经期、妊娠期、绝经期和性生活后较易发生感染。

（3）医源性。如留置导尿管、膀胱镜检查、尿道扩张术等可引起尿道黏膜损伤，并可将前尿道或尿道口的细菌带入膀胱或上尿路而致感染。

（4）机体抵抗力低下。全身性疾病如糖尿病、慢性肾疾病、慢性腹泻、长期卧床的重症慢性疾病和长期使用糖皮质激素等使机体抵抗力下降而易发生尿路感染。

（5）其他因素。如妊娠、妇科炎症、细菌性前列腺炎均可引起尿路感染。

【临床表现】

1. 肾盂肾炎

（1）急性肾盂肾炎是细菌直接引起的肾盂肾盏和肾实质的急性感染性炎症，以育龄妇女最多见。起病较急，病程通常不超过6个月，临床表现与感染程度有关。

1)全身症状：常有寒战、高热，体温多在39℃以上，多为弛张热，也可以有稽留热或间歇热，伴有头痛、全身酸痛、无力、食欲下降。也可有腹痛（可向会阴部放射）、下腹部不适等，严重者出现败血症。

2)泌尿系统表现：多数患者有明显的尿频、尿急、尿痛等膀胱刺激症状，伴有腰痛或肾区不适，腰痛多为钝痛或酸痛。少数以腹痛、胃肠道功能紊乱为主要表现，或尿路刺激症状不典型，仅以全身症状为主。偶见以血尿、肾绞痛为主者。体检肾区可有叩击痛，上输尿管点有压痛。

（2）慢性肾盂肾炎症状较急性轻，病程迁延不愈超过6个月，约半数以上有急性肾盂肾炎病史。全身和泌尿系统表现不典型，可表现为间歇性无症状细菌尿，间歇性尿频、尿急和（或）间歇性低热。后期常有肾小管浓缩功能障碍，而出现氮质血症、夜尿增多、低比重尿等，病情持续可进展为慢性肾衰竭。

2. 膀胱炎、尿道炎　表现为尿频、尿急、尿痛、排尿不适等膀胱刺激症状，一般无全身感染症状。尿检可有白细胞，30%患者可有血尿，偶有肉眼血尿。

3. 无症状性细菌尿　又称隐匿性尿感，是指患者多无尿路刺激症状，但可有低热、易疲乏、腰痛等。尿培养细菌 $> 10^5$/mL。

4. 并发症

（1）肾乳头坏死。肾乳头坏死主要表现为高热、剧烈腰痛和血尿，可有坏死组织脱落随尿排出，发生肾绞痛。常发生于严重的肾盂肾炎伴糖尿病或尿路梗阻时，可出现败血症，急性肾衰竭等。

（2）肾周脓肿。除原有肾盂肾炎症状加重外，常出现明显单侧腰痛，向健侧弯腰时疼痛加剧。常由严重的肾盂肾炎直接扩散而来，患者多有尿路梗阻等因素。

【实验室检查】

1. 尿常规　白细胞显著增加，出现白细胞管型提示肾盂肾炎；红细胞增多，少数可有肉眼血尿；尿蛋白常为阴性或微量。

2. 尿细菌学检查　是诊断肾盂肾炎的最重要依据。

（1）尿标本的收集。为了保证检查的准确性，一般要求留取清洁中段尿。①清洗外阴、尿道口、包皮等部位，消毒尿道口后，取中段尿并在1小时内送检。②标本应在使用抗生素之前或停用抗生素5天之后留取。③宜取清晨第一次尿送检，保证尿液在膀胱内停留6~8小时，使细菌有足够时间繁殖。

（2）尿细菌培养和菌落计数。清洁中段尿定量培养菌落数≥10^5/mL，称为真性菌尿，可确诊尿路感染。菌落数在10^4~10^5/mL者，为可疑，需复查；如果 < 10^4/mL，则可能为污染。另外，膀胱穿刺尿有细菌生长或菌落数≥10^2/mL，也为真性菌尿。

（3）尿沉渣涂片。可用经离心沉淀的清洁中段尿涂片镜检。如平均每高倍镜视野≥1个细菌即为有意义的细菌尿（相当于尿细菌培养≥10^5/mL）。该方法简便容易，且检出率可高达80%~90%。对选用抗生素有参考价值。

3. 尿化学检查　常用亚硝酸盐还原试验。大肠埃希菌可使尿中硝酸盐还原成为亚硝酸盐，加入试剂后呈红色，判定为阳性。大肠埃希菌感染时，约70%以上为阳性，特异性达90%以上，而其他细菌则为阴性。

4. 影像学检查　影像学检查如B超、腹部平片、静脉肾盂造影检查（IVP），可以确定有无结石、梗阻、泌尿系统先天性畸形和膀胱输尿管反流等。但尿路感染急性期不宜做IVP，可做B超检查。

5. 其他　急性肾盂肾炎患者的血常规可有白细胞计数增高，中性粒细胞增高，严重者有核左移。

【治疗要点】

尿路感染的治疗原则：合理使用抗生素，纠正诱因、去除易感因素，预防复发，保护肾功能，防止并发症。

（一）急性肾盂肾炎的治疗

1. 一般及对症治疗　注意休息，多饮水，勤排尿。发热明显者应注意补充热量、电解质、维生素等，给予易消化、高热量饮食。尿路刺激征和血尿明显者，可口服碳酸氢钠片，每次1.0 g，3次/日，可以碱化尿液，减轻尿路刺激征。

2. 抗菌药物治疗　是最重要的治疗。

（1）用药原则。①选用对致病菌敏感的抗菌药。一般首选对革兰阴性杆菌有效的抗菌药。②要选用肾毒性小，不良反应少的抗菌药。③早期用药，在留取尿标本做尿常规、细菌学检查后即开始治疗。④抗菌药治疗3天症状无改善者，应及时调整药物种类，最好按药敏试验结果调整用药。⑤单一药物治疗失败、严重感染、混合感染、耐药菌株出现时，应联合用药。

（2）用药方案。①轻者口服复方新诺明或喹诺酮类药物（如诺氟沙星、环丙沙星、氧氟沙星等）。②病情较重或全身症状明显者用静脉给药，宜选用半合成青霉素类（如阿莫西林、氨苄西林等）、喹诺酮类或头孢菌素类（如头孢呋辛）。③重型肾盂肾炎应住院治疗，静脉给药，可选用第二、三代头孢菌素（如头孢氨苄、头孢唑啉、头孢噻肟钠、头孢曲松钠等）、氨苄西林、左氧氟沙星等，也可联合用药。但氨基糖苷类抗生素因多有肾毒性且较大，应慎用。

（3）疗程。一般10～14天。重症患者症状好转、发热消退3天后改为口服，总疗程2周。一般患者用药至症状消失、尿培养连续3次阴性后再用药3～5天为止。此后每周进行1次尿细菌学检查，如连续2周阴性、6周后再复查1次仍阴性，即可认为临床治愈。

（二）慢性肾盂肾炎的治疗

（1）急性发作时，治疗同急性肾盂肾炎，但应延长疗程。最好根据尿培养结果和药敏试验选用药物，常采用联合用药，直至尿细菌检查阴性。总疗程2～4个月。若再次复发，可酌情更换或重组抗生素和延长用药时间。

（2）寻找并祛除易感因素，慢性肾盂肾炎反复发作者通常有易感因素，要积极寻找并尽可能消除，否则难以治愈。

（3）加强对症支持治疗，保护肾功能。应注意休息，加强营养，多补充维生素，纠正水电解质及酸碱紊乱，避免使用对肾有损害的药物。

（4）防治并发症。

（三）急性膀胱炎治疗

选择敏感的抗生素，口服用药，一般用药3天后90%患者可治愈，停服抗生素7天后做尿细菌培养若为阴性表示治愈，若为阳性，应继续使用抗生素治疗，疗程2周。

【护理评估】

1. 病史

（1）患病及治疗经过。应详细询问患者的患病经过，女性患者则询问患者是否已婚。患者有无尿流不畅或尿液反流情况，有无进行过尿道侵入性操作，是否有糖尿病、长期卧床性疾病等。病程中出现的主要症状、特点，了解既往治疗及用药情况，包括曾用药物的种类、用法、剂量、疗程、药物的疗效及不良反应等。

（2）目前病情与一般状况。目前的主要不适及症状特点，有何伴随症状及并发症等。有无出现畏寒、发热、剧烈腰痛和血尿情况。

（3）心理-社会状况。急性肾盂肾炎如及时治疗，90%可以治愈。若存在尿路梗阻、畸形等易感因素，应给予纠正，以免病情加重或复发，引起患者产生焦虑情绪。

2. 身体评估　观察患者生命体征情况，尤其是发热情况，注意患者有无一侧或双侧肋脊角或输尿管点压痛和（或）叩击痛。

3. 辅助检查　了解患者尿常规、尿细菌学检查结果及肾功能、肾影像学检查结果。

【护理诊断/问题】

1. 体温过高　与急性肾盂肾炎有关。
2. 排尿异常（尿频、尿急、尿痛）　与泌尿系统感染有关。
3. 潜在并发症　肾乳头坏死、肾周围脓肿。
4. 焦虑　与膀胱刺激征引起的不适，疾病反复发作和担心预后有关。

【护理措施】

1. 休息和活动　急性发作期应尽量卧床休息，取舒适的体位。为患者提供清洁、安静、光线柔和、舒适的休息环境，维持合适病室温度和湿度，使患者能够充分休息。

2. 饮食护理　鼓励患者多饮水，勤排尿，每日饮水量保持在2 500 mL以上，督促患者每2小时排尿1次，以加速细菌和炎性分泌物排出，减轻膀胱刺激征的症状。口服碳酸氢钠1.0 g，3次/日，以碱化尿液、抑制细菌生长。给予清淡、营养丰富、易消化食物。

3. 心理护理　患者因对疾病的认识不足和尿频、尿急、尿痛等不适，易出现紧张、焦虑不安等情绪，护士应表示理解，承认患者的感受。可指导患者从事一些感兴趣的活动，如听轻音乐、欣赏小说、看电视或聊天等，以分散患者注意力，减轻焦虑，缓解尿路刺激征。

4. 病情观察　监测患者的病情变化如体温、尿液性状、有无腰痛加剧。高热患者可采用冰敷、乙醇擦浴等措施进行物理降温。如高热持续不退或体温升高，且出现腰痛加剧等，应考虑可能出现肾周脓肿、肾乳头坏死等并发症，需及时通知医师。

5. 用药护理　嘱患者按时、按量、按疗程服药，勿随意停药。口服复方磺胺甲噁唑期间要注意饭后服用、多饮水，并同时服用碳酸氢钠，以增强疗效、减少磺胺结晶的形成。严重肾功能不全、孕妇、婴幼儿、肝病患者不宜服用磺胺类药；喹诺酮类抗生素可引起消化道反应和皮肤瘙痒；呋喃妥因类药物易引起消化道症状，宜饭后服用，若长期用药可引起末梢神经炎。

注意用药疗效评价标准。①见效：治疗后复查菌尿转阴。②治愈：完成抗菌药物疗程后，菌尿转阴，于停用抗菌药物1周和1个月分别复查1次，如无菌尿，则可认为尿路感染已治愈。③治疗失败：治疗后持续菌尿或复发。

【健康教育】

1. 疾病知识指导　向患者及家属解释本病的病因、主要表现和治疗措施，以引起重视。教会患者识别肾盂肾炎的临床表现，一旦发生，应尽快诊治。

2. 生活指导　指导患者多休息，避免劳累，加强营养，增加机体抵抗力。多饮水、勤排尿，2~3小时排尿1次，是最简便而有效的预防措施。教会患者正确清洁外阴部的方法，若局部有炎症（如女性尿道旁腺炎、尿道炎）应及时治疗。

3. 预防指导　与性生活有关的反复发作者，应注意性生活后立即排尿，并服抗菌药物预防。

4. 用药指导　嘱患者按时、按量、按疗程服药，勿随意停药，定期随访。及时治疗急性肾盂肾炎防止发展为慢性肾盂肾炎或慢性肾衰竭。

（王　萍）

任务五　慢性肾衰竭患者的护理

知识目标

1. 掌握：慢性肾衰竭的临床表现、护理诊断/问题及护理措施。
2. 熟悉：慢性肾衰竭的概念、病因及发病机制、相关实验室检查、健康教育。
3. 了解：慢性肾衰竭的治疗要点。

技能目标

1. 能对尿毒症期的患者进行饮食指导和用药指导。
2. 要关心、尊重、爱护患者，多与患者沟通，多提供一些力所能及的帮助。

案例导入

病例：患者，男，45岁。3年前诊断为慢性肾炎，经治疗后症状减轻，后期治疗不规律，近半年来，感乏力、头昏、眼花，夜尿量明显增多，近一周来头昏、恶心、呕吐症状明显，双下肢水肿，患者惶恐不安来就诊。查体：BP 160/105 mmHg，心率120次/分，体温38.1℃，呼吸23次/分。血红蛋白50 g/L，尿蛋白（+++），BUN 18.9 mmol/L，Scr 655.6μmol/L。动脉血气分析：pH 7.31，PaO_2 65 mmHg，$PaCO_2$ 33 mmHg。诊断为慢性肾衰。

请问：1. 本病引起的病因是什么？主要的护理诊断有哪些？
2. 如何指导患者合理饮食及如何做好患者的心理护理？

慢性肾衰竭（CRF），简称肾衰，见于肾脏疾病的晚期，是各种慢性肾疾病的共同转归。由于肾功能缓慢出现减退，最终以代谢产物潴留，水、电解质和酸碱平衡紊乱为主要表现的一组临床综合征。近二十年来，慢性肾衰在人类死亡原因中占第五位到第九位，是危害人类健康的主要疾病。

知识链接

慢性肾脏病（CKD）是指各种原因引起的肾脏结构和功能障碍（包括GFR正常和不正常的病理损伤、血液或尿液成分异常，以及影像学检查异常）≥3个月，或不明原因的GFR下降（＜60 mL/min）≥3个月的现象。慢性肾脏病的患病率近年来有明显上升趋势，据统计2011年美国成人高达15.1%，我国目前为10.8%。美国国家肾脏病基金会的"肾脏病生存质量指导"（K/DOQI）的分期是1、2、3、4、5期，见表5-1，我国慢性肾衰竭分期相当于（K/DOQI）的2、3、4、5期。

表5-1 慢性肾脏病分期及防治建议

分期	对应国内期别	特征描述	GFR [mL/(min·1.73 m²)]	防治目标措施
1	肾功能正常期	GFR正常或升高	≥90	CKD病因诊治；缓解症状；保护肾功能
2	肾功能不全代偿期	GFR轻度降低	60～89	评估、延缓CKD进展；降低心血管风险
3	肾功能不全失代偿期（氮质血症期）	GFR中度降低	30～59	延缓CKD进展；评估、治疗并发症
4	肾衰竭期	GFR重度降低	15～29	综合治疗；透析前准备

分期	对应国内期别	特征描述	GFR [mL/(min·1.73 m²)]	防治目标措施
5	尿毒症期	终末期肾病	<15 或透析	出现尿毒症时及时替代治疗

根据肾功能的损害程度，可将肾衰竭分为以下4期，见表5-2。

表5-2 慢性肾衰竭的分期

分期	GFR（mL/min）	血肌酐（μmol/L）	临床表现
肾功能代偿期	50~80	正常133~177	无症状
肾功能失代偿期	20~50	高于正常<450	有轻度贫血，夜尿增多
肾衰竭期	10~20	451~707	严重贫血，水电解质紊乱
尿毒症期	<10	≥707	肾衰竭晚期表现

【病因与发病机制】

1. 病因

（1）原发性肾脏疾病，以慢性肾小球肾炎最常见，占50%~60%，其次为慢性肾盂肾炎，多囊肾等。

（2）继发性肾脏疾病，如高血压肾小动脉硬化、糖尿病肾病、狼疮性肾炎、尿酸性肾病等。

（3）尿路梗阻，如结石、前列腺肥大、尿道狭窄等。

（4）重金属（铅、铬、锂）中毒等。

2. 慢性肾衰竭进展的发病机制

（1）肾单位高滤过（即健存肾单位学说）。当肾功能进行性损害时导致相当数量的肾单位破坏而丧失功能，而残余的小部分健存肾单位工作量增大，负荷过重，从而代偿性地发生肾小球内高灌注、高压力、高滤过，肾小管的各种功能也随之发生相应的变化。上述"三高"对肾小球内毛细血管可造成机械性损伤，最终导致肾小球硬化而丧失功能。随着健存肾单位逐渐减少，肾功能也逐渐减退，最终发展成尿毒症。

（2）肾小管高代谢学说。当肾小球内出现"三高"状态时，肾小管也同样因代偿需要而出现高代谢状态。从而引起肾小管进行性损害，肾间质炎症、纤维化，直至肾单位功能丧失。

（3）其他。肾组织上皮细胞表型转化的作用、细胞凋亡和醛固酮增多等。

3. 尿毒症症状的发生机制　目前认为主要有以下几种。

（1）肾脏排泄和代谢功能下降，导致水、电解质和酸碱平衡失调，如水钠潴留、高血压、代谢性酸中毒等。

（2）尿毒症毒素的毒性作用，尿毒症毒素包括：①小分子物质，如尿素、肌酐、胍类、胺类、酚类。②中分子物质，如激素、多肽等。③大分子物质，如甲状旁腺激素、生长素、促肾上腺皮质激素等。由于肾脏排泄功能减退，这些物质在血中潴留，导致尿毒症的各种表现。

（3）肾脏的内分泌功能障碍，如促红细胞生成素分泌减少可引起肾性贫血、骨化三醇产生不足可致肾性骨病等。

【临床表现】

慢性肾衰竭的病变较为复杂，在不同阶段出现不同的临床表现，在慢性肾衰竭的代偿期和失代偿早期，可以无任何症状，或仅有乏力、腰酸、夜尿增多等轻度不适；随着病情的发展，慢性肾衰竭的尿毒素（如尿素、胍类、胺类）可累及人体各个脏器，出现各种代谢紊乱，从而构成尿毒症的临床表现。

1. 水、电解质紊乱和酸碱平衡失调　以代谢性酸中毒和水钠紊乱最常见；可出现高钾或低钾血症、高钠血症或低钠血症、水肿或脱水、低钙血症、高磷血症等。

2. 尿毒症毒素引起各系统损害

（1）胃肠道表现常是首发症状，也是最早出现和最突出的症状，而且随病情进展逐渐加重。患者多有恶心、呕吐、腹胀、腹泻和口腔黏膜溃疡，晚期患者呼气中可有尿味。部分尿毒症患者可发生上消化道出血，主要与胃黏膜糜烂和消化性溃疡有关，慢性肾衰竭患者的消化性溃疡发生率较正常人高。

（2）心血管系统表现是主要的并发症和死因。

1）高血压和左心室肥大：以高血压最常见，与水钠潴留、肾素分泌增加有关。长期高血压可致左心室增大、心律失常、心功能不全等，严重者可致高血压脑病。

2）心力衰竭：是最常见的死亡原因。其发生大多与水钠潴留、高血压有关，部分与尿毒症性心肌病有关。

3）心包炎：见于尿毒症终末期或透析不充分者（透析相关性心包炎）。其临床表现与一般心包炎相同，可出现心前区痛和心包摩擦音，但心包积液多为血性，可能与毛细血管破裂有关。严重者可发生心脏压塞。

4）动脉粥样硬化：患者常有三酰甘油及胆固醇升高，可引起动脉粥样硬化，也是主要的致死原因。

（3）呼吸系统症状：可出现尿毒症性支气管炎、肺炎、胸膜炎等表现。若发生酸中毒，可表现为深而长的呼吸。

（4）血液系统表现

1）贫血：患者常有肾性贫血，为本病必有症状，且多为轻、中度正常细胞性贫血。导致贫血的原因包括肾的促红细胞生成素（EPO）生成减少；尿毒症毒素对骨髓的抑制并使红细胞寿命缩短；也与铁摄入不足、各种原因造成的急慢性失血、体内叶酸和蛋白质缺乏等因素有关。

2）出血倾向：常表现为皮下出血、鼻出血、月经过多等。出血倾向与外周血小板破坏增多、血小板聚集与黏附能力下降及凝血因子减少等有关。

（5）神经、肌肉系统早期表现疲乏、失眠、注意力不集中等精神症状（尿毒症脑病），后期可出现性格改变、抑郁、记忆力下降、谵妄、幻觉、昏迷等。外周神经病变多见于晚期患者，可出现肢体麻木、肢端呈袜套样分布的感觉丧失，深反射消失。终末期尿毒症患者常可出现肌无力和肌肉萎缩等，远端比近端更易受累，发展较慢。

（6）皮肤表现。常有顽固性皮肤瘙痒，面色深而萎黄，轻度水肿，呈"尿毒症"面容。主要与贫血、尿素霜的沉积等有关。

（7）肾性骨病。可出现纤维性骨炎、尿毒症骨软化症、骨质疏松症和骨硬化症，但有症状者少见，早期诊断主要靠骨活组织检查。肾性骨病的发生与活性维生素 D_3 不足、继发性甲状旁腺功能亢进等有关。

（8）内分泌失调。可出现多种内分泌功能紊乱，女性可出现闭经、不孕等。

（9）并发感染。感染为主要死因之一，发生原因与机体免疫功能低下、白细胞功能异常等有关。最常见的感染为肺部感染和尿路感染，而血透患者易发生动静脉瘘感染及肝炎病毒感染等。

【实验室检查】

1. 血常规　血红蛋白浓度降低，仅有 40～60 g/L，白细胞计数可升高或降低。
2. 尿液检查　尿渗透压下降，尿量减少，多在 1 000 mL/d 以下。尿沉渣检查中可见红细胞、白细胞、颗粒管型和蜡样管型。
3. 肾功能检查　内生肌酐清除率降低，血肌酐、血尿素氮水平增高。
4. 血生化检查　血浆蛋白降低，其中以白蛋白降低较明显；血钙降低，血磷增高，血钾和血钠可增高或降低，可有代谢性酸中毒等。
5. 影像学检查　提示双肾缩小。

【治疗要点】

慢性肾衰竭一般为不可逆病变，病程可长达数年，透析疗法或肾移植能显著延长患者的生存时间和生存质量，如不进行积极治疗，患者均可能死于尿毒症。

1. 治疗原发病和纠正加重慢性肾衰竭的因素　纠正某些可逆因素，如水电解质紊乱、感染、尿路梗阻、心力衰竭等，以防止肾功能进一步恶化，促使肾功能不同程度地恢复。以对症治疗和防止病情进展为主要治疗原则。

2. 延缓慢性肾衰竭的发展

（1）一般治疗。包括注意休息，避免过劳，预防感染，积极治疗原发病，避免使用肾毒性药物。

（2）饮食治疗。根据个体化原则调整饮食，给予低蛋白、低磷、高钙饮食，并密切监测营养指标，以避免发生营养不良。尿毒症患者应给予优质低蛋白饮食，蛋白质摄入量一般为 0.3～0.6 g/(kg·d)，要尽量减少植物蛋白。但必须补足热量，一般为 125.6～146.5 kJ/(kg·d)。植物油、食糖、水果通常不必严格限制，但水、盐的限制应依据血压、水肿和尿量的情况而定。

（3）补充必需氨基酸。补充必需氨基酸可使尿毒症患者维持较好的营养状态，有助于减轻尿毒症症状。

3. 纠正水电解质紊乱和酸碱平衡失调

（1）纠正酸中毒。多用碳酸氢钠。轻者口服1.5～3.0 g/d；中、重度患者3～15 g/d，必要时静脉输入。速度不宜过快，一般应在48～72小时内或更长时间纠正酸中毒。对有明显心衰的患者，输液不宜过快、过多，以免加重心脏负担。

（2）纠正水、钠紊乱。适当限制钠、水摄入，一般氯化钠摄入量不应超过6～8 g/d，有明显水肿、高血压者，氯化钠摄入量限制在5～7 g/d。适当使用利尿剂，呋塞米20～30 mg/次，2～3次/d，对轻、中度低钠血症者应寻找并纠正其原因，对重度低钠血症者，应及时给予纠正处理。对水肿伴低钠血症者，水的摄入量=前一天尿量+500 mL为宜。

（3）防治高钾血症。首先要积极预防，当GFR＜25 mL/min时应适当限制钾的摄入；当GFR＜10 mL/min或血清钾＞5.5 mmol/L时应严格限制钾的摄入，同时要纠正酸中毒和应用利尿剂。对已有高钾血症的患者，应采取以下积极措施降低血钾：①积极补碱纠酸，首选碳酸氢钠，根据病情可口服或静脉给药。②注射利尿剂常用呋塞米。③静脉输入葡萄糖胰岛素溶液（葡萄糖4～6 g中加入胰岛素1单位）。④口服聚磺苯乙烯（一般5～20 g/d，3次/d）或聚苯乙烯磺酸钙，以增加肠道排钾。⑤对严重高钾血症（血钾＞6.5 mmol/L）者，应及时进行血液透析治疗，是最有效的治疗方法。

（4）纠正钙、磷代谢异常和肾性骨营养不良证。一般磷的摄入应控制在600～800 mg/d以下。当GFR＜10 mL/min时，除限制磷摄入外，可使用磷结合剂（碳酸钙、醋酸钙等）。对明显高血磷症（血磷＞2.26 mmol/L）或血清钙升高者，应暂停使用钙剂，改用碳酸司维拉姆、碳酸镧等，以防转移性钙化加重。对明显低钙血症者，可口服1,25(OH)$_2$-D$_3$（骨化三醇）。

4. 对症治疗

（1）控制高血压。及时合理控制血压，有助于保护心、肾、脑等靶器官。一般以血管紧张素转化酶抑制剂（ACEI）、血管紧张素Ⅱ受体阻滞剂（ARB）、钙通道阻滞剂（CCB）常用，也可选用高效利尿剂、β受体拮抗剂、血管扩张剂等。一般透析前患者血压应控制在130/80 mmHg以下，维持透析患者血压控制在不超过140/90 mmHg。要注意ACEI和ARB可使血钾和血肌酐升高，应加强监测。且高血压降压治疗时避免血压骤降。

（2）利尿消肿。对水肿明显、尿量减少、高血压者，除限盐限水外，还应适当使用利尿剂减轻水肿，增加毒素排出，减轻氮质血症。

（3）纠正心衰。当发生心力衰竭时，要降低心脏负荷，利尿、强心，必要时透析。

（4）纠正贫血。贫血较严重，首先应补足铁剂、叶酸等造血物质。如无效且排除失血、造血原料不足等因素者，可使用重组人促红细胞生成素（rHuEPO），开始用量为每周80～120 U/kg，分2～3次皮下或静脉注射，并根据患者血红蛋白水平和上升速度调整剂量。贫血严重且需要迅速纠正者可输少量新鲜血。

（5）其他对症治疗。糖尿病肾衰竭患者应相应调整胰岛素用量；有高尿酸血症者应使用别嘌呤醇等纠正；有皮肤瘙痒者可口服抗组胺药并外用炉甘石洗剂。

5. 防治感染　慢性肾衰竭患者容易并发各种感染，平时应注意预防，发生感染要及时选用有效抗菌药控制。应尽量选用对肾脏毒性小的抗菌药，并根据患者GFR水平调整剂量。

6. 肾脏替代治疗　当GFR小于10 mL/min并有尿毒症表现时，应进行肾脏替代治疗。糖尿病肾病患者，当GFR达10～15 mL/min时就应安排肾脏替代治疗。

（1）透析疗法。此法可替代病变肾脏的排泄功能，减轻症状，维持生命，但不能替代内分泌和代谢功能。有血液透析、腹膜透析，另外还有血液滤过、血浆灌流、血浆置换等方法，各有优缺点，以血液透析多用。

（2）肾移植。治疗终末期肾衰竭最有效的方法是肾脏移植。成功的肾移植可使肾功能得以恢复，但排异反应可导致肾移植失败，故应选择血型配型和HLA配型合适的供肾者，并在肾移植后长期使用免疫抑制剂。

【护理评估】

1. 健康史　评估患者有无出现畏食、恶心、呕吐、口臭、舌炎、腹胀、腹痛、血便；有无头晕、胸闷、气促；有无皮肤瘙痒、鼻出血、牙龈出血、皮下出血、女患者月经过多等；有无下肢水肿、少尿。病情有无逐渐加重或出现新的症状等。

2. 心理-社会状况　评估患者的社会支持情况，包括家庭经济情况、家庭成员对该病的认识及态度、患者的工作单位所能提供的支持等。慢性肾衰竭患者的预后不佳，治疗费用又较昂贵，尤其是需要进行长期透析或做肾移植手术时，患者及其家属心理压力较大，会出现各种情绪反应，如抑郁、恐惧、绝望等。另外，也应对患者居住地段的社区保健情况进行评估。

【护理诊断/问题】

1. 营养失调：低于机体需要量　与长期限制蛋白质摄入、消化吸收功能紊乱等因素有关。
2. 体液过多　与尿量明显减少、水钠潴留和补液不当有关。
3. 有感染的危险　与机体免疫功能低下、白细胞功能异常、透析等有关。
4. 活动无耐力　与心血管并发症、贫血、水电解质紊乱和酸碱平衡失调有关。
5. 绝望　与疾病预后不良，经济困难有关。
6. 潜在并发症　高血钾、代谢性酸中毒等。

【护理措施】

1. 休息与活动　病情较重或心力衰竭者，应绝对卧床休息，并提供安静的休息环境，协助患者做好日常生活护理。应鼓励患者适当活动，在力所能及的情况下自理生活等，但应避免劳累和受凉。活动时要有人陪伴，以不出现心悸、气喘、疲乏为宜。一旦有不适症状，应暂停活动，卧床休息。对长期卧床患者应指导或帮助其进行适当的床上活动，避免发生静脉血栓或肌肉萎缩。

2. 饮食护理　饮食治疗在慢性肾衰竭的治疗中具有重要的意义，合理的营养膳食调配不仅能减少体内氮代谢产物的积聚及体内蛋白质的分解，以维持氮平衡，而且还能在维持营养、增强机体抵抗力、减缓病情发展、延长生命等方面发挥其独特的作用。

（1）蛋白质。应根据患者的GFR来调整蛋白质的摄入量。当GFR < 50 mL/min时，应限制蛋白质的摄入，且饮食中50%以上的蛋白质是富含必需氨基酸的蛋白，如鸡蛋、牛奶、瘦肉等，一般认为摄入0.6～0.8 g/（kg·d）的蛋白质可维持患者的氮平衡。当内生肌酐清除率 < 5 mL/min时，每日蛋白质摄入量不应超过20 g或0.3 g/（kg·d），此时需经静脉补充必需

氨基酸；当内生肌酐清除率为 5~10 mL/min 时，蛋白质摄入量为 25 g/d 或 0.4 g/（kg·d）；内生肌酐清除率为 10~20 mL/min 者则为 35 g/d 或 0.6 g/（kg·d）；内生肌酐清除率 > 20 mL/min 者可给予 40 g/d 或 0.7 g/（kg·d）的优质蛋白。尽量少食植物蛋白，如花生、豆类及其制品，因其含非必需氨基酸多。米、面中所含的植物蛋白也要设法去除，可用部分麦淀粉作为主食。

(2) 热量。供给患者足够的热量，以减少体内蛋白质的消耗。每日供应的热量为 126 kJ/kg（30 kcal/kg），并主要由碳水化合物和脂肪供给。为摄入足够的热量，可给予较多的植物油和糖。同时应注意供给富含维生素 C 和 B 族维生素的食物。对已开始透析的患者，应改为透析饮食，具体参见本项目血液净化治疗的护理。

(3) 增进患者食欲。采取措施改善患者的食欲，如适当增加活动量，提供色、香、味俱全的食物，提供整洁、舒适的进食环境，进食前休息片刻，少量多餐。慢性肾衰竭患者胃肠道症状较明显，口中常有尿味，应加强口腔护理。可给予硬的糖果、口香糖来刺激食欲，减轻恶心、呕吐。

(4) 补充必需氨基酸。必需氨基酸（EAA）疗法主要用于低蛋白饮食的肾衰患者和蛋白质营养不良问题难以解决的患者。以 8 种必需氨基酸配合低蛋白高热量的饮食治疗尿毒症，可使患者达到正氮平衡，并改善症状。成人用量为 0.1~0.2 g/kg，能口服者以口服为宜。静脉输入必需氨基酸时应注意输液速度。若有恶心、呕吐应给予止吐剂，同时减慢输液速度。

3. 心理护理　慢性肾衰竭的患者因病情迁延难愈，加上透析或肾移植治疗，费用昂贵。大多数患者有抑郁、恐惧甚至绝望等心理。应理解和同情，使其感到真诚和温暖。鼓励家属理解患者、并接受患者的改变，鼓励患者参加有意义的社会活动，使其意识到自身的价值，积极接受疾病的挑战。在漫长的治疗中，家人的支持、鼓励和细心的照顾尤为重要。

4. 病情监测　严密监测病情，每日定时测量体重，准确记录出入量。注意有无液体量过多的症状和体征：如短期内体重迅速增加、血压升高、意识改变、心率增快、肺底啰音、颈静脉怒张等；根据肾功能、电解质、血气分析情况观察患者有无高血压脑病、心力衰竭、尿毒症性肺炎及电解质代谢紊乱等并发症的表现。注意患者有无感染征象，如体温升高、寒战、疲乏无力、食欲缺乏、咳嗽、咳脓性痰、尿路刺激征、白细胞计数增高等。

5. 对症护理　针对预防感染采取的护理措施。

(1) 有条件时将患者安置在单人房间，病室定期通风并空气消毒。

(2) 各项检查治疗严格无菌操作。避免不必要检查，特别注意有无留置静脉导管和留置尿管等部位的感染。

(3) 加强生活护理。避免皮肤干燥，用温和的肥皂和沐浴液进行皮肤清洁，洗后涂上润肤剂，以避免皮肤瘙痒。指导患者修剪指（趾）甲，以防皮肤瘙痒时抓破皮肤造成感染。必要时，按医嘱给予抗组胺类药物和止痒剂，如炉甘石洗剂等。卧床患者应定期翻身，指导患者进行有效咳痰。

(4) 血液透析的患者，其乙型和丙型肝炎的发生率明显高于正常人群，故应进行乙肝疫苗的接种，并尽量减少输注血液制品。

6. 用药护理　使用促红细胞生成素 EPO，观察用药后反应，如头痛、高血压、癫痫发作等，定期检查血红蛋白和血细胞比容等。使用骨化三醇治疗肾性骨病时，注意随时监测血钙、磷的浓度，防止内脏、皮下、关节血管钙化和肾功能恶化。应用强心、降压、降脂药时观察其不良反应。

7. 高钾血症的治疗配合　当血钾超过6.5 mmol/L，心电图表现为QRS波增宽等明显变化时，应协助医师处理，具体措施同治疗。

【健康教育】

1. 疾病知识指导　向患者及家属讲解慢性肾衰竭的基本知识，使其认识本病虽然预后较差，但只要坚持积极治疗，消除或避免加重病情的各种因素，可以延缓病情进展，提高生存质量。指导家属参与患者的护理，给患者以情感支持，使患者保持稳定积极的情绪状态。

2. 饮食指导　指导患者严格遵从慢性肾衰竭的饮食原则，尤其是蛋白质和水钠限制，强调保证足够热量供给的重要性。有高钾血症时，应限制含钾量高的食物，禁止输库存血。指导患者自我监测血压，每日定时测量，血压以控制在150/90 mmHg以下为宜。若血压升高、水肿和少尿时，则应严格限制水钠摄入。

3. 预防指导　根据病情和活动耐力进行适当的活动，以增强机体的抵抗力，避免劳累，做好防寒保暖。注意个人卫生；注意室内空气清洁，经常开窗通风，避免对流风。避免与呼吸道感染者接触，尽量避免去公共场所。指导患者监测体温变化，发现感染征象及时就诊。

4. 治疗指导　遵医嘱用药，避免使用肾毒性药物，不要自行用药。定期复查肾功能、血清电解质等，积极配合治疗和护理。

（王　萍）

任务六　泌尿系统常用诊疗技术及护理

知识目标

1. 熟悉：熟练掌握透析适应证和禁忌证。
2. 了解：血液透析和腹膜透析的术前准备、术中配合、术后护理。

一、血液净化治疗

血液净化技术是指利用物理、化学、免疫等方法，清除体内某些代谢废物或有毒物质，再将血液引回体内的过程。包括血液透析、腹膜透析、血液滤过、血液吸附、血浆分离、血细胞分离等内容和方法。临床上应用的血液净化治疗，即应用净化技术从肾外途径排除循环血液中的代谢废物、药物、毒物，利用人工手段完成某些器官的功能（例如肾），以达到治疗目的。本节主要介绍血液透析和腹膜透析两种血液净化技术。

（一）血液透析

血液透析（hemodialysis，HD）简称血透，是最常用的血液净化方法之一。主要利用弥散对流作用来清除血液中的毒性物质。弥散是在布朗运动作用下，溶质从半透膜浓度高的一侧向浓度低的一侧移动，最后达到膜两侧浓度的平衡。同时，它也通过半透膜两侧压力差产生的超滤作用来去除体内过多的水分。血液透析能部分替代肾功能，清除血液中的有害物质，纠正体内电解质紊乱，维持酸碱平衡。

【适应证和禁忌证】

1. 适应证

（1）急性肾衰竭。对于高分解代谢者，血尿素氮＞71.4 mmol/L，且每日升高17.85 mmol/L，应立即透析；非高分解代谢者，符合下列第一项和其他任何一项者，应立即透析：①无尿或少尿48小时以上。②血尿素氮≥35.7 mmol/L。③血肌酐≥530.4 μmol/L。④血钾≥6.5 mmol/L。⑤CO_2结合力＜15 mmol/L。⑥有明显水肿、肺水肿、恶心、呕吐、嗜睡、意识障碍者。⑦输血后游离血红蛋白＞712.4 mmol/L。

（2）慢性肾衰竭。①内生肌酐清除率下降接近5～10 mL/min，血肌酐＞707 μmol/L，出现严重代谢性酸中毒，CO_2结合力＜13 mmol/L，高度水肿或伴有肺水肿、水钠潴留性高血压、心包炎及明显贫血，应开始透析。②可逆性慢性肾衰竭，透析有助于度过病情急性加重期。③肾移植前准备、肾移植后急性排异反应导致肾衰竭或慢性排异反应、移植肾失去功能时，均需透析维持。

（3）急性药物或毒物中毒。凡分子量小、水溶性高、与组织蛋白结合率低、能通过透析膜析出的毒物所致的中毒，可采取透析治疗。如巴比妥类、地西泮、氯丙嗪、水合氯醛等镇静安眠药；阿米替林等三环类抗抑郁药；地高辛等洋地黄类药；氨基糖苷类、万古霉素、多黏菌素等抗生素；海洛因；有机磷、汞、铝等金属；某些造影剂；鱼胆及某些内源性毒素。

（4）其他疾病。严重的水电解质紊乱及酸碱平衡失调，常规治疗难以纠正者。

2. 相对禁忌证　血透无绝对禁忌证，相对禁忌证有严重休克或低血压、心肌梗死、心力衰竭、心律失常、严重出血或感染、恶性肿瘤晚期、极度衰竭患者，以及精神病不合作者。

【术前准备】

1. 透析装置准备　透析装置主要包括透析器、透析液、透析机与供水系统等。

（1）透析器又称"人工肾"，是血液透析溶质交换的场所，由半透膜和支撑材料组成。目前最常用的透析器为空心纤维型，血液进出于空心纤维管内，透析液流经管外，透析液和血液由空心纤维的管壁隔开，此壁为人工合成的半透膜，亦即患者的血液与透析液分别流经透析膜的两侧。透析膜是透析器的关键部分，膜的面积、厚度、孔径大小及血流量和透析液流量等均会影响透析的疗效。

透析膜孔径大小在一定的范围内，使得膜两侧溶液中的小分子溶质和水分子可自由通过，而大分子（多肽、蛋白质、血细胞、细菌等）则不能通过。血液透析时，血液中的尿素氮、肌酐、K^+、H^+、磷酸盐等弥散到透析液中，患者所需的物质，如碳酸氢根、醋酸根等从透析液弥散到血液中而得到补充。因而，透析能快速纠正肾衰竭时产生的高尿素氮血症、高肌酐血症、高血钾、低血钙、高血磷、酸中毒等代谢紊乱，同时，通过半透膜两侧的跨膜压力达到超滤脱水的目的，纠正肾衰竭时的水过多，从而达到"人工肾"的效果。

(2) 透析液含 Na^+、Cl^-、Ca^{2+}、Mg^{2+}、K^+、碱基及葡萄糖等，其渗透压与细胞外液相似。根据所含碱基的不同，透析液分为醋酸盐透析液和碳酸氢盐透析液。

透析液的成分如下。①钠：是细胞外液的主要阳离子，对保持血浆渗透压和血容量起重要作用，透析液的钠浓度一般为130~140 mmol/L。②钾：一般透析液设定为0~4 mmol/L，根据患者血清钾、每周透析次数和时间而选用。③钙：维持性血透患者血钙常偏低，透析液钙含量在1.5~2 mmoL/L，略高于血液中的游离钙浓度。④镁：透析液镁浓度为0.6~1 mmol/L，略低于正常血清镁浓度。⑤碳酸氢盐或醋酸盐：在透析液中作为缓冲剂，浓度一般为32~38 mmol/L，使用碳酸氢盐比醋酸盐更符合生理要求，可迅速纠正酸中毒，且对心血管功能影响小。⑥葡萄糖：可提高透析液渗透压，目前广泛采用无糖透析液。

(3) 透析机与透析用水，即透析液配制供应装置及透析监测系统。目前最好的透析用水是反渗水，无离子、无有机物、无菌，用于稀释浓缩透析液。透析机按一定比例稀释浓缩的透析液达到生理要求，按设定温度和流量供应透析液，通过调节透析液一侧的负压实现预定脱水量，用血泵维持血流量，用肝素泵调节肝素用量；透析机对以上各项功能的参数具有相应的监护功能，如监测透析液的浓度、温度、流量和压力，监测血流量、血液通路内的压力、透析膜有无破损等。

2. **患者准备** 包括血液通路准备、应检查项目及患者的心理准备。

(1) 准备血液通路，又称血管通路。即血液从人体内引出至透析器，进行透析后再返回到体内的通道。血液通路是进行血液透析的必要条件。血液通路可分为临时性和永久性两类。临时性血液通路用于紧急透析和慢性维持性透析而内瘘未形成时；永久性血液通路用于长期的维持性透析。临时性血液通路可采用动静脉穿刺、插管法；永久性血液通路主要指动静脉内瘘，而动静脉外瘘既可作临时性血液通路，又可作维持性透析的永久性血液通路。

1) 动静脉外瘘：动静脉外瘘是将两条硅胶管分别插入表浅毗邻的动静脉，如桡动脉和头静脉，经皮下隧道穿出皮肤，在皮肤外将两者用接管连接成U字形，固定于皮肤，形成动静脉体外分流。外瘘的优点是手术简单，术后能立即使用，不需穿刺，血流量大而稳定。主要缺点是外瘘导管易滑脱、出血，长期留置易发生感染和血栓形成。

2) 动静脉内瘘：是维持性血透患者最常用的血液通路。经外科手术将表浅毗邻的动静脉作直接吻合，使静脉血管血流量增加、管壁动脉化，形成皮下动静脉内瘘。常用的血管有桡动脉与头静脉、肘静脉与肱动脉等。内瘘需待手术后2~6周，在静脉管壁动脉化后才能使用。每次透析时用两支穿刺针穿刺内瘘血管，近动静脉吻合口一侧（距离吻合口5~6 cm）的穿刺针将血液引入透析器，远离吻合口的穿刺针（静脉端）将血液输回患者体内。亦可用有Y型分支的单针穿刺。

动静脉内瘘优点：无外瘘导管脱落的危险，患者活动不受限制，感染和血栓的发生率也大为减少。如保护得当，可长期使用。

动静脉内瘘缺点：手术后不能立即使用，而且每次透析需穿刺血管，并必须使用血泵以维持200～300 mL/min的血流量。由于经常穿刺血管，可发生皮下血肿、血管栓塞，也可并发感染、动脉瘤和假性动脉瘤，以及瘘管远端肢体缺血和加重心脏负担，晚期可发生瘘管功能不全和闭塞。

动静脉内瘘管的护理：慢性肾衰竭的患者在保守治疗期间，应有意识地保护一侧上肢的静脉，避免静脉穿刺和输液，以备日后用作动静脉内瘘。内瘘术后观察血管是否通畅，手术部位有无出血或血肿，以及吻合口远端的循环情况。避免术肢受压，不要穿紧袖衣服，不可在术肢戴手表、测血压，不能用内瘘血管进行抽血、注射或输液。早期功能锻炼，促进瘘管成熟。方法：手握橡皮握力圈，3～4次/日，10分钟/次；也可用手、止血带或血压袖带在吻合口上方（如上臂），轻轻加压至静脉中度扩张，每次15～20分钟，每日可重复3次。术后保持术侧肢体清洁、干燥，以防伤口感染。熟练掌握内瘘穿刺技术，避免因穿刺失败而损伤血管。透析结束拔针后按压穿刺点10分钟以上，直至彻底止血。教会患者判断内瘘是否通畅，可用手触摸吻合口的静脉端，若扪及震颤，则提示通畅。注意保护内瘘，勿持重物，避免碰撞致伤，以延长其使用期。

（2）应该检查的项目。测量体重、生命体征、检查肾功能及电解质等。

（3）心理准备。对于第一次实施透析者，应该详细解释透析目的、过程及术中配合要点，缓解患者紧张情绪。

【术中配合】

将动静脉瘘打开连接透析装置，将血液和透析液分别引入透析器中由半透膜隔开的血区和透析液区，通过超滤、自由扩散、对流等原理起到血液净化目的。

1. 血液透析时肝素的应用　肝素常作为血透治疗过程中的抗凝剂，其在体内外均能延长凝血时间。肝素的不良反应有脂类代谢紊乱、骨质疏松、过敏性休克、血小板减少等。血透时肝素的使用方法有如下几种。

（1）常规肝素化即全身肝素化，该方法易于达到透析时的抗凝要求。适用于无出血倾向和无心包炎的患者。首次肝素剂量为15～20 mg（具体根据患者体重而定），于透析前10分钟从瘘管的静脉端注入。在透析过程中，持续用肝素泵每小时注入10 mg，同时监测凝血时间，调整肝素用量。透析结束前60分钟停用肝素。

（2）边缘肝素化适用于有轻、中度出血或有心包炎的患者。首次肝素剂量为6～8 mg，在透析过程中持续用肝素泵每小时注入5 mg，直至透析结束。在透析过程中监测凝血时间，随时调整肝素用量。

（3）局部肝素化适用于有活动性出血、新近外科手术和心包炎的患者。不给首次量肝素，在透析器动脉端用肝素泵持续注入肝素，在静脉端用鱼精蛋白泵持续注入鱼精蛋白以中和肝素，从而使体内凝血机制基本无变化。肝素与鱼精蛋白的用量之比为1∶1。在透析过程中密切观察患者变化，调整肝素泵和鱼精蛋白泵的速度。

（4）无肝素透析适用于有明显出血的患者。在透析前用无肝素生理盐水把含肝素的透析器预充液冲净排去。

（5）低分子量肝素，把标准肝素分解，提取低分子量的肝素，它既能增强抗凝作用，又能减少出血的不良反应。

2. 透析过程中患者护理　透析过程中监测患者和透析装置的情况，发现异常及时处理。

（1）患者护理。①体位：因为透析一般需要7小时，应定时帮助患者翻身，或调节床头的高度，增加患者的舒适度和防止压疮发生。②饮食：坚持少食多餐，禁止含钾高的食物，根据透析前后患者体重差决定补液。③病情观察：监测患者生命体征及意识状态，并注意患者有无烦躁不安、呼吸困难、面部潮红、兴奋、痛苦等反应。

（2）装置方面准备。①透析液温度：维持在38~40℃。②静脉压及透析液压：不可超过300 mmHg（39.9 kPa）。③血液及透析液流速：透析液500~600 mL/min，血液100~300 mL/min。④观察记录：观察流出透析液是否带有血液，判断透析液是否破裂；观察机器有无报警，电源是否中断。准确记录透析时间、脱水量、肝素用量等。

【术后并发症护理】

1. 症状性低血压　是常见并发症之一。患者可出现恶心、呕吐、胸闷、面色苍白、出汗，甚至一过性意识丧失等。其发生可能与超滤水分过多、过快或血容量不足、心源性休克、过敏反应、醋酸盐对心肌及外周血管张力的抑制等有关。

处理措施：立即减慢血流速度，协助患者平躺，抬高床尾，并给予吸氧；在血液通路输注50%葡萄糖液40~60 mL或10%氯化钠10 mL，或输注生理盐水、碳酸氢钠、林格液及鲜血；监测血压变化，必要时加用升压药，若血压仍不能上升，应停止透析；对醋酸盐透析液不能耐受者改为碳酸氢盐透析液。

2. 失衡综合征　易发生于严重高尿素氮血症患者开始透析时，主要是由于血液透析后血液中的毒素浓度迅速下降，血浆渗透压降低。由于血脑脊液屏障使脑脊液中的毒素下降较慢，以致脑脊液的渗透压大于血液的渗透压，水分由血液进入到脑脊液中形成脑水肿。轻者临床表现为头痛、恶心呕吐、血压升高，重者可表现为抽搐、昏迷等。

预防与处理措施：最初几次透析时间应短，不超过4小时，并且脱水速率不宜过快，可静脉注射50%葡萄糖液40 mL或采用高钠、碳酸氢盐透析液。发生失衡综合征时，可静脉注射高渗糖、高渗钠，并可应用镇静剂。

3. 致热原反应　由于内毒素进入体内所致，表现为寒战、发热，多于透析开始1小时左右发生。

预防与处理措施：严格无菌操作，做好透析管道和透析器的消毒与冲洗、透析用水装置的定期处理等。一旦发生致热原反应，应立即停止透析，给予异丙嗪25 mg肌内注射，地塞米松2~5 mg静脉注射，并注意保暖。

4. 出血　多由于肝素应用、高血压、血小板功能不良等所致。可表现为牙龈出血、鼻出血、消化道出血，甚至颅内出血。透析过程中重视患者的主诉，细心观察患者的情况，一旦明确有出血，应立即协助医师处理，必要时停止透析。

5. 其他　如过敏反应、心绞痛、心律失常、栓塞（如空气栓塞、血栓栓塞）、失血及溶血等，应依据症状，及时处理。

【透析期间指导】

以下主要是针对维持性透析患者的指导。

1. 一般知识指导 帮助维持性透析患者逐步适应以透析治疗替代自身肾脏工作所带来的生理功能的变化,学会配合治疗要求。增强治疗依从性,以维持较好而稳定的身体状况。根据健康状况,适当参与社会活动和力所能及的工作,尽可能地提高生存质量。有关血液通路的观察和保护、病情的自我监测见以上有关内容。

2. 饮食指导 血液透析患者的营养问题极为重要,营养状况直接影响患者的长期存活及生存质量的提高,因此,要加强饮食指导,使患者合理调配饮食。

(1) 热量。透析患者在轻度活动状态下,能量供给为 147~167 kJ/(kg·d),即 35~40 kcal/(kg·d),其中碳水化合物占 60%~65%,以多糖为主;脂肪占 35%~40%。

(2) 蛋白质。蛋白质摄入量以 1.2~1.4 g/(kg·d) 为宜,其中 50% 以上为优质蛋白。

(3) 控制液体摄入。两次透析之间,体重增加以不超过 4%~5% 为宜。每日饮水量一般以前 1 日尿量加 500 mL 水为宜。

(4) 限制钠、钾、磷的摄入。给予低盐饮食,无尿时应控制在 1~2 g/d。慎食含钾高的食物,如蘑菇、海带、豆类、莲子、卷心菜、榨菜、香蕉、橘子等。磷的摄入量应控制在 600~1 200 mg/d,避免含磷高的食物,如全麦面包、动物内脏、干豆类、硬壳果类、奶粉、乳酪、蛋黄、巧克力等。

(5) 维生素和矿物质。透析时水溶性维生素严重丢失,需补充维生素C、叶酸等。脂溶性维生素A、维生素D及维生素K一般不用额外补充。每日钙摄入量应达到 1 000~1 200 mg,除膳食中的钙以外,一般要补充钙制剂(碳酸钙或醋酸钙)。蛋白质摄入不足可导致锌的缺乏,故有必要补充一定量的锌。

(二) 腹膜透析

腹膜透析 (peritoneal dialysis,PD) 简称腹透,是利用腹膜这一天然的半透膜作为透析膜,将适量透析液引入腹腔并停留一段时间,使腹膜毛细血管内血液和腹膜透析液之间进行水和溶质交换的过程。腹膜透析液内主要含有钠、氯、钙、乳酸盐,以及维持渗透压所必需的高浓度葡萄糖,而肾衰竭患者血液中含有大量的肌酐、尿素氮、磷等,利用腹膜的半透膜特性进行物质交换,以达到清除体内代谢废物或其他毒性物质、纠正水电解质紊乱和代谢性酸中毒的治疗目的。常见的腹透方式包括间歇性腹膜透析(IPD)、持续不卧床腹膜透析(CAPD)、持续循环腹膜透析(CCPD)、夜间间歇性腹膜透析(NIPD)等。

【原理】

1. 弥散作用 血液中的尿毒症毒素顺着浓度梯度从腹膜毛细血管弥散到腹透液中,而腹透液中的葡萄糖、乳酸盐、钙则向相反方向弥散。

2. 超滤作用 腹透液具有相对的高渗透性,可引起血液中水的超滤,同时伴有溶质的转运。

3. 吸收作用 在弥散和超滤的同时,腹腔淋巴管还直接和间接地从腹腔中吸收水和溶质。

【适应证和禁忌证】

1. 适应证 同血液透析,如有下列情况更适合腹膜透析:年龄大于65岁的老年人;原有心血管疾病或心血管系统功能不稳定的患者;糖尿病患者;儿童;反复血管造瘘失败者;有明显出血倾向不适于肝素化者。

2. 禁忌证

(1) 绝对禁忌证:腹膜有缺陷者,各种腹部病变导致腹膜清除率降低。

(2) 相对禁忌证:腹部手术 3 日内,腹腔置有外科引流管;腹腔有局限性炎性病灶;肠梗阻、腹部疝未修补和椎间盘疾病;晚期妊娠及腹内巨大肿瘤;严重肺功能不全;长期蛋白质及热量摄入不足;高分解代谢;硬化性腹膜炎;不合作者或精神病患者;横膈有裂孔;过度肥胖等。

【术前准备】

1. 腹腔插腹膜透析管　腹膜透析管临床采用小孔硅胶管,该类透析管长 30~35 cm,管外径 4.9 mm,末端 7~9 cm 处的侧壁上有 4 排直径为 0.9 mm 的小孔,孔间距 5 mm,分为以下两种类型。

(1) 临时性腹膜透析管,用于急性短时间的腹膜透析。

(2) 永久性腹膜透析管,该类透析管以 Tenkhoff 管为代表,与临时性腹膜透析管的区别在于管上有 2 个涤纶套。经手术将透析管置入腹腔后,一个涤纶套位于腹膜外,另一个接近皮下隧道的皮肤出口处,使结缔组织可长入涤纶套内,起固定管道的作用,并可阻止细菌进入腹腔。

腹膜透析管是在成人脐下中上 1/3 交界处,通过手术将腹膜透析管一端插入腹腔最低的膀胱直肠窝内,另一端通过皮下隧道引出,以备透析。注意插管术后 1~2 周需进行隔离。

2. 患者准备　首先要排空膀胱,并且要了解腹膜透析的过程、术中配合及术后的注意事项。患者要做到情绪稳定。

3. 透析液准备　腹膜透析液配方很多,但基本要求为电解质的组成和浓度与正常血浆相近。渗透压一般不低于血浆渗透压。透析液温度为 37℃,根据病情可适当加入药物,如抗生素、肝素等。

【术后护理】

1. 饮食护理　由于腹透可致体内大量蛋白质及其他营养成分丢失,故应通过饮食补充。患者蛋白质的摄入量为 1.2~1.5 g/(kg·d),其中 50% 以上为优质蛋白;水的摄入应根据每日的超出量而定,如超出量在 1 500 mL 以上,患者无明显高血压、水肿等,可正常饮水。

2. 操作注意事项

(1) 分离和连接各种管道时要注意严格无菌操作。

(2) 掌握各种管道连接系统,如 O 形管或双联管的应用。

(3) 透析液输入腹腔前要先加热至 37℃。

(4) 准确记录透析液每次进出腹腔的时间和液量,定期送透出液做各种检查,监测生命体征的变化。

(5) 观察透析管皮肤出口处有无渗血、漏液、红肿等。

(6) 患者淋浴前可将透析管用塑料布包扎好,淋浴后将其周围皮肤轻轻拭干,消毒后重新包扎。

3. 常见并发症的观察及护理

（1）透析液引流不畅或腹膜透析管堵塞，为常见并发症，一旦发生将影响腹透的正常进行。常见原因有腹膜透析管移位、受压、扭曲、纤维蛋白堵塞、大网膜粘连等。

处理方法：改变患者的体位；排空膀胱；服用导泻剂或灌肠，促使患者肠蠕动；腹膜透析管内注入肝素、尿激酶、生理盐水、透析液等可使堵塞透析管的纤维块溶解；可在X线透视下调整透析管的位置或重新手术置管。

（2）腹膜炎是腹透的主要并发症，大部分感染来自透析管道的皮肤出口处，主要由革兰阳性球菌引起。临床表现为腹痛、寒战、发热、腹部压痛、反跳痛、透出液混浊等。

处理方法：用1 000 mL透析液连续腹腔冲洗3~5次；暂时改为IPD；腹膜透析液内加入抗生素及肝素，也可全身应用抗生素。若经过2~4周治疗后感染仍无法控制，应考虑拔除透析管。

（3）腹痛常见原因为透析液的温度或酸碱度不当、渗透压过高、透析液流入或流出的速度过快、腹膜炎。护理时应注意调节好透析液的温度、渗透压，控制透析液进出的速度，以及积极治疗腹膜炎。

（4）其他并发症，如腹膜透析超滤过多引起的脱水、低血压、腹腔出血，慢性并发症如肠粘连、腹膜后硬化等。

二、肾穿刺活体组织检查术

肾活组织检查（renal biopsy，RB），肾穿刺活体组织检查有助于确定肾脏病的病理类型，对协助肾实质疾病的诊断、指导治疗及判断预后有重要意义。肾活组织检查为创伤性检查，可发生损伤、出血或感染，故应做好术前和术后护理。

【适应证和禁忌证】

1. 适应证　肾有弥漫性损害而病因、诊断、治疗和预后等问题未解决，且无禁忌证者皆为肾组织活检的指征。其中最有帮助的适应证包括肾病综合征、无症状蛋白尿、孤立性血尿、弥漫性结缔组织病、急性肾小管间质疾病、肾移植。

2. 禁忌证

（1）绝对禁忌证：明显出血倾向未能纠正或中、重度高血压未能控制者；精神病或不能配合操作者；孤立肾或肾融合畸形，如马蹄肾、固缩肾。

（2）相对禁忌证：活动性肾感染；肾肿瘤或肾动脉瘤；多囊肾或肾脏大囊肿；肾位置过高或游走肾；肾内血管畸形；慢性肾衰竭尿毒症；肾钙化；高度腹水；过度肥胖合并心力衰竭；其他，如严重贫血、低血容量、妊娠、剧烈咳嗽、全身衰竭或高龄等。

【术前准备】

1. 器械准备　肾穿刺包、棉签、胶布、钢尺等。

2. 药品准备　1%甲紫、3%碘酊、2%利多卡因等。

3. 患者准备　术前认真准备是成功的基础和前提。术前护理如下。

(1) 术前向患者解释检查的目的和意义，消除其恐惧心理。
(2) 教会患者憋气及床上排尿。
(3) 检查血常规、出血与凝血功能及肾功能，以了解有无贫血、出血倾向及肾功能水平。
(4) 术前2～3日肌内注射维生素K等。

【术中配合】

患者取俯卧位，腹下垫一约10 cm厚的硬枕将肾顶向背侧。消毒皮肤、铺无菌巾，穿刺点定位，逐层局部麻醉，将皮肤切一小口，刺入穿刺针在探头引导下至肾被膜，嘱患者于呼气末屏气暂停呼吸，术者与助手密切配合在负压下将穿刺针迅速刺入肾组织并退出完成取材操作。

【术后护理】

(1) 穿刺点沙袋压迫，腹带包扎。
(2) 卧床休息24小时，前6小时必须仰卧于硬板床，不可翻身。
(3) 密切观察有无腹痛、腰痛，监测生命体征及尿色。
(4) 叮嘱患者多饮水，以免血块阻塞尿路。
(5) 给予5%碳酸氢钠静脉滴注，以碱化尿液，促进造影剂排泄，减少对肾脏的影响，必要时使用止血药及抗生素，以防止出血和感染。

本项目学习重点是肾小球肾炎、尿路感染、慢性肾衰竭患者的临床表现；主要护理诊断；对症护理和用药护理。学习难点是肾小球肾炎、尿路感染、慢性肾衰竭的治疗要点和护理措施。在学习过程中可通过临床见习、病例讨论及多媒体演示等方法，加深对疾病的认识和理解，提高分析解决问题的能力。

（王　萍）

A_1/A_2型题：

1. 少尿是指24小时尿量为 （　　）
A. ＜400 mL　　　　　B. ＞2 500 mL　　　　C. 夜尿持续＞750 mL
D. 1 000～2 000 mL　　E. ＜100 mL

2. 肾炎性水肿一般先发生部位 （　　）
A. 双下肢　　　　　　B. 胸腔积液　　　　　C. 腹水

D. 眼睑及面部　　　　　　　E. 向心性水肿

3. 下列哪种情况可诊断为镜下血尿　　　　　　　　　　　　　　　　　　（　）
   A. 新鲜尿离心沉渣每高倍视野红细胞＞3个
   B. 1小时尿红细胞计数＞2万
   C. 1小时尿红细胞计数＞5万
   D. 12小时尿红细胞计数＞50万
   E. 12小时尿红细胞计数＞80万

4. 急性肾炎临床首发症状多为　　　　　　　　　　　　　　　　　　　　（　）
   A. 少尿、无尿　　　　　B. 高血压　　　　　　　C. 心力衰竭（全心衰）
   D. 水肿、血尿　　　　　E. 大量蛋白尿

5. 急性肾炎治疗原则为　　　　　　　　　　　　　　　　　　　　　　　（　）
   A. 以休息、低盐饮食及对症治疗为主
   B. 以使用激素治疗为主
   C. 使用细胞毒性药物为主
   D. 以防止或延缓肾功能减退及改善症状为主
   E. 以改善高血压为主

6. 慢性肾炎患者24小时尿蛋白常为　　　　　　　　　　　　　　　　　　（　）
   A. ＜1 g/d　　　　　　　B. ＞150 mg/d　　　　　C. ＜2 g/d
   D. 1～3 g/d　　　　　　 E. ＞3.5 g/d

7. 慢性肾炎患者给予低蛋白低磷饮食治疗主要目的是　　　　　　　　　　（　）
   A. 减轻肾性水肿　　　　B. 控制高血压　　　　　C. 预防低钾血症
   D. 减轻肾小球内高压、高灌注及高滤过状态　　　E. 减轻蛋白尿

8. 下列哪项是原发肾病综合征主要并发症　　　　　　　　　　　　　　　（　）
   A. 血栓及栓塞　　　　　B. 动脉粥样硬化　　　　C. 肾功能不全
   D. 感染　　　　　　　　E. 出血

9. 急性肾衰竭病因分类中哪项是最常见类型　　　　　　　　　　　　　　（　）
   A. 肾小球疾病　　　　　B. 肾血管性疾病　　　　C. 尿路梗阻
   D. 急性肾小管坏死　　　E. 急性肾小球坏死

10. 慢性肾衰竭临床表现哪项是最早最突出症状　　　　　　　　　　　　　（　）
    A. 急性左心衰　　　　　B. 尿毒症性心肌炎　　　C. 代谢性酸中毒呼吸深而长
    D. 胃肠道症状如食欲缺乏、恶心、呕吐等　　　　E. 高血压

11. 贫血是尿毒症必有症状，引起贫血的原因哪项是重要的　　　　　　　　（　）
    A. 毒素使红细胞寿命缩短　　B. 铁、叶酸缺乏　　C. 严重呕血、便血
    D. 肾产生红细胞生成素减少　E. 食欲缺乏

12. 下列关于泌尿系统常见症状的描述中错误的是　　　　　　　　　　　　（　）
    A. "球管失衡"和肾小球滤过分数下降，是导致肾炎性水肿的主要原因
    B. 长期、大量蛋白尿造成低蛋白血症，血浆胶体渗透压降低，液体从血管内渗入组织间隙，是肾病综合征出现水肿的主要原因
    C. 肾病性水肿常发生于下垂部位
    D. 肾病性水肿好发于眼睑等疏松部位，多伴有血压升高、蛋白尿及血尿等
    E. 肾炎性水肿好发于下垂部位

13. 下列关于肾性高血压的描述错误的是　　　　　　　　　　　　　　　　（　）
    A. 指肾病变引起的血压增高

B. 肾实质缺血,肾素血管紧张素醛固酮系统被激活可引起肾素依赖性高血压

C. 容量依赖性高血压限制水钠摄入或增加水钠排泄可改善血压

D. 肾性高血压绝大多数是肾素依赖性的

E. 肾性高血压绝大多数是容量依赖性的

14. 下列关于肾病综合征的饮食护理错误的是 （ ）

A. 饮食应保证充足热量摄入,每日 30~50 kcal/d

B. 轻度水肿尿量 > 1 000 mL/d,不用过分限制水,钠盐限制在 3 g/d 以内

C. 严重水肿伴少尿每日摄入量应限制在 1 000 mL 以内,给予无盐饮食含钠量为 700 mg/d

D. 低蛋白血症所致水肿者给予每日每千克体重 1.0 g 蛋白质

E. 优质蛋白主要是指含有非必需氨基酸的植物蛋白

15. 肾盂肾炎最常见的感染途径为 （ ）

A. 上行感染　　　　　B. 血行感染　　　　　C. 淋巴管感染

D. 直接感染　　　　　E. 接触感染

16. 患者,女性,28岁。尿频、尿急、尿痛2天,发热伴腰痛1天,查体:体温39.7℃,右肾区叩击痛阳性。尿常规 RBC 15~20/HP,WBC 40~50/HP,尿蛋白（+）,最可能的诊断是 （ ）

A. 急性肾小球肾炎　　B. 肾结核　　　　　　C. 肾乳头坏死

D. 急性间质性肾炎　　E. 急性肾盂肾炎

17. 患者,男性,30岁。咽痛、咳嗽、发热,2周后见尿色红,眼睑水肿,尿量1 000 mg/24 h。体检:全身皮肤未见红疹,血压155/90 mmHg,尿蛋白（++）,红细胞50~60/HP,最可能的临床诊断是 （ ）

A. 急性肾盂肾炎　　　B. 过敏性紫癜　　　　C. 急性链球菌感染性肾炎

D. 系统性红斑狼疮　　E. 急性肾小管坏死

18. 患者,女性,40岁。尿频、尿痛,伴肉眼血尿1天。体检:体温39.5℃,左肾区叩击痛（+）。尿常规示:尿蛋白（++）,白细胞满镜野,RBC 5~10/HP,首先应做的处理是 （ ）

A. 中段尿细菌培养后,立即给予抗革兰阳性球菌药物

B. 血培养后抗生素治疗

C. 立即给予抗革兰阴性菌药物治疗

D. 末段尿细菌学培养后,待报告后处理

E. 中段尿培养后,立即给予抗革兰阴性菌药物

19. 患者,男性,56岁。双下肢水肿1年,尿蛋白5.6 g/24 h,服用泼尼松1 mg/（kg·d）,2周。复查:尿蛋白4.5 g/24 h,下一步处理首选 （ ）

A. 泼尼松加量

B. 停用泼尼松,改用血管紧张素转换酶抑制剂

C. 联合应用中药

D. 联合应用其他免疫抑制剂

E. 维持泼尼松原剂量,继续观察

20. 患者,男性,28岁。3个月前因血尿,蛋白尿伴水肿,临床诊断为急性肾小球肾炎。首选正确的处理措施是 （ ）

A. 休息及对症处理,监测肾功能

B. 青霉素治疗

C. 激素治疗

D. 糖皮质激素联合细胞毒性药物治疗

E. 肾活检

21. 患者，男性，28岁。体检：血压160/95 mmHg，血红蛋白85 g/L，尿蛋白（+），颗粒管型2~3/HP，BUN 10 mmol/L，Cr 220 μmol/L，对患者不宜采取的饮食为（　　）
   A. 低蛋白饮食　　　B. 高蛋白饮食　　　C. 低钠饮食
   D. 根据尿量多少适当限水　　　E. 低磷饮食

22. 患者，男性，40岁。间歇性水肿10年，恶心、呕吐1周。体检：血压150/100 mmHg，血红蛋白80 g/L，尿蛋白（++），血BUN 40 mmol/L，Cr 780 μmol/L，血钾5.5 mmol/L，最适宜的首选治疗是（　　）
   A. 降压治疗　　　B. 利尿剂　　　C. 纠正贫血
   D. 饮食治疗　　　E. 血液透析

A₃/A₄型题：

（23~25题，共用一个题干）

患者，男性，40岁。发现血尿、蛋白尿5年。查体：BP 150/90 mmHg，24小时尿蛋白定量在1.0~1.7 g，血肌酐100 μmol/L。

23. 首先考虑的临床诊断是（　　）
   A. 肾血管性高血压　　　B. 慢性肾炎　　　C. 隐匿性肾炎
   D. 高血压肾损害　　　E. 肾病综合征

24. 理想的血压控制目标应该低于（　　）
   A. 140/90 mmHg　　　B. 130/90 mmHg　　　C. 140/80 mmHg
   D. 130/85 mmHg　　　E. 125/75 mmHg

25. 治疗的主要目标是（　　）
   A. 防止或延缓肾脏病的进展　　　B. 降血压　　　C. 消除蛋白尿
   D. 消除血尿　　　E. 消除血肿

（26~28题，共用一个题干）

患者，男性，38岁。间歇性水肿10余年，伴恶心、呕吐1周。查体：血红蛋白80 g/L，血压155/100 mmHg，尿蛋白（++），颗粒管型2~3个/HP，尿比重1.010~1.012。

26. 可能的诊断是（　　）
   A. 肝炎后肝硬化　　　B. 原发性高血压　　　C. 慢性肾盂肾炎
   D. 慢性肾小球肾炎　　　E. 肾病综合征

27. 上例患者还应立即做的检查是（　　）
   A. 24小时尿蛋白定量　　　B. 乙肝病毒全套　　　C. 肝功能全套
   D. 血肌酐、尿素氮　　　E. 血胆固醇

28. 为了解患者双肾是否缩小，应首选的检查是（　　）
   A. 静脉肾盂造影　　　B. ECT　　　C. CT
   D. 放射核素　　　E. B超

（29~31题，共用一个题干）

患者，男性，15岁。上感两周出现肉眼血尿，150/95 mmHg，临床诊断为急性肾炎。

29. 控制血压，应首选（　　）
   A. 血管紧张素转换酶抑制剂　　　B. 钙离子阻断剂　　　C. 血管紧张素Ⅱ受体阻断剂
   D. α受体阻断剂　　　E. 利尿剂

30. 该患者的治疗，下列不妥的是（　　）
   A. 控制血压　　　B. 消肿　　　C. 低盐饮食
   D. 抗生素　　　E. 补充白蛋白

31. 关于急性肾炎的治疗,错误的是 （ ）
   A. 一般有自愈倾向,可不治疗 B. 需应用抗生素控制感染 C. 应常规应用糖皮质激素
   D. 有时需急诊透析治疗 E. 应低盐饮食

（32～33题,共用一个题干）

患者,男性,45岁。蛋白尿3余年,乏力、恶心2个月。查体:血压180/100 mmHg,双下肢水肿。实验室检查:血红蛋白70 g/L,血肌酐625 μmol/L,血钾6.5 mmol/L。

32. 首选的治疗是 （ ）
   A. 输血 B. 血液透析 C. 低蛋白饮食
   D. 利尿剂 E. 降低血压

33. 患者贫血的主要原因是 （ ）
   A. 透析失血及失铁 B. 叶酸和维生素B_{12}的缺乏 C. 红细胞寿命缩短
   D. 骨髓抑制 E. 促红细胞生成素的减少

（34～36题,共用一个题干）

患者,女性,40岁,尿频、尿急,伴肉眼血尿1天,尿中可见血块。尿沉渣镜检示:红细胞满视野,白细胞30～40个/HP。

34. 应首先考虑的疾病是 （ ）
   A. 尿路结核 B. 尿路肿瘤 C. 急性肾炎
   D. 急性肾盂肾炎 E. 尿路结石

35. 有临床意义的最低菌落为 （ ）
   A. 清洁中段尿,菌落计数＜1 000个/mL
   B. 清洁中段尿,菌落计数为1 000个/mL
   C. 清洁中段尿,菌落计数为1万个/mL
   D. 清洁中段尿,菌落计数为5万个/mL
   E. 清洁中段尿,菌落计数为10万个/mL

36. 下列护理措施正确的是 （ ）
   A. 为防止高血压,限制水钠的摄入量
   B. 多饮水、勤排尿是预防尿路感染最简单而有效的措施
   C. 尿路感染,多见于老年人,故增加热量摄入
   D. 应用抗生素,首选青霉素治疗
   E. 嘱患者大量服用抗生素,勿随意停药,以免复发

项目六 血液系统疾病患者的护理

知识目标

1. 掌握：血液系统的常见症状和体征的临床表现、护理措施。
2. 熟悉：血液系统的常见症状的病因、实验室及其他检查。
3. 了解：血液成分与功能、血液病的分类、健康史和心理-社会评估。

技能目标

能指导贫血、出血倾向和继发性感染患者及时发现和判断病情，尤其是有出血及出血倾向的患者。

任务一 概述

血液及造血器官统称血液系统，血液系统疾病是指原发或主要累及血液和造血器官的疾病，简称为血液病，可引起外周血中细胞、血浆成分和造血器官功能障碍。临床以贫血、出血倾向和继发感染为主要临床特征，可伴肝、脾、淋巴结肿大等。近年来，由于生活环境、生活方式的改变和环境污染的加重，血液病的发病率有上升趋势，目前已成为常见病和多发病，严重危害患者身心健康，给患者及家属造成严重的经济负担。血液病的病种很多，包括各类白细胞疾病、红细胞疾病及出血性疾病。随着基础医学研究的快速发展，使血液病的病因诊断、治疗、病情监测等方面都达到了更高的水平，如联合化学治疗、造血干细胞移植、免疫调节剂及单克隆抗体和细胞因子的临床应用等。在配合新技术、新疗法的实施过程中，血液病的专科护理也得到了相应的发展，包括饮食指导、心理护理、症状护理，特别是预防和控制感染、出血的护理，各种化疗药物的配置与应用、成分输血的护理，特殊治疗导管（如PICC、输液港）的置入、应用与维护等，使一些危重患者能够度过危险期，延长患者生命。

一、血液成分与功能

血液系统由血液、造血器官和组织所组成。血液由血细胞和血浆组成。造血器官由骨髓、胸腺、肝、脾和淋巴结,以及分布在全身各处的淋巴组织及单核吞噬细胞系统构成。

(一) 血液成分

血液由血细胞和血浆组成。血细胞成分有红细胞、白细胞和血小板三种,约占血液容积的45%。血细胞在血液中所占的容积百分比称血细胞比容(HCT)。血浆为淡黄色透明液体,约占血液容积的55%。血浆成分复杂,含有多种蛋白质、凝血及抗凝血因子、补体、抗体、酶、电解质、各种激素及营养物质等。血细胞混悬在血浆中,便于在体内流动以执行其功能。血液有运输功能,不断向组织、器官输送氧气、水、电解质和各种营养物质,并从组织中运走二氧化碳、乳酸、肌酐、尿素等代谢产物。维持机体内水、电解质、酸碱平衡,对维护内环境的稳定有着重要的意义。

(二) 血细胞功能

1. 红细胞　红细胞是血液中最多的细胞,正常人红细胞的平均寿命为120天,成熟红细胞中央较薄,周围较厚,呈双凹圆盘形,较球形有更大的面积,有利于气体交换。成熟红细胞具有可塑变形性、悬浮稳定性和渗透脆性。红细胞内无细胞核和细胞器,胞质内充满具有结合与输送 O_2 和 CO_2 功能的血红蛋白,主要功能是运输氧和二氧化碳。若红细胞数目明显减少,可导致机体重要器官、组织缺氧,引起功能障碍。网织红细胞是外周血中未完全成熟的红细胞,网织红细胞计数是反映骨髓造血功能的重要指标。

知识链接

骨髓是红细胞生成的唯一场所。造血干细胞首先分化成为红系定向祖细胞,再经过原红细胞、早幼红细胞、中幼红细胞、晚幼红细胞及网织红细胞的阶段,成为成熟红细胞。在红细胞成熟过程中,需要有足够的蛋白质、铁、叶酸及维生素 B_{12} 的供应。蛋白质和铁是合成血红蛋白的重要原料,如果铁缺乏会引起缺铁性贫血。叶酸和维生素 B_{12} 是红细胞成熟所必需的物质,如果缺乏导致巨幼红细胞性贫血。红细胞的生成还受着促红细胞生成素和雄激素的调节。

2. 白细胞　白细胞具有变形、趋化、游走、吞噬等不同生理功能,主要参与机体的防御功能,血液中白细胞数量减少时,易发生各种感染。包括中性粒细胞、嗜酸性粒细胞、嗜碱性粒细胞、单核细胞和淋巴细胞,前三种称为粒细胞。

(1) 粒细胞。①中性粒细胞含量最多,主要功能是吞噬异物尤其是细菌,是机体抵御入侵细菌的第一道防线。②嗜酸性粒细胞,具有抗过敏、抗寄生虫等作用。③嗜碱性粒细胞,释放组胺等生物活性物质,主要与变态反应有关。

(2) 单核细胞。也是一种吞噬细胞，其主要功能是吞噬、消灭细胞内的致病性微生物及代谢产物，消除衰老组织或不健康的细胞，是机体抵御入侵细菌的第二道防线。

(3) 淋巴细胞。在免疫应答中起核心作用，又称免疫细胞。T淋巴细胞约占淋巴细胞的75%，参与细胞免疫，并具有调节免疫的功能。B淋巴细胞参与体液免疫，是受抗原刺激后增殖分化为浆细胞产生抗体，故称抗体形成细胞。当白细胞减少时，尤其是粒细胞减少，易发生各种感染。

3. 血小板　主要参与生理性止血、凝血功能，保持血管内皮的完整性。平均寿命7～14天。若血小板减少，血小板功能或各种凝血因子缺乏，均可导致出血。

二、血液病分类

1. 红细胞疾病　包括各种贫血、溶血、红细胞增多症。
2. 白细胞疾病
(1) 粒细胞疾病。粒细胞减少或缺乏症、中性粒细胞分叶功能不全及类白血病反应等。
(2) 单核细胞和巨噬细胞疾病。反应性组织细胞增多症、恶性组织细胞病等。
(3) 淋巴细胞和浆细胞疾病。各类淋巴瘤、急慢性淋巴细胞白血病及多发性骨髓瘤等。
3. 出血性疾病
(1) 血小板减少或功能异常，如各种原因引起的血小板减少症、血小板增多症、血小板无力症等。
(2) 凝血功能障碍，如血友病、遗传性酶原缺乏症、弥散性血管内凝血等。
(3) 血管疾病，如过敏性紫癜、遗传性毛细血管扩张症等。
4. 造血干细胞疾病　如再生障碍性贫血、阵发性睡眠性血红蛋白尿、骨髓增生异常综合征、急性非淋巴细胞白血病及骨髓增生性疾病（如慢性粒细胞白血病、真性红细胞增多症、原发性血小板增多症、骨髓纤维化）等。
5. 血栓性疾病　如静脉血栓形成，血栓闭塞性脉管炎等。
6. 脾功能亢进。

三、血液及造血系统疾病患者的评估

【健康史】

血液系统疾病的临床表现轻重和病程长短不一，病情常反复发作。收集资料时应详细询问起病的急缓，有无诱发因素，有针对性地询问患者是否有发热、面色苍白、疲乏无力、头晕、心悸、黏膜出血、咯血、呕血、黑便、血尿或身体某部位包块，女患者是否有月经过多等，并询问主要症状的持续时间及伴随症状。如关节腔出血的患者，应询问患者出血持续时间，有无关节负重、碰撞等诱发因素。了解患者曾做过的检查及治疗情况，用过哪些药物（包括药物名称、剂量、用法、使用的时间长短、有无不适等），治疗效果如何。发病以来对饮食、体重、睡眠、大小便、生活自理能力等日常生活的影响。

【心理-社会状况】

（1）患病对患者日常生活、工作有何影响，能否适应角色的转变而采用有效的应对方式。由于血液病患者的各种症状难以预防且反复出现，对患者的生活、工作会产生一定的影响。如贫血患者常因活动耐力下降、记忆力减退，影响其日常的生活、工作和学习能力。出现感染和出血症状的患者常因被迫在家休息或反复住院治疗，而无法正常工作。评估患者是否能适应这种因疾病而带来的角色转变，能否采取有效的应对手段。

（2）评估患者对疾病的发生发展过程、性质、防治及预后的认识程度。了解患者是否认识疾病的性质、治疗效果、化疗药物的不良反应及预后等，能否积极配合治疗。尤其是对预防出血和感染的认识程度，能否采取有效的预防措施。

（3）评估患者的心理活动特点、情绪反应及程度。了解患者是否由于病情反复发作、治疗效果欠佳，而出现焦虑、抑郁、悲观失望情绪；或者由于急性血液病（如急性再生障碍性贫血、弥散性血管内凝血）起病急、症状重，而出现紧张、恐惧情绪。

（4）评估社会支持系统，包括患者的家庭成员组成、家庭经济、文化、教育背景等，家庭成员对患者的关心和支持程度；患者的工作单位或社会所能提供的帮助和支持，有无医疗保障；患者出院后的继续就医条件，居住地的初级卫生保健或社区保健设施等资源。

【身体状况】

血液及造血系统疾病患者的常见症状主要有贫血、出血和感染。

1. 贫血 是血液病最常见的症状。常见原因为红细胞生成减少、破坏过多及失血。引起贫血常见的疾病有缺铁性贫血、巨幼细胞贫血、溶血性贫血、再生障碍性贫血、恶性肿瘤及出血性疾病大量出血时。轻度贫血多无症状，中度以上贫血常出现头晕、耳鸣、疲乏无力或活动后心悸、气短等。贫血若为逐渐发生，机体能逐渐适应低氧状况，虽然贫血严重，但患者自觉症状可以相对较轻，生活仍然可以自理。若贫血发展迅速，患者常表现为极度乏力、生活自理困难。详细内容见贫血概述。

2. 出血或出血倾向 是指机体自发性多部位出血和（或）血管轻微受损后出血不止。常见原因有血小板减少、血管脆性增加、血浆中凝血因子缺乏及循环血液中抗凝物质增加等。引起出血常见的疾病有特发性血小板减少性紫癜、过敏性紫癜、白血病、再生障碍性贫血、血友病等。重点评估以下内容。

（1）出血部位。①皮肤黏膜出血：以皮肤、鼻腔、齿龈和眼底出血多见，表现为皮肤黏膜瘀斑、瘀点。②内脏出血：关节腔、内脏出血较常见。内脏出血表现为咯血、呕血、便血、血尿及月经量过多等。③颅内出血：严重者可出现颅内出血导致昏迷而危及生命。

（2）出血的程度。轻度出血：指一次出血量小于500 mL，且无明显的临床表现。中度出血：指出血量500～1 000 mL，收缩压低于90 mmHg。重度出血：指出血量大于1 000 mL，收缩压低于60 mmHg，心率＞90次/分，同时伴循环衰竭表现。

（3）常见出血性疾病的临床特点，见表6-1。

3. 继发感染 发热是继发感染最常见的症状。血液病患者容易发生感染，其中最重要的原因是正常的白细胞数量减少和质量改变。另外，患者营养不良及机体免疫力降低也是促使感染发生的因素之一。常见疾病有白血病、再生障碍性贫血、淋巴瘤等。常见感染部位为口腔黏膜、咽、扁桃体、肺部、泌尿道及肛周皮肤，严重时可发生败血症。继发感染是血液病患者常见的死亡原因之一。

患者常可因感染出现反复或持续性发热及皮肤黏膜苍白、黄染、瘀点、瘀斑、血肿等与贫血、出血有关的体征。胸骨中、下段压痛及叩击痛，是白血病的重要体征之一。此外，部分患者还可引起不同程度的肝、脾、淋巴结肿大。

表6-1 常见出血性疾病的临床特点

项目	血管性疾病	血小板疾病	凝血障碍性疾病
性别	多见女性	多见女性	多见男性
家族史	少见	罕见	多见
诱因	自发性出血	自发性出血	外伤后出血
出血部位	皮肤黏膜或皮下瘀斑、瘀点	皮肤紫癜、瘀斑、月经过多、内脏出血、眼底出血	关节、肌肉内脏出血
手术或外伤后出血不止	少见	可见	多见
病程	短暂、反复发作	反复发作	多为终身性

【实验室及其他检查】

1. 血液检查

（1）红细胞计数和血红蛋白（Hb）测定。正常成年人红细胞数男性为（4.0~5.5）×10^{12}/L，女性（3.5~5.0）×10^{12}/L；Hb男性为120~160 g/L，女性为110~150 g/L。临床上根据血红蛋白降低的程度将贫血分为四度：轻度贫血为Hb低于参考值低限；中度贫血为Hb＜90 g/L；重度贫血为Hb＜60 g/L；极重度贫血为Hb＜30 g/L。

（2）白细胞计数及分类。正常成人白细胞数为（4~10）×10^9/L，白细胞计数＞10×10^9/L 称白细胞增多，常见于急性感染、白血病等。白细胞计数＜4×10^9/L称白细胞减少，其中主要是中性粒细胞减少，当中性粒细胞绝对值＜1.5×10^9/L称粒细胞减少症，＜0.5×10^9/L时称粒细胞缺乏症，常见于病毒感染、再生障碍性贫血、粒细胞减少症等。正常血象白细胞分类中不应该出现或偶尔可见少许幼稚细胞，若存在大量幼稚细胞，应警惕有白血病或类白血病的可能，应须作进一步的检查。

（3）网织红细胞计数。正常成人的网织红细胞在外周血中占0.2%~1.5%，绝对值为（77±23）×10^9/L，其增减反映骨髓的造血功能。网织红细胞增多，表示骨髓红细胞增生旺盛，见于溶血性贫血、急性失血性贫血或贫血有效治疗后；网织红细胞减少，表示骨髓造血功能低下，见于再生障碍性贫血。

2. 骨髓细胞检查

（1）正常骨髓象。骨髓象检查中有核细胞的多少，可大致反映骨髓的增生程度。正常骨髓象的特点如下。①骨髓增生活跃。②粒、红比例适当（2~4）：1，粒、红两系增生良好,两系均可见少量原始细胞,以中晚幼阶段居多,各阶段百分比正常。③粒系占有核细胞的40%～60%,红系及淋巴细胞各占有核细胞的20%左右。④巨核细胞易见到,以产血小板型居多。⑤可见少量非造血细胞,如浆细胞、组织嗜碱细胞、网状细胞等。⑥无特殊细胞及寄生虫。

(2) 异常骨髓象。血液系统常见疾病中异常骨髓象主要表现为如下。①缺铁性贫血骨髓增生明显活跃,粒、红比例减低,红系明显增生。②再生障碍性贫血骨髓增生不良,粒、红两系明显减少,淋巴细胞相对增多。③急性白血病骨髓增生明显或极度活跃,某类细胞高度增生,以原幼阶段为主。

3. 止血、凝血功能检查

(1) 血小板计数正常值为 $(100～300)\times 10^9/L$。血小板数 $<100\times 10^9/L$ 称血小板减少,通常在 $50\times 10^9/L$ 以下患者即有出血症状,多见于再生障碍性贫血、白血病、原发性血小板减少性紫癜等;血小板 $>400\times 10^9/L$ 为血小板增多,见于慢性粒细胞白血病等。

(2) 出血时间(BT)测定,正常值Duke法测定为1～3分钟,BT>4分钟为延长,见于遗传性毛细血管扩张症、血小板减少性紫癜、血小板无力症及服用阿司匹林后等。

(3) 凝血时间(CT)测定,正常值试管法测定为4～12分钟,CT>12分钟为延长,常见于各型血友病、抗凝药物治疗后等。

(4) 毛细血管抵抗力试验(CRT),又称毛细血管脆性试验或束臂试验。其方法是用血压计袖带缚于上臂后充气,使压力维持在收缩压与舒张压之间,持续8分钟后放松袖带,5分钟后记录前臂屈侧直径为5 cm圆周内的出血点数目。若新出血点超过10个为阳性,表示毛细血管脆性增加,见于特发性血小板减少性紫癜、再生障碍性贫血、血小板无力症等。

(董 蕾)

任务二 贫血患者的护理

知识目标

1. 掌握:贫血的概念及实验室诊断标准、临床表现、护理措施。
2. 熟悉:贫血的病因、护理诊断/问题及治疗要点。
3. 了解:贫血实验室检查内容和意义。

技能目标

能根据实验室诊断标准对贫血的严重程度进行分类。

案例导入

病例：患者，女，24岁，全身皮肤黏膜出血6天，伴面色苍白、乏力、口腔血疱。入院后查血常规、骨髓象等检查诊断为急性非淋巴细胞白血病，该患者外周血 WBC $3.6×10^9$/L，RBC $2.13×10^{12}$/L，Hb 70 g/L，PLT $9×10^9$/L；牙龈出血不止，烦躁不安，不配合治疗。

请问：1. 该患者贫血严重程度？根据病情给出主要的护理诊断？
2. 针对目前的病情制定护理措施。

贫血（anemia）是指单位容积外周血液中的血红蛋白（Hb）浓度、红细胞计数（RBC）和（或）血细胞比容（HCT）低于相同年龄、性别和地区正常低限的一种常见的临床症状。其中以血红蛋白浓度最为可靠，也是临床诊断贫血最常见的实验室指标。我国血液病学家认为，在我国海平面地区，诊断贫血的标准为：成年男性 Hb < 120 g/L、RBC < $4.5×10^{12}$/L 和（或）HCT < 0.42；成年女性 Hb < 110 g/L、RBC < $4.0×10^{12}$/L 和（或）HCT < 0.37；妊娠时 Hb < 100 g/L，就可诊断为贫血。应注意高原地区的居民血红蛋白较高；妊娠、低蛋白血症、心力衰竭时血液被稀释，血红蛋白浓度降低，易误诊为贫血；脱水、失血等血容量减少时，血液浓缩，红细胞比容偏低，但血红蛋白浓度高，贫血不容易发现。

 知识链接

血红蛋白是高等生物体内负责运载氧的一种蛋白质，是使血液呈红色的蛋白，也是红细胞中唯一一种非膜蛋白。人体内的血红蛋白由四个亚基构成，分别为两个α亚基和两个β亚基，每个亚基有一个包含一个铁原子的环状血红素，所以，每个血红蛋白分子由四分子的珠蛋白和四分子亚铁血红素组成，珠蛋白约占96%，血红素占4%。氧气结合在铁原子上被运输。在哺乳动物中，血红蛋白占红细胞比重的97%，总重的35%。平均每克血红蛋白可结合1.34 mL的氧气，是血浆容量的70倍。

【分类】

贫血有不同的分类方法，各有优缺点，临床上常合并应用。

1. 按红细胞形态特点分类　按红细胞形态、红细胞平均体积（MCV）和红细胞平均血红蛋白浓度（MCHC）可以分为大细胞性贫血、正常细胞性贫血和小细胞低色素性贫血。见表6-2。

表6-2 贫血的细胞形态学分类

类型	MCV（fL）	MCHC（%）	临床类型
大细胞性贫血	>100	32~35	巨幼细胞贫血
正常细胞性贫血	80~100	32~35	再生障碍性贫血、急性失血性贫血、溶血性贫血
小细胞低色素性贫血	<80	<32	缺铁性贫血、铁粒幼细胞贫血、珠蛋白生成障碍性贫血

2. 按病因或（和）发病机制分类　根据贫血的病因与发病机制可将贫血分为如下三类。见表6-3。

表6-3 贫血的病因分类

类型	病因	临床类型
红细胞生成减少性贫血	造血干细胞异常	再生障碍性贫血、造血系统肿瘤性疾病
	造血调节异常	骨髓纤维化、免疫相关性全血细胞减少、慢性病贫血
	造血原料不足或利用障碍	巨幼红细胞贫血、缺铁性贫血
红细胞破坏过多性贫血（溶血性贫血）	红细胞自身异常	遗传性球形红细胞增多症、葡萄糖6磷酸脱氢酶缺乏症、珠蛋白生成障碍性贫血
	红细胞周围环境异常	免疫性溶血性贫血、血管性溶血性贫血；蛇毒、疟疾、黑热病；化学毒物及药物中毒、大面积烧伤、血浆渗透压改变
失血性贫血	出凝血性疾病	特发性血小板减少性紫癜、血友病、严重肝病
	非出凝血性疾病	外伤、肿瘤、结核、支气管扩张、消化道出血、痔、妇科疾病

3. 血红蛋白浓度分类　根据血红蛋白浓度将贫血分为轻度、中度、重度和极重度贫血。见表6-4。

表6-4 贫血的严重程度分类

血红蛋白浓度（g/L）	>90	60~90	30~59	<30
贫血的严重程度	轻度	中度	重度	极重度

【临床表现】

贫血患者因血红蛋白含量减少，血液携氧能力下降，引起全身各组织和器官缺氧与功能障碍。贫血症状的轻重与贫血发生的速度、程度、年龄及机体对缺氧的代偿能力和既往的健康状况有关。

1. 一般表现　疲乏困倦，软弱无力为贫血最常见和最早出现的症状，与骨骼肌缺氧有关，但缺乏特异性。皮肤黏膜苍白是贫血最突出和最常见的体征，也是患者就诊的主要原因，与贫血、血流再分配、皮肤黏膜供血相对减少有关。睑结膜、口唇、口腔黏膜、甲床为首选的观察部位。

2. 神经系统　由于脑组织缺氧而出现头晕、头痛、耳鸣、失眠、多梦、记忆减退、注意力不集中等症状。小儿贫血时可哭闹不安、躁动，甚至影响智力发育。

3. 呼吸循环系统　轻度贫血无明显表现，仅活动后出现呼吸加快、加深或心悸、心率加快。贫血愈重，活动量愈大，症状愈明显。重度贫血，平静状态也可有气短甚至端坐呼吸。长期严重贫血，可引起贫血性心脏病。

4. 消化系统　由于消化功能减低、消化不良，可出现腹部胀满、食欲缺乏、大便规律和性状改变等。长期慢性溶血可合并胆道结石和脾大。缺铁性贫血可有吞咽困难或异食癖。巨幼细胞贫血或恶性贫血可引起舌炎、舌萎缩、牛肉舌、镜面舌等。

5. 泌尿生殖及内分泌系统　部分患者可出现轻度蛋白尿及尿浓缩功能减退，表现为夜尿增多。女性患者可发生月经失调：如闭经、月经过少，偶有月经过多。男性患者可出现性功能减退。

【实验室检查】

1. 血象检查　血红蛋白和红细胞计数是确定贫血有无及严重程度的首选和重要的检查项目。MCV和MCHC有助于病因诊断，网织红细胞计数有助于鉴别诊断和疗效观察。

2. 骨髓象检查　包括骨髓涂片和骨髓活检，反应骨髓的结构、细胞的增生程度、细胞成分和形态变化等，是贫血病因诊断必检查项目。

3. 病因检查　引起贫血的原发疾病相关的检查项目，如纤维胃镜、隐血试验、造血细胞质异常有关的染色体、酶及自身抗体等。

【治疗要点】

1. 病因治疗　积极寻找和去除病因是治疗贫血的首要原则和关键环节。所有贫血都需在明确病因的基础上进行治疗，如缺铁性贫血补铁及治疗引起缺铁的原发病；巨幼细胞贫血补充叶酸或维生素 B_{12}；自身免疫性溶血性贫血应用糖皮质激素或脾切除治疗；再生障碍性贫血可进行造血干细胞移植。

2. 对症治疗　可缓解组织缺氧状况，改善贫血的症状。输血是纠正贫血有效措施，但反复多次输血可产生不良反应和较多并发症，故必须严格掌握输血的指征。输血指征为：①急性贫血 Hb < 80 g/L 或 Hct（血细胞比容）< 0.24；②慢性贫血常规治疗效果不佳，Hb < 60 g/L 或 Hct（血细胞比容）< 0.20 伴缺氧症状；③老年或合并心功能不全。

知识链接

输血注意事项：输血前必须仔细核对患者和供血者姓名、血型和交叉配合血单，并检查血袋是否渗漏，血液颜色有无异常。除了生理盐水外，不可向全血或浓缩红细胞内加入任何药物，以免产生药物配伍禁忌或溶血。例如，加入葡萄糖液，会使输血器内剩余的红细胞发生凝集，随之发生溶血。输血过程中要严密观察患者有无不良反应，检查体温、脉搏、血压及尿的颜色等。输血完毕后，血袋应保留2小时，以便必要时进行化验复查。输血速度需根据患者的具体情况来决定，成人一般每分钟4~6 mL，老年或心脏病患者每分钟约1 mL，小儿每分钟为10滴左右。对大量出血引起的休克，应快速输入所需的血量；对血容量正常的贫血，则每次输血量不可过多，以200~400 mL为宜。

【护理诊断/问题】

1. 活动无耐力　与血红蛋白减少导致机体组织缺氧有关
2. 营养失调：低于机体需要量　各种原因导致造血物质摄入不足、消耗或丢失过多有关。

【护理措施】

1. 一般护理

（1）休息与活动。根据贫血的程度、发生的速度及原发病的情况制订休息、睡眠与活动计划。轻度贫血患者，注意休息，避免过度劳累；中度贫血患者，增加卧床休息时间，若病情允许，鼓励患者生活自理，活动量以不加重症状为宜，并指导患者在活动中自我监测，若自测脉搏≥100次/分或出现明显心悸、气促时，应停止活动；重度贫血患者，需卧床休息，采取舒适体位（如半坐卧位），并给予生活照顾，以减轻心脏负荷和氧的消耗，改变体位要慢，防止晕倒跌伤。

（2）饮食护理。给予高蛋白、高热量、丰富维生素及易消化食物。缺铁性贫血患者应摄入含铁丰富的食物如瘦肉、动物肝脏、蛋黄等；巨幼红细胞贫血应多摄入水果、绿叶蔬菜、肉类及禽蛋等富含叶酸和维生素B_{12}的食物。

2. 给氧　严重贫血患者应予氧气吸入，以改善组织缺氧症状。

3. 输血或成分输血　遵医嘱输血或浓缩红细胞，以缓解机体缺氧和减轻贫血症状。输注过程中，应密切观察有无发热反应、过敏反应、溶血反应、细菌感染等输血不良反应。

（董　蕾）

任务三 缺血性贫血患者的护理

知识目标

1. 掌握：缺铁性贫血的临床表现、护理措施、健康教育。
2. 熟悉：缺铁性贫血的病因，治疗要点、护理诊断/问题。
3. 了解：缺铁性贫血实验室检查。

技能目标

1. 能对缺铁性贫血患者进行口服铁剂服药指导。
2. 能对缺铁性贫血患者进行健康教育，宣传缺铁性贫血的预防。

案例导入

病例：患者，女，28岁，以"头晕、乏力3个月"入院。3月前患者无明显诱因出现头晕、乏力、活动后心悸、睡眠欠佳。在社区医院就诊，给予地西泮、维生素C口服，效果欠佳，症状进行性加重。追问病史，14岁月经初潮，平素月经量多。身体评估：T 36.5℃，R 18次/分，BP 90/60 mmHg。面色、口唇、睑结膜苍白，皮肤黏膜未见黄染和出血点，浅表淋巴结无肿大，胸骨无压痛，心率78次/分。血象：RBC $3.0×10^{12}$/L，Hb 60 g/L，WBC $5.0×10^9$/L，N 70%，PLT $150×10^9$/L，X线检查未见异常。

请问：1. 该患者最可能的临床诊断是什么？诊断依据是什么？应指导患者作哪些检查？

2. 患者贫血的主要原因是什么？用药时应注意什么？

缺铁性贫血（iron deficient anemia，IDA）是指由于体内储存铁缺乏，导致血红蛋白合成量减少而引起的小细胞低色素性贫血。体内铁的减少是一个渐进性的变化过程，分为缺铁、缺铁性红细胞生成异常及缺铁性贫血3个阶段，统称为铁缺乏症。IDA是临床上最常见的一种贫血，各年龄组均可发病，多见于婴幼儿和育龄期妇女。

知识链接

输血注意事项：人体内铁有功能状态铁（血红蛋白铁、肌红蛋白铁、转铁蛋白铁、酶及辅因子结合的铁等）和贮存铁（铁蛋白和含铁血黄素）。正常人每日所需要的铁主要来自衰老的红细胞破坏后释放的铁和食物。成年人每天需要从食物摄取1~2 mg的铁，食物中的高铁（Fe^{3+}）需转化为亚铁（Fe^{2+}）在十二指肠和空肠上段被吸收。维生素C、动物性蛋白和人乳促进非血红素铁吸收；茶叶、咖啡等抑制铁吸收。吸收入血的二价铁被氧化成三价铁后与转铁蛋白结合，被运送至全身各处。人体正常情况下每天排泄总量不超过1 mg，主要通过胃肠道黏膜脱落细胞、胆汁而经粪便排出。

【病因及发病机制】

1. 病因

（1）铁需求量增加而摄入不足。成年男性和已绝经妇女每日铁需要量为1~2 mg，一般饮食已足够供给，除非有其他造成缺铁的原因（如慢性失血）。婴幼儿、青少年、妊娠和哺乳期的妇女需铁量相对增加，如果不补充高铁食物，则易引起缺铁性贫血。长期食物缺铁，也是缺铁性贫血的原因。

（2）铁吸收障碍。胃大部切除及胃空肠吻合术后，由于胃酸不足且食物快速进入空肠，影响铁的吸收。此外，小肠黏膜病变、肠道疾病等可影响铁的吸收。

（3）铁丢失过多。慢性失血是成人缺铁性贫血最重要、最多见的原因。反复小量失血可使体内贮存铁逐渐耗竭，如消化性溃疡出血、月经过多、肠息肉、肠道肿瘤、钩虫病、痔疮出血等均可导致患者出现缺铁性贫血。

2. 发病机制　体内铁缺乏时不但可引起铁代谢异常，同时对造血系统和组织细胞代谢也会产生影响。

（1）缺铁对铁代谢的影响。当体内贮存铁减少到不足以补偿功能状态的铁时，则可出现铁代谢各项指标发生异常，包括血清铁蛋白、血清铁、转铁蛋白饱和度等。

（2）红细胞内缺铁对造血系统的影响。血红素合成障碍引起血红蛋白生成减少，发生小细胞低色素性贫血，严重时，可影响粒细胞、血小板生成。

（3）组织缺铁对组织细胞代谢的影响。细胞中含铁酶和铁依赖酶的活性降低，可影响患者的精神、行为、体力、免疫力及病儿的生长发育和智力。缺铁还可引起黏膜组织病变和外胚叶组织营养障碍，从而引起缺铁性贫血的一些特殊临床表现。

【临床表现】

1. 原发病表现　如消化性溃疡、慢性胃炎、肿瘤、痔疮、妇女月经过多等疾病的相应临床表现。

2. 贫血表现　本病多数起病缓慢，有一般贫血的表现，常见症状为皮肤、黏膜苍白及乏力、头晕、头痛、心悸、气短、耳鸣、食欲缺乏等。

3. 组织缺铁表现　①营养缺乏表现，如体力、耐力下降、易感染、皮肤干燥、毛发干枯易脱落、指（趾）甲缺乏光泽、脆薄易裂，重者指（趾）甲变平，甚至出现反甲（匙状指）。②精神行为异常，如烦躁、易怒、注意力不集中、异食癖（喜食生米、泥土、石子等)。③黏膜损害表现,如口腔炎、舌炎、舌乳头萎缩、口角炎、缺铁性吞咽困难(Plummer-Vinson征),其特点为吞咽时感觉食物黏附在咽部。④儿童生长发育迟缓、末梢神经炎或神经痛,严重的可出现智力低下。

【实验室及其他检查】

1. 血象 为典型的小细胞低色素性贫血,红细胞体积较正常小,中心淡染区扩大,甚至呈环形。红细胞平均体积(MCV)、红细胞平均血红蛋白(MCHC)降低。网织红细胞计数正常或轻度增高。白细胞和血小板计数正常或减低,失血所致贫血者,血小板计数可增加。

2. 骨髓象 红系增生活跃或明显活跃,以中晚幼红细胞为主,体积变小,核染色质致密,细胞质少。粒细胞和巨核细胞系正常,骨髓铁染色反映单核吞噬细胞系统中的储存铁,可作为诊断缺铁的金指标。

3. 铁代谢 血清铁(ST)小于$8.9\mu mol/L$;血清总铁结合力(TIBC)大于$64.44\mu mol/L$;转铁蛋白饱和度(TS)小于15%;血清铁蛋白(SF)小于$12\mu g/L$,SF是早期诊断贮存铁缺乏的常用指标。

【治疗要点】

1. 病因治疗 IDA的病因诊断是治疗的前提,所以治疗IDA的关键是去除病因。若病因不清,单纯铁剂治疗,只能使血象暂时恢复正常,不能使贫血得到彻底治愈。

2. 铁剂治疗 首选口服铁剂,常用铁剂:琥珀酸亚铁0.1 g,3次/日,富马酸亚铁0.2 g,2~3次/日等。口服铁剂对胃黏膜有刺激作用,宜从小剂量开始,饭后或两餐之间服用,避免空腹用药,铁剂忌与茶同服,以免影响铁的吸收。患者服用铁剂后,自觉症状可以很快地恢复。铁剂治疗最早的有效指标是网织红细胞增加,网织红细胞一般于服后4~5天上升,7天左右达高峰。血红蛋白于2周后明显上升,2个月左右恢复正常水平。血红蛋白恢复正常后仍需继续补充铁剂3~6个月或待血清铁蛋白>$50\mu g/dL$后再停药,目的是补充体内应有的贮存铁量。

注射铁剂的指征:口服铁剂胃肠道反应严重不能耐受;消化道吸收障碍者,如胃肠吻合术后、萎缩性胃炎、慢性腹泻等;有胃肠道疾病,如消化性溃疡服用铁剂后可使病情加重;病情要求迅速纠正贫血,如晚期妊娠的患者等。注射前必须计算补铁总量,以免铁过量导致铁中毒。治疗总剂量的计算方法是:所需补充铁(mg)=[150-患者Hb(g/L)]×体重(kg)×0.33。首次剂量为50 mg,深部肌内注射,如无不良反应,第2次可增加到100 mg,以后每周注射2~3次,直到总量注射完。注射铁剂可引起局部疼痛、头痛、恶心、发热、荨麻疹、关节痛、低血压等,偶可致过敏性休克。

3. 其他 给予富含蛋白质、铁质、维生素C的食物,贫血严重者应予输血。

【护理诊断】

1. 活动无耐力 与贫血引起全身组织缺氧有关。

2. 营养失调:低于机体需要量 与铁需求量增加、摄入不足、吸收障碍或丢失过多有关。

3. 口腔黏膜受损　与贫血引起的口腔炎、舌炎有关。
4. 知识缺乏　缺乏疾病防治的知识。

【护理措施】

1. 休息与体位　提供安静、舒适的环境，保证患者充足的睡眠。根据患者贫血的程度、发生的速度及患者的症状，合理安排患者的活动。轻、中度贫血或贫血发生缓慢、机体已获得代偿能力者，活动量以不加重症状、患者不感觉疲劳为度。重度贫血、缺氧症状严重者应卧床休息，以减轻心脏负荷。

2. 饮食护理　应给予高蛋白、高热量、高维生素、易消化的饮食。增加进食含铁丰富的食物，如肉类（猪、牛、鱼）、蛋及豆类、海带、紫菜、木耳等；食用含维生素C丰富的食物，促进铁的吸收。纠正不良的饮食习惯，定时、定量、细嚼慢咽，强调均衡饮食，不偏食、不挑食。对于有口腔炎、口角炎、舌炎的患者，避免进食过热或过辣等刺激性食物，加强口腔护理。食欲降低的患者，应变换食物品种，加入适量调味品，以刺激食欲。

3. 心理护理　告知患者缺铁性贫血是完全可以治愈的，且痊愈后对身体无不良影响。向患者及家属介绍缺铁性贫血相关知识，促进其配合治疗，能进行自我护理。

4. 病情观察　观察患者的面色、皮肤和黏膜及心悸、气促、头晕等症状有无改善，定期监测血细胞、血红蛋白、网织红细胞及血清铁蛋白等指标，判断患者贫血程度及药物疗效。观察有无继续失血的情况，协助医师寻找病因。应观察贫血性心脏病患者有无心力衰竭表现（呼吸困难、心率过快、水肿等），一旦出现立即通知医师。

5. 对症护理　严重贫血患者应给予吸氧，以改善组织缺氧症状。根据贫血程度及症状，遵医嘱输全血或浓缩红细胞，注意控制输血速度，严重贫血患者输血时速度宜慢，输入量每小时应少于1 mL/kg，以防诱发心力衰竭。输血时还要注意观察有无输血的不良反应和溶血的发生。

6. 用药护理

（1）口服铁剂护理。①餐后或两餐之间服用，以减少恶心、呕吐、胃肠道不适、黑便等不良反应。②同时加服可促进铁吸收的药物如维生素C、稀盐酸，维生素C可防止二价铁被氧化，稀盐酸可使三价铁转变为二价铁，有利于铁的吸收。③避免与浓茶、咖啡、抗酸药物及H_2受体拮抗药物同时服用，以免影响铁的吸收。④服用液体铁剂时，应使用吸管，以免牙齿被染黑。⑤服用铁剂期间，大便会变黑，主要是铁与肠道硫化物作用生成黑色硫化铁，应向患者及家属做好解释工作，以消除其紧张情绪。

（2）注射铁剂的护理。铁剂肌内注射可引起局部反应，如药物溢出使皮肤染色，注射部位局部疼痛，长期注射出现硬结；还可出现面部潮红、恶心、头痛、头昏、发热、荨麻疹、关节和肌肉痛、淋巴结炎等过敏反应，严重者可发生过敏性休克。因此，护理时应强调注射技术：①不要在皮肤暴露部位注射，抽取药液后，更换另一空针头注射，可采用"Z"形注射法或留空气注射法，以免药液溢出，使皮肤染色。②应进行深部肌内注射，并经常更换注射部位避免硬结形成，有利于铁剂吸收。

【健康教育】

1. 疾病知识指导　告知患者缺铁性贫血的病因、临床表现、对机体的危害、相关检查、治疗及护理配合，提高患者及家属了解本病的相关知识和自我护理的方法，使其能主动参与疾病治疗和康复。

2. 疾病的预防指导　指导患者积极治疗原发病，如慢性胃炎、消化性溃疡、痔疮等导致出血的疾病；指导婴幼儿的喂养，应及时添加含铁丰富的辅食；青少年、妊娠后期、哺乳期妇女等应均衡饮食，不偏食，不挑食，荤素结合，以保证足够的热量、蛋白质、维生素的摄入，必要时预防性补充铁剂。

3. 用药指导　遵医嘱用药，不要随意停药和加减药物。告知患者药物的不良反应，如铁剂会出现恶心、呕吐等消化道症状及粪便变黑，应指导患者在餐中或餐后服用减少胃肠道反应，减少患者的紧张焦虑心理。

4. 自我监测　教会患者和家属自我监测的内容和方法，如原发病的症状、体征、贫血的一般表现及缺铁性贫血的特殊表现、静息状态下的心率和呼吸变化、有无水肿及尿量变化等。一旦出现自觉症状加重，及时就诊。

（董　蕾）

任务四　再生障碍性贫血患者的护理

知识目标

1. 掌握：再生障碍性贫血的临床表现及护理措施。
2. 熟悉：再生障碍性贫血的治疗要点，护理诊断/问题及健康教育。
3. 了解：再生障碍性贫血的概念、病因及发病机制。

技能目标

1. 学会预防出血及护理，能正确对雄激素的用药进行护理。
2. 能指导患者观察免疫抑制剂的不良反应。

案例导入

病例：患者，女，35岁。以"无力、反复鼻出血2年，加重1周"入院。患者近两年来经常出现无力，反复鼻出血，牙龈出血，双下肢散在瘀点，服中药及抗贫血药治疗无效。半月前感冒，体温38.4℃，头痛、咽痛、咳嗽，感冒冲剂及红霉素治疗3天，体温下降，症状消失。近1周无力，出血加重，以"全血细胞减少"收入院。身体评估：T 36.8℃，R 24次/分，BP 120/80 mmHg，P 100次/分。贫血貌，结膜苍白,浅表淋巴结无肿大,胸骨无压痛,双肺呼吸音正常。腹软,肝、脾未触及,双下肢散在瘀点。实验室检查:血常规:RBC $2.4×10^{12}$/L, N 0.2, L 0.8, Hb 75 g/L, PLT $21×10^9$/L,网织红细胞0.01。

请问: 1. 该患者的可能医学诊断是什么?

2. 该患者可能的护理诊断有哪些?应该采取什么护理措施?

再生障碍性贫血(aplastic anemia, AA)简称再障,是由于多种原因导致骨髓造血干细胞数量减少和(或)功能障碍的一种贫血。主要表现为骨髓造血功能低下、进行性贫血、出血、感染和全血细胞减少,免疫抑制治疗有效。我国再障发病率为7.4/100万人口,欧美为4.7~13.7/100万人口,日本为(14.7~24.0/100万)人口。该病可发生于各年龄段,老年人发病率高,男、女发病率无明显差别。

 知识链接

造血干细胞在一定的微环境和某些因素的调解下,增殖分化为各类血细胞的祖细胞,它也是一种相当原始的具有增殖能力的细胞,但已失去多向分化能力,只能向一个或几个细胞系定向分化,故也称定向干细胞。目前,已确认的造血干细胞有红细胞系造血干细胞、粒细胞单核细胞系造血干细胞和巨核细胞造血干细胞。

【病因及发病机制】

1. **病因** 发病原因不明确,可能与以下因素有关。

(1)药物和化学物质。现已知可导致AA的高度危险性的药物有氯霉素、磺胺药、保泰松、阿司匹林、抗肿瘤药物等,其中以氯霉素最多见,是再障最常见的病因;苯及其衍生物、染发剂、杀虫剂、砷和重金属盐等也可引起再障的发生。氯霉素引起的再障与剂量关系不大,主要与个体敏感性有关,但化学物质致病作用(除杀虫剂)与剂量有关,只要接受了足够剂量,任何人都有发病危险。

(2)物理因素。各种电离辐射如X射线、γ射线及其他放射性物质等可阻碍DNA的复制而抑制细胞的有丝分裂,使造血干细胞的数量减少,对骨髓微环境和基质也有损害。

(3)病毒感染。特别是肝炎病毒、微小病毒B19等的反复感染均可引起再障。

2. **发病机制** 尚未完全阐明,可能的发病机制包括有以下几种。

(1)造血干细胞缺陷("种子"学说)。上述各种因素破坏骨髓,造成造血干细胞数量减少,引起外周血液全血细胞减少。

(2)造血微环境异常("土壤"学说)。骨髓微环境中的基质细胞分泌细胞外基质及释放造血因子的能力降低,使造血干细胞的生长和发育失去支持和调节。

(3) 免疫异常（免疫学说）：再障患者骨髓及外周血液的淋巴细胞比例增高，T细胞亚群失衡，T细胞分泌的造血负调控因子明显增多，髓系细胞凋亡亢进；细胞毒性T细胞分泌穿孔素直接杀伤造血干细胞。

【临床表现】

再生障碍性贫血的患者主要表现为进行性贫血、出血和感染，多无肝、脾、淋巴结肿大。根据患者的病情、血象、骨髓象及预后，可将再障分为重型再生障碍性贫血（SAA）和非重型再生障碍性贫血（NSAA）。

1. 重型再生障碍性贫血（SAA） 多数患者起病急、发展快、病情重；少数可由NSAA进展而来。感染和出血重常为首发症状。

(1) 贫血。皮肤、黏膜苍白伴疲乏无力、头晕、心悸、气短等症状进行性加重。

(2) 感染。患者多有发热，体温在39℃以上。以呼吸道感染最常见，其次为消化道、泌尿生殖道及皮肤、黏膜感染。感染的菌种以革兰阴性杆菌、金黄色葡萄球菌和真菌为主，多合并败血症，感染不易控制。

(3) 出血。皮肤有出血点或瘀斑，口腔、牙龈、鼻腔等黏膜广泛出血。内脏出血表现为消化道出血、血尿、子宫出血、眼底出血和颅内出血。颅内出血是本病死亡的主要原因之一。

2. 非重型再生障碍性贫血（NSAA） 起病和进展较缓慢，病情较轻，以贫血为主要表现，出血和感染的程度较SAA轻，多限于皮肤、黏膜，内脏出血少见。易控制，久治不愈的可发生颅内出血。感染一般较轻，合并严重感染者少见。

【实验室及其他检查】

1. 血象 全血细胞（红细胞、白细胞、血小板）减少，呈正细胞正色素性贫血，网织细胞绝对值低于正常、淋巴细胞相对增多。重型再障的血象诊断标准是：①网织红细胞<0.01，绝对值<15×10^9/L；②中性粒细胞绝对值<0.5×10^9/L；③血小板<20×10^9/L。

2. 骨髓象 为确诊再生障碍性贫血的主要依据。多部位骨髓增生减低，粒细胞系、红细胞系及巨核细胞均明显减少，形态大致正常。非造血细胞（淋巴细胞、浆细胞、网状细胞）比例明显增高。

【治疗要点】

1. 支持治疗

(1) 保护措施。去除和避免可能导致骨髓损害的各种因素，禁用对骨髓有抑制作用的药物。搞好环境和个人卫生，预防感染。保持皮肤及口腔清洁，注意避免交叉感染，中性粒细胞<0.5×10^9/L时应予保护性隔离。一旦发生感染，应给予积极治疗，控制感染。其他对症治疗包括止血及成分输血。避免剧烈运动，防止外伤，预防出血。

(2) 对症治疗

1) 控制出血：使用止血药，如酚磺乙胺、氨基己酸等；血小板减少引起的严重出血时可输注浓缩血小板，如无效，可输注HLA配型相配的血小板；子宫出血者可肌内注射丙酸睾酮；肝疾病如有凝血因子缺乏时应及时予以补充。

2）纠正贫血：输血是主要支持疗法。重度贫血（Hb＜60 g/L），且患者对贫血耐受较差时，可输注浓缩红细胞。

3）控制感染：应及时对血液、分泌物和排泄物进行细菌培养和药敏试验，根据药敏试验结果选用敏感抗生素。如出现真菌感染，可用两性霉素B等抗真菌药物治疗。

2. 针对发病机制、促进骨髓造血的治疗

（1）雄激素是目前治疗NSAA的首选药物。常用的有丙酸睾酮，50～100 mg肌肉注射每天或隔天1次，疗程为4个月。司坦唑醇（康力龙）2 mg，3次/日，其发生疗效时间往往在服药2～3个月后，故对重型再障无效。可以刺激肾脏产生促红细胞生成素，作用于骨髓，促进红细胞生成。此类药物男性化作用轻，无水潴留，但肝损害发生率较高，在治疗中需经常检查肝功能。

（2）免疫抑制剂，抗淋巴/胸腺细胞球蛋白（ALG/ATG），具有抑制T淋巴细胞或非特异性自身免疫反应的作用，是目前治疗重型再障的主要药物。可单用或与其他免疫抑制剂（环孢素）同时用。马ALG 10～15 mg/（kg·d）连用5天；兔ATG 3～5 mg/（kg·d）连用5天。用药前需做过敏试验，静脉滴注ATG不宜过快，每日剂量应维持静脉滴注12～16小时。此外，重型再障还常用大剂量甲泼尼龙、大剂量免疫球蛋白治疗。环孢素可选择性地作用于异常T淋巴细胞，解除骨髓抑制，适用于各种类型的再障。与ALG或ATG合用可提高疗效，是SAA非移植治疗的一线方案。

（3）骨髓移植及胎肝移植，主要用于SAA患者。最佳移植对象为40岁以下、无感染及并发症、配型合适者。骨髓移植是治疗干细胞缺陷引起再障的最佳方法，适用于重型再障。近年来，开展胎肝造血细胞移植和输注治疗再障，取得了一定的疗效。

（4）造血生长因子用于治疗SAA，包括重组人粒系集落刺激因子（G-CSF）、粒单系集落刺激因子（GM-CSF）、重组人红细胞生成素（EPO）等，一般在免疫抑制剂治疗SAA的同时或治疗后使用。

【护理诊断/问题】

1. 有感染的危险　与粒细胞减少有关。
2. 有损伤的危险　与出血与血小板减少有关。
3. 自我形象紊乱　与雄激素的不良反应引起身体外形改变有关。
4. 活动无耐力　与贫血引起全身组织缺氧有关。

【护理措施】

1. 休息与体位　轻、中度贫血，可适当下床活动，重度贫血、缺氧症状严重者应卧床休息。血小板计数＜50×10^9/L时减少活动，增加卧床时间，防止外伤；血小板计数＜20×10^9/L或有严重出血时，应绝对卧床休息，保持大便通畅，防止用力过猛诱发颅内出血。

2. 饮食护理　给予高蛋白、高热量、高维生素、易消化、富含维生素C及维生素D的柔软食物。血小板减少者应进软食或半流质饮食，避免过硬、粗糙、刺激性食物，有消化道出血者应禁食或给予温凉流质饮食，待出血停止后再逐渐恢复普通饮食。

3. 心理护理　关心体贴患者，做好护患沟通，建立良好的护患关系，了解患者对疾病的认识程度，观察患者的情绪反应，及时给予有针对性的心理疏导和支持。帮助患者认识消极的情绪对身体的不良影响。

4. 病情观察 注意贫血的症状、体征;注意观察患者生命体征变化,尤其是体温的变化;观察有无感染,如呼吸系统、消化系统和泌尿系统等部位的感染征象;观察皮肤、黏膜有无出血斑点,有无内脏及颅内出血的症状和体征,如患者出现头痛、恶心、喷射状呕吐等,应警惕颅内出血的发生。定期复查血象及骨髓的变化。

5. 对症护理

(1) 贫血的护理:参见贫血相关内容。

(2) 出血的预防和护理

1) 皮肤出血的预防和护理。保持床铺平整、衣物柔软,避免皮肤摩擦、划伤、挤压;保持皮肤清洁,洗澡时禁止用力揉搓,避免使用刺激性强的肥皂。注射时应注意:有出血倾向者尽量减少注射;必须注射时,缩短止血带结扎时间,进针应快速、准确,拔针后延长按压时间,并观察有无渗血、血肿发生。避免进行直肠操作,如灌肠、测体温等,以防刺破黏膜引起出血。

2) 口腔、牙龈出血的预防和护理。保持口腔清洁,晨起、睡前和进餐前后用氯己定(洗必泰)、生理盐水等漱口。指导患者用软毛刷刷牙,忌用牙签剔牙,忌食粗、硬、辛辣食物,以免损伤牙龈和口腔黏膜。牙龈渗血时可用冷水含漱或用肾上腺素棉球、吸收性明胶海绵片局部贴敷。

3) 鼻出血的预防和护理。保持室内湿度在50%~60%,鼻腔干燥时,用无菌液状石蜡滴鼻,3~4次/日,以防鼻黏膜干燥,增加出血的机会。避免用力擤鼻,禁止用手挖鼻腔或人为剥去鼻腔内血痂,预防鼻黏膜出血。鼻腔少量出血时,可用1:1 000肾上腺素棉球填塞压迫止血,并局部冷敷,严重出血或后鼻腔出血时,应用凡士林油纱条行鼻腔填塞术,术后定时滴入无菌液状石蜡,以保持黏膜湿润,术后48~72小时取出。鼻腔填塞期间,应加强口腔护理,同时注意鼻周皮肤颜色、血液循环情况,预防感染的发生。

4) 内脏出血的预防和护理。注意出血的量及出血的部位,密切监测血压变化;大量出血时,应迅速开放静脉通路,配血,做好输血准备,保证液体、止血药物和血制品的输入。

5) 眼底及颅内出血的预防和护理。眼底出血时患者视物模糊,应立即卧床休息、减少活动,保持镇静,避免用力揉搓眼睛以免加重出血。如突然出现头晕、头痛、恶心、喷射性呕吐,甚至昏迷,提示患者有颅内出血,立即通知医师做好抢救准备。抢救措施:立即去枕平卧,头偏向一侧,保持呼吸道通畅;立即吸氧,以改善脑组织细胞缺血缺氧;头部置冰袋或冰帽,降低脑细胞的耗氧量;迅速建立静脉通路,遵医嘱给予脱水利尿药及其他止血、止痛、镇静药;观察并记录患者生命体征、意识状态及瞳孔大小等。

(3) 感染的预防和护理

1) 内源性感染的预防和护理。注意加强口腔、皮肤及肛周护理。进餐前后、晨起、睡前应漱口,或根据口腔咽分泌物培养,有针对性应用漱口液。保持皮肤清洁、勤洗澡、勤更衣,女患者应注意会阴部清洁,保持大便通畅,睡前、便后用1:5 000高锰酸钾溶液坐浴。发生肛周脓肿者,应及时通知医师,给予局部理疗或切开引流。

2) 外源性感染的预防和护理。保持病室清洁、温湿度适宜,空气清新,定时开窗通风;定期用紫外线或臭氧进行空气消毒,2~3次/周;每日用消毒液擦拭家具、地面;限制探视人数、次数，避免到人群聚集的地方或与有感染迹象的患者接触，防止交叉感染；肌内、静脉注射或各种损伤性操作时，严格执行无菌操作，对粒细胞缺乏者（粒细胞绝对值≤$0.5×10^9$/L），实行保护性隔离。

6. 用药护理

（1）雄激素。①常见不良反应有男性化作用，如痤疮、毛发增多，女患者停经或男性化等，用药前应向患者说明以消除疑虑。②丙酸睾酮为油剂，不易吸收，需深部缓慢分层肌内注射，更换注射部位，以防形成硬结，发现硬结及时进行热敷或理疗，以促进药物吸收，避免感染。③口服司坦唑醇、达那唑等易引起肝损害和药物性肝内胆汁淤积，治疗过程中应注意有无黄疸并定期检查肝功能。④一般情况下，治疗1个月左右网织红细胞计数升高，3个月后红细胞开始升高，6个月之内可见治疗效果。

（2）免疫抑制剂。①抗淋巴/胸腺细胞球蛋白（ALG/ATG）：ALG和ATG治疗过程中可出现超敏反应、出血加重、继发感染和血清病（猩红热样皮疹、关节痛、发热）等不良反应，用药前需做过敏试验，同时小剂量应用糖皮质激素。②环孢素：定期检查肝肾功能，观察有无牙龈增生及消化道反应。③环磷酰胺：鼓励患者多饮水，以防止出现出血性膀胱炎。

（3）造血生长因子。本类药物用药前应作过敏试验，用药期间定期检查血象。①G-CSF皮下注射，患者偶有皮疹、低热、氨基转移酶升高、消化道不适、骨痛等不良反应，一般在停药后消失。②GM-CSF注射后，患者可出现发热、骨痛、肌痛、胸膜溶液、静脉炎、腹泻、乏力等，严重者可见心包炎、血栓形成。③EPO可静脉注射或皮下注射，用药期间应监测血压，偶可诱发脑血管意外或癫痫发作，应密切观察。

【健康教育】

1. 疾病知识指导　向患者及家属介绍引起再障的常见原因、临床表现、目前主张的治疗、护理方法和配合要求。告知患者和家属，如有不适，及时就诊。

2. 疾病预防指导　指导患者尽量避免接触损害骨髓造血相关的药物、化学物质和射线等，以乐观积极的心态对待疾病，保持心情舒畅；适当参加户外活动，注意劳逸结合；注意个人卫生和饮食卫生，注意保暖，避免受凉感冒，尽量少去公共场所，防止交叉感染。

3. 用药指导　按医嘱坚持用药，了解药物的不良反应及预防措施。不可滥用抗生素及解热镇痛药物，如氯霉素、保泰松等。

4. 定期体检　因职业所需凡从事与易患因素有关的人员，应做好防护措施，提高保护意识，定期检查血象、骨髓象。

知识拓展

（1）巨幼红细胞性贫血是由于叶酸和（或）维生素B_{12}缺乏引起的细胞核脱氧核糖核酸（DNA）合成障碍所致的一种大细胞性贫血。叶酸是一种水溶性B族维生素，富含于新鲜水果、蔬菜、肉类食品中，体内不能合成，机体所需只能从食物中供给，主要部位在十二指肠和空肠近端吸收。维生素B_{12}随食物进入胃内先与R

蛋白结合，到十二指肠，在胰酶参与下，与胃壁细胞分泌的内因子结合形成IF-B_{12}复合物，在pH 7.0左右和活性钙离子存在的条件下，于回肠末端被吸收。在无内因子情况下，即使口服维生素B_{12}，也仅有10%左右被吸收。巨幼细胞贫血临床表现除贫血的一般表现外，还有食欲减退、消化不良及舌面呈"牛肉样舌"和神经系统如手足对称性麻木、下肢无力、步态不稳、共济失调等特殊表现。治疗主要采取去除病因，治疗基础疾病，合理膳食，纠正酗酒、偏食及口服叶酸、肌注维生素B_{12}等。

（2）溶血性贫血（HA）是指红细胞破坏过多，超过骨髓造血功能的代偿能力而引发的贫血。病因有红细胞膜缺陷（遗传性球形红细胞增多症）、红细胞酶缺陷（葡萄糖6磷酸酶脱氢酶缺乏症）、珠蛋白异常（海洋性贫血）；免疫因素（系统性红斑狼疮、异型输血）、非免疫因素（大面积烧伤、严重细菌感染）等。

1）根据血红蛋白的不同降解途径分为：①血管内溶血，指红细胞在血液循环中被破坏，分解血红蛋白形成血红蛋白血症，见于血型不合的输血反应，阵发性睡眠性血红蛋白尿等。多数比较严重，常有全身症状，如腰背酸痛、发热、含铁血黄素尿。②血管外溶血，指红细胞被脾等单核吞噬细胞系统吞噬和消化，血红蛋白分解为珠蛋白和血红素，见于遗传性球形红细胞增多症，病程缓慢，可有贫血、黄疸、脾大、血清游离胆红素增高等表现，多无血红蛋白尿。

2）根据病情可分为：①急性溶血性贫血，多为血管内溶血，起病急骤，表现为严重的腰背及四肢酸痛，伴头痛、呕吐、寒战，随后高热、面色苍白、出现血红蛋白尿、黄疸，尿色如酱油色、葡萄酒色。由于溶血产物引起肾小管细胞坏死和管腔阻塞，最终导致急性肾衰竭。②慢性溶血性贫血，以血管外溶血多见。起病缓慢，病程长，症状轻微，有贫血、黄疸、肝脾肿大三大特征，如遗传性球形红细胞增多症。

患者应避免服用伯氨喹、磺胺、维生素C、阿司匹林和进食蚕豆等加重溶血的药物和食物，多饮水，勤排尿，促使溶血所产生的毒性物质排泄；避免精神紧张、过度劳累、感染、妊娠、输血和手术等诱发因素。

（董 蕾）

任务五　出血性疾病患者的护理

知识目标

1. 掌握：特发性血小板减少性紫癜的临床表现、治疗要点、护理措施；过敏性紫癜的临床分型和临床表现及护理措施。
2. 熟悉：特发性血小板减少性紫癜和过敏性紫癜的护理诊断/问题、健康教育。
3. 了解：特发性血小板减少性紫癜和过敏性紫癜的概念、病因及发病机制。

技能目标

1. 学会鉴别特发性血小板减少性紫癜和过敏性紫癜皮疹的特点。
2. 能指导患者观察各种出血的表现。

案例导入

病例：患者，男，26岁。皮肤瘀点、瘀斑15天，鼻出血伴发热、咽痛5天。15天前无明显诱因出现面部、躯干四肢皮肤出血点，未引起注意。5天前发生鼻出血和牙龈出血，发热，体温高达39℃，伴咽痛、咳嗽、咳少量白色黏液样痰。身体评估：T 39.8℃，BP 106/75 mmHg，P 100次/分。急性病容，贫血貌，全身皮肤散在瘀点，浅表淋巴结无肿大。睑结膜苍白，咽部充血，胸骨无压痛，肝脾未触及，双下肢无水肿。实验室及其他检查：RBC $2.7×10^{12}$/L，Hb 77 g/L，WBC $1.9×10^9$/L，PLT $45×10^9$/L，网织红细胞0.1%。

请问：1. 该患者考虑为什么疾病？诊断依据是什么？
　　　2. 主要应与哪些疾病鉴别？做何检查以明确诊断？
　　　3. 患者主要的护理诊断是什么？如何实施护理措施？

出血性疾病是由于正常的止血机制发生障碍，引起自发性出血或轻微损伤后出血不止的一组疾病。任何原因造成血管壁通透性增加、血小板数量减少及功能异常、凝血功能障碍，均可导致出血。

知识链接

出血性疾病主要有以下几种类型：①血管壁异常（如异常性毛细血管扩张症、

过敏性紫癜等）；②血小板数量和质量异常（特发性血小板减少性紫癜等）；③凝血异常（血友病A和B、遗传性凝血酶原缺乏症、遗传性纤维蛋白原缺乏及减少症、维生素K缺乏症等）；④抗凝及纤维蛋白溶解异常（肝素使用过量、蛇咬伤、溶栓药物过量等）；⑤复合性止血机制异常（血管性血友病、弥散性血管内凝血等）。

一、特发性血小板减少性紫癜患者的护理

特发性血小板减少性紫癜（idiopathic thrombocytopenic purpura，ITP）是一种自身免疫介导以血小板破坏增多，外周血中血小板减少的出血性疾病。临床以广泛性自发性皮肤黏膜及内脏出血、血小板减少、骨髓巨核细胞发育成熟障碍、血小板生存时间缩短及血小板膜糖蛋白特异性自身抗体出现等为特征。本病是血小板减少性疾病中最常见的一种，临床可分为急性型和慢性型，急性型多见于儿童，慢性型多见于40岁以下的女性，男女之比为1∶4。

【病因及发病机制】

1. **感染因素** 细菌或病毒感染与ITP的发病有密切关系。80%的急性ITP患者，在发病前2周左右多有上呼吸道病毒感染史；慢性ITP患者常因感染而使病情加重。此外，病毒感染后，患者血中常可检测到特异性抗体和血小板相关抗体（PAIg）。

2. **免疫因素** 免疫因素是ITP发病的主要原因。自身抗体致敏的血小板被单核吞噬细胞系统过度破坏是ITP发病的主要机制，不仅促使血小板破坏增多导致血小板数量减少，还可引起血小板的功能异常，并可通过损害毛细血管内皮导致通透性增加而引发出血。

3. **肝、脾的作用** 肝、脾是血小板相关抗体和抗血小板抗体产生的主要部位，也是血小板破坏的主要场所。其中以脾最为重要，肝脏血小板破坏方面的作用与脾相仿，发病期间血小板生存期明显缩短，仅1～3天，而正常血小板平均生存期为7～11天。

4. **其他因素** 慢性型多见于育龄期女性，可能与雌激素水平增高有关。雌激素可能抑制血小板生成，促进单核巨噬细胞对抗体结合的血小板进行破坏。

【临床表现】

1. **急性型** 儿童多见，多为自限性。
（1）前驱症状：多数患者发病前1～2周有上呼吸道感染史，特别是病毒感染史。一般起病急，部分有畏寒、寒战、发热等症状。
（2）出血症状，①皮肤、黏膜出血：全身皮肤广泛性瘀点、紫癜、瘀斑，甚至出现血肿、血疱；黏膜出血主要有鼻出血、牙龈出血、口腔黏膜出血；损伤及注射部位可渗血不止或形成大小不等的瘀斑。②内脏出血：当血小板 $< 20×10^9/L$ 时，可出现内脏出血，如消化道出血、泌尿生殖道出血等，甚至发生颅内出血，是本病致死的主要原因，具体表现为剧烈头痛、意识障碍、瘫痪及抽搐等。③其他：可出现不同程度的贫血、血压下降甚至休克。

2. **慢性型** 慢性型主要见于中青年孕龄女性。起病缓慢，一般无前驱症状，多在常规

检查时偶然发现。出血症状较轻，常反复发作。主要表现为皮肤、黏膜出血，鼻出血、牙龈出血也较常见，女性患者出现月经过多，有时可为女性患者唯一表现。严重内脏出血较少见，部分患者可因感染等使病情加重，出现广泛、严重的皮肤、黏膜及内脏出血。反复发作者可出现失血性贫血和轻度脾大。

【实验室及其他检查】

1. 血象　血小板计数减少，急性型多低于 $20\times10^9/L$，慢性型常在 $50\times10^9/L$ 左右，血小板功能一般正常，涂片中可见巨大畸形血小板。红细胞和血红蛋白多少与出血程度有关，白细胞多正常。

2. 骨髓象　急性型骨髓巨核细胞轻度增多或正常，慢性型骨髓巨核细胞显著增多。巨核细胞成熟障碍，尤以急性型明显。

3. 其他　出血时间延长、束臂试验阳性、血块收缩不良；血小板生存时间缩短；80%以上血小板相关抗体和血小板相关补体（PAC_3）增高。

【治疗要点】

1. 一般疗法　出血严重者应卧床休息，勿用降低血小板数量、抑制血小板功能和可能加重出血的药物。

2. 糖皮质激素　糖皮质激素为本病首选药物。其作用机制：抑制单核吞噬细胞对血小板的破坏；减少PAIg的形成及减轻抗原抗体反应；改善毛细血管脆性；刺激骨髓造血及血小板向外周血的释放。常用泼尼松每日 1 mg/（kg·d）口服，待血小板接近正常后可逐渐减量（每周减 5 mg），直至 5~10 mg/d，维持治疗 4~6 个月，病情严重者可用地塞米松或甲泼尼龙静脉滴注，好转后改口服。

3. 脾切除　糖皮质激素治疗 4~6 个月无效，或其维持量大于 30 mg/d，或有糖皮质激素使用禁忌证者可行脾切除，一般对遗传性球红细胞增多症效果较好。

4. 免疫抑制剂　一般不作为首选。对糖皮质激素和脾切除无效或疗效很差的病例，可用免疫抑制剂及小剂量糖皮质激素合并治疗。常用药物有：长春新碱为最常用药，1 mg/次，1 次/周，静脉注射，4~6 周一疗程，还可用环磷酰胺、硫唑嘌呤等，环孢素主要用于难治性ITP治疗。

【护理诊断/问题】

1. 有组织完整性受损的危险（出血）　与血小板减少有关
2. 有感染的危险　与糖皮质激素、免疫抑制剂所致机体抵抗力下降有关。
3. 潜在并发症　颅内出血

【护理措施】

1. 休息与体位　出血严重、血小板明显减少者应卧床休息。血小板 $<20\times10^9/L$ 时，应绝对卧床休息，避免外伤，协助患者各种生活护理。

2. 饮食护理　给予高热量、高蛋白质、高维生素、少渣软食。多吃蔬菜、水果，防止便秘，禁吃坚硬、多刺、辛辣食物，最好给予半流质饮食和软食。

3. 心理护理 告知患者不良情绪对免疫功能和疾病的影响，尽可能保持情绪稳定。

4. 病情观察 注意出血部位和出血量，观察患者有无生命体征及神志变化，有无内脏出血的症状、体征，尤其注重是否有颅内出血表现。监测血小板计数、出血时间、抗血小板抗体等。

5. 对症护理 出血的预防和护理参见本项目任务四再生障碍性贫血。

6. 用药护理 长期服用糖皮质激素者应向患者解释该药可引起医源性库欣综合征，易诱发或加重感染，应注意预防。长春新碱可引起骨髓造血功能抑制、末梢神经炎。环磷酰胺可致出血性膀胱炎等。环孢素有肝、肾损害作用。使患者了解药物的作用及不良反应，以主动配合治疗。用药期间定期检查血象、体温、血压、血糖及肝肾功能。严密观察药物的疗效，如有异常及时通知医师。指导患者避免服用引起血小板聚集的药物如阿司匹林、吲哚美辛等药物。

【健康教育】

1. 疾病知识指导 告知患者和家属疾病的相关知识、主要的临床表现、治疗和护理方案。告知患者使其能正确认识疾病，积极配合治疗并在医生指导下用药。

2. 疾病预防指导 指导患者及家属学会预防出血及压迫止血的方法，并能识别出血征象，如瘀点、黑便，一旦发现出血应及时就医。注意休息和营养，避免各种外伤及诱发因素，适当锻炼身体，预防感染。

3. 用药指导 遵医嘱用药，不随意减药、停药，能预防和识别药物的不良反应。避免应用阿司匹林、双嘧达莫、吲哚美辛、低分子右旋糖酐等药物。

4. 自我监测指导 定期门诊复查血小板、白细胞计数、血压、尿糖，出现出血征象应及时就医。

二、过敏性紫癜患者的护理

过敏性紫癜（allergic purpura）是一种常见的血管变态反应性疾病，致敏物质使毛细血管脆性及通透性增加，血液外渗，产生皮肤瘀点、紫癜及黏膜出血。可同时伴腹痛、便血、关节痛、血尿及血管神经性水肿、荨麻疹等其他过敏表现。本病多见于儿童及青少年，多为自限性。男性发病略多于女性。春秋季发病较多。

【病因及发病机制】

1. 病因 与本病发生密切相关的致敏因素如下。

（1）感染：为最常见的原因。细菌感染以β溶血性链球菌引起最为多见，其次为金黄色葡萄球菌、肺炎球菌等。病毒如麻疹、水痘、风疹等。寄生虫感染以蛔虫、钩虫引起者最常见。

（2）食物：主要是人体对异性蛋白过敏所致。如鱼、虾、蟹、蛋、鸡、牛奶等食物。

（3）药物：抗生素类如青霉素、链霉素及头孢菌素类抗生素等。解热镇痛药如水杨酸类、吲哚美辛等。其他如磺胺类、阿托品、异烟肼及噻嗪类利尿药等。

（4）其他：花粉、菌苗或疫苗接种、尘埃、昆虫叮咬、寒冷刺激等。

2. 发病机制　免疫因素介导的全身血管炎症反应是本病的发病机制。上述因素引起抗原抗体复合物反应，复合物沉积于血管内膜，激活补体，释放过敏素，引起广泛的毛细血管炎，使血管壁通透性和脆性增加，导致皮肤黏膜、肠道、肾、关节等部位有出血表现。

【临床表现】

多数患者发病前 1~3 周上呼吸道感染，或接触过敏性食物、药物、花粉、尘埃、昆虫等。有全身不适、低热、乏力等前驱症状，随之出现典型临床表现。根据病变累及部位及表现不同可分为以下五型。

1. 单纯型（紫癜型）　最常见。主要表现为皮肤紫癜，局限于四肢，极少累及躯干。皮疹特点为分批出现、对称分布，下肢及臀部多见、高于皮肤。紫癜大小不等，初呈深红色，按之不褪色，可融合成片形成瘀斑，数日内渐变成紫色、黄褐色、淡黄色，经 7~14 日逐渐消退。

2. 腹型　最具潜在危险性且最易误诊。除皮肤紫癜外，主要表现为消化道症状及体征，如恶心、呕吐、呕血、腹泻及黏液便、便血等。常为阵发性绞痛，多位于脐周、下腹或全腹。腹部症状、体征多与皮肤紫癜同时出现，偶可发生于紫癜之前，注意与急腹症鉴别。

3. 关节型　除皮肤紫癜外，出现关节受累表现，如关节肿胀、疼痛、压痛及功能障碍等。多发生于膝、踝、肘、腕等大关节，呈游走性、反复性发作，经数日而愈，不遗留关节畸形。

4. 肾型　发生率高达 12%~40%。此病情最为严重，出现血尿、蛋白尿及管型尿，偶见水肿、高血压及肾衰竭等表现。肾损害多在紫癜后 1 周出现，在 3~4 周内恢复，少数病例因反复发作演变为慢性肾炎或肾病综合征，甚至尿毒症。

5. 混合型　皮肤紫癜合并上述两种以上临床表现。

除以上类型外，少数患者还可因病变累及眼部、脑及脑膜血管而出现视神经萎缩、虹膜炎、视网膜出血、水肿及中枢神经系统相关症状、体征。

【实验室及其他检查】

1. 毛细血管脆性试验　半数以上阳性。
2. 尿常规检查　肾型或混合型可有血尿、蛋白尿、管型尿。
3. 血小板计数、功能及凝血相关检查　血小板计数、出血时间、凝血各项均正常。

【治疗要点】

1. 消除致病因素　防治上呼吸道感染，清除局部病灶（如扁桃体炎等），驱除肠道寄生虫，避免可能致敏的食物及药物等。

2. 药物治疗

（1）抗过敏治疗：抗组胺药，如盐酸异丙嗪 12.5~25 mg，1 次/日，肌肉注射；氯苯那敏（扑尔敏）2~4 mg，2~3 次/日，口服；阿司咪唑（息斯敏）等；改善血管通透性药物，如维生素 C、曲克芦丁、卡巴克络等，维生素 C 以大剂量（5~10 g/d）静脉注射疗效较好，持续用药 5~7 天。

（2）糖皮质激素：有抑制抗原抗体反应及改善血管通透性等作用，但不能防止复发和肾损害。常用泼尼松30 mg/d，顿服或分次口服。重症者可用氢化可的松100～200 mg/d，或地塞米松5～15 mg/d，静脉滴注，症状减轻后改口服。糖皮质激素疗程一般不超过30日，肾型者可酌情延长。

（3）对症治疗：腹痛较重者可予阿托品或山莨菪碱（6542）口服或皮下注射，关节痛可酌情用止痛药；呕吐严重者可用止吐药；伴发呕血、血便者，可用奥美拉唑等治疗。

（4）其他：如上述治疗效果不佳或近期内反复发作，可选用免疫抑制剂，如硫唑嘌呤、环孢素、环磷酰胺等；或抗凝治疗及中医中药治疗。

【护理诊断/问题】

1. 有组织完整性损伤的危险：出血　与血管通透性和脆性增加有关。
2. 疼痛（腹痛、关节痛）　与腹型或关节型过敏性紫癜有关。
3. 潜在并发症　肾病综合征、慢性肾衰。
4. 知识缺乏　缺乏本病的预防知识。

【护理措施】

1. 休息与体位　发作期患者应增加卧床休息时间，避免过早、过多活动，以防症状加重或反复。
2. 饮食护理　避免进食过敏性食物，如鱼、虾、蟹、蛋、奶等，多吃蔬菜、水果；发作期应进食清淡、少渣、易消化的软食或半流质食物，消化道出血者避免生、冷、硬及过热饮食，必要时禁食。
3. 病情观察　密切观察患者生命体征；观察瘀点、瘀斑出现的部位、范围及其进展情况；对腹痛患者应注意疼痛部位、性质、程度及持续时间，有无伴随症状（如恶心、呕吐、腹泻、便血等），同时注意腹部体征的变化，有无压痛、反跳痛、肌紧张。对便血患者应注意观察便量及颜色；对关节疼痛患者应注意观察关节疼痛、肿胀及活动情况；对肾型患者应注意观察尿量、尿色的变化，定期做尿常规检查。
4. 对症护理　①紫癜型：避免皮肤受损。②腹型：腹痛时取舒适卧位，如仰卧屈膝位，以缓解疼痛。③关节型：将受累关节放在合适位置，少活动，可减轻疼痛，促进出血的吸收。④肾型：注意休息，给予优质蛋白饮食，有水肿、高血压、少尿时，给予低蛋白低盐饮食，并控制水的摄入量。
5. 用药护理　抗组胺药易引起困倦，用药期间避免高空作业及驾驶。环磷酰胺易致出血性膀胱炎，应嘱患者多喝水。特别注意糖皮质激素的不良反应：如医源性库欣综合征、各种感染、诱发加重消化性溃疡、高血压、高血脂等。

【健康教育】

1. 疾病知识指导　告知患者和家属疾病的性质、相关病因、主要的临床表现、治疗和护理方案。
2. 疾病预防指导　向患者和家属说明疾病的实质为变态反应性疾病，与患者及家属共同分析寻找致病因素，并指导他们避免各种致病因素及可疑致病因素是预防疾病的重要措施。加强锻炼，增强体质，预防上呼吸道感染。养成良好的卫生习惯，饭前便后要洗手，避免不洁饮食，预防肠道寄生虫。

3. 用药指导　指导患者遵医嘱正确、规律用药，不随意减药、停药，避免服用和接触头孢菌素、磺胺、水杨酸类、吲哚美辛等药物。

4. 自我监测　告知患者和家属自我监测的方法和内容，出现皮肤大量瘀点或紫癜、血尿、腹痛、黑便、水肿、关节肿痛等，能及时到医院就诊。

（董　蕾）

任务六　白血病患者的护理

知识目标

1. 掌握：急性白血病的临床表现、实验室及其他检查、治疗要点、护理诊断措施。
2. 熟悉：慢性白血病的临床表现、实验室及其他检查、治疗要点、护理诊断措施。
3. 了解：急、慢性白血病的概念、病因及发病机制、健康教育。

技能目标

1. 学会通过血象和骨髓象鉴别白血病与再生障碍性贫血。
2. 能对急性白血病患者制定护理措施。

案例导入

病例：患者，女，22岁。牙龈破溃1个月，鼻出血1周，高热、寒战伴咽痛4天，于当地医院治疗无效入院。护理体检：T 39.0℃，P 105次/分，BP 120/85 mmHg。贫血貌，全身散在瘀点，颈部及颌下可触及1.2 cm淋巴结数枚，牙龈肿胀，有多个溃疡，扁桃体Ⅱ度肿大，胸骨无压痛，肝肋下 2.0 cm，脾肋下 2.0 cm。实验室检查：RBC $3.1×10^{12}$/L，Hb 78 g/L，WBC $6.0×10^9$/L，PLT $42×10^9$/L，可见多量原始单核细胞和幼稚细胞。骨髓象增生极度活跃，巨核细胞红、粒二系增生明显受抑，以单核细胞增生为主，占90%。临床诊断为急性单核细胞白血病。

请问：1. 该患者的主要护理诊断有哪些？

　　　　2. 该患者首选的化疗方案是什么？对患者应该进行哪些健康指导？

一、概述

白血病（leukemia）是骨髓造血干细胞恶性克隆性疾病，其特点是大量异常的白细胞及幼稚细胞（白血病细胞）在骨髓和其他造血组织中进行性、失控性、弥漫性异常增生，进入血流并浸润、破坏其他器官和组织，抑制正常造血功能，临床以进行性贫血、持续发热或反复感染、出血和组织器官浸润为表现。根据病情缓急和白血病细胞分化程度，可分为急性白血病（AL）和慢性白血病（CL）两类。我国白血病的发病率2~4/10万人口。其中急粒以成人多见，急淋以儿童多见；慢粒以中年人多见，慢淋以老年人多见。在恶性肿瘤所致的死亡率中，男性居第六位，女性居第八位，儿童及35岁以下成人则居第一位。

【病因和发病机制】

人类白血病的病因至今尚未完全清楚，目前认为，有关的因素有病毒、放射、化学、遗传等。

1. 病毒 病毒感染和免疫功能异常可能是导致本病的主要因素。成人T细胞白血病（ATL）是由人类T淋巴细胞病毒Ⅰ（HTLV-Ⅰ）所引起。病毒进入机体后，作为内源性病毒整合并潜伏在细胞内，在某些理化因素作用下，可被激活而诱发白血病，或者作为外源性病毒传播感染，直接致病。

20世纪70年代中期，由日本学者在日本首先发现成人T细胞白血病（ATL），并在ATL的恶变T细胞中分离出人类T细胞白血病病毒（HTLV），从患者血清中检出相应抗体，从而证实了ATL是由HTLV所引起。

2. 电离辐射 电离辐射作用与剂量的大小和放射部位有关。包括X射线、γ射线等电离辐射；日本广岛及长崎原子弹爆炸的幸存者中白血病发病率比未受照射的人群高30倍和17倍，多为急淋、急粒或慢粒白血病。

3. 化学因素 某些化学物质和药物可以诱发白血病。多年接触苯及含有苯的有机溶剂与白血病发生有关；保泰松、抗肿瘤药中的烷化剂也有致白血病作用。近年来，乙双吗啉的致白血病作用有较多报道。

4. 遗传因素 白血病的发生与遗传因素有一定关系，家族性白血病约占白血病的7%。在单卵孪生子中，如果一个人患白血病，另一个人的发病率为20%，较双卵孪生子高12倍。患某些遗传性疾病的患者白血病的发病率也比一般人群明显增高，如唐氏综合征为第21号染色体三体改变的遗传性疾病，其白血病的发病率较一般人群高20倍。

5. 其他 某些白血病的发生与免疫功能异常有关，比如血液病，如骨髓增生异常综合征、阵发性睡眠性血红蛋白尿、淋巴瘤等。

二、急性白血病患者的护理

急性白血病（AL）起病多较急，进展快，病程短，仅为数月。发病时细胞分化停滞在较早阶段，骨髓中异常的原始细胞及幼稚细胞大量增殖并广泛浸润各器官、组织，抑制正常造血。可分为急性髓细胞白血病（AML简称急粒），亦称急性髓系或非淋巴细胞白血病和急性淋巴细胞白血病（ALL简称急淋）两大类。各型按目前国际通用FAB分类法（法、美、英白血病协作组,简称FAB)分类如下。

1. 急性淋巴细胞白血病　急性淋巴细胞白血病(ALL)分为三型:①L_1型:原始和幼淋巴细胞以小细胞为主;②L_2型:原始和幼淋巴细胞以大细胞为主,大小不一;③L_3型:原始和幼淋巴细胞以大细胞为主,大小较一致,细胞内有明显空泡,胞浆嗜碱性,染色深。

2. 急性髓细胞白血病(AML)　又称急性非淋巴细胞白血病,急性髓细胞白血病分为八型,即急性髓细胞白血病微分化型(M_0)、急性粒细胞白血病未分化型(M_1)、急性粒细胞白血病部分分化型(M_2)、急性早幼粒细胞白血病(M_3)、急性粒单核细胞白血病(M_4)、急性单核细胞白血病(M_5)、急性红白血病(M_6)、急性巨核细胞白血病(M_7)。

【临床表现】

急性白血病起病可急可缓,儿童及青年常急性起病,多表现为突然高热、严重出血和贫血,全身迅速衰竭。起病缓慢者主要表现为进行性贫血和出血倾向,常因面色苍白、皮肤紫癜、月经过多或拔牙后出血不止就诊发现。

1. 贫血　贫血常为最先出现的表现,并呈进行性加重。半数患者就诊时已出现重度贫血。主要因为正常造血受到干扰、溶血及出血等引起。

2. 出血　约40%的患者早期即有出血表现,几乎所有急性白血病患者在病程中都有不同程度出血。出血可发生在全身各部位,但以皮肤黏膜为多见,表现为皮肤瘀点、瘀斑、鼻出血、牙龈出血,亦可有咯血、呕血、便血、尿血及阴道出血。眼底出血可致视力障碍。如出现头痛、呕吐、呼吸急促、意识障碍甚至昏迷,则提示颅内出血,常为致死原因之一。M_3型出血倾向最明显且易并发DIC。出血与血小板减少、凝血异常及白血病细胞在血管内淤滞、浸润或合并感染有关。

3. 发热　发热是急性白血病患者最常见的症状,发热可为低热,也可为高热(39~40℃以上),常伴有畏寒、多汗等表现。白血病疾病本身可发热,但高热常提示有继发性感染,不易控制,感染可发生于全身各部位,其中以口腔、牙龈、咽峡部最常见,肺部感染、肛周炎、肛周脓肿亦常见,严重者可引起败血症。是导致白血病患者死亡的常见原因之一。本病易感染与粒细胞减少或免疫功能缺陷、长期抗生素和化疗药物使用有关。

4. 组织和器官浸润的表现　①肝、脾、淋巴结肿大,多为轻到中度肿大,无压痛,多见于急性淋巴细胞白血病,是最常见的浸润症状。②骨骼与关节疼痛,成人以胸骨骼多见,儿童以四肢骨骼多见,胸骨下段出现局限性压痛有诊断意义。急性粒细胞白血病由于骨膜受累,还可在眼眶、肋骨及其他扁平骨形成粒细胞肉瘤尤其以眼眶最多见又称绿色瘤。③中枢神经系统白血病(CNSL),指白血病细胞浸润脑膜或中枢神经系统,是最常见的白血病髓外复发根源。可发生在疾病各个时期,但最常发生于白血病化疗后缓解期。因为多种化疗药物不能透过血脑屏障,隐藏在中枢神经系统的白血病细胞不能被有效杀灭因而引起中枢神经系统白血病(CNSL)。以急淋最常见,儿童尤甚。临床上主要出现脑膜炎及颅内压增高表现,轻者表现为头痛,重者出现呕吐、颈强直、抽搐甚至昏迷。④浸润睾丸引起睾丸无痛性肿大,多为一侧,另一侧虽无肿大,但活检时往往也有白血病细胞浸润,是仅次于中枢神经系统白血病的髓外复发根源。⑤其他,如白血病细胞浸润口腔黏膜引起广泛牙龈肿胀、口腔溃疡,浸润皮肤引起皮疹、结节、斑块、溃烂坏死等。

【实验室及其他检查】

1. 实验室检查 大多数患者白细胞总数增高,多在(20～50)×10^9/L或可高达100×10^9/L以上,血涂片分类检查可见原始和幼稚细胞;少数小于5.0×10^9/L,血涂片上很难找到原始细胞。血红蛋白和血小板数减少。

2. 骨髓象 骨髓象是确诊急性白血病的主要依据和必做检查。多数患者骨髓增生明显活跃或极度活跃,有关系列的原始细胞和幼稚细胞明显增生,原始细胞为主≥30%,而较成熟的中间阶段细胞少见,并残留少量成熟粒细胞,形成所谓"裂孔现象"。少数患者骨髓增生低下,但原始细胞仍≥30%,称低增生性急性白血病。胞质中出现红色杆状小体称奥尔小体(Auer小体),最常见于AML,其次为M_5,有独立诊断意义。

3. 细胞化学 常用过氧化物酶染色、糖原染色及非特异性酯酶测定等。主要用于急淋、急粒和急性单核细胞白血病。

4. 其他 免疫学、细胞遗传学及分子生物学检查,有助于对白血病类型进行鉴别;血液生化检查有血清尿酸、乳酸脱氢酶增高和α羟丁酸脱氢酶异常增高;发生DIC时可有凝血异常。出现CNSL时有脑脊液压力增高,白细胞数目增加,蛋白质增多,糖定量减少,涂片可找到白血病细胞。

【治疗要点】

1. 一般治疗

(1) 防止感染。严重感染是AL患者死亡的主要原因,须积极预防和治疗。有感染征兆时,及时给予有效的抗生素,同时进行可疑感染灶的病原菌培养并据此结果选药治疗。

(2) 成分输血支持。血红蛋白≤80 g/L或患者有明显贫血症状时应输注浓缩红细胞,但白细胞淤滞症时不宜立即输细胞。血小板≤20×10^9/L时,输注浓缩血小板悬液以防止出血。

(3) 高白细胞血症的处理。高白细胞血症(白细胞计数>100×10^9/L),可增加患者早期死亡率,也可增加髓外白血病的发病率和复发率。

(4) 高尿酸血症肾病的防治。由于白血病细胞大量破坏,使血清及尿中尿酸浓度明显增高,集聚在肾小管,引起阻塞而发生高尿酸血症肾病。其基本预防措施为多饮水或静脉补液,保持每小时尿量>150 mL/m^2,同时用碳酸氢钠碱化尿液,并口服别嘌醇。

2. 化学治疗 化疗是治疗白血病的重要方法,包括诱导缓解和缓解后治疗。第一阶段是诱导缓解,其目的是使患者迅速恢复机体正常造血,使患者在短时间内获得完全缓解。完全缓解即患者的症状和体征消失,血象和骨髓象基本恢复正常。完全缓解指标:外周血中性粒细胞绝对值≥1.5×10^9/L,血小板≥100×10^9/L,无白血病细胞,骨髓中原单+幼单或原淋+幼淋≤5%,M_3型原粒+早幼粒≤5%,无Auer小体,红细胞及巨核细胞正常,无髓外白血病,是急性白血病治疗成败的关键。第二阶段是缓解后治疗,急性白血病达到完全缓解后,髓外某些部位尚有白血病细胞浸润,缓解后治疗防止病情复发。常见化疗方案、药物及不良反应,见表6-5。

表6-5 急性白血病化疗药物的用法和不良反应

方案	药物剂量	用法	不良反应
急淋 VP	长春新碱（V）：1~2 mg 泼尼松（P）：40~60 mg	第1天，1次/周，静注 每天分次口服	末梢神经炎、脱发、便秘 糖尿病、高血压、库欣综合征
VDP	长春新碱（V）：1~2 mg 柔红霉素（D）：30~40 mg 泼尼松（P）：40~60 mg	第1天，1次/周，静注 第1~3天，静注 每天分次口服	末梢神经炎、脱发、便秘 骨髓抑制、消化道、心脏毒性 糖尿病、高血压、库欣综合征
VLP	长春新碱（V）：1~2 mg 左旋门冬酰胺酶（D）：30~40 mg 泼尼松（P）：40~60 mg	第1天，1次/周，静注 每天1次，10天，静滴 每天分次口服	末梢神经炎、脱发、便秘 肝损害、胰腺炎、凝血因子白蛋白减少、过敏反应 糖尿病、高血压、库欣综合征
DVLP	柔红霉素（D）：45 mg 长春新碱（V）：1~2 mg 左旋门冬酰胺酶（D）：30~40 mg 泼尼松（P）：40~60 mg	第1~3天、15~17天，静注 每周第1天，共4周，静注 第19~28天，共10天，静滴 每天分次口服，共14天，第15天减量10 mg，第21天再减量10 mg至第28天停药	骨髓抑制、消化道、心脏毒性 末梢神经炎、脱发、便秘 肝损害、胰腺炎、凝血因子白蛋白减少、过敏反应 糖尿病、高血压、库欣综合征
急粒 DA	柔红霉素（D）：30~40 mg 阿糖胞苷（A）：150 mg	第1~3天，静注 第1~7天，1次/日、静滴	骨髓抑制、消化道、心脏毒性 口腔溃疡、消化道反应、脱发、骨髓抑制毒性
HA	三尖杉酯碱（H）：4~6 mg 阿糖胞苷（A）：150 mg	第1~7天，1次/日、静滴 第1~7天，1次/日、静滴	骨髓抑制、消化道反应、心脏毒性

（1）急性髓细胞白血病。诱导缓解治疗首选DA方案（柔红霉素+阿糖胞苷）或采用HA方案（三尖杉酯碱+阿糖胞苷），对于急性早幼粒细胞性白血病患者采用全反式维A酸口服直至缓解；缓解后治疗应间歇应用原方案或其他加强化疗方案，目的是进一步消灭残存白血病细胞，防止复发，延长缓解和无病生存期，争取治愈。

（2）急性淋巴细胞白血病。诱导缓解治疗首选VP方案（长春新碱+泼尼松），此方案在儿童完全缓解率高达80%~90%，且愈后也有很大改善。但成人的完全缓解率约为50%，且容易复发，可在此基础上加用蒽环类药物、左旋门冬酰胺酶、环磷酰胺或阿糖胞苷，以提高缓解率；缓解后治疗可交替给予大剂量阿糖胞苷、大剂量甲氨蝶呤及其他联合方案进行巩固强化及维持治疗。

3. 中枢神经系统白血病的防治

（1）预防。在缓解前或缓解后开始给予甲氨蝶呤10 mg及地塞米松5 mg鞘内注射，

2次/周，共3周。

（2）治疗。鞘内注射甲氨蝶呤10～15 mg及地塞米松5～10 mg，2次/周，直至脑脊液细胞数及生化检查恢复正常，然后改为每6～8周1次，并将甲氨蝶呤剂量减为5～10 mg，随全身化疗结束而停用。

4. 造血干细胞移植治疗　造血干细胞移植治疗是目前最有效方法，普遍认可的根治性标准治疗。在第一次化疗完全缓解时进行，自体、异体移植均可采用，移植成功者可获得长期生存或治愈。

【护理诊断/问题】

1. 有感染的危险　与正常粒细胞减少、化疗有关。
2. 有出血的危险　与血小板减少、凝血功能异常、白血病细胞浸润等有关。
3. 潜在并发症　化疗药物不良反应。
4. 预感性悲哀　与急性白血病治疗效果差、死亡率高有关。
5. 活动无耐力　与大剂量、长期化疗，白血病引起代谢增高及贫血有关。

【护理措施】

1. 休息与活动　病情轻和缓解期的患者可进行适当的运动；保证每日睡眠时间在7小时以上。

2. 饮食护理　患者的营养状况对能否坚持化疗及疾病的预后有着十分重要的意义，尤其是化疗期间，患者的消耗大，食欲差，必须调节饮食。应给予高热量、高蛋白、高维生素容易消化的饮食，多食新鲜蔬菜、水果，不断改变饮食种类，改善烹饪方法，以增进食欲。化疗期间饮食要清淡，少量多餐，多饮水。

3. 心理护理

（1）针对白血病不同时期患者心理特点进行针对性护理。①确立诊断初期，要及时给患者和家属以心理支持，进行耐心的倾听、安慰、劝解、支持、疏导等，使其接受事实，增强战胜疾病的信心。②化疗期，护士应向患者耐心解释化疗的重要性、必要性和化疗中可能出现的不良反应，鼓励患者坚持完成化疗。③病情恶化时，应采取保护性医疗制度，不将全部真相告诉患者。

（2）建立社会支持网。鼓励家属及亲友关爱患者，增加家庭成员的亲密感，在家庭中营造白血病可治的氛围，同时应争取社区及工作单位的支持、配合，让患者能够安心接受治疗。

4. 病情观察　密切观察患者的生命体征，观察患者口腔、咽喉、肺部等感染征象、贫血加重征象、皮肤黏膜出血征象及意识障碍、昏迷等颅内出血征象，监测白细胞计数及分类。发现异常，及时报告医师，配合处理。

5. 对症护理

（1）感染的预防护理。当粒细胞绝对值≤$0.5×10^9$/L时，应进行保护性隔离。保证室内空气新鲜，定时进行空气和地面消毒，在化疗期间应住在消毒隔离病房或层流病房。给予无菌饮食，谢绝探视以避免交叉感染，加强口腔、肛周、皮肤的护理。如有感染征象，应立即协助医师做血液、咽部、尿液、粪便及分泌物的培养，遵医嘱选用有效抗生素。

（2）出血的预防和护理。重点是避免人为损伤导致或加重出血，如坠床、静脉穿刺时用力拍打、高热时乙醇擦浴、剔牙等。若血小板低于 $50×10^9/L$，应减少活动；血小板低于 $20×10^9/L$，绝对卧床休息，给予浓缩血小板输注。保持大便通畅，排便不可用力，便秘者可用开塞露或缓泻剂促进排便，避免腹压增高诱发内脏出血。避免抓伤皮肤。避免情绪激动、剧烈咳嗽，预防颅内出血。

6. 用药护理　化疗是目前治疗白血病最有效和最主要的手段，应针对化疗药物的不良反应制定护理措施。

（1）消化道反应的预防与护理。大多数化疗药物都有恶心、呕吐、食欲缺乏等消化道反应，出现的时间及反应程度与药物的种类、剂量有关，个体差异很大。化疗期间应注意：为患者提供一个安静、舒适、通风良好的休息与进餐环境，避免不良刺激。建议患者胃肠道症状最轻时进食，少量多餐，当出现恶心、呕吐时应暂缓进食，及时清除呕吐物，保持口腔清洁。避免进食高脂、产气过多和辛辣的食物，并尽可能满足患者的饮食习惯或对食物的要求，以增加食欲。进食后可依据病情适当活动，避免饭后立即平卧。若胃肠道症状较严重，无法正常进食，应遵医嘱给予止吐药物或静脉补充营养。

（2）静脉炎及组织坏死的预防与护理。大多化疗药物对组织刺激性大，多次注射或渗漏会引起静脉及其周围组织炎症、坏死，故静脉注射化疗药物时应注意以下几点。①合理选用静脉：反复多次给化疗药物者，最好采用中心静脉或深静脉留置导管供注射用；如使用浅表静脉，应选择有弹性且较直的大血管，避免在循环功能不良的肢体进行注射。②避免药液外渗：静脉注射化疗药前，先用生理盐水冲管，确定注射针头在静脉内方可注入药物；静脉注射时要边抽回血边注药，以保证药液无外渗；当有数种药物给予时，要先用刺激性强的药物；药物输注完毕再用生理盐水冲洗后拔针，以减轻药物对局部血管的刺激；拔针后局部要按压数分钟，以达到止血和预防药液外渗的目的。③化疗药液外渗的处理：输注时疑有或发生化疗药物外渗，立即停止注入，边回抽边退针，不宜立即拔针；局部使用生理盐水加地塞米松做多处皮下注射，范围须大于渗漏区域；或遵医嘱选用相应的拮抗药，常用的如硫代硫酸钠、8.4%碳酸氢钠等；局部冷敷亦有一定的效果。④静脉炎的处理：发生静脉炎的局部血管禁止静脉注射，患处勿受压；使用喜疗妥等药物外敷；鼓励患者多做肢体活动，以促进血液循环。

（3）骨髓抑制的预防与护理。所有化疗药物均有骨髓抑制作用，多数化疗药物骨髓抑制作用最强的时间为化疗后第7～14日，随后的5～10日为恢复期，但存在个体差异。在骨髓抑制期和恢复期应避免应用其他抑制骨髓的药物，应加强贫血、感染和出血的预防、观察和护理，协助医师正确用药。

（4）肝功能损害的预防与护理。大多数化疗药物对肝功能都有损害作用，用药期间应观察患者有无黄疸，并定期监测肝功能。

（5）尿酸性肾病的预防与护理。化疗前白细胞高的患者更易出现。化疗中注意多饮水，可增大静脉补液量，使用别嘌醇和碳酸氢钠，可适当给予利尿剂，使每小时尿量 $> 150\ mL/m^2$，观察尿量变化，定期血尿常规、血尿酸、肾功能检查，有变化随时通知医师，并协助救治。

（6）口腔溃疡的护理。甲氨蝶呤、阿糖胞苷、羟基脲、多柔比星等可引起口腔溃疡，甚至继发感染。患者常因疼痛影响进食、休息。护理原则是要减少溃疡面感染概率，促进溃疡的愈合。指导患者睡前及餐后用生理盐水、碳酸氢钠溶液漱口或0.5%普鲁卡因含漱。

(7) 鞘内注射化疗药物的护理。协助患者采取头低抱膝侧卧位，协助医师做好穿刺点的定位和局部的消毒与麻醉；推注药物速度宜慢；拔针后局部无菌纱布覆盖、固定，嘱患者去枕平卧6～8小时，注意观察有无头痛、呕吐、发热等化学性脑膜炎症状。

(8) 其他。①心脏毒性的预防与护理：柔红霉素、多柔比星、高三尖杉酯碱等药物可引起心肌及心脏传导损害，用药前后应监测患者的心率、心律及血压，以患者无心悸为宜。②脱发的护理：向患者说明化疗可能会导致脱发现象，化疗疗程结束后头发会再生，使患者有充分的心理准备，坦然面对。已有脱发时，指导患者使用假发或戴帽子；鼓励患者重视自身的能力和优点，转移内心的失落、愤怒和挫折感；鼓励患者参与正常的社交活动。

【健康教育】

1. 疾病知识指导　告知患者和家属疾病的性质、主要临床表现、治疗和护理措施使患者和家属了解疾病的治疗过程和反应，以及坚持用药的意义。指导患者合理安排休息时间，保证充足的休息和睡眠，适当加强健身活动，以提高机体的抵抗力，避免皮肤损伤等。

2. 疾病预防指导　告知患者避免接触和应用可对造血系统产生损害的理化因素，如电离辐射、染发剂、油漆等含苯物质。饮食宜富含高蛋白、高热量、高维生素，清淡、易消化、少渣软食，避免辛辣刺激性食物；多饮水，多食蔬菜、水果，保持排便通畅。

3. 用药指导　向患者说明急性白血病缓解后仍应坚持定期巩固强化治疗，可延长急性白血病的缓解期和生存期。避免服用氯霉素、保泰松等骨髓抑制性药物。

4. 心理指导　向患者及其家属说明白血病虽然难治，但目前治疗方法发展快、效果好，应树立信心。家属应为白血病患者创造一个安全、安静、舒适和宽松的环境，使患者保持良好的情绪状态，有利于疾病的康复。化疗间歇期，可根据病情做力所能及的简单家务，以增强患者的自信心。

5. 自我监测指导　教会患者和家属自我监测的方法和内容，如自测体温，观察面色有无苍白、有无咯血、有无胸骨压痛及粪便、尿液颜色变化等。告知患者定期复查血象和骨髓象。如出现高热、出血加重等表现，应及时就诊。

三、慢性白血病患者的护理

慢性白血病（CL），起病缓慢，进展慢，病程长，可达数年。细胞分化停滞在较晚阶段，骨髓和外周血中以较成熟幼稚细胞和成熟细胞为主。常见慢性髓细胞白血病（CML）和慢性淋巴细胞白血病（CLL）两大类，CML在我国多见。

【临床表现】

(一) 慢性髓细胞白血病

慢性髓细胞白血病又称慢性粒细胞白血病（简称慢粒），病程发展缓慢，具有脾肿大、白细胞明显增多且不成熟、Ph染色体阳性、BCR-ABL融合基因阳性等特点。各年龄组均可发病，中年多见，男性多于女性。

【临床表现】

1. 慢性期 早期常无任何症状，慢性期可持续 1~4 年，临床无症状或仅有乏力、低热、多汗、体重减轻等代谢亢进症状。脾肿大常为最突出的表现，可因此出现左上腹坠胀感，脾可平脐甚至达脐以下，质地坚实、平滑、有切迹、无压痛，如发生脾梗死则有明显压痛并出现摩擦音。半数患者可有轻度肝肿大，但淋巴结多无肿大。

2. 加速期 可有不明原因发热、贫血、出血加重、骨骼疼痛，体重进行性下降，脾进行性增大，对原有效药物耐药。持续数月到数年。

3. 急变期 症状、体征进一步恶化，临床表现类似急性白血病，多数为急粒变，急性变预后极差，往往在数月内死亡。

【实验室及其他检查】

1. 慢性期

（1）实验室检查。白细胞数显著增高，常超过 $20×10^9$/L，可达 $100×10^9$/L 以上。血涂片中各阶段的中性粒细胞均明显增多，慢粒以中幼、晚幼和杆状核粒细胞为主，原始细胞低于 10%；嗜酸性粒细胞、嗜碱性粒细胞增多；血小板早期可正常或增多，晚期逐渐减少；可出现贫血。

（2）骨髓象。增生明显或极度活跃，以粒系增生为主，中晚幼和杆状核粒细胞增多，原始细胞低于 10%，嗜酸性粒细胞、嗜碱性粒细胞增多；红系相对减少；巨核细胞正常或增多，晚期减少。

（3）中性粒细胞碱性磷酸酶。活性减低或阴性反应，治疗有效时可恢复，复发时又下降，合并细菌感染可略增高。

（4）细胞遗传学及分子生物学。95% 以上慢粒患者有 Ph 染色体，t（9；22）（q34；q11），相应形成 BCR-ABL 融合基因。Ph 染色体对于慢性髓系白血病的诊断及判断预后有一定价值。

（5）生化检查。血清及尿中尿酸浓度增高，血清乳酸脱氢酶增高，与大量白细胞破坏有关。

2. 加速期 原粒细胞在血和骨髓中 >10%；外周血嗜碱粒细胞 >20%；血小板进行性降低或增高；骨髓中有显著胶原纤维增生；出现 Ph 以外其他染色体异常；粒单系祖细胞培养，集簇增加而集落减少。

3. 急变期 外周血原粒+早幼粒细胞 >30%；骨髓中原始细胞+早幼粒细胞 >50%；骨髓中原始细胞或原淋+幼淋或原单+幼单 >20%；出现髓外原始细胞浸润。

【治疗要点】

CML 治疗应着重于慢性期早期，一旦进入加速期或急变期，则预后很差。

1. 酪氨酸激酶抑制剂 是目前治疗 CML 的一线药物，但因其价格昂贵，临床应用受限。它能特异性阻断 ATP 在 ABL 激酶上的结合位置，使酪氨酸残基不能磷酸化，从而抑制 BCR-ABL 阳性细胞的增殖。常用伊马替尼，10%~15% 的患者用药后出现疾病进展，可加量或换用新的酪氨酸激酶抑制剂，如达沙替尼。

2. 化学治疗

(1) 羟基脲是目前慢粒的首选化疗药物。不良反应小，起效快，持续时间短，3 g/d，分2次口服，待白细胞减至 $20×10^9/L$ 时，剂量减半。降至 $10×10^9/L$ 时，改为小剂量（0.5~1 g/d）维持治疗。需经常检查血象，以便调节药物剂量。

(2) 其他药物，如高三尖杉酯碱、阿糖胞苷、靛玉红、砷剂、白消安及其他联合化疗亦有效。

(3) 干扰素联合小剂量阿糖胞苷或羟基脲或高三尖杉酯碱可提高疗效。

(4) 加速期、急变期患者的治疗可采用急性白血病联合化疗方案，但往往缓解率低，疗效维持短暂。

(5) 其他，如白细胞淤滞症可采用白细胞单采术去除白细胞，同时给予羟基脲化疗和水化，碱化尿液，口服别嘌醇，预防尿酸性肾病。

3. 异基因造血干细胞移植　是目前认为根治慢性粒细胞白血病的标准治疗。常规以45岁以下为宜，在慢性期缓解后，早期进行。

【护理诊断/问题】

1. 疼痛（脾胀痛）　与脾大、脾梗死有关。
2. 有感染的危险　与正常粒细胞减少、化疗有关。
3. 潜在并发症　化疗药物的不良反应等。

【护理措施】

1. 休息与活动　置患者于安静、舒适的环境中，尽量卧床休息，避免剧烈活动。
2. 饮食护理　由于患者体内白血病细胞数量多，基础代谢率增加，每日所需的热量也相应增加。因此，应给患者提供高热量、高蛋白、高维生素、易消化吸收的饮食。宜少量多餐，以减轻腹胀。
3. 病情观察　每日测量患者脾脏大小、质地并做好记录。注意脾区有无压痛，观察有无脾栓塞或脾破裂的表现。脾栓塞或脾破裂时，患者突感脾区疼痛、发热、多汗以至休克，脾区拒按，有明显触痛，脾区可闻及摩擦音，甚至出现血性腹水。
4. 对症护理　针对缓解脾区疼痛的护理：指导患者减少活动，尽量避免弯腰和碰撞腹部，休息时取左侧卧位，以减轻不适。告知患者脾破裂的常见表现，一旦破裂马上就诊并手术。
5. 用药护理　对长期应用干扰素、羟基脲和伊马替尼治疗的患者，应注意药物不良反应。干扰素α的常见不良反应为畏寒、发热、疲劳、恶心、头痛、肌肉及骨骼疼痛、骨髓抑制以及肝、肾功能异常等，应定期检查肝、肾功能及血象。羟基脲常导致血细胞下降、皮肤黏膜色素沉着，应定期查血常规调整用药。伊马替尼最常见的非血液学不良反应有恶心、呕吐、腹泻、肌肉痉挛、水肿、皮疹，但一般症状轻微；血象改变较常见，可出现粒细胞缺乏、血小板减少和贫血，故应定期查血象，严重者需减量或暂时停药。

【健康教育】

1. 疾病知识指导　告知家属和患者疾病的性质、主要表现、治疗和护理要点。告诫患者须主动配合,坚持治疗,以延长慢性期,减少急性变的发生;当腹部受撞击可疑脾破裂时,应立即就医。

2. 疾病预防指导　告知患者缓解后可从事工作和学习活动,但不可过度劳累,避免接触含苯物质和放射性核素。出现其他健康问题时,应在医生的指导下用药。

3. 用药指导　告知患者所用药物的不良反应,不可随意增减药量,出现不良反应时,及时就医。

4. 自我监测指导　告知患者和家属定期检测外周血和骨髓相,了解治疗效果。如出现贫血和出血加重、高热、脾脏进行性肿大、腹痛等症状体征,应及时到医院就诊。

(二) 慢性淋巴细胞白血病

慢性淋巴细胞白血病简称慢淋,是一种单克隆性小淋巴细胞凋亡受阻而大量积聚在骨髓、血液、淋巴结和其他器官,最终导致正常造血功能衰竭的低度恶性疾病。绝大多数起源于B细胞,T细胞较少。

【临床表现】

90%以上的患者在50岁以上发病,男性略多于女性。起病缓慢,多无自觉症状,淋巴结增大常为就诊的首要原因,以颈部、腋下、锁骨上、腹股沟淋巴结为主。增大的淋巴结无压痛、可移动。偶有纵隔淋巴结及腹膜后、肠系膜淋巴结增大引起相应的症状。50%~70%的患者有肝脾轻至中度增大。早期可出现疲乏、无力,随后出现食欲缺乏、消瘦、低热和盗汗等,晚期骨髓造血功能受损,易发生贫血、出血、粒细胞减少。由于免疫功能减退,易并发感染,也常出现自身免疫现象,如约8%患者可并发自身免疫性溶血性贫血。

【实验室及其他检查】

1. 实验室检查　淋巴细胞持续增多,白细胞>$10×10^9$/L,淋巴细胞占50%以上,晚期可达90%,绝对值≥$5×10^9$/L。以成熟小淋巴细胞为主,多数患者血涂片可见破损细胞,此种细胞增多是CLL血象特征。晚期血红蛋白、血小板减少,发生溶血时贫血明显加重。

2. 骨髓象　增生明显或极度活跃。红系、粒系及巨核细胞均减少,淋巴细胞比例>40%,以成熟淋巴细胞为主,可见幼稚淋巴细胞或不典型淋巴细胞,发生溶血时幼红细胞增多。

3. 免疫学检查　约半数患者血清蛋白含量减少。淋巴细胞具有单克隆性。绝大多数病例的淋巴细胞为B淋巴细胞,60%有低球蛋白血症,20%患者抗人球蛋白试验阳性,晚期T细胞功能障碍。

4. 细胞遗传学　50%~80%患者出现染色体异常。部分患者出现基因突变或缺失。

【治疗要点】

治疗一般根据临床分期而定。A期(血和骨髓中淋巴细胞增多,可有少于3个区域的淋巴组织肿大)。B期(血和骨髓中淋巴细胞增多,有3个或3个以上区域的淋巴组织肿大)及C期(与B期相同外,尚有贫血或血小板减少)患者应予化学治疗。一般A期患者无需治疗,定期复查即可。但如出现下列情况说明疾病高度活动,则应开始化疗:①体重减少不低于10%、极度疲劳、体温＞38℃超过2周、盗汗。②进行性脾大或脾区疼痛。③淋巴结进行性增大或直径＞10 cm。④进行性淋巴细胞增生，2个月内增加＞50%，或倍增时间＜6个月。⑤自身免疫性溶血性贫血和（或）血小板减少对糖皮质激素的治疗反应较差。⑥骨髓进行性衰竭，表现为贫血和（或）血小板减少出现或加重。

1. 化学治疗　常用的药物为氟达拉滨和苯丁酸氮芥，最常用药物为苯丁酸氮芥，有效率约50%，完全缓解率约15%~25%。剂量为6~10 mg/d 口服，1~2周后减量至2~6 mg/d。本药对骨髓粒细胞及血小板有抑制作用。每周检查血象，调整药物剂量，一般用药2~3周后开始显效，2~4个月时疗效较明显。维持6个月可停药。对C期患者用苯丁酸氮芥及泼尼松（10~20 mg/d），可提高其疗效。环磷酰胺疗效也较好。也可采用联合化疗，方案有COP、CHOP等。

2. 免疫治疗　单克隆抗体已应用于临床，如阿来组单抗（抗人CD52单克隆抗体）、利妥昔单抗（抗CD20单克隆抗体）。

3. 化学免疫治疗　利妥昔单抗联合氟达拉滨治疗，前者可以增强后者抗肿瘤活性。

4. 造血干细胞移植　在缓解期采用自体干细胞移植疗效优于传统化疗。

5. 并发症治疗　积极抗感染治疗，反复感染者可注射丙种球蛋白；并发自身免疫性溶血性贫血或血小板减少可用较大剂量肾上腺糖皮质激素，疗效不佳且脾肿大明显时，可行脾切除；对于淋巴组织过度增大者可采用放疗。

【护理诊断/问题】

1. 有感染、出血的危险　与低免疫球蛋白血症、正常粒细胞缺乏、疾病晚期血小板减少有关。

2. 活动无耐力　与病情进展，机体消耗增加、营养不良及贫血等有关。

【护理措施】

感染、出血、活动无耐力的护理，均参照急性白血病相关护理措施。

知识拓展

淋巴瘤是起源于淋巴结或其他淋巴组织的恶性肿瘤。按组织病理学改变可分为霍奇金淋巴瘤（简称HL）和非霍奇金淋巴瘤（简称NHL）两大类。霍奇金淋巴瘤（HL）多见于青年，儿童少见，首发症状是无痛性颈部或锁骨上淋巴结进行性肿大，R-S细胞对诊断有帮助，化疗常用ABVD（多柔比星、博来霉素、长春碱、达卡巴嗪）方案和MOPP（氮芥、长春新碱、丙卡巴肼、泼尼松）方案，其中ABVD为首选。无痛性进行性的淋巴结肿大或局部肿块是淋巴瘤共同的临床表现，NHL随年龄增长而发病增多，发病率高，占全部淋巴瘤的绝大多数。淋巴结活检是确诊淋巴瘤及其类型的主要依据，乳酸脱氢酶活性提高提示预后不良。护理重点是注意观察患者肿大淋巴结的部位和数量、体温、皮肤瘙痒程度、体重变化及有无腹痛、腹泻、咳嗽等结外浸润的表现。每日应定时开窗通风换气或紫外线病室照射、地面消毒，限制探视，严格无菌操作等以防发生感染。避免阳光直射和搔抓皮肤。

（董　蕾）

任务七　血液系统常用诊疗技术及护理

一、造血干细胞移植术

造血干细胞移植（HSCT）是指经大剂量放、化疗或其他免疫抑制预处理后，把正常自体或异体造血干细胞移植给受体，使受体重建正常造血和免疫功能，从而达到治疗目的的一种治疗手段。它是目前治疗白血病、恶性血液肿瘤和其他某些重症非恶性白血病最有效的方法。

知识链接

经多年不断发展，HSCT已成为临床重要的有效治疗方法，全世界每年的移植病例数目都在增加，移植患者无病生存最长已超过30年。1990年，美国医师E.D.Thomas因在骨髓移植方面的卓越贡献而获得诺贝尔生理学或医学奖。HSCT是目前治疗白血病最为有效的方法，此外，许多恶性肿瘤和遗传性疾病，以及再生障碍性贫血等也可通过此方法获得治愈。

【适应证】

1. 血液系统恶性肿瘤　如急性淋巴细胞白血病、急性非淋巴细胞白血病、慢性粒细胞白血病、骨髓增生异常综合征、淋巴瘤、多发性骨髓瘤等。
2. 血液系统非恶性肿瘤　如重型再生障碍性贫血、重型珠蛋白生成障碍性贫血，以及所有先天性造血系统疾病和酶缺乏所致的代谢性疾病。
3. 其他实体瘤　如神经母细胞瘤、乳腺癌、卵巢癌、睾丸癌、小细胞肺癌及儿童肉瘤等。
4. 免疫系统疾病　如重型联合免疫缺陷病、严重自身免疫性疾病等。

【术前准备】

1. 供者的选择和准备　异基因骨髓移植应首先选择供者，供、受者抽血作组织配型、混合淋巴细胞培养、细胞遗传及基因检测等。首选HLA配型相合的同胞，次选HLA配型相合无血缘供体。若有多个HLA相合者，则选择年轻、男性、巨细胞病毒阴性和红细胞血型相合者。移植前2~3周对供者进行循环采血，以保证骨髓移植时有足够的新鲜血液提供给供者，避免发生失血性休克，还可刺激骨髓造血干细胞生长。

2. 无菌层流室的准备　室内及其一切用物均需严格消毒、灭菌处理。室内不同空间采样行空气细菌学监测，合格后患者方可进入。

3. 受者的准备

(1) 心理护理。向患者及其家属详细解释造血干细胞移植的必要性、可行性、要求、程序、可能出现的并发症及预防并发症的措施，鼓励患者树立信心，积极配合。

(2) 全面体检和实验室及其他检查。包括骨髓检查，血常规检查，心、肺、肝、肾等重要脏器功能检查，免疫功能及内分泌功能检查，并进行痰、尿、粪便及耳、鼻、咽拭子致病性微生物培养。特别要注意有无感染灶，发现感染或带菌情况应积极治疗，彻底清除慢性和潜在的感染病灶。

(3) 严格消毒隔离和预防感染。患者安置于备有准备室和监护室的层流病房，并做好以下护理：①入层流病房前3日开始口服肠道抗生素，便后用高锰酸钾稀释液或氯己定溶液坐浴，坐浴后在肛周涂抗生素软膏。②指导患者入层流病房前做好个人卫生，如理光头、剃除腋毛、阴毛、彻底洗涤（尤其是肚脐、腋下、腹股沟、会阴等皮肤皱褶多的部位更要注意）、修剪指（趾）甲；用复方硼酸液或1：2 000氯己定（洗必泰）漱口，眼、耳、鼻用相应抗生素液等。③入层流病房当日清洁灌肠，用1：2 000氯己定溶液沐浴30分钟后，用无菌毛巾擦干，换消毒衣裤、鞋袜后进入。④置入室内的所有物品，包括饮食、被服、药物、食具、便器、书报等，均需消毒处理（经紫外线照射30分钟），以预防外源性感染。

(4) 移植前预处理。在造血干细胞移植前，受者需常规接受1个疗程超剂量的化疗和（或）放疗，称为"预处理"。其目的为杀灭肿瘤或白血病细胞，抑制或摧毁受者体内的免疫功能，有利于移植的造血干细胞得以成活。主要的预处理方案是使用抗肿瘤细胞药物和全身放射线照射。患者接受大剂量放疗和（或）化疗时，常有恶心、呕吐、发热、腹泻、面色潮红、腮腺肿胀等反应，应密切观察，每日入液量在4 500 mL以上，并强迫利尿，以稀释尿液中药物和尿酸浓度，防止出血性膀胱炎和尿酸性肾病的发生。

(5) 移植前一日行颈外静脉或锁骨下静脉置管术。

【术中配合】

1. 造血干细胞采集方法

(1) 骨髓采集。异体骨髓的采集在患者进行预处理后进行，自体骨髓在患者进行预处理前采集。需在手术室内按严格无菌操作进行，一般应用硬膜外麻醉或全身麻醉。用采髓针在供者的髂前上棘和髂后上棘多点穿刺抽取骨髓，采集的次数以能达到所需单个核细胞（MNC）数而定，采集量单个核细胞数应达到$(2~4) \times 10^8/kg$（受者体重）。将获取的骨髓分离、过滤，清除脂肪颗粒后装入血袋，并加肝素抗凝。采髓开始10分钟后开始回输事先准备的自身血，以防休克。采髓过程不宜过快，并不断监测血压、呼吸、心率。

(2) 外周血造血干细胞采集。异体外周血造血干细胞在患者预处理后采集，供者经造血刺激因子（粒细胞集落刺激因子或粒单核细胞集落刺激因子）动员后，应用血细胞分离机采集外周血造血干细胞。多于动员剂作用的峰值时间（用药后6～8日），结合白细胞总数的监测或经流式细胞仪检测$CD_{34}^{+}T$的结果，选择开始采集的最佳时间。一般主张采集量单个核细胞数应达到$5×10^{8}/kg$（受者体重），通常需连续采集2～3日。自体外周血造血干细胞采集在预处理前进行，采集后低温或冷冻保存。

（3）脐带血造血干细胞采集。健康产妇分娩时待胎儿娩出后，迅速结扎脐带，以采血针穿刺脐静脉收集残留于脐带和胎盘内的血液，置于脐带血造血干细胞库保存备用。

2. 造血干细胞输注

（1）骨髓输注。异体骨髓输注前，需应用抗过敏药物。如供、受者ABO血型不合，应清除骨髓中的红细胞后再输注，若供、受者ABO血型相合，即可输入。输注时用无滤网的输液器由中心静脉导管输入，输注速度要慢，观察15～20分钟无不良反应再调整滴速，一般100滴/分左右。输注剩余约5 mL骨髓时弃去，以防发生脂肪栓塞。同时根据骨髓中的肝素总量，经另一路静脉给予相应的鱼精蛋白中和。输注过程中注意观察患者的生命体征和各种反应，有无肺水肿征兆等，若出现皮疹、酱油色尿、腰部不适等溶血现象应立即停止输注，并配合医师做好相应的救治工作。自体骨髓在预处理结束后输注，输注时需提前从冰箱取出，室温放置0.5～1小时，方法同异体骨髓输注。

（2）外周血造血干细胞输注。自体外周血造血干细胞因冷冻剂或细胞破坏可导致过敏反应，回输前加用抗过敏药物；冷冻保存的造血干细胞在38.5～40℃的恒温水中迅速复温融化，立即用无滤网的输液器由中心静脉导管输入，同时另一路静脉给予鱼精蛋白中和肝素，并注意水化、碱化，维持足够尿量直至血红蛋白尿消失。异体外周血造血干细胞在采集后按每50～100 mL加200 mL生理盐水稀释，而后立即输注给受者，方法同自体造血干细胞输注。

（3）脐带血造血干细胞输注。脐带血回输量小，约100 mL，回输时要避免防漏液现象，同时密切观察患者心率变化，随时调整推注速度。

【术后护理】

1. 休息与活动　患者宜多卧床休息，根据血小板回升情况及病情，协助患者适当进行室内活动，注意患者安全，必要时加床档。

2. 饮食护理　鼓励患者进食，增加营养，以高蛋白、高维生素、无渣、清淡、易消化饮食为宜。食物必须经蒸煮或微波炉消毒后才可食用，水果洗净后用1∶5 000高锰酸钾液浸泡30分钟，用无菌刀削皮后食用。

3. 心理护理　造血干细胞移植前后患者心理压力和精神负担较重，常有恐惧和焦躁感，情绪易波动。护理人员要给予关心体贴、鼓励安慰，向其讲解造血干细胞移植的先进性和可靠性，使其树立信心，积极配合。随时了解患者对治疗和护理的需求，尽量给予满足。及时有效地处理不良反应，减轻患者痛苦，使患者在隔离环境中有安全感、舒适感。

4. 病情观察

（1）移植并发症的观察及护理

1）感染是最常见的并发症之一，也是移植成败的关键。移植后由于全血细胞减少、粒细胞缺乏、黏膜屏障受损、留置导管、免疫低下，导致感染相当常见。移植早期（移植后2个月内）是感染的危险期，以细菌感染尤其是革兰阴性杆菌败血症多见，真菌感染也可发生;移植中期(移植后第2~3个月)主要为病毒感染,常见的有单纯疱疹病毒Ⅰ型和Ⅱ型感染,尤以巨细胞病毒引起的间质性肺炎最严重;恢复后期(移植3个月之后的时间)的感染多与移植物抗宿主病有关,以肺炎病毒感染多见,亦可有细菌、真菌和寄生虫感染等。应针对预防感染制定护理措施:①严格保持患者居住环境和用物无菌,控制入室人员,监测空气含菌、含尘浓度。②严格执行医护人员的自身净化制度,一切治疗护理过程严格无菌操作。③加强基础护理,严格保持患者自身无菌。④增强患者免疫力,如可应用粒细胞集落刺激因子、粒单细胞集落刺激因子等。

2)移植物抗宿主病(graft versus host disease,GVHD)是异基因造血干细胞移植成功后最严重的并发症,由供体T细胞攻击受者同种异型抗原所致。临床表现有急、慢性两种:急性GVHD,发生于移植后100日内,主要表现为皮肤黏膜和肝损害,可出现广泛性皮疹、腹泻、便血、肝功能异常等。如发生在移植后10日内称为"超急性GVHD",病情较凶险,急性GVHD发生越早,预后越差。慢性GVHD,发生于移植后100日之后,是一种类似自身免疫性疾病的全身性疾病,常累及多个器官,皮肤损害最常见,表现为皮肤色素沉着或减少,其次还可出现口腔溃疡、眼结膜干燥、肝功异常及多脏器损坏。在护理工作中应注意:①密切观察有无本并发症的各种表现,及早发现并配合医师做好救治工作。②输注血液制品时,需用γ射线或紫外线照射后才能使用,以免带入免疫活性细胞。

3)肝静脉闭塞病(hepatic veno-occlusive disease,HVOD)是指肝内小静脉阻塞、小叶中心窦状隙纤维化、肝细胞坏死,窦状隙血流减慢而引起的综合征。临床上以肝肿大、黄疸和体液潴留为特征,常发生于移植后7~12日。其发生可能与预处理所致的肝细胞和血管内皮细胞损伤、细胞因子激活、凝血机制的改变有关。因此,移植后应注意观察患者有无上述改变,并协助医师进行有关检查,及早预防和治疗本并发症。

4)间质性肺炎(interstitial pneumonia,IP)是异基因骨髓移植的严重并发症。主要与感染、全身照射、GVHD等有关。大多发生在移植后7~10周,起病急、进展快,表现为突发呼吸困难、呼吸频率快、发绀、低氧血症、发热和血流动力学改变,X线胸片呈弥漫性间质性改变。一旦发生,死亡率高达80%,呼吸衰竭是主要的直接死亡原因。故护士应密切观察患者有无呼吸的改变,积极预防肺部感染,如有异常及时报告医师,治疗时必须迅速高流量正压给氧。

(2)加强大静脉插管的观察和护理。维持大静脉插管畅通,保证液体、营养成分及药物准确及时地输入是保证治疗必不可少的重要环节。向患者说明维持中心静脉插管的重要性,定时检查导管有无裂隙、进气或接头滑脱,插管部位每日消毒换药,告诉患者切忌用手触摸伤口表面,防止感染和空气栓塞。导管一般在迁出层流室前3~5日拔出。

(3)观察患者的血象和骨髓象。移植后每日或隔日做血常规检查,通常第2周开始血象上升;第4~6周血象迅速恢复,骨髓象转为正常。

(4)观察造血干细胞移植成活的证据。主要依靠检测患者移植前后供体血细胞和免疫学的一些标志,这些标志在移植前应为患者型,移植成功后为供者型。直接证据是患者骨髓和血细胞在细胞遗传学、红细胞同工酶等方面与供者源的造血细胞保持一致,对供、受者ABO血型不同的移植,受者血型逐渐转变为供者血型;植活的间接证据是患者血象恢复正常,异基因骨髓移植的受者出现移植物抗宿主病。

5. **用药护理** 环孢素和甲氨蝶呤是预防急性移植物抗宿主病的主要药物。环孢素有肝、肾毒性，部分患者可出现高血压、胃肠道反应、多毛、齿龈增生等不良反应；甲氨蝶呤可致口腔及胃肠黏膜溃疡。要向患者说明可能出现的不良反应，并定期检查肝、肾功能，监测血压和尿量，以便及早发现和更好地配合治疗。环孢素在输注时，抽取药液应准确和避免浪费，抽药时，最好用 1 mL 注射器，配上 12 号针头抽吸。一次用不完剩下的药液用 5 mL 注射器抽出，用无菌包包好置冰箱冷藏，以备下次再用，输注时不得与其他药物混输。口服水剂型，需用吸管准确抽吸后直接注入口中，温开水送服。大剂量糖皮质激素易诱发消化道出血和感染，应注意观察粪便颜色和质地，有无腹痛、体温升高等。

二、骨髓穿刺术

骨髓穿刺术（bone marrow puncture）是一种常用的诊疗技术，目的是采取骨髓液，用以观察骨髓内细胞形态及分类，以协助诊断、治疗血液病和预后的判断。做骨髓涂片或细菌培养，用以检查某些传染病和寄生虫病；采集供者骨髓，以备骨髓移植。

【适应证和禁忌证】

1. 适应证
（1）协助诊断各种贫血、血小板或粒细胞减少症、造血系统肿瘤及某些传染病和寄生虫病。
（2）观察血液系统疾病的治疗效果和不良反应。
（3）骨髓给药或骨髓移植。
2. 禁忌证 血友病等出血性疾病，穿刺局部感染。

【操作方法】

（1）选择适宜穿刺部位，常用的有髂前上棘穿刺点、髂后上棘穿刺点、胸骨穿刺点、腰椎棘突穿刺点。
（2）常规消毒皮肤，戴无菌手套，铺无菌孔巾，用 2% 利多卡因行局部皮肤、皮下及骨膜麻醉。
（3）将骨髓穿刺针固定器固定在一定长度，右手持针向骨面垂直刺入，当针尖接触骨质后则将穿刺针左右旋转，缓缓钻刺骨质。穿刺针进入骨髓腔后拔出针芯，接上干燥的 10 mL 注射器，用适当力量抽吸骨髓液 0.1~0.2 mL 滴于载玻片上，迅速涂片送检，行细胞形态学及细胞化学染色检查。如需作骨髓液细菌检查，再抽取 1~2 mL。
（4）抽吸完毕重新插入针芯，拔出穿刺针，用无菌纱布置于针孔处，按压 1~2 分钟后，用胶布固定。

【术前准备】

（1）向患者解释本检查的目的、意义及操作过程，取得患者的配合。
（2）化验出血及凝血时间。
（3）准备用物如治疗盘、骨髓穿刺包（含骨髓穿刺针、5 mL 和 10 mL 注射器、7 号针头、孔巾、纱布等）、棉签、2% 利多卡因、无菌手套、玻片、培养基、酒精灯、火柴、胶布等。

【术中配合】

（1）协助患者采取适宜的体位。于胸骨、髂前上棘作穿刺，患者取仰卧位，胸骨穿刺时需用枕头垫于背后，以使胸部稍突出；髂后上棘穿刺者取侧卧位或俯卧；棘突穿刺点则取坐位，尽量弯腰，头俯屈于胸前使棘突暴露。

（2）术中叮嘱患者保持体位不变，并观察有无不良反应。

【术后护理】

（1）向患者说明术后穿刺处疼痛是暂时的，不会对身体有影响。

（2）注意观察穿刺处有无出血，如果有渗血，应立即更换无菌纱块，压迫伤口，直至无渗血为止。

（3）保护穿刺处，指导患者48～72小时内不要弄湿穿刺处，多卧床休息，避免剧烈活动，防止伤口感染。

血液病包括各类红细胞疾病、白细胞疾病及出血性疾病。其共同特点是贫血、出血、感染三大症状。确诊有赖于实验室检查，尤其是骨髓象检查。本项目学习的重点是各种贫血、急慢性白血病、出血性疾病的临床表现、主要护理诊断、护理措施、健康教育，学习难点是各病的病因及发病机制、实验室检查、其他检查和治疗要点。在学习过程中可通过临床见习、病例讨论及多媒体演示等方法，加深对疾病的认识和理解，提高分析解决问题的能力。

（董　蕾）

A₁/A₂型题：

1. 血液病患者最应警惕的情况是　　　　　　　　　　　　　　　　　　　　　　　　（　）
   A. 皮肤黏膜出血　　　　　　B. 呼吸道出血　　　　　　C. 颅内出血
   D. 泌尿生殖道出血　　　　　E. 消化道出血

2. 患者，女，16岁。诊断为缺铁性贫血入院。护士为其进行饮食指导，最恰当的饮食组合是（　）
   A. 鱼、咖啡　　　　　　　　B. 羊肉、橙汁　　　　　　C. 瘦肉、牛奶
   D. 鸡蛋、可乐　　　　　　　E. 豆腐、绿茶

3. 与白血病无关的因素是　　　　　　　　　　　　　　　　　　　　　　　　　　　　（　）
   A. 物理化学因素　　　　　　B. 病毒因素　　　　　　　C. 药物因素
   D. 免疫功能亢进　　　　　　E. 遗传因素

4. 有关口服铁剂的注意事项，错误的是 （ ）
  A. 向患者说明服用铁剂后可出现黑便
  B. 服用铁剂前后1小时禁饮浓茶
  C. 避免铁剂溶液与牛奶同服
  D. 服铁剂溶液时要用吸管吸入咽下
  E. 症状改变后可停药

5. 患者，男，50岁。因再生障碍性贫血接受丙酸睾酮注射治疗1个月，护士每次为患者进行肌内注射前应首先检查 （ ）
  A. 面部有无痤疮   B. 有无毛发增多   C. 有无皮肤黏膜出血
  D. 注射部位有无硬块   E. 口唇、甲床的苍白程度

6. 关于铁代谢，下列说法错误的是 （ ）
  A. 人体内的铁主要来源于食物
  B. 人体内吸收的铁为三价铁
  C. 女性铁的丢失形式主要为月经、粪便、哺乳、妊娠等
  D. 合成红细胞的铁主要来源于衰老红细胞破坏释放的铁再利用
  E. 人体铁的贮存形式主要为含铁血黄素和铁蛋白

7. 再生障碍性贫血患者一般不会出现 （ ）
  A. 面色苍白   B. 皮肤紫癜   C. 肝、脾、淋巴结肿大
  D. 肛周感染   E. 全血细胞减少

8. 出血患者住院期间出现高热，护理措施不妥的是 （ ）
  A. 物理降温   B. 遵医嘱给予退热药   C. 乙醇擦浴
  D. 及时擦干皮肤，更换衣物   E. 防止患者出现虚脱

9. 患者，女性，32岁。诊断为特发性血小板减少性紫癜，口服泼尼松60 mg/d，经6个月治疗症状无缓解，近期出血加重。进一步考虑 （ ）
  A. 脾切除   B. 免疫抑制剂   C. 输注血小板悬浮液
  D. 血浆置换   E. 骨髓移植

10. 患者，女性，32岁。因牙龈及全身皮肤出血而就医。化验：Hb 100 g/L，RBC $4.5×10^{12}$/L，WBC $3.0×10^9$/L，PLT $20×10^9$/L。骨髓检查示增生不良，应首先考虑 （ ）
  A. 急性再生再障性贫血   B. 慢性再生再障性贫血   C. 急性白血病
  D. 特发性血小板减少性紫癜   E. 脾功能亢进

A₃/A₄型题：

(11～14题共用题干)

患者，男性，25岁。头晕、乏力2年，全身有散在出血点。检查：Hb 70 g/L，RBC $3.5×10^{12}$/L，WBC $2.0×10^9$/L，PLT $30×10^9$/L，肝、脾、淋巴结均无肿大，骨髓增生低下。

11. 患者最可能的诊断是 （ ）
  A. 白血病   B. 慢性再生障碍性贫血   C. 缺铁性贫血
  D. 巨幼红细胞性贫血 E. 特发性血小板减少性紫癜

12. 该患者的发病机制是 （ ）
  A. 病毒感染   B. 缺乏叶酸和维生素 B_{12} C. 缺乏铁
  D. 骨髓受抑制   E. 血小板遇到破坏

13. 为进一步明确诊断需做的检查是 （ ）
  A. 骨髓穿刺   B. 血象检查   C. 铁蛋白测定

D. 免疫学检查　　　　　　　E. 生化检查

14. 治疗该疾病首选的药物是　　　　　　　　　　　　　　　　　　　　　　　　（　）
A. 叶酸　　　　　　　B. 糖皮质激素　　　　　　C. 雄激素
D. 铁剂　　　　　　　E. 羟基脲

(15~17题共用题干)

患者，男性，36岁。5天前发热、咽痛，抗生素治疗无效，颈部浅表淋巴结肿大，咽充血。扁桃体Ⅱ度肿大，下肢少许淤血。白细胞$16.6×10^9/L$，原始细胞0.60，血红蛋白80 g/L，血小板$34×10^9/L$。

15. 最有可能的诊断是　　　　　　　　　　　　　　　　　　　　　　　　　　（　）
A. 特发性血小板减少性紫癜　　B. 缺铁性贫血　　　　　C. 再生再障性贫血
D. 溶血性贫血　　　　　　　　E. 急性白血病

16. 体检中特别注意的体征是　　　　　　　　　　　　　　　　　　　　　　　（　）
A. 睑结膜苍白　　　　B. 胸骨压痛　　　　　　　C. 浅表淋巴结肿大
D. 皮肤出血点　　　　E. 心脏杂音

17. 为明确诊断应做的检查是　　　　　　　　　　　　　　　　　　　　　　　（　）
A. 血小板抗体　　　　B. 血清铁蛋白　　　　　　C. 骨髓扫描
D. 淋巴结活检　　　　E. 骨髓涂片细胞学检查

(18~20题共用题干)

患者，男性，30岁。于2年前因胃溃疡做过胃切除术，近半年来经常头晕、心悸，体力逐渐下降，诊断为缺铁性贫血。

18. 该患者贫血的原因可能是　　　　　　　　　　　　　　　　　　　　　　　（　）
A. 铁摄入不足　　　　B. 铁需要量增加　　　　　C. 铁吸收不良
D. 铁消耗过多　　　　E. 铁不能利用

19. 给患者口服10%枸橼酸铁胺和稀盐酸治疗，下列有关口服铁剂的护理哪项错误　（　）
A. 宜于进餐时或进餐后服用
B. 需用吸管服用
C. 禁饮茶
D. 如有消化道反应，可与牛奶同服
E. 血红蛋白恢复正常后，仍应继续治疗数月

20. 该患者外周血红细胞形态主要为　　　　　　　　　　　　　　　　　　　　（　）
A. 巨红细胞　　　　　B. 正常细胞正常色素　　　C. 小红细胞低色素
D. 巨幼红细胞　　　　E. 球形红细胞

项目七 风湿性疾病患者的护理

任务一 概述

知识目标
1. 掌握：风湿性疾病的概念、常见症状、体征的评估。
2. 熟悉：风湿性疾病的临床特点、实验室和其他检查。
3. 了解：风湿性疾病的分类、病因。

技能目标
能对风湿性疾病常见症状、体征进行评估。

风湿性疾病简称风湿病，是指病变累及骨、关节及周围软组织，主要以肌肉、肌腱、韧带、神经等为主，并累及全身多个系统、多个脏器的一组疾病。本病多见于年轻女性，男女之比为（1∶7）～9。这类疾病最突出的表现是关节的慢性疼痛、肿胀和活动障碍，反复发作。风湿性疾病原因复杂，主要与感染、免疫、代谢、内分泌、退行性病变、环境、遗传等因素有关。风湿性疾病种类较多，本项目主要介绍类风湿关节炎和系统性红斑狼疮。

一、风湿性疾病的分类

风湿性疾病根据其发病机制、病理类型及临床特点被分为十类近200种疾病，目前临床常用的分类方法为1983年美国风湿协会所制定的分类方法。见表7-1。

表7-1 风湿性疾病分类

分　类	主要疾病名称
1. 弥漫性结缔组织病	类风湿关节炎、红斑狼疮、硬皮病、多肌炎、重叠综合征、血管炎病等
2. 脊柱关节病	强直性脊柱炎、Reiter综合征、银屑病关节炎、未分化脊柱关节病等
3. 退行性病变	骨关节炎（原发性，继发性）
4. 与代谢和内分泌相关的风湿病	痛风、假性痛风、马方综合征、免疫缺陷病等
5. 和感染相关的风湿病	反应性关节炎、风湿热等
6. 肿瘤相关的风湿病	A. 原发性（滑膜瘤、滑膜肉瘤等），B. 继发性（多发性骨髓瘤、转移瘤等）
7. 神经血管疾病	神经性关节病、压迫性神经病变（周围神经受压、神经根受压等）、雷诺病等
8. 骨与软骨病变	骨质疏松、骨软化、肥大性骨关节病、弥漫性原发性骨肥厚、骨炎等
9. 非关节性风湿病	关节周围病变、椎间盘病变、特发性腰痛、其他痛综合征（如精神性风湿病）等
10. 其他有关节症状的疾病	关节周期性风湿病、间歇性关节积液、药物相关的风湿综合征、慢性活动性肝炎

二、风湿性疾病的病理及临床特点

病理活组织检查对风湿性疾病的诊断及指导治疗具有重要意义，如小血管炎对系统性红斑狼疮的诊断，滑膜炎对类风湿关节炎的诊断，唾液腺炎对干燥综合征的诊断，均有重要意义。基本病变为血管和结缔组织慢性炎症，早期结缔组织的基质发生黏液性水肿，继而出现纤维样变性和坏死性血管炎，并有苏木紫小体出现的狼疮细胞和病变部位的炎性细胞浸润。风湿性疾病的共同特点有：①属自身免疫性疾病，其病因、发病机制均与自身免疫反应有关。②病变可累及多系统、多脏器，几乎都伴有关节损伤。③异质性，即同一疾病其临床表现、对糖皮质激素治疗疗效反应、预后等差异较大。④疾病多为慢性病程，其病情发作与缓解交替发展，逐步累及多系统、多脏器，只有早期诊断、合理治疗，才能使病情长期缓解，达到良好的预后。

三、风湿性疾病的评估

风湿性疾病是以关节及其软组织受累为主的一组疾病，但是关节外表现也很多，所以临床上对患者的评估要系统并且全面。风湿性疾病患者的护理评估着重以下几方面。

【健康史】

1. 疾病的病因、发生、发展　风湿性疾病多为慢性病程，病情反复发作，起病有时隐匿，诱发原因多样，所以，发病的时间、有无诱发因素及疾病的发生、发展、患者对发病过程中症状的描述都尤其重要。

（1）骨、关节、肌肉的情况：关节的病变多为慢性过程、反复发作，要重点评估关节病变部位及发作特点。如疼痛的关节有无晨僵、肿胀和压痛，有无关节畸形和功能障碍等。

（2）关节外表现：关节外表现对临床诊断有非常重要的意义。如系统性红斑狼疮患者出现的蝶形红斑，干燥综合征出现的口眼干燥，白塞病（贝赫切特综合征）患者出现的反复无痛性口腔溃疡等。

2. 既往病史评估　评估患者既往的健康状况和就医情况，如关节的疼痛开始和持续的时间，患者有无化学制剂的长期接触史，以及有无光过敏史及使用特殊药物摄入史。

3. 生活史

（1）患者的年龄与性别：风湿性疾病年龄跨度较大，但很多疾病的发病年龄与性别对诊断都具有一定的参考价值。如系统性红斑狼疮患者好发于育龄期年轻女性；类风湿性关节炎好发于中年女性，强直性脊柱炎好发于青年男性等。

（2）个人嗜好及生活习惯：重点评估关节是否长期暴露、受凉，居住环境是否阴冷、潮湿，有无长时间接触和使用化学生物制剂等。

【心理-社会状况】

风湿性疾病患者多为中青年女性，而且疾病的发生与发展可能会因关节畸形、功能障碍导致生活质量的严重下降，易造成患者严重的精神心理负担；同时在疾病治疗的过程中，糖皮质激素的使用及其产生的不良反应对容貌的影响也会给患者带来较大的心理压力。因此，要注意评估患者的心理情况。主要包括：①评估疾病对患者的日常生活和工作的影响程度，有无焦虑、悲观、抑郁、孤独等心理反应及其程度。②患者对疾病本身、治疗及预后和预防知识的了解与认知的程度。③了解患者在疾病治疗中的依从性，评估患者家庭成员组成、家庭经济情况、文化教育程度等。

【身体状况】

风湿性疾病常见的主要症状和体征如下。

1. 关节疼痛、肿胀　是风湿性疾病的最常见的症状，多发生在骨、关节和肌肉，如类风湿关节炎的疼痛多发生在近端指掌关节，强直性脊柱炎的疼痛多发生在脊柱和骶髂关节。不同疾病疼痛关节的分布及疼痛特点，见表7-2。

2. 晨僵　又称关节僵硬，是指患者关节静止或休息一段时间后再活动时出现的关节局部不适，疼痛僵硬，如胶黏样感，活动后可缓解或消失。因晨起后表现明显故称为晨僵。

晨僵是判定滑膜关节炎症活动性的重要指标。晨僵持续的时间与炎症的严重程度具有一定的相关性。如类风湿性关节炎患者晨僵持续的时间多在1小时以上，而骨关节炎的晨僵一般持续几分钟后就能缓解。

表7-2　不同疾病疼痛关节的分布及疼痛特点

疾病	易受累关节	分布	疼痛特点
类风湿关节炎	腕、掌指、近端指间	多个、对称	持续性
强直性脊柱炎	骶髂、脊柱、膝、踝	中轴性或不对称性	持续性
骨性关节炎	膝、髋	单侧或双侧	休息后减轻
风湿热	髋、膝、腕、踝、肘	对称性	游走性
痛风	第一跖趾	单侧	剧烈

3. 关节畸形和活动障碍　病变早期因关节肿胀、疼痛导致关节活动受限，晚期因关节骨质破坏、纤维骨质粘连、关节半脱位导致关节活动严重障碍，最终导致关节畸形、功能丧失。如类风湿关节炎患者病变晚期可出现典型的尺侧偏向畸形，导致关节功能障碍，自理生活能力下降。

4. 皮肤和黏膜受损　风湿性疾病患者多数可出现皮肤红斑、皮疹或破损，有的出现皮下结节、雷诺现象及口腔黏膜溃疡等。如类风湿性关节炎患者可在肘关节附近出现皮下结节；而系统性红斑狼疮患者面部常有对称性皮肤受损。

5. 其他表现　①发热：风湿性疾病多伴有长期反复低热，发热是部分患者初次就诊的原因之一。②口眼干燥症：因泪腺及唾液腺分泌下降，导致口干眼干。③眼部病变：类风湿性关节炎患者多为浅层巩膜炎或巩膜炎，系统性红斑狼疮多为视网膜血管病。④肾脏损害：风湿病可累及肾脏，以系统性红斑狼疮和系统性血管炎最多见。肾脏病变导致肾功能衰竭是风湿病的主要死亡原因，也是决定风湿性疾病预后的主要因素之一。⑤心脏损害：风湿性疾病可累及心脏，导致心肌炎、心包炎，心血管病变为风湿性疾病主要致死原因，也是决定其预后的主要因素之一。⑥光敏感：光敏感指皮肤暴露于日光或紫外线下易导致皮肤过敏出现皮疹，见于系统性红斑狼疮或皮肤型狼疮患者。

【实验室和其他检查】

1. 免疫学检查

（1）自身抗体。风湿性疾病患者体内往往会出现特异性自身抗体，自身抗体的出现是风湿性疾病的一大特点，也是诊断的依据之一。现临床用于风湿病常用的自身抗体检测有：①抗核抗体。见于几乎所有系统性红斑狼疮患者，阳性率高，但特异性低，阳性不能与其他结缔组织病鉴别。②抗双链DNA抗体。是诊断系统性红斑狼疮的重要抗体，阳性常提示疾病活动，阳性率约70%，特异性约95%，对确诊本病和估计病情有较高价值。③抗Sm抗体。是系统性红斑狼疮的标志性抗原，特异性高达99%，但阳性率差，约25%，阳性与疾病活动无关。④抗RNP抗体、抗SSA抗体等在本病均可出现。

（2）抗磷脂抗体。目前临床应用的抗磷脂抗体包括狼疮抗凝物、抗心磷脂抗体等。本抗体与血小板减少、动静脉血栓、习惯性自发性流产有关。

（3）类风湿因子（RF）。类风湿因子阳性可见于类风湿关节炎、系统性红斑狼疮、系统性硬化病患者，其阳性可提示疾病活动，与疾病严重性相关。

（4）补体及免疫球蛋白。总补体（CH_{50}）及补体C_3、C_4成分可降低，补体低下不仅有助诊断系统性红斑狼疮，而且能提示疾病活动；免疫球蛋白IgG、IgA、IgM均升高。

2. 常规检查　血常规、尿常规、粪便常规及肝、肾功能检查可有相应改变，特别是血沉增快与风湿病活动有关。如狼疮性肾炎时，尿中可见蛋白、红细胞及管型；肝功能受损时，转氨酶升高和胆红素代谢异常；肾功能受损时，血肌酐及尿素氮升高。

3. 其他检查　包括人类白细胞抗原检测、关节液检查、病理检查等。皮肤狼疮带试验阳性有助于诊断系统性红斑狼疮；肾脏活组织检查对狼疮肾炎的诊断、预后有一定的价值。另外，影像学检查是风湿性疾病主要的辅助检查方法，如：X线是骨和关节病变最常用的检查方法；MRI是骨、软骨及其周围组织等病变常用的检查方法；超声心动图对心肌病变、心包积液、瓣膜病变等有重要的价值。

（董　蕾）

任务二　类风湿关节炎患者的护理

知识目标

1. 掌握：类风湿关节炎的临床表现、实验室检查特点、护理诊断、合作问题、护理措施及健康教育。
2. 熟悉：类风湿关节炎的治疗要点。
3. 了解：类风湿关节炎的概念、病因及发病机制。

技能目标

1. 能指导类风湿关节炎患者关节损害的护理。
2. 能对类风湿关节炎患者进行健康指导。

案例导入

病例：患者，女，45岁。主诉多关节疼痛5年，近2年来出现双手指间关节及掌指关节肿胀。晨起伴僵硬感，活动后僵硬感可减轻。近来疼痛加剧，并出现明显的指关节变形，呈梭形。护理体检：指关节变形呈梭形肿胀，掌指关节半脱位并向尺侧偏斜。实验室检查：WBC $8.2×10^9$/L，PLT $383×10^9$/L，Hb 105 g/L，血沉 58 mm/h。

类风湿因子阳性，抗核抗体阴性。X线片显示指关节与腕关节骨质疏松、关节间隙变窄。

请问： 1. 本病关节损伤的特点有哪些？写出2个主要的护理诊断。
2. 如何对患者进行关节护理？

类风湿关节炎（RA）是一种以周围对称性多关节炎症和骨质破坏为主要特征的自身免疫性疾病。本病是慢性、对称性、进行性、侵蚀性疾病，临床表现为受累关节疼痛、肿胀、功能下降。发作与缓解交替进行，如治疗不当，病情逐渐加重，晚期可出现受累关节强直、畸形，功能严重障碍，患者的生活质量下降，甚至致残。因此，早期诊断、早期治疗至关重要。我国类风湿关节炎的患病率为0.32%~0.36%，略低于世界平均水平。本病可见于任何年龄，其中以35~50岁为主，男女之比为1∶3。

【病因】

病因目前不清，但可能与以下因素有关。

1. **感染因素** 有研究显示某些病毒、细菌感染通过某些途径影响类风湿关节炎的发病和病情进展，并可能诱发此病。

2. **免疫因素** 约80%的RA患者体内可检出类风湿因子。类风湿因子为免疫球蛋白，其中IgM型可以和免疫球蛋白IgG分子形成大分子的免疫复合物，沉积在滑膜组织上，补体激活后诱发类风湿性滑膜炎。免疫紊乱是RA的主要发病机制，在病程发展中，T细胞受体库的不同T细胞克隆因受体体内外不同抗原的刺激而活化增殖，滑膜巨噬细胞也随之活化，产生大量的致炎性细胞因子，使致炎性细胞因子和抗炎细胞因子处于失衡状态，促使滑膜发生慢性炎症，最终导致关节畸形。B淋巴细胞激活后分化为浆细胞，分泌大量的免疫球蛋白和抗体（如类风湿因子、抗环瓜氨酸肽抗体等），抗体与抗原结合形成的免疫复合物可以激活补体，诱发炎症。另外，类风湿关节炎患者，血清中较高滴度的抗Ⅱ型胶原抗体与关节软骨的破坏有关，从而造成慢性、广泛性、反复发作的关节病变。

3. **遗传易感性** 流行病学调查显示，类风湿关节炎的家族史较明显，通过分子生物检测法发现，其遗传基因之一表现为HLA-DR4，它出现在类风湿关节炎患者的频率明显高于正常人群；另外，DQ及HLA以外的基因如T细胞受体基因、性别基因、TNF基因等都与类风湿关节炎发病有一定关系。

4. **其他** 如潮湿、寒冷、内分泌失调、疲劳、创伤、营养不良及精神刺激等，常为本病的诱发或加重因素。

类风湿性关节炎的基本病理变化是关节滑膜炎、类风湿血管炎和类风湿结节。其中，滑膜炎是类风湿关节炎病变的基础，血管炎则是类风湿关节炎关节外病变的基础。关节外病变可累及中、小血管导致血管管腔狭窄或阻塞。类风湿结节是血管炎的一种表现，多见于关节伸侧受压部位的皮下组织。

【临床表现】

可以在任何年龄发病,最常见于中年女性。RA通常缓慢隐匿起病,临床表现以关节病变为主,在关节症状出现前数周或数月常伴有发热、乏力、全身不适、食欲减退、体重减轻等症状。

1. 关节表现　RA主要侵犯四肢小关节,最常受累的部位为腕、掌指关节、近端指间关节,其次为足趾、膝、踝、肘、肩等关节,颈椎、颞下颌关节、髋关节也可受累,最早侵犯近侧指间关节,很少累及远端指间关节、脊柱。可分为滑膜炎症状和关节结构破坏两个方面,滑膜炎经治疗后有一定可逆性,而关节结构破坏一旦出现很难逆转。可有以下表现。

(1) 晨僵。受累关节在夜间或日间静置一段时间后(尤其是晨起)出现较长时间的关节僵硬,如胶黏附样的感觉,持续时间往往大于1小时。95%以上的RA患者会出现晨僵现象,晨僵持续时间和关节炎症的程度成正比,常被作为判断本病活动性的指标之一。其他疾病也可出现关节僵硬,但无本病严重及持久。

(2) 疼痛与压痛。关节疼痛是本病的首发表现。多呈对称性、持续性,时轻时重,常伴压痛,受累关节皮肤可出现褐色色素沉着。

(3) 关节肿胀。多与关节腔内积液量增加或关节周围的软组织水肿有关,病程较长者可因慢性滑膜炎症、滑膜肥厚引起关节肿胀,特别是近端指关节呈对称性梭形肿胀,称梭状指。如图7-1。

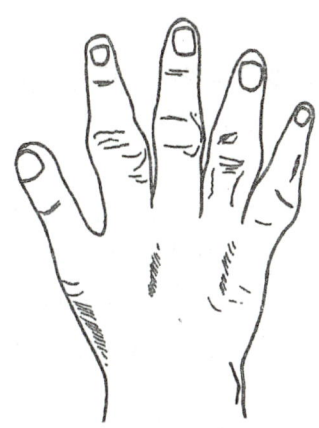

图7-1　梭状指

(4) 关节畸形及功能障碍。多见于晚期患者。因滑膜炎的绒毛破坏了软骨和软骨下的骨质结构造成关节纤维化或骨性强直,又因为关节周围的肌腱、韧带受损使关节不能保持正常位置。最常见的畸形是腕和关节强直,掌指关节的半脱位和尺侧偏斜、屈曲畸形、手指"天鹅颈样"畸形或"纽扣花"畸形。关节周围肌肉萎缩、痉挛则使畸形更为加重。关节肿胀、关节结构破坏和关节畸形都可引起关节的功能障碍,严重者导致患者生活不能自理。如图7-2。

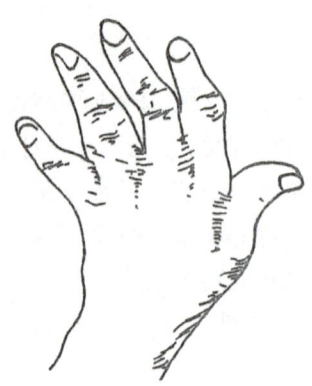

图7-2　尺侧偏斜屈曲畸形

2. 关节外表现

（1）类风湿结节。20%～30%的患者出现，多位于关节隆突部和受压、摩擦部位的皮下，如前臂伸面、肘鹰嘴附近、跟腱及枕骨等部位，另外，心、肺等部位均可受累。结节大小不一，直径由数毫米至数厘米，质硬、无压痛，对称性分布。类风湿结节是本病较特异的皮肤表现，也是判断病情活动的标志。

（2）类风湿血管炎，是关节外病变的病理基础。一般为指甲下有棕色小点或甲床呈裂片样出血（甲床周围的血管炎）、巩膜炎、下肢皮肤的慢性溃疡。严重者可出现局部组织的缺血性坏死，如肠坏死、心肌梗死等。

（3）肺部。肺受累以肺间质病变最常见，也可为结节性肺病，影像学检查有利于早期诊断；另约10%的患者出现胸膜炎，积液量多时有气促、呼吸困难等表现，胸水性质多为渗出液改变，糖含量减低。

（4）心脏。心包炎最常见，约30%患者通过超声心动图检查能发现有少量心包积液，多不引起临床症状。冠状动脉、心肌和心瓣膜受累时，可出现相应的表现。

（5）神经系统。①周围神经病变可因正中神经在腕关节处受压而出现腕管综合征；也可出现周围神经炎。②脊髓受压出现进行性加重的双手感觉异常和肌力减退，腱反射亢进和病理反射阳性。

（6）血液系统。贫血和血小板增多在病情活动期常出现，病情稳定后贫血可改善，血小板也可恢复正常。

（7）干燥综合征。30%～40%患者可表现为口干、眼干、关节痛三大症状。

知识链接

美国风湿病学会按关节功能障碍影响生活的程度将类风湿性关节炎分为四级。Ⅰ级：能照常进行日常生活和各项工作。Ⅱ级：可进行一般的日常生活和某种职业工作，但参与其他项目活动受限。Ⅲ级：可进行一般的日常生活，但参与某种职业工作或其他项目活动受限。Ⅳ级：日常生活自理和参与工作的能力均受限。

【实验室和其他检查】

1. 血液检查 轻至中度小细胞低色素性贫血；活动期血小板增高；白细胞及分类多正常；血沉增快、C-反应蛋白增高说明疾病具有活动性。

2. 自身抗体

(1) 类风湿因子（RF）：约70%的患者类风湿因子阳性，少数患者抗核抗体阳性。类风湿因子的滴度与病变的严重程度成正比，但特异性差，可出现在系统性红斑狼疮、混合性结缔组织病、亚急性细菌性心内膜炎、结核病、高球蛋白血症等疾病，甚至约5%的正常人也可出现低滴度的类风湿因子。因此，类风湿因子阴性不能排除RA，类风湿因子阳性也不一定就能够诊断RA，需结合临床表现，才能确定本病。

(2) 抗环瓜氨酸肽抗体（CCP）：抗环瓜氨酸肽抗体对于早期诊断RA非常重要，在诊断中阳性率为66%，特异性达90%以上。已在临床中普遍使用。

(3) 免疫复合物和补体：70%患者血清中可出现各种不同类型的免疫复合物，尤其是活动期和类风湿因子阳性患者。血清补体在RA急性期和活动期均有升高，仅在合并血管炎时出现补体降低。

3. 关节滑液 关节有炎症时关节腔内滑液量增多，白细胞数显著增加，以中性粒细胞为主，黏度差，含糖量低于血糖。

4. X线检查 手指及腕关节的摄片对本病的诊断、分期、监测疗效有重要价值。Ⅰ期可见关节周围软组织的肿胀阴影，关节端的骨质疏松；Ⅱ期可见关节间隙因软骨的破坏而变窄；Ⅲ期出现关节面虫蚀样破坏性改变；Ⅳ期则出现关节半脱位和关节破坏后的纤维性和骨性强直。

知识链接

目前多采用1987年美国风湿病学院修正的RA诊断标准。此标准共7项，凡具备其中4项即可诊断本病。另有2010年美国风湿病学院及欧洲抗风湿病联盟提出新的类风湿关节炎的分类标准和评分系统。

1987年美国风湿病学院修正的诊断标准如下。

(1) 晨僵，每日持续至少1小时，至少6周。
(2) 3个或3个以上的关节肿胀，至少6周。
(3) 腕、掌指、近端指间关节肿胀，至少6周。
(4) 对称性关节肿胀，至少6周。
(5) 有皮下结节。
(6) 手的X线检查改变（至少骨质疏松、关节间隙狭窄）。
(7) 血清类风湿因子阳性（滴度在1∶32以上）。

符合以上7项中4项者可诊断为类风湿性关节炎。

【治疗要点】

治疗本病的目的是消除或缓解症状，控制病情发展，尽可能地保持病变关节的功能；促进已破坏的关节恢复功能，提高生活质量。

1. 一般治疗　急性活动期、发热及内脏受累的患者应卧床休息，以减少体力消耗，限制关节活动，保持关节功能位，不宜绝对卧床休息；慢性缓解期患者症状缓解后鼓励患者及早下床活动、进行功能锻炼、配合物理治疗，防止关节僵硬和肌肉萎缩。

2. 药物治疗　抗风湿药可分为改善症状和控制疾病发展两大类。后一类药物尚在研究阶段。改善症状的抗风湿药常用的有三大类，①非甾体消炎药：主要用于止痛、消肿，但不能改变病程进展，应与慢作用抗风湿药同服。常用阿司匹林，3.0~6.0 g/d，分3~4次口服；吲哚美辛，75~100 mg，分3次口服。其他如塞来昔布、布洛芬、萘普生等。②慢作用抗风湿药：指作用慢，起效时间长，能延缓病程进展，缓解病情的一类药物。类风湿关节炎一旦确诊应及早使用本药。常用甲氨蝶呤7.5~20 mg，口服，一般4~6周起效，疗程至少6个月；其他如雷公藤制剂、青霉胺、柳氮磺吡啶、环磷酰胺等。在使用时需注意观察药物的不良反应。③糖皮质激素：本药有强大的抗炎作用，能迅速改善关节症状但不能控制病因，停药后易复发，加之不良反应较多，故应注意选择适应证。可用泼尼松口服，时间不宜过长，并逐渐以非甾体消炎药代替。

3. 外科手术治疗　包括关节置换和滑膜切除手术，前者适用于较晚期有畸形并失去功能的关节。滑膜切除术可以使病情得到一定的缓解，但当滑膜再次增生时病情又趋复发，所以，必须同时应用慢作用抗风湿药。

【护理诊断/问题】

1. 慢性疼痛（关节疼痛）　与关节炎性反应有关。
2. 生活自理能力缺陷　与关节活动受限有关。
3. 预感性悲伤　与疾病久治不愈、关节致残、影响生活质量有关。
4. 潜在并发症（废用综合征）　与关节骨质破坏有关。

【护理措施】

1. 休息与活动　急性期关节肿胀伴发热患者应注意卧床休息，减少活动。帮助患者采取舒适体位，卧床的患者各关节尽可能保持关节功能位。必要时给予石膏托、小夹板固定。协助患者进食、排便、洗漱、翻身等日常生活。避免疼痛部位受压，可用支架托起床上盖被。关节症状严重者不宜睡软床垫，枕头不宜过高。天气较冷时注意保暖，避免潮湿阴冷的环境。缓解期的患者应该加强关节的局部活动，并进行正确合理的功能锻炼。

2. 饮食护理　活动期患者宜补充足够蛋白质、丰富维生素和水分，维持机体正氮平衡，有利于组织修复。但摄入过多热量和蛋白质又会引起肥胖，从而导致关节负重增加，对受损的关节带来不利的影响。

3. 心理护理　由于关节受累，可引起关节畸形、功能障碍，极易导致患者生活质量和自理能力的下降，因此，对类风湿关节炎患者的心理护理非常重要。首先，应该帮助患者树立治疗与康复的信心，指导患者进行有效的关节功能锻炼。帮助患者掌握有效的治疗方法，教会患者如何避免生活中的不良行为及习惯的措施。制定康复目标，激发患者对家庭、社会的责任感,鼓励患者正确面对疾病,积极配合治疗,尽量做到生活自理,或参加力所能及的工作,体现生存价值。

4. 病情观察　重点观察并记录患者关节疼痛、肿胀的性质、部位、时间等,以及晨僵、关节畸形的进展或缓解情况。

5. 对症护理

(1) 晨僵。鼓励患者早晨起床后对僵硬的关节采用热疗,如温水浴、热敷、热水浸泡,而后活动关节。夜间睡眠给僵硬的关节戴弹力手套保暖,以减轻晨僵程度。晨僵明显且持续时间长者,可服用消炎止痛药物。

(2) 关节疼痛、肿胀。①为患者创造舒适的环境,避免过于吵闹或过于安静,以免引起患者痛阈降低,加重疼痛。避免寒冷的刺激,尤其是注意关节部位的保暖,减少关节的炎症反应,减轻疼痛。急性期关节疼痛、肿胀时应适当限制关节活动,采取舒适体位,尽可能保持关节的功能位,必要时使用石膏托或小夹板固定。缓解期应鼓励患者定时进行被动和主动关节活动锻炼,以利于恢复关节功能。活动时如有疼痛或疼痛加重,应指导患者及家属正确使用辅助工具,如拐杖、助行器、轮椅等,并注意劳逸结合以减轻疼痛。②合理使用非药物缓解疼痛,如采取松弛术、暗示、皮肤刺激疗法(冷敷、加压、震动等)可分散患者注意力,减轻疼痛。根据病情使用热敷、蜡疗、磁疗、超短波、红外线等,还可按摩肌肉,活动关节。③必要时遵医嘱适当选用非甾体抗炎药,如布洛芬、萘普生、阿司匹林、吲哚美辛等。注意观察药物的疗效和不良反应。

(3) 关节功能障碍。①根据患者关节功能障碍的程度,协助患者完成进食、大小便、洗漱、翻身等日常活动。帮助患者合理安排生活,如将经常使用的东西放在患者健侧手容易触及的地方,鼓励患者使用健侧手臂从事自我照顾的活动,尽可能帮助患者恢复生活自理能力。②为保持关节功能,防止关节畸形和肌肉萎缩,护士应指导、督促患者在病情得到控制后尽早进行肢体功能锻炼,鼓励患者及早下床活动。也可配合理疗、按摩,以增加局部血液循环,松弛肌肉,防止关节废用。肢体功能锻炼由被动向主动渐进,可作肢体屈伸、散步、手部抓捏、提举等活动。根据需要提供适当的辅助工具(手杖、扶车等)。活动过程中,观察患者的行走能力和关节的活动范围。活动量以患者能够耐受为度,活动后感到短时间疼痛,说明活动量适宜,若活动后出现疼痛或不适持续2小时以上,说明活动量过大,应适当减少。③由于患者长期卧床易引起肌肉萎缩、肺部感染、压疮、便秘等并发症,应注意观察和预防。

6. 用药护理　长期服用非甾体抗炎药可出现胃肠道不良反应,有消化不良、上腹痛、恶心、呕吐,并可引起胃黏膜损伤。可选用肠溶型阿司匹林,应在饭后服用,同时服用胃黏膜保护剂,以减轻胃黏膜损伤。长期应用糖皮质激素可出现向心性肥胖、血糖升高、高血压、诱发感染、股骨头坏死和骨质疏松等不良反应,如果突然停药或减量过快,患者易出现停药反应或反跳现象。因此,应详细向患者介绍用药的名称、方法、剂量和给药时间,强调按医嘱服药的必要性,告诫患者不可自行减量或停药,以免引起病情"反跳"。用药期间应定期监测患者血压,观察血糖、尿糖变化,以便及早发现药物性糖尿病及医源性高血压。服用青霉胺易导致口腔溃疡、黑便、骨髓抑制等不良反应,应注意观察。

【健康教育】

1. 疾病知识指导　帮助患者及家属了解疾病相关知识及服药的注意事项。
2. 预防发作指导　指导患者避免各种诱因，如寒冷、潮湿、过度劳累及精神刺激等，强调治疗和锻炼的重要性，培养良好的生活方式和生活习惯。
3. 用药指导　告知用药注意事项及药物不良反应，定期检查血常规、尿常规及肝、肾功能。让患者坚持服药.不可擅自调整用药，若有异常，及时就诊。
4. 指导患者自我监测病情　少数RA患者病情轻能自行缓解，多数表现为慢性反复发作，早期积极治疗80%以上患者病情缓解。本病直接死亡少见，主要是致残导致患者生活不能自理，生活质量下降，对家庭社会造成沉重负担。告知患者学会观察关节及关节外症状的变化、病情的进展或缓解。若出现胸闷、心前区疼痛、咳嗽、呼吸困难、腹痛、消化道出血、头痛等，提示病情严重，应及时就诊及处理。

（陈婧颖）

任务三　系统性红斑狼疮患者的护理

知识目标

1. 掌握：系统性红斑狼疮的实验室检查特点、护理诊断、合作问题、护理措施及健康教育。
2. 熟悉：系统性红斑狼疮的临床表现、治疗要点。
3. 了解：系统性红斑狼疮的病因与发病机制。

技能目标

1. 能指导系统性红斑狼疮患者关节损害和皮肤损害的护理。
2. 能对系统性红斑狼疮患者进行健康指导。

案例导入

病例：患者，女，32岁。主诉：近2月来因持续低热，面部蝶形红斑加重，膝关节反复疼痛、肿胀，有对光过敏现象。实验室检查：WBC $3.2×10^9$/L，血小板 $83×10^9$/L，24小时尿蛋白定量1.9 g，血沉48 mm/1小时，血抗核抗体阳性，补体 C_3 轻度下降。

问题： 1. 本病例的关节损伤与类风湿关节炎关节损害特点有何不同？
2. 该患者在日常生活中应采取哪些护理措施以减少复发？

系统性红斑狼疮（systemic lupus erythematosus，SLE）是一种累及多系统、多器官并产生多种自身抗体的自身免疫性疾病。其血清中有以抗核抗体为代表的多种自身抗体。本病起病缓慢，隐匿发生，病情缓解和急性发作交替出现为特点，伴有内脏（肾、中枢神经）损害者预后较差。临床表现常因受累器官或系统的不同，而呈现出多样的表现。病情反复发作，迁延不愈。通过早期诊断及综合性治疗，本病的预后较前明显改善。以年轻女性多见，尤其是20～40岁的育龄女性。男女比率为（1∶7）～10。

【病因与发病机制】

病因目前仍不完全清楚，可能与遗传、环境、雌激素等因素有关。

1. 遗传因素　研究表明SLE患者第1代亲属中患SLE者是无SLE患者家庭的8倍，同卵双胞胎患SLE者是异卵双胞胎的5～10倍。说明遗传和本病的发生有密切关系。另一方面，SLE是多基因相关疾病。多个基因在某种条件（环境）下相互作用而改变了正常免疫耐受性而致病。基因与临床亚型及自身抗体有一定相关性。易感基因人群、有色人种患病率明显高于正常人群。

2. 环境因素

（1）光过敏：40%的SLE患者对阳光及紫外线有皮肤过敏反应，日晒、精神创伤可为本病的诱因。

（2）药物（如普鲁卡因胺、青霉胺、甲基多巴等）、化学试剂、病原体等也可诱发疾病发生。

（3）食物：进食芹菜、无花果、蘑菇、烟熏食物等可诱发疾病发生。

3. 雌激素　育龄期女性患者明显高于男性，在更年期前阶段为9∶1，儿童及老人为3∶1。研究报道，无论男性或女性SLE患者，体内的雌酮羟基化产物水平都较高，并且妊娠可以诱发本病。

SLE的发病机制至今尚未清楚，它的基本病理改变是免疫复合物介导的血管炎。在各种因素作用下，机体丧失了正常的免疫耐受性，以致淋巴细胞不能正确地识别其自身组织，从而出现自身免疫反应，产生多种自身抗体。

【临床表现】

本病起病缓慢，隐匿发生，少数可暴发性、急性起病，早期症状常不典型，可表现为单一器官或多个系统受累，个体差异较大，因此，SLE的临床表现各不相同。

1. 全身症状　活动期患者多数有全身症状。约90%患者有发热，以低、中度发热常见。还可伴有疲倦、乏力、体重下降及淋巴结肿大等症状。疲乏往往会被忽略，其提示狼疮活动的先兆。

2. 皮肤与黏膜损害　约80%的患者在病程中出现皮肤损害，表现多样。面部蝶形红斑是系统性红斑狼疮最具特征性的典型皮肤损害。红斑位于双面颊和鼻梁部位，为不规则的水肿性红斑，常呈不规则圆形，偶为盘状，红斑呈鲜红色或紫红色，病情缓解后，红斑可消退，留有棕黑色色素沉着。此外还可出现盘状红斑、日光过敏、脱发、口腔溃疡、雷诺现象、面部及躯干皮疹等。部分患者明显有光过敏现象。

 知识链接

雷诺现象是一种以皮肤苍白、青紫而后潮红为特征的疾病。表现为指（趾）远端皮肤先苍白、青紫随后潮红伴疼痛为特征。持续数分钟或数小时缓解。是由于间歇性末梢小动脉痉挛、管腔狭窄引起的一种血管疾病。秋冬季节多发，寒冷、紧张或情绪激动等可诱发，20～40岁的女性多见。最终可导致病变肢体缺血性溃疡或坏死。

3. **关节与肌肉损害** 是常见的症状之一，约85%的患者有关节受累，表现为关节疼痛，呈对称性、间歇性，受累的关节多为指、腕、膝和掌指关节。部分患者可有肌痛、肌无力，有时出现肌炎，一般不引起关节畸形。少数患者在病程中出现股骨头坏死，目前，尚不能肯定是由于本病所致，可能为糖皮质激素的不良反应之一。

4. **肾** 系统性红斑狼疮可累及多个系统和器官，以肾脏受累最常见。几乎所有患者的肾组织均有病理变化，但仅有75%的患者有临床表现，以慢性肾炎和肾病综合征较常见。早期可出现蛋白尿、血尿，随病情发展，蛋白尿、血尿明显，可出现管型尿、水肿、高血压、肾功能不全等表现，晚期常发展为尿毒症，是本病主要死亡原因之一。

 知识链接

狼疮肾炎是系统性红斑狼疮的肾损伤，称狼疮肾炎（lupus nephritis，LN）。狼疮肾炎导致肾衰竭是系统性红斑狼疮患者死亡的主要原因。狼疮肾炎的病理改变可位于肾小球、肾间质、肾小管及肾血管。WHO将狼疮肾炎的肾小球病变分为以下六型。Ⅰ型：正常或轻微病变性狼疮肾炎。Ⅱ型：系膜增生性狼疮肾炎。Ⅲ型：局灶性狼疮肾炎（累及<50%肾小球）。Ⅳ型：弥漫性狼疮肾炎（累及≥50%肾小球）。Ⅴ型：膜性狼疮肾炎（可合并Ⅲ型、Ⅳ型或Ⅵ型）。Ⅵ型：终末期硬化性狼疮肾炎（≥90%的肾小球呈球性硬化）。

5. **呼吸系统** 约35%患者有胸腔积液，多为双侧少量、中等量积液。部分患者可发生狼疮性肺炎，表现为发热、干咳、气促，胸部X线片可见片状浸润阴影，多见于双下肺。少数患者可出现肺间质性病变。

6. **心血管系统** 约30%患者有心血管表现，其中以心包炎最常见，无症状或有心前区疼痛。约10%患者有心肌损害，表现为气促、心前区不适、心律失常等。严重者可发生心力衰竭而死亡。约10%的患者有周围血管病变，如血栓性血管炎等。

7. 消化系统　约30%患者有食欲缺乏、腹痛、腹泻、呕吐、腹水等消化道症状，其中部分患者以上述症状为首发症，若不警惕，易于误诊。40%患者有血清转氨酶升高，10%的患者有肝肿大，但多无黄疸。少数可并发急腹症，如胰腺炎、肠坏死、肠梗阻等，因肠壁和肠系膜的血管炎所致，与SLE的活动性有关。

8. 血液系统　活动期常有贫血，红蛋白、白细胞、血小板减少明显。其中10%的患者为自身免疫溶血性贫血；约40%患者白细胞减少或淋巴细胞绝对数减少；约20%患者血小板减少表现为鼻、牙龈、出血，皮肤黏膜紫癜，严重者有血尿、便血、颅内出血等；约20%患者有轻、中度无痛性淋巴结肿大，以颈部、腋窝多见；约15%患者伴有脾脏肿大。

9. 神经系统　部分患者有神经系统损伤，以脑损伤最多见，称神经精神狼疮或狼疮脑病（neu-ropsychiatric lupus，NP-SLE），轻者有偏头痛、性格改变、记忆力减退或轻度认知障碍；重者表现为脑血管意外、昏迷、癫痫持续状态等，其中严重头痛可以是SLE的首发症状。出现NP-SLE表现者表示病情严重且处于活动期，预后不良。亦可出现脑神经与外周神经的病变。

10. 其他表现　部分患者可在SLE活动期出现抗磷脂抗体综合征，表现为动脉和（或）静脉的血栓形成、习惯性流产、血小板减少。约30%的SLE患者合并继发性干燥综合征，表现为唾液腺和泪腺功能不全。少数患者可累及视神经导致视网膜血管炎，表现为眼底出血、视神经水肿、视网膜渗出物等。

知识拓展

SLE的诊断标准，见表7-3。

表7-3　美国风湿病学会1997年推荐的SLE分类标准

1. 颊部红斑	固定红斑，扁平或高起，在两颧突出部位	
2. 盘状红斑	片状高起于皮肤的红斑，黏附有角质脱屑和毛囊栓	
3. 光过敏	对日光有明显的反应，引起皮疹	
4. 口腔溃疡	口腔或鼻咽部溃疡，一般为无痛性	
5. 关节炎	非侵蚀性关节炎，累及2个或更多的外周关节，不伴关节畸形	
6. 浆膜炎	胸膜炎或心包炎	
7. 肾脏病变	尿蛋白>0.5 g/d或+++，或管型（各种管型）	
8. 神经病变	癫痫发作或精神病，除外药物或已知的代谢紊乱	
9. 血液学疾病	溶血性贫血，或白细胞减少，或淋巴细胞减少，或血小板减少	
10. 免疫学异常	抗ds-DNA抗体阳性，或抗Sm抗体阳性，或抗磷脂抗体阳性	
11. 抗核抗体	在任何时候和未用药物诱发的情况下，抗核抗体滴度异常	

以上11项中4项或以上阳性者确诊为SLE，但应排除感染性疾病、肿瘤或其他风湿性疾病。

【实验室和其他检查】

1. 自身抗体　患者血清中可查到多种自身抗体，主要有以下几种。

(1) 抗核抗体谱。出现在SLE的抗体有抗核抗体（ANA）、抗双链DNA（dsDNA）抗体、抗可提取核抗原（ENA）抗体（包括抗Sm抗体等一系列抗体）。①ANA：几乎见于所有的SLE患者，阳性率较高，但特异性低，它的阳性不能作为SLE与其他结缔组织病的鉴别。②抗dsDNA抗体：对诊断SLE特异性高达95%，多出现在SLE的活动期，抗dsDNA抗体的含量与疾病活动性密切相关。③抗ENA抗体谱：是一组临床意义不相同的抗体。抗Sm抗体：特异性高达99%，但敏感性仅25%，与SLE活动性无关，但有助于早期和不典型患者的诊断或作为回顾性诊断。其中抗dsDNA、抗Sm抗体是诊断SLE的标志抗体。

(2) 补体。目前常用的有总补体（CH50）、C_3和C_4的检测。补体下降，尤其是C_3、C_4低下常提示有SLE病情活动，特别是C_3下降特异性比较高。

(3) 皮肤狼疮带试验。用免疫荧光法检测皮肤的真皮和表皮交界处有否免疫球蛋白（Ig）沉积带。在SLE正常皮肤暴露部位的阳性率为50%~70%，狼疮带试验阳性代表SLE活动性。必须采取腕上方的正常皮肤作检查，可提高本试验的特异性。

2. 肾活检　肾活检对狼疮肾炎的诊断、治疗和预后估计均有价值，尤其对指导狼疮肾炎治疗有重要意义。如肾组织以慢性病变为主，而活动性病变少者，则对免疫抑制治疗反应差；反之，治疗反应较好。

3. 一般检查　红细胞计数及血红蛋白下降、白细胞和血小板减少提示血液系统受损；出现蛋白尿、血尿及管型尿提示肾损害；血沉在活动期常增加。

【治疗要点】

SLE目前尚没有根治的方法，但早期患者合理治疗后可以缓解病情，故强调早期诊断、早期治疗，以避免或延缓组织脏器的损害。治疗原则是病情活动且严重者，给予强有力的药物控制，病情缓解后，给予维持治疗。

1. 一般治疗　急性期患者应注意：①进行心理治疗，使患者树立战胜疾病的信心和保持乐观情绪。②急性活动期要卧床休息，限制关节活动，保持关节功能位，病情稳定的慢性病患者可适当活动，但注意勿过劳。③及早发现和治疗感染。④避免使用可能诱发狼疮的药物。⑤避免进食芹菜、无花果、烟熏食物及蘑菇等，以免诱发加重疾病。⑥避免强阳光暴晒和紫外线照射。⑦缓解期才可作防疫注射，但尽可能不用活疫苗。

2. 药物治疗

(1) 肾上腺糖皮质激素是目前治疗SLE的首选药物。病情轻的患者可用泼尼松每日0.5~1 mg/kg治疗，病情稳定2周后开始缓慢减量，然后小剂量维持治疗。不可自行停药或减量过快，以免引起"反跳"现象。长期使用激素会出现以下不良反应，如向心性肥胖、高血压、血糖升高、诱发感染、股骨头无菌性坏死和骨质疏松等，应予以密切监测。病情严重伴重要脏器急性进行性损害时可用激素冲击疗法：甲泼尼龙500~1 000 mg，缓慢静脉滴注1次/日，连用3天为1疗程，接着使用如上所述的大剂量泼尼松，如病情需要，1周后可重复使用。

(2) 免疫抑制剂。病情反复、重症患者应在激素治疗基础上加用免疫抑制剂，不仅能更好地控制SLE活动,减少暴发,还可以减少激素的用量及不良反应。狼疮肾炎用激素联合免疫抑制剂治疗,能显著减少肾衰竭的发生。常用的药物有环磷酰胺(CTX)和硫唑嘌呤。还可用环孢素、吗替麦考酚酯、雷公藤总苷等。

1)环磷酰胺:口服,剂量1~2 mg/(kg·d),分2次服。严重病例可用静脉冲击疗法,每次剂量0.5~1.0/m²体表面积,通常每4周冲击1次,6~8次后,如病情明显好转(如尿蛋白转阴),则改为每3月冲击一次,至活动静止后至少1年,可停止冲击,冲击疗法比口服疗效好。大量使用环磷酰胺有胃肠道反应、脱发、肝损害、骨髓抑制、性腺抑制、出血性膀胱炎等不良反应,应定期复查血象与肝肾功能。复查血常规时,当血白细胞<3.0×10⁹/L时,立即停用。

2)硫唑嘌呤:适用于中等度严重病例,脏器功能恶化缓慢者。剂量2~3 mg/(kg·d)口服。硫唑嘌呤不良反应主要是骨髓抑制、肝损害、胃肠道反应等。

(3)对症治疗。有发热、关节痛、肌肉痛等症状患者可用非甾体消炎药如阿司匹林、吲哚美辛、布洛芬;抗疟药(羟氯喹或氯喹)主要对皮损、光敏有效。

(4)其他治疗。包括静脉注射免疫球蛋白、血浆置换、造血干细胞移植等。

【护理诊断/问题】

1. 体温过高　与自身免疫反应有关。
2. 皮肤完整性受损　与SLE血管炎性反应、皮肤损害有关。
3. 慢性疼痛(慢性关节疼痛)　与关节炎性反应有关。
4. 潜在并发症　狼疮脑病、狼疮肾病,以及由机体免疫力低下或使用激素引起的感染。

【护理措施】

1. 休息与活动　为患者提供良好的生活环境,活动期尽量卧床休息,保证充足的睡眠。病情稳定后可适当活动。

2. 合理饮食　以高蛋白、高热量、高维生素饮食、易消化为原则,避免辛辣、刺激性食物。如并发肾损害,应根据受损程度适当限蛋白的摄入。心功能受损者,应给予低盐饮食;吞咽困难者给予鼻饲;消化功能障碍者应给予无渣饮食。避免食用某些含补骨脂素的食物如芹菜、无花果、苜蓿等,因具有增强患者光过敏的潜在作用。

3. 皮肤及口腔黏膜的护理　除常规皮肤护理、预防压疮措施外还应注意,①避光:指导患者避免皮肤阳光直射,避免在上午10:00至下午3:00阳光较强的时间外出,外出时应穿长衣裤,打伞或戴遮阳镜、遮阳帽,以免引起皮疹加重。②保持皮肤清洁:皮疹或溃疡患者保持皮肤清洁,严重者按照医嘱使用外用药。房间温湿度适宜,勤换衣服、被服,顽固腹泻患者肛周皮肤保证干燥清洁。③避免接触刺激性物品:禁用碱性过强的肥皂清洁皮肤,宜用偏酸或中性肥皂。最好用温水洗脸,避免使用各类化妆品、染发、烫发剂、定型发胶等。指甲勿过短或过长,防止损伤指甲周围皮肤,皮肤瘙痒应避免抓挠。④保持口腔清洁:每天晨起、睡前、进食前后用漱口液漱口;有口腔溃疡者在漱口后用冰硼散涂敷溃疡部以促进溃疡愈合;有口腔感染者遵医嘱使用抗生素。

4. 并发症护理

（1）高热。根据医嘱使用必要的药物退热或物理降温方法，出汗较多时应注意患者的保暖，保持皮肤清洁干燥，定时更换衣物。依据医嘱对患者进行静脉营养的补充。

（2）感染。有明确感染者，根据医嘱使用合理的抗生素，并监测药效。严格无菌技术操作，白细胞极低的患者最好住单间，并减少家属探视。做好患者的口腔护理，每日进行会阴冲洗，注意保持皮肤的清洁、干燥。出院后，尽量避免去繁杂的公共场所，以防止感染。血小板减低的患者易出血，应避免外伤，刷牙时用软毛牙刷，勿用手挖鼻腔。

（3）狼疮脑病。评估狼疮脑病的程度，严密观察病情变化，对于脱水降颅压治疗的患者应加强用药后的临床观察，加强患者的安全护理，尤其是躁动、抽搐的患者，稳定患者的情绪，避免患者自伤或伤人行为的发生，住院患者应尽量住单人房间并有家属陪伴，协助医师对病人脑脊液压力及相关指标的监测，对于昏迷的患者进行呼吸机辅助呼吸并进行相关的机械通气护理，包括管路的通畅及并发症的护理。

（4）狼疮肾炎。评估患者水肿程度、部位、范围及皮肤状况。每日测量体重、腹围。严格记录24小时出入量，使用利尿剂的患者，护士应监测患者血清电解质浓度。有腹水、肺水肿、胸腔积液、心包积液的患者应采取半坐位或半卧位，以保证呼吸通畅。对于有下肢水肿的患者，应抬高下肢，以利于静脉回流。因肾脏损害而致水肿时，应限制盐及水的摄入，尿毒症患者应限制蛋白的摄入。协助卧床水肿患者及时更换体位，防止压疮发生。

5. 心理护理 针对该病的发生常见于年轻女性患者，疾病可能导致容貌的改变，患者因为外在形象的改变，很难建立治疗与康复的信心，由此加强心理疏导极其重要。

6. 病情观察 监测体温变化及应用降温措施的效果；观察皮肤损害的部位、范围及颜色变化；观察关节疼痛部位、性质、活动度和功能改变；观察全身其他脏器受损的表现，特别注意有无肾脏功能损害的表现；观察水肿部位、程度、尿量、尿色、尿液检查结果的变化；监测血清电解质、血肌酐、血尿素氮的改变。

7. 用药护理

（1）糖皮质激素、非甾体消炎药详见"RA"相关内容。

（2）免疫抑制剂。环磷酰胺易引起胃肠道反应、脱发、肝损害、出血性膀胱炎、白细胞减少等不良反应，硫唑嘌呤的主要不良反应有骨髓抑制、肝损害、胃肠道反应等。因此，应用环磷酰胺和硫唑嘌呤时应定期查血象、肝功能；有脱发者向患者进行解释，并鼓励患者戴假发、帽子、头巾等进行修饰；饮食方面应提供色香味俱佳的食物，增进患者食欲，鼓励其少食多餐，增加营养摄入。

（3）抗疟药。羟氯喹、氯喹对血液、肝肾功能影响很小，但可造成心肌损害，久用后可能对视力有一定影响，用药期间应注意监测心电图，并定期做眼底检查。

【健康教育】

1. 疾病知识指导 向患者及家属介绍本病相关知识，让其了解SLE并非"不治之症"，若能及时有效治疗病情可以长期缓解，告知家属应给予患者精神支持、生活照顾，劳逸结合，坚持锻炼身体，保持心情舒畅以及乐观情绪，树立对疾病治疗的信心。

2. 预防发作指导 告知患者避免各种诱因及不良的精神刺激，以免诱发疾病的加重，如避免阳光照射、育龄妇女避免妊娠、分娩、避免使用诱发SLE的药物、避免接种各种疫苗。避免食用含补骨脂素的食物如芹菜、无花果、苜蓿等。

3. **用药指导** 告知患者及家属所用药物名称、剂量、给药时间、方法及药物不良反应，一旦出现不良反应及时告知医护人员。

4. **指导患者自我监测病情** 告知患者SLE的临床表现特点及各系统、器官受损后的相应症状体征。定期复查免疫学指标，出现异常及时就诊。监测血沉、尿常规、肾功能，了解病情变化，及时调整治疗方案。

 知识链接

　　SLE与妊娠：没有中枢神经系统、肾脏或其他脏器严重损害，病情处于缓解期达6个月以上者，一般能安全地妊娠，并分娩出正常婴儿。非缓解期的SLE患者容易出现流产、早产和死胎，发生率约30%，故应避孕。妊娠前3个月至妊娠期应用环磷酰胺、甲氨蝶呤、硫唑嘌呤者均可能影响胎儿的生长发育，故必须停用以上药物至少3个月方能妊娠。妊娠可诱发SLE活动，特别在妊娠早期和产后6周。有复发性流产病史或抗磷脂抗体阳性者，妊娠时应服低剂量阿司匹林（50 mg/d）。激素通过胎盘时被灭活（但是地塞米松和倍他米松是例外）不会对胎儿有害，妊娠时及产后1个月可按病情需要给予激素治疗。

 **项目小结**

　　风湿性疾病是泛指影响骨、关节及其周围软组织，如肌肉、滑囊、肌腱、筋膜、神经的一组疾病。关节病变以疼痛、肿胀、活动障碍为突出表现。主要疾病有类风湿关节炎、系统性红斑狼疮等。本项目学习重点是类风湿关节炎、系统性红斑狼疮患者的临床表现；关节损害和皮肤损害的评估；主要护理诊断；对症护理和用药护理。学习难点是类风湿关节炎、系统性红斑狼疮患者的实验室及其他检查和治疗要点。在学习过程中可通过临床见习、病例讨论及多媒体演示等方法，加深对疾病的认识和理解，提高分析解决问题的能力。

（陈婧颖）

 **项目测试**

A₁/A₂型题：

1. 系统性红斑狼疮的皮肤损害最常见的部位是　　　　　　　　　　　　　　　（　　）
   A. 腹部　　　　　　　　　B. 颈部　　　　　　　　　C. 暴露部位

D. 前胸上部 E. 下肢

2. 系统性红斑狼疮（SLE）的发病与下列哪项无关 （ ）
   A. 遗传因素 B. 病毒感染 C. 紫外线
   D. 雌激素 E. 败血症

3. 下列哪种药物易引起狼疮综合征 （ ）
   A. 普萘洛尔 B. 甲基多巴 C. 利血平
   D. 奎尼丁 E. 氯丙嗪

4. 关于SLE下列哪项不正确 （ ）
   A. 属自身免疫性疾病 B. 起病可急性、暴发性或隐匿性
   C. 多系统多器官损害 D. 大多有环形红斑 E. 非化脓性炎症

5. 系统性红斑狼疮下列哪项损害发生率最高 （ ）
   A. 肌肉、关节 B. 肾脏 C. 皮肤
   D. 心血管 E. 肺和胸膜

6. 类风湿关节炎最常累及的关节为 （ ）
   A. 肘关节 B. 四肢小关节 C. 膝关节
   D. 脊柱小关节 E. 肩关节

7. 晨僵在哪类关节炎中表现最为突出 （ ）
   A. 骨性关节炎 B. 类风湿关节炎 C. 强直性脊柱炎
   D. 感染性关节炎 E. 风湿性关节炎

8. 下列哪项不是风湿病的共同特点 （ ）
   A. 病程多呈急性 B. 同一疾病表现可有很大差异
   C. 病程可有发作与缓解相交替 D. 多有复杂的免疫学改变
   E. 对疗效有较大的个体差异

9. 与类风湿关节炎的临床表现不符的是 （ ）
   A. 发病缓慢 B. 对称性多关节受损 C. 肾脏损害多见
   D. 活动期可有关节肿胀 E. 见皮下类风湿结节说明病情活动

10. 类风湿关节炎患者活动期关节护理下列哪项是错误的 （ ）
    A. 卧床休息，注意体位姿势 B. 脊柱应挺直 C. 足底放护足板
    D. 鼓励床上运动 E. 四肢关节应保持伸直位

11. 对有面部红斑的系统性红斑狼疮患者，错误的健康指导是 （ ）
    A. 经常用清水洗脸，每天3次 B. 避免使用化妆品
    C. 可外用固醇皮质类激素霜剂 D. 禁止进紫外线消毒室
    E. 以肥皂水清洗面部，每天3次

12. 下列哪项免疫学检查最有助于SLE的诊断 （ ）
    A. 抗Sm抗体 B. 抗核抗体 C. LE细胞
    D. 抗双链DNA E. IgG增高

13. 下列为SLE患者的饮食护理原则，哪项是错误的 （ ）
    A. 宜进高蛋白饮食
    B. 避免刺激性食物
    C. 多摄含有补骨脂素的食物如芹菜
    D. 肾脏损害时按需给予相应饮食
    E. 上腹部不适、食欲缺乏时可少量多餐

14. 有关SLE的临床表现，下列哪项不符 （   ）
    A. 肾脏损害最常见   B. 晚期大多有关节畸形
    C. 皮肤损害最常见于暴露部位   D. 可发生偏瘫
    E. 可有心包炎
15. 下列类风湿关节炎活动期关节护理哪项是错误的 （   ）
    A. 卧床休息，注意体位姿势   B. 脊背应挺直   C. 足底放护足板
    D. 鼓励床上运动   E. 四肢关节应保持伸直
16. 类风湿关节炎最常累及的关节为 （   ）
    A. 肘关节   B. 四肢小关节   C. 膝关节
    D. 脊柱小关节   E. 肩关节
17. 下列哪项对确定类风湿关节炎的病情有无活动性最有价值 （   ）
    A. 贫血   B. 类风湿因子阳性   C. 关节麻木酸痛
    D. 指关节尺侧偏向、畸形   E. 皮下类风湿结节
18. 下列哪项不是类风湿结节的特点 （   ）
    A. 多位于关节隆突部   B. 直径从数毫米到数厘米不等
    C. 结节存在时间呈一过性   D. 提示病情活动
    E. 坚硬如橡皮
19. 类风湿关节炎的消炎止痛治疗一般首选 （   ）
    A. 吡罗昔康   B. 吲哚美辛   C. 青霉素
    D. 泼尼松   E. 阿司匹林
20. 某患者双手掌指关节肿胀、疼痛3年，晨起有黏着感，活动后渐缓，查血类风湿因子（+），诊断为类风湿性关节炎，为保持关节功能应注意 （   ）
    A. 长期卧床休息   B. 进食高热量、高蛋白饮食   C. 小夹板固定
    D. 长期服抗生素防感染   E. 坚持进行关节功能锻炼
21. 赵先生，26岁，系统性红斑狼疮患者，面部有较严重的蝶形红斑，且有脱发及糖皮质激素治疗引起的容貌改变，该患者最主要的护理诊断是 （   ）
    A. 疼痛   B. 活动无耐力   C. 自我形象紊乱
    D. 知识缺乏   E. 焦虑
22. 患者，女性，35岁。职员，主因双肘、腕、手指近端指间关节肿痛2年，加重2周，以类风湿关节炎收入院。给予泼尼松、布洛芬和青霉胺等药物治疗，后出现恶心、反酸和胃部不适，此症状可能是 （   ）
    A. 青霉胺的不良反应   B. 布洛芬的不良反应   C. 泼尼松的不良反应
    D. 病情加重   E. 进食食物不当
23. 患者，女性，49岁，农民。2年前无明显诱因出现双腕、双手关节和双膝、踝、足、跖趾关节肿痛，伴晨僵，时间约10分钟，疼痛以夜间明显，影响行动。实验室检查：血沉55 mm/L，RF（+）。关节X线检查：双手骨质疏松，腕部关节间隙变窄。有关关节的护理是 （   ）
    A. 关节保暖   B. 关节冷敷
    C. 因疼痛保持关节持续不动   D. 使用复方新诺明口服治疗
    E. 加强关节运动强度

A₃/A₄型题：

24. 患者，女，34岁。间歇性发热、食欲缺乏、体温37.6～39.2℃，伴腕膝关节酸痛1月余。体检：除头发稀少、口腔有溃疡灶外，余未见明显异常。左膝及右腕关节局部红肿，压痛明显，但无畸形。实验室检查：尿蛋白（+），血白细胞$3.7×10^9$/L，SGPT 60 U/L，红细胞沉降率45 mm/h，LE细胞（-），抗Sm抗体

(+)。您考虑是 ( )
　　A. 风湿性关节炎　　　　　B. 类风湿关节炎　　　　　C. SLE
　　D. 急性肾小球肾炎　　　　E. 病毒性肝炎
25. 如对上述患者作进一步实验室检查，可出现以下结果，哪项除外 ( )
　　A. 血小板减少　　　　　　B. 抗核抗体阳性
　　C. 抗双链DNA抗体阳性　　D. r球蛋白下降　　　　　E. 补体C_3下降
26. 上述患者目前应首选下列哪项药物治疗 ( )
　　A. 吲哚美辛　　　　　　　B. 泼尼松　　　　　　　　C. 硫唑嘌呤
　　D. 环磷酰胺　　　　　　　E. 阿司匹林
27. 给上述患者进行正确的护理措施及保健指导，下列哪项不妥 ( )
　　A. 卧床休息　　　　　　　B. 安置在没有阳光直射的病室
　　C. 食芹菜、香菜　　　　　D. 服用避孕药避孕，防止疾病恶化
　　E. 口腔涂珠黄散、碘甘油等
28. 患者，女性，39岁。两侧近端指关节及足关节酸痛2年，加重伴低热，食欲缺乏半月余。体检见两侧近端指关节明显梭状肿胀，肘关节鹰嘴突处可触及一米粒大小结节，坚硬如橡皮。心肺未见异常，肝肋下未及，脾肋下一指。您考虑是 ( )
　　A. 风湿性关节炎　　　　　B. SLE　　　　　　　　　C. 风湿关节炎活动期
　　D. 化脓性关节炎　　　　　E. 以上都不是
29. 上述患者口服阿司匹林应注意以下不良反应，哪项无价值 ( )
　　A. 恶心、呕吐　　　　　　B. 黄视、绿视　　　　　　C. 黑便
　　D. 荨麻疹　　　　　　　　E. 凝血酶原时间延长
30. 在给患者健康指导中下列哪项是错误的 ( )
　　A. 活动期应绝对卧床休息　B. 缓解期进行适当体育锻炼　C. 给予营养丰富的饮食
　　D. 坚持服药，定期复查　　E. 参与力所能及的活动

（31～34题共用题干）
患者，女性，38岁。对称性全身小关节肿痛反复发作5年，有晨僵，热水浸泡后减轻。化验：类风湿因子阳性。拟诊为类风湿性关节炎。
31. 类风湿性关节炎的基本病理改变是 ( )
　　A. 软组织炎　　　　　　　B. 肌炎　　　　　　　　　C. 滑膜炎
　　D. 肌腱炎　　　　　　　　E. 骨膜炎
32. 后发现患者腕部及踝部出现皮下结节，提示 ( )
　　A. 病情活动　　　　　　　B. 病情减轻　　　　　　　C. 已累及内脏
　　D. 癌变　　　　　　　　　E. 出现并发症
33. 双手指在掌指关节处向尺侧偏斜，应考虑 ( )
　　A. 因疼痛而挛缩　　　　　B. 一侧肌张力偏高　　　　C. 长期晨僵所致
　　D. 掌指关节半脱位　　　　E. 尺侧血供不足
34. 关节病变进展时哪项护理不妥 ( )
　　A. 关节完全制动　　　　　B. 按摩关节　　　　　　　C. 热水浸泡
　　D. 红外线理疗　　　　　　E. 保持关节功能位

项目八 内分泌代谢性疾病患者的护理

任务一 概述

知识目标

1. 掌握：内分泌代谢疾病常见症状、体征的评估。
2. 熟悉：内分泌代谢疾病的病因、实验室及其他检查。
3. 了解：内分泌系统的结构与生理功能。

内分泌系统包括固有的内分泌腺，还有一些机体内的细胞团和细胞也具有分泌激素的功能，前者有垂体、甲状腺、胰岛、肾上腺、甲状旁腺、胸腺和性腺等；后者有肾脏分泌的促红细胞生成素、肾素、前列腺素和激肽等；胃肠道分泌的胃泌素、抑胃肽、舒血管肠肽、肠升糖素、胰泌素等；心肌细胞和血管内皮细胞也具有内分泌功能，可分泌心钠肽、内皮素、内皮舒张因子等活性物质。这些特殊的腺体或组织细胞所分泌的活性物质，称之为激素。激素的主要功能是与神经系统、免疫系统的相互配合和调控，使人体的各器官系统的活动协调一致，共同担负起机体的代谢、生长、发育、运动、生殖、衰老和病态等生命现象，从而达到维持机体内环境的稳定及适应外界环境的不断变化的目的。

一、内分泌系统结构与功能

（一）内分泌腺与内分泌细胞

1. 内分泌腺

（1）下丘脑。下丘脑是间脑的最下部分，下方与垂体柄相邻。合成与释放的促激素有促甲状腺激素释放激素（TRH）、促性腺激素释放激素（GnRH）、促肾上腺皮质激素释放激素（CRH）、生长激素释放激素（GHRH）、催乳素释放因子（PRF）、促黑激素释放因子（MSHRF）；合成与释放的抑制激素有生长抑素（SS）、催乳素释放抑制因子（PIF）、促黑激素释放抑制因子（MSHRF，MIF）直接调节腺垂体功能。下丘脑还分泌抗利尿激素（ADH）

和缩宫素（OTX）贮藏于神经垂体。

(2) 垂体

1）腺垂体：腺垂体的激素分泌功能受下丘脑和靶腺激素的双重调节，其分泌产生的激素有生长素（GH）、促性腺激素（黄体生成素/卵泡刺激素，LH/FSH）、促甲状腺激素（TSH）、促肾上腺皮质激素（ACTH）、催乳素（PRL）、促黑激素（MSH）。

2）神经垂体：储藏和释放下丘脑合成的抗利尿激素和缩宫素。

(3) 外周腺体

1）甲状腺位于颈前、气管上端、甲状软骨两侧，是人体最大的内分泌腺体，由滤泡细胞和滤泡旁细胞组成。滤泡细胞合成与分泌四碘甲状原氨酸（T_4）、三碘甲状原氨酸（T_3）。甲状腺激素主要的生理作用有：①产生热量，甲状腺激素通过线粒体呼吸链的解偶联作用产生热量。②参与物质代谢的作用，促进糖、脂肪和蛋白质的代谢。③促进生长发育，甲状腺激素促进细胞增多、体积增大、软骨骨化、牙齿发育及大脑成熟。

2）甲状旁腺位于甲状腺侧叶后缘上、下方，黄豆粒大小的扁圆小体。主要合成分泌甲状旁腺素（PTH），促进肠道钙吸收、抑制肾脏钙排泄、增加骨钙的吸收。

3）肾上腺位于肾的上方，呈扁三角形，分为皮质和髓质两部分。皮质部组织学由外向内分为三部分。①球状带：产生和分泌醛固酮，具有保钠、保水、排钾的功能。②束状带：产生和分泌糖皮质激素，具有调节物质代谢、免疫调节等功能。③网状带：产生和分泌甾体类激素，主要是雄性激素，亦可分泌少量雌激素和糖皮质激素，具有维持第二性征作用。

4）胰腺：内分泌功能主要由胰岛完成，人类的胰岛有100万~120万个。主要包含A、B、D、F细胞。B细胞是胰岛的主要构成细胞，合成和分泌胰岛素，调节糖、脂肪、蛋白质代谢；A细胞合成并分泌胰高糖素，具有升高血糖作用；D细胞分泌生长抑素，抑制胰岛素释放、减缓胃肠道营养物质吸收；F细胞分泌胰多肽，抑制生长抑素分泌。

5）性腺：男性性腺细胞是位于睾丸曲细精小管间的间质细胞，主要分泌雄性激素，促进男性第二性征、维持正常性功能；女性性腺细胞位于卵巢内，主要分泌雌激素和孕激素，具有刺激子宫、阴道、乳房发育，促进女性第二性征。

2. 散在神经内分泌细胞　主要是分布在多种组织除神经组织外的神经内分泌细胞，此类细胞分布在胃肠道、胰腺、肾上腺髓质等处，由于这些细胞内含有胺或具有摄取胺前体功能，进行脱羧反应，具有这类特性的所有细胞统称为APUD细胞系统，主要合成和分泌肽类和胺类激素。

(二) 内分泌系统的调节

下丘脑的神经细胞支配和控制垂体，垂体控制周围靶腺而影响全身。内分泌系统的功能调节主要表现在3个方面。①神经调节：尤其下丘脑是联系内分泌系统和神经系统的枢纽，一方面下丘脑受神经系统控制，另一方面，它又调节着内分泌系统中的垂体等，如下丘脑产生的释放激素和抑制激素调节腺垂体激素的合成与分泌，进而通过垂体释放的激素对肾上腺、甲状腺等靶腺的分泌进行调节。②免疫调节：近年发现在下丘脑神经膜上有免疫反应产物如白细胞介素1（IL-1）的特异性结合受体，IL-1作用于其受体可促进肾上腺皮质激素释放激素（CRH）的合成与分泌。③内分泌系统的反馈调节：下丘脑腺垂体靶腺轴之间存在反馈调节（图8-1），下丘脑激素调节垂体激素，进一步调节靶腺（肾上腺、甲状腺、性腺等）激素的合成与分泌，反过来靶腺激素又可以反作用于下丘脑和垂体，对其相应激素起抑制或兴奋作用，称为反馈调节。在生理状态下，下丘脑、垂体和靶腺激素通过各种调节相互作用处于相对平衡状态。如原发性甲状腺功能减退时，因甲状腺激素分泌减少，导致血中TSH浓度增高；甲状腺功能亢进时，因甲状腺激素分泌增多，导致血中TSH浓度减少。

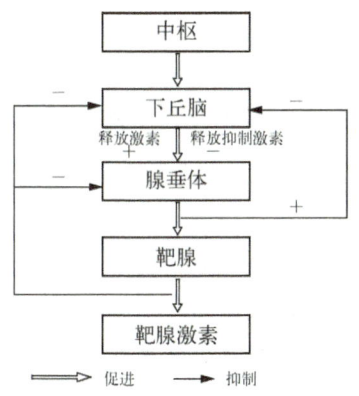

图8-1　内分泌激素反馈调节系统

（三）激素的分泌方式

1. 自分泌　腺体、细胞或组织分泌的激素作用于腺体、细胞或组织自身，是细胞自我调节的主要方式。

2. 旁分泌　产生的激素不进入血液循环，在分泌腺体、分泌激素的细胞或组织局部作用于周围细胞、组织而发挥作用，如胃肠道激素、细胞因子、免疫因子等。

3. 内分泌　腺体分泌的激素进入血液，经血液循环作用于远离腺体部位的器官、组织。

（四）内分泌性疾病

各种内分泌腺疾病所引起的临床表现不同、分类方法不一。

（1）功能亢进性。主要表现为靶腺激素分泌水平增高。

1）原发性：腺体本身病变，如肿瘤、增生、自身免疫。

2）继发性：继发于下丘脑、垂体病变。

3）异位激素分泌增多综合征：如肺癌、胸腺癌、胰腺癌等引起的异位ACTH综合征。

（2）功能减退性。与腺体激素分泌功能减退有关。

1）原发性腺体本身病变，如肿瘤、炎症、手术切除、放疗、坏死。

2）继发性：继发于下丘脑、垂体病变。

（3）激素敏感性缺陷。多由于激素受体或受体后缺陷，激素的生理功能难以发挥，此类疾病患者血中靶腺激素水平多异常增高。

（五）营养和代谢

1. 营养和代谢　人体营养物质主要来源于食物，人体所需的营养物质包括水、碳水化合物、脂肪、蛋白质、矿物质、维生素和膳食纤维,通常统称为人体的七大营养要素。

2. 营养与代谢性疾病　由于供给与消化吸收功能障碍导致营养失调,而营养物质在体内代谢过程改变则引起代谢性疾病。

(1)营养性疾病。机体对任何一种营养要素有一定的需要量、允许量和耐受量,且各种营养要素间必须满足机体代谢所需的平衡。无论多、少或失衡,都可能导致营养性疾病发生,根据病因可以分为以下两类。

1)原发性营养失衡:由于营养素摄入过多、不足或失衡引起。如维生素B_1缺乏导致维生素B_1缺乏症(脚气病),叶酸和维生素B_{12}缺乏引起巨幼红细胞性贫血等。

知识链接

脚气病,是常见的营养素缺乏病之一。神经系统表现为对称性周围神经炎,感觉和运动障碍,肌力下降,部分病例发生足垂症及趾垂症,行走时呈跨阈步态等称干性脚气病;以心力衰竭为主,表现为软弱、疲劳、心悸、气急等称湿性脚气病。

2)继发性营养失衡:食物和水源中提供营养要正常。由于功能或器质性疾病导致进食障碍、消化不良、机体代谢需要增加而供应相对不足、排泄障碍等。如恶性肿瘤、严重肺结核晚期的恶病质。

(2)代谢性疾病。物质在机体代谢过程中需要各种酶、辅酶(辅基)、转运蛋白参与,当此类物质缺乏、异常时引起代谢性疾病。根据其发病机制,可以分为先天性和环境性代谢性疾病。

1)先天性:常由于酶系统缺陷、转运蛋白异常,多有遗传倾向。如葡萄糖6磷酸脱氢酶缺乏致蚕豆病、肝豆状核变性,苯丙氨酸羧化酶缺乏引起的苯丙酮酸尿症等。

2)环境性:食物、药物、环境、感染、创伤等导致机体代谢障碍。如长期使用噻嗪类利尿剂引起高尿酸血症。

二、内分泌系统患者的评估

(一)健康史

1. 患病情况　了解主要症状、起病时间、发病缓急、病情演变、诊疗经过、伴随症状、一般情况、两便情况等。针对可能的疾病进行重点询问,如疑似糖尿病患者重点了解有无多尿、烦渴、多饮、多食、体重减轻,是否伴有肢麻、间歇性跛行、泡沫尿、视物模糊、视力减退、飞蚊症等。

2. 既往检查及治疗评估　患者既往检查内容和结果,是否经过治疗,有无遵医嘱用药,药物名称、剂量、方法、效果等,以及目前用药情况。注意有无其他相关病史,如代谢病、冠心病、高血压等治疗情况。

3. 个人史、生活史、家族史

（1）个人史。评估患者日常生活习惯，包括饮食、饮水、排泄、睡眠、休息、活动、嗜好（吸烟和烟酒等）、生活自理能力，以及患病后情况变化。

（2）生活史。与生活地域有关的疾病如地方性甲状腺肿。

（3）家族史。部分内分泌和代谢性疾病常有家族聚集现象，通常认为与遗传有关，如对甲状腺功能亢进症、糖尿病、桥本氏甲状腺炎等患者应详细询问家族近亲成员中有无类似疾病患者。

（二）身体状况

内分泌代谢性疾病不仅仅是内分泌腺体本身疾病，内分泌激素异常可引发全身各系统、多脏器功能改变。因此，对内分泌代谢性疾病患者进行身体评估时不仅要细致全面，同时还要重点评估有无肥胖、消瘦、体重下降、特殊外形包括面貌、体型、身高的异常变化及毛发改变、皮肤黏膜色素沉着等身体异常。

 知识链接

> 体质指数（BMI）又称身体质量指数或体重指数。是用体重公斤数除以身高米数平方得出的数字，是目前国际上常用的衡量人体胖瘦程度以及是否健康的一个标准。体质指数（BMI）=体重（kg）÷身高（m）^{2}。低体重：BMI<18.5；正常体重：BMI 18.5～22.9；超重：BMI≥23；肥胖前期：BMI 23～24.9；肥胖Ⅰ级BMI 25～29.9；肥胖Ⅱ级BMI≥30。

1. 一般情况　精神意识状态，包括兴奋、淡漠或意识障碍；生命体征；营养状况，包括身高、体重、腰围、臀围。

2. 皮肤黏膜　皮温，有无干燥、粗糙、脱屑、色素沉着、皮疹、紫纹、痤疮等；有无毛发增多、脱落或稀疏。

3. 其他　特殊面貌、背部改变、突眼情况、四肢肌力、手细颤、舌颤、外生殖器改变。

（三）心理社会状况

1. 心理状况　患者的精神、心理状态，发病后对其日常生活、工作的影响，对应激的反应。

2. 社会状况　包括职业与工作条件、经济情况、文化教育背景、家庭组成、医疗费用支付等。

3. 疾病认识　对疾病预后知识的了解程度。

（四）实验室及其他检查

1. 实验室检测

（1）血液、尿液生化检测。血糖、电解质等检查可间接了解相关的内分泌腺体的功能。如钙、磷检测可用于观察甲状腺旁腺及滤泡旁细胞功能；钠、钾检测可以反映肾上腺皮质功能；血糖或尿糖检测可以判断胰岛的分泌功能等。

（2）激素及其代谢产物检测。大部分内分泌腺所产生的激素或其代谢产物，通过标本的科学采集、相应检测内容的组合可以直接判断腺体功能状态和病变部位。如测定24小时尿17羟、17酮皮质类固醇可了解肾上腺皮质的分泌功能。

（3）激素释放刺激性试验。通过静脉给予下丘脑产生的促激素、垂体激素后检测对应靶腺激素的反应，判断病变所发生的部位。脏器功能减退时，可用兴奋实验；功能亢进时可用抑制实验。

（4）免疫学检测。可检测自身抗体及激素水平。通过自身抗体的检测明确内分泌疾病的病因、发生机制。如甲状腺激素受体抗体（TRAb）、甲状腺球蛋白抗体（TGAb）、甲状腺过氧化物酶抗体（TPOAb）阳性与Graves病有关等。

2. 其他检查

（1）影像学检查。X线、CT、MRI及B超检查对疾病的定位和病因诊断具有一定意义。

（2）放射性核素检查。利用腺体对特殊物质的聚集功能，通过给予放射性核素观察腺体摄取能力了解其功能，如ECT、SPECT等。甲状腺扫描用于甲状腺疾病的诊断；肾上腺扫描用于肾上腺疾病的诊断。

（3）细胞学检查。穿刺组织、细胞做病理检查，激素受体检查等。

（赵　翠）

任务二　腺垂体功能减退症患者的护理

知识目标

1. 掌握：腺垂体功能减退症的临床表现、护理措施、健康教育。
2. 熟悉：腺垂体功能减退症的实验室及其他检查、护理诊断。
3. 了解：腺垂体功能减退症的概念、病因与发病机理。

技能目标

学会垂体危象的判断及配合医生抢救。

案例导入

病例：患者，女，68岁。3天前因受凉后出现食欲缺乏、四肢乏力，恶心呕吐胃内容物3次，无腹痛，无畏寒、发热。患者40年前有产后大出血病史，30岁闭经，几十年来一直进食较少，少做家务，常感畏寒，无腋毛以及阴毛。护理体检：体温不升，血压未能测得，呼吸16次/分，脉搏微弱，神志淡漠，心音微弱，四肢湿冷，未引出病理反射。辅助检查：心电图为窦性心律，Ⅰ度房室传导阻滞。血生化：钠119 mmol/L，氯89 mmol/L，钾4 mmol/L，糖3 mmol/L。

问题：1. 本病临床诊断是什么？常见的临床表现有哪些？
2. 写出2个主要的护理诊断及提出护理措施。

腺垂体功能减退症是各种原因引起的腺垂体激素分泌减少或缺乏，可以是单种激素减少，也可以是多种垂体激素同时缺乏，导致单个或多个靶腺内分泌功能减退所致的一组临床综合征。分为原发性和继发性两类，前者是由于垂体分泌细胞破坏所致，后者是由于下丘脑病变导致垂体缺乏刺激所致，临床上以原发性多见。主要表现为甲状腺、肾上腺和性腺功能减退，成人腺垂体功能减退症又称西蒙病，生育后妇女因产后大出血致腺垂体缺血性坏死所致者称为希恩综合征，儿童期发生腺垂体功能减退可因生长发育障碍而导致垂体性矮小症。

【病因与发病机制】

腺垂体功能减退症病因多样，机制复杂。根据病变部位可以将其分为下丘脑性（继发性）、腺垂体性（原发性）两大类。详细疾病见表8-1。

表8-1 腺垂体功能减退症病因

项目	病因
原发性	
先天性	腺垂体激素缺乏
腺垂体肿瘤	原发瘤，最常见的病因
腺垂体卒中	腺垂体动脉血栓形成或栓塞、血管瘤破裂出血
产后大出血	Sheehan（希恩）综合征
感染、炎症	病原体感染引起的脑炎、脑膜炎，流行性出血热，结核，梅毒，疟疾等
腺垂体损伤	蝶鞍手术，放射治疗，空泡蝶鞍，严重颅底骨折，转移性肿瘤
特发性	腺垂体自身免疫性炎症

续表

项目	病因
继发性	
下丘脑疾病	原发肿瘤，转移性肿瘤，炎症，肉芽肿
垂体柄破坏	手术、创伤、肿瘤、血管瘤

【临床表现】

无论是原发性还是继发性腺垂体功能减退症，其严重程度与激素缺乏程度相关。其功能丧失在50%以上时才出现临床症状，达到75%出现明显症状，95%以上功能丧失时表现为严重靶腺功能减退。其中，LH/FSH、GH和PRL缺乏引起靶腺功能减退最为早见，尤其是性腺功能减退最早、最为明显，TSH次之，而ACTH缺乏引起的肾上腺功能减退相对较晚。

1. 促性腺激素［黄体生成素/卵泡刺激素（LH/FSH）］不足　导致性腺功能减退，是最早、最突出的表现。

（1）男性。青春期起病者：嗓音尖细，胡须稀少，阴毛稀疏，睾丸细小、质地松软，阴茎发育不良。成年后起病者：性欲减退、阳痿、睾丸松软缩小、缺乏弹性，胡须、阴毛和腋毛稀疏脱落，无男性气质、肌力减弱、皮下脂肪减少、骨质疏松等。

（2）女性。产后大出血所致Sheehan（希恩）综合征：表现为产后无乳、乳腺不胀、闭经或月经稀少，性欲减退，生殖器官如外阴、子宫、阴道萎缩，阴道炎症、阴道分泌物减少致性交疼痛，毛发脱落稀疏、尤以阴毛、腋毛明显。青春期起病者：乳房发育不良、乳晕淡，阴毛稀疏，外阴幼稚，子宫发育不良，月经稀疏、量少而不规则。青春后起病者：毛发脱落、乳房萎缩、月经稀疏或闭经、生殖器官萎缩、性欲减退或消失、不孕。

2. 甲状腺功能减退　TSH不足引起继发性甲状腺功能减退。表现为有畏寒、怕冷，食欲缺乏，便秘，表情淡漠、精神抑郁、反应迟钝、记忆力减退，皮肤菲薄、姜黄色、干燥无弹性，毛发稀疏、脱落（眉毛、腋毛、阴毛为主），心率减慢、心电图低电压、T波平坦等。严重者出现黏液水肿面容、精神失常、幻觉、妄想，一般无甲状腺肿大。

3. 肾上腺皮质功能减退　ACTH不足引起继发性肾上腺皮质功能减退。乏力，食欲缺乏、恶心或呕吐，体重下降，血压下降，易出现低血糖反应、心率减慢、心音低钝，易发生感染。本病因缺乏黑色素细胞刺激素，表现为皮肤色素减退，面色苍白，乳晕色素浅淡，而原发性肾上腺皮质功能减退症的特征表现为皮肤黏膜色素沉着。

4. 生长激素（GH）缺乏　①儿童：导致腺垂体性侏儒。②成年人：易发低血糖，肌肉萎缩、体力下降、容易疲劳，因骨量减少易发生骨折。

5. 催乳素（PRL）不足　主要见于Sheehan综合征，PRL不足是Sheehan综合征最早出现的表现。产妇产后乳房不胀、乳汁分泌很少或无分泌，为Sheehan综合征最早见的症状。非产后性PRL不足临床表现不明显。

6. 垂体功能减退性危象（简称垂体危象）　在垂体功能减退症基础上，各种应激如感染、败血症、腹泻、呕吐、失水、饥饿、寒冷、急性心肌梗死、脑血管意外、手术、外伤、麻醉及使用镇静药、安眠药、降糖药等均可诱发垂体危象。临床呈现：①高热型（＞40℃）；②低温型（≤30℃）；③低血糖型；④循环衰竭型；⑤水中毒型；⑥混合型。各种类型可伴有相应的症状，突出表现为消化系统、循环系统和神经精神方面的症状，如高热、循环衰竭、休克、恶心、呕吐、头痛、神志不清、谵妄、抽搐、昏迷等严重垂危状态。

【实验室及其他检查】

1. 靶向功能检查

（1）性腺功能。女性雌激素与孕激素水平下降，无排卵及基础体温改变。男性血睾酮水平下降，精液量少、精子数目减少、形态改变、活力下降。

（2）甲状腺功能。血中总T_4、游离T_4、TSH降低，总T_3、游离T_3降低或正常，尤其是在甲状腺激素降低同时伴有TSH降低有助区别原发性甲减和继发性甲减。甲状腺对TSH兴奋试验反应较差，主要由于与甲状腺内储备激素较少有关。

（3）肾上腺皮质功能。血和尿皮质醇、尿17羟皮质类固醇、尿17酮类固醇均下降。

2. 腺垂体分泌功能检查　FSH、LH、GH、PRL、TSH、ACTH在腺垂体功能减退症中均有下降。

3. 其他检查　CT和MRI头颅和颅底扫描检查对查找垂体和下丘脑病变有帮助。

【治疗要点】

1. 一般治疗　加强营养，以高热量、高蛋白、高维生素、易消化的饮食为主。注意休息、避免过度疲劳。注意生活规律，避免应激，预防感染。

2. 病因治疗　针对不同病因采取不同治疗方法。肿瘤或邻近部位肿瘤可采取手术、放射治疗或化疗；加强产妇生产过程监护、预防和及时纠正失血。

3. 激素替代治疗　针对不同激素缺乏引起的靶腺功能减退，多数采取靶腺激素替代治疗，少数情况可以采用腺垂体激素替代。能取得满意的效果但需长期甚至终身治疗。

4. 腺垂体危象的治疗　①纠正低血糖；②补充糖皮质激素；③消除和治疗诱因；④有循环衰竭者注意补充血容量；⑤低体温者与甲状腺功能减退有关，应注意保暖，补充甲状腺激素，首选T_3；⑥禁用或慎用麻醉剂、镇静药、催眠药或降糖药等。

【护理诊断/问题】

1. 性功能障碍　与促性腺激素分泌不足、性腺发育及功能下降有关。
2. 潜在并发症　垂体危象。
3. 低体温　与促甲状腺激素分泌减少、甲状腺功能减退有关。
4. 自我形象紊乱　与身体外观改变有关。
5. 活动无耐力　与肾上腺皮质功能减退和甲状腺功能减退有关。
6. 焦虑　与家庭生活和社会活动受影响有关。

【护理措施】

1. 一般护理　保持生活规律，避免过度疲劳，注意保暖。症状明显时，应卧床休息。避免感染、外伤、寒冷、不当用药等诱发危险因素。增加营养，以高热量、高蛋白、高维生素、易消化的饮食为主。便秘者增加纤维素和豆制品，适量的体力活动，养成按时排便的习惯。血压较低者适当补充钠盐，以利于血压稳定。

2. **病情观察** 密切观察生命体征和意识状态变化，注意有无腺垂体危象的发生征兆：低血压、低体温、低血糖、意识不清、反应能力下降、神经反射减弱或消失等。已发生垂体危象应立即告知医师并积极配合医师进行抢救。

3. **用药护理** 垂体功能减退症是终身性疾病，必须终身进行各种激素的替代治疗，告知患者必须遵医嘱按时、足量、终身用药，不得自行减药、停药，并告知患者减停药物可能的严重后果，同时注意各种替代药物的不良反应以及应对措施。用药时要注意：①治疗中应先补充糖皮质激素，后补充甲状腺激素，以免发生肾上腺危象。②应根据病情变化来调节糖皮质激素的剂量。③老年人、冠心病、骨密度低的患者补充甲状腺激素应从小剂量开始，缓慢增量，以免增加代谢诱发冠心病。一般不补充盐皮质激素。除儿童侏儒外，一般不需要补充生长激素。④年轻女性补充雌激素时应采用人工周期治疗，可维持女性第二性征和性功能，促进排卵和生育。男性患者用丙酸睾酮治疗，能促进蛋白质合成，增强体质，改善性功能，但可能导致不育及诱发前列腺癌可能。用药不良反应及适应证，见表8-2。

表8-2 垂体功能减退症常用药物剂量及不良反应

药物	常用剂量	适应证	不良反应
炔雌醇	5～20μg/d	性腺功能减退（女）	肝损害、水肿
甲羟孕酮	5～10 mg/d	性腺功能减退（女）	肝损害、水肿
丙酸睾酮	50 mg/周	性腺功能减退（男）	局部刺激
左甲状腺素	50～150μg/d	甲状腺功能减退	肝损害
氢化可的松	20～30 mg/d	肾上腺皮质功能减退	类库欣综合征

4. **腺垂体危象抢救配合** 危象一旦发生立即报告医师，并快速做好抢救准备。①迅速建立静脉通路，遵医嘱给予葡萄糖、激素等治疗：首先给予50%葡萄糖40～60 mL静脉推注纠正低血糖，继而补充肾上腺皮质激素，用5%葡萄糖盐水500～1 000 mL加入氢化可的松50～100 mg静脉滴注，以解除急性肾上腺危象。②保持呼吸道通畅、给予氧气吸入。③低温患者注意保暖，可给予小剂量甲状腺素，高热患者采取物理降温、减少或避免药物降温。④做好皮肤、口腔护理，保持排尿、排便通畅。⑤消除诱因，禁用或慎用麻醉剂、镇静药、催眠药及降糖药等，防止诱发昏迷。⑥循环衰竭患者应抗休克治疗，感染者用抗生素积极控制感染，有水中毒者给予利尿、糖皮质激素治疗。

5. **心理指导** 腺垂体功能减退症患者多种靶腺激素分泌下降，导致患者生殖功能减退、情绪波动，精神萎靡、记忆力减退、工作和生活能力退步、生活质量下降、家庭生活和社交活动障碍，患者常出现悲观厌世、焦虑、抑郁等心理反应。护理人员、家庭成员应更加关心体贴患者，倾听患者心声，为患者提供相应专业知识帮助，鼓励患者树立战胜疾病的信心，消除不良心理。

【健康教育】

1. 休息与活动指导　生活起居有规律，保持乐观心态。体位变换要缓慢、避免直立性低血压导致晕厥而发生外伤。避免劳累、预防呼吸道感染。

2. 心理指导　由于长期病痛折磨，患者工作、生活能力和生活质量下降，社会接触范围缩小，常有孤单、无助，甚至抑郁、焦虑心理，因此，应鼓励患者树立信心，积极参加群体活动。

3. 饮食指导　指导患者进食高热量、高蛋白、高维生素、易于消化食物，以保证营养、增强机体抵抗力。增加可溶性食物纤维素改善便秘。

4. 用药指导　遵医嘱正确掌握使用药物的种类、给药方法、服用剂量、给药时间。告知患者长期替代治疗的重要性、自行停减药物的危害性。熟悉各种药物的不良反应，及时发现、及时就诊。

5. 出院指导　坚持长期用药、不得自行减停药物。养成良好和规律的生活习惯、避免因体位变换引起晕厥而导致外伤。加强营养、增强体质。避免各种诱发垂体危象的因素。定期复诊、复查靶腺功能。

（赵　翠）

任务三　皮质醇增多症患者的护理

知识目标

1. 掌握：皮质醇增多症的临床表现、护理措施。
2. 熟悉：皮质醇增多症的实验室检查、护理诊断。
3. 了解：皮质醇增多症的概念、病因、治疗原则。

技能目标

学会肾上腺危象的抢救配合。

案例导入

病例： 患者，女，34岁。体重一年间增加了23 kg，面部严重痤疮，皮肤容易青肿，频发头痛，而且情绪不稳定。护理体检：体温37℃，脉搏75次/分，血压180/90 mmHg，呼吸30次/分。躯干肥胖，肌肉萎缩，皮肤严重痤疮，躯干多处紫斑。实验室检查：腹部和盆腔CT示左肾上腺有一个5 cm包块，无钙化或坏死；右肾上腺萎缩。24 h

尿游离皮质醇100 mg（高于正常值）。

问题： 1. 这些症状的病因是什么？
2. 写出2个主要的护理诊断？

皮质醇增多症又称库欣综合征（Cushing's syndrome），是由各种因素引起肾上腺分泌过多糖皮质激素（主要是皮质醇）所致的一组综合征。其中以垂体促肾上腺皮质激素（ACTH）分泌过多引起的称为库欣病，肾上腺皮质长期分泌过量皮质醇引起的综合征称为自发性库欣综合征，而长期应用皮质醇或饮酒者引起类似库欣综合征表现者称之类库欣综合征。主要表现为满月脸、多血质外貌、向心性肥胖、皮肤痤疮、紫纹、高血压、继发性糖尿病、骨质疏松等。以20～40岁女性多见，男女比例为（1∶2）～3。

【病因及发病机制】

库欣综合征根据发病机制可以分为促肾上腺皮质激素（ACTH）依赖性和非ACTH依赖性两类。前者由于垂体和垂体外组织分泌过多ACTH，使双肾上腺皮质增生并分泌过量皮质醇，而非ACTH依赖者则由于肾上腺皮质肿瘤或增生合成过量皮质醇。分类及病因见表8-3。

表8-3 库欣综合征分类及病因

分类	常见疾病
ACTH依赖性（约占70%）	垂体性疾病（库欣病）：垂体ACTH腺瘤、垂体ACTH细胞增生
	异位ACTH综合征：见于多种外胚层起源的APUD细胞肿瘤，如小细胞未分化肺癌（最常见）、胸腺瘤
非ACTH依赖性	肾上腺皮质肿瘤：腺瘤（最多见），腺癌
	原发性肾上腺皮质结节性发育不良

【临床表现】

本病以皮质醇分泌过多、代谢紊乱和脏器功能障碍、感染等为主要表现。典型的表现如下。

1. 代谢紊乱

（1）脂肪代谢紊乱。大部分患者因脂肪代谢紊乱及脂肪重新分布表现为向心性肥胖、满月脸、水牛背、悬垂腹、锁骨上窝脂肪垫是库欣综合征的特征性临床表现。

（2）蛋白质代谢紊乱。过量皮质醇具有促进蛋白分解作用。临床表现为肢体肌肉萎缩，毛细血管脆性增加而易出现瘀斑，下腹两侧、大腿外侧皮肤菲薄伴有宽大血管紫纹、骨质疏松，伤口不易愈合，久病者可有肌肉萎缩。

（3）糖代谢紊乱。皮质醇具有拮抗胰岛素作用，促进糖原异生，抑制组织对葡萄糖利用，因而易致糖耐量异常或引发类固醇性糖尿病。原有糖尿病患者血糖进一步升高。

（4）水电解质代谢紊乱。皮质醇具有保钠排钾功能，引起水钠潴留和低钾血症，表现为轻度水肿、肌肉无力。皮质醇还有排钙作用，患者可出现骨质疏松、脊柱压缩畸形、身材变矮、骨折等。

2. 心血管系统　由于皮质醇和低盐皮质激素分泌增多，导致血容量增加而致血压升高。长期高血压导致左心室肥厚、心力衰竭、脑血管意外等并发症；脂肪代谢紊乱，易发生动、静脉血栓，使心血管并发症发生率明显增加。

3. 生长发育　皮质醇具有直接抑制生长激素分泌、抑制性腺功能，因此，库欣综合征患者生长停滞、青春期延迟。

4. 神经、精神系统　表现为欣快感、烦躁失眠、注意力不集中及情绪不稳定，少数患者可见精神失常。

5. 性功能异常　皮质醇过多不仅直接抑制性腺功能，同时对下丘脑垂体促性腺激素有抑制作用，因此，库欣综合征患者性腺功能明显减退。男性表现为性功能障碍、阴茎短小、阳痿等；女性表现为月经紊乱、继发性闭经、不孕等。

6. 造血系统　可促进骨髓红细胞增生以及血红蛋白合成，因此，表现为红细胞和血红蛋白、白细胞、血小板升高，淋巴细胞减少。

7. 感染　皮质醇增多导致机体免疫功能紊乱，患者易发生感染，以肺部感染多见，感染后炎症反应不明显，因此，体温增高不明显。

8. 其他　①皮肤：严重异位ACTH分泌过多者导致皮肤色素沉着，多毛，痤疮。②眼睛：结膜水肿以及轻度突眼。③尿路结石：与骨转化骨钙经尿排泄增多有关。

【实验室及其他检查】

1. 皮质醇及其代谢产物测定
（1）血皮质醇。血浆皮质醇水平增高昼夜节律消失。
（2）尿皮质醇及其代谢物测定。24小时尿17羟皮质类固醇、游离皮质醇（UFC）测定可增高，诊断率高达98%。

2. ACTH测定及兴奋试验
（1）ACTH测定。肾上腺源性库欣综合征ACTH下降，垂体或异位ACTH综合征者ACTH升高，异位ACTH者血ACTH升高尤其明显。
（2）ACTH兴奋试验。垂体性和异位ACTH综合征者血和尿皮质醇多增高，而原发性肾上腺肿瘤者多数无反应。

3. 地塞米松抑制试验　为确诊库欣综合征的主要试验，血浆皮质醇不受地塞米松的明显抑制。

4. 影像学检查　肾上腺B超、CT和MRI检查；头颅、蝶鞍区CT和MRI检查可协助病变部位的诊断。

【治疗要点】

1. 手术治疗
（1）库欣病治疗。传统经额进颅垂体手术因困难大、风险多，并且难以切除鞍内肿瘤已少用。经蝶窦切除垂体微腺瘤的微创手术为治疗库欣病的首选方法。

(2) 异位ACTH综合征。治疗原发性恶性肿瘤。

(3) 肾上腺疾病。肾上腺皮质腺瘤，切除腺瘤，保留腺瘤外腺体；上皮质腺癌，早期诊断，在转移前手术切除肿瘤效果好；肾上腺皮质大结节增生，双侧肾上腺切除，术后皮质醇终身替代治疗。

2. 非手术治疗

(1) 放射治疗。为库欣病的重要辅助治疗方法。

(2) 药物治疗。为库欣病的术前准备辅助性治疗。常用药物有作用于肾上腺皮质抑制皮质醇合成类的咪妥坦、美替拉酮、酮康唑，作用于下丘脑类的赛庚啶等。

(3) 手术后皮质醇替代治疗。

【护理诊断/问题】

1. 有受伤的危险　与骨质疏松引发的骨折有关。
2. 自我形象紊乱　与库欣综合征引起身体外形改变有关。
3. 体液过多　与皮质醇保钠排钾导致水钠潴留有关。
4. 有感染的危险　与皮质醇增多，免疫力下降有关。
5. 知识缺乏　缺乏库欣综合征的预防保健知识。

【护理措施】

1. 一般护理

(1) 休息与活动护理。适当休息可以减轻水肿，宜取平卧位，双下肢抬高位以利于静脉回流。骨质疏松者适当限制运动，做好防护措施以免骨折。

(2) 饮食护理。低钠、低碳水化合物、低脂饮食以纠正高钠血症、高血糖及脂肪堆积；高蛋白饮食纠正负氮平衡，高钾饮食如柑橘、枇杷、香蕉等纠正低钾血症。适当摄取富含钙及维生素D的食物以预防骨质疏松。有糖尿病症状时执行糖尿病饮食。

2. 用药护理

(1) 破坏肾上腺皮质类药物。咪妥坦，主要用于肾上腺癌。不良反应：眩晕、头痛、乏力、恶心、食欲缺乏、失眠。

(2) 抑制皮质醇合成类药物。美替拉酮。不良反应：胃肠道不良反应有恶心、呕吐、食欲缺乏；精神、神经症状有乏力、嗜睡；肝脏不良反应有黄疸、食欲缺乏、转氨酶升高。

(3) 利尿剂。观察有无心律失常、恶心、呕吐、腹胀、肢体无力，一旦发现及时处理。

3. 病情观察

(1) 生命体征观察。监测患者血压和心率，以防高血压及高血压导致的心功能不全或心力衰竭。

(2) 一般情况观察。监测患者的体重和水肿情况，记录24小时出入量。

(3) 血糖观察。观察有无多尿、多饮、多食症状，监测血糖，以明确是否合并糖耐量异常或糖尿病。

(4) 血电解质观察。观察有无乏力、腹胀、心律失常，及时测定血钾，一旦发生低钾，遵医嘱立即予以补钾。

（5）骨骼情况观察。有无关节疼痛、腰背疼痛，已经出现应及早骨关节摄片以明确诊断。

4. 感染的预防与护理

（1）医疗行为。严格无菌操作，严格各种手术、检查的灭菌消毒措施，避免交叉感染，尽量减少侵入性检查和治疗措施。

（2）个人行为。养成良好卫生和生活习惯，保持居住环境清洁，温度、湿度适宜，衣服、用具清洁卫生，注意皮肤、外阴、口腔清洁卫生，减少或尽量避免进入公共场所以减少感染机会，一旦发生感染立即就医。

5. 外伤预防与护理　主要预防因骨质疏松引起的骨折。

（1）减少安全隐患、做好防范措施。注意休息、避免劳累，做好居所防滑、防撞措施，医护行为过程中注意碰撞、挤压、擦伤等。

（2）避免不恰当运动。避免剧烈、负重运动，运动前做必要的准备活动。

【健康教育】

1. 休息与活动指导　注意休息，适当运动，避免运动中外伤及骨折发生。避免公共场合逗留，减少感染机会。

2. 心理指导　消除自卑心理、树立积极乐观心态、积极参与群体活动。

3. 饮食指导　给予丰富蛋白质和高钾饮食，减少脂肪和碳水化合物摄入。

4. 疾病知识指导　告知患者疾病相关知识，可多方面来了解疾病。

5. 用药指导　使用抑制皮质醇合成类药物者注意不良反应。针对皮质醇替代治疗者注意按时、足量用药，定期复查。

6. 出院指导　坚持用药、注意药物不良反应；避免感染和骨折发生；定期复诊。

（王　菲）

任务四　原发性慢性肾上腺皮质功能减退症患者的护理

知识目标

1. 掌握：原发性慢性肾上腺皮质功能减退症的临床表现、护理诊断、护理措施。
2. 熟悉：原发性慢性肾上腺皮质功能减退症的实验室检查。
3. 了解：原发性慢性肾上腺皮质功能减退症的概念和病因。

技能目标

学会肾上腺危象的抢救配合。

案例导入

病例：患者，男，42岁。疲劳、乏力、头晕、眼花、多眠及食欲缺乏，皮肤逐渐变黑4年。护理体检：体温36.5℃，脉搏70次/分，血压94/64 mmHg，呼吸18次/分。神清，消瘦，慢性病容，面部皮肤暗黑，在肘部及乳头处皮肤有色素沉着，头发稀疏。甲状腺无肿大。两肺检查无异常。心浊音界略缩小，心音低钝，无杂音，心律规整。实验室检查：血钾5.3 mmol/L，血钠110 mmol/L，血氯105 mmol/L。空腹血糖3.5 mmol/L。血皮质醇：早8时122 nmol/L，下午4时15.6 nmol/L（血皮质醇参考值上午8~9时（140~630）nmol/L，下午3~4时（55~378）nmol/L）。

问题：1. 该患者临床诊断是什么？
2. 写出2个主要的护理诊断？主要的护理措施？

慢性肾上腺皮质功能减退症，是多种原因引起，两侧肾上腺绝大部分被破坏，出现皮质激素不足的表现，称肾上腺皮质功能减退症。可分原发性及继发性。原发性慢性肾上腺皮质功能减退症又称Addison病（艾迪生病）；继发性可见下丘脑垂体病变，引起CRH或ACTH的分泌不足，以致肾上腺皮质萎缩。本项目重点介绍Addison病。

【病因及发病机制】

1. **肾上腺结核** 为本病最常见的病因，占80%，随结核病的控制而逐渐减少。只有双侧肾上腺结核，大部分肾上腺组织被破坏才表现出临床症状。多伴有其他部位结核灶如肺结核、骨结核等。

2. **特发性肾上腺皮质萎缩** 与自身免疫有关，患者血清中可以测到抗肾上腺组织抗体。主要侵及束状带细胞，抗原主要在微粒体和线粒体内。多伴有其他自身免疫紊乱疾病，如甲状腺功能减退、甲状旁腺功能减退、性腺功能减退、糖尿病、垂体功能减退等。

3. **其他** 恶性肿瘤肾上腺转移，以肺癌和乳腺癌为多见。也可见于双侧肾上腺切除术后、全身真菌感染、肾上腺淀粉样变等。

【临床表现】

发病缓慢，可在发病多年后才出现症状。有部分患者因感染、外伤、手术等应激诱发肾上腺危象，才被临床发现。临床表现包括醛固酮和皮质醇分泌不足。

1. **醛固酮不足** 醛固酮具有保钠排钾的作用，醛固酮分泌不足时肾排钾减少，致高钾血症，甚至引起代谢性酸中毒。尿钠排出增多，出现低钠、低氯血症，细胞外液减少，血容量降低，心排血量减少，肾血流减少伴氮质血症、全身乏力、虚弱消瘦、直立性低血压、乏力、休克。患者在摄盐量充足时症状可不明显，但当摄盐量不足时表现明显。

2. 皮质醇不足

（1）原发病表现。如结核病、各种自身免疫疾病及腺体功能衰竭综合征的各种症状。

（2）胃肠道症状。食欲缺乏、恶心、呕吐、上腹、右下腹或无定位腹痛，有时有腹泻或便秘，多喜高钠饮食，伴有消瘦。多见于久病、病情严重者。

（3）神经、精神症状。精神不振、表情淡漠、记忆力减退、头昏、嗜睡，部分患者有失眠，烦躁，甚至谵妄和精神失常。

（4）心血管症状。由于缺钠，脱水和皮质激素不足，患者多有低血压和直立性低血压。心脏缩小，心率减慢，心音低钝。

（5）低血糖。患者血糖偏低，但因病情发展缓慢，多能耐受，症状不明显。仅有饥饿感、出汗、头痛、软弱、不安。严重者可出现震颤、视力模糊、复视、精神失常，甚至抽搐、昏迷。

（6）色素沉着。全身皮肤和黏膜色素沉着是本病最具特征性的体征，多呈弥漫性，易暴露部，经常摩擦部位和指（趾）甲根部、瘢痕、乳晕、外生殖器、肛门周围、牙龈、口腔黏膜、结膜明显。

（7）肾上腺危象。是疾病急性加重的表现。患者在感染、创伤、手术、分娩、劳累、大量出汗、呕吐、腹泻、失水或突然中断治疗等应急情况下诱发。表现为恶心、呕吐、腹痛或腹泻、严重脱水、血压降低、心率快、脉细弱、精神失常，常有高热、低血糖症、低钠血症、血钾可低可高。如不及时抢救，可发展至休克、昏迷、死亡。

（8）其他。对麻醉剂，镇静剂甚为敏感，小剂量即可致昏睡或昏迷。性腺功能减退，如阳痿，月经紊乱等。

【实验室及其他检查】

1. 血生化检查　可有血钠、血氯降低，血钾升高，空腹血糖降低，血钙升高。
2. 肾上腺皮质功能检查

（1）皮质醇及其代谢产物测定。基础血、尿皮质醇，尿17羟皮质类固醇测定常降低。

（2）血浆基础ACTH测定。原发性肾上腺皮质功能减退者明显升高，继发性明显降低。

（3）ACTH刺激试验。原发性慢性肾上腺皮质功能减退症患者无反应，继发性慢性肾上腺皮质功能减退症患者有反应。

3. 血常规检查　白细胞、中性粒细胞减少，淋巴细胞增多，嗜酸性粒细胞明显增多。
4. 影像学检查　B超、CT和MRI检查，可发现肾上腺肿大及钙化阴影。

【治疗要点】

治疗原则：终身应用肾上腺皮质激素替代治疗，积极治疗原发病。

1. 糖皮质激素替代　一般模拟激素分泌周期，上午8时前服氢化可的松20 mg，下午4时前服氢化可的松10 mg。在有发热等并发症时适当加量。
2. 食盐及盐皮质激素　食盐的摄入量应充足。如用氢化可的松后，收缩压不能回升至13.3 kPa（100 mmHg），或者伴有低血钠症，则可同时使用醋酸去氧皮质酮、9α氟氢可的松。严重慢性肾上腺皮质功能低减或双肾上腺全切除后的患者需长期服维持量。

3. 抢救危象　肾上腺危象为内科急症,应积极抢救。主要措施为静脉输注糖皮质激素、补充盐水、葡萄糖及避免诱因。

(1) 补充盐水。典型的危象患者液体损失量约达细胞外液的1/5,初治第1、2日内应迅速补充生理盐水每日2 000~3 000 mL。对于以糖皮质激素缺乏为主,脱水不甚严重者补盐水量适当减少,补充葡萄糖液以控制低血糖。

(2) 糖皮质激素。立即静注氢化可的松100 mg,使血皮质醇浓度达到正常人在发生严重应激时的水平。以后每6小时加入补液中静滴100 mg,最初24小时总量约400 mg,第2、3天可减至300 mg,分次静滴。如病情好转,继续减至每日200 mg,继而100 mg。呕吐停止,可进食者,可改为口服。当口服剂量减至每日50~60 mg以下时,应加用9α氟氢可的松。

(3) 积极治疗感染及其他诱因。合并感染时应选用有效、适量的抗生素,切口感染需清创引流,同时积极处理其他诱因。病情危重者应专人护理。禁用吗啡、巴比妥类药物。

【护理诊断/问题】

1. 自我形象紊乱　与肾上腺皮质功能减退引起身体外形改变有关。
2. 体液不足　与醛固酮分泌减少钠排泄增加及胃肠功能紊乱有关。
3. 潜在并发症　肾上腺危象。
4. 知识缺乏　缺乏肾上腺皮质功能减退症的预防保健知识。

【护理措施】

1. 一般护理

(1) 休息与活动护理。病房环境安静,保证患者充分休息。适当休息可以减轻水肿,宜取平卧位,抬高双下肢以利于静脉回流。病情稳定后指导患者下床活动,活动时应循序渐进。改变体位应缓慢,防止直立性低血压,出现头晕、眼花应立即停止活动,卧床休息。骨质疏松者适当限制运动、做好防护措施避免骨折。

(2) 饮食护理。宜给予高钠(8~10 g/d)、高蛋白、高维生素饮食。多饮水,在病情允许的情况下,鼓励患者每天进水3 000 mL以上。避免含钾高的食物,如橘子、香蕉、橙子、南瓜等,以免诱发心律失常。有大量出汗、腹泻等失钠情况,应适当增加食盐摄入量。

2. 用药护理

(1) 糖皮质激素替代治疗。根据患者身高、体重、性别、年龄、劳动强度等,确定合适的基础量,根据激素分泌周期,清晨睡醒时给予全日量的2/3,下午4时服余下的1/3。如:成人开始剂量上午8时服氢化可的松20~30 mg,下午4时服10 mg,如有发热等并发症时应适当加量。激素可刺激胃酸分泌,损伤胃黏膜诱发或加重消化性溃疡甚至引起消化道出血,还可出现高血糖、高血压,诱发骨质疏松,甚至股骨头坏死,也可导致感染扩散等并发症,一旦出现应立即报告医生,配合医生处理。

(2) 盐皮质激素替代治疗。患者出现低血压时加盐皮质激素,如9α氟氢可的松,根据疗效调节剂量,如有高血压、水肿、低血钾时应减量。

3. 病情监测　记录24小时液体出入量,观察患者的皮肤颜色、湿度及弹性,有无恶心、呕吐、腹泻表现,观察有无脱水表现;注意监测电解质变化,观察有无高血钾、高血钙、低血钠、低血糖等发生；给予心电监护，注意有无心律失常发生。

4. 肾上腺危象护理

（1）抢救配合。迅速建立两条静脉通道，配合医生的抢救。补充液体和糖皮质激素详见治疗。

（2）病情监测。注意患者的体温、脉搏、呼吸、血压、意识变化，定期监测电解质变化。

（3）避免诱因。积极控制感染，避免过度劳累、创伤，切勿突然中断治疗。患者有手术、分娩等情况应做好充分准备，出现恶心、呕吐、大汗、腹泻等情况应立即报告医生，及时处理。

【健康教育】

1. 休息与活动指导　注意休息，改变体位应缓慢，做好防护，指导患者外出时避免阳光直射以免加重皮肤黏膜色素沉着。
2. 心理指导　消除自卑心理、树立积极乐观心态、积极参与群体活动。
3. 饮食指导　高蛋白、高维生素饮食，增加钠摄入和避免高钾饮食。
4. 疾病知识指导　告知患者疾病相关知识，了解激素替代治疗的重要性，增强患者治疗的信心，积极配合治疗。
5. 用药指导　强调定时、定量用药，切勿自行减量或停药，以免发生危险。
6. 出院指导　坚持用药、注意药物不良反应；避免感染和骨折发生；定期复诊。外出随身携带识别卡，注明患者姓名、家庭住址、家中亲人、联系电话、疾病，以便紧急情况发生时能及时得到处理。

（王　菲）

任务五　甲状腺功能亢进症患者的护理

知识目标

1. 掌握：Graves病的临床表现、护理措施。
2. 熟悉：Graves病的病因、实验室检查、护理诊断/问题、治疗原则。
3. 了解：甲亢的概念、分类、Graves病的发病机理。

技能目标

1. 能对甲亢患者进行饮食指导。
2. 能对甲状腺危象患者进行抢救配合。

案例导入

病例: 患者,女,38岁。主诉易饥饿、多食、烦躁、易怒、心悸及乏力3月余,体重下降8kg。护理体检:甲状腺Ⅱ度肿大,质软,无压痛,有震颤,可闻及吹风样血管杂音,双手细颤(+)。实验室检查: T_3 2.87 nmol/L, T_4 149.27 ng/mL, FT_3 14.63 pmol/L, FT_4 67.71 pmol/L, TSH 0.01 mIU/L。

问题: 1. 本病临床诊断是什么?写出2个主要的护理诊断。
   2. 如何对患者进行饮食护理?

甲状腺功能亢进症简称甲亢。是指由多种原因引起甲状腺功能增强,使甲状腺激素(TH)分泌过多所致的临床综合征。临床引起甲亢的病因很多并且较复杂,可分为以下六类(表8-4)。本任务重点介绍毒性弥漫性甲状腺肿(Graves病,简称GD)。

1. **甲状腺性甲亢** ①毒性弥漫性甲状腺肿,又称Graves病,最常见。②多结节性甲状腺肿伴甲亢。③毒性腺瘤。④多发性自身免疫性内分泌综合征伴甲亢。⑤甲状腺癌(滤泡型腺癌)。⑥新生儿甲亢。⑦碘甲亢。⑧促甲状腺激素(TSH)受体基因突变致甲亢。

2. **垂体性甲亢** ①垂体TSH瘤或TSH细胞增生致甲亢。②垂体型甲状腺激素(TH)不敏感综合征。

3. **伴瘤综合征和(或)人绒毛膜促性腺激素(HCG)相关性甲亢** ①恶性肿瘤(肺、胃、肠、胰、绒毛膜等)伴甲亢。②HCG相关性甲亢(绒毛膜癌、葡萄胎、侵蚀性葡萄胎、多胎妊娠等)。

4. 卵巢甲状腺肿伴甲亢。

5. 医源性甲亢。

6. **暂时性甲亢** ①亚急性甲状腺炎。②慢性淋巴细胞性甲状腺炎。

表8-4 甲状腺功能亢进症的常见原因

类型	疾病
原发性	弥漫性毒性甲状腺肿(Graves病)
	甲状腺自主高功能腺瘤
	碘致甲状腺功能亢进(碘甲亢)
	多结节性毒性甲状腺肿
	桥本甲亢
继发性	新生儿甲亢
	垂体TSH腺瘤
	伴瘤综合征

知识拓展

Graves病又称弥漫性毒性甲状腺肿或Basedow病，是一种以伴甲状腺激素（TH）分泌增多的器官特异性自身免疫病，是引起甲亢最常见病因，女性显著高发，男女患病比率为（1:4）~6，尤以20~40岁女性最多见。临床以高代谢综合征、甲状腺弥漫性肿大、突眼为特征。

【病因与发病机制】

本病的发生与自身免疫有关，属于器官特异性自身免疫病。它与自身免疫甲状腺炎等同属于自身免疫性甲状腺病（AITD）。

（一）遗传因素

本病有显著的遗传倾向，同胞兄妹发病危险为11.6%，单卵孪生子发病有较高的一致率。

（二）免疫因素

GD的发病与自身免疫有关，特别是体液免疫关系明显，其特征是患者的血清中存在针对甲状腺细胞促甲状腺激素受体的特异性自身抗体，称为促甲状腺激素受体抗体（TRAb）。TRAb与TSH受体结合，产生TSH的生物效应，使甲状腺细胞增生、甲状腺激素合成、分泌增加。GD浸润性突眼主要也与细胞免疫有关。

（三）环境因素

环境因素可能参与了GD的发生，如精神刺激、细菌感染、妊娠、应激、创伤、过度劳累、碘摄入过多、某些药物（胺碘酮、性激素、锂剂）等都对本病的发生和发展有影响，并且可作为GD的诱发因素。创伤、应激、精神刺激等促使肾上腺糖皮质激素水平升高，增强免疫反应。近年来，加碘食盐的应用使此类疾病增多，值得重视。

【临床表现】

本病起病缓慢，少数在精神刺激、感染等应急后可急性起病。临床典型表现为甲亢"三联征"，即高代谢综合征、甲状腺肿大、眼征。

1. 甲状腺激素分泌过多综合征

（1）高代谢综合征。表现为怕热、多汗，皮肤温暖湿润，多食易饥饿、体重下降，疲乏无力等。可有低热，甲亢危象时有高热。

（2）神经、精神系统。表现为神经过敏、烦躁易怒、紧张失眠、多言好动、注意力不集中、记忆力减退，甚至癫痫样发作。部分患者可见幻觉，重者出现精神分裂症表现。手、眼睑、舌震颤，腱反射亢进。少数患者表现表情淡漠、少言寡语称之为"淡漠型甲亢"。

（3）循环系统。表现为胸闷、气促、心悸。在静息或睡眠时心率增快是甲亢的特征性表现之一。病情严重者可导致甲亢性心脏病。表现为：①窦性心动过速，心率90~120次/分。

②第一心音亢进，可闻及收缩期杂音。③心律失常以心动过速、心房颤动多见，偶见房室传导阻滞。④血压升高，尤其收缩压升高明显，舒张压下降可导致脉压差增大，出现周围血管征。⑤严重者可诱发心脏扩大、充血性心力衰竭、心绞痛及心肌梗死等。

（4）消化系统。食欲亢进、多食易饥饿是甲亢的另一特征表现。甲状腺激素直接导致胃肠道蠕动增强，因而大便次数增多或腹泻。重症可有肝肿大、肝功能异常，偶有黄疸。

（5）肌肉骨骼系统。主要为周期性瘫痪，病变多累及近心端的肩胛和骨盆带肌群，表现为肌肉软弱无力，可伴低血钾，在20~40岁的男性好发，多因剧烈运动、进甜食、注射胰岛素诱发周期性瘫痪。少数患者发生甲亢性肌病，表现为登高、起立、梳头困难。甲状腺功能亢进增加骨骼的代谢引起骨质疏松。肢端粗厚而外形似杵状指（趾），另有1%GD伴发重症肌无力，该病和GD同属自身免疫病。

（6）造血系统。全血细胞寿命缩短及合成下降，表现为贫血、出血和感染，淋巴细胞及单核细胞百分比则上升。

（7）生殖系统。女性可有月经紊乱、闭经、不孕。男性多见阴茎勃起异常、阳痿、不育，偶有乳房发育。

2. 甲状腺肿　多数患者有不同程度的甲状腺肿大，多为对称性、弥漫性肿大，质软，表面光滑，无压痛，随吞咽动作上下移动。甲状腺上下极可触及震颤及闻及血管杂音，为本病的重要体征。与弥漫性甲状腺肿大同时存在具有诊断价值。

3. 眼征　毒性弥漫性甲状腺肿的眼症表现分为单纯性突眼和浸润性突眼。

（1）单纯性突眼。病因与甲状腺毒症所致的交感神经兴奋性增高有关，包括下述表现：①轻度突眼：突眼一般在18 mm以内。②斯特尔旺哥（Stellwag）征：瞬目减少和凝视，炯炯有神。③上睑挛缩，睑裂增宽。④格瑞菲（Graefe）征：双眼向下看时，由于上眼睑不能随眼球下落，显现白色巩膜。⑤焦赋瑞友（Joffroy）征：眼球向上看时，前额皮肤不能皱起。⑥墨比尤思（Mobius）征：双眼看近物时，眼球辐辏不良。随病情好转可恢复。见图8-2。

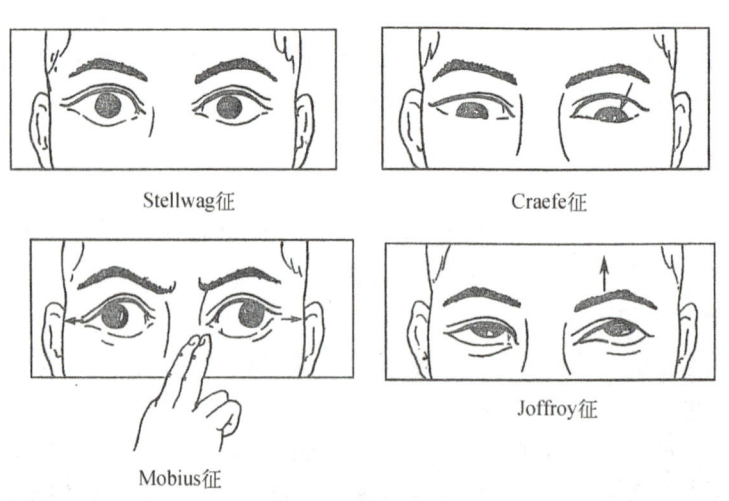

图8-2　甲亢突眼症

（2）浸润性突眼。又称恶性突眼，病因与眼眶周围组织的自身免疫炎症反应有关。表现为眼内异物感、胀痛、畏光、流泪、复视、斜视、视力下降；突眼一般在18 mm以上，眼睑肿胀，结膜充血水肿，眼球活动受限，严重者眼球固定、眼睑闭合不全、角膜外露而发生角膜溃疡、全眼炎，甚至失明。本病男性多见。

4. 特殊类型甲亢

（1）甲状腺危象又称甲亢危象。是甲状腺毒症急性加重的一个综合征，发生原因可能与血循环内甲状腺激素水平增高有关。强烈的精神刺激、感染、过劳、手术前准备不充分、放射性碘治疗、各种应激等可为其发生的诱因。临床表现有：高热（39℃以上）、大汗淋漓、心动过速（140~240次/分）、心房颤动或扑动、烦躁、焦虑不安、谵妄、恶心、呕吐、腹泻，严重患者可有心衰、休克及昏迷等。甲亢危象的诊断主要靠临床表现综合判断。而当甲亢患者出现体温升高但小于39℃，心动过速但心率小于140次/分，并有多汗、嗜睡、烦躁、食欲减退或呕吐时多为甲状腺危象先兆，应按甲亢危象处理。甲亢危象的病死率在20%以上。

（2）甲亢性心脏病。发病率10%~22%，多见于男性结节性甲状腺肿伴甲亢，老年多见。主要表现为：①心脏扩大，早期右心室扩大为主。②心律失常，各种快速心律失常，尤以心房颤动最为多见。③心绞痛、心肌梗死。④充血性心力衰竭。甲亢症状控制后上述症状可恢复。

（3）淡漠型甲亢。多见于老年患者。起病隐匿，高代谢综合征、甲状腺肿和眼征均不明显。主要表现为乏力、倦怠、反应迟钝、表情淡漠、抑郁等，有时以腹泻、厌食等消化系统症状为主，不明原因心房颤动、心绞痛等，易与冠心病混淆。因临床表现不典型难以及时得到诊治，易发生甲亢危象。所以，老年人如出现不明原因的突然消瘦、发生心房颤动时应考虑本病。

（4）T_3型甲亢。此型的临床症状较轻。多见于弥漫性、结节性或混合性甲状腺肿患者的早期、治疗过程中或治疗后复发期及缺碘地区的甲亢患者。特征为血TT_4、FT_4正常，而血TT_3与FT_3均增高。甲状腺摄^{131}I率正常或偏高，但不受外源性T_3控制。

（5）胫前黏液性水肿。属自身免疫性疾病，约5%的GD患者伴发本症，白种人中多见。多发生在胫骨前下1/3部位，也可见于足背、踝关节、肩部、手背或手术瘢痕处，偶见于面部，皮损大多为对称性。早期表现主要有皮肤增厚、变粗，可伴感觉过敏或减退，或伴痒感。后期表现主要有皮肤粗厚，如橘皮或树皮样，下肢粗大似橡皮腿。

知识拓展

妊娠期甲亢有其特殊性。需注意以下几个问题：①妊娠期甲亢的诊断应依赖血清FT_3、TT_4和TSH。②绒毛膜促性腺激素（HCG）在妊娠3个月达到高峰，可刺激TSH受体，产生妊娠一过性甲状腺毒症。③母体的TSAb可以透过胎盘刺激胎儿的甲状腺引起胎儿或新生儿甲亢。④产后由于免疫抑制的解除，GD易于发生，称为产后GD。⑤如果患者甲亢未控制，建议不要怀孕；如果患者正在接受抗甲状腺药物治疗，血清FT_3、TT_4达到正常范围，停ATD或者应用ATD的最小剂量，可以怀孕；如果患者在妊娠期间发现甲亢，可继续妊娠，治疗首选丙硫氧嘧啶（PTU）

以减少对胎儿甲状腺发育的影响,妊娠中期可行甲状腺手术治疗,手术宜在妊娠4~6个月进行,过早易致流产,过迟则可能影响胎儿发育及导致早产。禁止放射性 ^{131}I 治疗,产后不宜哺乳,应尽量避免使用β受体拮抗药,因其可致宫缩引起胎儿发育不良、胎盘早剥、胎儿宫内窘迫、流产或早产。⑥有效地控制甲亢可以明显改善妊娠的不良结果。

【实验室及其他检查】

1. 基础代谢率(BMR)测定　约95%的甲亢患者BMR增高。在禁食12 h、睡眠8 h以上、静卧、空腹状态下进行测定。常用BMR简易计算公式:BMR%=脉压+脉率-111。正常BMR为-10%~+15%。甲亢患者BMR增高,常在30%以上,其增高程度与病情相符,临床上以+15%~+30%为轻度甲亢、+31%~+60%为中度甲亢、>+61%为重度甲亢。随着甲亢症状的控制,基础代谢率逐渐下降,BMR可作为疗效观察的指标。

2. 甲状腺激素测定　血清甲状腺激素浓度测定为目前最敏感、可靠的检查方法。患者血清总甲状腺素(TT_4)及总三碘甲状腺原氨酸(TT_3)增高。其中TT_3测定诊断甲亢较TT_4具有更高的敏感性和意义。TT_3也是诊断T_3型甲亢的特异性指标。血清游离甲状腺素(FT_4)与游离三碘甲状腺原氨酸(FT_3)增高。其不受甲状腺结合球蛋白的影响,直接反映甲状腺功能状态。TT_4、FT_4、TT_3、FT_3是评价甲状腺功能的首选指标,尤其是FT_4、FT_3比TT_4、TT_3甲状腺功能评判意义更大。

3. 血促甲状腺激素(TSH测定)　TSH为腺垂体产生的促甲状腺激素,是目前评价甲状腺功能最敏感的实验指标,96%以上的甲亢患者下降。而TSH则是反映甲状腺功能的最敏感指标。

4. 甲状腺激素释放激素(TRH)兴奋试验　甲状腺功能亢进时T_3、T_4增高,反馈抑制TSH,故TSH不被TRH兴奋。静脉注射TRH后TSH分泌物不增高则支持甲状腺功能亢进症的诊断。

5. 甲状腺自身抗体测定　未治疗的Graves患者血中TSAb阳性率可达80%~100%,有早期诊断意义。可判断病情活动和复发,还可作为治疗后停药的重要指标。

6. 甲状腺 ^{131}I 摄取率及抑制试验测定　甲状腺对 ^{131}I 摄取功能,甲亢时多升高。必须排除药物、食物影响。给予T_3或甲状腺片后再行测定 ^{131}I 摄取率称为抑制试验,甲亢时不被抑制或抑制率<50%。单纯甲状腺肿大者 ^{131}I 摄取率不升高、抑制率>50%,因此,有助鉴别甲亢和单纯甲状腺肿。

知识拓展

单纯甲状腺肿是指非炎症和非肿瘤原因所导致的、不伴有临床甲状腺功能异常的甲状腺肿。单纯性甲状腺肿患病率约占人群中5%,在任何年龄均可患病,以青少年患病率高,女性多于男性。血清T_4正常或偏低,T_3、TSH正常或偏高,^{131}I

摄取率增高，但无高峰前移，可被抑制T_3，分为地方性甲状腺肿、散发性甲状腺肿、高碘性甲状腺肿。

7. 影像学检查 通过^{131}I摄取后甲状腺摄片、^{99m}Tc（^{99m}锝）ECT（或SPECT）观察甲状腺对上述放射性物质的聚集功能，甲亢时升高。B超观察甲状腺回声、腺体体积，Graves病时甲状腺呈灶性或弥漫性低回声、伴有血流信号增大、腺体体积增大。

【治疗要点】

目前尚不能对GD进行病因治疗。针对甲亢有三种疗法，即抗甲状腺药物、^{131}I和手术治疗。抗甲状腺药物的作用是抑制甲状腺合成甲状腺激素，^{131}I和手术则是通过破坏甲状腺组织、减少甲状腺激素的产生来达到治疗目的。

（一）抗甲状腺药物治疗

是甲亢的基础治疗，常用的抗甲状腺药物分为硫脲类和咪唑类两类，硫脲类包括丙硫氧嘧啶（PTU）和甲硫氧嘧啶（MTU）等；咪唑类包括甲巯咪唑（他巴唑）和卡比马唑（甲亢平）等。其主要作用机制是抑制甲状腺过氧化物酶，抑制碘的活化从而抑制甲状腺激素的合成。但对已合成的甲状腺激素无效，因此，一般要在用药2~3周后甲亢症状开始减轻，PTU还能抑制T_4转化为T_3及免疫抑制作用，使免疫球蛋白的生成减少。故在重症甲亢、甲亢危象时为首选药。用药可分为初治期、减量期、维持期3个时期。

1. 适应证 ①病情轻、中度患者。②甲状腺轻、中度肿大。③年龄<20岁。④孕妇、高龄或由于其他严重疾病不适宜手术者。⑤手术前和^{131}I治疗前的准备。⑥手术后复发且不适宜^{131}I治疗者。

2. 剂量与疗程 根据病情轻重决定剂量，初治期：甲硫氧嘧啶（MTU）或丙硫氧嘧啶（PTU）300~450 mg/d，甲巯咪唑（MMI）30~40 mg/d，分2~3次口服。至症状缓解或血甲状腺激素（TH）恢复正常时即可逐渐减量。减量期：每2~4周减量1次，MTU或PTU每次减50~100 mg，MMI每次减5~10 mg，待症状完全消除，体征明显好转后再减至最小维持量。维持期：MTU或PTU 50~100 mg/d，MMI 5~10 mg/d。如此维持1.5~2年。必要时还可在停药前将维持量再次减半。治疗中如症状缓解反而甲状腺肿大或突眼加重时，可酌情减少抗甲状腺药物剂量，并可加用小剂量左甲状腺素（LT_4）25~50μg/d或甲状腺粉20~60 mg/d口服，目的是避免为T_3、T_4减少后对TSH的反馈抑制减弱。防止剂量过大引起心绞痛。

3. 不良反应及注意事项 ①粒细胞减少：抗甲状腺药物可以引起白细胞减少，严重者还可发生粒细胞缺乏症，主要发生在治疗开始后的2~3个月内，外周血白细胞低于3×10^9/L或中性粒细胞低于1.5×10^9/L时应当考虑停药。治疗前和治疗1~2个月，应定期检查白细胞。②皮疹：可先试用抗组胺药，若发生剥脱性皮炎，应立即停药。③肝功能损害：多在用药后3周发生，可有中毒性肝病、肝坏死，转氨酶显著上升。

（二）放射性^{131}I治疗

主要机制是利用甲状腺摄取^{131}I后在组织内释放出β射线，可使甲状腺滤泡破坏致甲状腺激素（TH）合成和分泌减少，照射深度仅为1～2 mm，因此，不会伤及周围组织。放射性^{131}I治疗具有简便、安全、疗效明显等优点。

1. 适应证 ①甲状腺肿大Ⅱ度以上。②对抗甲状腺药物过敏而不能持续用，或长期治疗无效，或治疗后复发者。③合并心、肝、肾等疾病不宜手术，或不愿手术，或术后复发者。④甲亢伴白细胞减少、血小板减少或全血细胞减少者。⑤浸润性突眼。

2. 禁忌证 ①妊娠或哺乳期妇女。②年龄在25岁以下者。③白细胞、血小板或全血细胞减少者。④重度浸润性突眼。⑤甲亢危象。

3. 不良反应 主要为甲状腺功能减退，一旦发生均需用甲状腺激素替代治疗。还可发生放射性甲状腺炎、诱发甲亢危象、加重浸润性突眼。

（三）手术治疗

1. 适应证 ①中、重度甲亢，长期服药无效，或停药复发，或不能坚持服药者。②甲状腺肿大明显，有压迫症状。③胸骨后甲状腺肿。④多结节性甲状腺肿伴甲亢。手术治疗的治愈率95%左右，复发率为0.6%～9.8%。

2. 禁忌证 ①伴严重眼征者。②合并较重心脏、肝、肾疾病，不能耐受手术。③妊娠初3个月和第6个月以后。

（四）其他治疗

减少碘摄入量是甲亢的基础治疗之一。因为过量碘的摄入会加重和延长病程，增加复发的可能性，故甲亢患者应当食用无碘食盐，忌用含碘药物。复方碘化钠溶液仅在手术前和甲状腺危象时使用。

（五）甲状腺危象的治疗

甲状腺危象治疗目的在于迅速降低循环中甲状腺激素水平，减轻和控制甲状腺危象症状。

1. 抑制甲状腺激素 通过控制甲状腺激素合成、抑制甲状腺激素释放及消除循环中甲状腺激素。①抑制甲状腺激素的合成：首选丙硫氧嘧啶（PTU）600 mg口服或经胃管注入，以后给予250 mg每6小时口服，待症状缓解后减至一般治疗剂量。②抑制甲状腺激素的释放：服丙硫氧嘧啶（PTU）1～2小时后再加用复方碘口服溶液，首次剂量30～60滴，以后每6～8小时5～10滴。或碘化钠1.0 g加入10%葡萄糖盐水溶液中静滴24小时，以后视病情逐渐减量，一般使用3～7日。如果对碘剂过敏，可改用碳酸锂0.5～1.5 g/d，分3次口服，连用数日。③促进甲状腺激素的排泄：通过血液透析或血浆置换可降低血中甲状腺激素浓度。

2. β受体拮抗：普萘洛尔 20～40 mg，每6～8小时口服1次，或1 mg稀释后静脉缓慢注射。β受体拮抗可降低组织对肾上腺素的反应性。

知识链接

β受体阻断药常见的不良反应和禁忌证：①胃肠道反应。②诱发或加剧支气管哮喘，因此，支哮禁用。③抑制心脏功能，诱发急性心衰，禁用于心功能不全、心动过缓、重度房室传导阻滞等患者。④外周血管收缩和痉挛，间歇性跛行。⑤停药有反跳现象，可导致血压升高，不可骤停。

3. 抑制 T_4 转化为 T_3 及免疫抑制作用　可用氢化可的松 100 mg 加入 5%~10% 葡萄糖中静脉滴注，每 6~8 小时 1 次。

4. 其他治疗　消除诱因，如感染、应激、药物等；预防、保护重要脏器功能衰竭，吸氧，纠正水、电解质、酸碱失衡；高热者予物理降温，避免用乙酰水杨酸类药物。

（六）浸润性突眼的治疗

1. 轻度浸润性突眼　病程一般呈自限性，不需要强化治疗。治疗以局部和控制甲亢为主。可戴有色眼镜，抬高床头，棱镜矫正等。

2. 中度和重度浸润性突眼　在上述治疗基础上强化治疗。视神经受累是本病最严重的表现，可导致失明，需要静脉滴注糖皮质激素和眼眶减压手术的紧急治疗。

（七）放射治疗

适应证与糖皮质激素治疗基本相同。有效率在 60%，对近期的软组织炎症和近期发生的眼肌功能障碍效果较好。糖尿病和高血压视网膜病变者是禁忌证。本疗法可以单独应用或者与糖皮质激素联合使用。联合应用可以增加疗效。

【护理诊断/问题】

1. 营养失调：低于机体代谢需要量　与分解代谢增强、消化吸收功能下降有关。
2. 活动无耐力　与甲亢机体代谢过度、甲亢性心脏病、甲亢性肌病等有关。
3. 有组织完整性受损的危险　与浸润性突眼、眼睑后缩有关。
4. 潜在并发症　甲状腺危象。
5. 焦虑　与神经系统改变、甲亢致全身不适有关。
6. 知识缺乏　缺乏甲亢治疗、护理、生活保健知识。

【护理措施】

1. 一般护理

（1）饮食护理：忌加碘食盐和富含碘的食物，尤其海产品；避免高盐、高纤维素食物，以减轻突眼和减轻胃肠道负担；给予高热量、高蛋白、高维生素饮食；尽量避免辛辣、刺激食物，禁用对中枢有刺激作用的咖啡、浓茶等刺激性饮料。根据病情适当补充水分，每日进水量在 2 000~3 000 mL 以补充出汗、腹泻、呼吸加快等所丢失的水分，心脏病患者补水应考虑心功能情况。

（2）环境、休息与活动：环境安静舒适、避免强光和噪声刺激。合理活动与休息，避免紧张和劳累，严重甲亢、合并心力衰竭、严重眼征时应绝对卧床休息。

（3）病情观察：观察生命体征，评估怕热、多汗是否好转，易饥饿、多食是否改善，心悸、胸闷有无改善，大便次数有无减少及形状有无改变及体重有无改变。监测甲状腺激素水平及TSH水平检测结果，重点评估甲亢症状、体温、心率、有无大汗淋漓、呕吐与腹泻等，预防甲状腺危象的发生。一经发现立即报告医生。

(4) 用药护理

1) 抗甲状腺药物的用法：①告知患者遵医嘱按时、足量、足够疗程服用，不得随便更换药物、调整剂量、缩短疗程。②抗甲亢药物起效较慢，通常在用药后4~8周后甲状腺功能方见改善。③注意观察不良反应，尤其是白细胞减少和粒细胞缺乏，此外皮疹亦较常见。因此，用药过程中应注意有无发热、咽喉疼痛，一旦发生立即检查白细胞计数和分类，当白细胞计数 < $3×10^9$/L 或中性粒细胞绝对值 < $1.5×10^9$/L 时应立即停药并就医。轻度皮疹可以使用抗组胺药，严重时应当停药，以避免引发剥脱性皮炎。

2) β受体拮抗药，有支气管哮喘、心功能不全、慢性阻塞性肺疾病者禁忌使用。使用中注意观察心率（律）变化，及时复查心电图。

3) ^{131}I治疗。①治疗前后准备：治疗前后1月内避免使用含碘药物和食物，以免影响甲状腺对^{131}I的吸收。②避免丢失：^{131}I必须空腹服用，服用后2小时内不得食用固态食物，以免呕吐后导致^{131}I丢失；服药24小时内避免咳嗽、咳痰减少^{131}I。③促进排泄：服用^{131}I后2~3日时内增加饮水量，每日达到2 000~3 000 mL，以促进^{131}I由肾脏排泄。④预防危象：服用^{131}I后1周内避免甲状腺触诊挤压，以免诱发甲状腺危象。⑤^{131}I治疗中患者的排泄物、衣物、被褥、用具等要单独存放，待放射作用消失后再清洁处理，以免污染环境。护士在处理中应戴手套，防止造成自身伤害。

2. 特殊情况护理

(1) 甲状腺危象护理

1) 绝对卧床休息、避免诱因：安置患者在安静、室温偏低（15~17℃）的环境中，呼吸困难者取半卧位，持续低流量吸氧。患者应避免感染、精神刺激及创伤，减少和避免甲状腺检查过程中过度挤压。坚持治疗，不擅自停药。手术或放射性碘治疗前应做好充分准备。

2) 监控病情：监测生命体征、神志变化，一旦发生体温升高、心动过速、多汗、嗜睡、烦躁、食欲缺乏或呕吐等甲状腺危象前期表现时立即报告医生并积极配合处理。

3) 遵照医嘱配合处理：甲状腺危象一旦发生，配合医师积极处理。①绝对卧床休息，吸氧，快速建立静脉通路。②遵医嘱给药并注意不良反应，常用药物如PTU、碘化钠、β受体拮抗药、糖皮质激素等，特别注意碘剂及β受体拮抗药的不良反应，做好抢救应对措施。③动态监测生命体征，注意观察意识变化，做好24小时出入量记录。④对症护理，如高热者给予物理降温，可以用乙醇擦浴，或用冰袋、冰帽降温，如果效果不佳，躁动不安者应加强防护、避免跌伤；昏迷者加强皮肤、口腔护理，定时翻身、预防压疮及坠积性肺炎。

(2) 甲亢眼征护理

1) 用眼护理：加强眼部保护措施，预防眼睛受到刺激和伤害。①避免用眼过度。②佩戴有色眼镜，以防光线刺激和异物、灰尘的侵害；复视者戴单侧眼罩。③指导患者在眼睛有异物感、刺痛、流泪时，勿用手直接揉眼睛，避免引起感染。④经常用眼药水湿润眼睛，避免过度干燥；睡前涂抗生素眼膏。⑤睡眠时抬高头部减轻眼球后水肿，减轻突眼。

2) 用药护理：主要针对免疫抑制剂治疗时，注意各种不同药物的不良反应。①糖皮质激素，如泼尼松、氢化可的松，注意库欣综合征、高血压、糖尿病、骨质疏松、双重感染。②细胞毒性药物，如环磷酰胺，注意胃肠道、血液系统症状，以及出血性膀胱炎症等。③遵医嘱用利尿剂，限制钠、水摄入，减轻眼球后组织水肿。

3）球后放射治疗护理：①放射治疗前，充分解释放射治疗的必要性、可能的不良反应与注意事项，缓解和消除患者的恐惧心理，取得患者理解和密切配合。②放射治疗中，要注意保护好周围组织，避免扩大损伤。③放射治疗后，注意保护眼睛，尽量减少用眼，必要时遵医嘱给予相应药物治疗，因放射治疗可能产生疲劳、食欲下降等，因此，应注意合理安排活动与休息，同时应增加营养以利组织修复，鼓励患者多饮水以利破坏的组织代谢排泄，注意检查血象。

【健康教育】

1. 休息与活动指导　合理安排工作与休息（但不主张卧床），避免过度劳累，保持身心愉快，避免精神刺激，与同事及家人建立良好的关系，减轻精神压力。

2. 饮食指导　指导患者增加营养，避免辛辣、刺激性食物。

3. 心理指导　鼓励、关心患者，树立战胜疾病信心。鼓励患者多与同事、家人、医护人员交流，并参加适宜的社交活动。

4. 用药指导　指导患者按时、正确使用药物，注意药物的不良反应及应采取的应对措施，不得自行减停药物。

5. 出院指导　指导患者注意饮食禁忌，药物使用方法和注意事项，观察病情变化，定期复诊。

（王　菲）

任务六　甲状腺功能减退症患者的护理

知识目标

1. 掌握：甲状腺功能减退症的临床表现、护理诊断、护理措施。
2. 熟悉：甲状腺功能减退症的病因、治疗原则。
3. 了解：甲状腺功能减退症的概念、发病机制。

技能目标

能对甲状腺功能减退症患者进行饮食指导。

案例导入

病例：范某，女，45岁。主诉反复甲状腺次全切术后，乏力、畏寒、精神萎靡2月余。3月前曾行"甲状腺次全切除术"。术后用"左甲状腺素片"25 μg每天治疗，出院后未检查甲状腺激素水平。护理体检：身高1.54 m，体重60 kg，心率50次/分，余无特殊体征。

问题：1. 本病临床诊断是什么？写出2个主要的护理诊断。
2. 应做什么检查明确诊断，主要处理措施？

甲状腺功能减退症简称甲减，是由各种原因引起甲状腺合成、分泌的甲状腺激素减少或甲状腺激素抵抗而导致机体低代谢为主要特征的一组内分泌疾病。各年龄段人群均可发生，可分为三型：呆小病或克汀病，是指胚胎期起病者出生后多表现身材矮小、智力低下；年幼型甲减；成年型甲减。成人因甲减引起典型黏液性水肿病理改变而称为黏液性水肿，严重甲减引发昏迷时称为黏液性水肿昏迷。本项目主要介绍成年型甲减，以女性多见，起病隐匿，缓慢发展，病程较长。

【病因及发病机制】

引起甲减的病因很多，根据病变发生部位和发病机制甲减分为三种。①原发性甲减：主要由于甲状腺激素合成功能障碍、合成原料不足，以及甲状腺组织破坏所致。②中枢性甲减：下丘脑性甲减和垂体性甲减。中枢性甲减在于腺垂体促甲状腺激素（TSH）分泌减少，对甲状腺滤泡细胞的促增生、促合成功能下降和下丘脑产生促甲状腺激素释放激素（TRH）减少，对腺垂体TSH分泌调节功能下降所致。③甲状腺激素不敏感综合征：由于靶细胞核受体数目减少或结合甲状腺激素能力下降所致。其中原发性甲减最为常见，占甲减患者的95%左右。甲减分类及常见病因，见表8-5。

表8-5 甲减分类及常见病因

分类	病因
原发性（甲状腺）	药物性：抗甲状腺药物、^{131}I治疗后
	自身免疫损伤：自身免疫性甲状腺炎（最常见）、桥本甲状腺炎
	甲状腺破坏：甲状腺癌手术后、甲状腺切除术后、^{131}I治疗后
	先天性：呆小病、甲状腺缺如、甲状腺激素合成障碍
	地方性：地方性碘缺乏
下丘脑（下丘脑、腺垂体）	下丘脑：鞍上肿瘤、空泡蝶鞍、先天性TRH缺乏
	腺垂体：Sheehan（希恩）综合征、腺垂体肿瘤、腺垂体卒中、手术、放疗
甲状腺激素不敏感综合征	细胞核甲状腺激素受体缺乏或受体后缺陷、结合障碍

知识链接

先天性甲减，是由于患儿甲状腺先天性缺陷或因母亲孕期饮食中缺碘所致，其主要临床表现为体格和智能发育障碍。如果出生后3个月内开始治疗，预后较佳，智能绝大多数可达到正常；如果未能及早诊断，而在6个月后才开始治疗，虽然给予甲状腺素可以改善生长状况，但是智能仍会受到严重损害。

【临床表现】

由于甲状腺激素分泌减少或抵抗，导致全身各系统功能下降，其表现可以分为典型甲减表现、亚临床甲减表现、特殊类型表现。

1. 典型甲减

（1）一般表现：畏寒、体温偏低、乏力、少言、动作缓慢，食欲减退但体重减轻不明显。皮肤干燥少汗，严重者出现黏液水肿面容，表现为眉毛和头发稀疏、脱落，表情淡漠或面无表情，颜面水肿、面色苍白、唇舌肥厚等。少数指甲厚而脆，多裂纹。

（2）神经精神系统：精神萎靡、嗜睡、反应迟钝、记忆力减退、精神抑郁，严重者可有昏迷，也有患者表现为智力下降、感觉异常、腱反射减弱、消失或有神经质表现、精神分裂症等。

（3）消化系统：食欲下降、消化不良、胃肠蠕动减弱、便秘等，严重者发生麻痹性肠梗阻和黏液水肿性巨结肠。

（4）循环系统：窦性心动过缓、心包积液、心脏扩大、心音减弱、心力衰竭，久病者由于胆固醇升高可诱发冠心病。

（5）呼吸系统：出现呼吸困难、缺氧等呼吸功能受损的表现。

（6）生殖系统：男性阳痿、性欲减退，女性月经过多、经期延长、不孕。

（7）运动系统：①肌肉，表现为疼痛、无力、水肿。②腕管综合征，表现为手指疼痛、感觉异常。③关节，表现为非炎症性黏液渗出，软骨钙盐沉着，关节破坏等。

（8）血液系统：约25%患者有贫血，多为正常细胞型。与甲状腺激素缺乏导致蛋白质合成障碍、肠道吸收叶酸障碍，以及伴发壁细胞自身免疫引起恶性贫血有关。

2. 亚临床甲减 由于甲状腺合成甲状腺激素水平略有下降，临床既无典型甲减症状和体征，亦无甲状腺激素水平改变，仅有TSH水平升高。男女均可发病，女性多见，发病率随年龄而增长。常见病因有桥本甲状腺炎、甲亢手术、^{131}I放射治疗、抗甲状腺药物过量等。

3. 黏液性水肿昏迷 见于病情严重者，主要表现为嗜睡、低体温（直肠温度<35℃），以及呼吸缓慢、心动过缓、血压下降、反射减弱或消失，甚至昏迷、休克、肝肾功能不全。常见的诱因有以下几种。①应激状态：寒冷、手术、麻醉等。②甲状腺激素替代治疗中断。③全身严重性疾病：肺部感染和心力衰竭是主要诱因。④药物：镇静剂。

【实验室及其他检查】

1. 一般检查 血常规以红细胞和血红蛋白减少明显。血糖正常或偏低，胆固醇、三酰甘油增高，血清同型半胱氨酸增高，血清CK、LDH增高。

2. 甲状腺功能检查

(1) TSH、TRH兴奋试验，血清TSH升高。通过静脉注射TRH兴奋试验后，TSH水平变化可以鉴别甲减病因部位：①下丘脑性甲减，TRH兴奋试验后TSH升高，但其升高反应延迟。②垂体性甲减，TRH兴奋试验后TSH无变化。③原发性甲减，TRH兴奋试验后TSH在原有升高基础上进一步升高。

(2) 甲状腺激素水平，FT_4下降最常见，但TT_4、TT_3、FT_3均可下降。FT_4（或TT_4）降低和TSH升高是诊断甲减的必备条件。TT_3、FT_3下降见于疾病后期或病情重者。

(3) 甲状腺^{131}I摄取率下降，一般不做此检查。

3. 其他检查　甲状腺自身抗体（甲状腺球蛋白抗体）增高，提示甲减是由自身免疫性甲状腺疾病引起。心电图表现为心动过缓、低电压。

【治疗要点】

1. 消除诱因、治疗原发病　主要针对抗甲状腺药物、下丘脑及垂体性肿瘤所致甲减。减少抗甲状腺药物剂量、手术或放射治疗下丘脑或垂体肿瘤。

2. 替代治疗　对原发性甲减和无法恢复的下丘脑和垂体性疾病所致甲减者，必须终身替代治疗。

(1) 左甲状腺素（$L-T_4$）为首选替代治疗药物，剂量25～50 μg/d，每周增加25 μg，以达到最佳疗效，补充甲状腺激素，重新建立下丘脑垂体甲状腺轴的平衡，一般需要4～6周，治疗后应4～6周测定激素水平，依据激素水平调整LT_4剂量，直到达到治疗目标，其半衰期约为7日，早晨口服1次即可获得稳定血药浓度。

(2) 甲状腺片为动物甲状腺粉剂，因药效不稳，已逐渐被$L-T_4$取代。

3. 黏液性水肿昏迷的治疗

(1) 补充甲状腺激素，为首要治疗方法。静脉补充左旋三碘甲状原氨酸（$L-T_3$）或$L-T_4$，首选$L-T_3$静脉注射，每4小时10 ug，直到清醒后改为口服维持治疗。

(2) 补充糖皮质激素，可用氢化可的松100～300 mg/d静滴，清醒后减量。

(3) 保温、供氧、保持呼吸道通畅。提倡胃肠灌注保温，而外周尤其肢端只需一般保温即可，因扩张血管可导致循环虚脱，不提倡加温保暖。持续低流量（1～2 L/min）给氧，必要时行气管切开和机械通气。

(4) 根据需要有控制地补充液体，调节电解质尤其是血钾和血钠的平衡。

(5) 控制感染，治疗原发病。

【护理诊断/问题】

1. 体温过低　与甲减导致机体代谢下降、产热减少有关。
2. 便秘　与甲减导致的胃肠蠕动功能下降、体力活动减少有关。
3. 潜在并发症　黏液性水肿昏迷。
4. 社交孤立　与甲状腺功能减退致精神情绪改变有关。
5. 知识缺乏　缺乏甲状腺功能减退症的预防保健知识。

【护理措施】

1. 一般护理

（1）保温。以调节室温为主，通常室温保持在22～23℃为宜。避免靠近门窗，适当添加衣物，必要时用热水袋保暖，注意避免烫伤。

（2）饮食指导。高蛋白、高维生素、低钠、低脂饮食，鼓励患者摄入足够的水分以防止脱水，多进食粗纤维食物，增加肠蠕动，防止便秘。桥本甲状腺炎所致甲减者忌食碘盐及含碘食物，以免加重甲减和黏液性水肿，而碘缺乏性甲减者应补充碘剂。

（3）预防便秘。为卧床患者创造良好的排便环境，教育患者每日定时排便，养成规律的排便习惯；促进胃肠蠕动可腹部顺时针按摩；增加含粗纤维食物如蔬菜、水果等，适度增加活动以利排便。必要时根据医嘱给予缓泻剂，并观察大便次数及性质。注意观察患者有无腹胀、腹痛等麻痹性肠梗阻的表现。

（4）皮肤护理。皮肤干燥可以涂抹润肤液或润肤乳，洗澡时避免使用肥皂以免破坏皮脂。长期卧床者勤翻身、按摩、增加床下活动。

（5）运动护理。与患者交流，制订活动计划，逐步增加活动量或复杂的活动，鼓励患者学会自我照顾的技巧。

2. 病情观察

（1）生命体征及代谢状况观察。观察患者体温、呼吸快慢、心率、血压、大便次数和性质等。如出现体温＜35℃、呼吸浅慢、心律不齐、心动过缓、血压减低等，应立即报告医生并配合医生处理。

（2）黏液性水肿观察。每日观察并记录患者体重、皮肤及颜面水肿程度，有无声音嘶哑、呼吸困难、喉头水肿及记忆能力、意识状况等。

3. 用药护理 ①指导患者遵医嘱按时、适量服用药物，不能随意增减药物剂量，并注意药物疗效及是否有过量表现，注意观察有无药物过量症状。②替代治疗者最好能保持TSH、T_4、TT_3在正常水平，长期替代治疗时应每隔6～12个月监测甲状腺功能1次。③一旦出现怕热、大量出汗、多食消瘦、呕吐、腹泻、心率加快、心律失常、血压升高、情绪激动等过量替代治疗表现，应立即报告医生。④对于有冠心病、原发性高血压、肝肾功能不全的患者注意用药剂量调整。

4. 心理护理

评估患者心理状况，积极主动和患者沟通交流，使患者保持积极、乐观、配合治疗的心态。鼓励患者参加社交运动，多与病友交流。了解患者家属对患者的态度，指导家属主动关心患者，共同树立战胜疾病的信心。

【健康指导】

1. 休息与活动指导 制定合理活动计划，开展循序渐进的活动方式，鼓励患者力所能及地参与集体或社会活动。

2. 疾病知识指导 向患者及家属介绍甲减的相关知识，使得患者及家属对疾病有一个正确的认识。

3. 饮食指导 合理科学的饮食，慢性淋巴细胞性甲状腺炎引起甲减者注意避免进食诱发或加重甲减的食物和药物,如避免加碘食盐、海产品、胺碘酮、含碘造影剂等。

4. **心理指导** 克服焦虑、抑郁情绪,保持积极乐观心态。

5. **用药指导** 指导用药剂量、方法、注意事项,告知药物可能的不良反应及应对措施。

6. **出院指导** 告知患者终身替代治疗的重要性、必要性及不能坚持替代治疗的严重性。强调不能自行增减药物,告之增减药物可能引发的严重后果。密切观察病情,出现体温<35℃、呼吸浅慢、心律不齐、心动过缓、血压减低等,应立即就诊。

(王 菲)

任务七　糖尿病患者的护理

知识目标

1. 掌握:糖尿病的临床表现及并发症、诊断标准、护理诊断/问题、护理措施、健康教育。
2. 熟悉:糖尿病实验室检查结果及意义、治疗原则及要点。
3. 了解:糖尿病的病因、发病机理、糖尿病诊治方面的进展。

技能目标

1. 能对糖尿病患者进行饮食指导,教会患者监测血糖及注射胰岛素。
2. 能配合医生处理糖尿病急症。

案例导入

病例: 患者,女,75岁。主诉反复多尿、多饮、多食12年,肢体麻木2年余。病程中使用"二甲双胍""阿卡波糖""瑞格列奈"控制血糖,血糖控制不佳。伴眼花3年余,肢麻2年余,泡沫尿1年余。护理体检:身高1.54 m,体重65 kg,BMI 27.4 kg/m^2,膝腱、跟腱反射减弱,余无特殊体征。实验室检查:血糖17.4 mmol/L,糖化血红蛋白8.2%。

问题: 1. 本病临床诊断是什么?可能出现了哪些并发症,写出2个主要的护理诊断。
2. 如何指导患者进行饮食和运动?

糖尿病（diabetes mellitus，DM）是由于胰岛素分泌和（或）作用缺陷所引起的一组以慢性血葡萄糖（简称血糖）水平增高为特征的代谢性疾病，由于碳水化合物、脂肪、蛋白质代谢紊乱可引起多系统损害，导致眼、肾、神经、心脏、血管等组织器官的慢性进行性病变、功能减退及衰竭，易导致患者致残甚至死亡。病情严重或应激时可发生急性严重代谢紊乱，如糖尿病酮症酸中毒（DKA）、乳酸酸中毒、高渗性非酮症性糖尿病昏迷、低血糖昏迷等。本病使患者生活质量降低，寿命缩短，病死率增高，应积极防治。

糖尿病是常见病、多发病，其患病率正随着人民生活水平的提高、人口老化、生活方式改变而迅速增加，呈逐渐增长的流行趋势。据世界卫生组织（WHO）统计，全球目前有超过1.5亿糖尿病患者，估计我国现有糖尿病患者超过4000万，居世界第2位。到2025年这一数字将增加一倍。2型糖尿病的发病正趋向低龄化，儿童中发病率逐渐升高。糖尿病已成为发达国家中继心血管病和肿瘤之后的第三大非传染性疾病，给社会和个人带来沉重负担，是严重威胁人类健康的世界性公共卫生问题。我国卫健委于1995年已制定了国家《糖尿病防治纲要》以指导全国的糖尿病防治工作。

【病因与发病机制】

糖尿病的病因及发病机制仍不十分明确（表8-6），除特殊疾病（因素）引起胰腺组织破坏导致胰岛素分泌减少有关的糖尿病外，主要与遗传及环境因素的综合作用有关，结果导致胰岛素分泌绝对或相对不足，或外周组织对胰岛素作用缺陷。1999年WHO根据糖尿病发病病因、机制、临床特点不同，将糖尿病分为以下四型，见表8-7。

表8-6　T1DM、T2DM的常见病因

T1DM	T2DM
遗传因素	遗传因素
环境因素（病毒感染、化学毒物、饮食）	环境因素（年龄、生活方式、腹型肥胖、体力活动过少、人口老龄化）
	胰岛素抵抗和β细胞功能缺陷
自身免疫（细胞免疫、体液免疫）	胰岛α细胞功能异常
	胰高血糖素样肽-1（GLP1）分泌缺陷

表8-7　糖尿病临床分型

类型	名称	特点
Ⅰ	1型糖尿病（T1DM）	自身免疫性（多见）、特发性
Ⅱ	2型糖尿病（T2DM）	病因不明，临床最多见占糖尿病总数的90%以上
Ⅲ	其他特殊类型糖尿病	因其他疾病导致、病因明确
Ⅳ	妊娠糖尿病（GDM）	指妊娠过程中发生的糖尿病或糖耐量异常

胰岛素抵抗（IR）：是指胰岛素作用的靶器官（如肝脏、肌肉、脂肪组）对胰岛素作用

的敏感性降低。IR与2型糖尿病的发生密切相关。

T1DM由遗传缺陷基础到临床发病是一个逐渐演变的过程，其发病过程概括为表8-8。

表8-8 T1DM发病病程演变过程分期

分期	自然史过程	特点
1期	遗传易感性	与6号染色体短臂（P6）上Ⅰ、Ⅱ类HLA基因有关
2期	触发事件	环境因素如某些病毒感染、牛奶蛋白分子模拟作用而启动自身免疫反应（前者直接破坏）
3期	免疫异常	血液中出现相关抗体：胰岛β细胞自身抗体（ICAs）、胰岛素自身抗体（IAA）、谷氨酸脱羧酶抗体（GAD_{65}）
4期	β细胞减少	早期1相分泌减少为特点
5期	临床糖尿病期	90%以上胰岛B细胞被破坏、典型糖尿病临床症状
6期	β细胞功能完全丧失期	未予治疗者多以急性并发症为首发症状

T2DM由遗传缺陷基础到临床发病逐渐演变过程概括，见表8-9。

表8-9 T2DM发病病程演变过程

分期	自然史过程	特点
1期	遗传易感性	多基因遗传（孪生共患及家族聚集现象）
2期	胰岛素抵抗	循环胰岛素水平升高，但作用下降
	高胰岛素血症	胰岛素分泌相异常：一相分泌量减少、分泌时间缩短；二相分泌延迟、分泌峰值低平
3期	糖耐量降低	空腹、餐后（或口服葡萄糖耐量试验）耐量异常
4期	临床糖尿病	见"三多一少"典型临床表现

2型糖尿病早期虽然有胰岛素抵抗，但胰岛β细胞可代偿使胰岛素分泌增加，维持正常血糖水平，当胰岛β细胞功能缺陷时，病情进展为糖尿病。

【临床表现】

1型糖尿病多在青少年起病，起病急、临床症状明显，如未及时诊断治疗有自发酮症倾向，甚至出现糖尿病酮症酸中毒，10~15年以上病史者，常出现各种慢性并发症。2型糖尿病多见于40岁以上成年人，肥胖者多见，多数起病隐匿，症状较轻，半数以上无症状，多数因慢性并发症、伴发病、健康体检时发现。在无应激情况下无酮症倾向，应激下可诱发糖尿病酮症酸中毒。

（一）代谢紊乱综合征

多数患者无任何症状，仅于健康检查或因各种疾病就诊化验时发现高血糖。

1. 多尿、多饮、多食、体重减轻　血糖升高后超过肾糖阈产生渗透性利尿引起多尿；继而口渴多饮；外周组织对葡萄糖利用障碍，脂肪分解增多，蛋白质代谢负平衡，渐见乏力、消瘦，儿童生长发育受阻；为了补偿损失的糖、维持机体活动，患者常易饥饿、多食，故糖尿病的临床表现常被描述为"三多一少"，即多尿、多饮、多食和体重减轻。T1DM 表现为"三多一少"症状明显，主要见于儿童和青少年。T2DM 临床表现隐匿，"三多一少"症状少见，通常在体检或因其他疾病就诊过程中发现。

2. 皮肤瘙痒　尤其女性外阴反复瘙痒，主要因为高血糖及神经病变导致皮肤干燥和感觉异常，常误诊为生殖道感染或老年性阴道炎。

3. 视物模糊　血糖升高较快时可使眼房水、晶体渗透压改变而引起屈光改变致视力模糊。

4. 低血糖反应　少数糖尿病患者早期反复出现餐后低血糖反应，表现为头昏、眼花、手抖、心悸、出汗等，此类患者因糖尿病早期胰岛素 2 相分泌延迟有关。

（二）并发症

1. 慢性并发症　糖尿病慢性并发症可累及全身重要器官，主要有血管性、神经性、眼部、皮肤并发症，以及糖尿病足等。血管性并发症包括大血管和微血管并发症。大多数糖尿病死于心脑血管并发症。

（1）大血管病变。因肥胖、脂肪代谢异常易导致大、中动脉粥样硬化，主要侵犯以下部位。

1）脑血管：糖尿病患者易发生脑动脉粥样硬化引起脑出血、脑血栓形成、短暂性脑缺血发作。

2）心血管：主要是冠状动脉粥样硬化性心脏病。糖尿病患者冠状动脉粥样硬化性心脏病的发病率是非糖尿病患者群的 2～8 倍。

3）肾血管：糖尿病时肾脏大血管并发症多为肾动脉硬化。临床可表现为血尿、蛋白尿、急慢性肾衰竭等。

4）肢体大血管：主要见于肢体动脉粥样硬化形成，尤其下肢动脉血管易发。临床表现为痛性痉挛和疼痛为特征的间歇性跛行。此外，糖尿病患者下肢坏疽后截肢是普通人的 10～20 倍。

（2）微血管性并发症。长期高血糖引起微循环障碍，可导致以下病变。

1）糖尿病肾病（DN）：又称肾小球硬化症，通常在糖尿病发病后 15～20 年发生。是 1 型糖尿病主要死亡原因。少数 2 型糖尿病也可发生，肾小球硬化主要影响肾小球滤过率，表现为蛋白尿、水肿、高血压，严重者引起肾功能衰竭。促进病情加重进展的因素有高血糖、高血压控制不佳、并发尿路感染、使用肾毒性药物等。

2）视网膜病变：是最常见的微血管并发症，视物模糊是其最常见症状，发生率为非糖尿病患者的 25 倍，尤其 T1DM 发生率更高。病程 20 年以上的糖尿病患者，几乎所有 T1DM 和 60% 以上的 T2DM 患者有不同程度视网膜病变。是成人失明的主要原因。其病理改变分背景期和增殖期（新生血管形成）。

3）心肌病变：由于心肌微血管病变和心肌代谢紊乱，导致心肌缺血、坏死、纤维化。其发生、发展与血糖控制水平直接相关。有心律失常、心力衰竭、心源性休克和猝死等表现，称为糖尿病心肌病。

（3）神经病变。与糖代谢及微血管功能障碍有关。糖尿病神经病变包括感觉、运动和自主神经病变。最常见的是周围神经病变，表现为感觉异常、感觉减退或有麻痛、刺痛、烧灼等感觉异常，呈手套或袜套样分布，随后出现肢体疼痛，夜间、寒冷季节加重。有时表现为肢体发凉或其他不适。神经病变一般呈进行性发展，腱反射早期亢进，晚期减弱或消失，常无运动功能障碍。也可有自主神经病变，表现为直立性低血压、顽固性腹泻或便秘、餐后呕吐、尿潴留和尿失禁、阳痿等。

（4）感染。糖尿病因蛋白代谢障碍患者消瘦、组织修复能力和抵抗力降低，同时白细胞吞噬能力下降，加之神经病变造成感觉异常，膀胱无力极易发生感染，常见的感染部位是足部，皮肤和泌尿道。以皮肤疖、痈等化脓感染最常见，还可表现为足部坏疽、足癣、皮癣早期、体癣等皮肤真菌感染。糖尿病合并肺结核的发生率也较高，病灶多呈渗出干酪性，易扩散形成空洞。

（5）糖尿病足。是糖尿病特有的并发症。与下肢远端神经异常和不同程度的周围血管病变相关的足部感染、溃疡和深层组织破坏有关，是患者截肢致残的主要原因。

（6）其他。除视网膜微血管并发症外，青光眼、白内障等发生率明显增高。

2. 急性并发症　糖尿病特有的急性并发症包括以下几个方面。

（1）糖尿病性酮症酸中毒（DKA）。由于胰岛素的严重不足或不能发挥作用，糖尿病代谢紊乱加重，脂肪动员和分解加速，大量脂肪酸在肝经β氧化产生大量乙酰乙酸、β羟丁酸和丙酮，三者统称为酮体。血酮体升高称为酮血症，乙酰乙酸和β羟丁酸系酸性产物，积聚至超过机体的调节能力即产生酮症酸中毒。

1）诱因：1型糖尿病有自发DKA倾向，2型糖尿病的诱因为以下几种。①感染：最常见也是最主要诱因，感染部位包括上呼吸道、泌尿系、胆道等部位。②治疗中断或用量不足。③饮食不当。④应激（并发心肌梗死、心力衰竭等）。⑤手术、创伤及麻醉等。

2）临床表现：早期表现为三多一少症状加重，因病情发展逐步出现四肢无力、恶心、呕吐、头痛、嗜睡、烦躁不安、呼吸深快、呼出气体有烂苹果味；其后因体液和酸碱代谢紊乱进一步加剧，严重脱水、尿量减少、体温升高、血压下降、肝肾及心脏功能损害，以致各种反射减弱或消失、昏迷甚至死亡。

3）实验室检查

尿：尿糖、尿酮体阳性，可有蛋白尿和管型尿。

血：①血糖显著增高，多在16.7~33.3 mmol/L，有时可达55.5 mmol/L以上。②血酮体升高，多在4.8 mmol/L以上。③血CO_2结合力降低。④血钠、氯降低，血钾正常或偏低，血尿素氮和肌酐偏高。⑤血白细胞数升高，以中性粒细胞增高为主。

（2）高渗性非酮症昏迷。高渗性非酮症糖尿病昏迷（简称高渗性昏迷），为糖尿病急性代谢紊乱的另一临床类型，多见于老年患者。主要表现为严重高血糖，一般在33.3 mmol/L以上，严重失水，常有高钠血症，血浆渗透压＞350 mmol/L，可致脑细胞及组织脱水，有嗜睡、震颤、抽搐等，严重者昏迷。尿糖阳性，尿酮体可弱阳性或阴性，CO_2结合力正常或降低。

1）诱因：①应激与感染。②严重脱水或水摄入不足。③高糖摄入或输入。④药物如糖皮质激素、利尿剂、β受体拮抗药等。⑤肾脏病变如慢性肾功能不全、糖尿病肾病等。

2）临床特点：以血浆高渗透压、高血糖、脱水为主要特点，严重者出现昏迷。无酸中毒大呼吸表现。①多见于老年人。②既往多无明显糖尿病史或典型糖尿病症状。③因血糖急剧升高导致血浆渗透压升高。④血、尿酮体多正常或略有升高。

（3）低血糖反应或昏迷

1）诱因：①饮食减量而药物剂量未相应减少。②用药后未能及时进食（尤其胰岛素注射后）。③错误用药，即使用药物剂量或剂型错误。④此外，某些药物如格列本脲等容易诱发低血糖昏迷。

2）临床表现：强烈的饥饿感、面色苍白、出汗、心悸、肌肉颤抖、软弱无力、头痛、视物模糊、复视、手或嘴唇麻木、思维障碍、精神异常、意识模糊及昏迷等。

【实验室及其他检查】

1. 血糖测定　血葡萄糖升高是诊断糖尿病的主要依据，也是判断糖尿病病情变化和治疗效果的主要指标，1999年WHO有关血浆葡萄糖诊断糖尿病的标准为：①有糖尿病症状，随机血浆葡萄糖≥11.1 mmol/L。②过夜的空腹血浆葡萄糖（空腹至少8小时）≥7.0 mmol/L。③标准75 g口服葡萄糖耐量试验（OGTT，儿童1.75 g/kg，总量不超过75 g），2小时血浆葡萄糖≥11.1 mmol/L。

知识拓展

糖尿病及其他类型高血糖的诊断标准，见表8-10。

表8-10　糖尿病及其他类型高血糖的诊断标准

项目	静脉血浆	血糖浓度（mmol/L）静脉全血	毛细血管全血
糖尿病			
空腹	≥7.0	≥6.1	≥6.1
服糖后2小时	≥11.1	≥10.0	≥11.1
空腹血糖受损（IFG）			
空腹	6.1~6.9	6.1~6.9	6.1~6.9
服糖后2小时	<7.8	<6.7	<7.8
糖耐量减低（IGT）			
空腹	<7.0	6.1	<6.1
服糖后2小时	7.8~11.0	6.7~9.9	7.8~11.0

2. 口服葡萄糖耐量试验（OGTT）　本试验主要用于空腹血糖高于正常范围，但未达到糖尿病的诊断标准者。方法：成人清晨空腹，取75 g无水葡萄糖溶于250~300 mL温水中，

5~10分钟内喝完,从服第一口糖水就开始计时,30分钟、1小时、2小时、3小时准时采集静脉血浆葡萄糖检测。受试者在试验过程,不喝茶、咖啡,不吸烟,不做剧烈运动。儿童服糖量按每公斤体重1.75 g计算,总量不超过75 g。方法同上。

3. 糖化血红蛋白A1（GHbA1） GHbA1是葡萄糖或其他糖与血红蛋白的氨基发生非酶催化反应（一种不可逆的蛋白糖化反应）的产物,其量与血糖浓度呈正相关。糖化血红蛋白有a、b、c三种,以糖化血红蛋白c最为主要,占血红蛋白总量的3%~6%。血糖控制不良者糖化血红蛋白c升高,并与血糖升高的程度相关。由于红细胞在血循环中的寿命约为120天,因此,糖化血红蛋白c反映患者近8~12周总的血糖水平,是糖尿病控制情况的主要监测指标之一。血浆蛋白（主要为白蛋白）同样也可与葡萄糖发生非酶催化的糖化反应而形成果糖胺（FA）,其形成的量与血糖浓度相关,正常值为1.7~2.8 mmol/L。由于白蛋白在血中浓度稳定,其半衰期为19天,故FA反映患者近2~3周内总的血糖水平,为糖尿病患者近期病情监测的指标。见图8-3。

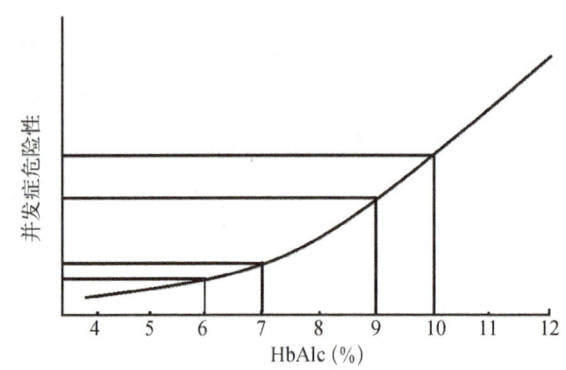

图8-3 糖化血红蛋白（HbA1c）与并发症危险性相关曲线

（2013年中国2型糖尿病防治指南）

4. 尿糖测定 尿糖阳性是诊断糖尿病的重要线索。尿糖阳性只是提示血糖值超过肾糖阈（大约10 mmol/L）,因而尿糖阴性不能排除糖尿病可能。并发肾脏病变时,肾糖阈升高,虽然血糖升高,但尿糖阴性。妊娠期肾糖阈降低时,虽然血糖正常,尿糖可阳性。而正常人餐后剧烈运动、服用大剂量维生素C,以及肾功能不全患者尿糖可为阳性。

5. 胰岛β细胞功能检查

（1）胰岛素释放试验。正常人空腹基础血浆胰岛素为35~145 pmol/L（5~20 mU/L）,口服75 g葡萄糖后,血浆胰岛素在30~60分钟上升至高峰,峰值为基础值5~10倍,3~4小时恢复到基础水平。它反映基础和葡萄糖介导的胰岛素释放功能。胰岛素测定受血清中胰岛素抗体和外源性胰岛素干扰。

（2）C肽释放试验。基础值不小于400 pmol/L,高峰时间同上,峰值为基础值5~6倍。也反映基础和葡萄糖介导的胰岛素释放功能。C肽测定不受血清中的胰岛素抗体和外源性胰岛素影响。因此,C肽尤其是24小时尿C肽对评价胰岛素β细胞功能更具有意义。

（3）其他检测β细胞功能的方法。如静脉注射葡萄糖胰岛素释放试验可了解胰岛素释放第一时相,胰升糖素C肽刺激试验反映β细胞储备功能等,可根据患者的具体情况和检查目的而选用。

【治疗要点】

（一）治疗原则

须明确，糖尿病是终身疾病，目前尚无任何治疗措施或方法可以根治。基本治疗原则包括早期治疗、长期治疗、综合治疗和方案个体化治疗。

（二）糖尿病治疗目标

（1）长期稳定控制血糖。

（2）防止和延缓各种急慢性并发症的发生，保证良好生活质量和获得正常预期寿命，降低病死率，提高患者生活质量。

（3）保障儿童正常发育及正常的学习能力，成年人具有正常工作生活能力。

（4）妊娠糖尿病或糖尿病合并妊娠时，保证孕妇生命健康和胎儿健康发育生长，减少或消除围产期并发症。

（三）治疗措施

目前采用国际糖尿病联盟（IDF）提出的糖尿病治疗的5个要点，即营养学治疗、运动疗法、血糖监测、药物治疗和糖尿病健康教育。除药物治疗外详见护理措施。

1. 口服降糖药　主要有四大类，包括双胍类、促胰岛素分泌剂、α葡萄糖苷酶抑制剂、胰岛素增敏剂。此外，二肽基肽酶4（DPP4）抑制剂是一类新型降糖药，如西格列汀（捷诺维）。

（1）双胍类，包括苯乙双胍和二甲双胍，目前广泛应用的是二甲双胍。主要作用机制为抑制肝葡萄糖输出，也可改善外周组织对胰岛素的敏感性、增加对葡萄糖的摄取和利用。单独用药极少引起低血糖，与磺脲类或胰岛素合用则有可能出现低血糖。二甲双胍治疗2型糖尿病尚伴有体重减轻、血脂谱改善、纤溶系统活性增加、血小板聚集性降低、动脉壁平滑肌细胞和成纤维细胞生长受抑制等，被认为可能有助于延缓或改善糖尿病血管并发症。

1）适应证：①2型糖尿病尤其是无明显消瘦的患者以及伴血脂异常、高血压或高胰岛素血症的患者，作为一线用药，可单用或联合应用其他药物。②1型糖尿病与胰岛素联合应有可能减少胰岛素用量和血糖波动。

2）禁忌证或不适应证：①肾、肝、心、肺功能减退以及高热患者禁忌，慢性胃肠病、慢性营养不良、消瘦者不宜使用本药。②1型糖尿病不宜单独使用。③2型糖尿病合并急性严重代谢紊乱、严重感染、外伤、大手术、孕妇和哺乳期妇女等不宜使用。④对药物过敏或有严重不良反应者。⑤酗酒者不宜使用。

3）不良反应及注意事项：①消化道反应，进餐时服药、从小剂量开始、逐渐增加剂量，可减少消化道不良反应。②皮肤过敏反应。③乳酸性酸中毒，为最严重的不良反应。④儿童不宜服用本药，年老患者慎用，药量酌减，并监测肾功能。二甲双胍：500～1 500 mg/d，分2～3次口服，最大剂量不超过2 g/d。

（2）促胰岛素分泌剂，包括磺酰脲类和格列奈类。

1）磺酰脲类：主要作用是刺激胰岛β细胞分泌胰岛素，其作用部位是胰岛β细胞膜上的ATP敏感的钾离子通道。促进钙离子内流及细胞内钙离子浓度增高，刺激含有胰岛素的颗粒外移和胰岛素释放，使血糖下降，其降糖作用只针对胰岛β细胞具有一定数量和功能的患者。常用药物，见表8-11。

适应证：磺脲类作为单药治疗主要选择应用于新诊断的2型糖尿病非肥胖患者，饮食和运动治疗血糖控制不理想时。年龄＞40岁、病程＜5年、空腹血糖＜10 mmol/L时效果较好。必要时可与其他口服降糖药或胰岛素联合应用。

禁忌证或不适应证：①1型糖尿病者。②有严重并发症或晚期β细胞功能很差的2型糖尿病者。③儿童糖尿病，孕妇、哺乳期妇女，大手术围手术期，全胰腺切除术后患者。④对磺脲类过敏或有严重不良反应者等。

表8-11　磺酰脲类药物种类及作用特点

药物名称	剂量(mg)	起效时间(h)	作用峰时(h)	持续时间(h)	肾脏排泄(%)	备注
格列喹酮	30	-		-	5	适用肾功能轻度异常
格列齐特	80	5	12~24	10~20	80	抗血小板聚集
格列吡嗪	5	1	1/2~2	8~12	89	抗血小板聚集
格列本脲	2.5~5	1/2	2~6	16~24	50	老年人低血糖昏迷
格列美脲	1	-	-	24	60	每日主餐前一次

不良反应。①低血糖反应：最常见，也最严重，常发生于老年患者（60岁以上）、肝肾功能不全或营养不良者，药物剂量过大、体力活动过度、进食不规则、进食减少、饮含酒精饮料等为常见诱因。②体重增加：可能与刺激胰岛素分泌增多有关。③皮肤过敏反应：皮疹、皮肤瘙痒等。④消化系统：上腹不适、食欲减退等，偶见肝功能损害、黄疸。⑤心血管系统：某些磺脲类药物可能会对心血管系统带来不利影响。

临床应用。目前多用第二代磺脲类。格列美脲作用最强，从小剂量开始，早餐前半小时一次服用，根据血糖逐渐增加剂量，剂量较大时改为早、晚餐前两次服药，直到血糖达到良好控制。格列吡嗪和格列齐特的控释药片，也可每天服药1次。格列本脲作用强、价廉，目前应用仍较广泛，但容易引起低血糖，老年人及肝、肾、心脑功能不好者慎用。

2）格列奈类：主要适用于β细胞有功能的T2DM患者。降糖作用快而短，主要用于控制餐后高血糖，适合于2型餐后血糖较高的患者。可单用或与其他药物联合应用。主要用瑞格列奈每次0.5~4 mg、那格列奈每次60~120 mg餐前或进餐时口服。

（3）α葡萄糖苷酶抑制剂。主要通过抑制唾液和肠道糖苷酶抑制多糖分解、减少吸收，因此，主要适用于空腹血糖正常（或不太高）而餐后血糖明显升高者。可作为2型糖尿病的一线药物。1型糖尿病患者在胰岛素治疗基础上加用α葡萄糖苷酶抑制剂有助于降低餐后高血糖。常用药物，①阿卡波糖（拜糖平）：每次50~100 mg，3次/日。②伏格列波糖：每次0.2 mg，3次/日。在进食第一口食物后服用。饮食成分中应有一定量的糖类，否则α葡萄糖苷酶抑制剂不能发挥作用。

（4）胰岛素增敏剂，噻唑烷二酮类（格列酮类）。主要通过激活过氧化物酶体增殖物激活受体γ起作用,增强靶组织对胰岛素作用的敏感性而降低血糖。可单独或与其他降糖药物合用治疗2型糖尿病,尤其是肥胖、胰岛素抵抗明显者。不宜用于1型糖尿病、孕妇、哺乳期妇女和儿童,有心脏病、心力衰竭倾向或肝病者不用或慎用。

主要不良反应为水肿、体重增加,常用药,①罗格列酮:4~8 mg/d,1次/日或分2次口服。②吡格列酮:15~30 mg/d,1次/日口服。

2. 胰岛素与胰岛素类似物　胰岛素及其类似物的使用具有非常积极的意义:①早期使用胰岛素可以保护残存胰岛β细胞功能,避免β细胞功能的进一步损害。②较其他药物有效稳定控制血糖、防止或延缓并发症的发生。③避免使用其他口服药物的不良反应。胰岛素及其类似物特点,见表8-12。

表8-12　胰岛素及其类似物特点

类型及制剂	皮下注射时间	皮下注射作用时间		
		开始	高峰	持续
短效:普通胰岛(RI)	餐前30 min	0.5~1 h	2~4 h	6~8 h
中效:低精蛋白锌胰岛素(NPH)	早餐前1次、早晚餐前各1次	1~3 h	6~12 h	18~26 h
长效:精蛋白锌胰岛素(PZI)	每晚1次	3~8 h	14~24 h	28~36 h
胰岛素类似物				
门冬胰岛素*	餐前10 min内、餐中或餐后立即	10~15 min	1~2 h	4~6 h
赖脯胰岛素*	餐前10 min内、餐中或餐后立即	10~15 min	1.0~1.5 h	4~5 h
预混胰岛素诺和灵30 R	早晚餐前30 min各一次	10~20 min	1~4 h	16~24 h
甘精胰岛素*	每晚1次	1.5 h	无	22 h
地特胰岛素*	每晚1次	1~2 h	无	14 h

注:*为胰岛素类似物。

 知识链接

第一代胰岛素:动物胰岛素是最早应用于糖尿病治疗的胰岛素注射制剂,易出现注射部位皮下脂肪萎缩或增生,胰岛素过敏反应,反复发生高血糖和低血糖,出现胰岛素耐药。

第二代胰岛素:人胰岛素,对比动物胰岛素,人胰岛素较少发生过敏反应或者胰岛素抵抗,在起效时间、峰值时间、作用持续时间上不能模拟生理性人胰岛素分泌模式。需在餐前30分钟注射、有较高的夜间低血糖风险。

第三代胰岛素：胰岛素类似物又包括3类：预混胰岛素类似物能同时控制空腹和餐后血糖，在餐前即刻使用就可以，如果偶尔忘了，在吃饭当时补打一针也行；速效胰岛素类似物起效快，控制餐后血糖更好；长效胰岛素类似物在皮下缓慢释放，可模拟生理基础胰岛素分泌，能有效地控制空腹血糖，而且低血糖风险更低。

胰岛素及其类似物使用无禁忌证，因此，所有类型糖尿病都是其使用适应证。下列情况必须使用胰岛素治疗：①T1DM。②妊娠期糖尿病（GDM）和糖尿病合并妊娠。③T2DM急性并发症，如糖尿病酮症酸中毒、糖尿病乳酸酸中毒、糖尿病非酮症性高渗性昏迷；严重慢性并发症，如心脑血管病变、视网膜病变、神经病变、糖尿病肾病、严重肝功能损害者；其他，如围手术期、各种感染性疾病；T2DM经饮食、运动、口服降糖药治疗疗效不佳者。

糖尿病治疗不但要控制血糖水平，还要注意控制GHbA1c、血脂、血压等，综合治疗效果评价，见表8-13。

表8-13　2型糖尿病综合控制目标

指标	目标值
血糖（mmol/L）	
空腹	4.4～7.0
非空腹	10.0
糖化血红蛋白（%）	<7.0
血压（mmHg）	<140/80
总胆固醇	<4.5
高密度脂蛋白（mmol/L）	
男性	>1.0
女性	>1.3
三酯甘油（mmol/L）	<1.7
低密度脂蛋白（mmol/L）	
未合并冠心病	<2.6
合并冠心病	<1.8
体重指数（kg/m^2）	<24.0
尿白蛋白/肌酐（mg/mmol）	
男性	<2.5（22.0 mg/g）
女性	<3.5（31.0 mg/g）
尿白蛋白排泄率（μg/min）	<20.0（30.0 mg/d）
主动有氧活动（min/周）	≥150.0

（四）糖尿病并发症治疗

1. 慢性并发症治疗

（1）糖尿病肾病。采取有效治疗措施，积极控制血糖、控制蛋白摄入、控制血压，根据病情可以选择腹膜透析和血液透析。

（2）糖尿病足。除积极平稳控制血糖的综合治疗外，针对不同类型糖尿病足的治疗包括：①神经病变型足，去除胼胝，由足科医师施行；根治感染，全身使用抗生素；局部减压，卧床休息以及穿着特制模具鞋。②神经缺血型足，清除坏死组织、充分引流；根治感染，全身使用抗生素；血管重建和血管成形术。

2. 急性并发症治疗

（1）酮症酸中毒治疗

1）补液：是治疗的关键和首要措施，静脉补液以生理盐水为主，开始1~2小时可以补充1 000~2 000 mL，根据病情24小时累计量可达4 000~5 000 mL，严重缺水者可达8 000 mL，并注意补充电解质；当血糖下降至13.9 mmol/L时，改为5%葡萄糖，并按每3~4 g葡萄糖加1 U正规胰岛素，并注意调节胰岛素使用剂量。对心功能较差或老年患者，量宜酌减，补液速度也不宜过快。

2）小剂量胰岛素：小剂量使用胰岛素，每小时0.1 U/kg，通常将胰岛素加入生理盐水中持续静脉滴注（应另建静脉通路）不但可以有效降低血糖、消除酮体，还可避免大剂量胰岛素使用后的低血糖及低钾等不良反应，使用过程中每间隔1~2小时行血糖监测以便随时调节胰岛素剂量，在尿酮体转阴后改为常规皮下胰岛素注射。

3）纠正酸中毒：补充小剂量碳酸氢钠以纠正酸中毒（禁忌使用乳酸钠）。

4）消除诱因、保护重要脏器功能：控制感染，纠正缺氧，预防心、肝、肾功能损害。

（2）低血糖反应及低血糖昏迷治疗：糖尿病在治疗过程中密切监测病情变化，发生低血糖反应时应当及时处理。①立即停止使用降血糖药物，尤其是停止使用胰岛素。②轻症患者给予糖水口服，或进食含糖果及含糖的糕点。病情严重者，立即给予50%葡萄糖40~60 mL静脉注射，或10%葡萄糖液静脉注射，并行血糖监测。③评估导致低血糖原因，调节药物种类和用药剂量。糖尿病低血糖可分为反应性低血糖和药物性低血糖。反应性低血糖见于少数2型糖尿病患者初期因餐后胰岛素分泌高峰延迟所致，多在餐后4~5小时发生。药物性低血糖多见于磺脲类、胰岛素药物使用不当所致。

（3）高渗性非酮症性糖尿病昏迷治疗

1）补液：积极补充血容量，改善重要脏器灌注，以生理盐水为主，严重高渗时可补充少量0.45%盐水。

2）小剂量胰岛素静脉注射：在补液同时给予小剂量胰岛素降低血糖，当血糖下降至13.9 mmol/L时改以5%葡萄糖液加胰岛素静脉滴注，并根据血糖调节胰岛素使用剂量，在血糖平稳控制、高渗状态纠正后，常规皮下胰岛素注射。

3）纠正电解质紊乱：在补液、胰岛素使用同时，监测血电解质变化，尤其是血钾变化以便及时纠正。

4）消除诱因、控制并发症：积极控制感染、保护和改善重要脏器功能。

【护理诊断/问题】

1. 营养失调：低于或高于机体代谢需要量　与糖尿病患者胰岛素分泌不足或作用缺陷导致糖、脂肪、蛋白质代谢紊乱有关。
2. 潜在并发症　感染、低血糖、糖尿病酮症酸中毒、高渗性非酮症性糖尿病昏迷、乳酸酸中毒。
3. 焦虑　与血糖控制不佳及长期治疗加重经济负担有关。
4. 知识缺乏　缺乏糖尿病基本知识、用药及自我护理知识。

【护理措施】

（一）一般护理

让患者了解糖尿病的知识和治疗控制要求，学会测定尿糖。如有条件，学会正确使用便携血糖计。掌握饮食治疗的具体措施和体育锻炼的具体要求，使用降糖药物的注意事项，学会胰岛素注射技术。

1. 健康教育　糖尿病及相关知识的教育是糖尿病有效控制的基础。教育内容包括糖尿病类型、血糖状况、并发症情况、治疗措施及方法、血糖监测，用药知识等。可以建立患者治疗的信心，巩固治疗方案。焦虑、紧张、恐惧心理本身会因机体处于相对应激状态而影响疗效。

2. 饮食治疗及护理　饮食治疗是糖尿病治疗的基础和必不可少的措施。饮食护理须在内分泌与代谢病医师、营养师的指导下进行，兼顾患者年龄、生理状况、糖尿病的类型、血糖控制状况、并发症的情况及其他临床疾病综合考虑。按理想体重、活动量、实际体重状况确定热量摄入量。饮食护理应当遵循"总量控制、选择自由、搭配合理、规律进餐"的基本原则。

（1）热量计算。根据患者的理想体重和不同劳动强度计算每日所需的总热量。理想体重计算公式为，年龄40岁以下者理想体重（kg）=身高（cm）-105；年龄40岁以上者理想体重（kg）=身高（cm）-100。每kg体重每日热量需要量，见表8-14。

表8-14　不同劳动强度、体重的热量摄入值

劳动强度	不同体重条件下热量摄入量kcal		
	消瘦	标准	超重
休息	20~25	15~20	15
轻体力活动（家务、办公室工作）	35	25~30	20~25
中等体力活动（司机、一般农活、纺织工）	40	30~35	25~30
重体力活动（建筑工、装卸工、重农活）	45	35~40	30~35

注：1 kcal=4.18 kJ。

（2）营养素构成。遵循营养搭配原则，保证基本营养需求。蛋白质摄入量0.8~1.2 g/(kg·d)，不超过总热量的15%，儿童、孕妇、营养不良者可增至1.5~2.0 g/(kg·d)，应当选择优质动物蛋白，尤其合并早期糖尿病肾病时，蛋白质限制在0.8/(kg·d)以下。不提倡食用植物蛋白尤其大豆制品，否则增加肾脏负荷；脂肪摄入量在0.6~1.0/(kg·d)，以不饱

脂肪（植物油脂）为主，适量动物脂肪，脂肪约占总热量的30%；碳水化合物的热量应占55%~65%，但不应低于总热量的50%。

（3）热量分配。按每克碳水化合物和蛋白质产生16.7 kJ（4 kcal）、每克脂肪产生37.7 kJ（9 kcal）将热量换算成食物重量，根据患者饮食习惯，可以分为以下3个方法。①三餐法，每餐各占日需总热量的1/3。②五餐法，将日需总热量分为五等分，早、中、晚分别占总量的1/5、2/5、2/5。③七餐法，将日需总热量分为七等分，早、中、晚及睡前热量摄入分别占总热量1/7、2/7、2/7、2/7。

（4）饮食治疗注意事项。①合理营养搭配，保证基本营养需求，进食时间固定、定量。要与用药时间配合。②控制总热量，儿童、孕妇、乳母、营养不良、消瘦及伴有消耗性疾病者应酌情增加，肥胖者酌减，提倡食入富含维生素、矿物质及粗纤维的食物，如粗制米、面和一定量杂粮。粗杂粮含有可溶性纤维素较高，利于抑制肠道糖的吸收，忌食葡萄糖、蔗糖、蜜糖及其制品。蛋白质来源应至少有1/3来自动物蛋白质，保证必需氨基酸的供给。脂肪应选择含不饱和脂肪酸的植物油为主，减少动物内脏、蟹黄、虾、蟹等高胆固醇食物。③多食粗纤维食物如豆类、绿叶蔬菜、粗谷物、含糖量低的水果等。④每周定期测体重使患者体重恢复至理想体重的±5%左右，如果体重改变超过2 kg，应注意查找原因。

3. 运动治疗及护理

（1）选择适合的运动。糖尿病患者适当运动可以消耗热能降低血糖，增加外周组织尤其骨骼肌对胰岛素的敏感性，从而改善胰岛素抵抗，减少糖尿病患者心血管并发症发生率，增强糖尿病患者自信心等。糖尿病患者的运动应注意：①有氧运动如骑自行车、游泳、溜冰等可以提高心肺供氧能力。②运动时间：因人而异，提倡每周运动3~5次，每次运动30~60分钟。③运动强度：以中到较强强度的运动为宜，并且运动后无明显疲劳、肌肉酸胀感。可以使用运动中的最快预计心率的60%~80%计算运动量，运动心率=（220-年龄）×（60%~80%），或运动心率=170-年龄。

（2）运动注意事项。糖尿病患者运动时易出现低血糖、酮症酸中毒、诱发心血管意外等，因此，运动时要注意以下几点。①运动前应根据血糖控制情况、心肺功能、个体体能选择运动时间、运动方式、确定运动量。②预防低血糖：运动中易发低血糖反应或低血糖昏迷，剧烈而长时间运动导致大量能量消耗，因此，除避免空腹运动外，应准备有饼干、糖果等预防低血糖时的应急食品。③预防乳酸酸中毒和酮症酸中毒：剧烈运动肌肉无氧酵解产生大量乳酸，同时脂肪动员可产生酮体，可能诱发乳酸和酮症酸中毒，因此，运动量和时间必须适宜，以不致肌肉酸胀或明显疲劳为宜。④运动后高血糖：剧烈运动产生应激反应可导致暂时性血糖升高，因此，运动后监测血糖结果应当综合分析。

以下情况时应作为运动禁忌证：①血糖控制不稳、波动较大。②合并糖尿病急性并发症。③合并增殖性视网膜病变或近期眼底出血。④心、肝、肾功能不全，或未控制的高血压者。⑤脑卒中或心肌梗死急性期。

4. 用药护理

（1）口服降糖药应注意观察药物的不良反应及用药注意事项。

1）磺脲类药物不良反应：使用磺脲类药物时要注意观察有无低血糖反应；恶心、呕吐、消化不良、胆汁淤滞性黄疸、肝功能损害；白细胞减少、粒细胞缺乏、再障、血小板减少、溶血性贫血；皮疹、过敏性皮炎；心动过速等。

2）双胍类药物不良反应：①胃肠道有恶心、呕吐、厌食、消化不良或口中金属味。②诱发急性并发症，如乳酸酸中毒、酮症酸中毒。③大剂量用药可引起吸收不良而致维生素 B_{12} 和叶酸缺乏。

3）α糖苷酶抑制剂不良反应：多有不良胃肠道反应，如腹胀、肛门排气、大便稀溏或轻腹泻。

4）胰岛素增敏剂不良反应：①具有促排卵作用，尤其是绝经前和原无排卵者，可能导致意外妊娠。②在开始使用4~8周内易致贫血、白细胞减少。③可致水钠潴留，增加心脏前负荷，还能引起肝细胞坏死，因此，有心脏病、心衰、肝病者不宜使用。④1型糖尿病、妊娠、哺乳期妇女、儿童不宜使用。

5）使用以上药物时应当注意遵照医嘱按时、足量服用。不同口服药物在使用中的注意事项如下。①促胰岛素分泌药：磺酰脲类药物餐前30分钟服用，格列奈类每日主餐前一次使用，注意低血糖反应。②双胍类药物：餐后30分钟左右服用，老年人、肝肾功能不全者注意诱发乳酸酸中毒可能。③α糖苷酶抑制剂：餐前可吞服，进餐时则必须与第一口饭同服且必须嚼碎吞服，注意胃肠道不良反应。④胰岛素增敏剂：噻唑烷二酮类药物主餐前一次服用，增加胰岛素敏感性，但是，可能诱发或加重心力衰竭。

（2）胰岛素及其类似物的不良反应。重点观察患者有无低血糖反应：表现为头昏、心悸、四肢无力、多汗、饥饿、严重者出现昏迷；过敏反应：注射部位皮肤瘙痒、荨麻疹、硬结、局部脂肪营养不良、感染。全身性皮疹及过敏反应少见。注意观察注射部位有无硬结。

（3）使用胰岛素及其类似物的注意事项。①注意胰岛素的有效期和正确保存方法，未开封的胰岛素应放于冰箱4~8℃冷藏保存，注意不能冰冻，避免过冷（<2℃）、过热（>30℃）、避免太阳直晒及剧烈摇动，否则可因蛋白质凝固变性而失效。使用前1小时从冰箱取出，自然升温后使用。常温下可保存28天。②注意胰岛素剂型、剂量及使用时间，一般从小剂量开始，根据血糖水平调整，力求模拟胰岛素的生理分泌模式。速效胰岛素控制一餐后高血糖；中效胰岛素可控制两餐饭后高血糖，以第二餐为主，长效胰岛素无明显作用高峰，主要提供基础水平胰岛素。普通胰岛素应饭前30分钟注射，鱼精蛋白锌胰岛素在早餐前1小时注射。③自行混合时注意不同种类胰岛素抽取顺序：必须先抽速效胰岛素再抽中、长效胰岛素，以避免长效胰岛素混入速效胰岛素而影响其速效性。我国常用制剂有每毫升含40 U和100 U两种规格，使用时应注意注射器与胰岛素浓度匹配。某些患者需要混合使用速、中效胰岛素，现有各种比例的预混制剂，最常用的是含30%短效和70%中效的制剂。胰岛素"笔"型注射器使用预先装满胰岛素的笔芯胰岛素，不必抽吸和混合胰岛素，使用方便且便于携带。④注意注射部位和正确的注射方法，皮下注射时应注射在脂肪深层或脂肪与肌肉之间。尽量选择皮下脂肪多、皮肤松软的部位注射，多在上臂外侧、臀部、大腿前侧及外侧、腹部（避开肚脐和膀胱）和腰部注射。要经常更换注射部位，每次注射要距上次注射至少2 cm，同一部位注射至少间隔两周以上，可防止注射部位组织萎缩或增生、以免影响胰岛素的吸收。⑤注射后必须按时进食。

（二）并发症护理

1. 急性并发症护理

（1）糖尿病酮症酸中毒、高渗性非酮症性糖尿病昏迷患者的护理。①积极预防：为首要措施，针对有发生酮症倾向的患者要定期监测血糖；稳定控制血糖，不得自行减药或停止使用药物；消除诱发因素如控制感染、补充液体、预防应激。②病情监测：已发酮症或酮症酸中毒患者，密切病情观察、寻找诱因、及时救治；严密监测已发生者的生命体征、意识、尿量等；遵嘱用药，严密床边血糖监测，及时采集所需标本送检，并将监测结果及时汇报主管医师。③急救与护理：安置患者合适体位、采取适当保暖或降温措施、持续低流量氧气吸入、寻找并遵医嘱及时消除已有或潜在的病因与诱因；快速建立静脉通路、遵医嘱给予补液和胰岛素静脉滴注；监测并记录生命体征、意识、24小时出入液体量；加强生活护理，尤其是口腔及皮肤护理。

（2）低血糖反应及低血糖昏迷患者的护理。①明确诊断：快速血糖监测及外周血标本采集送检，当血浆葡萄糖 < 2.8 mmol/L 时即可出现低血糖交感神经兴奋表现，而一旦血浆葡萄糖 < 1.7 mmol/L 即可发生昏迷。②快速纠正血糖：立即遵医嘱予以50%葡萄糖液40~60 mL。并严密血糖监测，血糖控制平稳后在下餐前30分钟以正规胰岛素皮下注射，30分钟后撤除静脉滴注葡萄糖；也可以给予含糖饮料口服或糖果含服，并及时呼救。③密切病情监测：包括生命体征、血糖、意识状况。④查找与消除原因及诱因：有无用药错误或剂量错误、用药后未能及时进餐、饮食控制过度、运动过度剧烈等，指导患者正确掌握用药名称、剂量、使用方法及注意事项、用药后不良反应表现及应对策略；运动量的把握、运动过程中携带饼干或糖果等；出门携带包括患者姓名、家庭住址、联系人和联系电话，以及发生低血糖简单救治提示的"糖尿病患者携带卡"。

2. 慢性并发症护理

（1）糖尿病足护理。①评估糖尿病足危险因素：下肢溃疡史、感觉功能异常、下肢及足部发凉、肌肉萎缩、关节畸形。②促进血液循环：足部保暖，温水浸泡双脚，水温不宜过高，避免烫伤；由远端向近端进行反复足部按摩；适度合理运动；避免长时间单一姿势，比如长时间站立、坐位、双腿交叉等。③保持足部清洁：夏季防止潮湿、冬季防止干燥、注意修剪趾甲、积极治疗足癣，由专科医师修剪鸡眼或胼胝。④避免足部外伤：穿着舒适透气牛筋底布鞋、弹性棉袜，运动前注意足部关节活动，运动中注意避免挤压、磕碰等外伤。⑤指导足部运动：每日坚持多次适量步行运动，下肢屈伸摆动等。

（2）糖尿病肾病护理。①评估糖尿病肾病危险因素：糖尿病病程、血糖控制状况、有无高血压、用药情况、尿白蛋白排泄水平等。②用药指导：积极主张使用胰岛素强化治疗控制血糖，避免口服降糖药物的肾毒性作用，同时避免其他肾毒性药物使用。③饮食指导：限制蛋白摄入：临床糖尿病肾病时蛋白摄入量 < 0.6 g/（kg·d），以优质动物蛋白为主，减少或避免豆制品摄入以减轻肾负担，必要时补充必需氨基酸；适当增加碳水化合物及植物油脂。④控制血压：糖尿病肾病可致血压增高，而高血压则加速糖尿病肾病进展，糖尿病时血压控制目标 < 130/80 mmHg。

【健康教育】

糖尿病患者主要死于心脑血管并发症，慢性并发症严重影响生活质量，对糖尿病患者及高危人群进行健康教育是降低糖尿病发病率，减少并发症和死亡率的重要措施。

1. 疾病知识指导及心理指导　让患者了解糖尿病的知识和治疗控制要求，针对患者紧张、恐惧、焦虑心理进行有效疏导，必要时心理治疗师介入指导。树立糖尿病不可根治但可控的思想，坚定战胜疾病信心。

2. 活动与休息指导　根据患者实际病情和条件，指导患者选择有效和正确的运动方式、合适的运动时间，以及运动中发生低血糖的表现、处理方法。运动前携带好糖尿病健康卡（包括患者姓名、性别、年龄、家庭住址及联系电话、所患疾病、使用药物、治疗医院及联系电话）。

3. 饮食指导　指导患者科学、合理的饮食搭配；养成规律进食习惯；纠正错误或不良饮食观念。

4. 用药指导　指导患者掌握口服药物的服用剂量、服用时间、药物不良反应；胰岛素的使用剂型、剂量、使用方法、低血糖反应及其应对措施。教会患者使用胰岛素"笔"型注射器。

5. 出院指导　正确饮食、运动、用药方法和注意事项；2~3个月复查糖化血红蛋白，定期复查血糖、血脂、血压及各种并发症发生与发展情况。教会患者熟练掌握各种快速血糖仪的使用方法和注意事项。

（鲁　珊）

任务八　痛风患者的护理

知识目标

1. 掌握：痛风的临床表现、护理措施、健康教育。
2. 熟悉：痛风的病因与发病机理、实验室检查。
3. 了解：痛风的概念及预防。

技能目标

能对痛风患者进行饮食指导及运动指导。

案例导入

病例：患者，男，42岁。主诉反复踇趾关节疼痛3年余，再发加重2天。护理体检：双足踇趾可见1 cm×1.5 cm大小的痛风石，伴红肿，触痛。

实验室检查：血尿酸485μmol/L。

问题：1. 写出2个主要的护理诊断。

　　　2. 如何对患者进行饮食指导？

痛风（gout）是由于嘌呤代谢紊乱或尿酸排泄障碍，导致体内血尿酸增高，引起多种组织器官急、慢性损伤的一组异质性疾病。其临床特点为高尿酸血症、痛风性急性关节炎反复发作、痛风石沉积、关节畸形和功能障碍。常累及肾脏引起间质性肾炎和痛风性肾结石。痛风易受环境和饮食的影响，多见于肥胖的中老年男性和绝经后的女性。随着经济发展和生活方式改变，其患病率逐渐上升。

尿酸是嘌呤在体内的代谢终产物，正常成人每日约产生尿酸750 mg，其中80%为内源性，20%为外源性尿酸，这些尿酸进入尿酸代谢池，每日代谢池中的尿酸约60%进行代谢，其中1/3经肠道分解代谢，2/3经肾脏排泄，从而可维持体内尿酸水平的稳定，当尿酸产生增多或排泄功能障碍时，机体尿酸可升高。我国正常男性血尿酸为150～416μmol/L，女性为89～357μmol/L。

【病因与发病机制】

血尿酸水平增高可因尿酸产生增多，亦可由于肾脏排泄功能障碍。

1. 尿酸产生过多

（1）原发性尿酸产生增多。原因主要是嘌呤代谢酶缺陷或功能异常时，引起嘌呤合成增加导致血尿酸水平增高。

（2）继发性尿酸产生增多。骨髓增生性疾病如白血病、淋巴瘤、多发性骨髓瘤、红细胞计数增多症、溶血性贫血和癌症等可导致细胞的增殖加速，使核酸转换增加，造成尿酸产生增多。恶性肿瘤在肿瘤的放化疗后引起细胞大量破坏，核酸转换也增加，导致尿酸产生增多。长期乙醇、肥胖、糖尿病、原发性高血压、冠心病者常伴有高尿酸血症。

2. 排泄减少　当肾脏疾病、糖尿病及糖尿病合并肾病、原发性高血压性肾病、酸中毒、铅中毒、甲状腺功能减退时肾小管对尿酸的排泄能力下降，也包括肾小球尿酸滤过减少、肾小管尿酸吸收增加、肾小管尿酸分泌减少。

血尿酸升高逐渐发展至痛风是一个长期慢性过程，由于大量尿酸盐的形成，在组织、器官沉积，引起炎症反应而导致组织、器官破坏。

【临床表现】

痛风的发病年龄多在40岁左右，其中95%为男性，而女性多在绝经后发病。血尿酸升高至临床痛风症状出现长达数年或数十年，痛风临床表现有以下几种类型。

1. 无症状期　仅有波动性或持续性高尿酸血症，从尿酸增高至症状出现的时间可长达数年至数十年，有些可终身不出现症状，但随年龄增长痛风的患病率增加，并与高尿酸血症的水平和持续时间有关。

2. 急性痛风

（1）急性痛风性关节炎，主要表现为急性关节炎，多为痛风首发症状。其特点包括：①午夜起病，多呈剧痛，突发的远端肢体关节红、肿、热、痛，多侵犯踇趾关节或第一跖趾关节。②初次发作者常为自限性，数小时或数日后自行缓解，此时受累关节局部皮肤出现脱屑和瘙痒，为本病特有的表现。③发作时常伴有全身症状，如发热、白细胞升高、红细胞沉降率加快，秋水仙碱治疗后，关节炎症状可以迅速缓解。④血尿酸升高，但部分患者急性发作时血尿酸水平正常。

(2) 急性尿酸性肾病，多见于继发性尿酸升高者，大量尿酸在肾小管、肾盂、输尿管结晶，导致尿路梗阻，引起少尿、无尿、血尿、急性肾衰竭。

3. 慢性痛风　慢性痛风主要表现为痛风石形成和慢性关节炎。痛风石是痛风的特征性损害，常出现在耳轮、跖趾、指间和掌指关节，常为多关节受累，通常以远端关节多见，表现为关节肿胀、僵硬、畸形及周围组织的纤维化和变性，严重时患处皮肤发亮、菲薄，破溃则有豆渣样的白色物质排出。形成瘘管时周围组织呈慢性肉芽肿，虽不易愈合但很少感染。

4. 肾脏病变

（1）痛风性肾病是痛风的特征性病理改变之一。起病隐匿，早期仅有间歇性蛋白尿，随着病情的发展而呈持续性，伴有肾浓缩功能受损时夜尿增多，晚期可发生肾功能不全，表现水肿、高血压、血尿素氮和肌酐升高。少数患者表现为急性肾衰竭，出现少尿或无尿，最终因肾衰竭或合并心血管病而死亡。

（2）尿酸性肾石病。10%～25%的痛风患者肾有尿酸结石，呈泥沙样，常无症状，结石较大者可发生肾绞痛、血尿。当结石引起梗阻时导致肾积水、肾盂肾炎、肾积脓或肾周围炎，感染可加速结石的增长和肾实质的损害。

【实验室及其他检查】

1. 血尿酸测定　男性和绝经后女性血尿酸≥420μmol/L、绝经前女性≥350μmol/L可诊断为高尿酸血症。

2. X线检查　急性期受累关节X线摄片可见非特异性软组织肿胀；慢性反复发作后X线摄片显示软骨缘破坏、关节面不规整，典型者见破坏骨质呈穿凿样、虫蚀样透亮缺损，为痛风X线特征表现。

3. CT、MRI　CT检查时关节内痛风石为灰度不等的斑点状影，MRI痛风石为低到中等密度块状影。

4. 关节滑液、痛风石检查　在旋光显微镜下关节滑液或痛风石可见双折光的冰凌状结晶。

【治疗要点】

1. 一般治疗　控制饮食总热量，限制高嘌呤食物，禁烟、忌酒，避免辛辣食物；适度运动、控制体重；多饮水，每日饮水量在2 000 mL以上，增加尿酸排泄；禁止使用抑制尿酸排泄药物如噻嗪类利尿剂；避免诱因、治疗原发疾病。

2. 高尿酸血症的治疗

（1）促进尿酸排泄。对于肾功能良好者，抑制肾小管对尿酸重吸收，增加排泄。常用药物如下。①苯溴马隆25～100 mg/d，该药的不良反应轻，一般不影响肝肾功能；少数有胃肠道反应，过敏性皮炎、发热少见。②丙磺舒（羧苯磺胺）初始剂量为0.25 g，2次/日，两周后可逐渐增加剂量，最大剂量不超过2 g/d。约5%的患者可出现皮疹、发热、胃肠道刺激等不良反应。用药期间应多饮水，以利排泄，并加服碳酸氢钠3～6 g/d，从小剂量开始逐步增加，碱化尿液，增加尿酸溶解。

（2）抑制尿酸生成。尿酸生成过多或不适合使用排尿酸药物的患者，可使用抑制尿酸生成的药物，如别嘌醇，通过抑制黄嘌呤氧化酶，减少尿酸生成。每次100 mg，2~4次/日，最大剂量600 mg/d，待血尿酸降至360μmol/L以下，可减量至最小剂量或别嘌呤醇缓释片250 mg/d，与排尿酸药合用效果更好。不良反应有胃肠道刺激、皮疹、发热、肝损害、骨髓抑制等，肾功能不全者剂量减半。

（3）碱化尿液。应用碱性药物，可碱化尿液，促进尿酸排泄和使得尿酸不易在尿中集聚形成结晶。如碳酸氢钠、枸橼酸氢钾钠口服。长期大量服用可致代谢性碱中毒。

3. 急性痛风性关节炎治疗

（1）卧床休息、抬高下肢、避免负重。

（2）药物治疗目的在于迅速控制炎症、缓解症状。

1）秋水仙碱：治疗急性痛风性关节炎的特效和首选药物。通常以口服为主，有严重不良胃肠道反应者可静脉给药。口服用药：初始口服剂量为1 mg，随后0.5 mg/h或1 mg/2 h，直到症状缓解，最大剂量6~8 mg/d。患者口服秋水仙碱后48小时内疼痛缓解。症状缓解后0.5 mg/次，2~3次/日，维持数天后停药。

2）非甾体消炎药（NSAID）：通过抑制花生四烯酸环氧化酶活性，减少前列腺素合成而达到消炎作用。常用药物有吲哚美辛、双氯芬酸、布洛芬、塞来昔布等，注意可能引发消化性溃疡、消化道出血。禁止两种或以上NSAID药物同时使用，症状缓解后减量，维持5~7日后停用。

3）糖皮质激素：秋水仙碱和非甾体消炎药无效、有禁忌证或有严重不良反应时考虑使用糖皮质激素。常用药物有泼尼松，短程使用（不超过2周），注意"反跳"现象。

4. 痛风性肾病　控制高尿酸血症，碱化尿液，多饮水。结石引起梗阻者可行体外碎石、手术治疗。合并慢性肾功能不全时根据肾功能情况采取相应治疗。

【护理诊断/问题】

1. 急性或慢性疼痛　关节痛与尿酸盐结晶引起关节炎症有关。
2. 躯体活动功能障碍　与关节损伤、畸形有关。
3. 知识缺乏　缺乏有关痛风的饮食、治疗和护理知识。

【护理措施】

1. 休息与活动　注意休息，避免劳累，做好防寒、保暖措施。痛风急性发作时绝对卧床休息，抬高下肢以减轻疼痛，避免受累关节水肿。待症状缓解72小时后逐渐恢复活动，控制体重，适度运动。

2. 皮肤护理　手、腕或肘关节受累时，为减轻疼痛，可用夹板固定制动，也可在受累关节给予湿敷，发病24小时内使用冰袋或25%硫酸镁湿敷，减少局部炎症渗出，消除关节肿胀和疼痛。24小时后可使用热敷，促进局部组织渗出物的吸收。保持痛风石形成处皮肤清洁，保护好患处皮肤，避免摩擦、损伤，防止溃疡和感染形成。

3. 饮食护理　饮食宜清淡、易消化。痛风患者多数肥胖，应控制总热量，摄入热量应限制在1 200~1 500 kcal/d，蛋白质控制在1 g/（kg·d），碳水化合物占总热量的50%~60%。避免进食高嘌呤食物，如动物肝脏、猪肠、浓肉汁、鱼类中白仓鱼、鲢鱼、带鱼、海鳗、沙丁鱼，所有贝壳类，蔬菜类如豆苗、黄豆芽、芦笋、紫菜、香菇、野生蘑菇等；禁烟酒、忌辛辣和刺激性食物；多进食碱性食物，如牛奶、鸡蛋、马铃薯、苹果、柑橘等；多饮水，每日饮水量保持在 2 500~3 000 mL 以上，保持每天尿量达 2 000 mL 以上，防止结石形成。必要时口服药物碱化尿液以促进尿酸的溶解。饮酒可使血尿酸增高，刺激嘌呤合成增加，诱发痛风发生，因此，一定要禁酒。

每 100 克食品中嘌呤含量分类，见表 8-15。

表 8-15 每 100 克食品中嘌呤含量分类

不含或很少（0~15 mg）	较高（在 50~150 mg 以上）	极高（在 150 mg 以上）
除乙类外的谷类、除乙类外的蔬菜、糖类、果汁类、乳类、蛋类、乳酪、茶、咖啡、巧克力、干果、红酒	肉类、熏火腿、肉汁、鱼类、麦片、面包、粗粮、贝壳类、青豆、豌豆、菜豆、黄豆类、豆腐	动物内脏、浓肉汁、凤尾鱼、沙丁鱼、啤酒

4. **心理护理** 疼痛影响休息、睡眠，疾病反复发作、器官功能异常、关节畸形等使患者易产生情绪低落、忧虑，甚至孤独感。护理人员应耐心宣讲有关疾病、饮食、自我护理等知识，给予患者安慰和鼓励。

5. **病情观察** ①注意观察疼痛发生时间、部位、性质、间隔时间，有无午夜因夜间剧痛而惊醒。②观察患者受累关节、有无红、肿、热、痛、功能障碍等炎症反应。③观察患者有无痛风石的体征，了解痛风石的存在部位及有无症状；如有局部皮肤破溃情况，要注意有无感染，加强局部清洁护理，防止感染发生。④查找有无诱发痛风急性发作的诱因。⑤定期监测尿酸含量。

6. **用药护理** 指导患者遵医嘱服药，严格按剂量、按时服药；观察药物疗效及不良反应。如秋水仙碱常见恶心、呕吐、腹泻、腹痛、胃肠反应是严重中毒的前驱症状，症状出现时即行停药。

【健康指导】

1. **休息与活动指导** 痛风急性发作时绝对卧床休息，抬高下肢以减轻疼痛，避免受累关节水肿。待症状缓解后逐渐恢复活动。

2. **疾病知识指导** 告知患者及家属有关本病的知识，说明本病是一种终身性疾病，但积极有效治疗，控制高嘌呤饮食摄入，患者可长期维持正常生活和工作。

3. **生活指导** 劳逸结合，保证睡眠，生活规律，积极乐观，保持心情愉快，避免紧张。肥胖者应减轻体重。多饮水，戒烟、忌酒。

4. **饮食指导** 严格控制饮食，避免高嘌呤食物，多饮水。

项目小结

本项目主要学习甲状腺疾病、肾上腺疾病、腺垂体功能减退症、糖尿病及痛风等病的护理。学习重点是Graves病的临床表现、诊断及药物治疗原则；甲亢危象的诊断与治疗原则；糖尿病的临床表现、并发症、诊断标准及治疗原则、治疗方法与目标、口服降糖药的应用；痛风的临床表现、诊断与治疗。在学习过程中可通过临床见习、病例讨论及多媒体演示等方法，加深对疾病的认识和理解，提高分析解决问题的能力。

（鲁　珊）

项目测试

A_1/A_2型题：

1. 甲状腺功能减退症首选的替代治疗药物是（　　）
   A. 甲巯咪唑　　　　　B. 丙硫氧嘧啶　　　　C. 甲状腺素片（LT_4）
   D. 左甲状腺素　　　　E. 碘

2. 对Graves病最具诊断意义的是（　　）
   A. 皮肤温暖湿润，体重减轻
   B. 浸润性突眼
   C. 弥漫性甲状腺肿大伴血管杂音及震颤
   D. 心房颤动
   E. 手、眼睑震颤

3. 抗甲状腺药物的不良反应中最常见的是（　　）
   A. 肝功能损害　　　　B. 药疹　　　　　　　C. 药物热
   D. 白细胞减少　　　　E. 粒细胞缺乏

4. Graves病最严重的临床表现是（　　）
   A. 甲状腺危象　　　　B. 浸润性突眼　　　　C. 周期性麻痹
   D. 甲亢性心脏病　　　E. 抗甲状腺药物致严重肝损害

5. 下列哪种原因不易诱发甲状腺危象（　　）
   A. 感染
   B. 严重精神创伤
   C. 未准备充分的甲状腺次全切除术
   D. 作其他部位的大手术
   E. 停用抗甲状腺药物近1周

6. 甲亢患者饮食（　　）
   A. 高碳水化合物、高蛋白、高维生素饮食
   B. 高碳水化合物、高蛋白、高碘饮食
   C. 高碳水化合物、高蛋白、纤维素饮食

D. 高蛋白、高脂、高热量饮食

E. 高蛋白、高维生素、粗纤维饮食

7. 下列哪项不符合甲状腺危象的临床表现 （   ）

A. 心率160次/分 B. 体温39℃ C. 恶心、呕吐

D. 大汗淋漓 E. 易饥饿、多食

8. 以下皮质醇增多症症状中最具特征的表现是 （   ）

A. 向心性肥胖，而四肢相对瘦小

B. 皮肤紫纹

C. 皮肤痤疮

D. 高血压

E. 低血钾性碱中毒

9. 既能阻断甲状腺激素合成，又能阻止外周组织中 T_4 转化为 T_3 的药物为 （   ）

A. 丙硫氧嘧啶 B. 甲巯咪唑 C. ^{131}I

D. 普萘洛尔 E. 大剂量碘

10. 复方碘溶液治疗甲状腺危象的主要作用机制是 （   ）

A. 抑制交感神经兴奋性 B. 拮抗 $β_2$ 受体 C. 抑制脑垂体分泌TSH

D. 减少甲状腺血流量 E. 抑制甲状腺激素的释放

11. 甲状腺危象的治疗方案中，下列哪一项最完善 （   ）

A. 抗甲状腺药物，强心药，镇静剂，抗生素

B. 抗甲状腺药物，强心药，镇静剂，β受体阻滞剂

C. 大剂量抗甲状腺药物，糖皮质激素，镇静剂

D. 大剂量丙硫氧嘧啶，大量复方碘溶液，糖皮质激素，β受体阻滞剂

E. 大剂量复方碘溶液，糖皮质激素，β受体阻滞剂，强心药

12. 抗甲状腺药物治疗甲亢的总疗程通常是 （   ）

A. 1~2周 B. 3~4周 C. 3~4个月

D. 1~2年 E. 3~4年

13. 甲状腺功能亢进症者服用甲巯咪唑出现药物反应，下列何项是停药观察的重要指征 （   ）

A. 胃肠道反应 B. 肝脏肿大 C. 头昏、乏力

D. 突眼加重 E. 中性粒细胞 < $1.5×10^9/L$

14. Graves是指 （   ）

A. 垂体性甲亢 B. 自主性高功能甲状腺腺瘤 C. 甲状腺癌

D. 亚急性甲状腺炎 E. 弥漫性毒性甲状腺肿

15. 引起甲亢最常见的原因是 （   ）

A. 地方性甲状腺肿 B. 亚急性甲状腺炎 C. 桥本氏甲状腺炎

D. Graves病 E. 甲状腺结节

16. 下列哪项不是甲亢的典型表现 （   ）

A. 黏液性水肿 B. 甲状腺弥漫性肿大 C. 突眼

D. 怕热多汗 E. 心动过速

17. 糖化血红蛋白（HbA1）测定可反映糖尿病患者取血前几周血糖的总水平 （   ）

A. 2~3周 B. 3~6周 C. 6~8周

D. 8~12周 E. 12~16周

18. 糖耐量减低是指OGTT中2小时血糖 （   ）

A. ≥6.1 mmol/L ~ < 7.0 mmol/L B. ≥7.0 mmol/L C. < 7.8 mmol/L

D. ≥7.8~<11.1 mmol/L　　E. ≥11.1 mmol/L

19. 空腹血糖异常是指空腹血浆葡萄糖　　（　）
   A. <6.0 mmol/L　　B. ≥6.1~<7.0 mmol/L　　C. ≥7.0 mmol/L
   D. <7.8 mmol/L　　E. ≥7.8~<11.1 mmom/L

20. 糖尿病患者的饮食中，碳水化合物应占总热量的比例为　　（　）
   A. 20%~30%　　B. 30%~40%　　C. 40%~50%
   D. 55%~65%　　E. 60%~70%

21. 肥胖或超重的2型糖尿病患者第一线药物是　　（　）
   A. 二甲双胍　　B. 格列苯脲（优降糖）　　C. 西格列汀
   D. 瑞格列奈（诺和龙）　　E. 阿卡波糖（拜糖平）

22. 磺脲类降糖药的主要作用机制为　　（　）
   A. 抑制葡萄糖异生
   B. 加速糖的无氧酵解，促进外周组织摄取葡萄糖
   C. 刺激胰岛β细胞分泌胰岛素
   D. 抑制胰高血糖素分泌
   E. 抑制生长激素分泌

23. 双胍类降糖药主要作用机制为　　（　）
   A. 抑制葡萄糖生成
   B. 加速糖的无氧酵解，促进外周组织摄取葡萄糖
   C. 刺激胰岛素分泌
   D. 抑制胰高血糖素分泌
   E. 抑制生长激素分泌

24. α葡萄糖苷酶抑制剂控制血糖时，正确的给药方法是　　（　）
   A. 与第一口饭同时服用　　B. 餐后2小时服用　　C. 早餐前半小时服用
   D. 餐中或餐后服药　　E. 餐前立即服用，但不进餐不服药

25. 胰岛素最常见的不良反应是　　（　）
   A. 过敏反应　　B. 皮下脂肪萎缩　　C. 皮下脂肪增生
   D. 低血糖反应　　E. 胰岛素抵抗

26. 患者，女性，65岁。无三多一少症状，空腹血糖6.5 mmol/L，有糖尿病家庭史，疑糖尿病就诊，下列哪项试验最有诊断意义　　（　）
   A. 空腹血糖　　B. 餐后血糖　　C. 24小时尿糖定量
   D. 葡萄糖耐量+胰岛C肽释放试验　　E. 糖化血红蛋白

27. 关于1型糖尿病，下列哪种治疗方案最佳　　（　）
   A. 饮食治疗　　B. 饮食治疗+体力活动　　C. 饮食治疗+双胍类口服药
   D. 饮食治疗+磺脲类口服药　　E. 饮食治疗+胰岛素应用

28. 酮症酸中毒最具特征性的症状是　　（　）
   A. 严重口渴，多饮、多尿　　B. 昏迷　　C. 呼吸深大
   D. 呼气有烂苹果味　　E. 皮肤干燥，弹性差

29. 1型与2型糖尿病鉴别时，以下列哪种特征为主　　（　）
   A. 年轻与年老　　B. 消瘦与肥胖　　C. 有无自发性酮症倾向
   D. 有无明显三多一少症状　　E. 并发症的多少与严重程度

30. 糖尿病最易并发的感染是　　（　）
   A. 肺结核　　B. 肾盂肾炎　　C. 真菌性阴道炎

D. 皮肤化脓性感染　　　　E. 败血症

31. 每个糖尿病患者必需的治疗是 （　　）
   A. 胰岛素治疗+运动治疗　　B. 胰岛素+降糖药+运动治疗　　C. 饮食治疗+运动治疗
   D. 饮食疗法+降糖药+运动治疗　　E. 胰岛素+饮食治疗+运动治疗

32. 配制混合胰岛素时，必须先抽吸正规胰岛素是为了防止 （　　）
   A. 发生中和反应　　B. 加速胰岛素降解　　C. 丧失正规胰岛素的速效特性
   D. 降低鱼精蛋白锌胰岛素药效　　E. 增加胰岛素的不良反应

33. 低血糖反应，急救措施是 （　　）
   A. 减少胰岛素用量　　B. 就地休息　　C. 立即输入氯化钠
   D. 立即食糖果或含糖饮料　　E. 加大饭量

34. 糖尿病出现多尿的病因是 （　　）
   A. 量过多　　B. 尿渗透压增高　　C. 药物不良反应
   D. 尿路感染　　E. 糖尿病性肾病

35. 抢救糖尿病酮症酸中毒首要和关键的措施是 （　　）
   A. 防治诱因　　B. 使用小剂量胰岛素　　C. 补液
   D. 纠正电解质及酸碱平衡失调　　E. 纠正脑水肿

36. 普通胰岛素皮下注射后作用高峰一般出现在 （　　）
   A. 0.2～0.4 h　　B. 2～4 h　　C. 4～5 h
   D. 4～12 h　　E. 10～28 h

37. 关于2型糖尿病的描述以下哪项是错的 （　　）
   A. 年龄多在于40岁以上　　B. 常超重或肥胖　　C. 易发生酮症酸中毒
   D. 口服降糖药一般有效　　E. 常可发现血浆胰岛素增高

A_3/A_4型题：

（38～39题共用题干）

患者，女性，33岁。甲状腺肿大、突眼、烦躁、易怒、易饥饿、多食、体重减轻、心悸、失眠，心率100次/分，血压140/90 mmHg，诊断为甲状腺功能亢进症。

38. 患者的基础代谢率是 （　　）
   A. +20%　　B. +29%　　C. +30%
   D. +39%　　E. +50%

39. 拟行手术治疗，术前服用碘剂的主要目的是 （　　）
   A. 减少甲状腺血流，使其变小变硬
   B. 抑制甲状腺素分泌
   C. 抑制甲状腺素合成
   D. 增加甲状腺球蛋白分解
   E. 防止缺碘

（40～42题共用题干）

患者，男性，22岁。患1型糖尿病多年，因感冒、发热、食欲减退、恶心呕吐及腹痛而入院。

40. 护理体检发现患者嗜睡状态，呼吸深快，皮肤干燥，考虑患者最可能并发 （　　）
   A. 急性脑炎　　B. 急性肠炎　　C. 急性胃炎
   D. 低血糖　　E. 酮症酸中毒

41. 患者血糖控制不满意，每餐前增加胰岛素2个单位，自述注射胰岛素后3小时，有头晕、心慌、出汗、软弱无力感，应首先考虑 （ ）

   A. 过敏反应　　　　　　B. 心律失常　　　　　　C. 自主神经功能紊乱
   D. 低血糖　　　　　　　E. 周围神经炎

42. 该患者的饮食治疗，错误的是 （ ）

   A. 告知饮食与糖尿病的关系
   B. 按规定食谱供给饮食
   C. 如出现低血糖症状，可额外增加进食量
   D. 不仅应控制碳水化合物的摄入，还应控制蛋白质和脂肪的摄入
   E. 在总热量不变的前提下，同类食物间可进行交换

43. 患者，男性，48岁。与朋友聚餐后，休息晚。午夜突发左脚第1跖趾关节剧痛，约4小时后局部出现红、肿、热、痛和活动困难，遂来急诊就诊。检查：血尿酸为480 mmol/L。患者可能诊断是 （ ）

   A. 类风湿性关节炎　　　B. 假性痛风　　　　　　C. 风湿性关节炎
   D. 痛风性关节炎　　　　E. 化脓性关节炎

项目九 神经系统疾病患者的护理

任务一 概述

知识目标

1. 掌握：神经系统常见症状的评估。
2. 熟悉：语言障碍、感觉障碍和瘫痪的类型。
3. 了解：神经系统的结构与功能。

技能目标

1. 能评估神经系统疾病的常见症状及体征的护理。
2. 能对神经系统疾病患者进行健康指导。

神经系统疾病是指脑、脊髓、周围神经、骨骼肌的病变。主要是由感染、血管病变、变性、肿瘤、外伤、中毒、免疫障碍、遗传、先天发育异常、营养缺陷、代谢障碍等因素引起的疾病。主要表现为感觉、运动、意识和言语障碍。神经系统疾病病情复杂，发病率、复发率、致残率、死亡率均较高，神经系统疾病严重影响人类身心健康和生活质量。因此，要把积极挽救患者生命、预防并发症、减轻患者痛苦、促进康复为主要目标。其中脑血管病是影响人类健康的主要疾病。

一、神经系统的解剖结构和生理功能

（一）周围神经系统

周围神经系统（PNS）是指脊髓、脑干、软脑膜以外的所有神经结构，一般将周围神经系统分为脑神经、脊神经和内脏神经三部分。

1. 脑神经　是指与脑干、间脑和端脑相连的部分，共12对，其中第Ⅰ、Ⅱ对在脑内部分是其二级和三级神经元的神经纤维束，其他10对脑神经与脑干联系。脑神经有感觉纤维和运动纤维，主要支配头面部的感觉和运动。其中第Ⅰ、Ⅱ、Ⅷ对为感觉神经，Ⅲ、Ⅳ、Ⅵ、Ⅺ、Ⅻ对为运动神经，Ⅴ、Ⅶ、Ⅸ、Ⅹ对为混合神经。其中舌下神经（Ⅻ）核及面神经（Ⅶ）核的下部的神经元只受对侧大脑半球支配，其他脑神经运动核的神经元都受双侧大脑半球支配。脑神经与脑干的联系如图9-1所示。

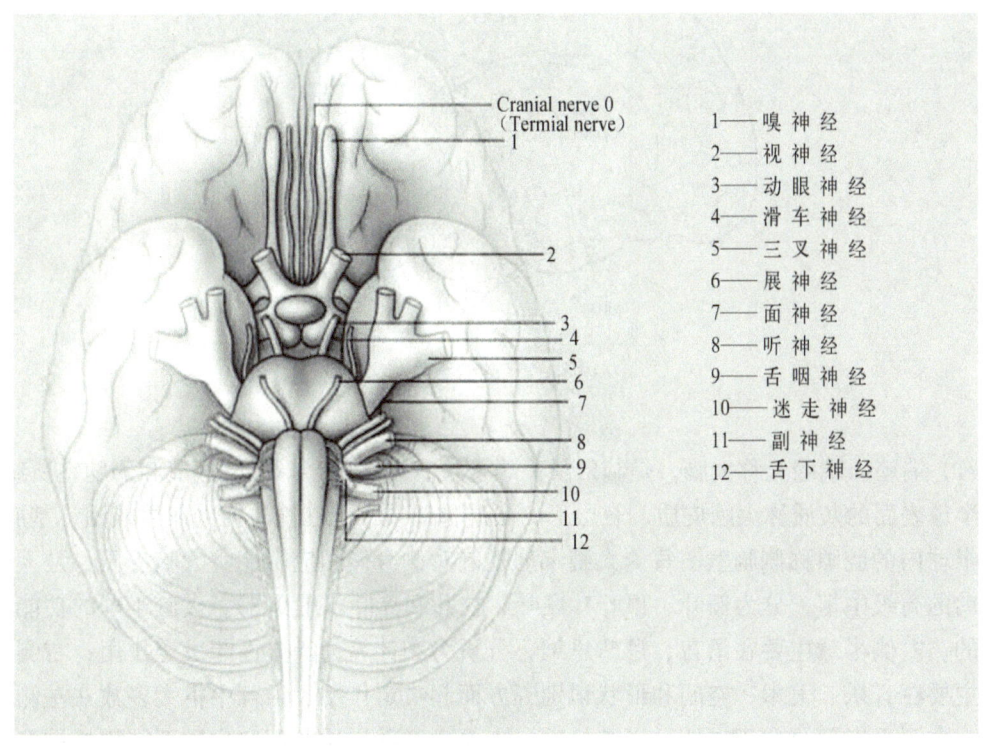

图9-1　脑神经与脑干

2. 脊神经　是连接在脊髓上的神经，分布在躯干、腹侧面和四肢肌肉中，主管颈部以下的感觉和运动。脊神经共31对，其中颈段8对，胸段12对，腰段5对，骶段5对，尾神经1对。每对脊神经由感觉支和运动支所组成。临床上根据不同部位的感觉水平判断脊髓病变的平面。如乳头平对胸4，脐平对胸10，腹股沟对腰1。脊神经前根为运动支，支配相应肌肉，其中颈4至胸1前根结合成为臂丛，主要支配上臂、前臂及手部肌肉。腰2至骶2组成腰骶丛，主要支配下肢。

3. 自主神经　又称内脏神经，按照分布部位不同，可分为中枢和周围部分，中枢包括大脑皮质、下丘脑、脑干的副交感神经核及脊髓各节段侧角区；周围部分主要分布到内脏、心血管、平滑肌和腺体。内脏神经可分为感觉神经和运动神经。内脏运动神经又可分为交感神经和副交感神经两部分。内脏感觉神经与躯体感觉神经有不同之处，痛阈较高，定位不准确。

（二）中枢神经系统

中枢神经系统（CNS）由脑和脊髓所组成。是反射活动的中心部位。

1. 脑　脑又分为端脑、间脑、脑干和小脑（图9-2）。

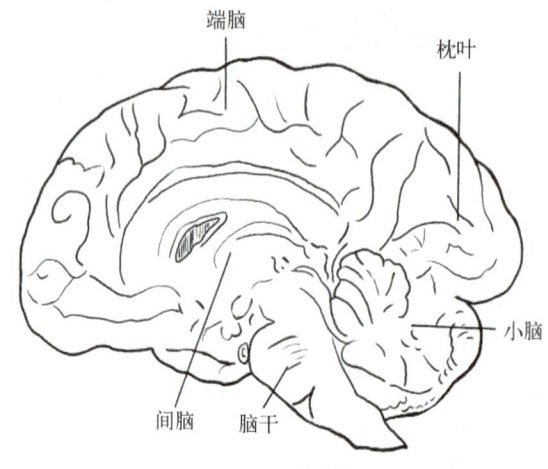

图9-2　脑的结构

（1）端脑。端脑又称大脑，是脑的最高级部位，由大脑半球、基底节和侧脑室所组成。大脑半球表面的灰质称大脑皮质，表层下的白质称髓质，埋在髓质内的灰质核团称基底核，大脑半球内的腔隙称侧脑室。每侧大脑半球控制对侧身体相应功能。大脑皮质：是人体功能活动的高级中枢，分为额叶、顶叶、颞叶、枕叶和岛叶（图9-3）。大脑半球的功能是不对称的，左侧半球主要在语言、逻辑思维、分析力和计算力等方面起决定作用；右侧大脑半球主要在音乐、美术、空间和形状识别等方面起决定作用。语言中枢大多数在左侧大脑半球，左利手者部分位于右侧。大脑髓质：主要由联系皮质各部和皮质下结构的神经纤维构成，可分为联络纤维（联系同侧大脑半球内各部皮质）、联合纤维（联系左右半球皮质）和投射纤维三类（图9-4）。大脑半球各叶的主要功能及损伤后的局部症状如下。

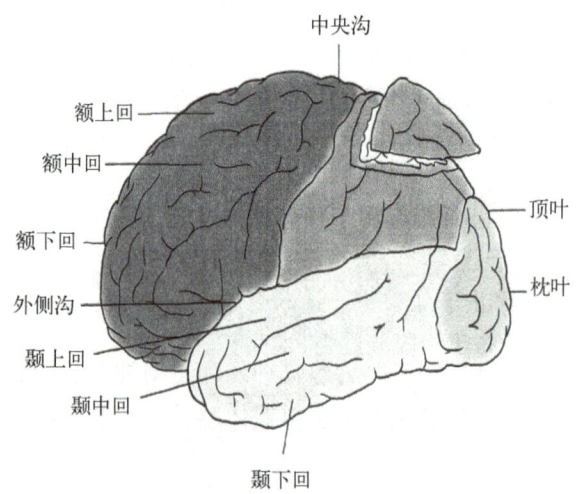

图9-3　端脑的结构及分析

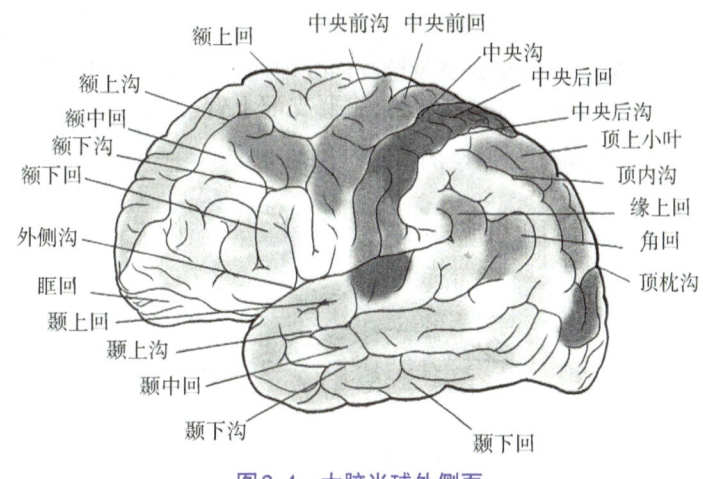

图9-4　大脑半球外侧面

1）额叶：位于中央沟前方，外侧裂之上。额叶占大脑半球的前三分之一，主要与随意运动、精神活动及语言功能有关。损伤后表现为记忆力和注意力减退、反应迟钝、情感淡漠等行为障碍，思维和综合能力下降，表现为痴呆和人格改变。额中回后部与两眼球协同运动有关，受损时引起两眼向病灶侧同向斜视。优势半球的额下回后部为运动性语言中枢也称Broca区，受损时引起运动性失语。

2）顶叶：位于中央沟之后。中央后回为感觉中枢，主管对侧躯体感觉。

3）颞叶：主要与听觉、语言、记忆有关。颞叶的内侧面与精神、行为、内脏功能有关。颞叶前部的内侧面为嗅觉和味觉中枢，刺激性病灶引起颞叶癫痫，有幻嗅或幻味、作舐舌、咀嚼动作。颞横回为听觉中枢。颞上回后部为听觉性语言中枢，破坏性病灶产生感受性失语，听不懂别人讲话而不伴肢体瘫痪。双侧颞叶损害引起严重的记忆缺失。

4）枕叶：主要为视觉中枢，故枕叶病变主要引起视觉障碍。损伤一侧视中枢可引起双眼对侧视野偏盲，称同向性偏盲。

5）岛叶：被额、顶、颞叶掩盖。主管内脏活动，包括呼吸、血压、瞳孔、胃肠、膀胱等内脏活动。

（2）间脑。间脑位于大脑半球与中脑之间，是大脑半球与脑干的连接站，可分为丘脑和下丘脑。丘脑是感觉纤维（嗅觉除外）上升到大脑半球的三级神经元所在地。下丘脑位于间脑腹侧与垂体相接，主要功能包括如下。①神经内分泌中心：是脑控制内分泌的主要结构。通过与垂体的联系将神经调节与激素调节融为一体。②自主神经调节：下丘脑是调节交感与副交感活动的主要皮质中枢。③体温调节：下丘脑通过产热和散热机制调节体温。④食物摄入调节：通过饱食中枢和摄食中枢调节摄食行为。⑤接受来自视网膜的传入而调节昼夜节律。

（3）脑干。是位于脊髓和间脑之间的较小部分，自上而下由中脑、脑桥和延髓三部分组成。中脑上连间脑，延髓下端与脊髓相接，脑桥位于中间，经脑桥臂与背侧的小脑半球相连接。脑桥、延髓和小脑之间围成的室腔为第四脑室，向上通第三脑室，向下接脊髓的中央管。脑干表面附有第Ⅲ至第Ⅻ对脑神经根。脑干的功能有以下几个。①生命中枢：延髓为呼吸中枢和血管运动中枢，背外侧有呕吐中枢，脑桥有呃逆中枢，故脑干的严重损伤，特别是延髓损伤多可导致呼吸、心脏停搏。②传导功能：将脊髓及周围的感觉传导至中枢，将大脑皮质的兴奋性经脑干传导至脊髓及脑神经支配的效应器官。③睡眠与觉醒的维持：脑干网状结构的激活系统促使皮层兴奋，保持觉醒，其抑制系统保持睡眠。脑干内的损害均可出现交叉性瘫痪即病变同侧脑神经的周围性瘫痪、对侧的中枢性偏瘫和偏身感觉障碍。脑干模式。见图9-5。

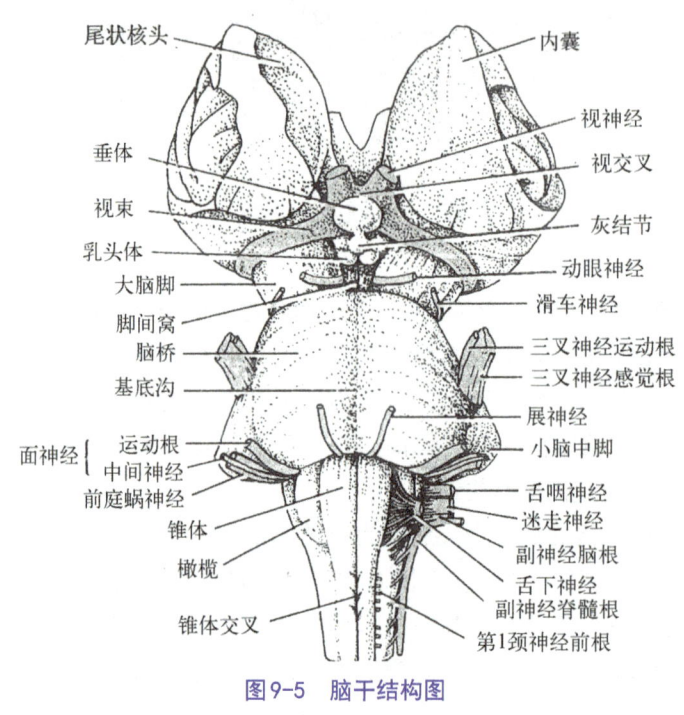

图9-5　脑干结构图

（4）小脑。位于后颅窝，由双侧小脑半球和中部的小脑蚓构成。主要功能是调节肌张力、维持机体平衡和协调运动，保持身体姿势。小脑受损可表现为共济失调、眼球震颤、和意向性震颤、站立不稳、步间距增宽，称酒醉步或共济失调步。

2．脊髓　脊髓位于椎管内，呈椭圆形条索状。上端于枕骨大孔水平与脑干相连接，下端以圆锥终止于腰1椎体下缘，并以终丝固定于骶管盲端。脊髓是中枢神经的低级部分，是四肢和躯干的初级反射中枢。自脊髓发出31对脊神经，主要分布到四肢和躯干。脊髓和脑的各级中枢之间有着广泛的联系，脊髓的正常活动总是在大脑的控制下进行的。其主要功能如下。①传导功能：将大脑皮质的运动兴奋经过脊髓、脊神经到达效应器，把肌肉、关节和皮肤等的痛、温、触等感觉经脊神经、脊髓、脑干到达大脑半球。②节段功能：当脊髓失去大脑控制后，仍能自主完成一定反射功能，如腱反射等。

二、神经系统疾病的护理评估

（一）健康史

1. 发病情况及治疗经过　神经系统疾病病程长短不一，病情轻重不同，既有突然发作，也有缓慢起病。病史中应详细了解患者的起病时间、病因和诱因、主要症状及特点，包括症状的部位、范围、性质、持续时间、严重程度、加重或减轻的因素；是发作性还是持续性，是突发性还是渐进性；有无缓解症状的方法；病情的发展和演变；有何伴随症状，有无并发症；既往检查、诊断、治疗经过及效果；目前用药情况，包括药物的种类、剂量和用法，是按医嘱用药还是自行购药使用；有无特殊的饮食医嘱等。

2. 生活史和家族史　询问患者的出生地和生活地、性别、年龄、职业及患者的父母是否近亲结婚、家族中有无类似的疾病或症状等；日常生活是否有规律，包括工作、学习、活动、休息与睡眠的规律性；生活或工作负担及承受能力，有无过度紧张、焦虑等情绪改变；平时饮食习惯、有无烟酒嗜好，吸烟年数及每日量，饮酒年数、种类及量，有无酗酒史。

（二）心理-社会状况

由于神经系统疾病发病突然，迁延不愈，给患者日常生活、工作带来很大影响，如语言障碍、肢体活动困难等，因此，要了解患者对疾病的性质、过程、预后及防治知识的了解程度。临床症状如疼痛、抽搐、感觉异常及瘫痪等给患者带来不适和痛苦，特别是当症状反复出现或持续存在时，易使患者产生焦虑、恐惧、抑郁、孤独、自卑等。不良的情绪可使症状加重，如偏头痛、三叉神经痛、帕金森病等，注意评估患者的心理状态、情绪反应，及时给予心理疏导与支持。评估社会支持系统，包括患者的家庭成员组成、家庭经济、文化教育背景；亲属对患者所患疾病的认识，对患者的关怀和支持程度；患者的工作单位所能提供的支持；慢性疾病患者、瘫痪患者出院后的继续就医条件、居住地的初级卫生或社区保健设施、康复设施等资源。

（三）身体状况

神经系统疾病患者的主要症状和体征有：感觉障碍、运动障碍、意识障碍、语言障碍及头痛等，这些症状体征与病变部位的相应功能密切相关，对疾病的定性和定位诊断有重要意义。

1. 意识障碍　意识是指个体对周围环境及自身状态的感知能力和理解力。意识的维持依赖大脑皮质的兴奋。脑干上行网状激活系统接受各种感觉信息的侧支传入，发放兴奋从脑干向上传至丘脑的非特异性核团，再由此弥散投射至大脑皮质，使整个大脑皮质保持兴奋，维持觉醒状态。因此，上行网状激活系统或双侧大脑皮质损害均可导致意识障碍。意识障碍是指人对外界环境刺激反应减弱、缺乏反应或反应异常的一种精神状态。临床上可通过患者的语言反应、对刺激的疼痛反应、瞳孔对光反射、角膜反射等来判断意识障碍的程度。

(1) 以觉醒度改变为主的意识障碍

1) 嗜睡，是意识障碍的早期表现，为最轻的意识障碍。患者表现为睡眠时间过度延长，但能被叫醒，醒后可勉强配合检查及回答简单问题，停止刺激后患者又继续入睡。

2) 昏睡，是比嗜睡较重的意识障碍。患者处于熟睡状态，强烈刺激方可唤醒，能做简单、模糊且不完整的答话，语言含糊不清，答非所问。停止刺激后立即进入熟睡。

3) 昏迷，指意识完全丧失，任何声音疼痛等刺激均不能唤醒的状态，是最严重的意识障碍。昏迷分为浅昏迷和深昏迷。①浅昏迷：对强烈刺激（如压迫眶上缘）可有痛苦表情及躲避反应，无语言应答，并不能执行简单的命令。瞳孔对光反射、咳嗽反射、吞咽反射、角膜反射及生命体征无明显改变。②深昏迷：自发性动作完全消失，对任何刺激均无反应，咳嗽反射、吞咽反射、角膜反射等均消失，病理反射可引出，体征也常有改变。

(2) 以意识内容改变为主的意识障碍

1) 意识模糊，表现为注意力减退，情感反应淡漠，定向力障碍，活动减少，语言缺乏连贯性，对外界刺激可有反应，但低于正常水平。

2) 谵妄，是一种急性的脑高级功能障碍，患者对周围环境的认识及反应能力有所下降，表现为认知、注意力、定向、记忆功能受损及思维推理迟钝、语言功能障碍、错觉、幻觉、睡眠觉醒周期紊乱等，也可表现为紧张、恐惧和兴奋不安，甚至可有冲动和攻击行为。病情常呈波动性，夜间加重，白天减轻，常持续数小时和数天。

(3) 特殊类型的意识障碍

1) 去皮质综合征，指大脑皮质广泛损害导致皮层功能丧失，但皮层下结构的功能存在，睡眠和觉醒周期依然存在的一种意识障碍。患者对外界的言语、疼痛刺激无意识反应，但能无意识地睁闭眼，眼球能活动。瞳孔对光反射、角膜反射存在，肌张力增高，病理反射阳性，大小便失禁，身体姿势为上肢屈曲，下肢伸直姿势。

2) 无动性缄默症，又称睁眼昏迷，较少见。为脑干上部和丘脑的网状激活系统有损害，而大脑半球及其传导通路无病变。患者能注视检查者和周围的人，貌似醒觉，但缄默不语，不能活动。肌肉松弛，大小便失禁。任何刺激也不能使其真正清醒，存在睡眠觉醒周期。

3) 植物状态，是大脑半球严重受损而脑干功能相对保留的一种状态。患者对自身和外界的认知功能全部丧失，呼之不应，不能与外界交流，有自发或反射性睁眼，偶可发现视物追踪，可有无意义哭笑，存在吸吮、咀嚼和吞咽等原始反射，有觉醒睡眠周期，大小便失禁。持续植物状态是指颅脑外伤后植物状态持续12个月以上，其他原因持续3个月以上。

2. 言语障碍　言语障碍分为失语和构音障碍。由大脑言语功能区病变使患者后天获得的对各种语言符号的表达和认识能力的损害称为失语症。因发音肌肉的瘫痪，共济失调或肌张力增高所引起的言语障碍，称为构音障碍。

(1) 失语症，是由于大脑皮质与言语功能有关的区域受损害所致，是优势大脑半球损害的重要症状之一。失语分为以下几种类型。

1) 运动性失语又称表达性失语，以口语表达障碍为突出的临床特征。患者不能说话，或只能讲一两个简单的字，说话不流畅，常用错词，能理解别人的语言，朗读困难，由言语运动中枢病变引起。

2) 感觉性失语又称听觉性失语，以口语理解严重障碍为突出的临床特点。患者发音清晰，语言流畅，但内容不正确，无听力障碍，却不能理解别人和自己所说的话。严重者说出的话，别人完全听不懂。优势半球颞上回后部病变引起。

3）失读，患者无失明，但不认识文字、词句、图画，因为患者对视觉性符号认识能力的丧失。

4）失写，书写不能，但抄写能力保存，病变在优势半球额中回后部。

5）命名性失语又称遗忘性失语，指患者知道某物如何使用，但称呼物件和人名能力丧失，病变在优势半球颞中回和颞下回后部。

6）传导性失语，复述障碍为其最大特点。患者口语清晰，听力理解正常，但不能复述词、句或复述错误，多为语音错误。

7）完全性失语又称混合性失语，主要特点是所有语言功能明显障碍，预后差，常伴偏瘫、偏身感觉障碍。

(2) 构音障碍，是指和发音有关的神经、肌肉病变的语言障碍的总称。患者具有语言交流所必需的语言形成和接受能力，只是不能形成清晰的语言，表现为发音困难，发音不清，声音、音调及语速异常。患者对语言理解正常，保留阅读能力和书写能力，并可通过文字进行交流。常见肌营养不良症中面肌瘫痪；重症肌无力症；锥体外系统疾病和小脑病变因肌张力增高亦可引起构音障碍。

3. 感觉障碍　感觉是作用于各种感受器的各种形式的刺激在人脑中的直接反应。感觉障碍是指机体对各种形式（痛、温、触、压、位置、震动等）刺激的无感知、感知减退或异常的一组综合征。感觉分为内脏感觉、特殊感觉（视、听、嗅和味觉）和一般感觉。一般感觉由浅感觉（痛觉、温度觉及部分触觉）、深感觉（运动觉、位置觉和振动觉）和复合感觉（实体感觉、图形觉和两点辨别觉）组成。

(1) 感觉障碍的症状，根据病变的性质将感觉障碍分为抑制性症状和刺激性症状两类。

1）抑制性症状，指感觉传导路径被破坏或功能受抑制时，出现感觉缺失或感觉减退。在同一部位各种感觉均缺失，称为完全性感觉缺失。如果在同一部位只有某种感觉障碍而其他感觉保存，称为分离性感觉障碍。

2）刺激性症状，指感觉传导路径受到刺激或兴奋性增高时出现刺激性症状，表现为感觉过敏、感觉过度、感觉倒错、感觉异常和疼痛。

(2) 感觉障碍的类型，不同解剖部位的损伤引起不同类型的感觉障碍，而典型的感觉障碍具有特殊的定位诊断的价值。不同类型感觉障碍分布图，见图9-6。

1）末梢型感觉障碍，表现为袜子或手套型痛、温、触觉减退，见于各种原因引起的多发性周围神经病。

2）节段性感觉障碍，脊髓某些节段的病变导致受累节段的感觉缺失或感觉分离，如脊髓空洞症时的痛觉消失，触觉存在。

3）传导束型感觉障碍，感觉传导束损害引起病损以下部位的感觉障碍，其性质可为感觉缺乏，如内囊病变的偏身感觉缺失或减退；脊髓横贯性损害的截瘫型或四瘫型感觉缺失或感觉分离如脊髓半切综合征。

4）交叉型感觉障碍，一侧脑桥病变时，常产生病变同侧的面部和对侧偏身感觉减退或丧失，为交叉性感觉障碍。

5）偏身型感觉障碍，脑桥、中脑、丘脑及内囊的病变均可引起对侧偏身感觉障碍，可伴有肢体瘫痪和面、舌瘫，内囊损害可引起"三偏"征，即病变对侧偏瘫、偏身感觉障碍和同向偏盲。

6）皮质型感觉障碍，病变损害大脑皮质的感觉中枢的某一部分，常出现对侧的一个上肢或一个下肢分布的感觉障碍，称为单肢感觉障碍。皮质型感觉障碍的特点为精细性感觉（形体觉、两点区别觉、定位觉、图形觉等）障碍。

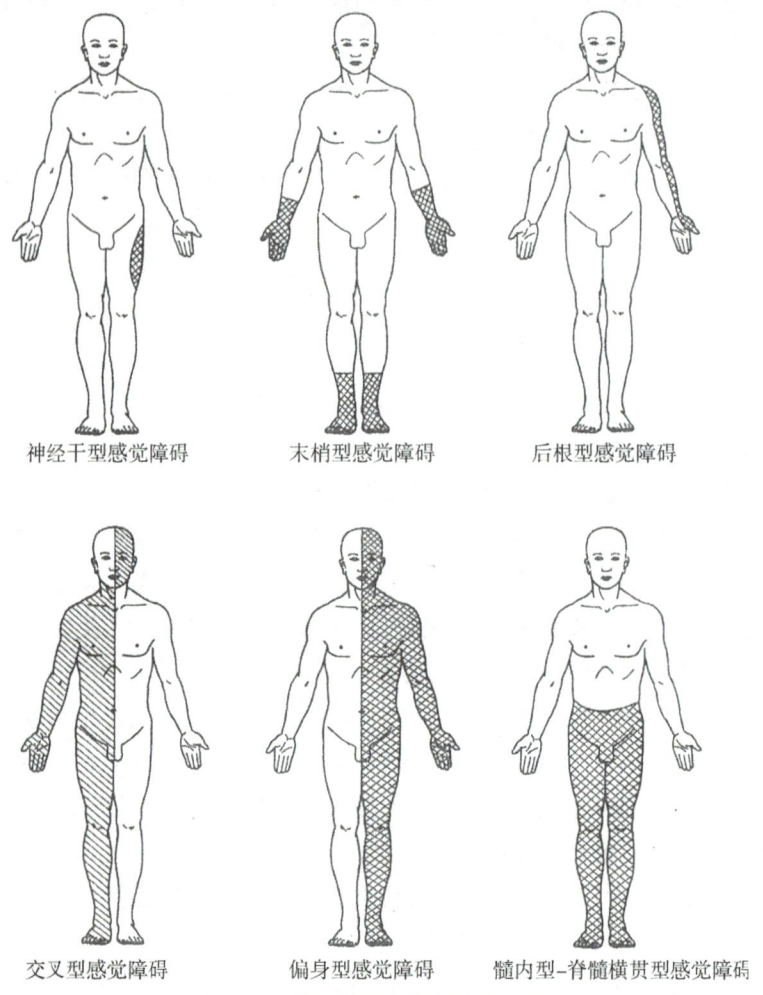

图9-6 不同类型感觉障碍分布图

7）后根型感觉障碍，表现为节段性带状分布的浅、深感觉缺失或减退，常伴有相应节段的根性疼痛，如椎间盘脱出。

4. 运动障碍 运动是指骨骼肌的活动，包括随意运动、不随意运动和共济运动。随意运动指有意识、能随着自己的意志而完成的动作，由锥体系统及其所支配的下运动神经元来完成。不随意运动是不受主观意志支配的、无目的的骨骼肌运动，由锥体外系及小脑来控制。运动系统由上运动神经元（锥体系统）、下运动神经元、锥体外系统和小脑组成，要完成各种精细而协调的复杂运动，需要整个运动系统的互相配合与协调。运动系统中任何部位受损，都可引起运动障碍。可分为瘫痪、僵硬、不随意运动和共济失调等。

（1）瘫痪，是指肌力（骨骼肌的收缩能力）减弱或消失。

1）瘫痪的性质，按受累部位可分为上运动神经元性瘫痪和下运动神经元性瘫痪两种，上运动神经元瘫痪又称中枢性瘫痪或痉挛性瘫痪，主要由脑和脊髓疾病引起。下运动神经元性瘫痪又称周围性瘫痪或弛缓性瘫痪，主要由脊髓前角细胞、前跟、神经丛及周围神经疾病引起。上运动神经元性瘫和下运动神经元性瘫的区别，见表9-1。

表9-1 上、下运动神经元瘫痪的区别

鉴别要点	上运动神经元瘫痪	下运动神经元瘫痪
疾病部位	中枢性瘫痪或痉挛性瘫痪	周围性瘫痪或弛缓性瘫痪
分布范围	广泛、偏瘫、单瘫、截瘫、四肢瘫	多局限或为四肢瘫
肌束颤动	无	可有
肌张力	增高	减低
腱反射	亢进、浅反射消失	减弱或消失
病理反射	有(+)	无(-)
肌电图	神经传导速度正常,无失神经电位	神经传导速度减低,有失神经电位

2）瘫痪的类型，可分为偏瘫、交叉性瘫痪、四肢瘫、截瘫、单瘫等，见图9-7。①单瘫：单个肢体的运动不能或运动无力，可表现为一个上肢或一个下肢。病变部位为大脑半球、脊髓前角细胞、周围神经和肌肉等。②偏瘫：一侧面部和肢体瘫痪，常伴瘫痪侧肌张力增高、腱反射亢进和锥体束征阳性等体征。常见于一侧大脑半球病变，如内囊出血、半球肿瘤、脑梗死等。③交叉性瘫痪：为病变侧脑神经麻痹和对侧肢体的瘫痪。中脑病变时出现病侧动眼神经麻痹，对侧肢体瘫痪；脑桥病变时出现病侧展神经、面神经麻痹和对侧肢体瘫痪；延脑病变时出现病侧舌下神经麻痹和对侧肢体瘫痪。此种交叉性瘫痪常见于脑干肿瘤、炎症和血管性病变。④截瘫：胸髓以下及双下肢痉挛性瘫痪称为截瘫，常见于脊髓胸腰段的炎症、外伤、肿瘤等引起的脊髓横贯性损害。⑤四肢瘫痪：四肢不能运动或肌力减退。见于高颈段脊髓病变和周围神经病如吉兰-巴雷综合征。

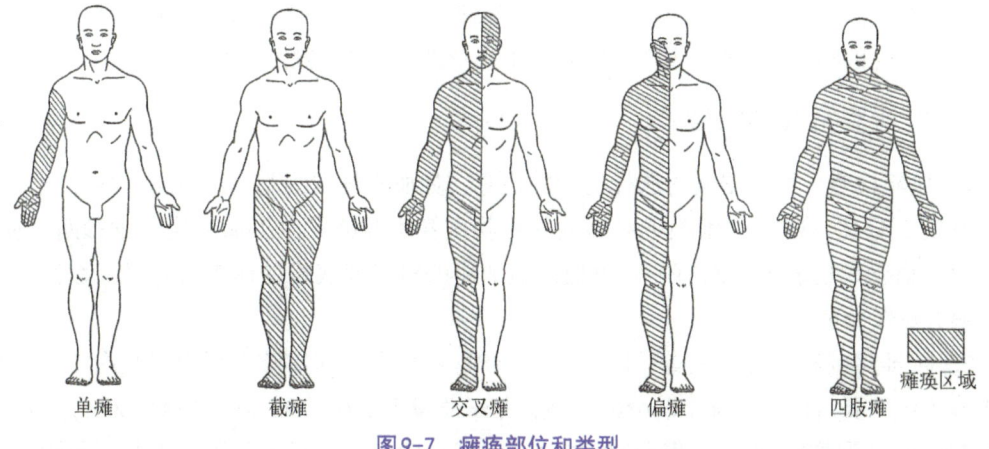

图9-7 瘫痪部位和类型

3）瘫痪的程度，常用肌力判断。肌力是肌肉收缩的力量，用来判断瘫痪的程度，肌力分为6级，采用0～5级分级记录方法。见表9-2。

4）肌张力改变，肌张力是指静息状态下肌肉的紧张度。正常肌肉有一定张力，肌张力改变有两种。肌张力增高：表现为肌肉变硬，肢体被动运动时阻力大。肌张力减低：表现为肌肉松弛，肢体被动运动时阻力小，关节运动范围大。

表9-2 肌力的分级记录方法

肌力	表现
0级	完全瘫痪
1级	有肌肉收缩，但无肢体移动
2级	肢体能在床面上移动，但不能抬起
3级	肢体能离开床面，但不能抵抗阻力
4级	肢体能做抗阻力动作，但差于正常肌力
5级	正常肌力

（2）不随意运动，是由锥体外系统病变引起的，不受主观意识支配的无目的的面、舌、躯干、肢体等骨骼肌的不自主运动。主要见于锥体外系病变。按其不随意运动的表现形式，可分为震颤、舞蹈样动作、手足徐动、扭转痉挛、投掷动作等。所有不随意症状随睡眠而消失。

1）震颤，指头或手不自主地震颤，分为以下两种。①静止性震颤：表现为手指有节律地快速抖动，每秒4～6次，严重者呈"搓丸样"，在安静时症状明显，活动时减轻，睡眠时消失。常有肌张力增高，见于帕金森病。②动作性震颤：在安静时症状轻微，动作时症状加重，肢体快达到目的物时震颤更加明显。多见于小脑病变。老年人常有摇头、手抖等症状，若无肌张力增大或动作缓慢者为老年性震颤。

2）舞蹈样动作，由肌张力降低引起的不自主活动，表现皱眉、挤眼、伸舌、噘嘴、肢体舞动、扭曲、步行跌撞等无规律的躯干扭曲等动作，入睡后消失。可见于风湿性舞蹈病和遗传性舞蹈病。

（3）共济失调：是指由本体感觉、前庭迷路、小脑系统损害引起的机体维持平衡和协调不良所产生的临床综合征。可分为：小脑性、大脑性、脊髓性三种类型。

（四）实验室及其他检查

1. **血液检查** 可根据病情选择适当的检查，如血常规白细胞、红细胞、血小板、嗜酸性粒细胞百分比、嗜伊红细胞绝对计数等对脑血管病及脑寄生虫病的病因学诊断。血脂、血糖对脑血管病的病因诊断有一定价值。血清肌酶对肌肉疾病的诊断有意义。血钾对周期性麻痹有诊断价值。

2. **腰椎穿刺和脑脊液检查** 脑脊液（CSF）是存在于脑室及蛛网膜下腔内的一种无色透明液体，主要由侧脑室脉络丛分泌，成人CSF总量为110～200 mL，平均130 mL，每天约生成500 mL。腰椎穿刺主要用于中枢神经系统炎性病变（包括各种原因引起的脑膜炎或脑炎）、脱髓鞘疾病、蛛网膜下腔出血、脑膜癌病、中枢神经系统血管炎、颅内转移瘤的诊断及鉴别诊断，特别是怀疑蛛网膜下腔出血而头颅CT尚不能证实时。对脊髓病变和多发性神经根病变的诊断及鉴别诊断也有帮助。另外，还用于脊髓造影和鞘内药物治疗等。

3. 影像学检查

（1）电子计算机断层扫描（CT）及其血管造影（CTA）。检查方便、迅速、安全，密度分辨明显优于传统X线图像，可大大提高病变诊断的准确性，对中枢神经系统疾病有重要的诊断价值。

（2）磁共振成像（MRI）。可清楚显示脊髓、脑干和后颅窝等病变，无电离辐射，对人体无放射性损害。

（3）数字减影血管造影（DSA）。将传统的血管造影与电子计算机相结合而派生的新型技术，具有重要的实用价值，尤其在脑血管疾病的诊断和治疗方面。

4. 神经电生理检查

（1）脑电图（EEG）。是脑生物电活动的检查技术，通过测定自发的、有节律的生物电活动以了解脑功能状态，是癫痫诊断和分类的最客观手段。

（2）脑磁图（MEG）。是对脑组织自发的神经磁场的记录。有良好的空间分辨能力，可检测出直径小于3.0 mm癫痫灶，定位误差小，灵敏度高，而且可与MRI和CT等解剖学影像信息结合进行脑功能定位和癫痫放电的病灶定位，有助于难治性癫痫的外科治疗，该检查价格昂贵，目前仅少数医院应用。

（3）诱发电位。是神经系统在感受外来或内在刺激时产生的生物电活动。目前，能对躯体感觉、视觉和听觉等感觉通路及运动通路、认知功能进行检测。

5. 头颈部血管超声检查

（1）颈动脉超声检查。对头颈部血管病变，特别是缺血性脑血管疾病的诊断具有重要的意义。

（2）经颅多普勒超声检查（TCD）。可早期发现颅脑血管病变的存在，动态观测血管病变产生的血流动力学变化。

6. 脑、神经和肌肉活组织检查　目的为明确病因，作出病理诊断，用于其他检查难以明确诊断时。

（范　帆）

任务二　周围神经疾病患者的护理

知识目标

1. 掌握：周围神经疾病的临床表现、护理措施、健康教育。
2. 熟悉：周围神经疾病的诱因、实验室检查、治疗要点。
3. 了解：周围神经疾病的概念、发病机制。

技能目标

1. 能指导周围神经疾病患者疼痛的护理。
2. 能对周围神经疾病患者进行健康指导。

案例导入

病例：患者，男，20岁。自述2周前有上呼吸道感染，昨日出现对称性双下肢无力，4~6小时后累及躯干和上肢。护理查体：肢体远端感觉异常如烧灼、麻木、刺痛和不适感等，以及手套、袜子样感觉减退。实验室检查：WBC $7.8×10^9$/L，PLT $335×10^9$/L，Hb 135 g/L。脑脊液出现蛋白水平升高而细胞数正常。

请问：1. 本病临床诊断是什么？写出2个主要的护理诊断。
2. 该病最主要的死因？

周围神经疾病是指原发于周围神经系统结构和功能损害的疾病。周围神经疾病病因很多，包括炎症、外伤、压迫、代谢、遗传、免疫、肿瘤、中毒等，周围神经再生能力较强，只要保持神经元完好，均有可能再生、修复，但再生速度比较缓慢。周围神经疾病的症状多表现为感觉障碍、运动障碍、自主神经障碍、腱反射减弱或消失。

一、特发性面神经麻痹

特发性面神经麻痹（idiopathic facial palsy）又称面神经炎或贝尔（Bell）麻痹，是因茎乳孔内面神经急性非特异性炎症所致的周围性面瘫，是一种常见的面神经瘫痪疾病。可发生在任何年龄，以20~40岁多见，男性略多，病变多为一侧。

 知识链接

面神经是一混合神经，运动支主要支配除咀嚼肌和提上睑肌以外的面肌、镫骨肌、耳肌、枕肌和颈阔肌。支配眼裂以上肌的神经元受双侧皮质延髓束支配。支配眼裂以下肌的神经元只接受对侧皮质延髓束控制（图9-8）。

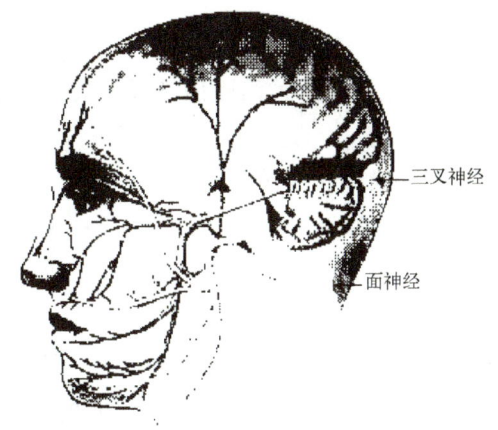

图9-8 面神经的解剖和走行

【病因和病理】

特发性面神经麻痹病因不明。骨质的面神经管刚能容纳面神经，有缺血、水肿等均可引起疾病局部神经水肿。严重者合并脱髓鞘与轴突变性。目前认为，特发性面神经麻痹可能与自身免疫性有关。少数患者可由带状疱疹病毒引起。可因感染、受凉诱发。评估时注意有无受凉、感染及外伤史。

【临床表现】

任何年龄均可发病，男性略多于女性，绝大多数为一侧性，双侧者甚少。

1. 症状　通常急性起病，可于数小时或1～2日内症状达到高峰。病初可有下颌角或耳后疼痛。在清晨起床洗脸、漱口时发现口角歪斜、流涎、说话漏风、闭目不全，吹口哨或发笑时明显。进食时，食物常滞留于病侧的齿颊间隙内，并常有口水自该侧淌下。泪点随下睑外翻而致泪液外溢。病后1～2周开始恢复，多数患者1～2个月基本恢复正常。

2. 体征　病侧面部表情肌瘫痪，额纹变浅或消失，眼裂扩大，鼻唇沟变浅，口角下垂，面部被牵向健侧。病侧不能作皱额、蹙眉、闭目、露齿、鼓气和吹口哨等动作。闭目时瘫痪侧眼球转向内上方，露出角膜下的白色巩膜，称贝尔现象。鼓气和吹口哨时，因患侧口唇不能闭合而漏气。病变在膝状神经节时，除有周围性面瘫、病侧舌前2/3味觉减退、听觉过敏外，尚有患侧乳突部疼痛、耳郭和外耳道感觉减退，外耳道或鼓膜出现疱疹，称Hunt综合征。周围性面瘫与中枢性面瘫区别，见表9-3。

表9-3　周围性面瘫与中枢性面瘫区别

要点	周围性面瘫	中枢性面瘫
病变部位	面神经核及核以下损害	面神经以上损害
瘫痪肌肉	病灶同侧全部面肌	病灶对侧下半部面肌
额纹、眼裂	额纹减少、眼裂增大	正常
闭目、皱额	不能完成	正常
口角偏斜	露齿时口角偏向健侧	露齿时口角偏向患侧
常见疾病	面神经炎等	脑血管病、颅内肿瘤等

【治疗要点】

治疗原则：早期以改善局部血液循环，消除面神经的炎症和水肿为主，后期以促进神经机能恢复。

1. 急性期　治疗原则为改善局部血液循环，防止并发症。①起病2周内多主张使用糖皮质激素进行治疗。地塞米松10～15 mg/d，静脉滴注，7～10天；或口服泼尼松30 mg/d，顿服或分2次口服，连续5天之后在7～10日内逐渐减量。②抗病毒治疗：疑有病毒感染可用阿昔洛韦0.5 g，静脉滴注，1～2次/d。③神经营养药物：B族维生素，促进神经髓鞘的恢复，维生素B_1 100 mg，1次/日，维生素B_{12} 500μg，1次/日，均为肌肉注射。④理疗：在茎乳突孔区给予热敷或红外照射或短波透热。有助于改善局部血循环，消除神经水肿。⑤护眼：患者由于长期不能闭眼、瞬目，使角膜暴露、干燥，易致感染，可戴眼罩防护，或用左氧氟沙星眼药水及贝复舒眼剂预防感染，保护角膜。

2. 恢复期

（1）功能训练、理疗按摩：只要患侧面肌能活动应立即开始自我功能训练，可对着镜子做皱眉、举额、闭眼、露齿、鼓腮和吹口哨等动作，每日数次，每次数分钟，并辅以面部肌肉按摩。

（2）碘离子透入疗法、针刺或电针治疗。

（3）手术疗法：病后2年仍未恢复者，可考虑手术。可考虑做面神经副神经、面神经舌下神经或面神经膈神经吻合术，但疗效尚难肯定，只宜在严重病例试用。严重面瘫的患者可做整容手术。

【护理诊断/问题】

1. 身体意象紊乱　与面神经受损而致面肌瘫痪、口角歪斜有关。
2. 下颌角或乳突部疼痛　与面神经病变累及膝状神经节有关。
3. 知识缺乏　缺乏本病预防保健知识。

【护理措施】

1. 一般护理　急性期注意休息，避免风寒，特别是患侧茎乳孔周围应加以保护，出门时最好系围巾等；对不能闭眼者，应戴眼罩加以保护，局部涂眼药膏、滴眼药水，以防止角膜感染；瘫痪侧齿颊间隙内有食物残留时应及时漱口或进行口腔护理，保持口腔清洁，防止口腔感染。

2. 饮食护理　宜选用营养丰富、清淡、易消化的食物，严重者予以流食饮食；有味觉障碍的患者，应注意饮食的冷热度，防止烫伤或冻伤口腔黏膜。

3. 用药护理　使用皮质激素治疗的患者，应注意药物的不良反应，观察有无胃肠道出血、感染征象，并及时测量血压。

4. 心理护理　不良的心理因素可诱发和加重病情。患者口角歪斜，尤其是在说话时面神经抽搐加重，会造成心理负担，应鼓励患者表达自身感受，予以正确指导。鼓励患者尽早治疗，告诉患者疾病的过程、治疗手段及预后，增强患者的信心。

5. 康复护理　尽早加强面肌的主动和被动运动，可教患者对着镜子皱眉、举额、闭眼、示齿、鼓腮和吹口哨等动作，每日数次，每次5～15分钟，并辅助面肌按摩。

【健康教育】

1. 疾病知识指导　向患者和家属介绍面神经麻痹的相关知识和预后，使患者和家属能正确认识、理解疾病，利于消除诱因和不利于健康的因素。

2. 预防保健指导　鼓励患者保持愉快情绪，防止感染、受凉等诱因。急性期指导患者休息，配合治疗。通常在起病后1~2周开始恢复，大约75%的患者在1~2个月内痊愈。超过6个月未见恢复者，完全恢复的可能性较小。避免面部及耳根部受凉和受冷风吹拂。

3. 功能锻炼指导　指导患者掌握面肌功能训练的方法，每天坚持训练。

二、三叉神经痛

三叉神经痛（trigeminal neuralgia）是一原因未明的三叉神经分布区内短暂、闪电样反复发作的剧痛，又称原发性三叉神经痛。40岁以上女性多见。

【病因和发病机制】

三叉神经痛病因未明。可能为致病因子使三叉神经脱髓鞘而产生异位冲动或假突触传递所致。感染、受凉可诱发本病。继发性三叉神经痛多由脑桥小脑角占位病变、多发性硬化等原因所致。

【临床表现】

本病多发生于中老年人，40岁以上起病者占70%~80%，女性略多于男性。疼痛限于三叉神经分布区的一支或两支，尤以第二、三支多见，大多为单侧。发作时表现为突发的电击样、针刺、刀割、撕裂样的剧痛。唇、口角、鼻翼、舌等处最敏感，轻触、轻叩可诱发疼痛，故有"扳机点"或"触发点"之称。严重者说话、进食、洗脸、剃须、刷牙、打呵欠，以致微风拂面皆可诱发，发作时患者常用手掌或毛巾按擦患侧面部，以减轻疼痛。因此，面部皮肤常有粗糙、色素沉着，病初期发作多呈周期性，发作少，间歇长，每次发作数秒至1~2分钟，发作时来去突然，间歇期完全正常，随病情进展，可频繁发作。甚至整天疼痛不止。疼痛严重者还可出现反射性的面肌抽搐，口角拉向患侧，并伴眼结膜充血、流泪、流涎等症状，称"痛性搐"。

【治疗要点】

以抑制周围神经元放电、迅速解除疼痛为原则。首选药物治疗，无效时可采用神经阻滞或手术治疗。

1. 药物治疗　①卡马西平：为三叉神经痛的首选药物，能阻滞Na^+通道，抑制周围神经元放电初期为100 mg，2次/日，以后每天增加100 mg，直到疼痛停止。最大剂量不应超过1 g/d；疼痛停止后逐渐减量，以最小有效剂量维持服用。告知患者不能随意换药或停药。1~2月复查肝功能和血常规，常见不良反应为肝功能损害、眩晕、步态不稳、白细胞减少等。②苯妥英钠：开始0.1 g，3次/日，无效时可加量，最大量不应超过0.6 g/d，配用苯巴比妥、地西泮等，可加强疗效。③维生素B_{12}：1~3 mg肌内注射，2~3次/周，连用4~8周为一疗程。

2. **神经阻滞疗法** 药物治疗无效者而又不宜做手术治疗的可用90%乙醇0.5~1.0 mL注射于三叉神经面部某分支或半月节,可达较持久的效果,但可引起出血、角膜炎、失明等严重并发症。

3. **手术治疗** 射频电流经皮选择性热凝术,可选择性破坏三叉神经痛觉纤维,方法简单,疗效高,并发症少。三叉神经感觉根部分切断术,有一定的危险性和复发率。三叉神经微血管减压术,近期疗效可达80%以上。

【护理诊断/问题】

1. 进行性疼痛(面颊、上下颌及舌疼痛) 与三叉神经受损害有关。
2. 焦虑 与疼痛频繁、反复发作有关。

【护理措施】

1. **休息饮食** 保持室内光线柔和,周围环境安全、安静,避免患者因环境因素产生焦虑;饮食要清淡,避免粗糙、干硬和辛辣的食物。

2. **疼痛的护理** 观察患者疼痛的部位、性质,与患者交谈了解疼痛的原因与诱因,指导患者分散注意力,放松心情;生活要有规律,保证充分的睡眠;鼓励患者多参加娱乐活动以减轻疼痛和消除紧张情绪;尽量减少刺激因素,如刷牙、洗脸动作宜轻柔。

3. **用药指导** 指导患者按时服药,卡马西平可致眩晕、恶心、嗜睡、走路不稳,多在数日后消失;偶有皮疹、白细胞减少,需停药。

4. **加强心理疏导** 由于咀嚼、刷牙、打哈欠、讲话等可诱发疼痛,以致患者不敢做这些动作,且出现面色憔悴和情绪低落,要予以耐心疏导和关心支持,帮助患者树立信心,积极配合治疗。

【健康教育】

1. **疾病知识指导** 帮助患者及家属掌握本病的有关治疗和训练方法,减少发作,减轻疼痛。

2. **预防发作指导** 指导患者避免诱因,生活规律,保持情绪和心情愉快,如刷牙时动作要轻柔,禁食较硬的食物,以免诱发疼痛。

3. **用药指导** 遵医嘱合理用药,学会识别药物的不良反应;不要随意停药或换药;若有眩晕、走路不稳等及时就诊。

三、急性炎症性脱髓鞘性多发性神经病患者的护理

急性炎症性脱髓鞘性多发性神经病(AIDP),又称吉兰-巴雷综合征(GBS)是以周围神经和神经根的脱髓鞘及小血管周围淋巴细胞、巨噬细胞等炎性反应为病理特点的自身免疫性疾病。主要损害脊神经根和周围神经,也可累及脑神经,主要病变是神经纤维广泛的节段性脱髓鞘,严重者伴有远端轴突变性,临床特点主要为急性、四肢对称性、弛缓性瘫痪和脑脊液蛋白细胞分离现象,可合并感觉障碍、脑神经损害,严重者可出现呼吸麻痹危及生命。

【病因与发病机制】

1. 病因　尚不清楚，多数患者发病前有上呼吸道或肠道感染史，普遍认为与病毒感染和自身免疫反应有关，病毒等病原体感染后促发机体免疫调节功能失调，是体液和细胞免疫介导的一种抗原、抗体迟发型过敏反应。

2. 发病机制　分子模拟机制认为，GBS的发病是由于病原体某些组分与周围神经组分相似，机体免疫系统发生错误的识别，产生自身免疫性T细胞和自身抗体，并针对周围神经组分发生免疫应答，引起周围神经髓鞘脱失。

【临床表现】

起病急，多见于儿童和青壮年，四季皆有，但较集中在夏秋季节发病，病前1～3周多有上呼吸道或消化道感染病史，少数有免疫接种史。

1. 运动障碍　首发症状常为四肢对称性无力，肢体对称性下运动神经元性瘫痪。瘫痪以下肢无力开始，并迅速上升，可在1～2天内形成四肢的迟缓性瘫痪，下肢重于上肢，腱反射减弱或消失，瘫痪可迅速扩展到躯干，若胸部呼吸肌受累而麻痹，可引起呼吸困难，呼吸衰竭是死亡的主要原因之一。

2. 感觉障碍　主要为对称性肢体远端感觉异常和程度不同的手套、袜套样分布的感觉减退。有麻木感、蚁走感、针刺感，甚至发生剧痛。多为腓肠肌疼痛。

3. 脑神经损害　以双侧周围性面瘫常见，少数舌咽神经和迷走神经受损时，出现吞咽困难和发音障碍，咽反射消失。

4. 自主神经功能障碍　有多汗、心动过速、皮肤潮红、血压升高，少数患者有一过性排尿困难等。

病情多在2周左右稳定，1～2月后恢复。少数患者有肢体肌肉萎缩或轻瘫等后遗症，常并发肺部感染、肺不张、心肌炎等。死亡的主要原因是呼吸肌麻痹，其次肺部感染、心脏损害也是其重要的致命因素。

【实验室及其他检查】

1. 脑脊液　典型改变是发病后2～3周出现蛋白细胞分离现象，即蛋白增高而细胞数正常或稍高。此现象为本病的重要特征。

2. 肌电图　最初改变是动作电位降低，神经传导速度延迟或消失，F波异常示神经近端或神经根损害，对GBS诊断有重要意义。晚期可见NCV减慢，运动潜伏期延长，波幅正常或轻度异常，提示脱髓鞘改变。

【治疗要点】

治疗原则：监测和治疗呼吸肌麻痹；保持水、电解质平衡和足够的热量供给；丙种球蛋白及血浆置换的应用；加强护理及功能锻炼，帮助患者度过危重期。

1. 急性期治疗

(1) 辅助呼吸。呼吸肌麻痹是本病的主要危险症状，抢救呼吸肌麻痹是治疗、降低死亡率的关键。密切观察患者呼吸困难程度，当出现呼吸道阻塞或缺氧症状时，应及早使用人工呼吸器。一般可先行气管内插管，若24小时无好转，则行气管切开术。呼吸机的湿化及吸痰通常是保证辅助呼吸成功的关键。

(2) 防治并发症。①肺炎和败毒血症可用广谱抗生素治疗。②保持床单平整和勤翻身以预防压疮。③早期进行肢体被动活动防止挛缩，穿弹力长袜预防深静脉血栓形成而并发的肺栓塞。④尿潴留可做下腹部加压按摩，无效时则需进行留置导尿，便秘者可用番泻叶代茶或肥皂水灌肠。⑤吞咽困难者应尽早鼻饲，进食时和进食后30分钟取坐位，以免误入气管引起窒息。⑥对焦虑和抑郁者应及早识别并适当处理，并应始终对患者进行精神鼓励。⑦疼痛明显，用非阿片类镇痛药或短期应用大剂量激素有效。

(3) 病因治疗。可用血浆交换和注射免疫球蛋白两种方法。可抑制免疫反应，消除致病性因子对神经的损害，促进神经再生。

(4) 加强支持疗法。应用维生素 B_1、B_{12}、C、辅酶 A、三磷腺苷、盐酸吡硫醇（脑复新）等神经营养药，重症患者可输少量新鲜血、血浆或复方氨基酸溶液。注意水、电解质平衡，食量不足者应输液和补充氯化钾等。

【护理诊断/问题】

1. 低效性呼吸形态　与呼吸肌麻痹有关。
2. 躯体活动障碍　与四肢肌肉进行性瘫痪有关。
3. 吞咽困难　与脑神经受损致延髓麻痹、咀嚼肌无力及气管切开等因素有关。
4. 恐惧　与呼吸困难、濒死感或害怕气管切开有关。
5. 潜在并发症　肺部感染、深静脉血栓。
6. 清理呼吸道无效　与肌麻痹致咳嗽无力、肺部感染所致分泌物增多等有关。

【护理措施】

1. 休息与体位　急性期卧床休息，保持病室空气新鲜、通风，维持室温（18~20℃）和湿度（50%~60%），每天饮水1 500 mL以上，利于痰液排出，必要时采取其他有效的排痰方法，清理呼吸道，保持呼吸通畅，合理给氧。保持床铺松软、干燥、整洁。取舒适卧位，保持下肢处于功能位。向患者及家属讲明翻身及肢体运动的重要性，协助患者2~3小时翻身1次。必要时，按摩受压部位，要协助患者进食和洗漱，保持卫生，做好大小便护理等。

2. 饮食护理　进食高蛋白、高热量、高维生素且易消化的软食，多食水果、蔬菜。吞咽困难患者，喂食速度要慢，不可催促患者下咽以免引起呛咳，进食前后注意口腔护理。延髓麻痹不能吞咽进食和气管切开。呼吸机辅助呼吸者应及时插胃管给予鼻饲流质饮食，以保证机体足够的营养供给。留置胃管的患者强调在进食时和进食后30分钟应抬高床头，防止食物反流引起窒息和坠积性肺炎。

3. 心理护理　患者易产生孤独、焦虑、恐惧、失望等情绪及依赖心理，应及时了解患者的心理状况，积极主动关心患者，耐心倾听，取得患者信任和合作。增强患者对治疗的信心，同时还要讲解病情经过，使其认识到气管切开和机械通气的重要性。允许患者家属和朋友参与患者的某些护理和娱乐活动，以减轻患者的孤独感。鼓励患者进行放松运动，转移注意力，积极配合治疗，争取早日康复。

4. 病情监测　动态监测血压、脉搏、呼吸、血气分析、动脉血氧饱和度及情绪变化。

尤其注意观察患者呼吸频率、节律、深度，如出现呼吸无力、吞咽困难、呕吐反应减弱应立即通知医师，并给予吸氧。遵医嘱及早使用人工呼吸机。

5. 对症护理

（1）维护呼吸功能。①保持患者呼吸道通畅，随时清除呼吸道分泌物。鼓励患者深呼吸、咳嗽，必要时吸痰。②如缺氧症状明显，肺活量降低至每千克体重 20~25 mL 以下，动脉血氧饱和度低于 70 mmHg（9.3 kPa），应尽早使用呼吸机。通常先用气管插管，如 1 天以上无好转，则行气管切开，并外接呼吸机。有条件者应将患者移送到呼吸监护室进行监护。

（2）防止误吸和窒息。①协助患者进食时宜缓慢喂食，不可催促。在进食时和进食后 30 分钟抬高床头，以免误入气管而引起窒息。②延髓麻痹者宜尽早进行鼻饲，鼻饲每次不超过 200 mL，每隔 2 小时进行 1 次。③备好吸引装置，如发生误吸应立即用吸引器进行吸引；④当患者肺部感染时，应遵医嘱使用有效抗生素。

6. 用药护理　按医嘱正确给药，注意药物的作用、不良反应、使用时间、方法及注意事项。如使用糖皮质激素治疗时，可出现应激性溃疡致消化道出血，应观察有无胃部疼痛不适和柏油样便等，留置鼻胃管的患者应定时回抽胃液，注意胃液的颜色、性质。不轻易使用安眠、镇静药，以免掩盖或加重病情。

【健康教育】

1. 疾病知识指导　指导患者及家属掌握本病的有关知识及自我护理方法，使患者了解本病大多数预后良好，可以完全康复，鼓励患者保持良好情绪和心态，树立战胜疾病的信心。

2. 预防指导　指导患者避免诱因，生活规律，加强营养，增强体质，防止复发。

3. 功能锻炼指导　鼓励患者加强肢体功能锻炼和日常生活活动训练，减少并发症，促进康复。锻炼时要有家人陪伴，防止跌倒受伤，家属应理解支持、关心患者。

（范　帆）

任务三　急性脊髓炎患者的护理

知识目标

1. 掌握：急性脊髓炎患者的临床表现、护理措施、健康教育。
2. 熟悉：急性脊髓炎患者的诱因、实验室检查、治疗要点。
3. 了解：急性脊髓炎患者的概念、病因发病机制。

技能目标

1. 学会对急性脊髓炎患者制订护理计划。
2. 能对急性脊髓炎患者进行健康指导。

案例导入

病例：患者，男，30岁。一周前有发热、鼻塞、流涕、咽痛等上呼吸道感染症状，在当地医院给予青霉素治疗，一天前突然出现双下肢乏力、不能行走，排尿困难，急诊入院。体检：左侧肢体肌力0～1级，右侧肢体肌力2～3级，腱反射减低，病理征（-），左侧T_{10}以下，右侧T_{12}以下痛觉减退。入院后诊断为急性脊髓炎。

请问：1. 本患者主要护理问题是什么？写出2个主要的护理诊断？
2. 如何判断2、3级肌力，请对该患者进行健康指导？

急性脊髓炎是指感染后自身免疫反应引起的脊髓急性横贯性损害，又称急性横贯性脊髓炎，是临床上最常见的一种脊髓炎。临床特点是病变脊髓节段平面以下的运动、感觉、自主神经功能障碍。

【病因和发病机制】

病因不清，多数患者出现发病前有上呼吸道感染、发热、腹泻等病毒感染症状，但脑脊液未检出抗体，神经组织亦未分离出病毒，其发生可能为病毒感染后诱发的异常免疫反应。

【临床表现】

青壮年较常见，无性别差异，病前数天或1～2周常有发热、全身不适或上呼吸道感染症状，劳累、外伤、受凉等可为诱因。急性起病，常在数小时至2～3天内发展到完全性截瘫。

1. 运动障碍 早期常呈脊髓休克表现：截瘫肢体肌张力低、腱反射消失、病理反射阴性、腹壁反射及提睾反射消失。脊髓休克期多为2～4周，取决于脊髓损害程度及并发症影响，脊髓损害严重和并发肺部及尿路感染、压疮者休克期较长。至恢复期肌张力逐渐增高，腱反射活跃，出现病理反射，肢体肌力由远端开始逐渐恢复。

2. 感觉障碍 病变节段以下所有感觉丧失，可在感觉消失平面上缘有一感觉过敏区或束带样感觉异常，随病情恢复感觉平面逐步下降，较运动功能恢复慢，也不明显。

3. 自主神经功能障碍 早期为大、小便潴留，膀胱可因充盈过度而出现充盈性尿失禁；随着脊髓功能的恢复，膀胱容量缩小，尿液充盈到300～400 mL即自主排尿，称反射性神经源性膀胱。损害平面以下无汗或少汗、皮肤脱屑及水肿、指甲松脆和角化过度等。

4. 上升性脊髓炎 起病急骤，病变常在1～2天甚至数小时内上升至延髓，瘫痪由下肢迅速波及上肢或延髓支配肌群，出现吞咽困难、构音不清、呼吸肌瘫痪，甚至可导致死亡。

【实验室和其他检查】

1. 血常规　急性期血白细胞正常或轻度增高。
2. 脑脊液　压力正常，外观无色透明，白细胞数正常或增高，淋巴细胞为主；蛋白含量正常或轻度增高，糖、氯化物正常。
3. 电生理检查　①视觉诱发电位正常。②下肢体感诱发电位：波幅可明显减低。③动作诱发电位异常，可作为判断疗效和预后的指标。④肌电图：可正常。
4. 影像学检查　X线、MRI显示病变部脊髓增粗，病变节段髓内多发片状或较弥散的T_2高信号，强度不均，可有融合。

【治疗原则】

治疗原则为调整免疫功能，早期使用糖皮质激素及丙种球蛋白；加强护理；适当应用增强神经细胞代谢及修复能力的药物；加强功能锻炼。

1. 急性期治疗

（1）药物治疗。①类固醇皮质激素：可采用大剂量甲泼尼龙短程冲击疗法，500～1 000 mg静脉滴注，1次/日，连用3～5天；也可用地塞米松10～20 mg加入5%～10%葡萄糖液中静脉滴注，1次/日，7～10天为一疗程；使用上述两药之后，可改用强的松口服，每日40～60 mg，随病情好转可于1～2月后逐步减量停用。②免疫球蛋白：成人每次用量15～20 g，静脉滴注，1次/日，连用3～5天为一疗程。③抗生素：预防和治疗泌尿道或呼吸道感染。④神经营养可选用维生素B、三磷腺苷、细胞色素C、胞磷胆碱。

（2）护理。加强护理和康复锻炼。具体内容参考护理措施。护理极为重要，预防各种并发症是保证功能恢复的前提。应勤翻身、拍背，可帮助改善肺泡通气量，防止坠积性肺炎；在骶尾部、足跟及骨隆起处放置气垫，保持皮肤干燥清洁，经常按摩皮肤及活动瘫痪肢体。皮肤发红可用70%酒精或温水轻揉，涂以3.5%安息香酊；已发生压疮者应局部换药并加强全身营养，促进愈合；忌用热水袋以防烫伤。排尿障碍应行无菌导尿、留置尿管，预防尿路感染；高位脊髓炎吞咽困难应放置胃管；瘫痪肢体及足应保持功能位，防止肢体痉挛及关节挛缩。

（3）康复　康复治疗应早期进行。肢体被动活动与按摩，改善肢体血液循环。部分肌力恢复时应鼓励患者主动活动。

2. 恢复期治疗　加强肢体锻炼，促进肌力恢复，可进行针灸、按摩、理疗和辅以药物治疗等。

【护理诊断/问题】

1. 躯体活动障碍　与脊髓病变、肢体瘫痪有关。
2. 感知觉紊乱　与脊髓损害导致脊髓平面以下感觉缺失有关。
3. 尿潴留/尿失禁　与脊髓损害导致膀胱反射功能障碍有关。
4. 焦虑/绝望　与疾病所致肢体感觉、运动功能和呼吸功能受损有关。
5. 有废用综合征的危险　与本人病变以下肢体瘫痪和感觉缺失有关。

【护理措施】

1. **休息与饮食** 患者卧床休息，置病变肢体于功能位，加强肢体被动活动与按摩，定时翻身。营养均衡，给予高热量、高维生素且易消化的饮食，多食新鲜水果、蔬菜。补充足够B族维生素。鼓励患者摄入充足的水分和均衡的饮食，养成定时排便的习惯；便秘者可适当运动和按摩下腹部促进肠蠕动，预防肠胀气，保持大便通畅。

2. **生活护理** 协助患者基本生活需求，如洗漱、进食、沐浴和穿脱衣服等。患者需在床上大、小便时为其提供方便的条件、隐蔽的环境和充足的时间；指导患者学会和配合使用便器，便盆置入与取出要动作轻柔，以免损伤皮肤。

3. **病情观察** 观察患者是否存在呼吸费力、吞咽困难；评估患者运动和感觉障碍的平面是否上升；注意有无药物不良反应，糖皮质激素采用大剂量短程疗法，易出现钠潴留、低钾、低钙等电解质紊乱，应加强对血钾、血钠、血钙的监测。

4. **对症护理**

(1) 促进排尿。①了解排尿是否困难，有无尿路刺激征。检查膀胱是否膨隆，区分是尿潴留还是充盈性尿失禁。②排尿困难或尿潴留的患者可给予膀胱区按摩、热敷或针灸等处理促进排尿；尿失禁的患者应保持床单整洁、干燥、勤换、勤洗，保护外阴部和臀部皮肤免受尿液刺激，必要时行体外接尿或留置导尿管。③留置尿管的患者应严格无菌操作，定期更换尿管和无菌接尿袋，每天进行尿道口的清洗、消毒；观察尿的颜色、性质与量；每4小时开放尿管1次，以训练膀胱充盈与收缩功能；鼓励患者多喝水，2 500～3 000 mL/d，以稀释尿液，促进代谢产物的排泄。

(2) 感知觉异常者。注意衣服、床褥宜轻软、平整，床上不可有锐器，避免身体被刺伤；肢体保暖需用热水袋时，水温不宜超过50℃，且每分钟查看和更换部位，防止烫伤；预防压疮形成，可进行肢体的拍打、按摩、理疗、针灸、被动运动和各种冷、热、电的刺激。

(3) 心理护理。告知患者及家属本病相关知识，经积极治疗和精心护理，多数预后良好，帮助患者及家属树立战胜疾病的信心。指导家属关心、体贴患者，给予精神支持和生活照顾。

【健康教育】

1. **疾病知识指导** 指导患者及家属掌握疾病康复知识和自我护理方法，鼓励患者树立信心，持之以恒地进行康复锻炼。

2. **饮食指导** 鼓励患者摄入充足的水分和均衡的饮食，多食瘦肉、鱼、豆制品、新鲜蔬菜、水果等食物。

3. **生活与康复指导** 本病恢复时间长，卧床期间应定时翻身，预防压疮，还要注意肺部感染及下肢静脉血栓形成的预防。肌力开始恢复后应加强肢体功能训练，做力所能及的家务和劳动。运动锻炼过程应加以保护，防止受伤，锻炼要注意劳逸结合。平日注意增强体质，避免受凉、感染等诱因。

4. **预防尿路感染** 为防止逆行感染，向患者及照顾者讲授留置尿操作注意事项，避免集尿袋接头的反复打开，定时开放尿管，鼓励多喝水。保持外阴部清洁，告知膀胱充盈的指征与尿道感染的相关表现，有异常发现及时就诊。

(于海棠)

任务四　急性脑血管疾病患者的护理

知识目标

1. 掌握：急性脑血管疾病患者的临床表现、护理诊断及合作问题、护理措施、健康教育。
2. 熟悉：急性脑血管疾病患者的病因、预防分级、实验室检查特点、治疗要点。
3. 了解：急性脑血管疾病患者的概念、分类。

技能目标

1. 能鉴别各种脑血管疾病并采取护理。
2. 能对脑血管疾病患者进行健康指导。

案例导入

病例：患者，男性，60岁。大便后突起右手无力，讲话不清，约1小时后昏迷入院。体检：体温36.5℃、脉搏86次/分、呼吸20次/分、血压220/110 mmHg（29.33/14.67 kPa），浅昏迷，瞳孔等大，右侧肢体肌力Ⅲ级，肌张力低，腱反射未引出，右侧巴氏征阳性。头颅CT提示左侧底节区高密度影。

请问：1. 该患者的医疗诊断是什么？本病主要致病因素有哪些？
2. 本患者目前主要的护理诊断是什么？应采取哪些护理措施？

一、概述

脑血管疾病（cerebrovascular disease，CVD）是指各种脑血管病变引起的脑功能障碍，且出现相应功能损害的症状和体征的一组疾病。急性脑血管疾病也称脑卒中或脑血管意外，是指急性起病并迅速出现局限性或弥漫性脑功能缺失征象的脑血管性疾病，多表现为突然间发生的脑部受损征象，如意识障碍、局灶症状和体征。是神经系统的常见病和多发病，男女比例为（1.3~1.7）：1，其发病率、死亡率均高，且随年龄增高而增高，存活者致残率高，是导致人类死亡的第二大病因和成人残障的主要原因。给社会和家庭带来极大负担。

（一）脑血管疾病分类

脑血管疾病常用的分类方法：①根据神经功能缺失症状持续的时间，将不足24小时者称为短暂性脑缺血发作，超过24小时者称为脑卒中。②依据病情严重程度可分为小卒中、大卒中和静息性卒中。③依据病理性质可分为缺血性卒中和出血性卒中。缺血性卒中又称为脑梗死包括脑血栓形成和脑栓塞等，出血性卒中包括脑出血和蛛网膜下腔出血。

1995年中华医学会神经病学分会全国第四次脑血管病学术会议，将我国脑血管疾病进行分类，见表9-4。

表9-4　1995年脑血管疾病分类

Ⅰ．短暂性脑缺血发作	Ⅲ．椎基底动脉供血不足
1. 颈动脉系统	Ⅳ．脑血管性痴呆
2. 椎基底动脉系统	Ⅴ．高血压脑病
Ⅱ．脑卒中	Ⅵ．颅内动脉瘤
1. 蛛网膜下腔出血	Ⅶ．颅内血管畸形
2. 脑出血	Ⅷ．脑动脉炎
3. 脑梗死	Ⅸ．其他动脉疾病
（1）动脉粥样硬化性血栓性脑梗死	Ⅹ．颅内静脉病、静脉窦及脑静脉血栓形成
（2）脑栓塞	Ⅺ．颅外段动静脉疾病
（3）腔隙性梗死	
（4）出血性脑梗死	
（5）无症状性梗死	
（6）其他	
（7）原因不明	

（二）脑的血液供应

1. 颈内动脉系统　供应眼部及大脑半球前3/5部分的血液。
2. 椎基底动脉系统　供应大脑半球后2/5及部分间脑、脑干和小脑的血液。
3. 脑底动脉环（Willis环）　两侧大脑前动脉之间由前交通动脉、两侧颈内动脉与大脑后动脉之间由后交通动脉连接起来，构成脑底动脉环（Willis环）。当脑底动脉环内某处血管狭窄或闭塞时可通过次环调节血液供应。对调节、平衡颈内动脉、椎基底动脉之间和大脑两半球之间的血液供应起着重要的作用。见图9-9、图9-10。

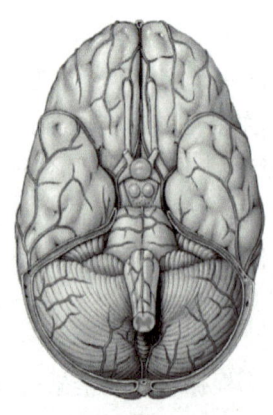

图9-9　脑的血液供应

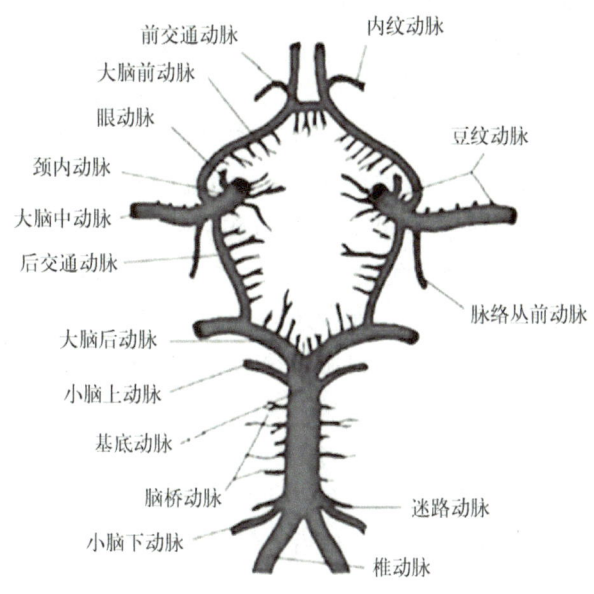

图9-10 Willis环

知识链接

脑血液循环的生理和病理：脑的平均重量约为1 500 g，占整个体重的2%~3%，然而流经脑组织的血液每分钟可达750~1 000 mL，占心搏出量的15%~20%（静态时），表明脑的血液供应非常丰富。脑组织几乎没有能源的储备，需要血液循环连续地供应氧和葡萄糖。脑血液流量有自动调节作用，脑血液量与脑动脉的灌注压成正比，与脑血管的阻力成反比。而灌注压约等于平均动脉压减去静脉压的差。在正常情况下，平均动脉压在60~160 mmHg（8.0~21.3 kPa）范围内，脑血流量可自动调节，以保护脑组织不致缺氧而受损害。当灌注压增高时，反射性地引起毛细血管动脉端平滑肌收缩，使血管阻力增高而不使脑血流量增加，反之亦然。脑组织的血流量的分布是不均匀的，灰质的血流量明显高于白质。不同部位的脑组织对缺血、缺氧敏感性也不相同，大脑皮质、海马是对缺血最敏感的区域，其次是纹状体和小脑。

（三）急性脑血管疾病的致病因素

1. 病因

（1）血管病变。以动脉粥样硬化和高血压性动脉硬化最常见，其次为结核性、结缔组织疾病导致的动脉炎、动脉瘤血管畸形、外伤、药物及肿瘤等。

（2）血液成分改变和血流动力学异常。见于各种原因所致的血液黏稠度增高（高血脂、高血糖、脱水、红细胞增多等）、应用抗凝剂、服用避孕药及凝血功能异常的疾病。

（3）心血管疾病及其他。高血压、低血压或血压波动过大、心瓣膜疾病、房颤等。还见于各种原因引起的脑栓塞、脑血管痉挛、外伤等。

2. **危险因素** 与脑血管病发生有密切因果关系的因素称为危险因素。分为可干预和不可干预两种。

（1）可干预因素，是指可以控制或治疗的危险因素，主要包括以下几种。①高血压：是最重要和独立的危险因素。无论收缩压和（或）舒张压增高都会增加脑卒中的发病率。血压和脑出血或脑梗死的发病危险性呈正相关。②心脏病：如瓣膜病、冠心病及各种原因引起的心力衰竭都会增加短暂性脑缺血发作（TIA）和脑卒中（特别是缺血性）的发病率。③糖尿病：是脑卒中重要的危险因素，高血糖还可进一步加重卒中后的脑损害。④其他危险因素：如高血脂、吸烟、酗酒、肥胖、口服避孕药、饮食因素（盐摄入量、肉类和含饱和脂肪酸的动物油食用量）等与脑血管病发病有关。如能对高血压、糖尿病、心脏病、饮食习惯等进行积极的干预即可减少脑血管病的发生。

（2）不可干预因素，是指不能控制和治疗的因素，包括年龄、性别、遗传、种族。其中年龄是最重要的独立危险因素，55岁以后，年龄每增加10岁，脑血管病发病率增加一倍以上。

（四）脑血管疾病的防治

脑血管病，缺乏有效的治疗方法，死亡率和致残率较高。因此，预防更为重要，可分为三级预防。

1. **一级预防** 是指发病前的预防，对存在可干预的危险因素的高危人群进行干预、能有效地降低脑卒中的发生率。通过早期改变不健康的生活方式，积极治疗高血压、糖尿病、心脏病等相关疾病，戒烟、戒酒、控制体重等。控制脑血管病不发生或推迟发生。

2. **二级预防** 是对短暂脑缺血发作患者早诊断、早治疗，纠正可干预的危险因素，预防完全性脑卒中的发生。根据个体情况选择阿司匹林、噻氯匹定和华法林等预防性药物。

3. **三级预防** 脑卒中发生后应积极治疗，预防并发症发生，把神经功能损害及致残率降到最低，提高患者生活质量，预防复发。

二、短暂性脑缺血发作患者的护理

案例导入

病例： 患者，男性，55岁，发作性右侧肢体无力2小时。患者在早晨6：00起床后洗脸时右上肢无力，不能洗手，手臂不能抬起，不能自行进餐，10分钟后缓解如常。上午8：30时，上述症状再发，持续20分钟后症状又自行缓解，遂来就诊。体检：BP：160/95 mmHg，神经系统体检未见异常。颅脑CT和MRI正常。

请问： 1. 该患者症状是脑内哪个动脉系统病变？

2. 如何对患者进行健康指导？

短暂性脑缺血发作（transient ischemic attacks，TIA）是指局灶性脑缺血导致的突发、短暂、可逆性神经功能障碍，每次发作持续数分钟至1小时，不超过24小时即完全恢复，常反复发作，被公认为缺血性脑卒中最重要的危险因素，近期频繁发作的TIA是脑梗死的特级警报。

【病因与发病机制】

TIA病因尚不完全清楚。其发病与动脉粥样硬化、动脉狭窄、心脏病、血液成分的改变及血流动力学等多种病因及多种途径有关。

1. 微栓子形成　来源于动脉狭窄处的附壁血栓和动脉硬化斑块的脱落、心源性等微栓子引起小动脉阻塞，出现缺血症状。当栓子破碎或溶解，血流恢复，症状消失。
2. 血流动力学改变　动脉硬化和动脉炎等导致脑动脉的狭窄，加之血压急剧波动导致一过性缺血。
3. 其他因素　如红细胞增多症、血液高凝状态等。

【临床表现】

TIA发作年龄以中年后50～70岁多见，男性多于女性。常合并高血压、糖尿病、高血脂和心脏病等。

1. 发病特点　①突发性：起病突然，突然出现局灶性神经功能缺失症状。②短暂性：症状持续数分钟至数十分钟，一般不超过1小时，最长不超过24小时。③可逆性：症状可完全恢复，无后遗症。④复发性：常反复发作，每次发作症状相似。
2. 临床类型　根据受累血管不同，TIA可有下列临床分型。

（1）颈动脉系统TIA。常见症状为一过性对侧单肢无力或不完全性偏瘫、对侧感觉异常或减退，短暂的单眼失明是颈内动脉分支眼动脉缺血的特征，优势半球受累可出现失语。

（2）椎基底动脉系统TIA。以阵发性眩晕最常见，一般不伴耳鸣。可发生复视、眼球震颤、构音障碍、吞咽困难、共济失调及交叉瘫和交叉性感觉障碍等。

【实验室及其他检查】

脑电图、CT、MRI检查大多正常，DSA/MRA或彩色经颅多普勒超声（TCD）可见血管狭窄，动脉粥样硬化斑。血常规和血生化检查有助于病因诊断。

【治疗要点】

治疗原则：消除病因、预防复发、保护脑功能。

1. 病因治疗　查找病因及危险因素并积极给予干预，是防止TIA复发的关键。如调整过高或过低的血压，纠正血脂的异常，治疗糖尿病和心脏病等均能取得一定的效果。
2. 药物治疗

（1）抗血小板聚集药。①阿司匹林，50～150 mg/d，晚餐后服用，通过抑制环氧化酶而抑制血小板聚集，不良反应为胃肠道反应。②双嘧达莫，25～50 mg/d，属于环核苷酸磷酸二酯酶抑制剂，与阿司匹林合用效果较好，不良反应小。③氯吡格雷，75 mg/d，不能耐受阿司匹林者用，但价格昂贵。

（2）抗凝药物。无出血倾向、溃疡病、严重肝肾疾病等禁忌证患者可给予抗凝治疗，对频繁发作的颈内动脉系统TIA治疗效果优于血小板药物。反复发作和一过性黑蒙的TIA可起预防脑卒中的作用。以下为常用药物：①首选肝素100 mg加入5%葡萄糖或0.85%生理盐水500 mL内，以每分钟10~20滴的滴速静脉滴注。注意每天监测部分凝血活酶时间（APTT），以便调整肝素剂量。②华法林，2~4 mg/d，口服。③低分子肝素，4000 IU/次，2次/d，腹壁皮下注射，较安全。

（3）其他。中医中药，如脉栓通、罂粟碱；扩容药物，如低分子右旋糖酐。

【护理诊断/问题】

1. 有受伤的危险　与眩晕、复视、平衡失调有关。
2. 潜在并发症　脑卒中。
3. 知识缺乏　缺乏有关TIA的预防保健知识。

【护理措施】

1. 休息与安全指导　为患者提供良好的生活环境，指导患者采取适当的防护措施，发作时要卧床休息，避免受伤。注意枕头不宜过高，以免影响头部血供，头部转动时动作要缓慢、轻柔、幅度不宜过大，防止颈部活动过度引起发作，发作频繁的患者，如厕、沐浴、外出时应有人陪伴，避免发生意外。
2. 饮食指导　给予低脂、低盐、低胆固醇、适量碳水化合物、丰富维生素易消化饮食，多食谷类、鱼类、豆类、坚果、新鲜蔬菜、水果等，忌烟、酒及辛辣、油炸食物，切忌暴饮暴食，注意粗细搭配、荤素搭配。
3. 用药指导　指导患者坚持正确用药，不能随意更改或停药。在用抗凝药治疗时，应密切观察有无出血倾向。若有皮肤、黏膜的瘀斑、瘀点或消化道出血等，应及时报告医师，并给予积极治疗。
4. 病情观察　观察并记录每次发作持续时间、间隔时间和伴随症状，观察生命体征变化，了解患者病情有无进展。若有完全性缺血性脑卒中发生，及时报告医师。指导患者定期复查，若出现疼痛、头晕、肢体麻木、突然晕倒等症状，及时就诊。
5. 心理护理　了解患者及其家属的思想顾虑，评估患者心理的状态，帮助患者消除恐惧心理，树立与疾病作斗争的信心，养成良好的生活习惯，注意锻炼身体，加强功能运动。

【健康教育】

1. 疾病知识指导　指导患者及家属了解本病的有关知识，知道疾病相关病因、危险因素和预防措施。提高患者及家属对疾病的认知度。
2. 干预危险因素　评估患者及家属对疾病的认知度，介绍干预危险因素和积极治疗病因的重要性，指导患者改变不良的生活方式，定期体检了解自己心功能、血压、血糖、血脂等情况，积极配合控制高危因素。加强宣教，使患者重视TIA并积极预防。
3. 饮食、运动指导　鼓励患者保持适合个体的体育运动，并注意运动量和运动方式的选择，一定要劳逸结合。告知肥胖、吸烟、酗酒及不良饮食与脑血管疾病的关系。指导患者选择合理、健康的饮食。
4. 用药和复诊指导　指导患者正确坚持用药，并注意定期到医院复查相关检查项目。

三、脑梗死患者的护理

脑梗死（cerebral Infarction，CI）是指各种原因引起的脑部血液供应障碍，使局部脑组织发生不可逆的损害，导致脑组织缺血、缺氧而坏死。引起脑梗死的主要机制是供应脑部血液的颅外或颅内动脉发生闭塞性病变而未能获得及时、充分的侧支循环，使局部脑组织的血液出现供不应求现象所致。临床上最常见的类型有脑血栓形成和脑栓塞。脑梗死占全部脑卒中的60%～80%。

案例导入

病例：患者，男性，70岁。突发右侧肢体无力伴言语不清2天。于5天前晚上淋雨回家，用凉水冲凉后出现头昏眼花，言语不清，右半肢体麻木、无力，以右下肢为重。既往无类似发作史，有高血压史20年（BP 180/120 mmHg），嗜酒，每天0.5 kg，吸烟20年，每天1包以上，无糖尿病及冠心病家族史。体检：神志清楚，言语含糊，但能理解他人问话，并正确表达自己意思。右鼻唇沟稍浅，四肢肌张力正常，右上肢肌力5级，右下肢膝腱反射亢进，肌力1级，右侧肢体浅感觉迟钝，右侧Babinski征（+）。头颅CT：左颞叶深部脑梗死。诊断：脑血栓形成。

请问：1. 此患者发病的原因有哪些？
2. 该患者主要的护理诊断有哪些？主要护理措施有哪些？

（一）脑血栓形成

脑血栓形成（CT）指脑动脉粥样硬化导致血管的管腔狭窄、闭塞或血栓形成，引起相应供血区脑组织血流减少或中断，导致脑组织缺血、缺氧、软化坏死，出现相应的神经系统症状和体征。是脑梗死中最常见的类型。

【病因和发病机制】

1. **病因** 脑血栓形成最常见的病因是脑动脉粥样硬化，常伴有高血压。与动脉粥样硬化互为因果，糖尿病和高血脂也可加速动脉硬化的进程。其次是动脉炎及血液黏度增高。睡眠状态、失水、心衰等可使血管痉挛、血流缓慢、血压下降等可诱发本病。

2. **发病机制** 动脉粥样硬化导致血管狭窄及血管内膜粗糙，脉管炎所致血管内膜损伤、血流缓慢及血液黏稠度增加等，均可促发脑血栓形成。当脑血管狭窄或闭塞，导致缺血性脑坏死，称为脑梗死，大面积梗死可发生明显的脑水肿及颅内高压而危及生命。恢复期脑组织可形成瘢痕或囊肿。

知识链接

血栓形成的病理生理：脑组织对缺血、缺氧非常敏感，阻断血流30秒脑代谢即发生改变，1分钟后神经元功能活动停止，脑动脉闭塞导致缺血5分钟可发生脑梗死。急性脑梗死病灶由中心坏死区及周边的缺血半暗带组成。坏死区由于完全性缺血导致脑细胞坏死，但缺血半暗带仍存在侧支循环，可获得部分血液供应，如血流迅速改善，损伤仍然是可逆的。因此，保护这些可逆性损伤的神经元是急性脑梗死治疗的关键。

【临床表现】

1. 发病特点　①本病多见于50～60岁以上患有动脉粥样硬化者，多伴有高血压、冠心病或糖尿病，男性稍多于女性。有些患者会出现前驱症状，如头昏、头痛等；约有1/4的患者病前曾有TIA史。②多在安静、休息或睡眠中发病，数小时至1～2日达高峰，多数无意识障碍，只有大面积或脑干梗死时出现意识障碍。

2. 主要表现

(1) 颈内动脉血栓形成。多累及一侧大脑半球，病灶侧单眼一过性黑矇或病灶侧霍纳（Horner）征，对侧偏瘫、偏身感觉障碍、对侧同向偏盲，优势半球病变时可有失语。

(2) 椎基底动脉血栓形成。多累及脑干和小脑，表现为眩晕、呕吐、复视、眼球震颤、吞咽困难、构音障碍、共济失调、交叉瘫等，基底动脉主干闭塞时可出现交叉瘫、四肢瘫、昏迷，常迅速死亡。

(3) 临床类型，根据起病的进展过程可分为以下几种。①完全性脑卒中：病情进展迅速，发病在6 h内达高峰，神经功能缺失症状和体征较严重，较完全，常有昏迷。②进展性脑卒中：发病后神经功能缺失症状较轻，在48小时内逐渐进展呈阶梯式加重，直至出现较严重的神经功能缺失。③可逆性缺血性神经功能缺失：发病后神经系统症状和体征较轻，一般在72 h内恢复，最长不超过3周可完全恢复。④缓慢进展型：发病后病情缓慢进展，症状和体征在2周或2周以上达高峰。⑤大块型脑梗死：少数病情进展快，短时间内出现脑水肿、颅内高压、意识障碍，提示病变广泛，临床常称为大面积脑梗死。

【实验室及其他检查】

1. 头部CT　24～48小时后逐渐显示梗死区低密度梗死灶（图9-11）。早期CT检查可鉴别是否有脑出血。

2. MRI检查　脑梗死数小时内，病灶区即有MRI信号改变，显示低信号缺血区和坏死区。

3. 彩色多普勒超声检查（TCD）　评估颈动脉及颈内动脉的狭窄、闭塞、血管痉挛、侧支循环建立的程度。

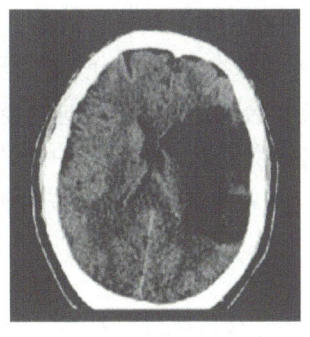

图9-11 动脉硬化性血栓性脑梗死

4. 血管造影（DSA）检查　提示动脉炎、动脉瘤和血管畸形等。

5. 脑脊液检查（CSF）　大面积脑梗死CSF压力可增高，出血性脑梗死CSF可见红细胞。

【治疗要点】

治疗原则：力争在超早期（3~6 h内）溶栓治疗；强调早期个体化、系统化治疗；支持疗法、对症治疗和早期康复治疗；对脑卒中危险因素及时采取预防性干预。

1. 急性期治疗

（1）一般治疗。卧床休息，保持呼吸道通畅，吸氧；防治压疮及呼吸道感染；管理血压，当血压＞220/120 mmHg时可使用降压药物，使血压维持在170~180/95~100 mmHg，切忌过度降压；降低颅内压，当有明显脑水肿颅内压增高时应给予脱水治疗，常用药物有：20%甘露醇、甘油、白蛋白等；血糖尽量控制在正常范围。

（2）溶栓治疗。发病6小时可进行溶栓疗法，常用药物有：尿激酶100万~150万IU，加入生理盐水100~200 mL，持续静点30分钟；组织纤维蛋白溶酶原激活剂（t-PA），一次用量0.9 mg/kg，治疗期间应进行出、凝血时间及纤溶系统的实验室检测。

（3）抗凝治疗。防止血栓扩展和新血栓形成。常用药物有肝素、低分子量肝素及华法林等。

（4）降纤治疗。抑制血栓形成，药物有降纤酶、巴曲酶、安克洛酶等。

（5）抗血小板聚集治疗。发病后48 h内给阿司匹林100~300 mg/d，可降低死亡率和复发率，但在溶栓及抗凝治疗时不要同时应用，以免增加出血的风险。

（6）脑水肿的治疗。发病48小时至5天内是脑水肿高峰期，可根据病情给予20%甘露醇100~200 mL快速静脉滴注，每日2~4次，通常用7~10日，或选用呋塞米、白蛋白等静脉注射。

（7）高压氧治疗，其机制如下：①提高血氧供应，增加有效弥散距离，促进侧支循环的形成。②使正常脑血管收缩，出现"反盗血"现象，增加病变部位脑血液灌注。③脑组织有氧代谢增强，能量产生增多，利于神经组织的再生和功能的恢复。

（8）其他治疗。①脑保护剂治疗：钙离子通道阻滞剂、镁离子、抗兴奋性氨基酸递质、自由基清除剂（过氧化物歧化酶、维生素E和C、甘露醇等）和亚低温治疗。②中草药治疗：多采用活血化瘀，通经活络治疗，常用红花、丹参、川芎、鸡血藤等药物。③外科治疗：如颈动脉内膜切除术、颅内外动脉吻合术、开颅减压术等。

2. 康复治疗　应尽早进行康复治疗，目的是促进神经功能的恢复，以降低致残率，提高生活质量。康复治疗应从起病到恢复期，贯穿于护理各个环节和全过程中，要求患者、医护人员、家属均应积极而系统地进行患肢运动和语言功能的训练和康复治疗。

【护理诊断/问题】

1. 躯体活动障碍　与脑血栓形成致肢体瘫痪有关。
2. 自理缺陷　与偏瘫、认知障碍有关。
3. 语言沟通障碍　与脑血栓形成致失语有关。
4. 焦虑　与肢体瘫痪、沟通困难有关。
5. 有失用综合征的危险　与肢体瘫痪、长期卧床、未能及时康复锻炼有关。

【护理措施】

1. 休息与活动　急性期绝对卧床休息，患者宜采用平卧位，禁用冰袋等冷敷头部以免血管收缩、血流减少而加重病情。

2. 合理饮食　无吞咽困难患者，鼓励自行进食，给予低盐、低脂、低糖、低胆固醇、丰富维生素和纤维素的无刺激饮食。如有吞咽困难、可给予糊状流质或半流质饮食小口慢慢喂食，防止误吸，必要时给予鼻饲。面肌麻痹者将食物送至口腔健侧的舌后部。昏迷患者应鼻饲流质饮食。

3. 日常生活护理　生活自理能力缺陷患者，应适当提供生活照顾和帮助，协助穿衣、洗漱、沐浴、进食、如厕等，鼓励健侧手进食，消除依赖心理；保持皮肤、口腔清洁，及时更换衣服、床单，保持床单整洁；协助患者定时翻身、拍背、按摩，预防压疮，用温水擦洗身体，促进血液循环；保持大、小便通畅和外阴部清洁；将患者日常生活用品和呼叫器放在易拿取的地方，以便患者随时取用。

4. 心理护理　因偏瘫、失语患者产生焦虑、自卑、消极的心理。应重视患者不良的情绪和心理变化，耐心解释病情，主动多关心、尊重患者。鼓励患者说出对疾病的认识，消除不良心理，增强战胜疾病的信心。嘱家属要给予患者物质和精神上的支持，鼓励或组织病友之间养生经验的交流，树立患者战胜疾病的信心。

5. 病情观察　密切监测患者的生命体征、意识状态、瞳孔变化等，如有头痛、呕吐等颅内压增高的表现，应及时报告医生，积极配合抢救。如患者意识清醒、生命体征平稳，病情稳定，不再进展，48小时后可进行康复治疗。

6. 用药护理　①应用扩血管药物时，滴速宜慢，每分钟30滴左右，并注意血压的变化。②使用改善微循环的药物，如低分子右旋糖酐，可有过敏反应，如发热、皮疹等，应注意观察。③用溶栓、抗凝药物时严格掌握适应证和禁忌证，注意药物剂量，监测出血时间、凝血时间、凝血酶原时间，观察有无出血倾向。口服阿司匹林的患者应注意有无黑便情况。

7. 康复训练指导

（1）肢体康复训练

1）康复训练的原则，即床上和床下相结合，主动和被动相结合，肢体功能与其他功能锻炼相结合，实效与安全相结合，活动强度和活动时间应适中、合理，活动量由小到大，时间由短到长，逐步过渡，循序渐进。

2）康复训练目的是促进肌肉收缩、保持关节正常活动范围、最大限度复原患者的活动能力，防止长期卧床的并发症，尽快恢复生活自理和社会活动能力。

3）早期康复训练是在不影响治疗的同时，康复训练越早，其功能恢复的可能性就越大，预后越好。缺血性脑卒中患者意识清醒，生命体征平稳，病情稳定，不再进展，48小时后可进行康复治疗；多数脑出血患者可在病后10~14天进行康复。

4）康复训练方法主要有以下几种。①床上训练：先取仰卧位进行各关节和肌肉的活动，如四肢进行屈伸、上抬、转动、拉物等训练，然后在床上翻身、慢慢抬头，有力后可做仰卧起坐训练，以利于健侧肢体主动运动，同时协助患侧肢体的功能锻炼。②手的功能训练：患者能坐稳后可进行抓握、屈伸、捻动、使用勺筷、扣纽扣、系鞋带等训练。③坐轮椅训练：患者在床上坐稳后，双腿下垂床边，然后再下地坐轮椅。通过训练，让不能行走或使用助行器的患者学会正确使用轮椅。④行走训练：患者能稳坐30~60分钟后，开始训练站立，患者能坐稳站立后训练下蹲及迈步训练，可帮助患者借助于助行器进行行走训练。⑤语言功能训练：失语患者应根据病情在专业语言康复师指导下，制订个体化的语言康复计划。可在床旁训练，以发音训练为主。遵循由易到难、由简单到复杂、由少到多的训练原则。切忌多而复杂，以免产生疲劳、厌倦、失望及对治疗丧失信心。训练方法有：群肌运动训练（缩唇、叩齿、鼓腮、吹气）、发音训练（先练习单音发音，后练习简单句子）、复述训练（复述单词或词汇，每次3~5遍，轮回练习）、命名训练（指导患者说出常用物品或人名的名称）、刺激训练（教患者听语音指图、指物、指字等练习）。

（2）康复指导。应根据病情需要，指导患者合理选择针灸、理疗、按摩等综合性辅助治疗，促进肢体功能恢复，防止失用性萎缩。

【健康教育】

1. 疾病知识指导　向患者和家属介绍脑血栓形成的相关知识，让患者了解早期治疗的重要性和必要性，告知早期症状和就诊时机，教会患者康复知识和自我护理方法，鼓励患者在治疗和康复中树立信心，持之以恒。

2. 饮食指导　指导患者生活规律，戒除不良嗜好。给予低盐、低脂、低糖、低胆固醇、丰富维生素和纤维素的无刺激饮食。

3. 日常生活指导　指导患者改变不良生活方式，适当运动锻炼，合理休息，劳逸结合，尽量做力所能及的家务活和有益的社交活动。体位变化时动作宜慢，转头不宜过猛。洗澡时水温不宜过高，时间不宜过长。外出时要有人陪伴。注意保暖，防止感冒。

4. 预防指导　干预危险因素，定期门诊复查，了解血压、血糖、血脂、心功能等变化，预防并发症和复发。病情变化时，及时就诊。

案例导入

病例：患者，女性，54岁。1小时前搬重物时突然左侧肢体瘫痪，摔倒在地，不省人事，急送门诊。既往有风心病、心房颤动。查BP 160/75 mmHg，昏睡状态，心率100次/分，律不齐,心音强弱不等,左侧上、下肢完全瘫痪,肌力0级,左侧Babinski征(+)。头颅CT未见异常。诊断:心源性脑栓塞,风心病,心房颤动。

请问: 1. 该患者发病的原因是什么?

2. 主要的护理诊断有哪些?脑栓塞与脑血栓有何异同?

(二)脑栓塞

脑栓塞(cerebral embolism)是指各种栓子随血液循环进入脑动脉使血管急性闭塞、血流中断,而引起相应供血区的脑组织坏死及脑功能障碍。任何年龄可发,风湿性心脏病引起者中青年多见,冠心病及其他大动脉病变引起者中老年多见。脑栓塞患病率13/10万,占脑卒中的15%~20%。

【病因与发病机理】

脑栓塞根据栓子来源不同,可分为心源性、非心源性和栓子来源不明三类。

1. 心源性栓塞　是脑栓塞最常见的原因。在发生脑栓塞的患者中约一半以上为风湿性心脏病二尖瓣狭窄合并心房颤动、其次亚急性细菌性心内膜炎瓣膜上的炎性赘生物脱落;心肌梗死或心肌病时心内膜病变形成的附壁血栓脱落均可形成栓子。近代心脏手术的发展,也增添了一部分心源性脑栓塞发病。心脏黏液瘤、二尖瓣脱垂等也可引起脑栓塞。

2. 非心源性脑栓塞　如动脉粥样硬化斑块的脱落,沿颈内动脉或椎基底动脉入脑;肺静脉血栓,在先天性心脏病、室间隔缺损时,栓子可因右向左分流而进入左心,经动脉而入脑动脉造成栓塞;减压病的气性栓子;长骨骨折时的脂肪栓子等均可引起脑栓塞。

3. 来源不明　约30%脑栓塞不能确定原因。

【临床表现】

任何年龄均可发病,但以青壮年多见。多在活动中突然发病,常无前驱症状,局限性神经缺失症状多在数秒至数分钟内发展到高峰,是发病最急的脑卒中。

(1)意识障碍常较轻且很快恢复,神经系统局灶表现与脑血栓形成相似,栓子若进入椎基底动脉主干可突然昏迷、全身抽搐,因脑水肿或发生脑疝而死亡。严重者可突然昏迷、全身抽搐,可因脑水肿或颅内压增高,继发脑疝而死亡。

(2)大多数患者有栓子来源的原发性疾病。

【实验室和其他检查】

1. 头颅CT及MRI　发病后24~48小时内可见病变部位呈低密度改变。
2. 脑脊液检查　一般压力正常,压力增高提示大面积脑梗死。
3. 其他检查　心电图检查,应作为常规检查,可发现心肌梗死、风心病、心律失常、冠状动脉供血不足和心肌炎的证据;超声心动图检查可证实心源性栓子的存在。

【治疗要点】

1. 脑栓塞治疗　与脑血栓形成治疗原则基本相同。注意在合并出血性梗死时,应停用溶栓、抗凝和抗血小板药，防止出血加重。

2. 原发病治疗　针对性治疗原发病有利于脑栓塞病情控制和复发。

3. 抗凝治疗　目的是预防形成新的血栓，杜绝栓子来源，或防止栓塞部的继发性血栓扩散，促使血栓溶解。治疗中要定期监测凝血功能，并随时调整剂量。

【护理诊断/问题、护理措施、健康教育】

参见本项目"脑血栓形成"。

四、脑出血患者的护理

脑出血（intracerebral hemorrhage，ICH）是指原发性非外伤性脑实质内出血，大多发生于大脑半球，少数发生在脑干和小脑。占全部脑卒中的20%～30%。年发病率为60/100000～80/100000，急性期病死率为30%～40%，死亡率、致残率是急性脑血管疾病中最高的。

【病因和发病机制】

1. 病因　高血压合并小动脉硬化是脑出血最常见的原因，其他病因包括脑动脉粥样硬化、血液病、脑动脉瘤、动静脉畸形。情绪激动、剧烈活动、用力排便、酗酒等可为脑出血的诱发因素。

2. 发病机制　高血压晚期小动脉硬化、血管壁损伤而形成小动脉瘤，情绪激动或用力过度时，血压骤然升高而使小动脉瘤破裂出血。脑出血后形成的血肿压迫脑组织，引起脑组织坏死、水肿、颅内压升高，严重时形成脑疝或继发脑干损害而危及生命。大脑中动脉发出的深穿支豆纹动脉呈直角，也是微动脉瘤多发部位，因此，基底节区是脑出血最好发的部位。

【临床表现】

1. 发病特点　脑出血以50～70岁多见，男性略高于女性，冬春季好发。多有高血压病史，在白天活动和情绪激动时发生，数分钟至数小时发展到高峰。多数患者发病前无前驱症状，少数可有头痛、头晕、肢体麻木等。多有剧烈头痛、呕吐、意识障碍、偏瘫、失语、大小便失禁等。严重者出现潮式呼吸或不规则呼吸，深昏迷，可因出血部位及出血量不同而临床特点各异。

2. 不同部位脑出血临床表现

（1）基底节区出血。以壳核出血最为常见，其次为丘脑出血及尾状核头部出血。①壳核出血：豆纹动脉破裂所致，常累及内囊，典型表现为"三偏"征，即病灶对侧偏瘫、偏身感觉障碍和同向性偏盲，还可出现意识障碍、失语。②丘脑出血：产生明显的感觉障碍、短暂的同向性偏盲，可伴偏身自发性疼痛和感觉过度。出血波及下丘脑或破入第三脑室则出现昏迷加深、瞳孔缩小、去皮层强直等症状。③尾状核出血：较少见，表现与蛛网膜下腔出血相似，仅有脑膜刺激征而无明显瘫痪，头痛、呕吐症状突出。

（2）脑桥出血。小量出血表现为交叉性瘫痪和共济失调性偏瘫，两眼向病灶侧凝视；大量出血患者迅速进入昏迷、双侧针尖样瞳孔固定于正中位、出现四肢瘫、呕吐咖啡样胃内容物、中枢性高热（持续39℃以上、躯干热而四肢不热），多在48小时内死亡。

（3）小脑出血。表现为突然枕部痛、眩晕、呕吐、步态不稳，可有眼球震颤，无肢体瘫痪。轻者多无意识障碍，重者出现频繁呕吐、昏迷、呼吸不规则，常因枕骨大孔疝而死亡。

（4）脑室出血。占脑出血的3%～5%，原发性脑室出血时脑室内脉络丛或室管膜血管破裂出血流入脑室。多数为继发性脑室出血，是由于丘脑出血后破入到侧脑室，或小脑出血和脑桥出血也可破入到第四脑室。小量脑室出血表现与蛛网膜下腔出血相似，预后好，大量脑室出血起病急骤，可突然发生深昏迷、高热、呕吐、皮肤苍白、发绀、多汗、眼球固定、颈项强直，四肢呈阵发性强直或呈去大脑强直状态，预后不良，多在24小时内死亡。

【实验室及其他检查】

1. CT检查　CT检查是诊断脑出血的首选检查。发病后CT可立刻显示高密度病灶，见图9-12。

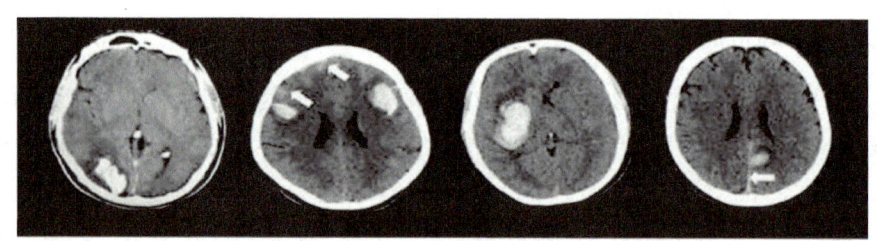

图9-12　脑出血

2. MRI　可发现CT不能明确的脑干或小脑的小量出血。

3. 脑脊液检查　脑压增高，多呈洗肉水样均匀血性。因有诱发脑疝的危险，仅在不能进行头颅CT检查且临床无明显颅内压增高表现时进行；怀疑小脑出血禁止腰穿。

4. DSA检查　可发现动脉粥样硬化斑块、血管畸形、脑动脉瘤、血管炎及脑基底异常血管网病。

5. 其他检查　包括血常规、血液生化、凝血功能、心电图检查和胸部X线检查。

【治疗要点】

脑出血内科治疗原则：卧床休息、保持安静，防止继续出血和再出血；控制脑水肿，挽救生命；促进脑功能恢复。

1. 急性期治疗

（1）内科治疗：

1）一般护理：急性期应卧床休息2～4周，保持安静，避免情绪激动和血压升高。严密观察体温、脉搏、呼吸和血压等生命体征，注意瞳孔变化和意识改变；保持呼吸道通畅，及时清理呼吸道分泌物，必要时吸氧，使动脉血氧饱和度维持在90%以上。

2）控制脑水肿、降低颅内压：是急性期治疗的重要环节，常用药物有，20%甘露醇250 mL，加压快速静脉滴注（20分钟内滴完），每6～8小时1次，一般7次为一疗程，可同时用呋塞米20～40 mg静脉注射或静脉滴注，注意电解质紊乱；10%复方甘油500 mL，缓慢静脉滴注，1次/日，7天为一疗程，应注意溶血和肾功能损害；10%人血白蛋白50～100 mL，

1次/日，静脉滴注，对低蛋白血症患者更适用，可提高胶体渗透压，作用较持久。

3）调整血压：当血压≥200/110 mmHg时，应采取降压治疗，使血压维持在略高于发病前水平，一般收缩压维持在140~180 mmHg为宜，防止降压过速或过低导致脑缺血。常用药物有硝苯地平（硝苯吡啶）、卡托普利（巯甲丙脯酸）、拉贝洛尔等；当血压<180/105 mmHg时，可暂不使用降压药。收缩压在180~200 mmHg或舒张压100~110 mmHg时，需密切监测血压。脑出血恢复期应积极控制血压，尽量将血压控制在正常范围内。

4）止血药物：高血压性脑出血患者一般不需使用止血药。如有凝血功能障碍或合并消化道出血者应使用止血药物，可选用氨甲苯酸、氨基己酸、巴曲酶等。

5）防止并发症，要做到以下几点。①感染：呼吸系统或泌尿系统感染时可根据经验或细菌培养结果选用抗生素。②应激性溃疡：可引起消化道出血，应预防应用H_2受体阻滞剂，或按上消化道出血的常规进行处理，如应用冰盐水洗胃及局部止血药等。③癫痫性发作：以全面性发作为主，频繁发作者可静脉缓慢推注安定10~20 mg，或苯妥英钠15~20 mg/kg控制发作。④中枢性高热：物理降温，效果不佳者可用多巴胺能受体激动剂如溴隐亭进行治疗。⑤下肢深静脉血栓形成：一旦发生，给予普通肝素100 mg静脉滴注，1次/日，或低分子量肝素4000 U皮下注射，2次/日。

（2）外科治疗。在内科治疗无效，又无禁忌证时，且患者血压≤200/120 mmHg，无严重心、肺、肾功能障碍，生命体征平稳，可行开颅血肿清除术、钻孔扩大骨窗血肿清除术、锥孔穿刺血肿吸除术、立体定向血肿引流术、脑室引流术等手术治疗。患者有脑干出血、大脑深部出血，或者已出现深昏迷、双瞳孔散大、去皮质强直的患者不宜手术。

2. 恢复期治疗

（1）康复治疗。脑出血患者病情稳定后应尽早进行功能锻炼，包括患者的被动和主动性活动以及语言功能的训练，配合针灸及理疗。

（2）改善脑代谢药物。可用胞磷胆碱、吡拉西坦等，适当应用中医活血化瘀治疗，对肢体及语言恢复有一定的帮助，可选用丹参、血塞通等药物静脉滴注。

【护理诊断/问题】

1. 急性意识障碍　与脑出血致脑水肿、颅内压增高有关。
2. 躯体活动障碍　与意识障碍、肢体瘫痪有关。
3. 有皮肤完整性受损的危险　与长期卧床、意识障碍、肢体瘫痪有关。
4. 语言沟通障碍　与语言中枢功能受损有关。
5. 自理缺陷　与肢体意识障碍、肢体瘫痪有关。
6. 有感染的危险　与昏迷、机体抵抗力下降、尿潴留、留置导尿管有关。
7. 有失用综合征的危险　与肢体瘫痪、长期卧床、未能及时康复锻炼有关。
8. 潜在并发症　脑疝、消化道出血、坠积性肺炎、泌尿系统感染。

【护理措施】

1. 休息与体位　避免再出血，急性期患者绝对卧床休息2~4周，避免搬动，尤其是发病24~48小时内，取仰卧位、头部抬高15°~30°，利于颅内静脉回流，减轻脑水肿。保持肢体的功能位。保持病室安静，光线柔和，限制探视人员，避免各种刺激，除进食、排泄外，其他活动需严格禁止。各项诊疗操作时动作要轻柔，要集中进行，以免加重出血。排便时嘱患者避免屏气和用力，防止增加颅内压诱发再次出血，便秘者可用缓泻剂，但禁止灌肠。

2. 监测病情　脑疝是脑出血死亡的主要原因。要密切监测、记录患者的生命体征、意识状态、瞳孔变化等，初期30分钟测1次，病情稳定后2～4小时测1次，观察患者有无脑疝先兆，如剧烈头痛、呕吐、视神经盘水肿、血压升高、脉搏变慢、呼吸不规则、瞳孔改变、意识障碍加重等，一旦出现，应及时通知医师，配合抢救；急性期还应注意观察患者有无呕血、便血、血压下降、脉搏增快、面色苍白、尿量减少等消化道出血的征象，应及时报告医师进行处理；烦躁不安者，可酌情适当给予镇静止痛剂；便秘者可选用缓泻剂。

3. 合理饮食　给予高蛋白、高维生素、清淡饮食，根据病情添加蔬菜、水果。伴意识障碍、消化道出血宜禁食24～48 h，然后酌情安放胃管；吞咽困难、昏迷患者，在病后2～3天应鼻饲；维持水电解质平衡和营养，每天总热量为8 368 kJ左右，病后每日入液量可按尿量+500 mL计算，如有高热、多汗、呕吐或腹泻者，可适当增加入液量。

4. 日常生活护理　协助患者2～3小时翻身1次，最长不超过4小时，动作应轻柔，避免拖、拉、推等动作。生活自理能力缺陷患者，应提供适当的生活照顾和帮助，协助做好生活护理，如穿衣、洗漱、进食、如厕、轮椅等；保持皮肤、口腔清洁，及时更换衣服、床单，保持床单整洁；协助患者定时翻身、拍背、按摩预防压疮，用温水擦洗身体，促进血液循环；保持大、小便通畅和外阴部清洁，指导患者学会使用便器；将患者的日常生活用品和呼叫器放在易拿取的地方，以便患者随时取用。

5. 用药护理　根据医嘱使用脱水、降压等药物，注意观察其疗效和不良反应。大剂量的甘露醇可以引起电解质紊乱、肾功能损害；10%复方甘油可引起溶血和血红蛋白尿；应选择作用温和的降压药，避免使用利血平等作用较强的药物，维持舒张压在100 mmHg水平较为合理，以保持脑灌注压，根据血压变化调整药物，防止血压波动过大；并调整血糖，维持血糖水平在6～9 mmol/L。

6. 昏迷的护理　昏迷的患者，要保持呼吸道通畅，平卧位时头偏向一侧，及时清理口鼻分泌物，防止气管梗阻或误吸。有小便失禁者，要及时导尿，留置尿管者用1∶5 000的呋喃西林液冲洗膀胱，1～2次/日，防止泌尿系统感染。

7. 康复指导　病情稳定48～72小时后，患者即应开始早期康复训练，康复训练同脑血栓形成患者护理。

8. 心理护理　因脑出血起病急，进展迅速，可能留下终身残疾，患者在心理上会产生沮丧、悲观、绝望的心理，应该做好患者的心理疏导，鼓励患者战胜疾病的勇气和信心，争取早日回归社会。

【健康教育】

1. 疾病知识指导　向患者和家属介绍疾病的相关知识，告知积极治疗对防止再出血的重要性，避免情绪激动、剧烈活动、用力排便、酗酒等诱发因素。切忌用力大便，生活应规律，保证充分睡眠，适当运动，劳逸结合。高血压患者应定期检查，发现血压异常时应及时就诊。

2. 合理饮食　给予低盐、低脂、低糖、低胆固醇、丰富维生素和纤维素的无刺激饮食。饮食以清淡为主，多吃蔬菜和水果。纠正不良生活方式，保持良好的心态。戒烟、忌酒。

3. 预防保健指导　积极治疗高血压、糖尿病、心脏病等；避免诱发因素；按照医嘱服药，使血压控制在适当水平，以防止脑出血再发；告知患者和家属及早进行康复治疗的重要性，通过康复锻炼，尽可能恢复自理生活的能力。

4. 自我监测病情　教会患者和家属观察脑出血的先兆表现，出现先兆表现时应及时就诊。

五、蛛网膜下腔出血患者的护理

案例导入

病例：患者，女，32岁。主诉剧烈头痛、恶心、呕吐3 h。患者入院当天上午在劳动中突然出现剧烈头痛、恶心、呕吐、视物不清。头痛为炸裂样，喷射状呕吐2次，为胃内容物，活动时头痛明显加重，无抽搐及意识丧失。既往有间断性头痛病史10年。检查：颈部抵抗明显，双侧Kernig征（+）。辅助检查：腰穿示脑脊液为均匀一致血性，脑脊液压力增高，头颅CT示鞍上池、前纵裂池、环池及右侧外侧裂池可见高密度出血影。DSA示右侧大脑中动脉侧裂断（M3段）可见一大小10.0 cm×8.0 cm的囊状动脉瘤。诊断为：蛛网膜下腔出血。

请问：1. SAH与脑出血的病因分别是什么？
2. 该患者主要的护理诊断有哪些？请为患者进行健康指导。

蛛网膜下腔出血（subarachnoid hemorrhage，SAH）是多种原因所致脑底部或脑表面血管破裂，血液直接流入蛛网膜下腔，又称原发性SAH。脑实质内出血，血液溢入脑室及蛛网膜下腔者称继发性SAH。蛛网膜下腔出血占急性脑卒中的10%，占出血性卒中的20%。先天性动脉瘤破裂者多见于20~40岁的青壮年，女性多于男性。50岁以上的发病者以动脉粥样硬化多见。

【病因和发病机理】

1. 病因　最常见的病因是先天性动脉瘤，占75%；其次为脑血管畸形和高血压动脉硬化性粥样动脉瘤。少见的病因有：动脉炎、脑肿瘤、血液病等，少数患者病因不明。

2. 发病机制　患者有上述病因时，常因用力过度或情绪激动，发生血管破裂所致。由于血液的刺激和5羟色胺等物质释放，引起脑膜炎症、脑血管痉挛及脑水肿等。若SAH反复发生，凝血块和炎性渗出物反复机化，造成蛛网膜下腔粘连，使脑脊液循环障碍而导致脑积水。

【临床表现】

1. 症状　起病急，病前多有剧烈运动、劳累、情绪激动、用力排便等诱发因素。表现为异常剧烈的头痛、呕吐、烦躁不安。数分钟至数小时内达高峰，头痛为胀痛或爆裂样疼痛，难以忍受，可有短暂、不同程度的意识障碍，少数患者可有精神症状、头昏、眩晕、颈、背及下肢疼痛等。部分患者呈癫痫样发作。

2. 体征　多在发病后半小时内出现脑膜刺激征。脑神经中最常见的为一侧动眼神经麻痹，提示该侧后交通支动脉瘤破裂。可见视乳头水肿。少数患者可有短暂或持久的局限性神经体征，如偏瘫、偏盲、失语等。

3. 并发症　①再出血：是蛛网膜下腔出血主要并且致命的急性并发症，多在10~14天病情加重，再次出现剧烈疼痛、呕吐、昏迷等蛛网膜下腔出血的症状、体征。②脑血管痉挛：由于脑血管痉挛导致脑组织缺血偏瘫等神经系统局灶体征。③脑积水：可表现为嗜睡、近记忆减退、脑神经瘫痪等。

【实验室及其他检查】

1. CT检查　是确诊SAH的首选方法，可见高密度出血征象。可早期诊断，并提供出血部位的出血量、血液分布、有无再出血。可对病情进行动态观察。见图9-13。

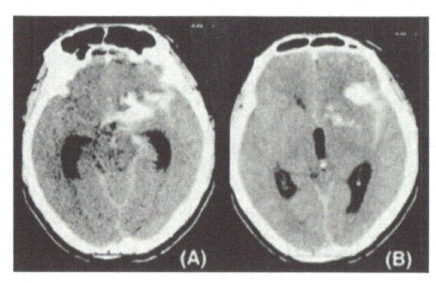

A. 头颅CT平扫左侧裂池和鞍上池内积血；B. 数字减影血管造影显示左右交通动脉瘤

图9-13　蛛网膜下腔出血

2. 脑脊液检查　是诊断SAH的重要依据，常见均匀一致的血性脑脊液，压力增高。

3. DSA检查　可确定动脉瘤位置，为SAH的病因诊断提供可靠的证据，对确定手术方案有重要价值。

【治疗要点】

治疗原则：控制继续出血；预防脑血管痉挛；祛除病因和防止复发。必要时手术治疗。

1. 内科治疗

（1）一般处理。①绝对卧床4~6周，血压控制在160/100 mmHg左右。②避免一切可引起血压及颅压增高的诱因，如用力排便、咳嗽、喷嚏、情绪激动和劳累等。③给予缓泻剂保持大便通畅。④常规给予镇静、止痛药。⑤病房保持安静、舒适和暗光。

（2）降颅压治疗。SAH可引起脑水肿及颅内压升高，可用20%甘露醇、速尿、白蛋白等脱水药。

（3）防止血管痉挛。钙通道拮抗剂尼莫地平20~40 mg/次，3次/日，口服。

（4）脑脊液置换疗法。可腰椎穿刺放脑脊液，每次缓慢放出10~20 mL，2次/周，可降低颅内压，减轻头痛，也可降低脑血管痉挛、脑积水等并发症的发生率。但需注意诱发脑疝、颅内感染、再出血的危险性。

（5）抑制纤维溶解酶形成：常用氨基己酸、氨甲苯酸、巴曲酶和维生素K_3等药物可延迟血块溶解和防止再出血。

2. 手术治疗　该治疗是祛除病因、止血、预防再出血及血管痉挛、防止复发的有效方法。有条件的医院主张早期或超早期手术。

【护理诊断/问题】

1. 急性疼痛（头痛）　与蛛网膜下腔出血致颅内压增高有关。
2. 焦虑/恐惧　与突发的剧烈头痛有关。
3. 潜在并发症　再出血、脑血管痉挛。

【护理措施】

1. 活动与体位　嘱患者严格绝对卧床休息4~6周，抬高床头15°~30°，避免搬动和过早离床活动。限制探视人员，保持室内安静、舒适、避免声光的刺激。保证充分的休息，保持情绪稳定，避免精神刺激，有利于患者及早康复。

2. 饮食指导　多进食水果、蔬菜，保持大便通畅，避免剧烈活动和用力排便以免诱发再出血。给予营养支持，开始以流质为主，根据病情逐步过渡到普通饮食。伴意识障碍、呕吐者暂时禁食，病情好转、稳定后，复查CT、DSA无异常后，可抬高床头，适当活动。

3. 病情观察　初次发病第2周最易发生再出血。如患者再次出现激烈头痛、呕吐、昏迷、脑膜刺激征等情况，及时报告医师处理。

4. 用药护理　使用20%甘露醇、呋塞米脱水时，应快速静脉滴注。在使用尼莫地平治疗过程中可能出现头晕、头痛、胃肠不适、皮肤发红、多汗、心动过缓或过速等，注意观察血压、心率的变化。调节控制好输液速度并密切观察，如有异常及时报告医师处理。

【健康教育】

1. 疾病知识指导　向患者和家属介绍疾病的相关知识，解释头痛的原因，告知保持情绪稳定和绝对卧床的重要性。

2. 预防指导　告知再出血的诱因，避免情绪激动、剧烈活动、用力排便、酗酒等诱发因素。切忌用力大便，生活规律，保证充分睡眠，适当运动，劳逸结合。多吃蔬菜和水果。纠正不良生活方式，保持良好的心态。戒烟、忌酒。

3. 观察病情指导　教会患者和家属观察病情变化，有再出血的表现，及时就诊。

知识拓展

急性脑血管疾病的鉴别，见表9-5。

表9-5 急性脑血管疾病的鉴别

项目	脑血栓形成	脑栓塞	脑出血	蛛网膜下腔出血
年龄	60岁以上	20~40岁	50~60岁	30~50岁
主要病因	动脉粥样硬化	风心病、高血压	高血压	先天性动脉瘤
发作形式	逐渐发病（小时）	急（秒）	突然（分钟）	急剧（分钟）
诱因	夜间或安静时	不定	用力或激动	剧烈活动
昏迷	轻或无	少见	深、持久	可短暂发生
头痛	无明显头痛	无	重	剧烈
呕吐	少见	无	常见	常见
血压	不升高	不升高	显著升高	正常或升高
瞳孔	无变化	无变化	早期缩小后散大或病灶侧扩大	有或无动眼神经麻痹征
项强直	无	无	可有	显著
偏瘫	轻	单瘫或偏瘫	明显	少见
脑脊液	无特殊	无特殊	血性、压力高	血性
CT	24 h后低密度区	24 h后低密度区	脑内高密度区	蛛网膜下腔、脑室内高密度区

（于海棠）

任务五　癫痫患者的护理

知识目标

1. 掌握：癫痫患者的临床表现、实验室检查特点、护理诊断、合作问题、护理措施及健康教育。
2. 熟悉：癫痫的分类、发病机制、治疗要点。
3. 了解：癫痫的概念、病因。

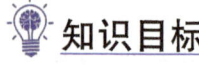

技能目标

1. 能指导癫痫发作相关的护理。
2. 能对癫痫患者进行健康指导。

案例导入

病例： 患者，男性，53岁。因突发神志不清、四肢抽搐1天入院。患者上班与同事说话时突感胸闷、头昏、出汗、脸色发白，随后神志不清，跌倒在地，呼之不应，双眼向左凝视，双上肢屈曲抽搐，双下肢伸直，有小便失禁，口舌咬伤，约1小时后意识转清，醒后不能回忆发病时情形。1年前有脑外伤史，左侧脑内出血。神经系统检查无阳性体征。查：脑电图轻度异常，头颅CT未见异常。诊断：症状性癫痫。

请问： 1. 癫痫临床发作的特征是什么？主要护理诊断有哪些？
2. 如何指导患者发作时的护理？

癫痫（epilepsy）是一组反复发作的神经元异常放电所致短暂性中枢神经系统功能失常的慢性脑部疾病，具有突发性和复发性的发作特点，因异常放电的神经元部位和扩散范围不同，可表现为运动、感觉、意识、行为、自主神经等不同障碍，可单独或几种同时出现。每次发作或每种发作称为癫痫发作。癫痫的发病率在神经系统疾病中仅次于脑血管病，我国癫痫的发病率为1‰左右，患病率为0.5%~1%。

【病因与发病机制】

1. 病因

（1）原发性癫痫：又称为特发性癫痫，病因不清，脑部无明确的结构变化或代谢异常，而与遗传有着密切关系。

（2）继发性癫痫：又称症状性癫痫，是由于各种器质性病变所引起。如先天性脑畸形、脑积水、外伤（特别是产伤）、各种脑炎、脑膜炎、中毒、变性、颅内肿瘤、脑血管病、营养代谢内分泌疾病等。此外，还与年龄、内分泌、睡眠有关。

2. 诱因　疲劳、饥饿、睡眠缺乏、便秘、饮酒、情绪激动、过度换气、一过性代谢紊乱，都能诱发患者癫痫发作。

3. 发病机制　正常脑部神经元的放电频率为每秒1~10次，当脑部受损后，兴奋性可异常增高，其放电频率可达每秒数百次以上。这种异常放电若波及双侧大脑半球，则产生意识障碍和全身抽搐，称为全面性强直阵挛发作；只局限于一侧大脑半球，则为部分性发作；只局限于大脑皮质一个区域，则为单纯部分性发作；异常放电仅在脑边缘系统内传播，则为复杂部分性发作；局限于脑干的网状结构内，则只有短暂的意识障碍而无抽搐，称失神小发作。

【临床表现】

根据国际抗癫痫联盟1981年癫痫性发作分类方案将癫痫发作分为部分性发作、全面性发作和未分类发作三种类型。癫痫的临床表现复杂，种类繁多。主要介绍几种常见癫痫发作类型。

1. 部分性发作

(1) 单纯部分性发作：又称局限性发作。可分为部分性运动发作、体觉性或特殊感觉性发作、自主神经性发作、精神性发作四种类型。多见于继发性癫痫，不伴意识障碍以局部症状为特征。是成人最多见的类型。以局部（如口角、眼睑、手指或足趾）或一侧肢体及面部阵发性抽搐为特征，持续数秒至十多秒后自然终止；若抽搐自一处开始，按大脑皮质运动区的分布缓慢扩展，从一个局部扩展到整个一侧头面及肢体，称杰克逊（Jackson）发作；如自一侧拇指沿手指、腕、肘、肩部扩展，部分运动发作后如遗留暂时性（数分钟至数日）局部肢体瘫痪或无力，称Todd瘫；亦可表现为躯体感觉异常、幻觉、眩晕等。还可伴有头痛、腹痛、肠鸣、皮肤发红或苍白、出汗等内脏及皮肤自主神经功能障碍。

(2) 复杂部分性发作：又称精神运动性发作。发作以意识障碍、精神症状、自动症为特征。多见于成人，病变主要在颞叶，又称颞叶癫痫。发作时有意识模糊，出现错觉、幻觉、兴奋躁动，甚至伤人损物等精神症状。还可表现为无目的行为和无意识的动作，称自动症，如吸吮、咀嚼、吞咽、搓手、抚面、脱衣、解扣等，或机械性地重复发作前进行的活动，如行走、进餐等，甚至乘车坐船远行。每次发作历时数分钟至数小时，甚至长达数天，发作终止后不能记忆发作过程。

2. 全面性发作

(1) 全面性强直阵挛发作（GTCS）：又称大发作。以突然意识丧失和全身肌肉抽搐为特征，是最常见的发作类型。其发作分为三期：部分患者发作前可出现上腹不适、心悸、眩晕、幻觉、身体局部抽动、恐惧、精神症状等先兆表现，历时数秒钟。

1) 强直期：患者意识突然丧失，跌倒在地，全身骨骼肌呈持续性收缩、眼球上窜，喉肌痉挛，发出叫声。口部先强张后突闭，可咬伤唇舌。颈部和躯干先屈曲后反张，上肢先上举、后旋，再转为内收、前旋。下肢自屈曲转为强直。强直期持续10~20秒。

2) 阵挛期：不同肌群痉挛与松弛交替出现，阵挛频率由快变慢，松弛期逐渐延长，最后一次强烈阵挛后，抽搐突然终止。本期持续1~2分钟。以上两期均可出现心率加快、血压升高，汗液、唾液和支气管分泌物增多，瞳孔扩大、光反应消失，呼吸呈急冲式，口吐白沫或血沫。

3) 惊厥后期：阵挛期后尚有短暂的强直痉挛，造成牙关紧闭和大小便失禁。呼吸首先恢复，继而心率、血压、瞳孔等恢复至正常，肌张力松弛，意识逐渐苏醒。自发作开始到意识恢复经历5~10分钟。醒后感头痛，对发作过程不能记忆。少数患者在完全清醒前有自动症或情感变化。

(2) 失神发作又称小发作。主要表现以短暂的意识丧失为特征。多见于儿童，发作时正在进行的动作突然中断，手持物落地，两眼呆视，呼之不应，但不跌倒。发作历时5~30秒后停止，随即恢复常态，继续原活动，对发作过程无记忆，每日可发作数十次甚至上百次。

3. 癫痫持续状态　一次大发作持续30分钟以上或短期内连续频繁发作，间歇期意识未能恢复至正常状态者，称为癫痫持续状态。患者常伴高热、脱水、酸中毒、脑水肿等严重并发症。若不及时治疗可导致死亡。感染、中毒、疲劳、酗酒、睡眠不足及抗癫痫药物使用不当常是癫痫持续状态的诱发因素。

原发性癫痫在发作间歇期常无异常表现，但长期反复发作的患者可导致智力减退、反应迟钝。继发性癫痫常有原发病的临床表现。

【实验室及其他检查】

1. 脑电图检查　是诊断癫痫的重要检查。发作时,可见特异性脑电图改变,异常波为棘、尖波或慢波。

2. 血、尿、便和脑脊液检查　周围血白细胞分类和嗜酸性细胞计数、血糖、血钙、粪便虫卵、尿常规和氨基酸尿、脑脊液检查等,有助于查找继发性癫痫的病因。

3. 神经影像学检查　可确定脑结构性异常或损害,MRI较CT更为敏感;脑血管造影检查对颅内血管性病变、占位性病变、外伤性血肿的部位、范围及性质有帮助。

【治疗要点】

治疗原则:消除病因,减少及预防复发,保护脑功能。

1. 病因治疗　积极寻找病因并治疗,如对低血钙、低血糖、脑寄生虫病、脑瘤等应尽可能彻底治疗。

2. 一般治疗　应有良好的生活和饮食习惯,避免过饱、过劳、便秘、睡眠不足和情感冲动。食物以清淡为宜,不宜辛辣,戒烟酒等。适当的体力和脑力活动对健康有利,应予鼓励。不宜做危险性工作和活动,如攀高、游泳、驾驶车辆,以及在炉火旁或高压电机旁的作业等。更重要的是要解除其精神上的负担,不要因自卑感而孤独离群。

3. 药物治疗　根据发作类型,合理选择药物,控制发作。

(1) 常用的抗癫痫药物。见表9-6。

表9-6　抗癫痫药的剂量和不良反应

药物	适应类型	不良反应与毒性作用
苯妥英钠	单纯及复杂部分性发作、GTCS	胃肠道症状、毛发增多、齿龈增生、面容粗糙、小脑征、复视、精神症状、骨髓、肝、心损害、皮疹
卡马西平	单纯及复杂部分性发作、GTCS	胃肠道症状、小脑征、复视、嗜睡、体重增加、骨髓、肝损害、皮疹
苯巴比妥	单纯及复杂部分性发作、GTCS	嗜睡,小脑征,复视,认知与行为异常,毒性作用少见
拉莫三嗪	部分发作、GTCS	头晕、嗜睡、呕心、神经症状,儿童多见
丙戊酸钠	GTCS合并失神发作、单纯及复杂部分性发作、全面发作等各型	肥胖、震颤、毛发减少、踝肿胀、嗜睡、肝功能异常、骨髓与肝损害、胰腺炎
乙琥胺	失神发作	胃肠道症状、嗜睡、小脑症状、精神异常,少见骨髓损害

注意:丙戊酸钠是一种广谱抗癫痫药,对各型癫痫都有一定的疗效,是全面性发作,尤其是全身强直阵挛发作合并典型失神发作的首选药,也用于部分发作。

(2) 不良反应。各种抗癫痫药物都可引起多种不良反应。反应轻者应坚持服药,严重者应停药。用药前应检查血、尿常规和肝、肾功能。用药后定期体检,每月复查血、尿常规,每季作生化检查,并根据情况停药或换药。

(3) 用药注意事项。①尽可能用单一药物,从小剂量开始,逐渐增加至有效控制发作而无明显毒不良反应的剂量。当一种药物用到最大剂量仍然不能控制发作，并且出现明显毒不良反应时，可考虑两种药物联合使用。化学结构相同的药物不宜联合。②逐渐递增或递减药物剂量，注意增量可快，但减量一定要慢；换药应在第一种药物逐渐减量时逐渐增加第二种药物的剂量直至控制发作，并同时监测血药浓度，换药应有一周以上的交替时间。③坚持长期按时、按量服用，不可随意停药、换药、增加或减少药物剂量，以免引起严重的毒性反应或诱发癫痫持续状态。④停药时应遵循缓慢和逐渐减量的原则，一般应在完全控制发作4~5年后考虑停药，根据缓慢和逐渐减量的原则，1年左右无发作者方可停药，一般需要6个月甚至1年的时间才能完成。

4. 癫痫持续状态的处理

(1) 迅速控制发作。①首选地西泮（安定）10~20 mg缓慢静脉注射（儿童每公斤体重0.25~1.0 mg），速度每分钟不超过2 mg，有效而复发者，30分钟后可重复应用；或地西泮100~200 mg加入5%葡萄糖盐水500 mL，12小时内缓慢静脉滴注。②异戊巴比妥钠0.25~0.5 g溶于注射用水10 mL静脉注射，不超过0.1 g/min。③10%水合氯醛20~30 mL（儿童0.5 mL/kg）保留灌肠。④副醛8~10 mL（儿童0.3 mL/kg）加等量植物油保留灌肠，清醒后改口服抗癫痫药物。

(2) 加强护理。防止发作时跌伤和碰伤。用包以纱布的压舌板或折叠成条状的毛巾塞入上下臼齿之间，以免咬伤舌头。不可用力按压患者的肢体，以免骨折或脱臼。

(3) 对症治疗。去除诱发因素；保持呼吸道通畅，给氧，必要时作气管切开；高热时采取物理降温；纠正酸碱和电解质紊乱；有脑水肿可给甘露醇和呋塞米静；感染时应用抗生素。

【护理诊断/问题】

1. 有窒息的危险　与癫痫发作时喉头痉挛，气道分泌物增多有关。
2. 有受伤的危险　与癫痫发作时意识突然丧失或判断障碍有关。
3. 知识缺乏　缺乏长期正确服药知识和自我保健的知识。
4. 潜在并发症　脑水肿、酸中毒或水电解质紊乱。

【护理措施】

1. 保持呼吸道通畅　全面性强直阵挛发作，尤其是癫痫持续状态的患者，应取头低侧卧位或平卧头侧位，下颌稍向前，解开领带、衣扣和腰带，取下活动性义齿，防止舌后坠（可用舌钳将舌拖出）阻塞呼吸道，及时清除口鼻分泌物等，利于呼吸道通畅。及时合理吸氧，发作时不可强行喂食、喂药。癫痫持续状态者插胃管，进行鼻饲，防止误吸。必要时备好床旁吸引器和气管切开包。

2. 安全护理

(1) 发作期安全护理。告知患者有前驱症状时立即平卧，避免摔伤；发作时适度扶住患者的手、脚，防止自伤及碰伤，切勿用力按压抽搐肢体，防止骨折、脱臼。将压舌板或筷子、纱布、手绢等置于患者口腔一侧、上下臼齿之间防止舌、口唇和颊部咬伤，移去患者身边的危险物品。精神运动发作患者，要注意防止自伤、伤人、走失；躁动及癫痫持续状态的患者应专人守护，放置保护性床挡，必要时给予约束带适当约束；对于突然发病跌倒而易受擦伤的关节部位，应用棉垫或软垫加以保护，防止擦伤。

（2）发作间歇期安全护理。创造安全、安静的环境，保持室内光线柔和、无刺激；室内热水壶、火炉、锐利器械等应远离患者，防止突然发作引起烫伤、刺伤；频繁发作期，室外活动或外出时最好佩戴安全帽和随身携带安全卡。

3. 心理护理　癫痫患者尤其是难治性癫痫常因突然、反复多次发作而产生害怕、紧张、恐惧、忧郁、冷漠、愤怒、孤独、绝望等不良心理反应，应仔细观察患者的心理反应，关心、理解、尊重患者，鼓励患者表达自己的心理感受。指导患者保持平衡心态，树立战胜疾病的信心，配合长期药物治疗。

4. 病情监测　严密观察患者生命体征、神志、呼吸、瞳孔变化，注意发作过程有无发生窒息的可能，若出现面色发绀或苍白、出冷汗、喉部有痰鸣音、应警惕窒息的发生，应立即通知医生并配合抢救。观察发作的类型，记录发作的持续时间与频率；观察发作停止后患者是否意识完全恢复。

5. 用药指导　有效的抗癫痫药物治疗可使80%的患者发作得到控制。告诉患者抗癫痫药物治疗的原则及药物疗效与不良反应的观察，服药期间应定期做血药浓度监测，复查血象和血液生化检查。指导患者按医嘱坚持长期、正确服药和停药。

6. 避免诱发因素　避免疲劳、饥饿、饮酒、睡眠不足、便秘、感情冲动；避免过度换气、过度饮水、声光刺激、惊吓、阅读、心算、书写、下棋、刷牙、外耳道刺激等；避免突然停药、减药、漏服药及换药不当；避免上呼吸道感染、劳累、饮酒、妊娠与分娩；避免使用异烟肼、利多卡因、氨茶碱或抗抑郁药。

【健康教育】

1. 疾病知识指导　向患者和家属介绍疾病的相关知识，如何避免诱因和减少发作。告知患者要生活规律，心态良好。

2. 活动与休息　癫痫发作时和发作后均应卧床休息，平时建立良好的生活习惯，劳逸结合，保证睡眠充足。减少精神和感觉刺激，避免各种诱发因素。

3. 饮食指导　合理饮食，宜进食清淡、无刺激、富于营养的食物，避免饥饿或过饱，戒除烟、酒、咖啡。

4. 用药指导　按医嘱坚持长期、有规律服药，避免突然停药、减药及自行换药；定期复查血常规和肝、肾功能。应在医师指导下停药，即全面强直性发作-阵挛性发作完全控制4~5年后，失神发作停止6个月后可考虑停药。

5. 安全指导　禁止从事危险性活动如攀高、驾驶、游泳等及在炉火旁、高压电机旁的作业，以免发作时危及生命。平时随身携带健康卡，写有姓名、病史、住址和联系电话，以备发作时及时联系家人与抢救。

（赵　翠）

任务六　帕金森病患者的护理

案例导入

病例： 患者，男性，66岁。患者5年前开始出现一侧上肢动作不灵活和发抖，后扩延到四肢，静止时加重，运动时减轻，睡眠时停止。穿衣、梳头、刷牙等动作难以完成，行走时起步困难，步态不稳。体检：神志清楚，动作缓慢，伸屈肌肌张力增高，行走时呈慌张步态，生命体征正常，心、肺、腹检查正常。

请问： 1. 该患者目前主要的护理诊断是什么？

2. 目前主要应选择何种药物治疗？如何指导患者用药？

帕金森病（Parkinson disease，PD）又称震颤麻痹，是由于大脑黑质多巴胺（DA）能神经元变性缺失引起的一种常见的神经系统变性疾病，以静止性震颤、肌强直、体位不稳等为主要表现。多见于中老年人，男性多于女性。多因恶病质和肺部感染等并发症而死亡。

【病因发病机制】

至今病因尚未明，一般是多种因素共同作用所致，评估时应询问家族史、外伤史、既往疾病史，有无农业或工业毒物的接触史及疾病进展、演变情况。

1. 年龄老化　本病多见于中老年人，40岁以前发病者少见，60岁以上人口的患病率高达1%，年龄老化可能与发病有关。

2. 环境因素　长期接触杀虫剂或工业化学物品可能是本病的危险因素，嗜神经毒甲苯基四氢吡啶（MPTP）可导致多巴胺能神经元变性死亡，引起酷似帕金森病的临床症状。

3. 遗传因素　本病在一些家族中呈聚集现象，约10%的患者存在家族史，呈不完全外显的常染色体显性遗传或隐性遗传。

【临床表现】

本病起病隐匿，进展缓慢，进行性加重。首发症状多为震颤，其次为步行障碍、肌强直和运动迟缓。

1. 静止性震颤　多从一侧上肢远端开始，呈现节律性手指屈曲和拇指对掌运动，类似"搓丸样"动作，4~6次/秒，大多在静止状态时出现，情绪紧张时加剧，随意活动时减轻，入睡后则消失，称为静止性震颤。随病情的进展，震颤逐渐波及同侧下肢和对侧上、下肢，呈"N"字形进展，通常上肢比下肢明显，下颌、口唇、舌和头部的震颤多在病程后期出现。少数无震颤，尤其是年龄在70岁以上患者可不出现震颤。

2. 肌强直　多从一侧的上肢或下肢近端开始，逐渐蔓延至远端、对侧和全身的肌肉。肌强直表现为屈肌与伸肌的肌张力均增高，若被动运动时关节保持阻力增高，类似弯曲软铅管感觉，称铅管样强直；同时伴有震颤，当肌强直与静止性震颤叠加，检查时感觉在均匀阻力中出现断续的停顿,类似转动齿轮,称为齿轮样强直。

3. 运动迟缓　患者随意运动减少、减慢,开始动作困难、缓慢和活动减少,患者翻身、起立、行走、转弯显得笨拙缓慢,行走时启动和终止困难,穿衣、梳头、刷牙等动作难以完成。面肌活动少时,表情呆板,常双眼凝视,瞬目减少,笑容出现和消失减慢,称面具脸。精细动作难以完成,难以系鞋带、裤带,写字时笔迹颤动有越写越小的趋势,称写字过小征。

4. 姿势步态异常　由于四肢、躯干和颈部肌强直使患者站立时呈低头屈背、前臂内收、肘关节屈曲、腕关节伸直、髋及膝关节略弯曲的特有屈曲姿势。行走时启动困难,走路缓慢,上肢摆动消失,步伐碎小,脚几乎不能离地,往往失去重心,越走越快呈前冲状,不能及时停步,呈慌张步态。晚期坐、卧、起步困难,全身僵硬,不能动弹。

5. 其他症状　以自主神经功能障碍常见,可有汗液、唾液及皮脂分泌过多,顽固性便秘,直立性低血压。部分患者可出现精神症状,如情绪抑郁、视幻觉、记忆减退等。严重者可并发肺部感染、骨折、抑郁症等并发症,少数可并发痴呆,严重影响患者生活质量,甚至威胁患者生命。

【临床表现】

1. 基因检测　DNA印迹技术、聚合酶链反应技术(PCR)、DNA序列分析等可发现易感基因。

2. 生化检测　高效液相色谱(HPLC)可检出脑脊液中多巴胺代谢产物高香草酸(HVA)水平降低。

3. 影像学检查　正电子发射计算机断层扫描(PET)、单光子发射计算机断层扫描(SPECT)进行脑功能显像检测,对PD的早期诊断和监测病情进展有价值。颅脑CT、MRI缺乏特征性改变。

【治疗要点】

1. 药物治疗　药物治疗应坚持低剂量和缓慢的原则,尽可能维持低剂量,缓慢增量,强调个体化治疗。主要措施为提高脑内多巴胺的含量及其作用;降低乙酰胆碱的活力;恢复纹状体内多巴胺与乙酰胆碱递质系统平衡。其目的是缓解症状,提高患者生活质量。

(1) 常见药物,见表9-7。左旋多巴是目前治疗PD的最基础、最有效的药物。

(2) 不良反应及处理。①服用左旋多巴制剂患者出现食欲减退、恶心、呕吐、便秘、直立性低血压、失眠等不良反应时,可减少剂量或进食时服药症状会逐渐消失;出现幻觉、妄想等严重精神症状时,应及时就诊。②"开关现象",指突然的症状加重不能活动(开)和突然的症状缓解行动自如(关),可在数分钟至数十分钟内交替出现。一般与服药时间和剂量无关,不可预料,可适当加用多巴胺受体激动剂,减少或防止发生。③疗效减退又称剂末效应,是指患者在用药后的前3~5年疗效较满意,以后越来越差以致失效,与有效血浓度有关,可预知,增加每日总剂量并分开多次服用可以预防。④异动症,是指长期服用左旋多巴制剂的患者,表现为舞蹈症或手足徐动样不自主运动、肌强直或肌阵挛,与药物过量有关,减少左旋多巴单次剂量或加用多巴胺受体激动剂可缓解。

表9-7 常用抗帕金森病药物

药物类型	常见药物	不良反应	注意事项
抗胆碱能药物	苯海索（安坦） 苯扎托品	口干、眩晕、便秘、小便困难、瞳孔扩大、视力模糊	青光眼及前列腺肥大者禁用
多巴胺能药	左旋多巴 多巴丝肼 卡左双多巴	恶心、呕吐、失眠、幻觉、直立性低血压、不自主运动等；"开关"现象；"剂末"效应等	青光眼、精神病患者禁用
多巴胺受体激动剂	培高利特 溴隐亭 麦角乙脲	恶心、呕吐、幻觉、不自主运动、直立性低血压、嗜睡等	精神病患者禁用
单胺氧化酶抑制剂	司来吉兰	恶心、呕吐、眩晕、疲倦、精神症状、骨骼肌不适感	胃溃疡患者慎用
儿茶酚氧位甲基转移酶抑制剂	托卡朋	运动障碍、恶心、呕吐、睡眠障碍、厌食、腹泻、转氨酶升高	肝损害患者慎用
	金刚烷胺	下肢青斑、水肿、抑郁、食欲减退等	肾功能不全、癫痫、胃溃疡慎用

（3）用药注意事项。用药应注意剂量个体化，从小剂量开始，逐步缓慢加量直至有效维持，饭前或饭后1小时分次服用。服药期间尽量避免使用维生素B_6、氯氮䓬、利血平、氯丙嗪、奋乃静等药物，以免降低药物疗效或导致直立性低血压。长期服用疗效减退时，应积极寻找并去除相关因素；出现症状波动和运动障碍时，应观察并记录发生的次数和持续时间，以便为调整药物提供依据。

2. **外科手术治疗** 对于长期药物治疗疗效明显减退的患者可考虑手术治疗，但不能根治，只能改善症状，术后仍需要药物治疗。

3. **康复治疗** 指导患者进行肢体、语言、进食等训练，可提高生活质量，减少并发症，同时，加强心理疏导与疾病教育也是PD的综合性治疗措施。

【护理诊断/问题】

1. **躯体活动障碍** 与震颤、肌强直、随意运动异常有关。
2. **自尊低下** 与震颤、流涎、面肌强直等自身形象改变和生活依赖他人有关。
3. **营养失调：低于机体需要量** 与吞咽困难、饮食减少和震颤、肌强直所致机体消耗量增加有关。
4. **知识缺乏** 缺乏本病相关知识。

【护理措施】

1. 日常生活指导　指导和鼓励患者自我护理，做自己力所能及的事情，协助患者洗漱、进食、沐浴，做好安全防护。指导患者穿柔软、宽松的棉质衣服，经常清洁皮肤，勤换被褥、衣服，勤洗澡。卧床患者宜用气垫床或按摩床，应协助进行床上擦浴，每天1~2次；保持床单整洁、干燥，定时翻身、拍背，帮助饭后漱口和每日温水全身擦拭，并注意做好骨突处按摩和保护，预防压疮发生；对于行动困难、起坐困难者应配备牢固且高度适中的座厕、沙发或椅、床和床栏，利于患者起坐；配备手杖、室内或走道扶手等必要的辅助设施；呼叫器置于患者床边；生活日用品固定放置于患者伸手可及处，以方便患者生活起居。患者动作笨拙，常有失误，进食时应防烫伤，尽量选用不易摔碎的餐具。

2. 饮食、大小便指导　给予高热量、高维生素、低脂、适量优质蛋白的易消化饮食，指导患者多食新鲜蔬菜、水果、蜂蜜，保持大便通畅，减轻便秘；高蛋白饮食会降低左旋多巴类药物的疗效，应注意避免同时服用；指导患者每天定时按摩腹部，促进肠蠕动，也可服用蜂蜜，必要时用番泻叶等缓泻剂，或给予开塞露、灌肠等；指导有排尿困难的患者，心理放松，可按摩腹部、热敷等刺激排尿，必要时给予导尿和留置尿管；卧床患者应学会使用便器，协助患者在床上完成大小便。

3. 运动指导　根据病情，帮助患者制定有目的的锻炼计划，告知患者运动锻炼的目的在于防止和推迟关节强直和肢体挛缩，知难而退或由他人包办只会加速功能衰退。如患者感到从椅子上起立或坐下有困难，每天做完一般运动后，应反复练习起坐动作。鼓励患者选择适当的活动，如散步、太极拳、床边体操等，注意保持身体和各关节的活动强度与最大活动范围。走动时思想要放松，尽量抬高、跨大步伐；目视前方，双臂摆动；转弯时不要碎步移动，以免失去平衡；护士或家人在协助患者行走时，不要强拉患者行走；患者感到脚粘在地上，不能起步时，可告知患者先后退一步，再向前走，比直接向前会更容易。晚期出现运动障碍的患者，宜采取舒适体位，帮助患者被动活动关节，按摩四肢肌肉，注意动作轻柔，以免引起患者疼痛和骨折。

4. 心理指导

（1）早期患者动作迟钝笨拙、表情淡漠、流涎，易产生自卑忧郁心理，不愿与人交往，沉默寡言。病情进展加重后，生活自理能力也逐渐下降，可产生焦虑、恐惧甚至绝望心理。应关心、鼓励患者，耐心倾听患者的心理感受，及时给予正确的帮助和引导；鼓励患者做力所能及的家务劳动，维持和培养兴趣爱好，帮助培养和寻找新的简单、易做的爱好，为其创造良好的亲情和人际关系。嘱患者家属要理解患者的感受和处境，尽力帮助患者解决困难、给予更好的家庭支持。

（2）指导患者面肌功能训练，多做鼓腮、伸舌、噘嘴、露齿、吹吸等动作，可改善面部表情和吞咽困难；协助患者保持着装整洁和自我形象的尽量完美；为患者提供必要的隐蔽环境，指导患者保持口腔清洁，随身携带纸巾擦去口角的分泌物，尽量维护自身形象。

5. 用药指导　遵医嘱选择应用抗胆碱能药、多巴胺能药、多巴胺能受体激动剂等，注意观察用药疗效和不良反应，出现严重不良反应时应报告医生积极处理。

【健康教育】

1. **疾病知识指导** 应告知患者本病相关知识、治疗与预后的关系，使患者知道本病目前尚无根治方法，但若能及时正确治疗，多数患者发病数年可继续工作，不影响生活质量。让患者及家属学会观察病情及有关自我护理的方法，制订切实可行的护理计划并督促落实。

2. **日常生活指导** 指导患者合理饮食，保证足够营养；生活有规律，保持平衡心态；避免情绪紧张、激动；保持个人卫生；长期卧床的患者应勤翻身、勤擦洗，预防压疮。

3. **用药指导** 让患者了解常用药物种类、用药方法、注意事项、药物疗效和不良反应的观察和处理。按医嘱正确服药，防止错服、漏服，坚持门诊随访，定期复查肝肾功能、血常规，监测血压变化。当患者出现发热、外伤或运动障碍、精神智能障碍加重时应及时就诊。告知患者药物治疗可使多数患者的症状得到缓解，但不能阻止病情的进展，需要长期或终身服药治疗。

4. **康复指导** 指导患者学会康复训练的方法，坚持适当的锻炼，鼓励患者做力所能及的家务劳动，维持和培养兴趣爱好，坚持适当的主动运动。卧床患者协助被动活动关节和按摩肢体，同时配合体疗、理疗，预防关节僵硬和肢体挛缩，提高生活质量。锻炼和外出时需有人陪伴，随身携带写有患者姓名、住址和联系电话的"健康卡"。

（马　婕）

任务七　神经系统常用诊疗技术及护理

一、腰椎穿刺术的护理

腰椎穿刺术（Lumbar puncture）是诊断神经系统疾病的一项重要检查。通过腰椎穿刺可以测定颅内压，同时了解脑脊液成分和压力的变化。主要用于中枢神经系统疾病的诊断和鉴别诊断。

【适应证】

1. **诊断性穿刺** 通过腰椎穿刺可以测定颅内压，抽取脑脊液作常规及生化、细胞学、免疫学测定用以诊断脑、脊髓病变。①可确定是出血性还是缺血性脑血管疾病。②中枢神经系统炎症。③脑肿瘤。④脊髓疾病。⑤脑脊液循环障碍。

2. **治疗性穿刺** 可鞘内注射治疗药物；可放出少量脑脊液，降低颅内压。

【禁忌证】

（1）患者颅内压明显增高并有明显的视盘水肿或疑有早期脑疝的患者。

（2）穿刺部位皮肤、皮下组织感染者、脊柱结核、全身有感染性疾病如败血症者。

(3) 血液系统疾病出血倾向者、使用肝素等药物导致的出血倾向者以及血小板小于 $50×10^9$/L 者。

【操作方法】

(1) 患者去枕侧卧于硬板床上，背部与床面垂直，低头双手抱膝，腰部尽量后凸使椎间隙增宽。

(2) 确定穿刺点，穿刺部位一般取第3或第4腰椎间隙，两侧髂前上棘连线和脊棘的交点为第3腰椎间隙。

(3) 常规消毒皮肤，戴无菌手套、铺洞巾，以2%利多卡因自皮肤至椎间韧带行局部浸润麻醉。

(4) 术者左手固定穿刺点皮肤，右手持穿刺针垂直于背部，针尖稍斜向头部缓慢进针，推进4~6 cm（儿童2~3 cm）深度时，或感到阻力突然消失表明针尖已进入脊膜腔。拔出针芯，脑脊液自动流出，先进行测压，如压力明显增高，针芯则不能完全拔出，使脑脊液缓慢涌出，防止脑疝形成。

(5) 动力试验，若需了解蛛网膜下腔有无阻塞，可做动力试验（亦称压颈试验）即于测定初压后，压迫患者一侧颈静脉10秒，进行观察判断。脑脊液压力于压颈后立即上升至原来水平一倍，解除压迫后，在20秒内迅速下降至原来水平，表明蛛网膜下腔无阻塞。若脑脊液压力于压颈后不上升，表明蛛网膜下腔完全阻塞。若脑脊液压力于压颈后缓慢上升，解除压迫后又缓慢下降或不下降，表明蛛网膜下腔有不完全阻塞。

(6) 接取脑脊液3~5 mL于无菌试管中送检。

【穿刺术护理】

1. 穿刺前准备　术前向患者说明穿刺的意义及注意事项，请患者或家属签字，利于配合穿刺。并于穿刺前备好腰椎穿刺包，令患者排空大小便。

2. 穿刺中护理　穿刺中注意观察患者病情变化，患者面色、呼吸、脉搏等。询问患者确无不适感，如有异常，立即报告医师作出处理。

3. 穿刺术后护理　术毕，将针芯插入后一起拔出穿刺针，覆盖消毒纱布，用胶布固定。去枕平卧4~6小时。卧床期间嘱患者不要抬高头部，可适当转动身体。观察患者有无头痛、腰背疼痛、脑疝及感染等不适或并发症。穿刺后疼痛多发生在穿刺术后1~7天，因脑脊液放出过多或持续性脑脊液外漏导致颅内压降低所致。可指导患者多饮水，可延长卧床时间至24小时。

二、数字减影血管造影的护理

数字减影血管造影（digital subtraction angiograpHy，DSA）是应用电子计算机程序将组织图像转化成数字信号输入并储存，然后经动脉或静脉注入造影剂获得的第二次图像再输入计算机进行处理，骨骼、脑组织等图像均被剪影除去，使充盈造影剂的血管图像保留下来并经过再处理后传送到监视器上，得到清晰的血管影像。优点是简便快捷，血管影像清晰，并可选择性拍片。

【适应证】

DSA主要用于头颈部血管病变的检查,如颅内血管瘤、动静脉畸形及动脉狭窄闭塞等,可观察脑血管的走形、有无移位、闭塞和血管异常等。

【禁忌证】

（1）有严重出血倾向者。
（2）对造影剂和麻醉剂过敏者。
（3）病情危重不能耐受手术者。

【造影前准备】

1. 介绍检查知识　向患者及家属说明血管造影的必要性和造影过程中可能发生的反应,家属签字,取得患者的配合。儿童和烦躁不安的患者应用镇静药或在麻醉下进行。
2. 实验检查　检查患者的出凝血时间及血小板计数。做普鲁卡因及碘剂过敏试验。
3. 皮肤准备　穿刺部位的皮肤要求清洁,按外科术前要求准备皮肤。备皮范围为5 cm×5 cm。有皮肤感染者暂缓造影。
4. 药品和器械的准备　准备60%泛影葡胺、2%利多卡因、生理盐水、动脉穿刺包、手套、沙袋及抢救物品等。
5. 肠道准备　术前4~6小时禁食,术前30分钟排空大小便。

【造影后护理】

1. 病情观察　密切观察呼吸、血压,有无造影剂引起的不良反应并及时处理,肢体制动6~12小时。观察足背动脉是否有搏动和远端皮肤颜色、温度等。
2. 穿刺点护理　穿刺部位加压包扎,股动脉穿刺点应用沙袋压迫止血6~24小时。观察穿刺部位是否有血肿。
3. 活动与饮食　水平卧床4小时后再起床活动或进食,术后24小时多饮水,以促进造影剂排泄。

三、高压氧治疗术的护理

高压氧治疗（hyperbaric oxygen treatment, HBOT）是指在超过1个大气压的环境下吸入100%纯氧治疗,可提高血氧含量、增加血氧弥散和组织内的氧含量,迅速改善或纠正组织缺氧,防止或减轻缺氧损害的发生、发展。高压氧治疗所需的特殊设备为加压舱或高压氧舱。高压氧治疗方法按氧舱类型分为多人舱和单人舱两种。

【适应证】

（1）各种急、慢性缺氧性疾病：一氧化碳中毒、脑复苏、缺氧性脑血管病、脑炎、中毒性脑病、急性颅脑损伤、神经性耳聋、急性眼底供血障碍、早期神经萎缩等。
（2）脊髓及周围神经损伤、多发性硬化。
（3）血管性痴呆、植物状态等。

【禁忌证】

（1）未经处理的自发性气胸、多发性肋骨骨折、活动性肺结核、恶性肿瘤特别是已转移的恶性肿瘤，为绝对禁忌。

（2）中耳炎或咽鼓管不通畅、肺部感染、肺气肿、出血性疾病、重症甲亢、血压过高、眼压增高、心动过缓、孕妇和月经期、有氧中毒史或高压氧耐受差者，为禁忌。

【术前准备】

1. 患者准备　①严格选择适应证；了解每位患者的病情，做必要的体检，配合医生及时发现患者入舱治疗的禁忌证。②做好患者的思想工作，介绍高压氧治疗的基础知识，消除其紧张心理。③教会患者捏鼻、鼓气、吞咽等中耳调节动作，以便在加压时及时张开咽鼓管及正确戴面罩吸氧的方法，在舱内有不适应及时告知操舱人员。④收缴患者各种违禁物品，入纯氧舱治疗者入舱前应更换纯棉衣服，洗净油脂类化妆品，告之不能乱动舱内设备。⑤对首次入舱治疗者常规使用1%麻黄碱液滴鼻；入舱前不宜多饮水或空腹，要预先排出大小便。

2. 用物准备　①全面检查舱内设备，如仪表、照明、阀门、气源、氧源及应急装置等是否处于完好状态；开通对讲机，直至减压毕，舱门打开。②定期检查舱内常用药品和器械，如各类急救药品、静脉输液器、空针、消毒敷料、长血浆分离针头、吸引器、血压计等。

【术中配合】

1. 多人舱

（1）加压。①准备完毕，关闭舱门，陪舱护士接"开始加压"通知后即告知舱内人员。②采用压缩空气加压，开始升压时速度要慢，随着表压的逐渐升高，加压速度加快，最大速度不超过0.015 kPa/min，直至达预定治疗压力（2～3个大气压）。③加压时患者出现耳痛或不适，应及时停止加压，给患者滴鼻、做中耳调节动作，若无效可减压或减压出舱，切忌强行加压。④对重症患者应监测生命体征并做记录，昏迷患者要观察有无躁动等，防止坠床，还可向口中少量滴水，帮助吞咽以缓解面部不适，输液者要调高滴管内的液平面，控制滴速。

（2）稳压。①加压达预定治疗压力后，应关闭加压阀，同时通知、协助舱内患者正确戴紧面罩，开始吸氧，保证有效吸氧，氧压以0.2～0.3 kPa为宜。稳压吸氧一般采用间断吸氧，即吸氧20～40分钟后换吸舱内压缩空气5～10分钟，然后再吸氧20～40分钟，指导患者适当加深呼吸但不要加快呼吸；使用带气囊的供氧装置，不要挤压、拍击气囊，以防发生肺气压伤。②若患者出现面部肌肉抽搐、出冷汗、视觉变化、胸骨后疼痛、进行性呼吸困难等，提示氧中毒，应立即终止吸氧，并给予相应处理。③对带有气管插管或鼻导管吸氧者，氧流量应调至10～15 L/min；对有四肢末梢循环障碍者，应询问、观察末梢循环。④高压舱在荷压情况下，人员和大型医疗器械出入使用过渡舱，体积较小的物品传递使用递物筒，人及物品在治疗舱、过渡舱和递物筒之间时，必须先将过渡舱和递物筒压力升至治疗舱内压；人员及物品出舱，必须先将过渡舱和递物筒压力降至常压，压力表指示到"0"；吸氧结束，通知舱内人员"停止吸氧"。

（3）减压。①舱内护士接"开始减压"通知后，告知患者防寒、保暖，禁忌屏气，防止肺气压伤发生；应缓慢减压，注意通风，防止舱内起雾；按规定的时间减压，不得擅自缩短减压时间；一般采用均匀缓慢等速减压法，治疗减压病、肺气压伤，用阶段停留减压法，直至舱内压降至常压后出舱。②患者出现轻度腹部不适、便意等症状是由于减压时胃肠胀气、肠蠕动加快所致，不需特别处理。③昏迷患者减压时应观察并记录血压、脉搏、呼吸等变化，及时发现脑水肿反跳、肺水肿等；有气管插管或切开、呼吸道分泌物阻塞、休克、血压不稳、脑水肿反复出现等，应延长减压时间。④舱内抢救患者时，医务人员体质弱或有慢性病、舱内体力消耗过大、对高压环境不习惯等，也应延长减压时间。⑤对减压出舱人员应注意观察有无皮疹、瘙痒、关节肌肉疼痛、呼吸困难等减压病症状。

2. 单人舱　单人舱治疗有采用"纯氧"加压和"压缩空气"加压两种形式。单人纯氧舱治疗必须在加压之前洗舱（充氧气以置换舱内空气）。洗舱方式有间歇洗舱法和持续洗舱法两种。持续洗舱法比较舒适，但用氧量较大。方法是向舱内充氧使压力达 0.02 mPa 时，边充氧边打开排氧阀，使舱内压力不变，持续 3~5 分钟，使舱内空气被置换出舱，舱内氧浓度达 85% 以上时，关闭排氧阀，继续加压到预定治疗压力不超过表压 0.2 mPa，稳压后每 20~30 分钟用纯氧通风换气 1 次（采用压缩空气加压时舱内压力不得超过 0.3 mPa）。用纯氧加压达预定治疗压时无需通知开始吸氧。

【术后并发症】

高压氧治疗后可并发肺气压伤、氧中毒、减压病，昏迷患者可致脑水肿加重、肺水肿、伤口渗血或出血等。

【注意事项】

（1）严格执行"五禁"：①严禁火种入舱；②绝对禁止吸烟；③严禁穿易产生静电火花的化纤服装或被褥入舱；④严禁腐蚀品或易燃品入舱；⑤未经许可严禁启动舱内一切设备。

（2）严格遵守高压氧安全操作规程，在治疗或抢救过程中，舱内、外人员应随时联系，密切配合。

（3）严格执行舱内消毒隔离制度，及时清洁、消毒舱体，防止空气污染和交互感染。

（4）对需执行抢救的危重患者，生活不能自理、行走不便的老年患者及婴幼儿，病情需严密观察并决定今后治疗方案者，应采取陪舱。

（5）稳压吸氧阶段是整个高压氧治疗的重要环节，要求高度集中注意力。

项目小结

本项目学习重点是周围神经疾病、脊髓疾病、急性脑血管疾病、癫痫、帕金森病等患者的身体状况、护理措施及健康指导。学习难点是周围神经疾病、脊髓疾病、急性脑血管疾病、癫痫、帕金森病等疾病的治疗要点及实验室检查特点。特别是急性脑血管疾病的发病率、致残率、死亡率均较高，因此，积极防控急性脑血管病是防止和减少死亡率和致残率的关键,在学习过程中可通过病例讨论及多媒体演示等方法,加深对疾病的认识和理解。

(马　婕)

项目测试

A₁/A₂型题:

1. 一名颅内压增高患者,病情有加剧表现,处理的关键措施是　　　　　　　　　　(　　)
   A. 头颅CT,明确病变的性质和部位
   B. 安静卧床,头抬高30°
   C. 保持便通
   D. 20%甘露醇250 mL,2次/日,静脉滴注
   E. 限制水和钠盐的摄入

2. 为降低颅内压和防止颅内压突然增高,常采取的措施下列哪项不正确　　　　　　(　　)
   A. 镇静、休息　　　　B. 床头抬高15°~30°的斜坡位　　　　C. 发热者给予降温
   D. 应用脱水剂　　　　E. 输液量可不控制

3. 脑出血最常见部位　　　　　　　　　　　　　　　　　　　　　　　　　　　(　　)
   A. 脑干　　　　　　　B. 小脑　　　　　　　　　　　　C. 内囊
   D. 大脑半球　　　　　E. 脑桥

4. 缺血性脑血管疾病的主要治疗措施是　　　　　　　　　　　　　　　　　　　(　　)
   A. 抗凝治疗　　　　　B. 脱水药　　　　　　　　　　　C. 血管扩张药
   D. 利尿药　　　　　　E. 镇静药

5. 脑出血以内囊出血最常见,其特征性的临床表现为　　　　　　　　　　　　　(　　)
   A. 同侧偏瘫　　　　　B. 对侧偏瘫　　　　　　　　　　C. 三偏征
   D. 同侧偏麻　　　　　E. 交叉性偏瘫

6. 脑出血患者应采取的体位　　　　　　　　　　　　　　　　　　　　　　　　(　　)
   A. 平卧位　　　　　　B. 仰卧位,头部稍抬高　　　　　C. 半卧位
   D. 中凹卧位　　　　　E. 平卧位,头偏向一侧

7. 观察脑出血患者时,发现哪种情况提示出血已经停止　　　　　　　　　　　　(　　)
   A. 瞳孔先缩小后散大　B. 血压继续升高　　　　　　　　C. 呼吸不规则
   D. 意识障碍变浅　　　E. 脉搏变慢

8. 有关脑血栓护理错误的是　　　　　　　　　　　　　　　　　　　　　　　　(　　)
   A. 平卧位　　　　　　B. 避免激动　　　　　　　　　　C. 头部冷敷
   D. 鼻饲流质　　　　　E. 注意保暖

9. 重症脑出血患者不宜行腰椎穿刺检查,以免引起下面哪种情况　　　　　　　　(　　)
   A. 加重脑水肿　　　　B. 引发癫痫　　　　　　　　　　C. 引起感染
   D. 加重脑出血　　　　E. 诱发脑疝

10. 脑出血患者行CT检查时出血部位呈　　　　　　　　　　　　　　　　　　　(　　)
    A. 低度密影　　　　　B. 正常显影　　　　　　　　　　C. 可见脑室扩大

D. 脑组织偏移　　　　　　　E. 高度密影

11. 脑血栓形成患者服用阿司匹林的目的是　　　　　　　　　　　　　　　　（　）
   A. 抗炎　　　　　　　B. 抗水肿　　　　　　　C. 预防体温升高
   D. 抗血小板凝集　　　E. 溶解血栓

12. 发病最急的脑卒中是　　　　　　　　　　　　　　　　　　　　　　　　（　）
   A. 脑栓塞　　　　　　B. 脑血栓形成　　　　　C. 脑出血
   D. 脑静脉血栓形成　　E. 蛛网膜下腔出血

13. 鉴别脑出血和脑血栓形成的主要依据为　　　　　　　　　　　　　　　　（　）
   A. 有无失语　　　　　B. 有无高血压　　　　　C. 有无脑水肿
   D. 脑CT扫描结果　　　E. 肢体瘫痪程度

14. 两侧瞳孔呈针尖样缩小常见于　　　　　　　　　　　　　　　　　　　　（　）
   A. 脑桥出血　　　　　B. 小脑出血　　　　　　C. 脑梗死
   D. 丘脑出血　　　　　E. 蛛网膜下腔出血

15. 患者头部禁止使用冰袋及冷敷的是　　　　　　　　　　　　　　　　　　（　）
   A. 脑出血　　　　　　B. 蛛网膜下腔出血　　　C. 脑血栓
   D. 小脑出血　　　　　E. 内囊出血

16. 治疗癫痫持续状态首选的药物是　　　　　　　　　　　　　　　　　　　（　）
   A. 10%水合氯醛保留灌肠　　B. 地西泮静脉滴注　　C. 苯巴比妥
   D. 丙戊酸钠　　　　　E. 卡马西平

17. 护理急性脑血管疾病患者时，发现患者突然呼吸减慢，瞳孔不等大，应考虑（　）
   A. 窒息　　　　　　　B. 脑疝　　　　　　　　C. 呼吸衰竭
   D. 脑出血加重　　　　E. 室颤先兆

18. 脑出血最好发的部位在　　　　　　　　　　　　　　　　　　　　　　　（　）
   A. 脑桥　　　　　　　B. 内囊　　　　　　　　C. 小脑
   D. 大脑皮质　　　　　E. 中脑

19. 对急性脑出血患者的护理措施中，下列哪项错误　　　　　　　　　　　　（　）
   A. 定时检测生命体征　B. 绝对卧床，避免不必要搬动　C. 头部置冰袋
   D. 头低足高位　　　　E. 密切观察意识、瞳孔变化

20. 李先生，24岁，3h前活动时突然剧烈头痛和喷射状呕吐。查体：神清，四肢肌力正常，脑膜刺激征（+），下列哪项护理措施不妥　　　　　　　　　　　　　　　　　　　　　　　　　（　）
   A. 保持大便通畅　　　B. 密切观察生命体征　　C. 限制探视
   D. 避免精神刺激　　　E. 头痛时可遵医嘱给予哌替啶止痛

21. 患者，男，30岁。病程4个月，头痛发病，入院前出现左侧肢体无力和呕吐。入院检查：意识清，眼底视盘水肿，左上下肢肌力Ⅳ级，腱反射活跃，病理征（+）。诊断是　　　　　　　　　（　）
   A. 脑梗死　　　　　　B. 脑出血　　　　　　　C. 蛛网膜下腔出血
   D. 脑水肿　　　　　　E. 颅内压增高

22. 患者，男性，55岁。动脉硬化病史两年，1年内出现3次突然说话不流利，每次持续30 min左右，第三次发作时伴右侧肢体麻木，神经系统检查正常。最可能的诊断是　　　　　　　　　（　）
   A. 癫痫部分性发作　　B. 偏头痛　　　　　　　C. 颈椎病
   D. 顶叶肿瘤　　　　　E. 短暂性脑缺血发作

23. 患者，女性，34岁。洗衣时突发左侧肢体活动不灵。查体：意识清，失语，心律不齐，心率106次/分，脉搏86次/分，左上肢肌力0级，下肢肌力2级，偏深感觉障碍，首选考虑的疾病是　　　　（　）
   A. 脑血栓形成　　　　B. 脑栓塞　　　　　　　C. 脑出血

D. 短暂性脑缺血发作 E. 蛛网膜下腔出血

24. 患者，男性，60岁。突发右上肢无力，且言语不能，约2 min恢复正常，发作后检查神经系统正常。最可能的诊断是 （　　）

    A. 脑出血 B. 癔症发作 C. 短暂性脑缺血发作
    D. 局限性癫痫 E. 脑栓塞

25. 患者，男性，80岁。脑出血入院，出现意识模糊，频繁呕吐。查体：右侧瞳孔散大，血压208/120 mmHg，左侧偏瘫，应禁止使用的护理措施为 （　　）

    A. 绝对卧床休息，头偏向一侧
    B. 应用脱水，降颅压治疗
    C. 遵医嘱降血压
    D. 置瘫痪肢体功能位
    E. 协助生活护理，采用灌肠保持大便通畅

26. 患者，女性，34岁。两周来，常在刷牙时出现左侧面颊和上牙疼痛，每次持续3～4 min，神经系统检查未发现异常，应考虑的诊断是 （　　）

    A. 牙痛 B. 三叉神经痛 C. 面神经痛
    D. 鼻窦炎 E. 单纯部分性发作

27. 患者，男性，41岁。既往体健，今日因寒冷突然出现左侧面部剧痛，医院诊断为三叉神经痛，首选的治疗药物是 （　　）

    A. 阿司匹林 B. 6氨基己酸 C. 卡马西平
    D. 地西泮 E. 新斯的明

28. 某高血压患者，突然剧烈头痛，喷射性呕吐，昏迷，诊断为脑出血。下列不正确的护理措施是（　　）

    A. 取去枕平卧位 B. 补充血容量 C. 头部热敷
    D. 发病后24～48小时避免搬动 E. 8小时后给鼻饲饮食

29. 脑出血患者，55岁。入院2 d，持续浅昏迷，颅内压持续增高，生命体征尚可，心肾功能良好，脑CT示：小脑出血血肿20 mL左右，侧脑室有扩大征象，采取哪种措施最合适 （　　）

    A. 继续内科用药降颅压 B. 降血压 C. 鼻饲以保证营养
    D. 止血药 E. 手术清除血肿

30. 某脑血栓形成患者，54岁。突然失语，右侧肢体活动障碍1周，未进行治疗，后因病情加重，出现嗜睡，尿失禁入院。下列哪项不作为该患者的护理诊断 （　　）

    A. 躯体移动障碍 B. 生活自理能力缺陷 C. 语言沟通障碍
    D. 有失用综合征的危险 E. 脑组织缺血

31. 某动脉硬化性脑梗死患者，出现失语，右侧肢体运动障碍等，无意识障碍，既往有高血压病史。下列护理中错误的是 （　　）

    A. 保持安静避免搬动 B. 头部冰袋冷敷 C. 定时监测生命体征、意识及瞳孔
    D. 取平卧位 E. 病情稳定后进行肢体功能锻炼

32. 某癫痫患者，20岁。8年前无诱因常出现发作性头痛、眼凝视，数秒钟后恢复，无抽搐。近2年上述症状加重，发作性四肢抽搐，先强直后阵挛，口吐白沫伴意识丧失。该患者护理诊断应除外（　　）

    A. 有受伤的危险 B. 强直阵挛发作 C. 有窒息的危险
    D. 自尊紊乱 E. 知识缺乏

33. 患者，男，33岁。因风心病伴房颤反复发作8年休息在家，近日突然右侧肢体瘫痪，失语，偏身感觉障碍，查脑脊液正常。最可能是 （　　）

    A. 右侧大脑中动脉血栓形成
    B. 左侧大脑中动脉栓塞

C. 左侧大脑中动脉血栓形成

D. 脑桥旁正中动脉栓塞

E. 右侧内囊栓塞

34. 患者，男，55岁。有高血压病史，在与朋友共进晚餐时，饮白酒半斤，回家后突感头痛剧烈、头晕、呕吐、不能站立，左侧肢体活动障碍，步态不稳。最可能的诊断为 （　　）

 A. 脑栓塞   B. 内囊出血   C. 脑血栓形成

 D. 短暂性脑缺血发作   E. 高血压危象

A₃/A₄型题：

（35～36题共用题干）

患者，女，65岁，农民。高血压病史12年，不规则服药，某日晨起突发头痛，意识不清，35分钟后送至医院。体检：昏迷，血压220/120 mmHg，双眼右侧凝视，左足外旋位。

35. 最可能的诊断是 （　　）

 A. 晕厥   B. 脑出血   C. 脑血栓形成

 D. 蛛网膜下腔出血   E. 心肌梗死

36. 下列哪项检查对明确诊断最有意义 （　　）

 A. 腰椎穿刺检查   B. 脑电图检查   C. 脑血管多普勒

 D. 头颅CT检查   E. 开颅检查

（37～38题共用题干）

王先生，70岁。高血压病史30年，于家中如厕时突感头晕，随即倒地被送至医院，诊断为脑出血。护理体检：昏迷，左侧偏瘫，血压为190/110 mmHg。

37. 保持王先生安静卧床，护理动作轻柔，其目的是 （　　）

 A. 防止颅内压升高   B. 改善脑缺氧   C. 减轻脑水肿

 D. 保持呼吸道通畅   E. 避免外伤

38. 王先生安静卧床的时间应控制为 （　　）

 A. 呼吸平稳   B. 4周以上   C. 血压平稳

 D. 1周以上   E. 神志清醒

（39～41题共用题干）

患者，男性，65岁。主诉因右侧肢体活动不便4小时入院，患者神志清楚，有高血压及糖尿病史，曾有过短暂性脑缺血发作史，右侧肢体肌力为2级。

39. 确诊最有价值的辅助检查是 （　　）

 A. 头颅CT或MRI   B. 肌电图   C. 腰椎穿刺

 D. 脑血管造影   E. 颈部血管超声

40. 如行CT检查无高密度显影，此患者可诊断为 （　　）

 A. 脑出血   B. 脑梗死   C. 蛛网膜下腔出血

 D. 颅内肿瘤   E. 硬膜下血肿

41. 该疾病最常见的病因是 （　　）

 A. 劳累   B. 伤风感冒   C. 动脉粥样硬化

 D. 肥胖   E. 动脉瘤

（42～43题共用题干）

患者，女，65岁。右面部发作性疼痛2年，诊断为原发性三叉神经痛。

42. 临床上最不可能出现的是 （　　）

 A. 痛在三叉神经支配区内

B. 突发的短暂疼痛

C. 常可有"触发点"（扳机点）

D. 痛可引起反射性面肌抽搐

E. 张口时下颌偏向痛的同侧

43. 治疗应先用 （   ）

A. 卡马西平或苯妥英钠等药物　　B. 周围支神经纯乙醇封闭　　C. 三叉神经节射频热凝

D. 周围支神经切断术　　E. 三叉神经根切断术

（44~46题共用题干）

患者，男性，67岁。渐发性双上肢震颤，活动不利半年。既往体健，无慢性疾病史，头颅MRI无异常发现。体检：面部表情呆滞，四肢肌张力增高，齿轮样，双上肢向前平伸时可见4~5次/min震颤。

44. 体检时不可能发现的体征是 （   ）

A. 搓丸样动作　　B. 齿轮样强直　　C. 写字过小症

D. 路林手现象　　E. 开关现象

45. 最可能的发病机制是 （   ）

A. 纹状体内多巴胺受体功能增强

B. 纹状体内多巴胺含量减少

C. 纹状体内乙酰胆碱含量增加

D. 纹状体内乙酰胆碱受体功能降低

E. 纹状体内乙酰胆碱氨基丁酸含量增加

46. 首选治疗药物是 （   ）

A. 溴隐亭　　B. 左旋多巴　　C. 苯妥英钠

D. 地西泮　　E. 多巴胺

（47~49题共用题干）

周先生，78岁，已婚。在家里突然昏倒，立即被送入医院，诊断为脑血管意外，他的家人告诉护士，王先生在发病前几日，一直自服降压药控制他的高血压。

47. 周先生意识恢复，但左侧肢体不能自主活动，出现偏瘫。当周太太询问患者痊愈情况时，你应该如何回答 （   ）

A. "很难说，但多数患者至少需要一年以上才能痊愈。"

B. "你好像对是否能恢复你们过去的生活方式很焦虑。"

C. "担心是否能痊愈是很正常的。康复需要时间，进程会稍慢一些。"

D. "你有些焦虑是正常的，但是没有办法可以估计你丈夫的恢复情况。"

E. "不要急，王先生很快就会恢复如常的。"

48. 下面哪项护理评估最能确定患者的意识状态 （   ）

A. 生命体征　　B. 角膜反射　　C. 肌腱反射

D. 疼痛刺激反应　　E. 瞳孔对光反应

49. 周先生逐渐恢复，为鼓励他自己进食，你应该采取哪项护理措施 （   ）

A. 协助把筷子和盛食物的餐具放到患者手里

B. 建议周太太帮忙喂饭，以协助患者进食

C. 将食物和餐具放在方便患者自己拿取的小餐桌上

D. 给患者尽量多的时间，让他们自己慢慢进食

E. 先给患者喂饭，剩余部分让患者自己进食

(50～52题共用题干)

患者,女性,50岁。20年前曾有过癫痫发作史,之后不常复发,因此,未坚持服药。今日下班途中突然意识丧失,四肢抽搐,牙关紧闭,心率增快,血压升高,瞳孔散大。持续20秒后,肌肉开始出现强直和松弛交替,急诊入院。

50. 对患者病情最有诊断意义的是 （　　）

A. 病史　　　　　　　　B. 体格检查　　　　　　　C. 肌电图检查

D. 胸部X线检查　　　　E. 脑部多普勒超声检查

51. 患者的发作目前属于 （　　）

A. 癫痫失神发作

B. 癫痫部分运动性发作

C. 癫痫强直阵挛发作的强直期

D. 癫痫强直阵挛发作的阵挛期

E. 癫痫强直阵挛发作的痉挛后期

52. 护士为该患者提供的护理措施中,哪项不妥 （　　）

A. 将患者头偏向一侧

B. 密切观察抽搐部位、持续时间、间隔时间

C. 测患者的口温,以防发热

D. 密切观察患者生命体征

E. 不可强行按压或捆绑抽搐肢体,以防骨折

参考文献

[1] 尤黎明, 吴瑛. 内科护理学[M]. 第4版. 北京: 人民卫生出版社, 2009.

[2] 尤黎明, 吴瑛. 内科护理学[M]. 第5版. 北京: 人民卫生出版社, 2012.

[3] 成守珍. 内科护理学[M]. 第2版. 北京: 人民卫生出版社, 2007.

[4] 魏秀红, 赵书娥. 内科护理学[M]. 第3版. 北京: 人民卫生出版社, 2013.

[5] 葛均波, 徐永健. 内科学[M]. 第8版. 北京: 人民卫生出版社, 2013.

[6] 马秀芬, 张展. 内科护理学[M]. 第2版. 北京: 人民卫生出版社, 2014.

[7] 张建欣, 陈宽林. 内科护理学[M]. 南京: 江苏科学技术出版社, 2011.

[8] 冯丽华, 张清. 内科护理学[M]. 北京: 人民军医出版社, 2007.

[9] 王平. 护士执业资格考试护考急救包下册同步练习及解析[M]. 北京: 人民军医出版社, 2013.